AF906004

Reiß/Hummel

Umsatzsteuerrecht

REIHE
Studienprogramm Steuern

Herausgeber der Reihe:
Prof. Dr. Heinrich Weber-Grellet

Umsatzsteuerrecht

Begründet von
Prof. Dr. jur. Wolfram Reiß
Friedrich-Alexander-Universität
Erlangen-Nürnberg

Fortgeführt ab der 21. Auflage von
Prof. Dr. jur. David Hummel
Universität Leipzig

21., vollständig überarbeitete Auflage, 2025

BOORBERG

Bibliografische Information der Deutschen Nationalbibliothek | Die Deutsche Nationalbibliothek verzeichnet diese Publikation in der Deutschen Nationalbibliografie; detaillierte bibliografische Daten sind im Internet über www.dnb.de abrufbar.

21. Auflage, 2025
ISBN 978-3-415-07632-7

Satz: abavo GmbH, Nebelhornstraße 8, 86807 Buchloe | Druck und Bindung: CPI books GmbH, Eberhard-Finck-Straße 61, D-89075 Ulm

Richard Boorberg Verlag GmbH & Co KG | Scharrstraße 2 | 70563 Stuttgart
Stuttgart | München | Hannover | Berlin | Weimar | Dresden
www.boorberg.de

Inhaltsverzeichnis

1. Allgemeiner Überblick

A. Das Prinzip der Mehrwertsteuer

§ **Fall 1: Großhändler, Einzelhändler und Verbraucher** 1

Hersteller H liefert an Einzelhändler E eine Ware zum Preis von 1.190 € (1.000 € zzgl. 190 € USt). E veräußert die Ware für 2.380 € (2.000 € zzgl. 380 € USt) an den Verbraucher V.

H hat für die von ihm an E durchgeführte Lieferung USt in Höhe von 190 € an das Finanzamt zu entrichten (§§ 1 Abs. 1, 3 Abs. 1, 10 Abs. 1, 12 Abs. 1, 13a Abs. 1 Nr. 1 UStG). Diese Steuerlast hat er im Preis von 1.190 € auf E abgewälzt. E schuldet für die von ihm an V ausgeführte Lieferung 380 € USt. Diese wälzt er im Preis auf V ab. E steht andererseits aus der an ihn von H ausgeführten Lieferung ein Vorsteuerabzug von 190 € zu (§ 15 UStG). Auf diese Weise erhält er den im Preis von 1.190 € enthaltenen Umsatzsteueranteil von 190 € wieder vergütet, sodass er wirtschaftlich nicht belastet ist. Der im Einkaufspreis enthaltene Umsatzsteueranteil ist daher für einen vorsteuerabzugsberechtigten Unternehmer **kostenneutral**. 2

V schuldet als Nichtunternehmer keine USt. Er zahlt aber im Kaufpreis den Umsatzsteueranteil mit. Da ihm als Nichtunternehmer aber kein Vorsteuerabzug zusteht, ist er mit der USt wirtschaftlich belastet, hier mit 380 €.

Die Belastung des V entspricht dem Ertrag des Fiskus. Dieser erhält von H 190 € und von E (380 € ./. 190 € VoSt =) 190 €, zusammen also 380 €.

Die Steuer wird quasi **fraktioniert**. Echt aufkommenswirksam ist allerdings nur die Steuer auf Umsätze an Endverbraucher. Denn bei Umsätzen zwischen vorsteuerabzugsberechtigten Unternehmern steht der Steuerschuld des leistenden Unternehmers ein Vorsteuervergütungsanspruch des leistungsempfangenden Unternehmers in gleicher Höhe gegenüber.

I. Dieses Ergebnis ließe sich technisch auch erreichen, wenn allein die Umsätze auf der letzten Handelsstufe an den Endverbraucher besteuert würden – sog. Einphaseneinzelhandelssteuer –, die Umsätze zwischen Unternehmern hingegen nicht steuerbar wären. Das deutsche Umsatzsteuerrecht geht im Einklang mit den Umsatzsteuerrechten der Mitglieder der Europäischen Union jedoch davon aus, dass grundsätzlich für jeden Umsatz, den ein Produkt von der Herstellung bis zum Endverbraucher durchläuft, eine Besteuerung stattfindet. Es handelt sich daher um eine **Allphasenumsatzsteuer**. 3

Wegen des Vorsteuerabzugs für Unternehmer sind nur die Umsätze an Endverbraucher aufkommenswirksam. Von daher würde es genügen, allein die Umsätze an Endverbraucher zu besteuern. Die Allphasensteuer bietet jedoch den Vorteil, dass weder der Unternehmer noch der Fiskus nachzuprüfen brauchen, ob der Abnehmer der Leistung ein Unternehmer ist. Außerdem bewirkt sie, dass ein Verschweigen von Ausgangsumsätzen nicht zu einem vollen Steuerausfall führt, weil dann de facto ein Vorsteuerabzug nicht geltend gemacht werden kann. Der Fiskus erhält dann wenigstens die auf den Vorstufen angefallene USt. Wenn etwa im Fall 1 der Einzelhändler die Steuer auf seinen Umsatz (380 €) hinterziehen will, wird es ihm unmöglich sein, den Vorsteuerabzug (190 €) zu erlangen.

Allerdings ist auch der Vorsteuerabzug missbrauchsanfällig. Insbesondere droht aus der Sicht des Fiskus die Gefahr, dass er VoSt vergüten muss, die er nicht als USt erhalten hat, weil der leistende Unternehmer die vereinnahmte USt nicht abführt, etwa wegen Insolvenz oder sogar aufgrund betrügerischen Verhaltens. Daher wird in jüngerer Zeit wieder ein (weitgehender) Verzicht auf eine fraktionierte Steuererhebung und damit de facto eine partielle Rückkehr zu einer Einzelhandelssteuer als weniger missbrauchsanfällig erwogen, sei es schon in Form einer Herausnahme der Umsätze zwischen Unternehmern bereits aus der Steuerbarkeit[1]

---

1 So der von Kirchhof vorgelegte Vorschlag zur Reform der Umsatzsteuer im Umsatzsteuergesetzbuch (Entwurf), Heidelberg 2008; vgl. auch Kirchhof DStR 2008, 1 und Kirchhof, (Reformentwurf) Bundessteuergesetzbuch, Buch 4 Umsatzsteuer, Heidelberg 2011.

oder aber einer Vorstufenbefreiung für Umsätze zwischen Unternehmern oder durch Verlagerung der Steuerschuld auf den Leistungsempfänger, falls er Unternehmer ist, sodass sich Umsatzsteuerschuld und Vorsteuerabzug beim Unternehmer als Leistungsempfänger ausgleichen.[2] Bestrebungen Deutschlands und Österreichs, die Umkehr der Steuerschuldnerschaft bei innerstaatlichen Umsätzen für zwischenunternehmerische Umsätze ab bestimmten Größenordnungen generell einzuführen, sind am Widerstand der Kommission gescheitert. Allerdings ist der Umfang der Zulässigkeit einer **Umkehr der Steuerschuldnerschaft** (das sog. Reverse-Charge-Verfahren) entsprechend § 13b UStG (s. Rn. 427 ff.) in Art. 199, 199a, 199b MwStSystRL durch die RL 2013/43/EU[3] stark erweitert worden. Insbesondere wird in Art. 199b MwStSystRL zur Bekämpfung von schwerwiegenden Betrugsfällen deren schnelle Einführung im Wege einer Sondermaßnahme durch die Mitgliedstaaten zugelassen (sog. **Schnellreaktionsmechanismus**), soweit die Kommission nicht innerhalb eines Monats widerspricht.

4 II. Durch die Gewährung eines Vorsteuerabzugs für Unternehmer, die die empfangene Leistung ihrerseits zur Ausführung von Umsätzen verwenden, wird im Ergebnis erreicht, dass jeder Unternehmer Steuern nur in Höhe der bei ihm eingetretenen Wertschöpfung (sog. **Mehrwert**) schuldet. Im Fall 1 hat sich bei E ein Mehrwert vor Steuer von 1.000 € ergeben. Bei einem Steuersatz von 19 % entspricht dies einer Steuerschuld von 190 €. Wegen dieses wirtschaftlichen Effektes wird die USt auch als „Mehrwertsteuer" bezeichnet. Von der Steuertechnik her wird jedoch nicht lediglich Steuer auf den Mehrwert erhoben, sondern auf das volle Entgelt (hier 2.000 €). Erst die Gewährung des Vorsteuerabzugs führt zu einer vermeintlichen Beschränkung der Steuerschuld auf den Nettomehrwert. Bei der europäischen USt handelt es sich daher um eine **„Allphasen-Netto-Umsatzsteuer mit Vorsteuerabzug"**. Es ist eine Netto-Umsatzsteuer, weil Bemessungsgrundlage nicht der Endpreis ist, sondern dieser abzüglich der darin bereits enthaltenen USt.

Die Bezeichnung als Mehrwertsteuer ist irreführend. Sie legt die unzutreffende Annahme nahe, als sei der vom Unternehmer geschaffene Mehrwert der Belastungsgrund. Tatsächlich wird jedoch nicht der vom Unternehmer geschaffene Mehrwert, sondern der Konsum des Endverbrauchers, wie er sich in dessen Aufwendungen ausdrückt, besteuert.

5 III. Die Umsatzsteuer wurde 1916 als sog. **Warenumsatzstempelsteuer** im Rahmen des Reichsstempelgesetzes mit 1 ‰ eingeführt, um die Kriegslasten zu finanzieren. Bereits 1918 gab es ein eigenes **Umsatzsteuergesetz**, das auch sonstige Leistungen erfasste und den Steuersatz auf 0,5 % erhöhte. 1951 erreichte der Steuersatz 4 %. Mit dem UStG 1967 zum 1.1.1968 wurde die **Allphasen-Netto-Umsatzsteuer mit Vorsteuerabzug** eingeführt. Bis 1968 wurden die Umsätze auf jeder Handelsstufe kumulativ mit USt belegt (normaler Steuersatz 4 %), ohne dass ein Vorsteuerabzug gewährt wurde. Die Leistung wurde also bei Durchlaufen mehrerer Phasen mit immer mehr USt belegt. Dabei war Bemessungsgrundlage für die jeweiligen weiteren Umsätze die vereinnahmte Gegenleistung (Kaufpreis), sodass die Umsatzsteuerbelastung der Vorumsätze die Bemessungsgrundlage für die späteren Umsätze erhöhte. Diese **„Allphasen-Brutto-Umsatzsteuer"** vor dem Systemwechsel beeinträchtigte die Wettbewerbsneutralität. Große Unternehmen (Konzerne), die in sich alle Stufen von der Herstellung bis zum Einzelhandel vereinigten, brauchten lediglich den Endumsatz zu versteuern. Durchlief das Produkt vom Hersteller bis zum Einzelhändler hingegen mehrere Unternehmen, wurde auf jeder Stufe USt erhoben, die mangels Vorsteuerabzugs Kostenbestandteil des erwerbenden Unternehmers wurde. Das Bundesverfassungsgericht hatte daher die alte USt wegen der Verletzung der **Wettbewerbsneutralität** für verfassungswidrig erklärt, allerdings dem Gesetzgeber eine Anpassungsfrist gewährt.[4] Diese wurde durch das UStG 1967 genutzt.

---

2 Vgl. Widmann UR 2006, 13 und 624; Matheis/Groß UR 2006, 379; kritisch Tiedke UR 2006, 249.

3 V. 22.07.2013 Abl. EU 2013, Nr. L 201, 4 RL zur Änderung der MwStSystRL im Hinblick auf eine fakultative und zeitweilige Anwendung der Umkehrung der Steuerschuldnerschaft (Reverse Charge-Verfahren).

4 BVerfG v. 20.12.1966–1 BvR 320/70/63, BStBl. III 1967, 7 = BVerfGE 21, 12

IV. Die Allphasen-Netto-Umsatzsteuer mit Vorsteuerabzug führt auch zur **Wettbewerbsneutralität der USt im Außenhandel**. Nach dem Bestimmungslandprinzip besteuern weltweit die meisten Staaten (u. a. alle EU-Staaten) die Einfuhr von Gütern (vgl. § 1 Abs. 1 Nr. 4 UStG). Damit nicht eine doppelte Belastung mit USt des Import- und Exportlandes stattfindet, entlastet der exportierende Staat von seiner USt durch Gewährung einer Steuerbefreiung für die Ausfuhr (vgl. § 4 Nr. 1 Buchst. a und Nr. 1 Buchst. b UStG). Wettbewerbsneutral ist die Steuer aber nur dann, wenn eine vollständige Entlastung von der USt des Exportlandes gelingt. Dies wird in einem Umsatzsteuersystem mit Vorsteuerabzug vollständig erreicht, weil der Vorsteuerabzug auch bei einem steuerfreien Export erhalten bleibt (vgl. § 15 Abs. 2 S. 1 Nr. 1, Abs. 3 Nr. 1 UStG). 6

Beispiel

H liefert an G für 1.000 € zzgl. 190 € USt. G liefert an E für 2.000 € zzgl. 380 € USt. E liefert an V ins Ausland steuerfrei für 3.000 €. Der Fiskus erhält an Steuern von H 190 € und von G (380 € ./. 190 € =) 190 €; er zahlt an E 380 € VoSt. Der Saldo beträgt also 0 €.
E wendet 2.380 € Kaufpreis ./. 380 € VoSt = 2.000 € auf und erhält 3.000 €. Die Lieferung ins Ausland ist also vollständig von deutscher USt befreit. Allerdings wird die Einfuhr regelmäßig mit Einfuhrumsatzsteuer des Import(bestimmungs)landes belastet.

Diese genaue Entlastung war im alten Allphasen-Brutto-Umsatzsteuersystem nicht möglich, weil im Einzelfall gar nicht feststellbar war, wie viele Umsatzstufen bis zum Export durchlaufen worden waren.

Die Wettbewerbsneutralität bei grenzüberschreitenden Umsätzen würde durch eine Besteuerung des **bloßen Mehrwertes** nach der Methode einer **Umsatzbesteuerung mit Vorumsatzabzug** gerade nicht erreicht. Hier würde der Endverbraucher im Bestimmungsland mit der höheren oder niedrigeren USt des Ursprungslandes auf den oder die Vorumsätze und der USt des Bestimmungslandes auf die Differenz zwischen Endumsatz und Vorumsatz belastet. Daher ist das Europäische Umsatzsteuersystem grundsätzlich nicht dieser Methode gefolgt, sondern stattdessen der Allphasenumsatzsteuer mit Vorsteuerabzug. Für die sog. **Differenzbesteuerung** nach § 25a UStG und nach § 25 UStG bei Reiseleistungen (s. Rn. 343 f.) folgt es allerdings letztlich der Methode des Vorumsatzabzuges. Dies führt bei grenzüberschreitenden innergemeinschaftlichen Umsätzen zu Wettbewerbsverzerrungen, die noch dadurch verschärft werden, dass die Steuer auf die Differenz nicht dem Bestimmungslandprinzip folgt, sondern sich nach dem Sitz des Leistenden bzw. nach dessen Lieferort bestimmt. Die Differenzbesteuerung (Methode Vorumsatzabzug) ist ein **Rückschritt und ein Fremdkörper** im ansonsten modernen europäischen Umsatzsteuerrecht.

V. Mit dem UStG 1967 wurde neben der Verbesserung der Wettbewerbsneutralität vor allem auch die Anpassung an die Harmonisierung der USt innerhalb der EG/EU durch Einführung eines gemeinsamen Mehrwertsteuersystems gemäß der 1. und 2. USt-Richtlinie[5] innerhalb der EG bezweckt.[6] Aufgrund des Harmonisierungsauftrags des Art. 113 AEUV sind seit 1967 mehrere Richtlinien zur Vereinheitlichung des Umsatzsteuerrechts ergangen, die nach Art. 288 AEUV umzusetzen waren. Die wichtigste ist die sog. 6. EG-Richtlinie (77/388/EWG) von 1977 „zur Harmonisierung der Rechtsvorschriften der Mitgliedstaaten über die Umsatzsteuern – Gemeinsames Mehrwertsteuersystem: Einheitliche steuerpflichtige Bemessungsgrundlage"[7], nunmehr neu gefasst durch die RL 2006/112/EG des Rates vom 28.11.2006 über das gemeinsame Mehrwertsteuersystem (sog. Mehrwertsteuersystemrichtlinie)[8] (nachfolgend: MwStSystRL). 7

Dabei ist es der Europäischen Union bis heute nicht gelungen, die Steuersätze zu harmonisieren, geschweige denn zu vereinheitlichen. Im (sekundären) Unionsrecht regeln die Art. 96–130 MwStSystRL

5 Abl. EG 1967, Nr. L 71, 1301, 1303.
6 Vgl. BT-Drs. V/1581.
7 ABl. EG 1977 Nr. L 145.
8 RL 2006/112/EG des Rates vom 28.11.2006 über das gemeinsame Mehrwertsteuersystem, ABl. EG 2006 L 347 v. 11.12.2006, 1 ff.

die Struktur und Höhe der Steuersätze im harmonisierten Mehrwertsteuersystem. Als Kompromiss wurde bislang nur die Angleichung innerhalb einer Bandbreite erreicht, wobei Mindeststeuersätze von 15 v.H. für den Regelsteuersatz bzw. 5 v.H. für den ermäßigten Steuersatz festgeschrieben sind (Art. 97 Abs. 1 und Art. 99 Abs. 1 MwStSystRL). Mit dem UStG 1980 wurde die 6. EG-Richtlinie zur Harmonisierung der Umsatzsteuer umgesetzt.

Die Harmonisierung der USt innerhalb der Union dient vor allem der Schaffung gleicher Wettbewerbsbedingungen schon auf nationaler Ebene, vor allem aber auch innerhalb der Union. Art. 401 MwStSystRL verbietet daher den Mitgliedstaaten, neben der harmonisierten Mehrwertsteuer Steuern einzuführen, die den Charakter von Umsatzsteuern haben. Das bejaht der EuGH jedenfalls dann, wenn eine Steuer dieselben charakteristischen Merkmale wie die „Mehrwertsteuer" aufweist, nämlich 1. allgemeine Geltung für Lieferungen von Gegenständen und Erbringung von Dienstleistungen, 2. Höhe proportional zum Preis, 3. Allphasensteuer und 4. Steuer jeweils nur auf den Mehrwert. Letzteres wird durch den nur Unternehmern gewährten Vorsteuerabzug erreicht. Die Belastung muss letztlich vom Verbraucher zu tragen sein. Der Unternehmer als „Steuereinsammler" ist nicht zu belasten. Er ist daher bei einer Allphasensteuer durch den Vorsteuerabzug zu entlasten. Für eine lediglich örtliche Verkaufssteuer auf Lieferungen und Dienstleistungen im Einzelhandel wie auch für eine örtliche Regionalsteuer auf die Produktionstätigkeiten (eine Art Gewerbesteuer) hat der EuGH den Charakter einer unzulässigen „Umsatzsteuer" verneint.[9] Dem ist im Ergebnis zuzustimmen. Freilich vermag die Begründung, dass – anders als bei der Mehrwertsteuer eine Abwälzung auf den Endverbraucher nicht sicher sei – nicht zu überzeugen. Vielmehr fehlte es bei der örtlichen Verkaufssteuer an der allgemeinen Geltung für alle Umsätze (keine Allphasensteuer und vor allem keine nationale Geltung für den gesamten [Einzel-]Handel) und bei der Steuer auf die Produktionstätigkeit an der spezifischen Anknüpfung an (einzelne) Umsätze. Die bis 1967 erhobene USt in Deutschland war selbstredend eine nach Art. 401 MwStSystRL unzulässige Steuer mit dem „Charakter einer Umsatzsteuer", die nicht beibehalten werden durfte, obwohl und gerade weil sie keinen Vorsteuerabzug kannte und auch Unternehmer belastete.

8 VI. Das mit Wirkung ab 01.01.1993 geltende **Umsatzsteuer-Binnenmarktgesetz**[10] passte das deutsche UStG an die Binnenmarktrichtlinie 91/680[11] zur Ergänzung des gemeinsamen Mehrwertsteuersystems an, um binnenmarktähnliche Verhältnisse zu schaffen. Innerhalb der Europäischen Gemeinschaft entfielen Grenzabfertigungen für Zwecke der Einfuhr und Ausfuhr (s. Rn. 224 ff.). Seither sind nur noch bescheidene Fortschritte auf europäischer Ebene zu mehr Harmonisierung und Vereinfachung erreicht worden.

9 VII. Da aufgrund des Vorsteuerabzugs (bei normalen Unternehmern) nur die jeweilige Wertschöpfung der Unternehmer in der Kette besteuert wird, heißt das System Mehrwertsteuersystem. Damit wird aber nur das Besteuerungsergebnis idealtypisch umschrieben. Der jeweilige Unternehmer ist nach § 13 a Abs. 1 Nr. 1 UStG grundsätzlich Schuldner der Umsatzsteuer auf das gesamte Entgelt seines Umsatzes; nicht etwa kann er stets und automatisch den Vorumsatz abziehen. Er ist vielmehr nur und erst dann zum Abzug der darauf entfallenden Vorsteuer berechtigt, wenn ihn der Vorunternehmer die von ihm geschuldete Umsatzsteuer in einer Rechnung i.S.d. § 14 UStG gesondert ausgewiesen hat (§ 15 Abs. 1 UStG).

B. Besteuerung der Einkommensverwendung für Verbrauchsgüter

10 **§ Fall 2: Familienvater/Erwerb von Gütern durch Einkommensverwendung**

Familienvater V, verheiratet, fünf Kinder, kauft am 23.12. bei Metzger M in Münster einen Weihnachtsbraten zum Kaufpreis von 107 €. Er zahlt sofort und erhält den Braten übergeben. Im benachbarten Getränkeladen erwirbt er von W für 23,80 € eine Flasche Rotwein. Wer schuldet wie viel USt?

---

9 V. 22.07.2013 Abl. EU 2013, Nr. L 201, 4 RL zur Änderung der MwStSystRL im Hinblick auf eine fakultative und zeitweilige Anwendung der Umkehrung der Steuerschuldnerschaft (Reverse Charge-Verfahren). s. C-283/06 (Kögaz), UR 2007, 906. S. zu Art. 401 auch EuGH v. 25.02.2021 – C-712/19 (Novo Banco), UR 2021, 798 und v. 03.03.2020 – C-75/18 (Vodafone Magyarország), UR 2020, 437.

10 BGBl. I 1992, 1548; BStBl. I 1992, 552.

11 Abl. EG 1991, Nr. L 376, 1.

V als Nichtunternehmer schuldet dem Fiskus keine USt, kann aber auch keine VoSt abziehen (vgl. § 15 Abs. 1 UStG).

M und W als Unternehmer haben mit der Übergabe des Bratens und der Flasche an den V je eine Lieferung (§ 3 Abs. 1 UStG) ausgeführt. Da sie dafür mit dem Kaufpreis ein Entgelt erhalten haben, liegt jeweils ein sog. Leistungsaustausch gemäß § 1 Abs. 1 Nr. 1 UStG vor. Die Lieferungen sind steuerbar, denn sie erfolgen im Inland, nämlich gemäß § 3 Abs. 6 UStG in Münster, durch einen Unternehmer (§ 2 UStG) im Rahmen seines Unternehmens. Die Lieferungen sind nicht steuerbefreit (§ 4 UStG). Die Lieferung des Bratens unterliegt einem (ermäßigten) Steuersatz von 7 % (§ 12 Abs. 2 Nr. 1 UStG i. V. m. Nr. 2 der Anlage 2), die Lieferung der Weinflasche dem Normalsteuersatz von 19 %. Der Steuersatz ist auf das Entgelt anzuwenden (§ 10 Abs. 1 UStG). Dieses umfasst nicht die USt. Es muss daher aus dem Kaufpreis herausgerechnet werden. Das Entgelt für den Braten beträgt 100 €, die Steuer 7 € (107 € : 1,07 x 7 %). Für die Lieferung der Flasche Wein ergibt sich ein Entgelt von (23,80 € : 1,19 =) 20 und eine Steuer von (20 x 19 % =) 3,80. Die Steuer schulden M (7 €) und W (3,80 €) als leistende Unternehmer nach § 13 a Abs. 1 Nr. 1 UStG.

I. Obwohl im Fall 2 M und W die USt schulden, sind wirtschaftlich nicht sie, sondern V damit belastet, denn V hat sie im vereinbarten Preis (107 € bzw. 23,80 €) mit zu entrichten. Die USt gehört deshalb von der Erhebungstechnik her zu den **indirekten Steuern**. 11

Als solche bezeichnet man Steuern, bei denen der (formelle) **Steuerschuldner** – bei der USt der Unternehmer – nicht identisch ist mit dem wirtschaftlich Belasteten (dem **Steuerträger**). Steuerträger ist bei der USt der Endverbraucher der Leistung, auf den die Steuer im Preis überwälzt wird.[12] Indirekte Steuern sind relativ einfach zu erheben; ihre Erhöhung ruft bei einer unaufgeklärten Bevölkerung geringeren Steuerwiderstand hervor, da die Belastungswirkung nicht erkannt wird. Auch ist bei der Überprüfung der Steuerfälle in der Regel kein Eindringen in die private Sphäre erforderlich (deshalb wurden indirekte Steuern u. a. schon von Bismarck befürwortet[13]).

Die Umsatzsteuer ist von ihrem Charakter her eine **Verbrauchsteuer.** Mithin ergibt sich als ein tragendes Prinzip des europarechtlich harmonisierten Umsatzsteuerrechts die Besteuerung des Aufwandes für einen verbrauchbaren Vorteil. Dies verlangt, dass für die Frage, ob eine Leistung vorliegt und wer der richtige (i. S. v. vorsteuerabzugsberechtigte) Leistungsempfänger ist, zunächst darauf abgestellt wird, worin der verbrauchbare Vorteil liegt, wer diesen erhalten hat und wer den entsprechenden Aufwand getragen hat. Der Begriff darf dabei aber nicht zu eng verstanden werden. Es kommt nicht darauf an, dass der Vorteil tatsächlich verbraucht wird oder ob trotz Verbrauchs/Gebrauchs eine Wertsteigerung erfolgt. Auch Kunstwerke sind daher unzweifelhaft verbrauchbare Vorteile im Sinne des Mehrwertsteuerrechts.

Als **indirekte Verbrauchsteuer** kann sie grundsätzlich hinsichtlich der Befreiungen und Ermäßigungen auf die persönlichen Verhältnisse des durch die Steuer belasteten Verbrauchers keine Rücksicht nehmen. So wird im Fall 2 die geschuldete USt von 7 € nicht etwa ermäßigt, weil V ein geringes Einkommen und fünf Kinder hat; umgekehrt hätte auch ein lediger Zahnarzt mit hohem Einkommen keine höhere USt im Preis zu entrichten. Lediglich grob typisierend nach der Art des erworbenen

12 Vgl. zum rechtlichen Vorliegen einer Abwälzung/Überwälzung der USt auch bei hoheitlicher Preisregulierung EuGH v. 24.10.2013 – C-440/12 (Metropol Spielstätten), UR 2013, 866; s. auch BFH v. 27.06.2017 – V B 162/16, BFH/NV 2017,1336 (zu Spielbankabgabe und USt).

13 Vgl. Pausch DStZ 1973, 233.

Gegenstandes wird durch einen ermäßigten Steuersatz (hier Lebensmittel) und auch durch Befreiungen (z.B. von Heilbehandlungen nach § 4 Nr. 14 a–14 e UStG und der Wohnungsvermietung nach § 4 Nr. 12 UStG) einem existenziellen Bedarf Rechnung getragen. Aber auch dann kommen die Ermäßigungen und Befreiungen sowohl dem Bedürftigen als auch dem nicht Bedürftigen zugute. Insofern unterscheidet sich die USt prinzipiell von der **ESt (Subjektsteuer)**.

12 II. Nicht mehr umstritten ist die Frage, ob die USt als **Verbrauchsteuer** oder als **Verkehrsteuer** zu klassifizieren ist.[14] Dabei ist zu unterscheiden: Von der Erhebungstechnik her ist die USt in erster Linie Verkehrsteuer. Sie knüpft in ihrem Haupttatbestand, der Leistung gegen Entgelt (§ 1 Abs. 1 Nr. 1 UStG), technisch an Akte des Rechtsverkehrs, nämlich Lieferungen und sonstige Leistungen, an. Besteuert wird in Fall 2 die Lieferung des Fleisches und des Weines durch M und W an V, ein Akt des Rechtsverkehrs, nicht der Verzehr des Fleisches durch V und seine Familie. Allerdings gilt dies nicht ausnahmslos. Bei der Besteuerung der **unentgeltlichen Wertabgaben** nach § 3 Abs. 1 b Nr. 1 und § 3 Abs. 9 a Nr. 1 und 2 UStG wird nur z. T. an Akte des Rechtsverkehrs angeknüpft. Besteuert wird hier die tatsächliche Inanspruchnahme von Gütern und Dienstleistungen des Unternehmens für private, nicht unternehmerische Zwecke. Eigentlich korrigieren diese **Ergänzungstatbestände** (dazu näher s. Rn. 195 ff) lediglich einen aufgrund der privaten Verwendung unberechtigten Vorsteuerabzug. Die Belastungswirkungen treffen hingegen den Konsumenten, d.h. den Verbrauch von Gütern und Dienstleistungen. Die USt deckt sich insoweit mit den speziellen Verbrauchsteuern (z.B. Kaffee-, Tabak-, Mineralölsteuer).
Im Gegensatz zu diesen ist sie jedoch umfassend und knüpft nicht an Spezialtatbestände an.[15] Sie ist daher – in Übereinstimmung mit Art. 1 der MwStSystRL – als allgemeine Verbrauchsteuer zu bezeichnen.[16]

Beachte aber:
Im Sinne der AO gehört die USt – mit Ausnahme der Einfuhrumsatzsteuer gemäß § 21 Abs. 1 UStG – nicht zu den Verbrauchsteuern, sondern zu den Besitz- und Verkehrsteuern.[17] Daher beträgt die Festsetzungsfrist nach § 169 Abs. 2 S. 1 Nr. 2 AO vier Jahre und es ist die einfache Änderungsmöglichkeit nach § 172 Abs. 1 S. 1 Nr. 1 AO für Verbrauchsteuern nicht anwendbar.[18]

13 III. Im Gegensatz zur Einkommen- und Körperschaftsteuer belastet die USt nicht das erwirtschaftete Einkommen als solches, sondern die **Verwendung des Einkommens** (oder des Vermögens) für Verbrauchsgüter gleich welcher Art. Darin liegt nur scheinbar ein Verstoß gegen das Prinzip der Besteuerung nach der Leistungsfähigkeit, das für Steuergesetze allgemein gelten sollte. Denn die Einkommensverwendung für Verbrauchsgüter stellt neben dem direkt zu besteuernden Einkommen und Vermögen einen weiteren Indikator für die steuerliche Leistungsfähigkeit dar.[19]

IV. Die USt hat – bezogen auf das Einkommen – eine regressive Wirkung. Mit größerem Sparanteil nimmt die Belastung mit USt ab. Da bei geringeren Einkommen kein oder nur ein kleiner Sparanteil möglich ist, ist die prozentuale Belastung mit USt für den Bezieher kleinerer Einkommen größer. Anders als bei der ESt gibt es für den Einkommensverwender bei der USt auch keinen von Verfassungs wegen

---

14 Vgl. Stadie in: R/D, Einf. Rn. 97ff. m.w.N. (Jan. 2024); grundlegend Söhn StuW 1975, 1ff.; ders. StuW 1996, 165ff.; Tipke StuW 1992, 103ff.

15 Vgl. EuGH v. 03.10.2006 – C-475/03 (Banca populare di Cremona), Slg. 2006, I-9440; v. 09.03.2000 – C-437/99 (Krankenhausverein Wien), UR 2000, 242.

16 Vgl. BT-Drs. V/1581, Bericht „die allgemeine Verbrauchsteuer"; Englisch in: T/L § 17 Rn. 10; für Österreich vgl. Ruppe/Achatz Einf. Rn. 31ff.

17 Vgl. auch Drüen, Allgemeines Steuerrecht, Rn. 14.

18 BFH v. 12.05.2005 – V R 44/04, BFH/NV 2005, 2046; v. 16.10.1986 – V B 64/86, BStBl. II 1987, 95.

19 Vgl. Tipke, Bd. II, § 19; Reiß DStJG Bd. 13, 1990, 3f.; Ruppe/Achatz Einf. Rn. 38, 39.

nicht zu besteuernden Existenzminimumfreibetrag.[20] Allerdings ist die Belastung mit USt bei der Bemessung des Existenzminimumfreibetrages für die ESt und für die Sozialhilfe zu berücksichtigen.[21] Das kann hingenommen werden, weil über die auch das Spareinkommen erfassende progressive ESt eine ergänzende Besteuerung erfolgt. In der modernen Finanztheorie wie auch in der Politik wurde bis vor Kurzem überwiegend eine verstärkt konsumorientierte Einkommensbesteuerung gefordert.[22] Dabei wird regelmäßig die bereits gegenwärtig erfolgende Besteuerung der Einkommensverwendung für Zwecke des Konsums durch die USt zu Unrecht nicht erwähnt oder in ihrer Belastungswirkung verkannt.

C. Beeinflussung des nationalen Umsatzsteuerrechts durch das Unionsrecht und seine Grundmaximen

I. Rechtsgrundlagen (Gesetz und EU-Richtlinien)

1. Umsatzsteuergesetz und MwStSystRL

Wichtigste nationale Rechtsgrundlage für die Umsatzbesteuerung ist das **Umsatzsteuergesetz**,[23] ergänzt durch die Umsatzsteuerdurchführungsverordnung. 14

Bei der USt handelt es sich um eine sog. **harmonisierte Steuer** im Rahmen der Europäischen Union. Grundlage für die Umsatzsteuer-Harmonisierung ist Art. 113 AEUV. Dieser schreibt für die USt, Verbrauchsabgaben und sonstige indirekte Steuern vor, dass diese durch Bestimmungen des Rates zu harmonisieren sind, soweit die Harmonisierung für die Errichtung und das Funktionieren des Binnenmarktes erforderlich ist. Der Binnenmarkt umfasst nach Art. 26 Abs. 2 AEUV einen Raum ohne Binnengrenzen, in dem der freie Verkehr von Waren, Personen, Dienstleistungen und Kapital gewährleistet ist. Mit dem Binnenmarkt unvereinbar sind steuerliche Abgaben oder Erschwernisse, die an einen Waren- oder Dienstleistungsverkehr über die Staatsgrenzen innerhalb der Union anknüpfen, sowie jegliche steuerliche Diskriminierung von EU-Ausländern gegenüber Inländern. Die Harmonisierung erfolgt aufgrund von Richtlinien. Eine Richtlinie ist nach Art. 288 Abs. 3 AEUV für jeden Mitgliedstaat (bzw. dessen Organe) verbindlich. Sie bedarf der Umsetzung in nationales Gesetzgebungsrecht, soweit dem Einzelnen Rechte und Pflichten auferlegt werden. Die Richtlinie selbst stellt materiell kein den Bürger verpflichtendes Gesetz dar, anders als die nach Art. 288 Abs. 2 AEUV mögliche (EU-)Verordnung. Durch eine Richtlinie lassen sich daher unmittelbare steuerliche Pflichten des Bürgers nicht begründen.[24] In Umsetzung des Harmonisierungsauftrages des Art. 93 EGV (jetzt Art. 113 AEUV) sind verschiedene MwSt-Richtlinien der Gemeinschaft ergangen, deren wichtigste die 6. Richtlinie 77/388/EWG war. Diese ist seit ihrem Erlass 1977 mehrmals geändert und ergänzt worden. Sie wurde mit Wirkung ab dem 01.01.2007 durch die RL 2006/112/EG

---

20 Kritisch insoweit Tipke in: FS für W. Reiß, 2008, S. 9f.; zutreffend die Zulässigkeit einer Kompensation im einkommensteuerlichen Existenzminimumfreibetrag bejahend, Stadie in: R/D, Einf. Rn. 438ff. (Jan. 2024)

21 BVerfG, Beschl. v. 06.12.2007–1 BvR 2129/07, UR 2008, 159 m.w.N.

22 Vgl. Hey in: T/L § 3 Rn. 69f. mit umfassenden weiteren Nachweisen.

23 I.d.F. der Bekanntmachung v. 21.02.2005, BGBl. I 2005, 386 zuletzt geändert durch Art. 11–13 des Gesetzes zur Förderung der Elektromobilität und zur Änderung weiterer steuerlicher Vorschriften v. 12.12.2019, BGBl. I 2019, 2451 (JStG 2019).

24 Schlussanträge Kokott v. 03.10.2019 – C-401-18 (Herst), Rn. 64f. m.w.N.; EuGH v.22.11.2017 – C-251/16 (Cussens), UR 2018, 241 Rn. 26; v. 12.12.2013 – C-425/12, BeckRS 2013, 82329 (Portgas) m.w.N.; v. 16.06.2005 – C-105/03 (Pupino), Slg. 2005, I-5285; v. 05.10.2004 – C-397/01, 403/01 (Pfeiffer), Slg. 2004, I-8835; v. 26.02.1986 – Rs. 152/84 (Marshall), Slg. 1986, 723; v. 14.04.1994 – C-91/92 (Faccini Dori), Slg. 1994, I 3325; BFH v. 19.05.1993 – V R 110/88, BStBl. II 1993, 779; v. 08.10.1991 – V R 95/89, BStBl. II 1992, 209; v. 27.04.2006 – V R 53/04, BStBl. II 2007, 16.

(die sog. Mehrwertsteuersystemrichtlinie – MwStSystRL)[25] ersetzt, die ihrerseits seither mehrmals ergänzt und geändert worden ist.

Zur Durchführung der MwStSystRL ist die (Durchführungs-)Verordnung (EU) Nr. 282/2011 (MwStDVO) ergangen.[26] Auch wenn es sich dem Namen nach um eine Verordnung handelt, ergibt sich daraus nicht das z. T. behauptete Kuriosum, dass diese Verordnung unmittelbar geltendes auch verpflichtendes Recht für die Bürger begründe, während die Richtlinienregelungen, deren Durchführung die Verordnung dient, keine unmittelbaren Verpflichtungen der Bürger begründen können.[27] Dies ist verfehlt und übersieht offenbar, dass eine Durchführungs-VO nach Art. 291 AEUV keine Verordnung im Sinne von Art. 288 Abs. 2 AEUV ist.

Anders als Richtlinien sind die EU-Verordnungen i. S. v. Art 288 Abs. 2 AEUV nicht nur an den Mitgliedstaat gerichtet, sondern gelten unmittelbar.[28] Sie werden vom **Anwendungsvorrang des Unionsrechts**[29] erfasst, d. h. sie gehen entgegenstehendem nationalen Recht im Konfliktfall vor. Davon zu unterscheiden sind jedoch die EU-Durchführungsverordnungen nach Art. 291 AEUV. Danach kann die Kommission oder auch der Rat ermächtigt werden, Durchführungsverordnungen zu erlassen, wenn ein Bedarf an einheitlichen Bedingungen für die Durchführung der verbindlichen Rechtsakte der Union besteht. Im Mehrwertsteuerrecht wurde davon mit der **EU-Durchführungsverordnung** (EU-DVO) Gebrauch gemacht.[30] Diese präzisiert mit Wirkung zum 1.7.2011 bestimmte Begriffe der Mehrwertsteuersystemrichtlinien.

Sofern dazu im Schrifttum z. T. vertreten wird, dass diese Verordnung unmittelbar in jedem Mitgliedstaat gelte,[31] übersieht dies, dass die Geltung der EU-Durchführungsverordnung (anders als andere EU-VO) von der Umsetzung der zu präzisierenden Richtlinie abhängig ist, weswegen die DVO nicht unmittelbar gelten kann, sondern „nur“ – so wie die zugrunde liegende Richtlinie auch – hinsichtlich aller Mitgliedstaaten verbindlich ist. Deutlich wird dies, wenn die MwStSystRL wegfällt, da dann

25 V. 28.11.2006, Abl. EU 2006, Nr. L 347, 1, zuletzt geändert durch die Richtlinie (EU) 2021/1159 v. 13.07.2021, ABl Nr. L 250, 1 f; befristetet Befreiung von Einfuhren und bestimmten Lieferungen als Reaktion auf die Covid-19-Pandemie. Von den Änderungen aus jüngerer Zeit sind besonders erwähnenswert: Sonderregelung für Kleinunternehmen, Abl. Nummer L 62 2020, S. 13 [4], die Richtlinie (EU) 2017/2455 zur Änderung der Richtlinie 2006/112/EG und der Richtlinie 2009/132/EG in Bezug auf bestimmte mehrwertsteuerliche Pflichten für die Erbringung von Dienstleistungen und für Fernverkäufe von Gegenständen vom 05.12.2017 (Abl. EU 2018, Nr. L 348 2017, S. 7) mit Berichtigungen vom 06.09.2018 (Abl. Nummer L 225 2018, S. 1) [2], vom 27.07.2018 (Abl. EU 2019, Nr. L 190 2018, S. 21) und vom 25.09.2019 (Abl. EU 2019, Nr. L 245 2019, S. 9) sowie die Richtlinie 2018/1713 des Rates zur Änderung der Richtlinie 2006/112/EG des Rates in Bezug auf die Mehrwertsteuersätze für Bücher, Zeitungen und Zeitschriften vom 06.11.2018 (Abl. EU 2018, Nr. L 286 2018, 20) und die Richtlinie (EU) 2018/1910 v. 04.12.2018 zur Harmonisierung und Vereinfachung des Mehrwertsteuersystems zur Besteuerung des Handels zwischen Mitgliedstaaten, Abl. EU 2018, Nr. L 311, 3 v. 07.12.2018.
Von den früheren Änderungen sind besonders erwähnenswert: die RL 2013/42/EU und 2013/43/EU v. 22.07.2013, Abl. EU 2013, Nr. L 201, 1 und 4 zur Erweiterung der Umkehr der Steuerschuldnerschaft zur Bekämpfung des Mehrwertsteuerbetrugs in Art. 199 a und 199 b MwStSystRL und die RL 2008/8/EG v. 12.02.2008 zum Ort der Dienstleistung, Abl. EU 2008, Nr. L 44, 11 sowie die RL 2009/47 v. 05.05.2009 zu ermäßigten Steuersätzen, und die RL 2010/88/EU v. 07.12.2010, Abl. EU 2010, Nr. L 326, 1 zum Mindestnormalsatz.

26 VO EU Nr. 282/2011 v. 15.03.2011 zur Festlegung von Durchführungsvorschriften zur Richtlinie 2006/112/EG, Abl. EU 2011, Nr. L 77, 1; zuletzt geändert durch Durchführungsverordnung (EU) 2020/1112 des Rates v. 20.07.2020, ABl EU 2020, 9, Nr. L 244 als Reaktion auf die COVID-19-Pandemie. Bedeutsam auch die Änderungen durch Änderungsverordnung 2019/2026 des Rates vom 21.11.2019 zur Änderung der Durchführungsverordnung (EU) Nr. 282/2011 bezüglich der über elektronische Schnittstellen unterstützten Lieferung von Gegenständen oder Erbringung von Dienstleistungen sowie bezüglich der Sonderregelungen für Steuerpflichtige, die Dienstleistungen an Nichtsteuerpflichtige erbringen sowie Fernverkäufe von Gegenständen und bestimmte Lieferungen von Gegenständen innerhalb der Union tätigen vom 21.11.2019 (Abl. EU 2019, Nr. L 313 2019, S. 14).

27 So aber Kemper UR 2017,1 zur Einordnung der MwStDVO in die Normenhierarchie; ebenso Reiß, Umsatzsteuerrecht, 20. Aufl. 2022 Rn. 12 (Vorauflage).

28 Zur unmittelbaren Wirkung von Unionsrecht siehe ausführlich Kokott, AöR 148 (2023), S. 496 ff.

29 Zum Anwendungsvorrang des Unionsrechts als Kollissionsregel vgl. auch Kokott/Hummel, EuGRZ 2024, 1 (3).

30 Durchführungsverordnung (EU) Nr. 282/2011 des Rates vom 15. März 2011 zur Festlegung der Durchführungsvorschriften zur Richtlinie 2006/112/EG über das gemeinsame Mehrwertsteuersystem; erstmalig in Art. 14 VO Nr. 1777/2005 des Rates vom 17.10.2005 (ABl. EU Nr. L 288/2005, 1.) mit Wirkung zum 1.7.2006 in Kraft getreten.

31 So z. B. Korn/Robisch, DStR 2011, Beihefter zu Heft 29, 29 (36); Lohse, UR 2012, 8 (10, 14); anders zu Recht: Monfort, UR 2012, 172 (174 f.).

die EU-DVO (anders als eine normale EU-VO) keinen selbstständigen und unmittelbar anwendbaren Regelungsgehalt aufweisen würde. In der Rechtssache Fenix international hat sich der Gerichtshof näher – wenn auch nicht in Gänze überzeugend – mit der Reichweite der erlaubten Präzisierungsbefugnis in Abgrenzung zur nicht erlaubten Änderungsbefugnis der MwStRL beschäftigt.[32] Als „bloße" EU-DVO kann sie nämlich nicht den Inhalt der Richtlinie verändern.

Bei einem Widerspruch zwischen nationalem Umsatzsteuerrecht und EG/EU-Richtlinien zur gemeinsamen USt ist der nationale Gesetzgeber verpflichtet, das nationale Recht der Richtlinie anzupassen. **15**

Eine unmittelbare Wirkung gegenüber Dritten (d.h. anderen als den Mitgliedstaaten) ergibt sich aus einer Richtlinie hingegen nicht (vgl. Art. 288 Abs. 3 AEUV). Gleichwohl judiziert der EuGH in ständiger Rechtsprechung im Rahmen von Vorabentscheidungen nach Art. 267 AEUV, dass sich der Bürger gegenüber einer nachteiligen nationalen Vorschrift auf Bestimmungen einer ihn begünstigenden Richtlinie „berufen" könne, soweit diese inhaltlich als unbedingt und hinreichend genau erscheinen und nicht fristgerecht oder unzulänglich in nationales Recht umgesetzt worden seien.[33]

Der europarechtliche Hintergrund dieser Rechtsprechung liegt in der effektiven Durchsetzung der Umsetzungspflicht der Mitgliedstaaten, die aus Art. 288 Abs. 3 AEUV bzw. spätestens aus Art. 4 Abs. 3 EUV folgt, weswegen sich die Mitgliedstaaten nicht gegenüber dem Einzelnen auf eine unterlassene Umsetzung einer hinreichend bestimmten Richtlinie berufen können sollen. Diese Auffassung des EuGH ist vom Bundesverfassungsgericht unter Verwerfung der gegenteiligen Ansicht des Bundesfinanzhofs[34] als zulässige Rechtsfortbildung des EG-Vertrages gebilligt worden.[35]

Versäumt der nationale Gesetzgeber daher eine derartige Anpassung, kann sich der Steuerpflichtige bei einer ihm günstigen Regelung unmittelbar auf die entsprechende Bestimmung der Richtlinie berufen, wenn diese hinreichend klar und eindeutig sowie inhaltlich unbedingt ist. Das ist für viele, aber nicht für alle Bestimmungen der MwStSystRL zu bejahen.[36] Ein unmittelbares Berufen kommt auch dann in Betracht, wenn zwar die Richtlinienregelung vom Gesetzgeber ordnungsgemäß umgesetzt wurde, wenn aber die Verwaltung die nationalen Maßnahmen zur Umsetzung in einer gegen das Gemeinschaftsrecht verstoßenden Art und Weise anwendet.[37] Aus einer unzutreffenden Umsetzung der Richtlinie können bei qualifiziertem Verstoß auch gemeinschaftsrechtliche Schadensersatzansprüche gegen den Mitgliedstaat entstehen.[38]

32 EuGH v. 28.2.2023 – C-695/20 (Fenix International), UR 2023, 410, Rz. 49.

33 So z.B. EuGH v. 11.7.2002 – C-62/00, UR 2002, 436 Rz. 25; EuGH v. 30.1.2018 – C-360/15 und C-31/16 – X BV, NVwZ 2018, 307, Rz. 130.

34 BFH v. 25.4.1985 – V R 123/84, BFHE 143, 383 = UR 1985, 174.

35 BVerfG v. 8.4.1987–2 BvR 687/85, BVerfGE 75, 223 = UR 1987, 355; BVerfG v. 4.11.1987–2 BvR 763/85, UR 1988, 25; BVerfG v. 28.1.1992–1 BvR 1025/82 u.a., BVerfGE 85, 191 (204).

36 Vgl. EuGH v. 08.06.2006 – C-430/04 (Feuerbestattungsverein Halle), Slg. 2006, I-4999; v. 18.01.2001 – C-150/99 (Lindöpark), Slg. 2001, I-493; s. aber Vorlage des BFH v. 21.06.2018 – V R 20/17, BStBl. II 2018, 588 und dazu Entscheidung des EuGH v. 10.12.2020 – C-488/18 (Golfklub Schloss Igling), DStR 2020, 2869 (Ermessensspielraum für Gewährung einer Befreiung nach Art. 132 Abs. 1 Buchst. m MwStSystRL für Dienstleistungen im Zusammenhang mit Sport für Einrichtungen ohne Gewinnstreben – nicht gemeinnütziger Verein zur Pflege des Golfsports) und EuGH v. 15.02.2017 – C-592/15 (British Film Institute), UR 2017, 268 (keine unmittelbare Wirkung für die Befreiung kultureller Dienstleistungen nach der Richtlinie) und v. 26.10.2017 – C-90/60 (The English Bridge Union), UR 2018, 197.

37 EuGH v. 11.07.2002 – C-62/00 (Marks & Spencer), Slg. 2002, I-6325.

38 EuGH v. 18.01.2001 – C-150/99 (Lindöpark), Slg. 2001, I-493; BFH v. 13.01.2005 – V R 35/03, BStBl. II 2005, 460 und v. 21.04.2005 – V R 16/04, BStBl. II 2006, 96; Lange UR 2006, 67.

2. Richtlinienkonforme Auslegung und ihr Verhältnis zum Anwendungsvorrang

16 Nationales Umsatzsteuerrecht ist innerhalb der Grenzen des Wortlautes von den anwendenden Behörden und von der Rspr. in Übereinstimmung mit den EU-Richtlinien auszulegen. Eine Auslegung contra legem ist aber unzulässig. Die Pflicht zur sog. **richtlinienkonformen Auslegung** – innerhalb der Grenzen einer zulässigen Auslegung – ergibt sich unionsrechtlich aus Art. 4 Abs. 3 EUV, der die (Organe der) Mitgliedstaaten (Gesetzgeber, Gerichte und Behörden) zur Erfüllung der Aufgaben und Verpflichtungen, die sich aus den Verträgen ergeben, und damit zu unionstreuem Verhalten verpflichtet.[39] Sie folgt im Übrigen auch nach nationalem Recht daraus, dass der Gesetzgeber im Zweifel die Richtlinie unionsrechtskonform in nationales Gesetzesrecht umsetzen will.[40] Die nur innerhalb der Grenzen des Wortlautes zulässige **richtlinienkonforme Auslegung** kann im Ergebnis sowohl **zugunsten als auch zulasten** des (Steuer-)Bürgers ausfallen. Bei Zweifeln über die Auslegung der EU-Richtlinien hat das nationale Gericht nach Art. 267 AEUV eine Vorabentscheidung des EuGH einzuholen und dessen Auslegung dann für die von ihm vorzunehmende richtlinienkonforme Auslegung des nationalen UStG zu übernehmen.[41] Der EuGH entscheidet dabei nur über die Auslegung der Richtlinie, nicht über die Auslegung des nationalen Rechts.[42] Letzteres obliegt nur dem nationalen Gericht. Unterlässt ein Gericht willkürlich die Vorlage an den EuGH, so entzieht es dem Steuerpflichtigen seinen gesetzlichen Richter und verstößt gegen Art. 101 GG.[43]

17 **§ Fall 3: Anwendungsvorrang für Durchschnittssatzbesteuerung des land- und forstwirtschaftlichen Betriebes einer eingetragenen Genossenschaft**

Die eingetragene Waldgenossenschaft W.eG begehrte nach der Sonderregelung des § 24 UStG für land- und forstwirtschaftliche Betriebe, nach Durchschnittssätzen besteuert zu werden. Nach dieser Regelung erfolgt grundsätzlich eine Vorsteuerpauschalierung in derselben Höhe wie für die auf die land- und forstwirtschaftlichen Ausgangsumsätze geschuldete Umsatzsteuer, sodass sich für den Land- oder Forstwirt – falls er keine unter Abs. 1 Nr. 2 fallenden Umsätze tätigt – keine Umsatzsteuerschuld ergibt. § 24 Abs. 2 UStG bestimmt, welche Betriebe als land- und forstwirtschaftliche Betriebe gelten. In dem erst durch Art. 11 Nr. 6 des JStG 2020 ersatzlos aufgehobenen § 24 Abs. 2 S. 3 UStG a. F. wurde allerdings durch den deutschen Gesetzgeber bis dahin ausdrücklich bestimmt, dass „ein Gewerbebetrieb kraft Rechtsform auch dann nicht als land- und forstwirtschaftlicher Betrieb gilt, wenn im Übrigen alle Merkmale eines land- und forstwirtschaftlichen Betriebes vorliegen". Das Finanzamt lehnte unter Hinweis auf § 24 Abs. 2 S. 3 UStG i. V. m. §§ 8 Abs. 2, 1 Abs. 1 Nr. 2 KStG die Anwendung des § 24 UStG ab. Es setzte für das Kalenderjahr die Umsatzsteuer gemäß § 16 Abs. 1 und Abs. 2 UStG in Höhe der Differenz zwischen Umsatzsteuer auf die Ausgangsumsätze abzüglich in Rechnung gestellter Vorsteuern fest. Zu Recht?

18 Das Finanzamt hatte nach der damaligen deutschen Gesetzeslage zutreffend die Anwendung der Durchschnittssatzbesteuerung nach § 24 UStG für den forstwirtschaftlichen Betrieb der W.eG verneint. Denn § 24 Abs. 2 S. 3 UStG a. F. bestimmte ausdrücklich, dass ein Gewerbebetrieb kraft Rechtsform nicht als land- und forstwirtschaftlicher Betrieb i. S. d. § 24 UStG zu behandeln ist. § 8 Abs. 2 KStG regelt, dass

---

39 Schlussantrag Generalanwältin Kokott v. 03.10.2019 – C-401/18 (Herst), BeckRS 2019, 23106, m. w. N.; EuGH 11.07.2002 – C-62/00 (Marks & Spencer) m. w. N., Slg. 2002, I-6325; zur richtlinienkonformen Auslegung vgl. auch Englisch in: T/L § 4 Rn. 31 f. m. w. N.

40 Vgl. BVerfG v. 08.04.1987–2 BvR 687/85, BVerfGE 75, 223. Siehe auch BVerfG v. 17.11.2017–2 BvR 1131/16, NJW-RR 2018, 305–308 zu den Grenzen einer richtlinienkonformen Auslegung (keine Rechtsgrundlage für eine Auslegung des nationalen Rechtes „contra legem").

41 Vgl. BFH v. 20.10.2016 – V R 26/15, DB 2016, 3019 = BStBl. II 2020, 593 zur richtlinienkonformen Auslegung von § 15 Abs. 1 UStG i. V. m. § 31 Abs. 5 UStDV zur Rückwirkung von Rechnungsberichtigungen für den Vorsteuerabzug in Umsetzung der Rspr. des EuGH zu Art. 167, 168, 178, 226 MwStSystRL in EuGH v. 15.09.2016 – C-518/14 (Senatex). S. dazu auch Reiß MwStR 2016, 972; Stadie UR 2016, 934 (ablehnend) und Widmann UR 2017, 1 (zustimmend).

42 Ausführlich zur Funktion und zum Verständnis des EuGH: D. Hummel in Methoden steuerrechtlicher Entscheidungsfindung, Tübingen 2023, S. 185; D. Hummel, UR 2021, 173.

43 BVerfG v. 06.09.2016–1 BvR 1305/13, NVwZ 2017, 53; v. 08.04.1987–2 BvR 687/8, BVerfGE 75, 223 m. w. N.

bei (unbeschränkt steuerpflichtigen) Kapitalgesellschaften, Genossenschaften und Versicherungsvereinen auf Gegenseitigkeit alle Einkünfte als Einkünfte aus Gewerbebetrieb zu behandeln sind. Demnach durfte nach der eindeutigen, einer abweichenden richtlinienkonformen Auslegung nicht zugänglichen deutschen Gesetzeslage die Durchschnittssatz(-nicht-)besteuerung an sich nicht angewendet werden. Art. 295 f. MwStSystRL ermächtigt die Mitgliedstaaten, für land- und forstwirtschaftliche Betriebe Sonderregelungen nach Art des § 24 UStG einzuführen. Aus Anhang VII und VIII ergeben sich die Tätigkeiten, die als im Rahmen eines land- und forstwirtschaftlichen Betriebes erbracht angesehen werden können, u. a. Ackerbau, Tierzucht und Forstwirtschaft. Auf die Rechtsform des Unternehmers stellt die MwStSystRL nicht ab. Der BFH hat der Genossenschaft unter Berufung auf die Regelung in der Richtlinie daher das Recht auf eine Durchschnittssatzbesteuerung nach § 24 UStG zugebilligt, obwohl § 24 Abs. 2 S. 3 UStG a. F. nach dem klaren Wortlaut das Gegenteil besagte und auch keine andere Auslegung des § 24 UStG möglich ist. Der BFH hielt – zutreffend – die Regelung des § 24 Abs. 2 S. 3 UStG a. F., wonach ein der Art nach land- und forstwirtschaftlicher Betrieb i. S. d. Art. 295 f. i. V. m. den Anlagen VII und VIII der MwStSystRL wegen der Rechtsform des Unternehmers nicht von der Durchschnittssatzbesteuerung Gebrauch machen kann, für unionsrechtswidrig. Die Differenzierung hinsichtlich der Anwendbarkeit des § 24 UStG nur nach der Rechtsform des Unternehmers verstoße gegen die Richtlinienregelung. Den Richtlinienregelungen und damit auch Art. 295 ff. MwStSystRL (damals Art. 25 der 6. Richtlinie) liege insgesamt zugrunde, dass keine unterschiedlichen umsatzsteuerlichen Rechtsfolgen an die Rechtsform des leistenden Unternehmers geknüpft werden dürften. Die abweichende Regelung in § 24 Abs. 2 S. 3 UStG a. F. dürfe daher wegen des **Anwendungsvorranges** der **Richtlinienregelungen** nicht angewendet werden. Vielmehr sei dann insoweit unmittelbar die Richtlinienregelung anzuwenden, die verlange, dass die vom deutschen Gesetzgeber nach der Richtlinie zulässigerweise vorgesehene Sonderregelung auch für eine Genossenschaft anzuwenden ist.[44]

Obwohl es sich um nachkonstitutionelles Gesetzesrecht handelt, hielt der BFH weder eine Vorlage an das BVerfG für erforderlich (zutreffend) noch eine Vorlage nach Art. 267 AEUV an den EuGH (unzutreffend), weil die Rechtslage keine Zweifel an der Auslegung des Gemeinschaftsrechts erlaube.[45] Geht man davon aus, dass der BFH zutreffend annimmt, dass § 24 Abs. 2 S. 3 UStG a. F. unionsrechtswidrig war, wäre es die Pflicht des deutschen Gesetzgebers gewesen, diesen umgehend aufzuheben. Stattdessen gewährte seither (ab 2009) das BMF den betroffenen Steuerpflichtigen (Unternehmern) das Wahlrecht, sich entweder auf den Anwendungsvorrang des Unionsrechtes zu berufen und die Anwendung des § 24 UStG zu verlangen oder aber es bei der gesetzlichen Regelung des Ausschlusses seiner Anwendung zu belassen.[46] Dies untergräbt die Achtung vor dem geltenden Gesetz. Dieser Zustand ist erst durch die ersatzlose Aufhebung des § 24 Abs. 2 S. 3 UStG a. F. durch das JStG 2020 beseitigt worden.

Der BFH und die Finanzgerichte nehmen uneingeschränkt die Kompetenz zur Nicht- 19
anwendung eines vom Gesetzgeber verabschiedeten nachkonstitutionellen Gesetzes wegen des unstrittig bestehenden Anwendungsvorranges europäischen (Richtlinien)-Rechts in Anspruch, wenn nach ihrer Auffassung das deutsche Gesetz zum Nachteil

44 BFH 16.04.2008 – XI R 73/07, BStBl. II 2009, 1024 mit abl. Anm. Hummel UR 2009, 73; zur Bedeutung des Neutralitätsgrundsatzes vgl. auch EuGH 22.12.2008 – C-414/07 (Magoora sp), UR 2009, 203; v. 11.12.2008 – C-371/07 (Danfoss/AstraZeneca), UR 2009, 60. S. aber BFH v. 10.08.2017 – V R 64/16, BStBl. II 2019, 455 (GmbH als Organ eines Landwirtes als Einzelunternehmer als Organträger ist Teil des luf Betriebes des Organträgers!).

45 BFH v. 16.04.2008 – XI R 73/07, BStBl. II 2009, 1024.

46 So BFH v. 28.08.2014 – V B 28/14, BFH/NV 2014, 1916.

des Steuerpflichtigen die Richtlinienvorgaben nicht oder unzutreffend umsetzt.[47] Dem ist so nicht zu folgen. Entgegen der h. M. darf ein nachkonstitutionelles Gesetz nur und erst dann von Gerichten und Verwaltungsbehörden wegen des Anwendungsvorranges des Unionsrechts[48] nicht angewendet werden, wenn vorher der EuGH ausdrücklich nach Art. 267 AEUV zur Auslegung des europäischen Rechts angerufen wurde. Es geht angesichts der deutschen Verfassungsrechtslage – Art. 20 Abs. 3 GG, Bindung von Verwaltung und Rspr. an das Gesetz – nicht an, dass jedes nationale Gericht oder gar die Verwaltung ohne vorherige Anrufung des EuGH sich darüber hinwegsetzt, dass jedenfalls nach – wenn auch möglicherweise verfehlter – Auffassung des nationalen Gesetzgebers die von ihm verabschiedete nachkonstitutionelle gesetzliche Bestimmung mit europarechtlichen Vorgaben vereinbar ist. Insoweit besteht immer ein Zweifel an der Auslegung des europäischen Rechtes, der die Gerichte zur vorherigen Vorlage an den EuGH verpflichtet. Denn es kann und darf weder angenommen werden, dass der deutsche Gesetzgeber bewusst seine europarechtlichen Verpflichtungen missachtet noch dass er offenkundige (d. h. zweifelsfreie) Verstöße nicht erkennt.[49]

Eine vorherige Anrufung des BVerfG hinsichtlich der Vereinbarkeit einer Regelung im deutschen UStG mit europäischem (Richtlinien-)Recht ist weder erforderlich noch möglich. Denn das BVerfG entscheidet nicht über die Vereinbarkeit deutscher Gesetze mit den Vorgaben des Unionsrechts. Auch Grundrechtsschutz wird gegenüber deutschem (Umsatzsteuer-)Gesetzesrecht nicht gewährt, soweit dabei lediglich europäisches (Richtlinien-)Recht umgesetzt wird und solange[50] durch den EuGH gleichwertiger Rechtsschutz gewährt wird.[51] Auch unionsrechtlich darf das unbeschränkte Recht auf Vorlage an den EuGH nach Art. 267 AEUV nicht von einer vorherigen Anrufung des nationalen Verfassungsgerichtes abhängig gemacht werden.[52]

Der EuGH spricht den Gerichten und der Verwaltung nicht nur die Kompetenz, sondern sogar die Verpflichtung zu, der Richtlinie den Anwendungsvorrang vor dem nationalen Recht einzuräumen.[53] Das würde die Befugnis beinhalten, eigenständig die Frage zu entscheiden, ob eine Richtlinie inhaltlich als unbedingt und hinreichend genau erscheint. Eine solche originäre Verwerfungskompetenz würde jedoch gegen den Gewaltenteilungsgrundsatz des Art. 20 Abs. 3 GG und das Verwerfungsmonopol des Bundesverfassungsgerichts gem. Art. 100 Abs. 1 GG verstoßen; sie kann deshalb grundsätzlich erst dann bestehen, wenn der EuGH die inhaltliche Unbedingtheit und hinreichende Genauigkeit der Richtlinie als Voraussetzung für deren unmittelbare Wirkung, d. h. das Vorliegen von nach Art. 23 GG vorrangigem Unionsrecht im Rahmen einer Vorabentscheidung nach Art. 267 AEUV ausgesprochen hat.[54]

---

47 Vgl. neben BFH 16.04.2008 – XI R 73/07, BStBl. II 2009, 1024 mit zu Recht abl. Anm. Klenk UR 2008, 623 und Hummel UR 2009, 73 auch BFH v. 10.02.2005 – V R 76/03, BStBl. II 2005, 509 (zum durch das JStG 2007 aufgehobenen Vorsteuerausschluss für Bewirtungskosten).

48 Zu diesem ausführlich Kokott/Hummel, EuGRZ 2024, 1 ff.

49 So auch Reiß in: FS Helms, 2002, 785; Stadie in: FS für W. Reiß, 2008, S. 67 f.; Hummel UR 2009, 73; vgl. kritisch auch Kirchhof DStR 2008, 1 (Legalität geschwächt); a. A.: Englisch in: T/L § 4 Rn. 50.

50 Vgl. die Entwicklung von BVerfG v. 29.5.1974–2 BvL 52/71, BVerfGE 37, 271 über BVerfG v. 22.10.1986–2 BvR 197/83, BVerfGE 73, 339 über BVerfG v. 7.6.2000–2 BvL 1/97, BVerfGE 102, 147 bis hin zu BVerfG v. 6.7.2010–2 BvR 2661/06, BVerfGE 126, 286 und BVerfG v. 5.5.2020–2 BvR 859/15, BVerfGE 154, 17.

51 S. dazu BVerfG v. 31.05.2007–1 BvR 1316/04, UR 2007, 737 (Nichtannahme einer Verfassungsbeschwerde gegen BFH-Entscheidung zu Nichtgewährung einer Umsatzsteuerbefreiung nach § 4 Nr. 14 UStG); v. 07.06.2000–2 BvL 1/97, BVerfGE 102, 147 (zu Gewährleistung von Grundrechtsschutz durch den EuGH, Bananenmarktordnung).

52 Insoweit zutr. EuGH v. 04.06.2015 – C-5/14 (Kernkraftwerke Lippe/Ems), EuGRZ 2015, 413; v. 11.09.2014 – C-112/13 (A und B), EuZW 2014, 950 (auf Vorlage des österr. OGH); v. 22.06.2010 – C-188/10 (Meliki und Abdeli), Slg. 2010, I-5667; v. 26.02.2013 – C-617/10 (Akerberg Fransson) UR 2014, 27 m. Aufsatz Widmann UR 2014, 7.

53 Vgl. EuGH v. 16.3.2006 – C-131/04 – Robinson-Steele, EuGHE 2006, I-2531 ff.; EuGH v. 17.4.2018 – C-414/16 (Egenberger), NJW 2018, 1869, Rz. 82.

54 So auch Englisch in: T/L § 4 Rn. 49; zu weit hingegen Englisch in: T/L § 4 Rn. 50, wonach die Wertung des Art. 100 I GG bei unionsrechtswidrigen Parlamentsgesetzen durch die in Art. 23 I GG angelegte Schaffung einer eigenständigen Kategorie von supranationalem Recht und einer ihm eigentümlichen Form der „Kooperation“ von europäischer und

Es würde eine Anmaßung der nationalen Gerichte darstellen, wenn sie bei Gesetzen, die der parlamentarische Gesetzgeber des GG für unionsrechtlich konform angesehen hat, von einem offenkundigen Verstoß im Sinne des acte-claire gegen das Unionsrecht ausgehen, ohne dass vorher der EuGH angerufen wurde und verbindlich das Unionsrecht ausgelegt hat.

Der deutsche Gesetzgeber ist unionsrechtlich und verfassungsrechtlich verpflichtet, die Vorgaben der EG-Richtlinien, soweit sie das materielle Steuerrechtsverhältnis zum Bürger betreffen, durch formelles und materielles Gesetz in innerstaatliches Recht umzusetzen. Dazu genügen Verwaltungsanweisungen grundsätzlich nicht.

Der **Anwendungsvorrang** der Richtlinie ist – nach Klärung durch den EuGH – zugunsten des Bürgers auch von den Gerichten und Verwaltungsbehörden zu beachten, sodass nachteiliges nationales Gesetzesrecht nicht angewendet werden darf, wenn es im Widerspruch zur Richtlinie steht. Der **Anwendungsvorrang der Richtlinie besteht nur „zugunsten" der Bürger**. Eine solche Richtlinie kann – so der Gerichtshof ausdrücklich – nicht selbst Verpflichtungen für einen Einzelnen begründen, sodass diesem gegenüber eine Berufung auf die Richtlinie als solche vor nationalen Gerichten nicht möglich ist.[55] Demgemäß kann eine engere Richtlinienbestimmung das nationale Recht nicht zuungunsten des Bürgers verdrängen. Den nationalen Gerichten bleibt es jedoch unbenommen, bei der Auslegung des nationalen Rechts im Blick auf eine Richtlinie zu einer restriktiven Interpretation (richtlinienkonformen Auslegung) zu gelangen. Das Gebot einer unionsrechtskonformen Auslegung[56] des nationalen Rechts ist den Unionsverträgen immanent, da dem nationalen Gericht dadurch ermöglicht wird, im Rahmen seiner Zuständigkeit die volle Wirksamkeit des Unionsrechts zu gewährleisten, wenn es über den bei ihm anhängigen Rechtsstreit entscheidet.

Soweit das nationale Gesetzesrecht sowohl zulasten als auch zugunsten des Steuerbürgers von der Richtlinie abweicht, scheidet allerdings eine „Rosinenpickerei" aus. Der Steuerbürger kann bis zu einem unionsrechtlich gebotenen Tätigwerden des Gesetzgebers durch Berufung oder Nichtberufung auf die Richtlinienregelung de facto wählen, welche Regelung in seinem Fall angewendet werden soll, muss dann aber auch die jeweiligen Nachteile hinnehmen.[57]

Es ist die Pflicht des Gesetzgebers, richtlinienwidriges nationales Gesetzesrecht unverzüglich zu ändern. Unterlässt er diese Anpassung, kommen auch Schadensersatzpflichten in Betracht.[58] Die schuldhafte Nichtumsetzung kann bei vom Gesetzgeber zu verantwortendem schuldhaften Unterlassen ausnahmsweise auch dazu führen, dass der Mitgliedstaat wegen treuwidrigem Verhalten daran gehindert ist, sich auf die Bestandskraft oder den Ablauf von Ausschluss- und Verjährungsfristen zu berufen.[59] Grundsätzlich sind die Korrekturvorschriften und die Verjährungsvorschriften des na-

---

nationaler Gerichtsbarkeit überlagert werde. Das ist schlicht falsch, denn Art. 100 I GG dient vor allem dem Demokratieprinzip und der Gewaltenteilung.

55 EuGH v. 22.11.2017 – C-251/16 (Cussens u. a.), EU:C:2017:881, Rz. 26; EuGH v. 12.12.2013 – C-425/12 (Portgás), EU:C:2013:829, Rz. 22; EuGH v. 24.1.2012 – C-282/10 (Dominguez), EU:C:2012:33, Rz. 37 u. 38; EuGH v. 14.7.1994 – C-91/92 (Faccini Dori), EU:C:1994:292, Rz. 20; EuGH v. 26.2.1986 – Rs. 152/84 (Marshall), EU:C:1986:84, Rz. 48.

56 EuGH v. 4.7.2006 – C-212/04 (Adeneler u. a.), EU:C:2006:443, Rz. 109 und 110; EuGH v. 16.6.2005 – C-105/03 (Pupino), EU:C:2005:386, Rz. 44 u. 47; EuGH v. 5.10.2004 – C-397/01 bis C-403/01 (Pfeiffer u. a.), EU:C:2004:584, Rz. 114; EuGH v. 14.7.1994 – C-91/92 (Faccini Dori), EU:C:1994:292, Rz. 26; EuGH v. 13.11.1990 – C-106/89 (Marleasing), EU:C:1990:395, Rz. 8.

57 EuGH v. 26.02.2015 – C-144/13 (VDP Dental Laboratorie), UR 2015, 474; v. 28.11.2013 – C-319/12 (MDDP), -MwStR 2014, 15 (zu richtlinienwidriger Steuerbefreiung und Vorsteuerabzug). S. auch BFH v. 13.12.2017 – XI R 4/16 UR 2018, 450 (zu Vorsteuerabzug eines Reiseveranstalters) und v. 22.11.2018 – V R 21/17, UR 2019, 186 (Fondsverwaltung in Drittland).

58 Vgl. EuGH v. 19.01.2001 – C-150/99 (Lindöpark), Slg. 2001, I-493; v. 30.09.2003 – C-224/01 (Köbler), Slg. 2003, I-10239; BFH v. 21.04.2005 – V R 16/04, BStBl. II 2006, 96.

59 Vgl. EuGH v. 25.07.1991 – C-208/90 (Emmot), Slg. 1991, I-4269; v. 17.11.1998 – C-228/96 (Aprile), Slg. 1998, I-7141; v. 11.07.2002 – C-62/00 (Marks & Spencer) m. w. N., Slg. 2002, I-6325; v. 13.01.2004 – C-453/00 (Kühne & Heitz), Slg. 2004, I-837; vgl. auch BFH v. 23.11.2006 – V R 51/05 und V R 67/05, BStBl. II 2007, 433 und 436; Reiß StuW 1994, 323.

tionalen Verfahrensrechtes, namentlich der AO, aber auch bezüglich fehlerhaft umgesetzten harmonisierten Umsatzsteuergesetzesrechts zu beachten.[60] Die unterlassene Umsetzung kann allerdings unter dem Aspekt des verfassungsrechtlichen wie auch des europarechtlichen Gleichheitssatzes zur Verfassungs- und Europarechtswidrigkeit des Umsatzsteuerrechts führen.[61] Allerdings legt das Unionsrecht keine Frist fest, nach deren Ablauf eine Steuerfestsetzung verjährt, oder wann diese Frist zu hemmen ist.[62]

II. Prüfungsschema

20 Das nachfolgende Prüfungsschema folgt dem Gesetzesaufbau des UStG.

Prüfungsmuster:

1. **Leistung eines Unternehmers (§§ 1, 2 UStG)**
2. **Ort der Leistung in Deutschland (§§ 3a ff.; § 3 Abs. 5–8 UStG)**
3. **Steuerfreiheit (§ 4 UStG)**
4. **Höhe der Steuer (Bemessungsgrundlage und Steuersatz) – §§ 10, 12 UStG**
5. **Steuerentstehung, Steuerschuldner (§§ 13 ff. UStG)**
6. **Abzug von Umsatzsteuer (Vorsteuerabzug nach § 15 UStG)**
7. **Steuerberechnung (§§ 16 f., 20 UStG)**
8. **Besteuerungsverfahren (§ 18 UStG)**

Äußerer Anknüpfungspunkt (Besteuerungsgegenstand) sind die Umsätze in Gestalt entgeltlicher Leistungen von Unternehmern (§ 1 Abs. 1 Nr. 1 UStG). Bei Wertabgaben aus dem Unternehmen für außerunternehmerische (private) Zwecke werden entgeltlich Leistungen fingiert (§ 3 Abs. 1 b und 9 a UStG).

Nach § 1 Abs. 1 UStG „unterliegen die folgenden Umsätze“ der Umsatzsteuer; sie sind „steuerbar“ (s. Überschrift). Ist ein Tatbestandsmerkmal nicht erfüllt, so spricht man von einem nicht steuerbaren Umsatz bzw. Vorgang (Beispiele: nicht „im Inland“, nicht „im Rahmen des Unternehmens“).

Von der Nichtsteuerbarkeit ist die Steuerfreiheit eines Umsatzes zu unterscheiden (wenngleich im Ergebnis fast nie unterschiedliche Rechtsfolgen eintreten). Nur ein steuerbarer Umsatz kann steuerpflichtig oder steuerfrei sein. Die Steuerbefreiungen sind in § 4 UStG aufgezählt.

Für einen steuerpflichtigen Umsatz ist seine Bemessungsgrundlage zu bestimmen, die sich bei entgeltlichen Umsätzen aus der Gegenleistung ergibt (§ 10 Abs. 1 und 2 UStG). Auf diese Bemessungsgrundlage ist der Steuersatz nach § 12 UStG anzuwenden.

Die §§ 15, 15 a UStG und z. T. § 14 UStG betreffen den Vorsteuerabzug (Eingangsseite). Die §§ 16 ff. UStG enthalten Vorschriften zum Besteuerungsverfahren, Sonderregelungen und Übergangsvorschriften.

Bei der Lösung einer umsatzsteuerlichen Einzelaufgabe empfiehlt es sich, dem gesetzlich vorgezeigten Weg auch im Aufbau zu folgen, insbesondere die Ausgangsseite vor der Eingangsseite zu prüfen.

---

60 Vgl. BFH v. 16.09.2010 – V R 57/09, BStBl. II 2011, 151; BVerfG v. 29.05.2012–1 BvR 640/11, BFH/NV 2012, 1404 (zur insoweit fehlenden Vorlagepflicht an den EuGH); siehe auch EuGH v. 12.9.2024 – C-429/23 (NARE-BG), EU:C:2024:742, Rn. 51 f. und Rn. 64 f.

61 Vgl. Kirchhof UR 2002, 541, 547; vgl. auch Kirchhof DStR 2008, 1 ff.

62 EuGH v. 13.7.2023 – C-615/21 (Napfény-Toll), EU:C:2023:573.

Prüfungsschema 21

Ausgangsseite (eigener Umsatz)

I. Steuerbarkeit (§§ 1–3g UStG)
Leistungsaustausch, Einfuhr oder innergemeinschaftlicher Erwerb?

ja – steuerbar

nein – unentg. Wertabgabe?

- ja – steuerbar
- nein – (Vorgang ist nicht steuerbar)

II. Steuerpflicht

Steuerbefreiung? (§§ 4–9 UStG)

nein – (steuerpflichtig)

ja – Option nach § 9 UStG

- ja – (steuerpflichtig)
- nein – (steuerfrei) (weiter bei Bemessungsgrundlage)

III. Steuersatz (§ 12 UStG)
ermäßigter Steuersatz? (§ 12 Abs. 2 UStG)

ja

nein – allgemeiner Steuersatz

IV. Bemessungsgrundlage (§§ 10, 11 UStG)

1. Entgelt bei Leistungsaustausch und innergemeinschaftlichem Erwerb durch Lieferung

2. (Zoll) Wert bei Einfuhr

3. Einkaufspreis, Ausgaben bei unentgeltlichen Wertabgaben und innergemeinschaftlichem Verbringen

nur für steuerpflichtige Umsätze

V. Steuerschuld/Entstehungszeitpunkt (§§ 13, 13b Abs. 1–4 UStG)

1. bei Soll-Versteuerung (Regelfall)

2. bei Ist-Versteuerung (§ 13 i.V.m. § 20 UStG)

3. bei Verlagerung der Steuerschuldnerschaft (§ 13b Abs. 1–4 UStG)

VI. Steuerschuldner (§§ 13a, 13b Abs. 5 UStG)

22 **Prüfungsschema**

Eingangsseite (Vorsteuerabzug)

I. Allgemeine Voraussetzungen (§ 15 Abs. 1 UStG)

1. Unternehmereigenschaft

2. Leistung eines anderen Unternehmers mit Rechnungsausweis (§ 15 Abs. 1 Nr. 1 UStG, §§ 14, 14a UStG) oder
Einfuhr (§ 15 Abs. 1 Nr. 2 UStG) oder
innergemeinschaftlicher Erwerb (§ 15 Abs. 1 Nr. 3 UStG) oder
bei Umkehr der Steuerschuldnerschaft (§ 15 Abs. 1 Nr. 4 UStG)

3. für das eigene Unternehmen

ja | nein = kein Vorsteuerabzug

II. Ausschlusstatbestände (§ 15 Abs. 1a, 1b, 2 u. 3 UStG)

Verwendung

für steuerfreie Umsätze, nicht abziehbare Aufwendungen oder private Grundstücksnutzung?

1. nein = Vorsteuerabzug

2. ja = kein Vorsteuerabzug, es sei denn, § 15 Abs. 3 UStG für abschließend genannte Befreiungen, u.a. Ausfuhr

3. teilweise

III. Aufteilung der Vorsteuer (§ 15 Abs. 4 UStG)

nach wirtschaftlicher Zuordnung
in einen abziehbaren und einen nicht abziehbaren Teil

Hinweis: *Ausnahmsweise Vorsteuerabzug auch für private Fahrzeuglieferer gemäß § 2a i.V.m. § 15 Abs. 4a UStG*

Einschränkung des Vorsteuerabzugs nach § 15 Abs. 1 S. 2, falls unter 10 % genutzt, § 15 Abs. 1a UStG für Repräsentationsaufwendungen nach § 4 Abs. 5, § 12 Nr. 1 EStG, § 15 Abs. 1b UStG für private Grundstücks(mit)benutzung

23 **Fall 4: Der Hausbau des Rechtsanwaltes/Umsätze und Vorsteuern**

Rechtsanwalt R ließ in Münster ein Gebäude schlüsselfertig von Bauunternehmer B errichten und erhielt nach Fertigstellung des Gebäudes im Mai 2023 eine Rechnung über 600.000 € zzgl. 114.000 € USt. Das Haus besteht aus drei gleich großen Geschossen. Im Erdgeschoss betreibt R seit Fertigstellung des Gebäudes seine vorher anderweitig in Münster in gemieteten Räumen betriebene Kanzlei. Im Jahr 23 erzielte er für von Januar bis Dezember 2023 erbrachte Leistungen Honorareinnahmen von 238.000 €. R ist ausschließlich als Strafverteidiger tätig. Das erste Geschoss hat R an eine Privatperson zu Wohnzwecken für monatlich 2.000 € ab 01.06.2023 vermietet. Das zweite Geschoss bewohnt R seither selbst. R ist hinsichtlich der Anwaltstätigkeit die Versteuerung nach vereinnahmten Entgelten gestattet.

Wie ist der vorstehende Sachverhalt für R umsatzsteuerlich zu würdigen? R möchte die angefallene Vorsteuer soweit wie möglich abziehen.

Mit der Herstellung des Gebäudes wurde nach dem 01.01.2012 begonnen, vgl. § 27 Abs. 16 UStG.

I. **Die Honorareinnahmen des R** 24

1. Die Leistungen des R als Strafverteidiger sind nach § 1 Abs. 1 Nr. 1 UStG steuerbar, wenn R Unternehmer ist und diese Leistungen im Inland gegen Entgelt im Rahmen seines Unternehmens erbracht hat.
   Mit der Durchführung von Strafverteidigungen bewirkt R sonstige Leistungen i.S.d. §§ 3 Abs. 9, 1 Abs. 1 Nr. 1 UStG. R hat sie gegen Entgelt, nämlich die Honorareinnahmen, erbracht. Sie wurden nach § 3a Abs. 1 UStG am Sitz der Kanzlei in Münster, mithin im Inland (§ 1 Abs. 2 UStG), ausgeführt. R ist Unternehmer, denn er wird nachhaltig zur Erzielung von Einnahmen tätig (§ 2 UStG). Die Anwaltstätigkeit gehört zum Rahmen seines Unternehmens (§ 1 Abs. 1 i.V.m. § 2 Abs. 1 S. 2 UStG). Die Umsätze sind mithin **nach § 1 Abs. 1 Nr. 1 UStG steuerbar**.
2. Steuerbare Umsätze sind steuerpflichtig, wenn sich nicht aus den §§ 4–8 UStG oder außerhalb des UStG geregelten Befreiungstatbeständen die Steuerfreiheit ergibt. Dies ist hinsichtlich der anwaltlichen Leistungen nicht der Fall. Sie sind daher **steuerpflichtig**.
3. Der Steuersatz beträgt nach § 12 Abs. 1 UStG 19 %, da keine der Ermäßigungsvorschriften des § 12 Abs. 2 UStG eingreift.
4. Die **Bemessungsgrundlage** für die Umsätze beträgt nach § 10 Abs. 1 UStG für die vom 01.01.2021 bis 30.06.2021 ausgeführten Umsätze 238.000 € abzüglich darin enthaltener USt von 38.000 € = 200.000 € (Errechnung: Preis : 1,19 = BMG x 19 % = **USt-Schuld**).
5. Die Steuer entsteht gemäß § 13 Abs. 1 Nr. 1b UStG im jeweiligen Monat der Honorarvereinnahmung, da dem R gemäß § 20 Abs. 1 UStG die Versteuerung nach vereinnahmten Entgelten gestattet wurde. R ist gemäß § 13a Abs. 1 Nr. 1 UStG der **Steuerschuldner**.

II. **Die Vermietung des 1. Geschosses** 25

1. Mit der Vermietung des 1. Geschosses erbringt R eine weitere sonstige Leistung gegen Entgelt im Rahmen seines Unternehmens als Unternehmer. Zum Rahmen des Unternehmens des R gehören auch die Vermieterleistungen, da R auch insoweit nachhaltig zur Erzielung von Einnahmen tätig wird. Das Unternehmen des R umfasst seine gesamten Tätigkeiten zur Erzielung von Einnahmen, § 2 Abs. 1 S. 2 UStG. Die Vermieterleistung ist daher **steuerbar**, denn sie wurde auch gemäß § 3a Abs. 3 Nr. 1a UStG in Münster, d.h. im Inland erbracht.
2. Vermietungsleistungen von Grundstücken sind allerdings nach § 4 Nr. 12a UStG steuerbefreit. Auf diese Befreiung konnte R auch nicht gemäß § 9 UStG verzichten. Ein Verzicht auf die Befreiung (s. Rn. 278 ff.) war nicht möglich, denn der Umsatz wurde nicht an einen anderen Unternehmer für dessen Unternehmen erbracht, denn der Mieter ist als Privatperson kein Unternehmer. Die Leistung des R ist daher steuerfrei. Die **Bemessungsgrundlage** für die monatliche Vermietung (= sonstige Leistung) beträgt 2.000 €, §§ 10 Abs. 1, 13 Abs. 1a UStG. Eine Umsatzsteuerschuld entsteht wegen der Befreiung nicht.

III. **Die Eigennutzung des 2. Geschosses** 26

Soweit R das 2. Geschoss bewohnt, verwendet er das im Erdgeschoss und im 1. Geschoss für Zwecke seines Unternehmens (Anwaltstätigkeit und Vermietung) genutzte Gebäude/Grundstück mit dem 2. Geschoss auch für außerhalb des Unternehmens liegende (private) Wohnzwecke. Eine Leistung gegen Entgelt scheidet insoweit aus, weil R mit der Grundstücksnutzung für eigene Wohnzwecke schon keine Leistung an einen anderen erbringt. Es fehlt im Übrigen auch an einem Entgelt. Allerdings stellt § 3 Abs. 9a Nr. 1 Hs. 1 UStG die Verwendung eines dem

Unternehmen zugeordneten Gegenstandes für (private) außerhalb des Unternehmens liegende Zwecke ausdrücklich einer sonstigen Leistung gegen Entgelt i. S. d. § 1 Abs. 1 Nr. 1 UStG gleich. Voraussetzung dafür ist, dass der Gegenstand dem Unternehmen zugeordnet wurde und sein Erwerb (ganz oder teilweise) zum Vorsteuerabzug berechtigte. Durch vollständige Zuordnung eines an sich nur teilweise für das Unternehmen verwendeten Gegenstandes wird dann erreicht, dass der Gegenstand insgesamt zum Unternehmen gehört und die Verwendung für (private) Zwecke, die außerhalb des Unternehmens liegen, sich quasi als Leistung des Unternehmens für den außerunternehmerischen Bereich darstellt.
Nach herrschender Auffassung steht dem Unternehmer bei teilunternehmerisch unternehmensfremd (= privat und unternehmerisch) genutzten Gegenständen ein Zuordnungswahlrecht[63] zu. Dies war noch nie überzeugend und führte bei Gebäuden zu einem Steuersparmodell, weswegen der Unionsgesetzgeber die Richtlinie insoweit änderte. Dies wurde durch § 15 Abs. 1b UStG umgesetzt, der nunmehr ausdrücklich den Vorsteuerabzug ausschließt. Korrespondierend dazu stellt nach § 3 Abs. 9a Nr. 1 Hs. 2 UStG die Verwendung auch des dem Unternehmen ausdrücklich zugeordneten Grundstückes für (private) Zwecke außerhalb des Unternehmens keinen steuerbaren Umsatz dar. Diese (Neu-)Regelung ist für solche Gebäude anwendbar, mit deren Herstellung, wie vorliegend, nicht vor dem 01.01.2011 begonnen wurde. R hat daher die Nutzung des 2. Geschosses für private Wohnzwecke nicht nach § 3 Abs. 9a Nr. 1 UStG zu besteuern. Ein steuerbarer Umsatz nach § 1 Abs. 1 Nr. 1 i. V. m. § 3 Abs. 9a Nr. 1 UStG liegt nicht vor.

27 IV. **Vorsteuerabzug**

1. R ist als Unternehmer i. S. d. § 2 UStG generell zum Vorsteuerabzug berechtigt. Mit der Errichtung des Hauses führte der Bauunternehmer an R eine Werklieferung für dessen Unternehmen aus. Darüber wurde R eine Rechnung mit gesondertem Steuerausweis von 114.000 € erstellt. Die Voraussetzungen des § 15 Abs. 1 Nr. 1 UStG sind demnach erfüllt, wenn R das Gebäude zulässigerweise in vollem Umfang seinem Unternehmen zuordnet. § 15 Abs. 1 S. 2 UStG steht nicht entgegen, da die unternehmerische Nutzung nicht geringer als 10 % ist.
2. Allerdings schließt § 15 Abs. 1b UStG auch für ein dem Unternehmen zugeordnetes Grundstück den Vorsteuerabzug aus, soweit dieses auch für außerhalb des Unternehmens liegende unternehmensfremde (private) Zwecke verwendet wird. Der Vorsteuerabzug ist danach ausgeschlossen, soweit er nicht auf die Verwendung für Zwecke des Unternehmens entfällt.
3. Bei Annahme einer Lieferung des gesamten Gebäudes für das Unternehmen **schließt** aber **§ 15 Abs. 2 Nr. 1 UStG** den **Vorsteuerabzug aus**, wenn der Eingangsumsatz zur Ausführung steuerfreier Umsätze verwendet wird. Das Gebäude wird von R zur Ausführung eines steuerfreien Umsatzes verwendet, nämlich der nach § 4 Nr. 12a UStG steuerbefreiten Vermietung.
4. R verwendet das Haus jedoch nicht nur für die privaten Wohnzwecke und die steuerfreie Vermietung. Vielmehr dient es auch der Ausführung der steuerpflichtigen Anwaltstätigkeiten. Der Eingangsumsatz erfolgt daher nur z. T. zur Ausführung von Umsätzen, die den Vorsteuerabzug ausschließen. Die VoSt ist daher nach **§ 15 Abs. 4 UStG** in einen abziehbaren und einen nicht abziehbaren Teil **aufzuteilen.** Als sachgerechte Schätzung kommt eine objektbezogene Aufteilung nach der Flächengröße in Betracht. Danach sind für die Nutzung als Praxisräume

63 EuGH v. 04.10.1995 – C-291/92 (Armbrecht), Slg. 1995, I-2807; BFH v. 07.07.2011 – V R 42/09, BStBl. II 2014, 76 und V R 21/10, BStBl. II 2014, 81; v. 12.01.2011 – XI R 9/08, BStBl. II 2012, 58; Abschn. 15.2c. Abs. 2 UStAE.

für die Anwaltstätigkeit 1/3 von 114.000 € = 38.000 € abziehbar und 2/3 = 76.000 € für die steuerfreie Vermietung und die private Wohnungsnutzung nicht abziehbar.[64]

D. Grundmaximen des Umsatzsteuerrechts

Das Umsatzsteuerrecht wird durch mehrere Grundmaximen bestimmt: 28

I. Die Umsatzsteuer ist von ihrem Charakter her eine **Verbrauchsteuer**. Mithin ergibt sich als ein tragendes Prinzip des europarechtlich harmonisierten Umsatzsteuerrechts die Besteuerung des Aufwandes für einen verbrauchbaren Vorteil. Dies verlangt, dass für die Frage, ob eine Leistung vorliegt und wer der richtige (i. S. v. vorsteuerabzugsberechtigte) Leistungsempfänger ist, zunächst darauf abgestellt wird, worin der verbrauchbare Vorteil liegt, wer diesen erhalten hat und wer den entsprechenden Aufwand getragen hat. Der Begriff darf dabei aber nicht zu eng verstanden werden. Es kommt nicht darauf an, dass der Vorteil tatsächlich verbraucht wird oder ob trotz Verbrauchs/Gebrauchs eine Wertsteigerung erfolgt. Auch Kunstwerke sind daher unzweifelhaft verbrauchbare Vorteile im Sinne des Mehrwertsteuerrechts.

II. Darüber hinaus verwendet der EuGH im sekundären Unionsrecht insbesondere im 29
Anwendungsbereich der MwStSystRL den **„Grundsatz der steuerlichen Neutralität“**.[65] Der Grundsatz der Neutralität stellt insofern ein sich aus dem Verbrauchsteuercharakter ergebendes grundlegendes Prinzip der Mehrwertsteuer dar, wobei sich hinter diesem eigentlich zwei Grundsätze verbergen. Zum einen meint der Neutralitätsgrundsatz, dass der Unternehmer als Gehilfe des Steuergläubigers in Form eines Steuereinsammlers von der endgültigen **Belastung mit Umsatzsteuer** außerhalb eines nicht unternehmerischen Letztverbrauchs **grundsätzlich zu befreien** ist, sofern die unternehmerische Tätigkeit selbst der Erzielung (grundsätzlich) steuerpflichtiger Umsätze dient. Zum anderen entspricht der Neutralitätsgrundsatz dem **verfassungsrechtlichen Gleichheitssatz** des Art. 3 Abs. 1 GG (bzw. auf Unionsebene des Art. 20 der Grundrechtecharta) und meint die **Wettbewerbsneutralität** unter dem Aspekt der gleichen Besteuerung gleicher wirtschaftlicher Verbrauchsversorgungsvorgänge.[66]

Wenn aber der Neutralitätsgrundsatz des Umsatzsteuerrechts verlangt, dass der unternehmerische Verbrauch nicht mit Umsatzsteuer zu belasten ist, dann ist für eine systemkonforme Umsatzsteuerneutralisierung allein entscheidend, ob eine unternehmerische Leistungsverwendung gegeben ist. Das **Anknüpfen an die unternehmerische Nutzung** durch das UStG verlangt, dass dem mit Umsatzsteuer belasteten Unternehmer, soweit und solange er Verbrauchsgüter unternehmerisch nutzt, ein Abzug der auf diese Güter entfallenden Umsatzsteuer ermöglicht wird. Dies wiederum verlangt auch, dass die Geltendmachung des Vorsteuervergütungsanspruchs nicht über Gebühr erschwert wird. Gleiches gilt für die systembedingte Überwälzung der Umsatzsteuer auf den Leistungsempfänger.

---

64 Vgl. zur Aufteilung BFH v. 22.08.2013 – V R 19/09, DB 2013, 2838; EuGH v. 08.11.2012 – C-511/10 (BLC Baumarkt), UR 2012, 968; BFH v. 28.09.2006 – V R 43/03, BStBl. II 2007, 417; v. 12.03.1992 – V R 70/87, BStBl. II 1992, 755; Abschn. 15.17. Abs. 5–8 UStAE.

65 Vgl. nur EuGH v. 7.3.2017 – C-390/15 (RPO), UR 2017, 393 Rz. 38 ff.; EuGH v. 10.11.2011 – C-259/10 u.a. (Rank), UR 2012, 104; EuGH v. 23.4.2009 – C-460/07 (Puffer), IStR 2009, 356, Rz. 53.

66 EuGH v. 10.11.2011 – C-259/10 u.a. (Rank), UR 2012, 104 Rz. 53 ff.

30 III. Aus dem **Rechtsstaatsprinzip** (Art. 20 Abs. 3 GG) folgt des Weiteren, dass jedwedes staatliche Eingriffshandeln unter dem **Gebot der Verhältnismäßigkeit** steht. Dieses Gebot verlangt, dass nur in dem Maße in Rechte des Bürgers eingegriffen werden darf, wie es erforderlich ist, um mit geeigneten Mitteln den angestrebten Zweck zu erreichen und der Eingriff im Verhältnis zum damit verfolgten Ziel angemessen ist. Der Verhältnismäßigkeitsgrundsatz ist im europäischen Recht in Art. 5 Abs. 4 EUV und nunmehr in Art. 52 der Charta der Grundrechte normiert und wird auch vom EuGH[67] im Rahmen der zutreffenden Besteuerung bzw. Entlastung von der Umsatzsteuer angewandt.

31 IV. Die Gewährleistung der Überwälzung mithilfe der Gegenleistung

Im Umsatzsteuerrecht ist der Unternehmer, der die Umsatzsteuer selbst schuldet, lediglich ein **(zwangsverpflichteter) Steuereinsammlungsgehilfe**,[68] weil die Umsatzsteuer von ihrer Konzeption als (allgemeine) indirekte Verbrauchsteuer angelegt und ausgestaltet ist. Insofern ergibt sich aus dem UStG, dass nicht eine materiell eigene, sondern eine **materiell fremde Steuer** geschuldet wird. Die formale Konstruktion als Steuerschuld im Umsatzsteuerrecht und nicht bspw. als Haftungsschuld (wie z. B. beim Arbeitgeber gem. § 42d EStG für die Lohnsteuer des Arbeitnehmers) hängt allein damit zusammen, dass eine **direkte Besteuerung** des Endverbrauchers aus praktischen Gründen nicht möglich ist, sodass auch die Konstruktion einer „bloßen" Haftungsschuld nicht in Betracht kommt. Diese technisch unterschiedliche Ausgestaltung ändert aber nichts an dem grundsätzlichen Problem, dass der eigentliche **Steuerträger** und der **Steuereinsammler** bei einer indirekten Verbrauchsteuer (sofern nicht ausnahmsweise die Steuerschuld auf den Steuerträger verlagert wurde – so z. B. nach § 13b UStG, wobei dann insoweit eine direkte Verbrauchsteuer vorliegt) **nicht identisch** sind.

32 Dies führt zu Problemen, **wenn und weil** für die Überwälzung ein anderer Rechtsweg gegeben ist und **wenn und weil** für Steuerschuld und Vorsteuerabzug ggf. unterschiedliche Finanzämter zuständig sind. Dies verlangt verfahrensrechtlich, dass bei der systembedingten – i. d. R. zivilrechtlichen – Überwälzung der Umsatzsteuer mittels der Gegenleistung die Zivilgerichte nicht eigenständig die Höhe der zutreffend festzusetzenden Umsatzsteuer bestimmen können,[69] sondern das **Verfahren auszusetzen** haben.[70]

Dies ermöglicht es dem Kläger – der im Zivilgerichtsprozess die Beweislast für die Höhe der überzuwälzenden Steuer trägt –, bei dem zuständigen FA einen **Antrag auf Änderung der** unter Vorbehalt erfolgten **Steuerfestsetzung** dem Gedanken von § 164 Abs. 2 Satz 2 i. V. m. § 155 Abs. 1 Satz 3 AO entsprechend i. S. der Argumentation des Klagegegners zu stellen. In dem Antrag kann der einzelne

67 EuGH v. 21.4.2005 – C-25/0303 (HE), EuGHE 2005, I-3123 = UR 2005, 324; EuGH v. 27.9.2007 – C-409/04 (Teleos), UR 2007, 774 (779).

68 Vgl. zu dieser technischen Konstruktion im Rahmen des UStG ausführlich Stadie in R/D, Einf. Rn. 197 ff. (Stand: Jan. 2024); BFH v. 13.2.2008 – XI B 200/07, BFH/NV 2008, 1208; Englisch, UR 2008, 481 (483); EuGH v. 24.10.1996 – C-317/94 (Elida Gibbs), BStBl. II 2004, 324 (326); in dortiger Rz. 22 ist die Rede davon, dass der Steuerpflichtige „die Steuer für Rechnung der Steuerverwaltung einzuziehen" habe bzw. in EuGH v. 21.2.2008 – C-271/06 (Netto), UR 2008, 508 Rz. 21, davon, dass die Steuerpflichtigen „als Steuereinnehmer für Rechnung des Staates und im Interesse der Staatskasse fungieren"; ebenso EuGH v. 20.10.1993 – C-10/92 (Balocchi), EuGHE 1993, I-5105 Rz. 25 = DB 1994, 26; ebenso Kirchhof, DStR 2008, 1 (8).

69 Zumindest verlangt der BGH nunmehr, dass die Revision zuzulassen ist, wenn von einer anderslautenden Entscheidung eines Finanzgerichtes abgewichen wird – BGH v. 18.7.2013 – IX ZR 23/10, DStR 2014, 895; explizit a. A. jedoch: OLG Hamm v. 28.1.2014–19 U 107/13, MDR 2014, 679.

70 Vgl. zu der ganzen Problematik ausführlich D. Hummel, AöR 2010, 573 (597 ff.); Stadie in R/D, Einf. Rn. 508 (Jan. 2024); im Ansatz ähnlich auch Burgmaier/Heinrichshofen, UStB 2012, 14 (15 f.); Burgmaier in Anm. zu EuGH v. 26.1.2012 – C-218/10 (ADV Allround), ECLI:EU:C:2012:35 = UR 2012, 179 (182); siehe nun auch BGH v. 26.6.2014 – VII ZR 247/13, MDR 2014, 1064 mit dem Hinweis auf die Entscheidung der Finanzbehörden bei „ernstlichen" Zweifeln hinsichtlich der umsatzsteuerrechtlichen Beurteilung.

streitige Vorgang erläutert und eine entsprechende Steuerfestsetzung bzgl. dieses einzelnen Vorgangs im Wege eines feststellenden Verwaltungsakts nach §§ 118, 155 AO begehrt werden. Die Zivilgerichte können sich dann an diesem Feststellungsbescheid für ihre Entscheidung orientieren. Das berechtigte Interesse für einen solchen Feststellungsantrag, sofern es wegen der Regelung in § 164 Abs. 2 Satz 2 i. V. m. § 155 Abs. 1 Satz 3 AO überhaupt für notwendig gehalten wird, folgt aus der (nur) dann gegebenen Möglichkeit, über § 580 Nr. 6 ZPO bei Änderung dieses (Feststellungs-)Bescheids (z. B. aufgrund einer finanzgerichtlichen Überprüfung) die notwendigen Konsequenzen für das dann schon rechtskräftige, nicht finanzgerichtliche Urteil ziehen zu können.[71]

71 Siehe auch die Entscheidung des EuGH v. 15.12.2011 – C-427/10 (Banca Antoniana), ECLI:EU:C:2011:844 = UR 2012, 184 (187) Rz. 28 ff., in welcher der EuGH klarstellt, dass die Finanzverwaltung einem Erstattungsanspruch (zu Unrecht gezahlte Mehrwertsteuer) nicht die Verjährung etc. entgegenhalten kann, obwohl der Leistende die Umsatzsteuer seinem Leistungsempfänger (zivilrechtlich) zurückerstatten musste.

2. Grundtatbestand (§ 1 Abs. 1 Nr. 1 Satz 1 UStG)

A. Leistung als Oberbegriff von Lieferung und sonstiger Leistung

I. Allgemeines

33 Der **Grundtatbestand** ist § 1 Abs. 1 Nr. 1 Satz 1 UStG und setzt die Ausführung einer Leistung eines Unternehmers im Inland gegen Entgelt im Rahmen seines Unternehmens voraus. Dieser Grundtatbestand wird ergänzt durch Fiktionen in § 3 Abs. 1 b und Abs. 9 a UStG, welche unentgeltliche Umsätze zu entgeltlichen fingieren. Komplettiert werden diese Umsatztatbestände durch zwei grenzüberschreitende Sondertatbestände (§ 1 Abs. 1 Nr. 4 und Nr. 5 UStG), die im Ergebnis die Bestimmung des „richtigen" Besteuerungsortes betreffen.

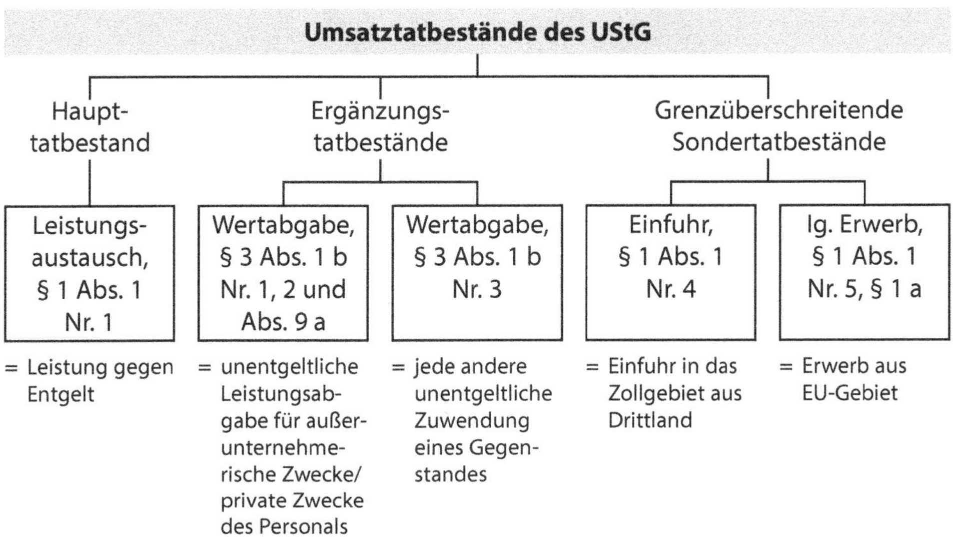

Diese Umsätze werden als **steuerbar** bezeichnet, wenn die weiteren Tatbestandsmerkmale des § 1 UStG jeweils erfüllt sind. Fehlt eines der weiteren Tatbestandsmerkmale, spricht man von **nicht steuerbaren** Umsätzen.

Beispiele

Ein Arbeitnehmer verkauft und übereignet seinen Pkw an einen Unternehmer. Es liegt zwar eine Lieferung vor, die aber nicht steuerbar ist, weil der Arbeitnehmer kein Unternehmer ist.
Ein Rechtsanwalt mit Sitz und Wohnort in Leipzig berät ein Unternehmen in Japan. Es liegt zwar eine Dienstleistung gegen Entgelt vor, die aber nach deutschem Umsatzsteuerrecht nicht in Deutschland steuerbar ist, weil der Leistungsort (§ 3a Abs. 2 UStG) in Japan liegt.

Beachte:
Nicht entschieden ist, ob nicht ein Umsatzsteuertatbestand nach japanischen Umsatzsteuerrecht (sofern es ein solches gibt) erfüllt ist!

34 Von der Frage der **Steuerbarkeit** ist die Frage streng zu trennen, ob **Steuerpflicht** besteht. Steuerbare Umsätze sind steuerpflichtig, wenn nicht ein Befreiungstatbestand nach §§ 4, 5 UStG oder nach den außerhalb des UStG geregelten Befreiungen eingreift.

Beispiel

Ein Unternehmer liefert in Dresden ein Grundstück gegen Entgelt. Der Umsatz ist steuerbar nach § 1 Abs. 1 Nr. 1 Satz 1 UStG, aber steuerfrei nach § 4 Nr. 9 a UStG.

Nicht steuerbare Umsätze fallen nicht in den Geltungsbereich des deutschen Umsatzsteuergesetzes. Dies kann beruhen auf fehlender persönlicher Steuerbarkeit, z. B. Leistung eines Nichtunternehmers, auf fehlender sachlicher Steuerbarkeit, z. B. unternehmerische Dienstleistungsabgabe ohne Entgelt, oder auf fehlender räumlicher Steuerbarkeit, z. B. Leistungen eines Unternehmers im Ausland.

Steuerfreie Umsätze liegen innerhalb des persönlichen, sachlichen und räumlichen Geltungsbereiches des Umsatzsteuergesetzes. Sie sind aber von der Steuerpflicht befreit. Im Ergebnis entsteht aber in beiden Fällen keine Umsatzsteuerschuld.

Der **Grundtatbestand** ist in § 1 Abs. 1 Nr. 1 UStG normiert. Dieser verlangt: 35

- Die Leistung in Gestalt einer Lieferung oder sonstige Leistung
- eines Unternehmers
- gegen Entgelt
- an einen Leistungsempfänger (Unternehmer oder Nichtunternehmer)
- im Inland
- [keine Geschäftsveräußerung im Ganzen – § 1 Abs. 1 a UStG]

II. Der Leistungsbegriff

1. Allgemeines

Der Grundtatbestand des § 1 Abs. 1 Nr. 1 UStG unterscheidet **Lieferungen** und **sonstige Leistungen. Oberbegriff ist die Leistung.** Im Hinblick auf das Besteuerungsziel, den Aufwand des Verbrauchers für verbrauchbare Leistungen zu besteuern, ist die Unterscheidung grds. überflüssig. Sie ist nur technischer Natur. Insbesondere für die Bestimmung des Ortes der Leistung (vgl. § 3 Abs. 6 ff., § 3a UStG), für gewisse Steuerbefreiungen (vgl. § 4 Nr. 1 UStG – Ausfuhrlieferungen, innergemeinschaftliche Lieferungen), für den Steuersatz (vgl. § 12 Abs. 2 Nr. 1 UStG – Lieferung der in Anlage 2 genannten Gegenstände) und die Steuerschuldverlagerung (vgl. § 13b Abs. 2 Nr. 5 UStG – Lieferung von Strom, Gas) unterscheidet das Gesetz zwischen Lieferungen und sonstigen Leistungen. 36

2. Autonomer umsatzsteuerrechtlicher Leistungsbegriff 37

Zentraler Anknüpfungspunkt für die Annahme eines steuerbaren Umsatzes ist gem. § 1 Abs. 1 Nr. 1 UStG das Vorliegen einer **Leistung**. Historisch gesehen ist der Begriff der Leistung i. S. des UStG wohl dem § 241 BGB entnommen.[72] Da aber auch das BGB diesen Begriff nur verwendet und nicht definiert, hilft diese Erkenntnis – selbst wenn sie zuträfe – nicht entscheidend weiter. Auch die 6. EG-Richtlinie (77/388/EWG)[73] bzw. deren Nachfolgerin, die MwStSystRL[74] spricht im Zusammenhang mit der Defi-

72 Begr. zum Entwurf des UStG 1967 (Teil B zu § 1) – BT-Drucks. 4/1590; Nieskens in: R/D, § 1 Rn. 211 ff. (Aug. 2023).

73 Sechste Richtlinie 77/388/EWG des Rates vom 17.5.1977 zur Harmonisierung der Rechtsvorschriften der Mitgliedstaaten über die Umsatzsteuern – Gemeinsames Mehrwertsteuersystem: einheitliche steuerpflichtige Bemessungsgrundlage, ABl. EG Nr. L 145 v. 13.6.1977, 1 ff.

74 Richtlinie 2006/112/EG des Rates vom 28.11.2006 über das gemeinsame Mehrwertsteuersystem, ABl. EG Nr. L 347 v. 11.12.2006, 1 ff.

nition des Steuerpflichtigen in Art. 9 Abs. 1 MwStSystRL nur von **wirtschaftlichen Tätigkeiten** bzw. verwendet anders als noch in Art. 6 Abs. 1 der 6. EG-RL nicht einmal mehr den Begriff der Leistung, sondern erwähnt in Art. 24 Abs. 1 MwStSystRL nur noch den Begriff des **Umsatzes**. Die unterschiedliche Zielsetzung des BGB als Teil des Privatrechts und des UStG als Teil des öffentlichen Eingriffsrechts spricht bereits gegen eine Übernahme des Leistungsbegriffs aus dem BGB in das UStG.[75]

Nimmt man die **Trennung des Zivilrechts vom Umsatzsteuerrecht** ernst, dann muss vielmehr von einem Leistungsbegriff ausgegangen werden, der aus seiner Verbindung zum Schuldverhältnis losgelöst ist.[76] Folglich kann die Einordnung als Leistung i. S. des BGB oder das Vorliegen eines wirksamen bzw. unwirksamen Schuldverhältnisses nicht relevant sein.[77] Insofern völlig zu Recht bejaht der BGH die **Umsatzsteuerbarkeit von Nutzungsersatz** auch bei einem fehlenden (wirksamen) Vertragsverhältnis.[78] Die Ansicht des EuGH[79] und des BFH,[80] wonach der Leistung gegen Entgelt ein Rechtsverhältnis zugrunde liegen muss, ist daher zu weitgehend und nur vor dem Hintergrund verständlich, dass nach h. M. für die Annahme einer Leistung i. S. des UStG ein Moment der **Freiwilligkeit des Leistenden** (s. Rn. 42 ff.) notwendig sein soll.

Der EuGH hat seine Aussage auch schon relativiert, denn die **wirtschaftliche Realität genieße Vorrang** vor den zugrunde liegenden vertraglichen Vereinbarungen.[81] Die Berücksichtigung der wirtschaftlichen und geschäftlichen Realität stelle ein grundlegendes Kriterium für die Anwendung des gemeinsamen Mehrwertsteuersystems dar.[82] Konsequenterweise können dann die schuldrechtlichen Vereinbarungen aber auch keine abschließende Aussage über das Vorliegen oder Nichtvorliegen einer *Leistung* treffen. In seiner jüngsten Entscheidung behilft sich der EuGH mit einem sehr weiten Verständnis eines unmittelbaren Zusammenhangs zwischen Leistung und Gegenleistung, das auch gegeben ist, wenn eine **erhöhte Gebühr wegen Verstoßes gegen die Nutzungsbedingungen** zu zahlen ist.[83] Ob diese „Kontrollgebühr" nach nationalem Recht als „Bußgeld" zu betrachten sei, ist für den EuGH zu Recht irrelevant.[84]

In einem Verfahren zu einem **Stromdiebstahl** wurde der EuGH gefragt, ob der Anspruch des Netzbetreibers gegen den Stromdieb auch die Mehrwertsteuer erfasst,[85] obwohl gar nicht willentlich Strom geliefert wurde. Der EuGH hat zutreffend entschieden, dass ein Stromdieb nicht günstiger als der rechtstreue Stromnutzer behandelt werden kann. Ausdrücklich stellt er klar, dass die Lieferung von Elektrizität auch dann eine wirtschaftliche Tätigkeit eines Verteilernetzbetreibers darstellt, wenn

---

75 So zutreffend für die allgemeine Unabhängigkeit des Steuerrechts vom Zivilrecht das BVerfG v. 27.12.1991–2 BvR 72/90, BStBl. II 1992, 212 (213 f.); Stadie, Allg. Steuerrecht, Rz. 196; a. A. offenbar Schön, DStJG 13 (1990), 81 (105).

76 Zutreffend Achatz, USt und Schadenersatz, 12 f.; Reiß, DStJG 13 (1990), 3 (28); Reiß, RIW 2004, 641 (641); Stadie in R/D, Einf. Rn. 158 ff. (Januar 2024).

77 So ausdrücklich Giesberts, UR 1988, 137 (139); Stadie, UStG, § 1 Rz. 13; im Ergebnis ähnlich EuGH v. 17.9.2002 – C-498/99 (Town & County Factors), ECLI:EU:C:2002:494, Rz. 19 ff. = UR 2002, 510 (511), wenn er zwar ein Rechtsverhältnis verlangt, aber die Durchsetzbarkeit der daraus resultierenden Verbindlichkeiten zu Recht nicht für notwendig hält.

78 Vgl. nur BGH v. 14.1.1992 – VI ZR 186/91, BGHZ 117, 29 = UR 1992, 233 (234) mit Anm. Widmann; v. 6.12.1995 – XII ZR 228/93, UR 1996, 225 (226); v. 22.10.1997 – XII ZR 142/95, NJW-RR 1998, 803 (805).

79 EuGH v. 21.11.2013 – C-494/12 (Dixons Retail), ECLI:EU:C:2013:758 = HFR 2014, 84 (85) Rz. 32; v. 23.3.2006 – C-210/04 (FCE), ECLI:EU:C:2006:196, Rz. 34 = UR 2006, 331; v. 17.9.2002 – C-498/99 (Town & County Factors), ECLI:EU:C:2002:494, Rz. 18 = UR 2002, 510 (511).

80 BFH v. 29.3.2007 – V B 208/05, BFH/NV 2007, 1542 (1542); v. 16.1.2003 – V R 92/01, BStBl. II 2003, 732 (733); v. 18.3.2004 – V R 101/01, BStBl. II 2004, 798 (800) – wobei der BFH hier ein durch schlüssiges Verhalten begründetes Rechtsverhältnis ausreichen lässt, aus dem sich ein (gesetzlicher) Aufwendungsersatzanspruch ergibt.

81 EuGH v. 20.6.2013 – C-653/11 (Paul Newey), ECLI:EU:C:2013:409 = UR 2013, 628 (632).

82 EuGH v. 20.1.2022 – C-90/20 (Apcoa Parking Danmark), ECLI:EU:C:2022:37, Rz. 38; vgl. in diesem Sinne auch EuGH v. 22.11.2018 – C-295/17 (MEO – Serviços de Comunicações e Multimédia), ECLI:EU:C:2018:942, Rz. 43 und die dort angeführte Rechtsprechung.

83 EuGH v. 20.1.2022 – C-90/20 (Apcoa Parking Danmark), ECLI:EU:C:2022:37, Rz. 41.

84 EuGH v. 20.1.2022 – C-90/20 (Apcoa Parking Danmark), ECLI:EU:C:2022:37, Rz. 46.

85 EuGH v. 27.4.2023 – C-677/21 (Fluvius), UR 2023, 521. Die Schlussanträge der Generalanwältin – denen der Gerichtshof weitestgehend gefolgt ist – sind bereits am 12.1.2023 veröffentlicht worden.

diese unbeabsichtigt erfolgte und das Ergebnis eines rechtswidrigen Handelns eines Dritten ist.[86] Eigentlich müsste sich spätestens damit das ohnehin unsinnige Dogma eines angeblich notwendigen Leistungswillens im deutschen Umsatzsteuerrecht[87] erledigt haben. Daher ist es zu eng, wenn der Gegenstand einer Leistung auf jedes **willentliche Verhalten** (Tun, Dulden oder Unterlassen) eines Rechtssubjektes, das zum Gegenstand des Wirtschaftsverkehrs gemacht werden könnte, beschränkt wird.[88]

Vielmehr liegt eine Leistung im Sinne des Umsatzsteuerrechts immer dann vor, wenn für einen verbrauchbaren Vorteil durch den Konsumenten Geld aufgewendet wird (vertragliches Rechtsverhältnis) oder aufgewendet werden muss (gesetzliches Rechtsverhältnis[89]). Das entscheidende ist weniger eine willentliche Verbraucherversorgung, sondern **der finanzielle Aufwand von einem Verbraucher für einen verbrauchbaren Vorteil**. Der Bestimmung eines verbrauchbaren Vorteils (d.h. des materiellen Gehalts einer Leistung) kommt mithin entscheidende Bedeutung zu.

3. Der materielle Gehalt einer Leistung

In materieller Hinsicht wird von vielen Stimmen im Schrifttum[90] zumeist verlangt, 38
dass der Leistung ein **wirtschaftlicher Gehalt** innewohnen muss. Stimmt man der Auffassung zu, dass die Umsatzsteuer ihrem Charakter nach den Aufwand für einen potenziell stattfindenden Verbrauch besteuern will, dann kann eine Leistung i. S. des UStG auch nur vorliegen, wenn eine Verschaffung von **verbrauchbaren Vorteilen**, d.h. solchen Vorteilen, die potenziell verbrauchbar sind,[91] gegeben ist. Im Ergebnis wird bei diesem Kriterium durch die Literatur auch auf die **Konsummöglichkeit** durch den Leistungsempfänger abgestellt. Damit dürfte das Merkmal des wirtschaftlichen Gehalts deckungsgleich mit der Existenz eines verbrauchbaren Nutzens sein.

Schwierig hingegen ist die genaue **Bestimmung eines verbrauchbaren Nutzens**. Das Erfordernis eines selbstständigen Wirtschaftsguts i. S. des Bilanzsteuerrechts wäre für das Ziel der Besteuerung des Aufwands für den Verbrauch (Rz. 14.3) zu eng. Ob für den Leistungsempfänger ein verbrauchbarer Nutzen vorliegt, kann nur aus seinem Verhalten, dafür Vermögen aufzuwenden, gefolgert werden. Wendet der Leistungsempfänger Geld für ein bestimmtes Tun, Dulden oder Unterlassen auf, so **indiziert** dies, dass für ihn ein verbrauchbarer Nutzen vorliegt. Damit erlangt das Merkmal der Entgeltlichkeit schon im Rahmen des Leistungsbegriffs mittelbare Bedeutung. Im Wesentlichen dient das Merkmal des wirtschaftlichen Gehalts damit der **Abgrenzung** von der Verschaffung **nicht verbrauchbarer Vorteile**. Diese liegen anerkanntermaßen

---

86 EuGH v. 27.4.2023 – C-677/21 (Fluvius), UR 2023, 521 Rz. 48.

87 Dazu schon immer kritisch Stadie, UStG, § 1 Rz. 44 ff.; Stadie in: R/D, Einf. Rn. 162 ff. (Jan. 2024), D. Hummel, UR 2006, 614 (615 f.); D. Hummel, UR 2008, 569 (572).

88 Lippross, USt, Kap. 2.2.2. (S. 82); EuGH v. 14.07.2005 – C-435/03 (British American Tobacco), UR 2005, 491; **a.A.** zutreffend Stadie in: R/D, Einf. Rn. 164 f. (Jan. 2024); und in Stadie, UStG § 1 Rn. 57 f. (Leistung und Entgelt auch bei unfreiwilligem/erzwungenem Vermögensschaden und Schadensersatz dafür); D. Hummel, UR 2006, 614 (615 f.); D. Hummel, UR 2008, 569 (572); D. Hummel in Mössner/Lampert u. a., Steuerrecht international tätiger Unternehmen, Rz. 14.14 ff.; mittlerweile auch schon weitergehend Englisch in: T/L, § 17 Rn. 87 und 90 (es genügt ein bewusstes Verschaffen, wenn der Abnehmer damit rechnen muss, hierfür eine Gegenleistung als Entgelt zu erbringen).

89 Ganz deutlich: EuGH v. Rn. 404.7.2024 – C-179/23 (Credidam), EU:C:2024:571, Rn. 40: es genügt, dass die Erbringung der Dienstleistung und die dafür geschuldete Vergütung gesetzlich geregelt sind.

90 Vgl. Nieskens in: R/D, § 3 Rn. 321 (Aug. 2024); Jakob, USt4, Rz. 193; Nieskens in: R/D, § 1 UStG Rn. 357 (Aug. 2023); nunmehr auch BFH v. 19.5.2010 – XI R 6/09, UR 2010, 821 (822) zu „Leistungen im wirtschaftlichen Sinne".

91 Da es nicht darauf ankommt, ob der Endverbraucher das Konsumgut tatsächlich „verbraucht" oder ungenutzt liegen lässt bzw. sofort wegwirft; Stadie in: R/D, Einf. Rn. 143 (Jan. 2024); Stadie, UStG, § 1 Rz. 10; Englisch in T/L, § 17 Rz. 11; D. Hummel, UR 2006, 614; ähnlich Reiß in: T/L (20. Aufl.), § 14 Rz. 1 – Einkommensverwendung als Verbrauch i. w. S.; a. A. Friedrich-Vache, UR 2006, 207 (209) – „Erfassung von tatsächlichem Verbrauch"; Stellungnahme der Deutschen Kunsthandelsverbände zur Konsultation der EU zum Thema „Grünbuch zur Zukunft der Mehrwertsteuer" – abrufbar unter: http://www.bvdg.de/sites/default/files/Stellungnahme.EU-Gruenbuch.Konsultation.Mehrwertsteuer%202011.pdf.

mit **Geldzahlungen**[92] vor, die nicht selbst verbrauchbar sind, sondern nur der späteren Verschaffung eines verbrauchbaren Nutzens dienen. Gleiches gilt für den Verkauf von Geldforderungen,[93] selbst wenn der Kaufpreis unter dem Nennwert liegt und diese Differenz nicht als Gegenleistung für bestimmte Dienstleistungen (wie beim echten oder unechten Factoring[94] die Organisation des Inkassos) angesehen werden kann, sondern den wirtschaftlichen Wert der Forderungen abbildet.

Dem gleichzustellen ist die **Geldersparnis**, da auch hier kein verbrauchbarer Vorteil verschafft wird, sondern nur die Möglichkeit, sich mit dem gesparten Geld ein Konsumgut i. w. S. anderweitig zu verschaffen. Dem steht der **Ersatz von Geldvermögensschäden** (wie z. B. entgangenem Gewinn oder einem Verzugsschaden) gleich, da auch hier **kein Konsumguttransfer** stattfindet, sondern nur verhinderte Geldverschaffungsmöglichkeiten adäquat ausgeglichen werden.[95] Entgegen der Ansicht des EuGH[96] stellen verfallende Flugticketpreise nicht das „Entgelt" für eine Leistung (die Möglichkeit des Fluges), sondern den pauschalen Ausgleich für eine Nichtinanspruchnahme einer Leistung dar. Dies zeigt sich ziemlich deutlich, wenn die Fluglinie ihren Flug überbucht, aber einer der Fluggäste nicht kommt und die Gegenleistung verfällt.[97] Dieser zahlt nicht für die Möglichkeit des Fluges, weil diese bei einer Überbuchung niemals bestanden hat. Ob die pauschale Entschädigung bei einem fehlenden Schaden in gleicher Höhe wie der Preis eines Tickets wirksam vereinbart werden kann, ist keine umsatzsteuerrechtliche, sondern eine zivilrechtliche Frage. Anderes gilt für einen im Vorhinein festgelegten Betrag, den ein Wirtschaftsteilnehmer im Fall der vorzeitigen Beendigung eines Dienstleistungsvertrags mit einer Mindestbindungsfrist durch seinen Kunden erhält. Sofern dieser dem Betrag entspricht, den dieser Wirtschaftsteilnehmer auch ohne diese vorzeitige Beendigung für die restliche Laufzeit als Gegenleistung erhalten hätte, ist er unzweifelhaft weiterhin als Gegenleistung für eine gegen Entgelt erbrachte Dienstleistung anzusehen, die als solche der Mehrwertsteuer unterliegt.[98] Auch die Geldgewinne, die ein „Berufspokerspieler" im Erfolgsfall erzielt, sind – anders als erfolgsunabhängige Antrittsgelder, die der Veranstalter für dessen Teilnahme zahlt – kein Entgelt für eine Leistung.[99]

39 **§ Fall 5: Die vorzeitige Vertragsauflösung**

B hatte sich in 01 eine Teigknetmaschine von dem befreundeten Bäcker V für 100 € im Monat und einen Zeitraum von drei Jahren gemietet. Da die Geschäfte des V wider Erwarten besser laufen, benötigt dieser seine Teigknetmaschine vorzeitig zurück. Nachdem V dem B eine „Entschädigung" von „500 € zzgl. ggf. anfallender Umsatzsteuer" anbietet, gibt B die Maschine an V zurück.

Frage: Wie hoch ist die „Entschädigung", die B von V zu erhalten hat?

---

92 Zutreffend Reiß, BB 1986, 1407 (1409); Reiß, RIW 2002, 286 (296); Reiß, UR 2008, 58 (66); Stadie, UStG, § 1 Rz. 28; Giesberts, UR 1988, 137 (139); nun auch BFH v. 19.5.2010 – XI R 6/09, UR 2010, 821 (822); das zugewendete Geld dient nur der Möglichkeit, sich einen verbrauchbaren Nutzen zu verschaffen, es ist aber nicht (Ausnahme bei Geldmünzen als Sammlerobjekte und nicht als Zahlungsmittel) selbst ein ebensolcher (Geld kann man nicht essen).

93 Zutreffend EuGH v. 27.10.2011 – C-93/10 (GFKL), ECLI:EU:C:2011:700 = UR 2011, 933; dem folgend BFH v. 26.1.2012 – V R 18/08, UR 2012, 359.

94 Vgl. dazu EuGH v. 26.6.2003 – C-305/01 (MKG-Kraftfahrzeuge-Factoring), ECLI:EU:C:2003:377.

95 Stadie, UStG, § 1 Rz. 49 ff.; D. Hummel in Anm. zu BFH v. 7.7.2005 – V R 34/03, UR 2005, 665; D. Hummel in Anm. zu BFH v. 16.1.2014 – V R 22/13, MwStR 2014, 335; Reiß, UR 2008, 58 (66); Lippross, USt, Kap. 2.2.2.1.a (S. 75 ff.); D. Hummel, UR 2008, 569 (571); a. A. BFH v. 7.7.2005 – V R 34/03, BStBl. II 2007, 66; v. 19.10.2010 – V B 103/09, BFH/NV 2011, 327 (328); v. 16.1.2014 – V R 22/13, MwStR 2014, 333.

96 EuGH v. 23.12.2015 – C-250/14 u. a. (Air France), ECLI:EU:C:2015:841 = UR 2016, 93.

97 Zutreffend – hinsichtlich der Begründung des EuGH – kritisch Wäger in: Birkenfeld/Wäger, Abschn. I, Kap. 1.A Rz. 106 ff. (Apr. 2017).

98 EuGH v. 22.11.2018 – C-295/17 (MEO – Serviços de Comunicações e Multimédia), ECLI:EU:C:2018:942, Rz. 57.

99 Zutreffend BFH v. 30.8.2017 – XI R 37/14, MwStR 2017, 1001.

Die Höhe der „Entschädigung" richtet sich ausweislich der vertraglichen Übereinkunft danach, ob zu den 500 € noch Umsatzsteuer hinzuzurechnen ist. Dies setzt voraus, dass der Verzicht auf die weitere Vertragsdurchführung gegen die Zahlung von einer Entschädigung i. H. v. 500 € einen steuerbaren Umsatz darstellt. 40

Voraussetzung für einen steuerbaren Umsatz ist wiederum das Vorliegen einer Leistung. Bei einer vorzeitigen Vertragsauflösung ist das Vorliegen einer Leistung umstritten. Der BFH sieht in der vorzeitigen Auflösung eines Vertrages stets eine Leistung. Richtigerweise ist aber allein maßgebend, ob mit der Vertragsauflösung dem anderen Teil eine Leistung gem. § 1 UStG erbracht wird. Eine Leistung ist als jedwede Verschaffung eines verbrauchbaren Nutzens zu definieren. Entscheidend ist daher zunächst, worin der dem V verschaffte verbrauchbare Nutzen liegen kann.

B hat als der zur Sachleistung Berechtigte auf die weitere Vertragsdurchführung und mit der Rückgabe der Maschine auf den Besitz an der Teigknetmaschine verzichtet. Zu klären ist hier, ob der B damit dem V einen verbrauchbaren Nutzen verschafft hat.

I. **Vertragsfreiheit**

Die „wiedererlangte" Vertragsfreiheit des Verpflichteten kommt nicht als Leistung in Betracht. Denn die allgemeine Vertragsfreiheit stellt keinen verbrauchbaren Nutzen dar.[100] Insbesondere stand es dem V auch schon ohne die Vertragsauflösung frei, andere Verträge zu schließen. Allein die Entlassung aus einem schuldrechtlichen Vertrag kann daher nicht die Vertragsfreiheit verschaffen.

II. **Nutzungsmöglichkeit**

Wenn der Mieter aber, welcher wie in diesem Fall die Mietsache schon in Besitz genommen hat,[101] den Besitz vorzeitig gegen eine Abstandszahlung wieder auf den Vermieter überträgt, dann verzichtet der Mieter auf den Besitz an der Mietsache. Über die dingliche Wirkung des Besitzes aus §§ 854 ff. BGB kann der Besitzer eine Verwendung durch jeden Dritten und damit auch eine vertragswidrige Verwendung durch seinen Vertragspartner verhindern. Wenn er aber die anderweitige Nutzung der vertraglich vereinbarten Leistung verhindern kann, dann leistet er durch seinen Verzicht auf seinen Besitz auch die Nutzungsmöglichkeit über den Vertragsgegenstand. Der B verschafft folglich dem V aufgrund seines Verzichts die (vorzeitige) Nutzungsmöglichkeit an der Teigknetmaschine. Die (vorzeitige) Nutzungsmöglichkeit einer Sache ist ein verbrauchbarer Vorteil.

Ergebnis:

Folglich liegt bei einer vorzeitigen Vertragsauflösung im Interesse des V eine Leistung des B in Form der Besitzverschaffung an der Maschine vor. Der B verschafft dem V die vorzeitige Nutzungsmöglichkeit gegen die Zahlung von Geld. Dass diese Zahlung als Schadensersatz bezeichnet wurde, ist dabei unschädlich,[102] dies umso mehr, als auch Schadensersatzzahlungen entgegen der h. M. eine Gegenleistung für einen verbrauchbaren Nutzen darstellen können. Damit hat der B dem V einen verbrauchbaren Vorteil verschafft. Eine Leistung und damit ein steuerbarer Umsatz liegt vor, sodass Umsatzsteuer „anfällt" und aufgrund der vertraglichen Abrede der V dem B eine „Entschädigung" i. H. v. 595 € schuldet.

Die Leistung erfolgt in der Regel als **Erfüllungshandlung** eines Schuldverhältnisses, namentlich eines gegenseitigen Vertrages. Die USt knüpft aber an das Erbringen der Leistung, nicht an die Eingehung der Verpflichtung zur Leistung an. Ein sog. Leistungsaustausch ist aber auch möglich, wenn der Leistung überhaupt kein Schuldver- 41

100 D. Hummel in Anm. zum BFH UR 2005, 663, 667.

101 Ohne den Besitz würde die Vertragsauflösung dem anderen auch nur Geld in Form von zukünftigen Schadensersatzansprüchen ersparen und auch keinen verbrauchbaren Vorteil verschaffen.

102 So nun ausdrücklich EuGH v. 22.11.2018 – C-295/17 (MEO – Serviços de Comunicações e Multimédia), EU:C:2018:942, Rz. 68 f. und Schlussanträge der Generalanwältin Kokott v. 7.6.2018 – C-295/17 (MEO), Rz. 34.

hältnis zugrunde liegt; insbesondere bedarf es nicht eines gegenseitigen Vertrages. Es genügen auch einseitige Rechtsgeschäfte wie die Auslobung oder die Geschäftsführung ohne Auftrag, aber auch öffentliche Rechtsverhältnisse.[103] Zur Klärung des Umfanges und des Inhaltes einer Leistung muss aber häufig auf die schuldrechtlichen Vereinbarungen der betroffenen Rechtssubjekte zurückgegriffen werden. Allerdings kann es dabei nicht darauf ankommen, ob nach deutschem Zivilrecht ein bestimmter Vertragstyp vorliegt, sondern es ist anhand der vertraglichen Vereinbarungen der Inhalt der Leistung zu ermitteln und sodann diese Leistung umsatzsteuerlich autonom zu qualifizieren.

Beispiel

Einem Kiesausbeuteunternehmen ist gestattet worden, aus dem Grundstück des Eigentümers E Kies zu entnehmen. Dafür zahlt es dem E ein Entgelt. Liegt ein Kaufvertrag zugrunde, handelt es sich um steuerbare und steuerpflichtige Lieferungen von Kies. Liegt aber eine Grundstücksverpachtung zugrunde, so soll es sich um eine steuerbare, aber nach § 4 Nr. 12 Buchst. a UStG steuerfreie sonstige Leistung des E handeln.[104] Diese bisherige strikt am deutschen BGB orientierte Auslegung dürfte dem europarechtlich auszulegenden Begriff der Grundstücksvermietung nicht entsprechen. Zu fragen ist vielmehr, ob die Nutzungsüberlassung des Grundstückes im Vordergrund steht oder die Ausbeutung des Kiesvorkommens. Letzterenfalls sind selbst dann steuerpflichtige Lieferungen anzunehmen, wenn zivilrechtlich das Rechtsverhältnis (noch) als Pachtverhältnis zu qualifizieren wäre.

4. Zur Irrelevanz eines Leistungswillens

42 Die Leistung besteht zu 99,9 % in einem **willentlichen Verhalten**. Tritt eine Güterverschiebung ohne willentliches Verhalten ein, z. B. bei unwiderstehlichem Zwang, kann dennoch eine Leistung vorliegen. Das Vorliegen einer Leistung ist nämlich von den subjektiven Vorstellungen der Beteiligten im Grunde unabhängig, denn ein **Konsumguttransfer** wird nicht dadurch verhindert, dass einer der Beteiligten ihn eigentlich nicht wollte oder von diesem nichts wusste. Auch müsste es (schon wegen des aus Art. 3 Abs. 1 GG folgenden **Gebots der Gleichbehandlung** bzw. des gemeinschaftsrechtlichen Gleichbehandlungsgebots) einen rechtfertigenden Grund geben, eine stattgefundene Verbraucherversorgung gegen den Willen des „leistenden Unternehmers“ anders zu behandeln als eine stattgefundene Verbraucherversorgung mit einem entsprechenden Willen. Wer sich einen verbrauchbaren Nutzen eigenmächtig verschafft (und dafür Schadenersatz leisten muss), kann nicht ohne Grund umsatzsteuerrechtlich demjenigen gegenüber privilegiert werden, der sich mit dem Willen des Berechtigten einen verbrauchbaren Nutzen verschaffen lässt und dafür die vereinbarte Gegenleistung entrichten muss.

Beispiel

Ein Ladendieb stiehlt dem Kaufmann Ware und verzehrt sie. Später wird er entdeckt und entrichtet als Schadensersatz den Kaufpreis. Der Kaufmann hat zwar nicht (willentlich) geleistet, der Schadensersatz stellt jedoch dennoch Entgelt für eine Leistung (verbrauchbaren Vorteil) dar. Der Vorgang ist daher genauso steuerbar, wie wenn der Dieb sich rechtstreu verhalten und die Ware gekauft hätte.[105]

Insofern ist es auch irrelevant, wenn eine Güterverschiebung nur kraft Gesetzes eintritt. Es liegt gleichwohl eine Leistung vor, wenn für den Erwerb kraft Gesetzes eine Gegenleistung aufgewendet wird.

---

103 Vgl. BFH v. 16.01.2003 – V R 92/01, BStBl. II 2003, 732; v. 28.02.1980 – V R 90/75, BStBl. II 1980, 535.

104 Vgl. Abschn. 4.12.4 UStAE; BFH v. 28.06.1973 – V R 7/72, BStBl. II 1972, 717.

105 Vgl. EuGH v. 27.4.2023 – C-677/21 (Fluvius), UR 2023, 521; EuGH v. 20.1.2022 – C-90/20 (Apcoa Parking Danmark), ECLI:EU:C:2022:37.; siehe auch Stadie, UStG, § 1 Rz. 44 ff.; Stadie in: R/D, Einf. Rn. 162 u. 164 (Jan. 2024), D. Hummel, UR 2006, 614 (615 f.); D. Hummel, UR 2008, 569 (572).

Beispiel

Ein Bauunternehmer errichtet auf dem Grundstück des Bauherrn ein Gebäude und erhält dafür den Werklohn. Es liegt ein sog. Leistungsaustausch vor, obgleich das Eigentum am Gebäude nicht durch rechtsgeschäftliche Übertragung, sondern kraft Gesetzes gemäß §§ 946, 94 BGB erworben wurde. Auch wenn der Werkvertrag unwirksam gewesen wäre und der Bauunternehmer lediglich nach §§ 951, 812 BGB eine Entschädigung erhalten hätte, wäre ein sog. Leistungsaustausch zu bejahen.

Demgegenüber wird von der Rechtsprechung[106] und der h.M.[107] für die Bejahung einer Leistung i.S. von § 1 UStG ein Wille des Leistenden gefordert, was insbesondere bei der Zahlung von **Schadenersatz** (s. Rn. 43 ff.) bzw. **Entschädigungen** Bedeutung erlangt. Hier wird die Notwendigkeit eines **Leistungswillens** hartnäckig behauptet und verteidigt.[108] Schon der Leistungsbegriff selbst impliziere ein Verhalten, das vom Entschluss des Leistenden gedeckt sei. Daher liege keine Leistung bei Vermögenseinbußen vor, wenn diese ohne Kenntnis oder gegen den Willen erfolgt seien.[109] Da ein Schaden gegen den Willen des Geschädigten erfolge, habe dieser das geschädigte Verbrauchsgut nicht geleistet.

Richtigerweise ist es umsatzsteuerrechtlich aber völlig unerheblich, aus welchen Gründen Geld (hier als Schadenersatz) aufgewendet wurde. Ob die Zahlung einvernehmlich oder aufgrund des **pflichtwidrigen oder deliktischen Verhaltens** einer der Parteien erfolgt, spielt umsatzsteuerrechtlich ebenso wenig eine Rolle, wie die (vertragliche oder zivilrechtliche) Bezeichnung der Geldzahlung als Schadenersatz.[110] Der sogar von der EU-Kommission vertretenen Ansicht, wonach eine Gebühr für einen Verstoß gegen die Benutzungsordnung (d.h. ein pflichtwidriges Verhalten) eines Parkplatzes kein Entgelt für eine Leistung sei, hat der EuGH in der Rechtssache *Apcoa Parking Danmark* zu Recht eine klare Abfuhr erteilt.[111] Zwischen der Erhebung einer Kontrollgebühr wegen vorschriftswidrigen Parkens und dem Umstand, dass der betreffende Kraftfahrer unter den besonderen Umständen parkt, die Apcoa festgelegt hat und die zu diesem erhöhten Entgelt führen, bestehe ein hinreichender Zusammenhang.

Die Irrelevanz der Tatsache, ob einvernehmlich oder nicht eine Zahlung erfolgt, wird insbesondere bei der Behandlung von Zahlungen im Zusammenhang mit der **vorzeitigen Beendigung eines Dauernutzungsverhältnisses** nicht hinreichend berücksichtigt. So meint der BFH seit dem Jahr 2005 in einem viel gescholtenen Urteil,[112] dass die vorzeitige **Auflösung eines langfristig angelegten Beratungsvertrags** gegen Zahlung eines Geldbetrags durch den Mandanten eine steuerbare und steuerpflichtige Leistung sei. Richtigerweise ist entscheidend, ob lediglich mit der Vertragsaufhebung auf einen

106 BFH v. 20.3.2013 – XI R 6/11, BStBl. II 2014, 206; v. 8.10.2008 – XI R 66/07, BFH/NV 2009, 616; v. 26.8.1993 – V R 20/91, BStBl. II 1994, 54 (55); v. 13.3.1987 – V R 129/75, BStBl. II 1987, 465 (467).

107 Beiser, ÖStZ 2007, 297 (298); Nieskens in: R/D, § 1 Rn. 453 ff. (Aug. 2023); Jakob, USt, 4. Aufl., Rz. 183; Fritsch in: R/K/L § 3 Rz. 129 ff. (April 2024) für den Lieferungsbegriff.

108 Nieskens in: R/D, § 1 Rn. 841 ff. (Aug. 2023); vgl. zu diesem Problemkreis die umfangreichen Ausführungen bei Achatz, USt und Schadenersatz, S. 1 ff.

109 Nieskens in: R/D, § 1 Rn. 842 (Aug. 2023).

110 So bereits zutreffend BFH v. 1.2.2007 – V R 69/05, UR 2007, 448 (450); v. 6.5.2004 – V R 40/02, BStBl. II 2004, 854 (865); ebenso der BGH v. 17.7.2001 – X ZR 71/99, UR 2001, 535 (536). Umstritten ist derzeit, ob die (wettbewerbsrechtlich begründete) Abmahnung eines Unternehmers durch einen anderen Unternehmer eine Leistung gegen Entgelt ist – ablehnend FG Münster v. 3.4.2015–5 K 2386/11 U, EFG 2014, 1334; aufgehoben durch BFH v. 21.12.2016 – XI R 27/14, UR 2017, 383. Letzteres ist eher zweifelhaft – zum Ganzen näher D. Hummel, UR 2017, 901.

111 EuGH v. 20.1.2022 – C-90/20 (Apcoa Parking Danmark), ECLI:EU:C:2022:37, Rn. 42.; konsequenterweise hat der EuGH auch die kraft Gesetzes zu zahlende Entschädigung für ein unfertiges Werk aufgrund einer Kündigung des Bestellers als Entgelt für eine Leistung betrachtet – vgl. EuGH v. 28.11.2024 – C-622/23 (rhtb), EU:C:2024:994, Rn. 25.

112 BFH v. 7.7.2005 – V R 34/03, BStBl. II 2007, 66 = UR 2005, 663 (665) mit kritischer Anm. D. Hummel; ablehnend auch Stadie, UStG, § 1 Rz. 53; Stadie in: R/D, Einf. Rn. 168 u. 970 ff. (Jan. 2024); Reiß in: T/L (20. Aufl.), § 14 Rn. 42; Reiß, UR 2008, 58 (67); Lippross, USt, Kap. 2.2.2.1.a (S. 85); Lippross, Stbg 2006, 577; D. Hummel, UR 2008, 569 (571); D. Hummel in Anm. zu BFH v. 7.7.2005 – V R 34/03, BStBl. II 2007, 66 = UR 2005, 665; nunmehr seine unzutreffende Rspr. bestätigend: BFH v. 19.10.2010 – V B 103/09, BFH/NV 2011, 327 (328) für die Auflösung eines Mietvertrags unter „Verzicht" des Vermieters auf die weitere Vertragsdurchführung und BFH v. 16.1.2014 – V R 22/13, MwStR 2014, 333 mit kritischer Anm. D. Hummel, BFH v. 22.5.2019 – XI R 20/17, UR 2019, 764.

zukünftigen (nun entgehenden) Gewinn gegen Zahlung eines Geldbetrags verzichtet wird[113] (dann liegt keine Leistung vor, da der entgangene Gewinn kein verbrauchbarer Vorteil ist) oder ob der Besitz an einer Sache vorzeitig herausgegeben oder eine besonders intensive oder weitergehende Nutzung der Sache abgegolten wird.[114] Im letzteren Fall liegt eine Leistung vor, da sowohl der Besitz als auch die Nutzung der Sache unstreitig verbrauchbare Vorteile sind, was bei der **Minderwertentschädigung** ausgelaufener oder gekündigter Leasingverträge z. T.[115] übersehen wird. Nach der Entscheidung des EuGH zu den Kontrollgebühren wegen vorschriftswidrigen Parkens[116] und der gesetzlich zustehenden Vergütung bei einem vorzeitig beendigten Werkvertrag[117] kann weder das erhöhte Beförderungsentgelt für Schwarzfahrer noch die Minderwertentschädigung wegen zu intensiver Pkw-Nutzung als „**nicht steuerbarer Schadensersatz**“ behandelt werden. Das war schon vorher falsch und ist nach der genannten Entscheidung des EuGH wohl nicht mehr ernsthaft vertretbar. Die vom BFH[118] unlängst bemühte Abgrenzung, je nachdem wer den Vertrag gekündigt habe und ob die Kündigung vor der Vereinbarung einer Abfindungszahlung erfolgte oder nicht, ist daher auch nicht überzeugend.

Insgesamt ist in der Rechtsprechung des EuGH zu Recht die Tendenz erkennbar, sich von der Voraussetzung eines willentlichen Rechtsverhältnisses zu lösen. So hat EuGH nun zutreffend entschieden, dass ein Stromdieb nicht günstiger als den rechtstreue Stromnutzer zu behandeln ist, wenn er für das verbrauchte Verbrauchsgut eine Gegenleistung (Schadensersatz) zahlen muss. Ausdrücklich stellte er klar, dass die Lieferung von Elektrizität auch dann eine wirtschaftliche Tätigkeit darstellt, wenn diese unbeabsichtigt erfolgte und das Ergebnis eines rechtswidrigen Handelns eines Dritten (Diebstahls) war.[119] Damit müsste sich das ohnehin unsinnige Dogma eines angeblich notwendigen Leistungswillens im deutschen Umsatzsteuerrecht[120] erledigt haben.

Für bestimmte Arten eines staatlich erzwungenen Verbrauchsgütertransfers stellt dies das Gesetz sogar klar. So ist es unschädlich, wenn der **Umsatz aufgrund gesetzlicher oder behördlicher Anordnung** ausgeführt wird oder als ausgeführt gilt (§ 1 Abs. 1 Nr. 1 S. 2 UStG).

Beispiel Enteignung,[121] Zwangsversteigerung

Eine Zuwendung von Geld zum Zwecke der Bezahlung (Bar- und Buchgeld) ist hingegen niemals eine Leistung, da Geld insoweit kein Verbrauchsgut, sondern nur das Mittel zum Erhalt eines verbrauchbaren Vorteils (Konsumgut) darstellt („Geld kann man nicht essen“ – dazu bereits oben s. Rn. 42).

---

113 Vgl. EuGH v. 18.7.2007 – C-277/05 (Société thermale d'Eugénie-Les-Bains), ECLI:EU:C:2007:440, Rz. 32 = UR 2007, 643; zutreffend FG München v. 5.2.2013–3 K 1620/12, EFG 2013, 1168 (1170ff.) – aufgehoben durch BFH v. 16.1.2014 – V R 22/13, BFH/NV 2014,736.

114 Dem gleichgestellt ist der Fall, wenn auf die Möglichkeit einer anderweitigen entgeltlichen Tätigkeit (z. B. ein sog. Privatliquidationsrecht des Chefarztes) gegen Entgelt verzichtet wird, damit ein Dritter (der Arbeitgeber) die Leistungen des Chefarztes selber gegenüber den Privatpatienten abrechnen kann. Zutreffend BFH v. 30.6.2022 –V R 36/20, UR 2022, 935.

115 So z. B. Klenk, DB 2006, 1180 ff.; Jaster/Burkhard, UStB 2006, 135 ff.; BFH v. 20.3.2013 – XI R 6/11, BStBl. II 2014, 206; BGH v. 18.5.2011 – VIII ZR 260/10, DB 2011, 2084; wohl auch BGH v. 17.7.2013 – VIII ZR 334/12, DB 2013, 2329 (2330), wenn es zwar ein vertraglicher Erfüllungsanspruch, aber keine Forderung auf ein Entgelt sein soll; Abschn. 1.3 Abs. 17 Satz 2 UStAE; anders und zutreffend noch BMF v. 20.2.2006 – IV A 5 – S 7100 – 23/06, BStBl. I 2006, 241; zutreffend auch Stadie in: R/D, Einf. Rn. 168 u. 970 ff. (Jan. 2024); Neeser, BB 2013, 2455 (2557 f.); D. Hummel, UR 2006, 614; D. Hummel, UR 2008, 569 (571).

116 EuGH v. 20.1.2022 – C-90/20 (Apcoa Parking Danmark), ECLI:EU:C:2022:37.

117 EuGH v. 28.11.2024 – C-622/23 (rhtb), EU:C:2024:994.

118 BFH v. 26.8.2021 – V R 13/19, BStBl. II 2022, 197 = UR 2022, 50.

119 EuGH v. 27.4.2023 – C-677/21, UR 2023, 521 Rz. 48.

120 Dazu schon immer kritisch Stadie, UStG, § 1 Rz. 44 ff.; Stadie in: R/D, Einf. Rn. 162 u. 164 (Jan. 2024), D. Hummel, UR 2006, 614 (615 f.); D. Hummel, UR 2008, 569 (572).

121 S. auch EuGH v. 13.06.2018 – C-665/16 (Gmina Wroclaw) zur Rechtsgrundlage in Art. 2 Abs. 1 Buchst. a und Art. 14 Abs. 2 Buchst. a MwStSystRL.

5. Abgrenzung einer Leistung zu einer Nichtleistung

a) Schadensersatz aus Gesetz, insbesondere aus unerlaubter Handlung

Fall 6: Warendiebstahl 43

B erhält eines Tages vom Kunden K Besuch, der Brotwaren zum Preis von 10,70 Euro kauft. Zur gleichen Zeit stiehlt D in der anderen Filiale Backwaren, die ansonsten für 10,70 Euro verkauft würden, und verzehrt sie. B beauftragt seinen Rechtsanwalt R mit der Geltendmachung von Schadensersatz i. H. v. 10,70 €. Der D hält diesen für zu hoch.

Aufgabe: In welcher Höhe kann B Schadensersatz verlangen?

Lösungsvorschlag (für eine Klausur): 44

Fraglich ist, in welcher Höhe der B Schadensersatz von D verlangen kann.

Gem. § 823 Abs. 1, Abs. 2 BGB i. V. m. § 242 StGB hat D den Schaden zu ersetzen, der B entstanden ist. Nach § 249 BGB hat D dabei den Zustand wiederherzustellen, der bestehen würde, wenn der zum Ersatz verpflichtende Umstand nicht eingetreten wäre (Grds. d. Naturalrestitution). Da eine Wiederherstellung der Backwaren nicht möglich ist, hat der D den B gem. § 251 BGB in Geld zu entschädigen. Folglich ist dabei der Wert der Backwaren zu ersetzen. Fraglich ist, ob dabei der Verkaufspreis i. H. v. 10,70 € oder der sog. Nettowert von 10 € maßgebend ist. Dies ist davon abhängig, ob B von dem Schadensersatz noch Umsatzsteuer abführen müsste, mithin ob der Schadensersatz ein Entgelt im Rahmen eines steuerpflichtigen Umsatzes darstellt.

Dies setzt voraus, dass gem. § 1 Abs. 1 Nr. 1 Satz 1 UStG eine Leistung eines Unternehmers gegen Entgelt im Inland vorliegt. Das Merkmal „im Inland" läge unabhängig von der Frage, ob eine Lieferung oder sonstige Leistung gegeben ist, vor (§ 3 Abs. 6 Satz 1 UStG). B ist als Bäckermeister auch Unternehmer gem. § 2 UStG. Fraglich ist aber, ob mit der Wegnahme und der Zahlung von Schadensersatz eine Leistung gegen Entgelt gegeben ist.

I. **Leistung**

Ob eine Leistung i. S. d. UStG vorliegt, ist von der Definition des Leistungsbegriffs abhängig. Das UStG erläutert zwar die Begriffe der Lieferung (§ 3 Abs. 1 UStG) und der sonstigen Leistung (§ 3 Abs. 9 UStG), den dabei vorausgesetzten Oberbegriff der Leistung beschreibt es aber nicht. Für die notwendige Auslegung stellt sich die Frage, ob der Leistungsbegriff zivilrechtlich oder autonom auszulegen ist, was wiederum vom Charakter der Umsatzsteuer abhängt.

a) **Charakter der Umsatzsteuer**

Das UStG knüpft an die Umsätze d. Unternehmers (§ 13 Abs. 2 UStG) an, die in der Regel auf vertraglichen Leistungsbeziehungen beruhen. Einigkeit besteht aber, dass nicht der Unternehmer, sondern der Verbraucher besteuert werden soll. Umstritten ist nun, welche der beiden Aspekte den Charakter der Umsatzsteuer bestimmen.

Die Verfechter des Verkehrssteuergedankens stellen darauf ab, dass die verfahrensrechtliche Ausgestaltung auch den Charakter der Umsatzsteuer prägt. Die Vornahme eines Verkehrsaktes in Form der Ausführung eines synallagmatischen Vertrages manifestiere den Typus der Einkommensverwendung, den der Gesetzgeber besteuern will. Für eine zivilrechtliche bzw. verkehrssteuerrechtliche Auslegung spräche auch die Nähe des Leistungsbegriffs in § 1 Abs. 1 Nr. 1 UStG mit dem des § 241 BGB.

Dagegen führen die Anhänger des Verbrauchsteuergedankens an, dass die technische Anknüpfung an die Umsätze des Unternehmers ebenso wenig maßgebend sei, wie die Verwendung identischer Begriffe in unterschiedlichen Rechtsgebieten.

Dieser Ansicht ist zuzustimmen. Das rechtliche Wesen kann sich nur aus der wirtschaftlichen Wirkung der Steuer erschließen. Gerade die im UStG vorausgesetzte Überwälzung der Umsatzsteuer auf den Verbraucher und die Entlastung des Unternehmers über den Vorsteuerabzug (§ 15 UStG) zeigen, dass der Unternehmer als Steuerschuldner nur Steuereinsammler sein soll, nicht aber der materielle Träger der Umsatzsteuer. Die Anknüpfung an die Leistung ist nur das technische Mittel, um den Verbrauch von Gütern und Dienstleistungen nach Maßgabe des dafür aufgewendeten Vermögens zu besteuern. Entscheidend ist, dass über die Anknüpfung an den rechtlich erfassbaren Umsatz des Unternehmers die Leistungsfähigkeit besteuert wird, die sich in dem Aufwand für die Verschaffung eines verbrauchbaren Nutzens zeigt. Dies bestätigen auch die Regelungen der §§ 3 Abs. 1 b und § 3 Abs. 9 a UStG, die jenseits eines Verkehrsaktes den „Eigenverbrauch" des Unternehmers erfassen. Aus diesen Gründen ist die Umsatzsteuer als eine allgemeine Verbrauchsteuer zu qualifizieren, die folglich auch autonom auszulegen ist.

b) **Definition des Leistungsbegriffs**

Auszugehen ist daher von einem Leistungsbegriff des UStG, der aus seiner Verbindung zum Schuldverhältnis losgelöst ist. In Angesicht der Tatsache, dass das UStG andere Ziele als das BGB verfolgt, ist für die zutreffende Besteuerung des Letztverbrauches die zivilrechtliche Ausgestaltung und Bezeichnung des Schuldverhältnisses und der darauf erfolgenden Zahlungen nur ein Indiz. Entscheidend ist vielmehr die wirtschaftliche Betrachtung des Vorgangs. Ergibt diese, dass der Leistungsempfänger einen verbrauchbaren Nutzen erhalten hat, dann ist das Vorliegen einer Leistung zu bejahen, auch wenn es an einer (wirksamen oder unwirksamen) vertraglichen Beziehung fehlt.

Für die Bejahung einer Leistung von B an D kommt es damit allein darauf an, ob der D ein Verbrauchsgut im weiteren Sinne erhalten hat. Durch die Wegnahme hat sich der D die Backwaren, welche unstreitig Konsumgüter darstellen, einverleibt. Ein verbrauchbarer Nutzen liegt damit trotz fehlenden Vertrages vor.

c) **Leistungswille**

Allerdings spricht § 1 Abs. 1 Nr. 1 UStG, von Umsätzen, die der Unternehmer ausführt. Fraglich ist, ob ein „Ausführen" durch den Unternehmer auch dann vorliegt, wenn sich der Endverbraucher selbst den verbrauchbaren Nutzen verschafft.

Aus der Verwendung des Begriffes „ausführen" und des Begriffes „Leistung" schlussfolgert die Rspr. und die wohl immer noch h. M., dass für die Bejahung einer Leistung i. S. v. § 1 UStG ein Wille des Leistenden notwendig ist. Schon der Leistungsbegriff selbst impliziere ein Verhalten, dass vom Entschluss des Leistenden gedeckt sei; daher liege keine Leistung bei Vermögenseinbußen vor, wenn diese ohne Kenntnis oder gegen den Willen erfolgt seien. Die Notwendigkeit eines Leistungswillens wird vor allen bei der Behandlung von Schadensersatzzahlungen behauptet und verteidigt. Da ein Schaden gegen den Willen des Geschädigten erfolge, habe dieser das geschädigte Verbrauchsgut nicht geleistet. Dagegen verneinen einzelne Stimmen wegen des Charakters der Umsatzsteuer als eine Verbrauchsteuer und wegen des Zieles der Umsatzsteuer, den Endverbrauch zu besteuern, die Notwendigkeit eines Leistungswillens.

Versteht man die Umsatzsteuer materiell als eine Verbrauchsteuer, so ist die Differenzierung zwischen willentlichen und unwillentlichen Verbrauchsvorgängen inkonsequent. Denn ein Konsumguttransfer wird nicht dadurch negiert, dass die Beteiligten ihn eigentlich nicht wollten oder von ihm nichts wussten. Insbesondere müsste es (schon wegen Art. 3 Abs. 1 GG bzw. Art. 20 der Charta der Grundrechte) einen rechtfertigenden Grund geben, einen stattgefundenen Verbrauchsakt gegen den Willen des Berechtigten anders zu behandeln, als einen stattgefundenen Verbrauchsakt mit einem entsprechenden Willen. Denn wer sich einen verbrauchbaren Nutzen eigenmächtig verschafft, kann nicht ohne Grund umsatzsteuerrechtlich demjenigen gegenüber privilegiert werden, der sich mit dem Willen des Berechtigten einen verbrauchbaren Nutzen verschaffen lässt. Das tatsächliche Ergebnis, die Erlangung eines verbrauchbaren Gutes, ist dasselbe. Ein solch rechtfertigender Grund ist aber nicht ersichtlich. Das Abstellen auf subjektive Momente des Verbrauchsgutinhabers erschwert dabei nicht nur unnötig die Feststellung einer Leistung, sondern widerspricht auch dem Ziel der Umsatzsteuer, den (gesamten und objektiven) Letztverbrauch zu besteuern. Dies unterstreicht auch der Vergleich zu dem Kunden K. Dessen Einkauf ist unstreitig ein steuerbarer Umsatz. Im wirtschaftlichen Ergebnis besteht nach dem Verzehr der Backwaren zwischen dem K als rechtstreuen Endverbraucher mit seiner vertraglichen Zahlungspflicht (unterstellt, er hätte noch nicht gezahlt) und dem D als diebischen Endverbraucher und seiner Schadensersatzpflicht kein Unterschied. Beide haben denselben Konsumgüterverbrauch gehabt und müssen dafür etwas aufwenden. Dies ist die Leistungsfähigkeit, an die das Umsatzsteuergesetz anknüpft.

Auch aus § 1 Abs. 1 Nr. 1 Satz 2 UStG, welcher die Steuerbarkeit nicht entfallen lässt, wenn Umsätze aufgrund gesetzlicher oder behördlicher Anordnung ausgeführt werden, kann die Beachtlichkeit eines Willens nicht hergeleitet werden. Allein aus einer Formulierung, die aus dem frühen 20. Jahrhundert stammt, ein Ergebnis herzuleiten, was den gerade mühsam gewonnenen Charakter der Umsatzsteuer als eine Verbrauchsteuer unterläuft und verfassungsrechtlich bedenkliche Ergebnisse zur Folge hat, kann nicht richtig sein. Daher kann § 1 Abs. 1 Nr. 1 Satz 2 UStG nicht als Ausnahme eines grundsätzlich nötigen Leistungswillens, sondern nur als eine deklaratorische Vorschrift verstanden werden. Damit stellt die eigenmächtige Verschaffung der Backwaren durch D nicht das Vorliegen einer Verschaffung eines verbrauchbaren Nutzens und damit einer Leistung des B an den D infrage.

II. Gegen Entgelt

Fraglich ist aber, ob diese Leistung „gegen Entgelt" (§ 1 Abs. 1 Nr. 1 UStG meint dabei nicht das Entgelt i. S. v. § 10 UStG sondern die Gegenleistung in Geld) erfolgt ist. Dies liegt unstreitig vor, sofern die Gegenleistung im Rahmen eines synallagmatischen Vertrages erfolgte. Hier will D die Gegenleistung aber nicht erbringen, um die Backwaren zu erhalten, sondern er muss gegen seinen Willen Schadensersatz für die gestohlenen Backwaren zahlen. Seine Zahlungspflicht ist damit nur kausal und erfolgte nicht final. Fraglich ist, ob dies ausreicht.

Der Wortlaut („gegen") ist insoweit neutral, da auch bei einer (nur) kausalen Zahlung eine Verknüpfung zwischen Zahlung und Leistung vorliegt. Dass insoweit die Anhänger des Verkehrssteuergedankens auf einer finalen Verknüpfung bestehen, ist konsequent, aber aus den oben genannten Gründen abzulehnen. Warum aber auch die Rechtsprechung und ein Teil der Literatur trotzdem eine finale Beziehung verlangten (nach neuer Rechtsprechung ist eine kausale Beziehung ausreichend), bleibt offen. Richtigerweise ist der Ansicht zu folgen, welche ausgehend vom Verbrauchsteuerprinzip allein darauf abstellt, ob für einen Konsumguttransfer kausal Geld aufgewendet wird. Die Motive des Einzelnen (freiwillige Zahlung, Mitleid, gerichtlich erzwungene Zahlung etc.) sind für eine objektive Verbrauchsbesteuerung unerheblich. Schon wegen Art. 3 I GG bzw. Art. 20 der Charta der Grundrechte kann es keinen Unterschied machen, ob D die Waren kauft und bezahlt oder ob er sie stiehlt und anschließend Schadensersatz zahlen muss. Folglich genügt eine kausale Verknüpfung zwischen der in Geld bestehenden Gegenleistung und der umsatzsteuerrechtlichen Leistung. Mit dem Diebstahl und der daraus resultierenden Schadensersatzpflicht liegt damit eine Leistung gegen Entgelt vor.

Ergebnis:

Folglich liegt ein steuerbarer Umsatz vor. Dieser ist mangels eingreifender Steuerbefreiungen auch steuerpflichtig. Der Steuersatz liegt gemäß § 12 II Nr. 1 UStG i. V. m. Nr. 31 der Anlage 2 zum Umsatzsteuergesetz bei 7 %, sodass B von dem erhaltenen Schadensersatz noch 7/107 abzuführen hat, sodass seinem Restitutionsinteresse erst mit 10,70 € vollumfänglich Genüge getan wird. Damit beläuft sich der nach §§ 823 i. V. m. 249 BGB zu verlangende Schadensersatz entgegen der Ansicht des D richtigerweise auf 10,70 €.

b) Verzugsschaden, Verzugszinsen (§§ 280 Abs. 1, 2, 286 BGB)

45 Der Ersatz des eigentlichen Verzögerungsschadens, insbesondere die Zahlung von Verzugszinsen, steht außerhalb des Leistungsaustausches. Verzugszinsen stellen kein (zusätzliches) Entgelt für die Leistung dar, denn der Leistungsempfänger wendet sie nicht wegen des Erhaltes eines verbrauchbaren Vorteils auf.[122] Vielmehr wird lediglich ein in Geld bestehender Vermögensschaden ausgeglichen. Der Ausgleich eines Vermögensschadens ist aber kein verbrauchbarer Vorteil. Entsprechendes gilt für außerprozessuale und prozessuale Mahn-, Anwalts- und Gerichtskosten, soweit diese vom Schuldner zu tragen sind. Sie sind nicht Teil der Gegenleistung für einen verbrauchbaren Vorteil.[123]

Im Verhältnis zum Gläubiger als seinem Mandanten erbringt der Anwalt allerdings eine sonstige Leistung. Ist der Mandant als Unternehmer zum Vorsteuerabzug berechtigt (§ 15 UStG), so soll ihm bzgl. des Umsatzsteueranteils aus der Gebührenrechnung des Anwalts kein Schaden entstehen. Dies ist Unsinn und beteiligt den Staat (genauer: den Steuerzahler) am privaten Schadensausgleich. Ob er zum Vorsteuerabzug berechtigt ist und daher seinem Schuldner die Anwaltsgebühren nur ohne USt weiterberechnen kann, hängt davon ab, ob die „Duldung des Schadens" im Rahmen des Unternehmens des Geschädigten geschehen ist oder nicht.[124]

c) Versendungskauf und Transportversicherung

46 Versicherungsleistungen wegen Untergangs oder Beschädigung von Sachen auf dem Transport werden nicht wegen einer Lieferung oder sonstigen Leistung gewährt, sondern wegen des Eintritts des Versicherungsfalles. Sie stellen daher grundsätzlich keine Gegenleistung für einen verbrauchbaren Vorteil dar. Sie sind grundsätzlich auch kein „Entgelt von dritter Seite" i. S. v. § 10 Abs. 1 Satz 2 UStG (dazu s. Rn. 337).

Eine Besonderheit besteht aber, wenn der **Käufer** – sei es aufgrund besonderer vertraglicher Abrede, sei es nach der gesetzlichen Regelung des **§ 447 BGB** – die **Preisgefahr** trägt. In diesen Fällen schuldet der Käufer trotz Untergangs oder Beschädigung den vereinbarten Preis. Der Transportversicherer zahlt dann gleichsam im abgekürzten Zahlungsweg an den Lieferer. Die Zahlung stellt sich für den Verkäufer damit als Empfang des vom Käufer geschuldeten Entgelts dar. Da andererseits die Lieferung bereits nach § 3 Abs. 1 UStG ausgeführt wurde, weil wegen des Gefahr-

122 EuGH v. 01.07.1982 – Rs. 222/81, Slg. 1982, I-2527 = UR 1982, 159.
123 Insoweit zutreffend die Finanzverwaltung in Abschn. 1.3. Abs. 6 UStAE.
124 Vgl. dazu ausführlich Stadie in: R/D, Einf. Rn. 164 ff. (Jan. 2024).

übergangs auf ihn dem Käufer auch tatsächlich schon die Verfügungsmacht bereits mit der Übergabe an den Transportunternehmer verschafft wurde (s. Rn. 58 ff.), liegt eine nach § 1 Abs. 1 Nr. 1 UStG steuerbare Lieferung gegen Entgelt vor.[125]

d) Mitgliederbeiträge

Zahlungen an Vereine oder Verbände, die ohne Rücksicht auf konkrete Leistungen gegenüber dem Zahlenden oder einem Dritten zu erbringen sind und nur in die Lage versetzen sollen, überindividuelle Zwecke zu erreichen, sind als sog. **echte Mitgliederbeiträge** nicht steuerbar, da es an einer Verschaffung eines verbrauchbaren Vorteils durch den Vereins gegenüber dem einzelnen Mitglied fehlt.[126] Werden hingegen mit Mitgliederbeiträgen **konkreten Individualinteressen der Mitglieder** dienende **Leistungen des Vereins** abgegolten und erhalten diese einen konkreten Vorteil, so stellen diese die Gegenleistung dar – sog. **unechte Mitgliederbeiträge** –, z. B. Mitgliederbeiträge bei Buchgemeinschaften, Lohnsteuerhilfevereinen, Werbegemeinschaften.[127] Die Abgrenzung zwischen nicht steuerbaren echten Mitgliederbeiträgen und steuerbaren **unechten Mitgliederbeiträgen** kann freilich weder danach erfolgen, ob die von der Vereinigung erbrachten Leistungen den **Sonderbelangen einzelner Mitglieder** dienen oder ob die Vereinigung in Erfüllung ihrer satzungsgemäßen Bestimmung tätig wird, noch stellt eine gleiche Beitragshöhe ein Indiz für echte Mitgliederbeiträge dar. Spätestens seit der Rechtsprechung des EuGH[128] zu steuerbaren Leistungen von **Sportvereinen** an ihre Mitglieder im Jahre 2002, der sich der BFH[129] angeschlossen hat, kann **nicht** mehr danach **differenziert werden**, ob der **verbrauchbare Vorteil zugleich auch dem zu verwirklichenden Satzungszweck entspricht** oder nicht. Letzteres ist für die zutreffende Besteuerung einer Endverbrauchsversorgung auch irrelevant. Insoweit führt allein die Tatsache, dass eine „Personenvereinigung" ihre Leistungen nur gegenüber ihren „Mitgliedern" und nur gegen „Mitgliedsbeiträge" erbringt, nicht dazu, dass allein deswegen eine unternehmerische Tätigkeit ausscheidet (§ 2 Abs. 1 Satz 3 aE UStG). 47

Vielmehr ist allein danach zu fragen, ob die Vereinigung gegenüber ihren Mitgliedern Leistungen dadurch erbringt, dass sie diesen jeweils einen individualisierbaren Vorteil/Nutzen zuwendet, dem der Mitgliedsbeitrag als Entgelt gegenübersteht.[130] Letzteres kann bei Sportvereinen wie anderen „Freizeitvereinen" verneint werden, wenn die Mitglieder pauschalierte Jahresbeiträge zahlen, die ihnen kein individuelles Recht zur Inanspruchnahme einzelner Anlagen (z. B. der Sportanlagen) einräumen, sondern lediglich für die Mitgliedschaft gezahlt werden und damit Voraussetzung (z. B. als Teil einer Mannschaft) für die Teilnahme am Training und entsprechenden Wettkämpfen sind.

---

125 So auch Lippross, USt, Kap. 2.3.6.3 (S. 212), der dies allerdings daraus ableiten will, dass nach § 3 Abs. 1, Abs. 6 UStG die Lieferung angeblich bereits mit Beginn der Beförderung bewirkt werde.

126 Vgl. BFH v. 18.06.2009, V R 76/06, BFH/NV 2009, 2007 m. w. N.; weitergehend noch BFH v. 20.12.1984 – V R 25/76, BStBl. II 1985, 176; EuGH v. 12.02.2009 – C-515/07 (VNLTO), Slg. 2009, I-839; v. 08.03.1998 – C-102/86 (Apple and Pear Developement Council), Slg. 1988, I-1443 = UR 1989, 275.

127 BFH v. 12.12.2012 – XI R 30/10, BStBl. II 2013, 348; v. 18.06.2006 – V R 76/06, BFH/NV 2009, 2007 m. w. N.; v. 29.10.2008 – XI R 59/07, UR 2009, 127; EuGH v. 21.03.2002 – C-174/00 (Kennemer Golf Club), Slg. 2002, I-3293.

128 EuGH, Urt. v. 21.3.2002 – C-174/00 (Kennemer Golf), EuGHE 2002, I-3293 = UR 2002, 320 – Rz. 40 f.; die Auffassung der Finanzverwaltung daher als überholt bezeichnend Plikat/Plikat, UStB 2010, 240 (240 f.).

129 BFH, Urt. v. 20.3.2014 – V R 4/13, UR 2014, 732; BFH, Urt. v. 9.8.2007 – V R 27/04, UR 2007, 811; BFH, Urt. v. 11.10.2007 – V R 69/06, UR 2008, 153; vgl. auch FG Köln, Urt. v. 11.6.2010–15 K 1571/07, EFG 2010, 2035 (2036), rkr.

130 Vgl. BFH v. 09.08.2007 – V R 27/04, UR 2007, 811 = BFHE 217, 314 dort auch zur unmittelbaren Anwendbarkeit der Befreiungsvorschrift des Art. 132 Abs. 1 m MwStSystRL; EuGH v. 21.03.2002 – C-174/00 (Kennemer Golf Club), Slg. 2002, I-3293 = UR 2002, 320 mit Anm. Widmann.

Auch für Vereinigungen von Gewerbetreibenden oder andere Berufsvereinigungen[131] ist zu differenzieren zwischen echten, nicht steuerbaren Beiträgen, denen keine individualisierbare Leistung gegenübersteht und unechten Beiträgen, die Entgelt darstellen. Soweit diese Aktivitäten entfalten – etwa Werbemaßnahmen – die allen Mitgliedern einen individualisierbaren Nutzen zuwenden, kommt es zu einem Leistungsaustausch. Ein in diesem Sinne individualisierbarer Vorteil/Nutzen wird den Mitgliedern allerdings nicht schon dadurch zugewendet, dass die Vereinigung sich im politischen und gesellschaftlichen Raum für die gemeinsamen Belange der Mitglieder einsetzt und deren allgemeine Interessen wahrnimmt.

e) Vorbereitungshandlungen und vorzeitig beendete Leistungen

48 § **Fall 7: Der gekündigte Schiffsbauvertrag/Vorbereitungshandlungen**

Reeder R beauftragt die Werft W mit dem Bau eines Containerschiffes einschließlich der Entwurfsarbeiten zum Preis von 50.000.000 € zzgl. USt. Nach Fertigstellung der Pläne und Beginn der Bauarbeiten kündigt R den Vertrag gemäß § 649 BGB. Man einigt sich auf eine Zahlung von 500.000 € zur Abgeltung des Anspruches der Werft aus § 649 S. 2 BGB. Hat die Werft eine Leistung gegen Entgelt erbracht?

49 I. Das Umsatzsteuergesetz knüpft an das Erbringen der Leistung an, nicht an den schuldrechtlichen Vertragsabschluss. Die 500.000 € sind daher nicht bereits deshalb Leistungsentgelt, weil sie als Folge des Vertragsabschlusses geschuldet werden, wenn nicht tatsächlich eine Leistung (gegenüber einem anderen!) erbracht wird. Als Leistung könnte hier die Fertigung der Pläne und die teilweise Herstellung des Schiffes in Betracht kommen. Nach der Kündigung des Werkvertrages steht dem Besteller jedoch kein Recht an den Plänen zu. Er wurde auch nicht Eigentümer des halb fertigen Schiffes. Vielmehr kann die Werft nach Belieben verfahren. Wäre der Vertrag zu Ende abgewickelt worden, hätte die Werft an den R erst mit der Übergabe durch Verschaffung der Verfügungsmacht eine einheitliche Werklieferung erbracht, § 3 Abs. 4 i. V. m. Abs. 1 UStG. Das Fertigen der Pläne wie auch die Bearbeitung der Materialien dienten lediglich der Vorbereitung zur Durchführung dieser Lieferung, stellen aber noch nicht selbst eine Leistung dar. Mangels einer Leistung sind daher die 500.000 € auch kein Leistungsentgelt.[132]

Der Vorgang ist nicht anders zu werten, als wenn bei einem Liefervertrag der Käufer den Liefergegenstand nicht abnimmt und deshalb Schadensersatz oder eine vorgesehene Vertragsstrafe zu leisten hat. Ein Leistungsaustausch liegt auch nicht etwa deshalb vor, weil der Schadensersatz (die Vertragsstrafe) der Abgeltung von entstandenen Kosten beim Unternehmer dient. Denn die zugrunde liegenden Tätigkeiten (z. B. Unterstellung des Liefergegenstandes, Werbemaßnahmen) sind bei der Lieferung noch nicht Teil der Leistung.[133]

II. Zutreffend bejaht der BFH[134] hingegen einen Leistungsaustausch bei einem Werkvertrag über Bauarbeiten, die wegen wirtschaftlicher Schwierigkeiten des Bestellers nicht beendet werden konnten. Ebenso hat er bei einer Kündigung durch den Insolvenzverwalter vor Beendigung der vollständigen Bauausführung hinsichtlich des bisher erbrachten Teils der Bauarbeiten einen Leistungsaustausch angenommen.[135] Anders als in dem vorgenannten Schiffsbaufall verbleiben hier wegen der Vorschriften der §§ 946, 93, 94 BGB dem Besteller die teilfertigen Arbeiten. Insoweit ist an ihn bereits geleistet worden, wenn auch die Leistung dem Umfan-

131 Vgl. dazu BFH v. 13.12.2018 – V R 45/17, BStBl. II 2019, 460 (zu nach § 5 Abs. 1 N. 5 KStG befreiten Berufsverbänden – echte Mitgliedsbeiträge, wenn und weil Zweck nicht auf wirtschaftlichen Geschäftsbetrieb gerichtet!).

132 So zu Recht BFH v. 27.08.1970 – V R 159/66, BStBl. II 1971, 6.

133 Vgl. BFH v. 27.04.1961 – V 263/58 U, BStBl. III 1961, 300.

134 BFH v. 28.02.1980 – V R 90/75, BStBl. II 1980, 535.

135 Vgl. BFH v. 24.04.1980 – V S 14/79, BStBl. II 1980, 541; v. 02.02.1978 – V R 128/76, BStBl. II 1978, 483.

ge nach hinter den ursprünglichen Vereinbarungen zurückblieb. Dieser Leistungserfolg wird auch nicht rückgängig gemacht, sondern die Werklieferung beschränkt sich nunmehr auf das halb fertige Werk. Parallel zu diesen Entscheidungen kommt es auch zu einem Leistungsaustausch, wenn bei Kündigung eines Werkvertrages über bewegliche Sachen dem Besteller die halb fertigen Arbeiten übereignet bzw. zur Auswertung überlassen werden. So liegt der Fall aber gerade nicht.

Im Unterschied zur Lieferung (Werklieferung) erstreckt sich bei sonstigen Leistungen die Leistungserbringung regelmäßig über einen Zeitraum und ist nicht auf einen Zeitpunkt wie bei der Verschaffung der Verfügungsmacht beschränkt. Ist hier mit der Leistungserbringung bereits begonnen worden und wird dann die Leistung vorzeitig beendet, z. B. durch Kündigung, so liegt ein Leistungsaustausch vor, wenn für den bisher erbrachten Teil der Leistung ein Entgelt entrichtet wird. Wird etwa ein Architektenvertrag gemäß § 649 BGB gekündigt, nachdem der Architekt bereits mit der Planerstellung begonnen hatte, so liegt ein Leistungsaustausch vor. Entgelt ist allerdings nur der Teil der vereinbarten Vergütung, der auf den bisher erbrachten Leistungsteil entfällt.[136] Die Unterscheidung ist auch unter Verbrauchsteueraspekten zutreffend. Bei der unterbliebenen Lieferung werden vom Ersatzpflichtigen keine Leistungen in Anspruch genommen, während bei der vorzeitig beendeten sonstigen Leistung hinsichtlich des erbrachten Teils der Leistung dieser Teil vom Empfänger bereits verbraucht wurde. 50

Ebenso soll es sich nach der Auffassung des EuGH verhalten, wenn die an sich vorgesehene Leistung zur vereinbarten Zeit ordnungsgemäß vom Leistenden angeboten wird, aber – aus welchen Gründen auch immer – vom Leistungsempfänger nicht in Anspruch genommen wird und dem Leistungsanbieter gleichwohl nach den vertraglichen Vereinbarungen der volle vereinbarte Preis (= Entgelt zzgl. Umsatzsteuer) zusteht, unabhängig davon, ob ihm wegen der Nichtinanspruchnahme der angebotenen geschuldeten Leistung ein Schaden entstanden ist oder nicht.[137] Demgegenüber stellen als Schadensersatz vereinbarte „Stornogebühren", „Bereitstellungsentgelte" oder sonstige Ersatzzahlungen für die Nichtinanspruchnahme einer (Beherbergungs-/Beförderungs- oder anderen) Leistung kein Entgelt für eine (teilweise) erbrachte Leistung dar, sondern echten Schadensersatz.[138] Auch wenn der EuGH danach differenziert, ob die vereinbarte Leistung tatsächlich bereitgestellt worden ist und der daher der vereinbarte Preis in voller Höhe zu entrichten ist – dann steuerbarer Leistungsaustausch – oder ob vereinbarungsgemäß wegen einer Lösung von den vertraglichen Vereinbarungen quasi ein Schadensersatz zu entrichten ist – dann nicht steuerbarer Schadensersatz –, sind die Entscheidungen nur schwer miteinander in Einklang zu bringen.

Die Rspr. des EuGH ist unzutreffend, soweit sie von einem steuerbaren Leistungsaustausch auch dann ausgeht, wenn die versprochene und geschuldete (Dienst-)Leistung nur angeboten, aber vom Gläubiger nicht abgenommen wird (so beim Gläubigerverzug) und daher auch vom Steuerpflichtigen an den Gläubiger nicht erbracht wird und werden kann. Vereinbaren die Parteien allerdings für bestimmte an sich lediglich vorbereitende Tätigkeiten eine besondere Vergütung, geben sie zu erkennen, dass sie die Erbringung dieser Tätigkeiten bereits als Teil der Leistung und nicht als bloße Vorbereitungshandlungen ansehen. Die dafür zu entrichtende Vergütung erfolgt dann als Entgelt für diese Leistung.[139] Insofern zutreffend hat der EuGH die vertraglich vorgesehene Vergütung für die zukünftigen Leistungen im Rahmen eines Dauervertrages (Mobilfunkvertrag), die aufgrund einer unberechtigten vorfristigen Kündigung dennoch zu entrichten war, wirtschaftlich als zusätzliche Vergütung der bislang erbrachten Leistungen bis zur Kündigung des Vertrages betrachtet.[140]

---

136 So zutreffend BGH v. 22.07.2007 – VII ZR 83/05, NJW 2008, 1522 und BFH v. 26.08.2021 – V R 13/19, UR 2022, 50 (zu gekündigtem Architektenvertrag).

137 EuGH v. 23.12.2015 – C-250/14 (Air France) und C-289/14 (Hop!Brit Air), UR 2016, 93 (zu tatsächlich nicht von Fluggästen genutzten Flugscheinen, obwohl der Flug durchgeführt wurde). S. auch BFH v. 10.04.2019 – XI R 4/17, MwStR 2019, 753 (nicht zurückgefordertes, einbehaltenes Restguthaben bei Prepaid-Verträgen als Entgelt für zur zunächst unentgeltlich erfolgten Zurverfügungstellung der Infrastruktur).

138 BFH v. 30.06.2010 – XI R 22/08, BStBl. II 2010, 1084 (Bereitstellungsentgelte, Fautfracht bei Spedition); EuGH v. 18.07.2007 – C-277/05 (Société thermale d'Eugénie les Bains), HFR 2007, 1053.

139 Vgl. BFH v. 20.03.1980 – V R 32/76, BStBl. II 1980, 538 (zu Nichtabnahmeentschädigungszahlung bei Krediten); a. A. Ruppe/Achatz § 1 Rn. 238.

140 EuGH v. 22.11.2018 – C-295/17 (MEO – Serviços de Comunicações e Multimédia), EU:C:2018:942 – auch hier folgte der Gerichtshof fast vollumfänglich den Schlussanträgen der Generalanwältin Kokott, die bereits am 7.6.2018 verkündet wurden.

f) Verzicht auf Vertragserfüllung/Entlassung aus einem Vertrag

51 **§ Fall 8: Entschädigung für Aufhebung eines lukrativen Beratervertrages/ Verzicht auf Leistungserbringung?**

Die Anwaltssozietät R & R hatte mit der Ärztegemeinschaft A einen längerfristigen Beratungsvertrag abgeschlossen. Die A wollte diesen Vertrag vorzeitig beenden. Nach einigem Streit einigten sich die R & R Sozietät und die A darauf, dass der Beratungsvertrag vorzeitig gegen Zahlung eines „Schadensersatzes" von 238.000 € aufgehoben wird. Der Steuerberater von R & R ist im Gegensatz zur Finanzverwaltung der Auffassung, dass die R & R Sozietät aus diesem Vorgang keine USt schuldet. Zu Recht?

52 I. Der BFH hat eine Leistung der R & R Sozietät und damit einen Leistungsaustausch bejaht. Er sieht die Leistung darin, dass die R & R Sozietät über die durch den Abschluss des Beratungsvertrages erworbene Rechtsposition gegen Entgelt disponiert habe. Dies sei auch zugunsten eines identifizierbaren Verbrauchers – hier der Ärztegemeinschaft A – erfolgt.[141]

II. Dem Urteil ist weder in der Begründung noch im Ergebnis zu folgen.[142] Zutreffend ist zwar, dass mit der A ein identifizierbarer „Verbraucher" vorhanden wäre. Zutreffend ist auch, dass eine Leistung zugunsten einer anderen Person vorliegen kann, wenn zu deren Gunsten auf eine diese beschränkende Rechtsposition verzichtet wird, wie etwa beim Verzicht auf die Rechtsposition eines Testamentsvollstreckers.[143] Die Vorteilszuwendung besteht hier darin, dass der Erbe durch den Verzicht die volle Verfügungsbefugnis über das Erbvermögen erhält. Ebenso wäre auch in anderen Konstellationen zu entscheiden, wenn auf eine den Inhaber beschränkende Vermögensverwaltungsbefugnis (Nachlassverwalter, Zwangsverwalter, Insolvenzverwalter) verzichtet wird.

Anders verhält es sich aber – entgegen der verfestigten Rspr. des BFH[144] –, wenn es lediglich zur Aufhebung eines gegenseitigen schuldrechtlichen Vertrages und dadurch begründetem Verzicht auf „Rechtspositionen" als Gläubiger einer Geldleistung kommt. So wenig der Abschluss des Verpflichtungsvertrages als solcher schon zu Leistungen führt, ist dies schon dadurch der Fall, dass ein solcher Vertrag einvernehmlich aufgehoben wird. Auch die allgemeine **Bereitschaft zur Erbringung der** geschuldeten **Leistung** stellt für sich **keine Leistung** dar. Es handelt sich dabei lediglich um die selbstverständlich geschuldete Vertragstreue. Eine Leistung liegt auch nicht darin, dass die Verpflichtung zur Erbringung der geschuldeten Leistung aufgegeben wird, wenn gleichwohl die Vergütung unter Abzug der ersparten Aufwendung zu zahlen ist, weil es dann an dem Opfern eines Rechtsgutes zugunsten eines anderen fehlt. Dem identifizierbaren Vertragspartner wird dadurch, dass ihm die geschuldete Leistung nicht erbracht wird, gerade kein verbrauchbarer Nutzen/Vorteil zugewendet. Ein „Vorteil" besteht allenfalls darin, dass er die nicht empfangene Leistung nicht zu bezahlen braucht.

---

141 BFH v. 07.07.2005 – V R 34/03, BStBl. II 2007, 66; vgl. auch bereits BFH v. 16.11.1972 – V R 8/70, BStBl. II 1973, 171 (Verzicht auf Alleinvertretungsanspruch); a. A. zutreffend Ruppe/Achatz § 1 Rn. 239.

142 So auch Hummel UR 2005, 665; ders. UR 2006, 614; Lippross Stbg 2006, 577; Englisch in: T/L § 17 Rn. 134; Reiß UR 2008, 58, 64; vgl. auch EuGH v. 18.07.2007 – C-277/05 (Société thermale d'Eugénie les Bains), HFR 2007, 1053 (zur Stornierung von Beherbergungsleistungen).

143 So zutreffend BFH v. 06.05.2004 – V R 40/02, BStBl. II 2004, 854 (Verzicht auf Testamentsvollstreckung); unzutreffend dagegen BFH v. 24.08.2006 – V R 19/05, BStBl. II 2007, 187 (Entschädigung durch Bundesland für Verzicht auf Genehmigung zum Betreiben einer Abfalldeponie – es fehlt an einer Vorteilszuwendung. Das Bundesland erhält keinen Vorteil durch Wettbewerbsverzicht eines Konkurrenten).

144 Siehe BFH v. 02.05.2019 – XI R 20/17, MwStR 2019, 908 mit umfangreichen weiteren Nachweisen (zum Verzicht des Vermieters auf seine Rechtsposition aus dem Mietvertrag gegen Abfindung!). Verfassungsbeschwerde unter 1 BvR 2453/19 wurde nicht zur Entscheidung angenommen. S. auch BFH v. 26.08.2021 – V R 13/19, UR 2022, 50 (zum Verzicht des Architekten auf Ausführung eines Architektenvertrages gegen Entschädigung).

Der entscheidende Gesichtspunkt ist dabei, dass von einer Verzichtsleistung nicht die Rede sein kann, wenn der Schuldner der Leistung darauf „verzichtet“, die geschuldete Leistung zu erbringen. Hier wird er von einer Pflicht entbunden und verzichtet nicht auf ein Recht. Der Verzicht kann sich nur auf die sich aus dem Vertrag ergebende Gläubigerposition beziehen. Der Verzicht auf das aus der Gläubigerposition sich ergebende Recht eines schuldrechtlichen Vertrages stellt in der Tat prinzipiell eine Leistung dar. Besteht diese Gläubigerposition aber in einem Geldanspruch – so beim Kauf- und Mietvertrag für den Verkäufer, Vermieter –, so stellt der Verzicht darauf, auch wenn er im Rahmen eines Vergleiches erfolgt, ebenso wenig eine Leistung im umsatzsteuerlichen Sinne dar wie die Zahlung von Geld selbst. Abgesehen davon wird, wenn eine Vergütung zu zahlen ist, gerade kein Verzicht auf die Gegenleistung ausgesprochen, sondern diese nur mit Rücksicht auf die nicht mehr zu erbringende eigene Leistung und die dadurch ersparten Aufwendungen ermäßigt. Die entgegengesetzte Auffassung der Rspr.[145] und Verwaltung[146] sollte aufgegeben werden. Der Hinweis auf die Steuerbarkeit eines gegen Entgelt erfolgenden (Wettbewerbs-)Verzichts auf die Ausübung einer gewerblichen Tätigkeit ist insoweit schlicht abwegig. Darum geht es nicht.

Richtigerweise sollte – entgegen der Rechtsprechung – bei **„Verzichtsleistungen“** wie folgt unterschieden werden: 53

- Der **Gläubiger eines Sachleistungsanspruches** (= der Leistungsempfänger) **verzichtet** gegen ein Entgelt auf die Erbringung der ihm geschuldeten Leistung, d. h. der Schuldner wird gegen Entgelt aus dem Vertrag entlassen. Hier liegt ein **Leistungsaustausch** vor. Daher ist zu Recht entschieden worden, dass die vom Vermieter/Verpächter oder einem Dritten an den Mieter/Pächter gezahlte Entschädigung für vorzeitige Räumung das Entgelt für eine Leistung des Mieters ist.[147] Diese ist allerdings steuerfrei, wenn es sich um eine steuerfreie Grundstücksvermietung handelte.[148] Dies ist im Ergebnis zutreffend, weil derselbe Erfolg herbeigeführt wird, wie bei einer Rückvermietung durch den Mieter an den Vermieter.
- Ebenso ist zu entscheiden, wenn der Mieter mit Zustimmung des Vermieters gegen Zahlung einem Dritten seinen Anspruch aus dem Mietvertrag abtritt. Hier ermöglicht der bisherige Mieter dem neuen Mieter die Nutzung.
- Zahlt dagegen der Eigentümer dem Mieter einen Betrag, damit dieser das Grundstück anmietet oder den Vertrag verlängert, stellt diese Zahlung weder eine Leistung noch eine Gegenleistung dar, sondern eine Entgeltsminderung für die an den Mieter in Zukunft noch zu erbringende/erbrachte Vermietungsleistung des Eigentümers. Erfolgt die Zahlung an den Mieter durch den Eigentümer hingegen für die Eingehung des Mietvertrages, um sodann das (vermietete) Grundstück besser veräußern zu können, liegt in der Eingehung der Verpflichtung zu Geldzahlungen (Miete), verbunden mit dem Erwerb der Nutzungsberechtigung, richtigerweise schon keine steuerbare Leistung, jedenfalls aber keine steuerpflichtige Leistung.[149] Anders wäre nur dann zu entscheiden, wenn die Anmietung durch den Mieter ausnahmsweise als an den Vermieter erbrachte Werbeleistung zu qualifizieren wäre.[150] Zahlt der Mieter einem Dritten etwas dafür, dass dieser in den Mietvertrag eintritt, erbringt der Dritte an den Mieter weder eine Vermietungsleistung noch überhaupt eine Leistung. Die Befreiung von einer Geldschuld (hier

---

145 S. zuletzt beiläufig BFH v. 26.08.2021 – V R 13/19, UR 2022, 50 m. w. N.; zuvor BFH v. 02.05.2019 – XI R 20/17, MwStR 2019, 908 m. w. N.; BFH v. 16.01.2014 – V R 22/13, MwStR 2014, 333 mit (zutreffend ablehnender) Anm. Hummel (zur vergleichsweisen vorzeitigen Beendigung eines IT-Dienstleistungsvertrages gegen Zahlung eines Vergleichsbetrages); v. 15.04.2015 – V R 46/13, BStBl. II 2015, 947; FG Thüringen v. 16.08.2016–2 K 69/16, EFG 2016, 1661. Zutreffend hingegen BFH v. 13.11.2017 – XI R 3/16, BStBl. II 2018, 727 (Leistungsaustausch bei vorzeitiger Auflösung des Pachtvertrages gegen Entschädigungszahlung an den Pächter = entgeltlicher Verzicht des Gläubigers eines Sachleistungsanspruches).

146 Abschn. 1.1. UStAE Abs. 8 a.

147 Vgl. BFH v. 07.08.1969 – V 177/65, BStBl. II 1969, 696; v. 02.02.1969 – V 102/65, BStBl. II 1969, 386; Abschn. 1.3. Abs. 13 UStAE; v. 13.12.2017 – XI R 3/16, BStBl. II 2018, 727 (Entschädigungszahlung des Verpächters an den Pächter für vorzeitige Beendigung des Pachtvertrages).

148 EuGH v. 15.12.1993 – C-63/92 (Lubbock Fine), BStBl. II 1995, 480 = Slg. 1993, I-6665.

149 Vgl. BFH v. 30.11.2016 – V R 18/16, UR 2017,143 (offengelassen, ob bereits nicht steuerbar oder aber nach § 4 Nr. 8 g UStG steuerfreie Übernahme von [Geld-]Verbindlichkeiten, Bürgschaften und Sicherheiten).

150 Vgl. EuGH v. 09.10.2002 – C-409/98 (Mirror Group), Slg. 2001, I-7175 mit Anm. Reiß RIW 2002, 286.

Mietzins) ist keine verbrauchbare Leistung. Die entgegengesetzte Entscheidung des EuGH ist unzutreffend.[151] Der EuGH sieht die Leistung in der Vertragsübernahme, ohne dabei zu differenzieren zwischen der Übernahme der Verpflichtung (Mietzins) und des Anspruches (Gebrauchsnutzung).

- Der **Schuldner eines Sachleistungsanspruches** (= der Leistende, z. B. der Vermieter, der Verkäufer) **„verzichtet"** auf die Erbringung der von ihm geschuldeten Sachleistung und erhält anstelle der vereinbarten Gegenleistung in Geld einen Entschädigungsbetrag. Mangels einer der Umsatzbesteuerung unterliegenden Leistung liegt **kein Leistungsaustausch** vor. Daher unterliegt die Entschädigung, die der Mieter/Pächter dem Vermieter für die vorzeitige Entlassung aus dem Vertrag zahlt, – **entgegen der Auffassung des BFH** und des EuGH – nicht der USt.[152] Zu recht hat daher der BGH entschieden, dass die **Zahlung des Leasingnehmers** (Mieter) wegen vorzeitiger Beendigung des Leasingvertrages nicht Entgelt, sondern Schadensersatz ist.[153] Denn der Vermieter hat insoweit gerade nicht die Leistung erbracht. Fraglich ist demgegenüber, ob es auch an einem Leistungsaustausch fehlt, soweit bei an sich durchgeführter Fahrzeugüberlassung ein bereits im Leasingvertrag vorgesehener **Minderwertausgleich als Schadensersatz** zu leisten ist, weil das Fahrzeug nicht im der vertragsgemäßen Fahrleistung entsprechenden Erhaltungszustand vom Leasingnehmer zurückgegeben wird. Der XI. Senat des BFH[154] geht in Übereinstimmung mit dem BGH davon aus, dass es auch insoweit an einer willentlichen Leistung des Leasinggebers fehle, sodass ein echter Schadensersatz vorliegt. Dem ist nicht zu folgen. Gleiches gilt, soweit Ausgleichs-/Mehrzahlungen zu leisten sind, weil eine höhere Nutzung des Leasinggegenstandes in Anspruch genommen wurde. Auf die zivilrechtliche Qualifizierung als vertraglicher Erfüllungsanspruch oder als Schadensersatzanspruch[155] kann es nicht ankommen. Umgekehrt kann aber auch nicht aus der Bezeichnung Schaden hergeleitet werden, dass es sich nicht um ein Entgelt für die Leistung handelt. Dies ergibt sich – entgegen dem BFH – auch nicht schon daraus, dass eine „schonende" Behandlung und eine „vertragsgemäße" Nutzung vereinbart war. Vielmehr liegt die Zahlung eines zusätzlich zu entrichtenden Entgeltes für die in Kauf genommenen und geduldeten Beschädigung bei nicht schonender, übervertragsmäßiger Nutzung vor.[156]

Ergebnis:

Der Steuerberater hat recht. Entgegen der Auffassung der Finanzverwaltung (und des BFH) schuldet die Anwaltssozietät mangels Erbringung einer Leistung keine USt wegen des Erhalts der Entschädigung für die vorzeitige Vertragsbeendigung.

6. Sitten- und verbotswidrige Leistungen

54 a) Die Leistung im Leistungsaustausch erfolgt in der Regel als Erfüllungshandlung eines gegenseitigen Schuldvertrages, z. B. Übereignung der Sache aufgrund Kaufvertrages oder Überlassung der Sache aufgrund Mietvertrages. Da die USt mit der

151 EuGH v. 09.10.2001 – C-108/99 (Cantor Fitzgerald), Slg. 2001, I-7257.

152 A. A. BFH v. 19.10.2010 – V B 103/09, BFH/NV 2011, 327 m. w. N.; Hess. FG v. 27.04.2017–6 K 1986/16, EFG 2017, 1296; BFH v. 22.05.2019 – XI R 20/17, HFR 2020, 56; Abschn. 1.3. Abs. 13 UStAE; wie hier Lippross, USt, Kap. 2.2.6.5.b (S. 148 ff.); Ruppe/Achatz § 1 Rn. 240.

153 BGH v. 18.05.2011 – VIII ZR 260/10, UR 2011, 813; v. 14.03.2007 – VIII ZR-68/06, UR 2007, 416; ebenso BFH v. 24.08.1995 – V R 55/94, BStBl. II 1995, 808; so zutreffend nunmehr auch Abschn. 1.3. Abs. 17 S. 6 UStAE.

154 BFH v. 20.03.2013 – XI R 6/11, BStBl. II 2014, 206; BGH v. 18.05.2011 – VIII ZR 260/10, UR 2011, 813.

155 Vgl. dazu BGH v. 14.11.2012 – VIII ZR 22/12, DB 2012, 2865.

156 So schon D. Hummel UR 2006, 614.

Leistungserbringung aber nicht an den Abschluss des Schuldvertrages, sondern an das tatsächliche Bewirken der Leistung anknüpft, ist es belanglos, ob der Leistung ein schuldrechtlich wirksames Rechtsverhältnis zugrunde liegt oder nicht. Entscheidend ist allein, ob die Leistung tatsächlich bewirkt wurde.[157] Dieser sich bereits aus dem UStG ergebende Grundsatz wird **deklaratorisch** durch **§ 41 AO** bestätigt. Danach ist es für die Besteuerung unerheblich, ob ein Rechtsgeschäft unwirksam ist oder wird, solange die Beteiligten das wirtschaftliche Ergebnis eintreten lassen. Davon zu unterscheiden ist die Frage, welche Auswirkungen es hat, wenn das wirtschaftliche Ergebnis später wegen der Unwirksamkeit rückgängig gemacht wird.

Beispiel

Ü übereignet aufgrund unwirksamen Kaufvertrages an einen Minderjährigen ein Fahrrad. Er erhält auch den Kaufpreis. Später fordern die Eltern den Kaufpreis zurück und geben das Fahrrad zurück. Es liegt zunächst ein steuerbarer Leistungsaustausch vor, weil die Lieferung des Fahrrades tatsächlich erfolgte. Die spätere Rückabwicklung führt allerdings zur Rückgängigmachung der Besteuerung (vgl. § 17 Abs. 2 Nr. 3 UStG).

b) Es kann aber auch die **Leistung selbst sittenwidrig** sein oder gegen ein gesetzliches Verbot verstoßen. Auch dies hindert die Besteuerung nicht, solange die Leistung tatsächlich erbracht (und empfangen) wird. Für die deutsche Rechtsordnung bestimmt **§ 40 AO** insoweit ausdrücklich, dass es für die Besteuerung unerheblich ist, ob ein Verhalten (hier eine Leistung) gegen ein gesetzliches Verbot/Gebot oder die guten Sitten verstößt. So sind z. B. die Ausübung der Prostitution[158] oder die unerlaubte Arbeitnehmerüberlassung[159] als steuerbar behandelt worden. Nichts anderes gilt für den Absatz gestohlener Waren durch den Dieb oder Hehler, vorausgesetzt, sie handeln nachhaltig als Unternehmer.

c) Nach der Rechtsprechung des Europäischen Gerichtshofs verbietet der Grundsatz der steuerlichen Neutralität bei der Erhebung der Mehrwertsteuer eine **allgemeine Differenzierung zwischen erlaubten und unerlaubten Geschäften**. Dies soll jedoch nicht für die Lieferung von Erzeugnissen oder Dienstleistungen gelten, die insoweit besondere Merkmale aufweisen, als sie – mit Ausnahme eines streng überwachten Vertriebs zur Verwendung für besondere Zwecke – schon nach ihrem Wesen **in allen Mitgliedstaaten einem vollständigen Verkehrsverbot** unterliegen. In einer derartigen besonderen Situation, in der zwischen einem legalen und einem illegalen Wirtschaftssektor jeder Wettbewerb ausgeschlossen sei, könne der Grundsatz der steuerlichen Neutralität nicht berührt sein, wenn der fragliche Vorgang nicht steuerbar ist.[160] Daher sei auch der Handel mit sog. Abdeckrechnungen kein steuerbarer Vorgang.[161]
Dies ist mehr als zweifelhaft. Die **Mehrwertsteuer besteuert nicht den Wettbewerber, sondern den Verbraucher**. Auch ein Monopolist ohne Mitwettbewerber kann

157 In diese Richtung nunmehr auch EuGH v. 25.5.2023 – C-114/22 (Dyrektor Izby), UR 2023, 728.

158 BFH v. 15.12.2011 – XI B 50/11, BFH/NV 2012, 810; v. 31.03.2006 – V B 181/05, BFH/NV 2006, 2138; v. 04.06.1987 – V R 9/79, BStBl. II 1987, 653; s. auch FG Nürnberg v. 03.11.2015–2 K 1038/13, EFG 2016, 417 (Zurechnung der von der [minderjährigen] Prostituierten ausgeführten „Dienstleistungen“ an deren [gewalttätigen] Zuhälter. Die Prostitution selbst ist durch das [fragwürdige] ProstG seit 2002 legalisiert). Zur Zurechnung der „sexuellen Dienstleistungen“ von Prostituierten an Bordellbetreiber BFH v. 27.09.2018 – V R 9/17, BFH/NV 2019, 127; s. auch FG Sachsen-Anhalt v. 17.11.2015–4 K 84/13 m. w. N.

159 BFH v. 24.09.1987 – V R 50/85 und V R 125/86, BStBl. II 1988, 688, 694.

160 So EuGH v. 5.7.1988–289/86 (Happy Family), Slg 1988, 3655–3678 Rz. 17 f.; in der Folge u. a. EuGH v. 11.6.1998 – C-283/95 (Fischer), Slg 1998, I-3369–3399 Rz. 19 ff.; v. 29.6.1999 – C-158/98 (Coffeeshop Siberië), Slg 1999, I-3971–3997 Rz. 14; v. 12.1.2006 – C-354/03, C-355/03 und C-484/03 (Optigen u. a.), Slg 2006, I-483–524 Rz. 49; v. 6.7.2006 – C-439/04 und C-440/04 (Kittel und Recolta Recycling), Slg 2006, I-6161–6198 Rz. 50; zuletzt EuGH v. 7.7.2010 – C-381/09 (Curia), EU:C:2010:406 = HFR 2010, 1369 Rz. 18; dem folgend BGH v. 12.1.2022–1 StR 436/21, UR 2022, 566 Rz. 20.

161 So BGH v. 12.1.2022–1 StR 436/21, UR 2022, 566.

sich der Steuerpflicht nicht mit dem Hinweis auf einen fehlenden Wettbewerb entziehen. Dies wäre absurd. Dass Drogen als Verbrauchsgüter *par excellence* bezeichnet werden können, dürfte auch unstreitig sein. Wieso diese Verbraucherversorgung nicht besteuert werden soll, ist nicht erklärbar – und hat weder der EuGH noch der BGH jemals erklärt. Abgesehen davon erscheint es seltsam, dass es ein Mitgliedstaat allein in der Hand haben können soll – in dem er z. B. den Drogenhandel legalisiert –, dass nun der Drogenhandel in allen anderen Staaten steuerbar und steuerpflichtig wird. Dies wäre ein sehr merkwürdiger Harmonisierungsansatz.

7. Geldzahlungen für eine Nichtleistung (Zuschuss)

55 Keine Leistung gegen Entgelt liegt vor, wenn die Zahlung allein **im Interesse der Allgemeinheit** gezahlt wird. Wenn die Umsatzsteuer eine (allgemeine) Verbrauchsteuer ist, durch welche die Leistungsfähigkeit des Leistungsempfängers (Verbrauchers) besteuert werden soll, die sich in der Aufwendung von Vermögen zur Verschaffung eines verbrauchbaren Nutzens zeigt, kann eine umsatzsteuerrechtliche Leistung auch nur vorliegen, wenn ein (verbrauchbarer) Vorteil einem **identifizierbaren Verbraucher** und nicht lediglich gegenüber der Allgemeinheit verschafft wird. Der Allgemeinheit kann kein verbrauchbarer Vorteil verschafft werden, der eine Umsatzsteuerbarkeit der Leistung zur Folge hätte.[162]

Darüber hinaus würde in Deutschland die Besteuerung von Leistungen zugunsten der Allgemeinheit – insbesondere wenn diese vom Staat selbst durch Geldzahlungen unterstützt werden – zu einem **verdeckten Finanzausgleich** führen, da die Umsatzbesteuerung dieser Geldzahlungen durch einen Hoheitsträger nicht allein diesem, sondern nach den Vorschriften des Grundgesetzes (Art. 106 Abs. 3, Abs. 5 a GG) auch den anderen an dem Umsatzsteueraufkommen beteiligten Hoheitsträgern (d. h. Bund, Ländern und Gemeinden) zu Gute kommt.[163] Insofern ist es sowohl umsatzsteuerrechtlich als auch verfassungsrechtlich geboten, Zahlungen zur Verschaffung von Vorteilen zu Gunsten der Allgemeinheit nicht der Umsatzbesteuerung zu unterwerfen. Üblicherweise werden diese Zahlungen als echter Zuschuss bezeichnet. Folglich stehen diesen **Zuschüssen, Subventionen und anderen Zahlungen** seitens der öffentlichen Hand für diese Zwecke keine steuerbaren Leistungen gegenüber.[164]

56 Problematisch an der Abgrenzung ist dabei, dass einer jeden Bezuschussung zu eigen ist, dass der Zuschussgeber den Zuschuss immer auch in seinem eigenen Interesse bzw. in seinem Kompetenzbereich vergibt. Allein dass der Zuschussempfänger ein Ziel verfolgt, welches sich mit den Zielen des Zuschussgebers überschneidet oder gar deckt, kann also nicht allein zur Annahme eines verbrauchbaren Vorteils i. S. des UStG führen.[165] Dabei ist derzeit eine gewisse restriktive Tendenz der Finanzrechtsprechung bei der Annahme eines sog. **echten Zuschusses** bei der Bezuschussung von Privaten durch eine Körperschaft des Öffentlichen Rechts (i. d. R. Gemeinden)

162 Auch der EuGH differenziert bei einer Gesellschaft danach, ob diese allgemeine Interessen der Mitglieder wahrnimmt (keine konkrete Leistung) oder nicht – vgl. EuGH v. 12.2.2009 – C-515/07 (VNLTO), ECLI:EU:C:2009:88, Rz. 31; v. 8.3.1988 – Rs. 102/86 (Apple and Pear), ECLI:EU:C:1988:120, 1443, Rz. 14, wo von gemeinsamen Interessen die Rede ist; v. 22.11.2001 – C-184/00 (Office des produits wallons), ECLI:EU:C:2001:629; so zutreffend auch BFH v. 29.10.2008 – XI R 76/07, BFH/NV 2009, 795 und auch Robisch in: Bunjes (23. Aufl.) § 1 UStG Rz. 9; Lippross, DStR 2009, 781 (783 f.).

163 Ebenso Stadie, UStG, § 1 Rz. 40; zutreffend auch Gröpl, DStZ 1998, 113 (113).

164 So ausdrücklich Stadie, UStG, § 1 Rz. 41; ebenso Gröpl, DStZ 1998, 113 (113); Baldauf, DStZ 2010, 125 ff.; dies meint wohl auch List, BB 2005, 241 (244) – es hätte wenig Sinn, die Subventionssumme um die Umsatzsteuer zu kürzen.

165 Zutreffend Lippross, DStR 2009, 781 (783).

durchaus festzustellen. Allerdings ist diese restriktive Tendenz[166] nicht absolut[167] und der BFH versucht außerdem im Ergebnis lediglich eine Grenze zwischen einer nicht steuerbaren und einer steuerbaren Leistung anhand des konkreten Einzelfalls und der konkreten Leistung, für die der Zuschuss gezahlt wird, zu ziehen.

Der EuGH hingegen hat von Beginn an weniger auf die Übernahme von Aufgaben oder Interessen des Zuschussgebers abgestellt, sondern vielmehr danach abgegrenzt, ob eine Leistung i. S. des Mehrwertsteuerrechts vorliegt, für die die Subvention aufgewendet wurde.[168] Dies hat der EuGH[169] zutreffend verneint, sofern der Unternehmer lediglich darin eingewilligt hat, dass er weniger Milch erzeugt und dafür eine Vergütung (Subvention) erhält. Hier vertrat die deutsche Regierung – d. h. im Ergebnis das BMF – die Auffassung, dass der Landwirt mit der **Verpflichtung zur Aufgabe von Milchherstellung** eine Dienstleistung erbringe, für die die Subvention die Vergütung darstelle.[170] Der EuGH erkannte zutreffend, dass die Aufgabe der Milcherzeugung durch den Landwirt wohl im Interesse des Subventionsgebers (Regulierung der Milcherzeugung) stand, diesem aber keinen verbrauchbaren Vorteil verschaffte, sondern vielmehr im allgemeinen Interesse des ordnungsgemäßen Funktionierens des Milchmarktes in der EU (damals noch EG) erfolgte.[171] Insbesondere erbringe der Landwirt keinem identifizierbaren Verbraucher Dienstleistungen und er verschaffe keinen Vorteil, der einen Kostenfaktor in der Tätigkeit eines anderen Beteiligten am Wirtschaftsleben bilden könne.[172] 57

Gleiches galt für einen Verein, der **für** bestimmte **regionale Erzeugnisse Werbung betrieb** und von der Region einen Zuschuss erhielt. Hier stellte der EuGH zu Recht klar, dass die Subvention gerade für die Lieferung eines bestimmten Gegenstands oder die Erbringung einer bestimmten Dienstleistung gezahlt werden müsse,[173] mithin zu prüfen sei, „ob jede einzelne Tätigkeit eine besondere, bestimmbare Zahlung auslöst".[174] Allein, dass die Region ein Interesse an der besseren Vermarktung von Produkten aus der Region habe, genügte dem EuGH zu Recht nicht. Insbesondere hat der EuGH klargestellt, dass für die Annahme einer Vergütung i. S. des Mehrwertsteuerrechts notwendig ist, dass die Höhe der Vergütung bestimmt oder wenigstens bestimmbar ist. Nach Ansicht des EuGH liegt keine Dienstleistung gegen Entgelt vor, wenn die Zahlung aus freien Stücken erfolge und vom Zufall abhänge; die Höhe sich mithin nicht bestimmen lasse.[175] In ähnliche Richtung ging die Beurteilung der Zuschüsse des

166 Vgl. exemplarisch die Urteile, bei denen ein sog. echter Zuschuss abgelehnt wurde: BFH v. 27.11.2008 – V R 8/07, BStBl. II 2009, 397; v. 18.12.2008 – V R 38/06, BStBl. II 2009, 749; v. 5.12.2007 – V R 63/05, BFH/NV 2008, 996; v. 18.6.2009 – V R 4/08, BStBl. II 2010, 310; v. 19.11.2009 – V R 29/08, BFH/NV 2010, 701; v. 11.2.2010 – V R 30/08, BFH/NV 2010, 2125; v. 2.9.2010 – V R 23/09, BFH/NV 2011, 458; v. 9.11.2006 – V R 9/04, BStBl. II 2007, 285; EuGH v. 13.6.2002 – C-353/00 (Keeping Newcastle Warm), ECLI:EU:C:2002:369.

167 Vgl. nur exemplarisch die zahlreichen Urteile der Finanzgerichtsbarkeit bzw. des EuGH, bei denen ein sog. echter Zuschuss angenommen wurde: BFH v. 29.10.2008 – XI R 76/07, BFH/NV 2009, 795; v. 16.12.2010 – V R 16/10, BFH/NV 2011, 1028; v. 20.4.1988 – X R 3/82, BStBl. II 1988, 792; v. 28.7.1994 – V R 19/92, BStBl. II 1995, 86; v. 25.1.1996 – V R 61/94, UR 1997, 432; v. 26.10.2000 – V R 12/00, BFH/NV 2001, 494; v. 22.07.1999 – V R 74/98, BFH/NV 2000, 240; FG Köln v. 21.11.2012–4 K 526/11, EFG 2013, 888; EuGH v. 29.2.1996 – C-215/94 (Mohr), ECLI:EU:C:1996:72; v. 18.12.1997 – C-384/95 (Landboden Agrardienste), ECLI:EU:C:1997:627; v. 22.11.2001 – C-184/00 (Office des produits wallons), ECLI:EU:C:2001:629.

168 Vgl. dazu die Rechtsprechung des EuGH: EuGH v. 29.2.1996 – C-215/94 (Mohr), ECLI:EU:C:1996:72; v. 18.12.1997 – C-384/95 (Landboden Agrardienste), ECLI:EU:C:1997:627; v. 22.11.2001 – C-184/00 (Office des produits wallons), ECLI:EU:C:2001:629.

169 EuGH v. 29.2.1996 – C-215/94 (Mohr), ECLI:EU:C:1996:72.

170 Vgl. EuGH v. 29.2.1996 – C-215/94 (Mohr), ECLI:EU:C:1996:72, Rz. 17; ebenso wurde in einem anderen Fall argumentiert – vgl. EuGH v. 18.12.1997 – C-384/95 (Landboden Agrardienste), ECLI:EU:C:1997:627, Rz. 17 f.

171 So ausdrücklich EuGH v. 29.2.1996 – C-215/94 (Mohr), ECLI:EU:C:1996:72, Rz. 21 f.

172 So ausdrücklich EuGH v. 18.12.1997 – C-384/95 (Landboden Agrardienste), ECLI:EU:C:1997:627, Rz. 23.

173 EuGH v. 22.11.2001 – C-184/00 (Office des produits wallons), ECLI:EU:C:2001:629, Rz. 12; so auch schon EuGH v. 8.3.1988 – Rs. 102/86 (Apple and Pear), ECLI:EU:C:1988:120, Rz. 14 ff.

174 EuGH v. 22.11.2001 – C-184/00 (Office des produits wallons), ECLI:EU:C:2001:629, Rz. 15; v. 8.3.1988 – Rs. 102/86 (Apple and Pear), ECLI:EU:C:1988:120, Rz. 14 ff.

175 EuGH v. 3.3.1994 – C-16/93 (Tolsma), ECLI:EU:C:1994:80, Rz. 19.

Staates an ein Fernsehunternehmen, welches von seinen Zuschauern keine Entgelte einnahm.[176] Die Zuschüsse zur Finanzierung des Sendebetriebs sind kein Entgelt für eine konkrete Dienstleistung für einen konkreten Zuschauer. Auch der BFH nahm unlängst einen (sog. echten) Zuschuss bei den Zuschüssen einer Gemeinde zur Bewirtschaftung der Sportanlage an, damit es dem Sportverein möglich blieb, sein Sportangebot in der Gemeinde aufrechtzuerhalten.[177]

III. Die Lieferung als Unterfall der Leistung

1. Verschaffung der Verfügungsmacht an einem Gegenstand

58 Im Hinblick auf das Besteuerungsziel, den Aufwand des Verbrauchers für verbrauchbare Leistungen zu besteuern, ist die Unterscheidung zwischen Lieferung und sonstiger Leistung grundsätzlich überflüssig. Sie ist nur technischer Natur. Nach § 3 Abs. 9 Satz 1 UStG sind sonstige Leistungen solche Leistungen, die keine Lieferungen sind. Die **saubere Prüfungsreihenfolge** ist deshalb:

- Liegt eine Leistung vor?
- Ist diese Leistung eine Lieferung?
- Wenn nein, dann ist die Leistung eine sonstige Leistung.

Nach § 3 Abs. 1 UStG liegt eine Lieferung vor, wenn einem anderen ein bestimmter verbrauchbarer Vorteil, nämlich die Verfügungsmacht an einem Gegenstand verschafft wird. Die **Besonderheit der Lieferung** besteht daher darin, dass dem anderen Rechtssubjekt die Befähigung verliehen wird, im eigenen Namen über einen Gegenstand zu verfügen (Verschaffung der Verfügungsmacht), § 3 Abs. 1 UStG. Es sind drei Begriffe, die das Wesen der Lieferung bestimmen:

a) Das UStG definiert den Begriff des Gegenstands ebenso wenig wie die entsprechende Regelung des Art. 14 Abs. 1 MwStSystRL. Allerdings spricht Art. 14 Abs. 1 MwStSystRL von einem körperlichen Gegenstand und der Übertragung der Befähigung, *wie ein Eigentümer* darüber zu verfügen.[178] Dies macht deutlich, dass der maßgebende Inhalt einer Lieferung die **wesentlichen Merkmale des Eigentums**, mithin den materiellen Gehalt eines Gegenstands, vermitteln können muss. Dabei enthält das Eigentum (angedeutet in § 903 BGB) grundsätzlich das umfassende Recht zu tatsächlichen und rechtlichen Herrschaftshandlungen, um die dahinter stehende Substanz realisieren zu können. Mit der **Zuweisung dieser umfangreichen Befugnisse** korrespondiert aber immer auch die **Gefahr des zufälligen Untergangs**, die der Eigentümer zu tragen hat.
   Folglich muss der **Gegenstand**, von dem Art. 14 Abs. 1 MwStSystRL spricht, etwas sein, das diesen **Befugnissen bzw. der zufälligen Untergangsgefahr** überhaupt **zugänglich** ist. Daher fällt unter den Begriff des Gegenstands jeder verbrauchbare Vorteil, der dem Empfänger eine Substanz zuweist, die zufällig untergehen kann. Dies ist nur dann der Fall, wenn sich dieser verbrauchbare Vorteil auf einen materiellen, mithin *körperlichen* Gegenstand (im Unterschied zu immateriellen Vorteilen) bezieht. Zutreffend betrachtet nunmehr auch der BFH das Miteigentum an einem Gegenstand als einen Gegenstand i. S. des § 3 Abs. 1 UStG.[179]

---

176 EuGH v. 16.9.2021 – C-21/20 (Balgarska natsionalna televizia), ECLI:EU:C:2021:743.

177 BFH v. 18.11.2021 – V R 17/20, UR 2022, 329; anhängig zu dieser Frage ist noch ein Revisionsverfahren unter Az. XI R 13/21.

178 Daher stellt der EuGH in st. Rspr. klar, dass es nicht auf die Übertragung des Eigentums ankomme – vgl. exemplarisch EuGH v. 3.9.2015 – C-526/13 (Fast Bunkering Klaipėda), ECLI:EU:C:2015:536 = UR 2015, 785.

179 BFH v. 18.2.2016 – V R 53/14, BFH/NV 2016, 869; so schon D. Hummel, Bauten auf fremdem Grund und Boden (Diss.), S. 77 ff.; Frye in: R/D, § 6a Rn. 138 (Sept. 2022); Stadie, UStG, § 3 Rz 7; Heuermann in: S/R, § 3 Rz. 312 (März 2022).

Abweichend vom Sprachgebrauch des BGB (vgl. § 90 BGB) versteht § 3 Abs. 1 UStG in Übereinstimmung mit Art. 14 MwStSystRL darunter grundsätzlich nur **körperliche Gegenstände** (bewegliche und unbewegliche Sachen i. S. d. BGB), nicht aber Rechte, Berechtigungen und sonstige Vorteile. Patente, Urheberrechte, Aufführungsrechte, Forderungen, Vertragsverhältnisse usw. können nicht geliefert werden. Ihre Übertragung oder Einräumung stellt eine sonstige Leistung dar.[180] Immaterielle Wirtschaftsgüter werden hingegen nicht als Liefergegenstände angesehen.[181] Entgegen früherer Auffassung ist der Firmenwert (Praxiswert) nicht als Liefergegenstand anzusehen, ebenso stellt der Kundenstamm keinen Liefergegenstand dar.[182]

§ Fall 9: Verkauf eines dinglichen Rechts 59

Unternehmer U verkauft einen Maulesel an die Unternehmer X und Y. Beide nutzen den Maulesel als Reittier jeweils zur Hälfte für ihre eigenen Unternehmen. Als X berufsbedingt umzieht, verkauft er seine „Hälfte am Maulesel" an Z.

Aufgabe: Wie ist der Verkauf an Z umsatzsteuerrechtlich zu würdigen?

Fraglich ist, ob die Übertragung eines dinglichen Rechts auch als eine Lieferung zu betrachten ist. Dies kann für den ermäßigten Steuersatz von Bedeutung sein, da z. B. § 12 Abs. 2 Nr. 1 UStG nur für die Lieferung gewisser Gegenstände den ermäßigten Steuersatz vorsieht. 60

Diese Frage stellte sich immer, wenn mehrere Personen als Miteigentümer einen Gegenstand erworben haben und einer der Miteigentümer sein Miteigentum auf einen anderen übertragen hat. Hintergrund der umsatzsteuerrechtlichen Frage ist die allgemeine Ansicht, dass **die Übertragung eines Rechts keine Lieferung** sei, was bereits im Hinblick auf die Übertragung des *Eigentumsrechtes* als Prototyp einer Lieferung in dieser Weite schlicht unzutreffend ist. Insbesondere sollte die **Übertragung eines Miteigentumsanteils** nach herkömmlicher Auffassung eine **sonstige Leistung** darstellen.

Dies wird, wenn überhaupt, damit begründet, dass der Gegenstand in diesen Fällen nicht hinreichend bestimmt werden könne, was insofern aber unzutreffend ist, da auch ein ideeller Teil hinreichend bestimmt ist. Inkonsequenterweise wird das Vorliegen einer Lieferung bei der Eigentumsübertragung an zwei Personen, welche dadurch Miteigentümer werden, auch nicht infrage gestellt.

Gegen die Ansicht, welche alle **Rechte aus dem Gegenstandsbegriff herausfallen** lassen will, spricht schon die Tatsache, dass in dem am häufigsten auftretenden Fall einer Lieferung, nämlich der Eigentumsübertragung an einem Gegenstand, im Ergebnis auch nur Rechte übertragen werden. Auch der Wortlaut von Art. 14 Abs. 1 MwStSystRL spricht von der Befähigung, „wie ein Eigentümer" zu verfügen. Letztendlich genügt es, dass nicht nur das Eigentumsrecht, sondern auch ein anderes **Recht**, welches vergleichbare materielle Befugnisse verleiht, übertragen wird, sofern es sich **auf einen körperlichen Gegenstand bezieht**. Diese Beziehung zu einem körperlichen Gegenstand fehlt bei Urheberrechten und Patenten, weswegen diese keinen Gegenstand einer Lieferung darstellen können. Auch rein schuldrechtliche Rechte verleihen keine dem Eigentum vergleichbaren materiellen Befugnisse und können daher, auch wenn sie sich auf einen körperlichen Gegenstand beziehen, nicht unter den Gegenstandsbegriff des Umsatzsteuerrechts fallen.

180 EuGH v. 22.10.2009 – C-242/08 (Swiss Re Germany Holding), BStBl. II 2011, 559.

181 Vgl. zur Abgrenzung Lieferung und sonstige Leistung Abschn. 3.1. und 3.5. UStAE m. w. N. aus der Rspr.

182 Abschn. 3.1. Abs. 4 UStAE; EuGH v. 22.10.2009 – C-242/08 (Swiss Re Germany Holding), BStBl. II 2011, 559; a. A. noch BFH v. 21.12.1988 – V R 24/87, BStBl. II 1989, 430.

Anders liegt es hingegen bei **dinglichen Rechten, welche die Substanz der** betreffenden **körperlichen Sache** ihrem Inhaber **zuweisen.** Das **Miteigentumsrecht** und z. B. auch das **Wegnahmerecht** beziehen sich ebenso wie das **Eigentumsrecht** auf die Substanz eines körperlichen Gegenstands. Allen diesen Rechten ist gemein, dass sie vergegenständlicht sind und dem Inhaber an diesem Gegenstand eine dem Eigentumsrecht vergleichbare absolute **Ausschließungsbefugnis** gewähren, die konsequenterweise mit der **Gefahr eines zufälligen Untergangs** der entsprechenden Substanz verbunden ist. Insofern existieren keine plausiblen Gründe, warum die Übertragung eines Teils der aus einem Gegenstand fließenden materiellen Rechte anders behandelt werden soll als die Übertragung der Gesamtheit dieser Rechte.

Entscheidend ist, ob sich die betreffende rechtliche Zuordnung auf etwas bezieht, was der **Gefahr des zufälligen Untergangs** zugänglich ist. Dies ist immer der Fall, wenn sich die betreffende Berechtigung auch auf die entsprechende **Substanz an der Sache** erstreckt. Beim Eigentumsrecht (sofern der materielle Gehalt mit dem formellen Eigentum – wie grundsätzlich – zusammenfällt) und beim Miteigentumsrecht (und auch beim Wegnahmerecht) ist dies der Fall. Andere dingliche Berechtigungen, die sich nur auf die Nutzung der Substanz beziehen (z. B. Wohnrecht, Nießbrauch sowie sonstiger Fremdbesitz), nicht aber selbst die Substanz zuweisen, fallen daher – unabhängig davon, dass sie auch keine Verfügungsmacht an der Substanz vermitteln – aus dem Gegenstandsbegriff heraus. Die Übertragung eines Miteigentumsanteils stellt daher eine Lieferung eines Gegenstandes dar.[183]

Besteht der wirtschaftliche Gehalt eines Geschäfts in der Übermittlung geistiger Leistungen, verkörpern sich diese aber in einem Gegenstand (z. B. Plan des Architekten, Berechnung des Statikers), so liegt lediglich eine sonstige Leistung vor. Wird allerdings im Verkehr die Verkörperung der geistigen Leistung als verselbstständigtes Produkt behandelt, so stellt dieses Produkt seinerseits einen Liefergegenstand dar, z. B. ein Buch. Ebenfalls als Lieferung ist die verkörperte Überlassung von Standard-Software für Computer zu behandeln, während die Überlassung nicht standardisierter Software eine ggf. nach § 12 Nr. 7 c UStG ermäßigt zu besteuernde sonstige Leistung darstellen kann, sofern dem Nutzer nicht lediglich das Betreiben auf eigener Anlage gestattet wird.[184] Die sog. Online-Lieferungen digitaler Güter stellen umsatzsteuerlich mangels Verkörperung immer sonstige Leistungen dar.[185]

61 b) An einem solchen Gegenstand muss auch die **Verfügungsmacht verschafft** werden. Vielfach wird insoweit vertreten, dass eine Verschaffung der Verfügungsmacht vorliege, wenn die **Substanz**, der **Wert** und der **Ertrag** des Gegenstands zugewandt werden.[186] Dies ist nicht falsch, suggeriert aber, dass Substanz, Wert und Ertrag voneinander zu trennende „Bestandteile" eines Gegenstands seien. Es wird dabei übersehen, dass sowohl der Wert als auch der Ertrag eines Gegenstands allein von der **Verschaffung der Substanz** abhängen.[187] Wem die Substanz zugewiesen wird, der kann über diese Zuweisung sowohl den Gegenstand ausschließlich nutzen (und damit den Ertrag erzielen) als auch den Wert realisieren. Neben der **faktischen Einwirkungsmöglichkeit** auf den Gegenstand muss allerdings noch hinzukommen, dass aufseiten des Inhabers der Verfügungsmacht ein entsprechender **Herrschaftswille** vorliegt. Aus diesem Grunde hat der Mieter einer Sache, solange er das Mietverhältnis respektiert, keine Verfügungsmacht, obgleich er faktisch ebenfalls wie der Dieb mit der Sache nach Belieben verfahren kann.

---

183 So nun auch BFH, Urt. v. 18.2.2016 – V R 53/14, BStBl. II 2019, 333 unter Aufgabe seiner bisherigen Rechtsprechung.

184 Vgl. BFH v. 25.11.2004 – V R 4/04 und V R 25-26/04, BStBl. II 2005, 415 und 419; v. 25.11.2004 – V R 12/03 und V R 33/04, BFH/NV 2005, 1152; OFD-Hannover v. 14.02.2007, UR 2007, 673.

185 Vgl. EuGH v. 12.05.2005 – C-41/04 (Levob Verzekeringen), Slg. 2005, I-9463.

186 Nieskens in: R/D, § 3 Rn. 435 f. (Aug. 2024); so noch Heuermann in: S/R, § 3 Rz. 66 (Juni 2023); Brandl in: Bunjes (23. Aufl.) § 3 Rz. 51; BFH v. 21.7.1994 – V R 114/91, BStBl. II 1994, 878 (880); v. 9.2.2006 – V R 22/03, BStBl. II 2006, 727 (728); vgl. BFH v. 11.3.2020 – XI R 18/18, MwStR 2020, 934 Rz. 55.

187 Zutreffend Nieskens, UR 1990, 1 (4); Stadie, UStG, § 3 Rz. 26, welcher auf die wirtschaftliche Substanz abstellt; Schwarz, UR 1989, 339 (340).

Es genügt daher, wenn unter der **Verschaffung der Verfügungsmacht** die **Übertragung der Substanz** (in Form der materiellen Bestandteile) des Eigentums verstanden wird. Dabei geht die Rechtsordnung davon aus, dass der **materielle Gehalt eines Gegenstands** erst bzw. schon **mit dem Gefahrübergang** aus der Sphäre des vorherigen Inhabers **in die Sphäre des Erwerbers wechselt**. Dem Erwerber ist ab diesem Zeitpunkt der materielle Gehalt des Gegenstands zugeflossen.[188] Diese Wertung, die auch in § 39 Abs. 2 Nr. 1 Satz 1 AO enthalten ist,[189] wird durch Art. 14 Abs. 2 Buchst. b Alt. 2 MwStSystRL bestätigt, welcher auch auf die Übergabe eines Gegenstands abstellt, dessen Eigentum erst mit der letzten Ratenzahlung erworben werden soll. Auch hier geht die Gefahr des zufälligen Untergangs schon mit der Übergabe über. Daraus folgt, dass immer derjenige, der das **Risiko des zufälligen Untergangs** trägt, auch der eigentliche Substanzinhaber eines Gegenstands und damit **Inhaber der Verfügungsmacht** ist.[190] 62

c) Die **Eigentumsübertragung ist hingegen irrelevant.**[191] Art. 14 Abs. 1 der Mehrwertsteuerrichtlinie spricht, jedenfalls in einigen Sprachfassungen,[192] gerade nicht davon, dass jemand das Eigentumsrecht erworben hat, sondern davon, dass die Übertragung der Befähigung, „wie ein Eigentümer" über einen körperlichen Gegenstand zu verfügen, erfolgt ist. „Wie ein Eigentümer" über etwas zu verfügen, ist aber nicht zwangsläufig das Gleiche wie der Eigentumserwerb. Zum einen würde man dann nicht „wie ein" sondern „als Eigentümer" über einen Gegenstand verfügen. Zum anderen wäre ansonsten der mehrwertsteuerrechtliche Begriff der Lieferung von dem jeweiligen nationalen Eigentumsverständnis abhängig. Der Begriff „Lieferung eines Gegenstands" bezieht sich jedoch nicht auf die Eigentumsübertragung in den durch das anwendbare nationale Recht vorgesehenen Formen.[193] Allerdings meint der EuGH auch Fälle einer Lieferung ausgemacht zu haben, bei denen keine Verfügungsmacht übergehen müsse.[194] Aus dem Wortlaut und der Struktur von Art. 14 der Mehrwertsteuerrichtlinie solle sich dabei ergeben, dass **Abs. 2** dieses Artikels gegenüber der allgemeinen Definition der Lieferung von Gegenständen in seinem Abs. 1 **lex specialis** sei, deren Anwendungsvoraussetzungen gegenüber denen von Abs. 1 autonomen Charakter haben.[195] Damit über- 63

---

188 Stadie, UStG, § 3 Rz. 39; Stadie, Vorsteuerabzug, 1989, S. 142; Schmidt, UR 1997, 295 (297); Nieskens, UR 1990, 1 (4); im Ergebnis richtig auch Reiß, StuW 1980, 342 (346 f.); Birkenfeld, UR 2006, 80 (85) – für den Kauf auf Probe; a. A. Ahlt, UR 2006, 63 (67); Lippross, UR 2008, 495 (498 f.).

189 Zutreffend Kettisch, UR 2014, 593 (599).

190 Reiß, StuW 1981, 81 (87); Reiß in: T/L (20. Aufl.), § 14 Rz. 56; Schmidt, UR 1997, 290 (298); Kettisch, UR 2014, 593 (601); zutreffend FG Münster v. 11.12.2014–5 K 79/14 U, EFG 2015, 774 (aufgehoben durch BFH v. 6.4.2016 – V R 12/15, BStBl. II 2017, 188); im Ergebnis richtig BFH v. 24.11.1992 – V R 80/87, BFH/NV 1993, 634 (635), der auf die Instandhaltungspflicht abstellt; wohl a. A. Vosseler, DStR 2007, 188 (190); Ahlt, UR 2006, 63 (67); Schön, StuW 1986, 385 (389) und der BFH v. 12.5.1993 – XI R 56/90, BStBl. II 1993, 847 (849); explizit für die Unbeachtlichkeit der Gefahrtragung Raab/Jünger, UR 2005, 581 (587); beim Versendungskauf Lippross, DStR 1992, 566 (569); Lippross, UR 2008, 495 (496); ohne Gefahrtragung auskommend auch Englisch in T/L, § 17 Rz. 95 ff.

191 Ebenso die Schlussanträge der Generalanwältin Kokott in der Rechtssache Herst (C-401/18, ECLI:EU:C:2019:834, Rz. 35); BFH v. 11.3.2020 – XI R 18/18, MwStR 2020, 934 Rz. 33; EuGH v. 10.7.2019 – C-273/18 (Kuršu zeme), ECLI:EU:C:2019:588, Rz. 36.

192 So in der deutschen Fassung („wie ein Eigentümer"), in der französischen Fassung („comme un propriétaire"); anders jedoch in der englischen („as owner") und estnischen Fassung („Kaubatarne on materiaalse vara omanikuna käsutamise õiguse üleminek").

193 EuGH v. 2.7.2015 – C-209/14 – NLB Leasing (ECLI:EU:C:2015:440, Rz. 29), v. 16.2.2012 – C-118/11 – Eon Aset Menidjmunt (ECLI:EU:C:2012:97, Rz. 39), v. 6.2.2003 – C-185/01 – Auto Lease Holland, ECLI:EU:C:2003:73 = UR 2003, 137 Rz. 32; v. 8.2.1990 – C-320/88 – Shipping and Forwarding Enterprise Safe (ECLI:EU:C:1990:61, Rz. 7 und 8).

194 EuGH v. 25.2.2021 – C-604/19 – Gmina Wrocław (Umwandlung des Nießbrauchrechts), ECLI:EU:C:2021:132, Rn. 54 f.

195 Dabei beruft sich der EuGH auf die ebenfalls nicht überzeugend begründete Entscheidung in EuGH v. 13.6.2018 – C-665/16 – Gmina Wrocław, ECLI:EU:C:2018:431, Rz. 36. In diesem Rechtsstreit wurde das übereignete Grundstück lediglich von der das Eigentum verlierenden Gemeinde weiter verwaltet. Die Verwaltung eines fremden Gegenstandes kann aber nicht mit der Verfügungsmacht im Sinne des Art. 14 Abs. 1 der Mehrwertsteuerrichtlinie gleichgesetzt werden. Aufgrund der unpräzisen Vorlagefragen wurde dies vom Gerichtshof aber nicht thematisiert. Den beachtlichen Argumenten in den Schlussanträgen der Generalanwältin Kokott in der Rechtssache Gmina Wrocław (Conversion du droit d'usufruit) (C-604/19, EU:C:2020:647, Nrn. 45 ff.) konnte sich der Gerichtshof – aus welchen Gründen auch immer – nicht anschließen.

sieht der EuGH jedoch, dass aus dem Wortlaut und der Systematik von Art. 14 der Mehrwertsteuerrichtlinie folgt, dass Art. 14 Abs. 2 Buchst. a der Mehrwertsteuerrichtlinie immer von dem Vorliegen einer Lieferung ausgeht.

d) § 3 Abs. 1 a UStG stellt ein bloßes innergemeinschaftliches Verbringen (= keine Leistung mangels 2. Person) einer Lieferung gleich. Es handelt sich um eine technische Fiktion, die lediglich für den innergemeinschaftlichen Warenverkehr von Bedeutung ist (s. Rn. 242 ff.). Der Sache nach liegen in diesen Fällen gerade keine Lieferungen vor.

2. Sonderfälle der Lieferung

a) Die Kommission

64 **Fall 10: Die verbrannten Rauchwaren/Untergang der Kommissionsware**

Kaufmann K hat es für Pelzhändler U übernommen, dessen Pelze im eigenen Namen in Frankfurt gegen eine Provision von 10 % zu veräußern. Nach der Übergabe an K werden die Pelze bei einem Brand total vernichtet. Die Versicherung zahlt an K 119.000 €, der diese an den U weiterleitet. Schuldet U USt? Hat K einen Vorsteueranspruch?

65 I. Bei der **Verkaufskommission** übernimmt der Kommissionär zivilrechtlich für den Kommittenten eine Geschäftsbesorgung, nämlich den Verkauf, vgl. § 383 HGB. Dennoch ordnet § 3 Abs. 3 UStG an, dass nicht der Kommissionär an den Kommittenten leistet, sondern vielmehr der Kommittent an den Verkaufskommissionär liefert. Dabei wird stillschweigend vorausgesetzt, dass im Verhältnis zum Käufer der Kommissionär der Liefernde ist. Dies stimmt auch mit der Regel des § 3 Abs. 1 UStG überein, denn im Außenverhältnis befähigt der im eigenen Namen handelnde Kommissionär als Verkäufer den Käufer, über den Gegenstand zu verfügen. Wird die Kommission durch Veräußerung des Kommissionsgegenstandes ausgeführt, ergeben sich daher umsatzsteuerlich folgende Leistungsbeziehungen:

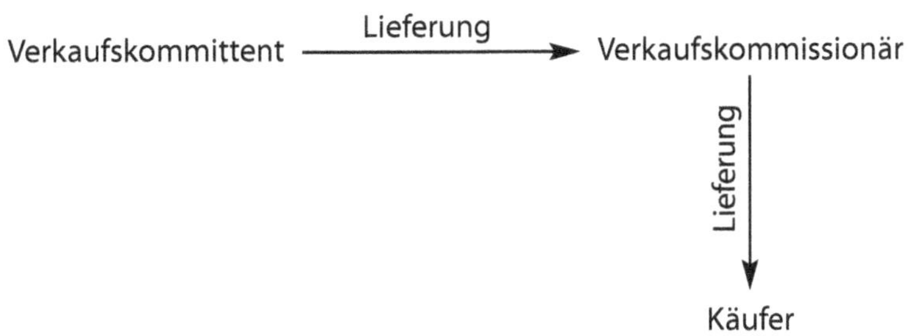

Die Gegenleistung für die Lieferung des Kommissionärs besteht im Kaufpreis, für die Lieferung des Kommittenten in dem herauszugebenden Kaufpreis (vgl. § 384 Abs. 2 HGB) abzüglich Provision und sonstiger Aufwendungen.[196] Wäre der Verkauf daher für 119.000 € ausgeführt worden, hätte U für seine Lieferung an K ([119.000 € – 11.900 €] : 1,19 =) 90.000 € zu versteuern gehabt. Die USt-Schuld hätte 17.100 € betragen. K hätte seine Lieferung mit 100.000 € bei einer USt-Schuld von 19.000 € zu versteuern. Aus der Lieferung des U stünde ihm ein Vorsteuerabzug von 17.100 € zu, sodass sich eine Zahllast von 1.900 € ergäbe. Die gleiche Zahllast ergäbe sich, wenn K nur seine Provision für seine Geschäftsbesorgung (11.900 €) mit 19 % USt versteuern müsste. Dieses Ergebnis stellt sich aber nur

196 Vgl. BFH v. 12.05.2011 – V R 25/10, BFH/NV 2011, 1541.

ein, wenn sowohl der Kommittent als auch der Kommissionär vorsteuerabzugsberechtigte Unternehmer sind.

II. Im vorliegenden Fall ist fraglich, ob zwischen U und K bereits ein steuerbarer Leistungsaustausch stattgefunden hat. Denn K hatte das Kommissionsgut zwar empfangen, aber noch nicht weiterveräußert: 66

- Nach der früheren Ansicht des BFH[197] sollte mit der Übergabe an den Kommissionär zwar schon eine Lieferung des Kommittenten erfolgt sein. Aber bis zur Ausführung des Verkaufes durch den Kommissionär fehle es an einem Entgelt, weil erst zu diesem Zeitpunkt der Anspruch des Kommittenten auf Herausgabe des Erlangten entsteht. Die Versicherungsleistung werde daher nicht kausal wegen der Lieferung geleistet, sondern stelle bloßen Schadensersatz dar.
- Zutreffend verneint der BFH nunmehr aber schon, dass vor dem Zeitpunkt des Ausführungsgeschäftes durch den Kommissionär überhaupt eine Lieferung des Kommittenten an den Kommissionär vorliegt. Denn der Liefergegenstand scheidet erst zu diesem Zeitpunkt aus dem Unternehmensvermögen des Kommittenten aus. Da bis dahin jedenfalls das sog. wirtschaftliche Eigentum noch beim Kommittenten verbleibt, kann eine Lieferung des Kommittenten früher noch nicht vorliegen.[198]

  Mangels Lieferung liegt daher kein steuerbarer Umsatz des U vor, sodass er keine USt schuldet.

III. Ein Vorsteuerabzug des K besteht deshalb nicht, weil keine Lieferung (Leistung) an K ausgeführt wurde (§ 15 Abs. 1 UStG). 67

Wird Kommissionsgut innergemeinschaftlich vom Kommittenten an den Verkaufskommissionär in ein anderes Mitgliedsland verbracht, wird aus Vereinfachungsgründen allerdings bereits vor Weiterlieferung an den endgültigen Abnehmer aufseiten des Kommittenten eine befreite innergemeinschaftliche Lieferung und für die umgekehrte Konstellation aufseiten des Kommissionärs bereits ein Erwerb angenommen.[199] Damit wird eine Erwerbsbesteuerung durch den Kommittenten im für ihn fremden EG-Mitgliedstaat vermieden. Statt seiner versteuert der Kommissionär den Erwerb.

Bei der **Einkaufskommission** bestehen folgende Leistungsbeziehungen (vgl. § 3 Abs. 3 UStG): 68

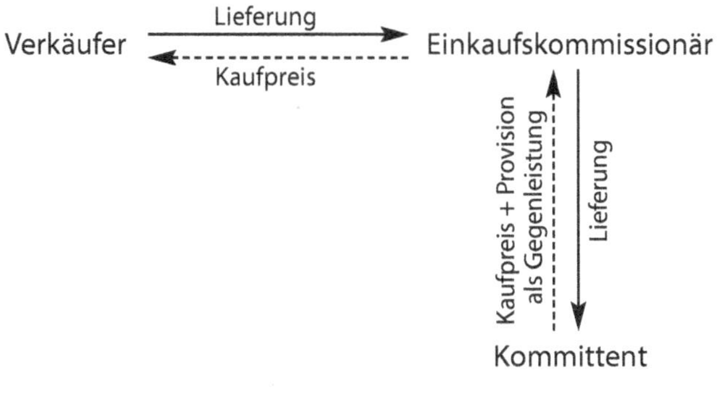

Beide Lieferungen erfolgen nur dann zum gleichen Zeitpunkt, wenn der Kommittent durch vorweggenommenes Besitzkonstitut (§ 930 BGB) mit Besitzerlangung durch den Einkaufskommissionär Eigentümer wird. Nur in diesem Falle wird der Kommit-

197 BFH v. 16.09.1976 – V B 74/75, BStBl. II 1977, 188.

198 BFH v. 25.11.1986 – V R 102/78, BStBl. II 1987, 278; FG Köln v. 17.11.2011–9 K 308/10 (rk), EFG 2011, 922 (Abzug von EUSt als Vorsteuer bereits durch den Verkaufskommissionär als Einführer schon mit Einfuhr ohne vorherige Weiterlieferung).

199 Abschn. 1 a.2. Abs. 7 Abschn. 3.1. Abs. 3 S. 8 UStAE; vgl. auch FG Köln v. 17.11.2011–9 K 308/10 (rk), EFG 2011, 922 zur Einfuhr durch den Kommissionär (Abzug von EUSt als Vorsteuer bereits durch den Verkaufskommissionär vor Weiterveräußerung im Inland).

tent nämlich sofort sog. wirtschaftlicher Eigentümer[200] bzw. geht auf ihn die wirtschaftliche Substanz über. Andernfalls verbleibt sie bis zur Übergabe der Sache beim Kommissionär.[201]

b) Sicherungsübereignung und Treuhandverhältnisse

69 **Fall 11: Die vorsichtige Bank**

Bauunternehmer B (SG) übereignete der Bank (SN) im Januar 2021 einen Baukran zur Sicherheit für einen Kredit von 100.000 €. SN veräußerte den Baukran als Vertreter des SG nach Eintritt des Sicherungsfalles im November 2021 für 107.100 € an K. Die Vollmacht dazu hatte SG bereits im Sicherungsübereignungsvertrag der SN erteilt. Dies geschah, damit die Bank (SN) dem Käufer nicht Gewähr zu leisten hat. Wer hat an K geliefert?

70 I. Bei der Sicherungsübereignung liegt trotz Eigentumsverschaffung zunächst noch keine Lieferung vor, denn aufgrund der schuldrechtlichen Vereinbarungen bleibt der Sicherungsgeber (SG) bis zur Veräußerung durch den Sicherungsnehmer (SN) sog. wirtschaftlicher Eigentümer.[202] Veräußert nach Eintritt des Sicherungsfalles allerdings der SN den Gegenstand im eigenen Namen, so liefert der SN an den Käufer, denn er verschafft dem Käufer die Verfügungsmacht (§ 3 Abs. 1 UStG). Zeitgleich[203] liegt eine Lieferung des SG an den SN vor, denn nunmehr ist der Gegenstand endgültig aus dem Vermögen des SG ausgeschieden.[204] Mit der Veräußerung durch den SN kommt es also zu einem **Doppelumsatz**.

71 II. Problematisch ist, ob die Lieferkette SG → SN → Käufer (Doppelumsatz) auch dann angenommen werden kann, wenn aufgrund der vertraglichen Vereinbarungen die Verwertung des Sicherungsgutes durch den SG selbst oder in seinem Namen durch den SN erfolgt. Für den Sonderfall, dass der SG im eigenen Namen mit Zustimmung des SN das Sicherungsgut nicht zum Zwecke der Verwertung, sondern vor Verwertungsreife nur zur Auswechslung des SG liefert, erkennt der BFH an, dass dann lediglich eine Lieferung des alten SG an den neuen SG vorliegt.[205] Hingegen ist nach zutreffender Auffassung des BFH davon auszugehen, dass bei der Verwertung von Sicherungsgut durch den **SG im eigenen Namen** ein **Dreifachumsatz** vorliegt.[206] Denn der SG handele insoweit auch als Verkaufskommissionär für den SN gemäß § 3 Abs. 3 UStG. Es liegen daher im Zeitpunkt der Verwertung folgende drei Lieferungen vor: 1. Lieferung des SG an den SN aus der Sicherungsübereignung; 2. Rücklieferung des SN (Kommittent) an den SG (Kommissionär) gemäß § 3 Abs. 3 UStG und 3. Lieferung des SG (als Verkaufskommissionär) an den Käufer nach § 3 Abs. 1 UStG. Diese Rspr. muss ebenfalls angewendet werden, wenn, wie vorliegend, die Verwertung durch SN als Vertreter des SG erfolgt.

Folgt man dieser Ansicht, so hat der SG gemäß § 3 Abs. 1 UStG an den Käufer geliefert und die Lieferung mit 90.000 € und einer USt-Schuld von 17.100 € zu versteuern. Zugleich liegt eine Lieferung der SN (Bank) als Kommittentin an den SG (Verkaufskommissionär) nach § 3 Abs. 3 UStG vor, aus der sie 17.100 € USt schuldet und dem SG ein Vorsteuerabzug von 17.100 € zusteht. Dem vorausgegangen

200 Lippross, USt, Kap. 2.3.4.2. c (S. 190); Slapio in: Birkenfeld/Wäger Abschn. I Kap. 4.D Rn. 12 f. (Nov. 2017).

201 Dazu näher Stadie, UStG, § 3 Rn. 101 ff.

202 So bereits RFH RStBl. 1939, 885.

203 BFH v. 19.07.2007 – V B 222/06, BStBl. II 2008, 163; v. 21.07.1994 – V R 114/91, BStBl. II 1994, 878; a. A. Lippross, Kap. 2.3.4.6.b (S. 197) – Lieferung an SN geht voraus.

204 BFH v. 16.04.1975 – V R 2/71, BStBl. II 1975, 622; v. 29.07.1978 – V R 2/75, BStBl. II 1978, 684.

205 BFH v. 23.07.2009 – V R 27/07, BStBl. II 2010, 859; v. 09.03.1995 – V R 102/89, BStBl. II 1995, 564.

206 BFH v. 23.07.2009 – V R 27/07, BStBl. II 2010, 859; v. 06.10.2005 – V R 20/04 und v. 30.03.2006 – V R 9/03, BStBl. II 2006, 931 und 933.

ist die Lieferung des SG an den SN. Die dafür anfallende USt von 17.100 € schuldet allerdings nach § 13b Abs. 5 UStG die Bank als Sicherungsnehmerin, der insoweit dann aber auch der Vorsteuerabzug nach § 15 Abs. 1 Nr. 4 UStG zusteht.

aa) Die Sicherungsübereignung ist nur ein Anwendungsfall der eigennützigen Treuhand. Für **Treuhandverhältnisse**, bei denen der Treuhänder gegenüber einem Dritten im eigenen Namen, aber für fremde Rechnung leistet, stellt sich allgemein die Frage, wie die Leistungsbeziehungen zu ordnen sind. In Betracht kommen zwei grundsätzlich unterschiedliche Ansätze: 72

- Nach der sog. **Zwei-Unternehmer-Theorie** ist maßgebend, dass der Treuhänder gegenüber dem Dritten im eigenen Namen handelt. Daher erbringt der Treuhänder die Leistung (Lieferung) an den Dritten, bzw. leistet der Dritte an den Treuhänder. Im Innenverhältnis liege hingegen eine Leistung (Lieferung) des Treugebers an den Treuhänder oder umgekehrt vor. Diese Leistung (Lieferung) erfolge immer zur gleichen Zeit wie die Leistung (Lieferung) des Treuhänders an den Dritten.[207] Dieser Auffassung entspricht die Regelung des § 3 Abs. 3 UStG über die Kommission. 73
- Nach der Gegenmeinung[208] stellte § 3 Abs. 3 UStG hingegen eine eng zu interpretierende Ausnahmevorschrift dar. Da für die Lieferung die Zurechnungskriterien des wirtschaftlichen Eigentums gemäß § 39 Abs. 2 Nr. 1 AO maßgebend seien, könne nur derjenige der Lieferer sein, aus dessen Vermögen die wirtschaftliche Substanz ausscheide. Dies sei nicht der Treuhänder, sondern der Treugeber (sog. **Ein-Unternehmer-Theorie**). Verallgemeinert wäre danach die Leistung nicht demjenigen zuzurechnen, in dessen Namen sie erbracht/empfangen wird, sondern demjenigen, auf dessen Rechnung sie wirtschaftlich erbracht/empfangen wird.

Der BFH[209] folgte früher in der **Verneinung einer Lieferung im Innenverhältnis** vom Treugeber an den Treuhänder der Gegenmeinung. Er hielt wie diese den § 3 Abs. 3 UStG für eine eng auszulegende Sondervorschrift. Demgegenüber folgte der BGH[210] zu Recht im Falle der verdeckten Einkaufstreuhand in vollem Umfang der Zwei-Unternehmer-Theorie, indem er von einer Lieferung des Dritten an den verdeckten Treuhänder und einer Weiterlieferung des Treuhänders an den Treugeber ausgeht. 74

Beispiel[211]

Die Treugeber-GmbH handelt (illegal) mit Tierarzneimitteln. Diese beschafft sie sich über Tierärzte, die im eigenen Namen, aber für Rechnung der Treugeber-GmbH die Arzneimittel bei einem Pharmakonzern einkaufen. Aus den Rechnungen des Pharmakonzerns steht der Treugeber-GmbH kein Vorsteuerabzug zu, selbst wenn diese nachträglich auf die Treugeber-GmbH ausgestellt würden, weil der Pharmakonzern an die Tierärzte und erst diese an den Treugeber lieferten. Allerdings muss konsequenterweise der Treugeber-GmbH ein Vorsteuerabzug aus den Lieferungen der Tierärzte an sie zustehen, wenn sie darüber Rechnungen erhält. Bei Verneinung einer Lieferung im Innenverhältnis käme ein Vorsteuerabzug aber gerade nicht in Betracht.

Der BFH hat seine bisherige Auffassung zutreffend aufgegeben. Er wendet nunmehr uneingeschränkt auch im Innenverhältnis die Zwei-Unternehmer-Theorie an. Danach erbringt beim Leistungsverkauf der Treuhänder im Außenverhältnis die Leistung an den Dritten (so schon bisher) und im Innenverhältnis leistet (liefert) der Treu- 75

207 Vgl. zur früheren Diskussion Eggesieker UR 1975, 269; Reiß StuW 1981, 81 ff.
208 So früher Giesberts in: R/D (68. Lfg. 1992) § 3 Anm. 274 ff.
209 Vgl. BFH v. 15.12.1983 – V R 169/75, BStBl. II 1984, 388 (zu Zwischenmietverhältnissen).
210 BGH v. 12.12.1996 – IX ZR 214/95, NJW 1997, 1008.
211 Nach BGH v. 12.12.1996 – IX ZR 214/95, NJW 1997, 1008.

geber an den Treuhänder und umgekehrt leistet beim Leistungseinkauf der Dritte an den Treuhänder und erst dieser an den Treugeber. Die Zwei-Unternehmer-Theorie gilt nicht nur für Lieferungen im Rahmen von Kommissionsverhältnissen nach § 3 Abs. 3 UStG, sondern allgemein sowohl für Lieferungen als auch für sonstige Leistungen im Rahmen von Treuhandverhältnissen, bei denen vom Treuhänder im eigenen Namen, aber für fremde Rechnung (des Treugebers) gehandelt wird. Sie gilt sowohl für den Leistungseinkauf als auch für den Leistungsverkauf (sog. **Leistungskommission**).[212] Nachdem der deutsche Gesetzgeber durch den geänderten Wortlaut des § 3 Abs. 11 UStG ausdrücklich dem Art. 28 MwStSystRL Rechnung trägt, wonach auch für (sonstige) Dienstleistungen, die im eigenen Namen, aber für fremde Rechnung erbracht oder empfangen werden, der eingeschaltete Unternehmer als Leistender bzw. als Leistungsempfänger zu behandeln ist, erfolgt mithin dieselbe Zurechnung wie bei der Verkaufs- respektive Einkaufskommission. Den Regelungen des deutschen UStG in § 3 Abs. 3 und Abs. 11 UStG, wie den zugrunde liegenden Regelungen der Art. 14 Abs. 2 Buchst. c und 28 MwStSystRL ist jetzt zweifelsfrei zu entnehmen, dass bei Handeln im eigenen Namen, aber für fremde Rechnung der Zwei-Unternehmer-Theorie zu folgen ist.

Beispiel[213]

Die Reisetouristik GmbH mit Sitz in Nürnberg bietet Reisenden im eigenen Namen Ferienunterkünfte in der Schweiz und in Österreich an. Die Ferienwohnungen werden von der Touristik AG mit Sitz in der Schweiz von den Eigentümern angemietet und der Reisetouristik GmbH für deren Kunden zur Verfügung gestellt. Im Innenverhältnis erhält die Reisetouristik GmbH von der Touristik AG 10 % Provision. Im Außenverhältnis zu den Reisenden leistet die Reisetouristik GmbH, weil sie im eigenen Namen auftritt. Allerdings erbringt sie keine Vermietungsleistungen (mit Ort in der Schweiz), sondern wegen der Sonderregelung des § 25 UStG Reiseleistungen, deren Ort nach § 25 Abs. 1 S. 4 i. V. m. § 3a Abs. 1 UStG in Nürnberg liegt und die daher steuerbar sind. Die Reisetouristik GmbH nimmt von der Touristik AG erbrachte Reisevorleistungen in Gestalt der Vermietung der Ferienwohnungen in Anspruch. Zwar liegt zivilrechtlich im Innenverhältnis keine Anmietung vor, sondern lediglich eine Geschäftsbesorgung für die Touristik AG. Umsatzsteuerlich ist aber davon auszugehen, dass die AG an die Reisetouristik GmbH „vermietet“, d. h. eine Reisevorleistung erbringt. Die Reiseleistungen sind allerdings z. T. nach § 25 Abs. 2 UStG befreit, soweit die Ferienwohnungen in der Schweiz (Drittlandsgebiet) liegen.[214]

76 bb) Wird ein ganzes Unternehmen treuhänderisch geführt (sog. Unternehmenstreuhand), so ist zu differenzieren: Bei der sog. **Ermächtigungstreuhand** und der **Vollrechtstreuhand** führt der Treuhänder das Unternehmen im eigenen Namen. Nur er wird aus den für das Unternehmen abgeschlossenen Geschäften verpflichtet. Unternehmer und Steuerschuldner ist dann der Treuhänder, auch wenn das Unternehmen für Rechnung des Treugebers geführt wird. Dies hat der BFH für die Fortführung eines Handelsgeschäftes durch einen Testamentsvollstrecker angenommen.[215] Bei der **Vollmachtstreuhand** handelt der Treuhänder auch im Außenverhältnis im Namen des Treugebers. Dieser wird aus den Geschäften verpflichtet. Dann ist der Treugeber Unternehmer und Steuerschuldner. So behandelt der BFH grundsätzlich auch die Sachwalter kraft Amtes (Insolvenzverwalter, Zwangsverwalter, grundsätzlich auch den

212 Zur Kommission s. BFH v. 25.04.2018 – XI R 16/16, UR 2018, 794 (Steuerfreiheit nach § 4 Nr. 20 a S. 1 UStG für die Besorgung von Opernkarten für Hotelgäste durch Hotelservice); zu Treuhandverhältnissen s. BFH v. 18.02.2009 – V R 82/07, BStBl. II 2009, 876. S. auch FG Hbg v. 25.02.2020–6 K 111/18 (Rev Az. XI R 10/20), DStR 2020, 1252 (zu Dienstleistungskommission bei in-App-Verkäufen über eine Internet-Plattform) und dazu Luther/Dachau/Zawodski DStR 2021, 517.

213 Nach BFH v. 07.10.1999 – V R 79/98–80/98, BStBl. II 2004, 308; vgl. auch BFH v. 15.07.2011 – XI B 71/10, BFH/NV 2011, 1929.

214 S. dazu BFH v. 22.08.2019 – V R 12/19, DStR 2019, 2420 und v. 27.03.2019 – V R 10/19, MwStR 2019, 467; EuGH v. 19.12.2018 – C-552/17 (Alpenchalet Resorts), MwStR 2019, 154.

215 BFH v. 11.10.1990 – V R 75/85, BStBl. II 1991, 191.

Testamentsvollstrecker, soweit kein Handelsgewerbe fortgeführt wird).[216] Im Innenverhältnis zwischen Treuhänder und Treugeber liegen, abgesehen von der Geschäftsbesorgung, keine Umsätze vor.

cc) Problematisch ist die Behandlung, wenn ein sog. **Strohmann** nach außen hin handelt, im Innenverhältnis aber völlig vom Hintermann abhängig ist. Häufig soll dabei illegales Handeln verdeckt werden.[217] Hier ist zu differenzieren: Tritt nach außen hin tatsächlich der Strohmann auf, so ist ihm die Lieferung auch zuzurechnen, es sei denn, es handele sich lediglich um eine dem Vertragspartner bekannte Einschaltung zum Schein.[218] Im Innenverhältnis liefert dann der Hintermann an den Strohmann. Hingegen liefert ausschließlich der sog. Hintermann selbst, wenn dieser für den Geschäftspartner erkennbar für sich selbst handelt und sich dabei nur des fremden Namens (eines Strohmannes) bedient. 77

Beispiel[219]

H hat Gold illegal aus Luxemburg unter Hinterziehung von USt für den Erwerb nach Deutschland verbracht. Dieses Gold wird unter Berechnung von USt an die Bank B in Deutschland veräußert. Das Gold wird unmittelbar von H der Bank übertragen und dieser erhält auch den Kaufpreis. H tritt dabei aber unter dem Namen des Strohmannes S auf und erteilt auch eine Rechnung unter dessen Namen. Weder S noch H führen die USt ab. Die (gutgläubige?) Bank will die ihr in Rechnung gestellte USt als VoSt abziehen. Der BFH verneinte dies, weil die Bank keine Rechnung des Leistenden H, sondern nur eine solche des S besaß.

§ Fall 12: Strohmanngeschäfte mit Reimport Pkw (nach BFH v. 12.08.2009 – XI R 48/07, UR 2010, 423) 78

Strohmann St verkaufte nachhaltig neue Pkw eines deutschen Herstellerunternehmens, die Hintermann H in Frankreich von französischen Vertragshändlern erworben hatte, an den deutschen Kfz-Händler A als Abnehmer. St erteilte A darüber insgesamt Rechnungen in Höhe von 1.000.000 € zzgl. 190.000 € USt. Die Pkw wurden durch von H beauftragte Frachtführer von Frankreich direkt zu A nach Deutschland befördert. A zahlte auf Anweisung des St den vereinbarten Preis von 1.190.000 € auf ein Konto des H. H zahlte St für seine „Mitwirkung", sich als Strohmann in die Geschäftsabwicklung einschalten zu lassen, 20.000 €. H erklärte in Frankreich innergemeinschaftlich befreite Lieferungen an St entsprechend Art. 138 MwStSystRL (= §§ 4 Nr. 1 Buchst. b, 6 a UStG) und zog die französische USt/TVA aus den an ihn ausgeführten Lieferungen der Vertragshändler entsprechend Art. 168, 169 b MwStSystRL (= § 15 Abs. 1, Abs. 3 Nr. 1 a UStG) ab. St erklärte, wie zwischen H und St auch verabredet, weder in Frankreich noch in Deutschland irgendwelche Umsätze.

Erbringt St an A in Deutschland steuerbare Lieferungen?

Die Pkw-Lieferungen an A werden durch St und nicht durch H erbracht. Denn die Kaufverträge über die Pkw wurden von A mit St abgeschlossen. Wer bei einem Umsatz als Lieferer/Leistender anzusehen ist, ergibt sich grundsätzlich aus den zivilrechtlichen Vereinbarungen. Leistender ist derjenige, der die Leistungen/Lieferungen im eigenen Namen selbst ausführt oder durch einen Beauftragten ausführen lässt. Ist der Handelnde gegenüber dem Leistungsempfänger im eigenen Namen oder berechtigterweise im Namen eines anderen bei der Ausführung entgeltlicher Leistungen aufgetreten, ist ihm die Leistung auch dann zuzurechnen, wenn er – warum auch immer – als „Strohmann" für Rechnung eines anderen (des Hintermannes) auftritt. 79

216 BFH v. 11.10.1990 – V R 75/85, BStBl. II 1991, 191; vgl. auch Abschn. 2.1. Abs. 7 UStAE.

217 Vgl. BGH v. 08.07.2014–1 StR 29/14, wistra 2014, 444 und v. 05.02.2014–1 StR 422/13, wistra 2014, 191 (zu Umsatzsteuerhinterziehung durch Einschaltung von Strohmännern).

218 BFH v. 20.10.2016 – V R 36/14, BeckRS 2017, 94018; v. 10.09.2015 – V R 17/14, BFH/NV 2016, 80 m. w. N.; zu Strohmann- und Scheingeschäften vgl. auch Leipold, Personelle Zurechnung von Umsätzen und Vorsteuerabzug, Köln 2008 (Diss. Erlangen–Nürnberg 2007).

219 Nach BFH v. 15.09.1994 – XI R 56/93, BStBl. II 1995, 275.

Unbeachtlich ist das „Strohmanngeschäft“ aber dann, wenn es nur zum Schein abgeschlossen wird.[220] Das ist jedoch nur dann der Fall, wenn Leistungsempfänger, Strohmann und Hintermann einverständlich davon ausgehen, dass die Rechtswirkungen des Geschäftes nur zum „Hintermann“ und gerade nicht zum Strohmann eintreten sollen. Dazu muss der Leistungsempfänger jedenfalls wissen, dass der „Strohmann“ keine eigene Leistungsverpflichtung übernehmen will und auch keine eigene Leistung versteuern will. Die nach § 3 Abs. 1, Abs. 7 S. 2 Nr. 2 UStG in Deutschland ausgeführten Lieferungen der Pkw durch St an A sind daher steuerbar nach § 1 Abs. 1 Nr. 1 UStG. Bei einem Steuersatz von 19 % gemäß § 12 Abs. 1 UStG ergibt sich für die Lieferungen eine Steuerschuld von 190.000 € und eine Bemessungsgrundlage, § 10 Abs. 1 UStG, von 1.000.000 €.

c) Zwangsversteigerung und Insolvenz

80 **§ Fall 13: Erwerb bei der Zwangsversteigerung und in der Insolvenz**

Radiohändler R erwirbt vom Insolvenzverwalter I einen Posten Fernsehgeräte für 5.000 € zzgl. 950 € USt. Es handelt sich um Fernsehgeräte aus der Insolvenzmasse des Gemeinschuldners G, der bis zur Insolvenz ebenfalls ein Radiogeschäft betrieb. Steht R ein Vorsteuerabzug zu, wenn eine ordnungsgemäße Rechnung erteilt wurde? Wie wäre der Sachverhalt zu beurteilen, wenn die Fernsehgeräte im Wege der Einzelvollstreckung versteigert worden wären (für 5.950 €)?

81 I. Nach § 15 Abs. 1 Nr. 1 UStG steht dem Unternehmer R nur dann ein Vorsteuerabzug zu, wenn an ihn durch einen Unternehmer eine Lieferung ausgeführt wurde. Nach § 80 InsO übt mit Eröffnung des Verfahrens der Insolvenzverwalter die Verwaltungs- und Verfügungsbefugnis anstelle des Schuldners aus. Das Unternehmen besteht aber bis zur endgültigen Abwicklung weiter. Die durch den Insolvenzverwalter ausgeführten Lieferungen und Leistungen gelten als vom Unternehmer/Schuldner erbracht.[221] Da R demnach eine Lieferung von einem Unternehmer erhielt, steht ihm der Vorsteuerabzug zu.[222]

II. Das Handeln des Insolvenzverwalters im Verhältnis zu Dritten ist demnach als Handeln des Schuldners/Unternehmers anzusehen. Davon zu unterscheiden ist, dass der Insolvenzverwalter seinerseits mit seiner Geschäftsführung eine sonstige Leistung für das Unternehmen des Gemeinschuldners erbringt. Bei Erteilung einer Rechnung mit offenem Steuerausweis steht dem Gemeinschuldner daher nach § 15 UStG der Vorsteuerabzug zu.[223] Umgekehrt hat der Insolvenzverwalter, da er seine Leistung gegen Entgelt erbringt (Vergütung nach § 63 InsO), diese nach § 1 Abs. 1 Nr. 1 UStG zu versteuern.[224]

Materiell-rechtlich besteht das Unternehmen des Schuldners bis zur vollständigen Abwicklung fort. Insoweit sind wegen der Einheit des Unternehmens Umsätze zwischen dem insolvenzfreien Bereich und der Insolvenzmasse nicht möglich. Es besteht nur ein einheitliches Unternehmen.[225] Da nach § 35 InsO die Insolvenzmasse auch das Vermögen umfasst, das nach Eröffnung des Insolvenzverfahrens erworben wird – im Unterschied zur früheren Konkursordnung (KO) –, erlangt eine insolvenzfreie Vermögensmasse allerdings nur selten größere Bedeutung.[226] Verfahrensrechtlich ist eine strenge Trennung zwischen dem insolvenz-

220 BFH v. 20.10.2016 – V R 36/14, MwStR 2017, 331 und v. 10.09.2015 – VR 17/14, HFR 2015, 1169.

221 Zu Umsatzsteuer in der Insolvenz s. Stadie in: R/D, § 18 Anhang 2 Rn. 1 ff. (Febr. 2024).

222 Vgl. BFH v. 20.02.1986 – V R 16/81, BStBl. II 1986, 579 und v. 16.07.1987 – V R 80/82, BStBl. II 1987, 691; Abschn. 2.1. Abs. 7 UStAE.

223 Vgl. auch BFH v. 02.11.2010 – VII R 6/10, BStBl. II 2011, 374 (zur Unzulässigkeit der Aufrechnung gegen Vorsteuervergütungsanspruch aus Leistung des vorläufigen Insolvenzverwalters unter Aufgabe v. 16.11.2004 – VII R 75/03, BStBl. II 2006, 193).

224 BFH v. 20.02.1986 – V R 16/81, BStBl. II 1986, 579.

225 BFH v. 08.03.2012 – V R 24/11, BStBl. II 2012, 466 m. w. N.; v. 14.05.1998 – V R 74/97, BStBl. II 1998, 634; v. 15.06.1999 – VII R 3/97, BStBl. II 2000, 46.

226 S. aber BFH v. 17.03.2010 – XI R 30/08, BFH/NV 2010, 2128 (zu USt aus unternehmerischer Tätigkeit des Insolvenzschuldners nach Insolvenzeröffnung).

befangenen Bereich und einem eventuellen übrigen Bereich erforderlich.[227] Umsatzsteuern und Vorsteuern, die aus Umsätzen und Vorbezügen im Bereich der Insolvenzmasse resultieren, können nur gegenüber dem Insolvenzverwalter geltend gemacht werden. Dies erfolgt für Insolvenzforderungen, § 38 InsO, durch Anmeldung und Eintragung in die Tabelle, §§ 174f. InsO, und für Masseverbindlichkeiten, §§ 53–55 InsO, durch Steuerbescheid gegen den Insolvenzverwalter.[228] Umsatzsteuerverbindlichkeiten aus Lieferungen und Leistungen sind Masseverbindlichkeiten nach § 55 Abs. 1 InsO, wenn die Leistungen nach Insolvenzeröffnung (durch den Insolvenzverwalter) erbracht worden sind. Nach (umstrittener, dogmatisch unhaltbarer,[229] aber im Ergebnis zutreffender) Auffassung des BFH führt auch eine Vereinnahmung des Entgeltes nach Insolvenzeröffnung für bereits vor Insolvenzeröffnung ausgeführte Leistungen immer dazu, dass die USt dann als Masseverbindlichkeit geschuldet wird.[230] Ebenso zu Masseverbindlichkeiten führt nach Insolvenzeröffnung eine durch Handlungen des vorläufig starken Insolvenzverwalters oder mit Zustimmung des vorläufigen Insolvenzverwalters vor Insolvenzeröffnung bereits begründete USt, § 55 Abs. 2 und Abs. 4 InsO. Gleichfalls zu Masseverbindlichkeiten führen Vorsteuerkorrekturen nach § 15a UStG, die auf einer geänderten Verwendung durch den Insolvenzverwalter beruhen.[231] Die Steuerberechnung durch Saldierung von Ausgangssteuern und Vorsteuern nach § 16 Abs. 2 UStG unterliegt nicht den Beschränkungen der Insolvenzaufrechnung nach § 96 InsO und auch nicht der Insolvenzanfechtung nach §§ 129f. InsO.[232]

III. Bei der Zwangsversteigerung im Wege der Einzelvollstreckung ist umstritten, wer an wen liefert: 82

- Nach überholter Auffassung der Finanzverwaltung sollte der Vollstreckungsschuldner an das Land und erst dieses hoheitlich an den Ersteigerer liefern. Da mithin erst das Land als Nichtunternehmer an R geliefert hat, steht diesem auch bei einer von G oder dem Land erteilten Rechnung kein Vorsteuerabzug zu.
- Giesberts[233] nahm an, der Vollstreckungsschuldner liefere an den Vollstreckungsgläubiger, dem wiederum die Lieferung an den Ersteher zuzurechnen sei.
- Nach zutreffender Ansicht ist eine zwangsweise (§ 1 Abs. 1 Nr. 1 S. 2 UStG) Lieferung des Vollstreckungsschuldners an den Ersteher erfolgt.[234]
- Das Prinzip der Zurechnung der Leistung an den im eigenen Namen Handelnden verlangt nicht die Annahme einer vorherigen Lieferung des Vollstreckungsschuldners an das Land, denn für den Ersteigerer ist offenkundig, dass nicht Sachen des Landes, sondern solche des Vollstreckungsschuldners versteigert werden. R steht daher der Vorsteuerabzug zu, wenn er von seinem Lieferanten G eine Rechnung mit offenem Steuerausweis erhält. Nur diese Lösung entspricht dem Grundgedanken des Umsatzsteuergesetzes, den Erwerb durch Unternehmer auch nicht mittelbar mit USt zu belasten.

IV. Die Gegenleistung für die Lieferung des Vollstreckungsschuldners besteht in dem Versteigerungserlös. Sie wird nicht durch die Vollstreckungskosten gemindert.

d) Rücklieferung und Rückgängigmachung einer Lieferung/Tausch und Umtausch

aa) Gibt der Lieferungsempfänger den Liefergegenstand an den Lieferer zurück, so ergeben sich zwei Möglichkeiten der umsatzsteuerlichen Würdigung. 83

Entweder es handelt sich um eine **neue Lieferung** des ehemaligen Lieferungsempfängers an den früheren Lieferer (= sog. **Rücklieferung**) oder die erste Lieferung wird

227 Vgl. BFH v. 28.06.2000 – V R 87/99, BStBl. II 2000, 639.

228 Vgl. BFH v. 24.11.2011 – V R 13/11, BStBl. II 2012, 298; v. 13.05.2009 – XI R 63/07, BStBl. II 2010, 11 m.w.N.

229 Zur berechtigten Kritik vgl. Stadie: in R/D, § 18 Anhang 2 Rn. 71ff. (Febr. 2024); Lippross, USt, Kap. 10.6.2.a.aa (S. 1481). Die Auslegung des § 17 UStG durch den BFH überschreitet die Wortlautgrenze und hat auch nichts mit dem Zweck der Regelung zu tun, da sich die Bemessungsgrundlage durch die insolvenzrechtlichen Verfahrensschritte in keiner Weise ändert.

230 BFH v. 09.12.2010 – V R 22/10, BStBl. II 2011, 996; bestätigt durch v. 24.09.2014 – V R 48/13, BStBl. II 2015, 506; v. 24.11.2011 – V R 13/11, BStBl. II 2012, 298; ebenso v. 01.03.2016 – XI R 21/14 und XI R 9/15, BStBl. II 2016, 756 und BFH/NV 2016, 1310.

231 BFH v. 08.03.2012 – V R 24/11, BStBl. II 2012, 466; v. 09.02.2011 – XI R 35/09, BStBl. II 2011, 1000.

232 BFH v. 24.11.2011 – V R 13/11, BStBl. II 2012, 298; vgl. auch v. 25.07.2012 – VII R 44/10 und 29/11 BStBl. II 2013, 33 und 36 (Unzulässigkeit der Aufrechnung nach § 96 Abs. 1 S. 1 InsO mit Insolvenzforderungen gegen erst nach Insolvenzeröffnung verwirklichtem Berichtigungsanspruch aus § 17 Abs. 2 UStG unter Aufgabe der früheren anderslautenden Rspr.) und v. 25.07.2012 – VII R 30/11, BFH/NV 2013, 603 (Saldierung nach § 16 Abs. 2 keine Aufrechnung!).

233 Giesberts UR 1976, 61 und früher (68. Lfg. 1992) ders. in: R/D, § 3 Anm. 163, 164.

234 So bereits Eggesieker UR 1978, 184; Reiß StuW 1981, 88; BFH v. 19.12.1985 – V R 139/76, BStBl. II 1986, 500; v. 16.04.1987 – XI R 87/96, BStBl. II 1997, 585; s. auch v. 28.07.2011 – V R 28/09, UR 2011, 855.

aufgehoben (= Rückgängigmachung). Im ersteren Fall bleibt der erste steuerbare Umsatz (Hinlieferung) erhalten und es kommt, wenn auch die übrigen Voraussetzungen erfüllt sind, z.B. Unternehmereigenschaft und Gegenleistung, zu einem zweiten steuerbaren Leistungsaustausch. Bei der Rückgängigmachung verbleibt im Endeffekt hingegen kein steuerbarer Lieferumsatz. Technisch erfolgt die Abwicklung gemäß § 17 Abs. 2 Nr. 3 i.V.m. Abs. 1 UStG allerdings in der Weise, dass die ursprüngliche Besteuerung und der Vorsteuerabzug für den Besteuerungszeitraum der Lieferung aufrechterhalten bleiben und erst im Besteuerungszeitraum der Rückgängigmachung eine entgegengesetzte Korrektur stattfindet (mit dem alten Steuersatz!).

Beispiel

Lieferung eines Lkw im Dezember 2006 für 100.000 € zzgl. 16.000 € USt bei einem Steuersatz von 16 % für 2006. USt und VoSt für Dezember 2006: 16.000 €. Rückgängigmachung der Lieferung im Januar 2007 (ab 01.01.2007 Steuersatz 19 %) gegen Rückgewähr von 116.000 €. USt und VoSt im Januar 2007–16.000 € (zum Steuersatz bei Lieferung).

Sind auf beiden Seiten voll vorsteuerabzugsberechtigte Unternehmer beteiligt, so ist es wirtschaftlich belanglos, ob eine Rückgängigmachung der Lieferung oder eine steuerbare Rücklieferung vorliegt. Im ersteren Fall entstehen im Endergebnis keine USt und kein Vorsteueranspruch, im zweiten Fall gleichen sich bei gleichen Preisen USt und VoSt aus. Der Abgrenzung kommt aber erhebliche Bedeutung für den Fall zu, dass der ursprüngliche Lieferungsempfänger kein Unternehmer ist, denn hier führt nur die Rückgängigmachung der Lieferung zu einem Wegfall der umsatzsteuerlichen Belastung.[235]

Beispiel

Im Dezember 2020 erfolgte durch das Autohaus A die Lieferung eines Pkw an den Beamten B für 20.000 € zzgl. 3.800 € USt. Im Februar 2021 nimmt das Autohaus A den Wagen zurück,
- weil er einen Mangel hatte und ein Rücktritt nach §§ 437 Nr. 2, 323, 440 BGB erfolgte;
- weil B den Wagen nicht mehr benötigte und ihn an das Autohaus zurückverkaufte für 19.000 €.

Im 1. Fall bleibt es für Dezember 2020 zwar bei der Steuerschuld von 3.800 €, im Februar 2020 ergibt sich aber eine negative Steuerschuld von ./. 3.800 € USt, und B erhält den Kaufpreis von 23.800 € voll erstattet. Im 2. Fall ist hingegen die im Dezember 2020 entstandene Steuerschuld von 3.800 € endgültig. Die Rücklieferung ist mangels Unternehmereigenschaft des B nicht steuerbar, sodass sich für B keine Umsatzsteuerschuld, für A aber auch kein Vorsteuerabzug ergibt.

84 (1) Eine **Rückgängigmachung** liegt vor, wenn das zugrunde liegende Kausalgeschäft (Umsatzgeschäft) rückabzuwickeln ist und die Beteiligten sich deshalb die erhaltenen Leistungen zurückgewähren.[236]

Die klassischen Anwendungsfälle sind der **Rücktritt** (früher die **Wandlung**) bei Vorliegen eines Mangels der Sache (§ 437 BGB) und der **Rücktritt** wegen Zahlungsverzuges des Käufers beim **Kauf unter Eigentumsvorbehalt** (§ 449 BGB). Eine Rückgängigmachung liegt aber auch vor, wenn im ursprünglichen Kausalvertrag ein vertragliches Rücktrittsrecht vereinbart ist und davon Gebrauch gemacht wird. Eine zeitliche Begrenzung etwa auf sechs Monate gibt es nicht.

Erhält der Lieferer für die zwischenzeitliche Nutzung des Liefergegenstandes bis zur Rückgängigmachung der Lieferung ein Entgelt, sei es aufgrund Vereinbarung, sei es als gesetzliche Folge des Rücktritts (vgl. § 346 Abs. 2 BGB), so liegt insoweit ein Leistungsaustausch (Nutzungsüberlassung gegen Entgelt) vor.

85 (2) Eine **Rücklieferung** ist hingegen anzunehmen, wenn die Rückgabe der Sache an den Lieferer auf einem neuen Entschluss beruht, der in keinem Zusammen-

235 Vgl. auch BFH v. 12.11.2008 – XI R 46/07, BStBl. II 2009, 558.

236 Vgl. BFH v. 08.09.2011 – V R 43/10, UR 2012, 312; v. 12.11.2009 – XI R 46/07, BStBl. II 2009, 558; v. 02.09.2010 – V R 34/09, BStBl. II 2011, 991.

hang mit dem ursprünglichen Umsatzgeschäft steht. Nach zutreffender Ansicht des BFH[237] ist dabei auf die Sicht des ursprünglichen Lieferungsempfängers (und nicht die des Lieferers) abzustellen. Ist dieser schon nach dem ursprünglichen Vertrag, z. B. wegen Zahlungsverzuges, zur Rückgabe verpflichtet, so liegt eine Rückgängigmachung auch dann vor, wenn die Rückabwicklung formal in den Abschluss eines neuen Vertrages gekleidet wird.

Beispiel[238]

Zur Abwendung des Aussonderungsrechts nach § 47 InsO für unter Eigentumsvorbehalt gelieferte Materialien erklärte Insolvenzverwalter I sich bereit, den Restkaufpreis zu zahlen. Um zu erreichen, dass der Masse ein vollwertiger Vorsteuerabzug zusteht, während der Fiskus auf eine Insolvenzforderung, § 38 InsO verwiesen werden soll, wurde der alte Liefervertrag aufgehoben und stattdessen ein neuer Liefer-(Kauf-)Vertrag abgeschlossen über eben dieselben Materialien. Es lag keine Rückgängigmachung der ursprünglichen Lieferung vor und auch keine anschließende Neulieferung. Daher bestand für den Fiskus keine Insolvenzforderung aus der Vorsteuerkorrektur nach § 17 UStG und für die Masse (den Gemeinschuldner/Schuldner) umgekehrt keine nach Insolvenzeröffnung begründete Vorsteuerforderung, gegen die nicht aufgerechnet werden dürfte, vgl. § 96 Abs. 1 Nr. 1 InsO.

bb) Ein **Umtausch** liegt vor, wenn der ursprüngliche Liefergegenstand gegen einen anderen unter Rückgabe des ersteren ausgetauscht wird. Das ursprüngliche Kausalgeschäft, z. B. Kaufvertrag, wird dabei aufrechterhalten und ggf. durch eine Preisveränderung modifiziert. Die Rückgabe des ersten Liefergegenstandes stellt umsatzsteuerlich eine **Rückgängigmachung der Erstlieferung** dar, die zugleich **mit einer Neulieferung verbunden** wird. Bei einem Steuersatzwechsel ist jeweils der Steuersatz zum Zeitpunkt der Lieferung anzuwenden.[239] 86

Beispiel

Teppichhändler T verkaufte an den Rechtsanwalt R im Dezember 2006 für 11.600 € einen Teppich. Es wurde ein Umtauschrecht für einen Monat vereinbart. Im Januar 2007 tauschte R den Teppich gegen einen anderen ein und zahlt 300 € zu.
Im Dezember 2006 erfolgte die Lieferung des ersten Teppichs, Bemessungsgrundlage 10.000 € und USt 1.600 € bei einem Steuersatz von 16 %. Der Umtausch beinhaltet

- Rückgängigmachung der Lieferung gemäß § 17 Abs. 2 Nr. 3 UStG, Bemessungsgrundlage ./. 10.000 €; USt ./. 1.600 €, und
- Neulieferung gegen Kaufpreis 11.600 € + 300 € = 11.900 €; Bemessungsgrundlage 10.000 € und USt 1.900 € (Steuersatz 19 %); beides zu berücksichtigen im Voranmeldungszeitraum Januar.

Keine Rückgängigmachung verbunden mit einer Neulieferung, sondern lediglich ein „nicht steuerbarer unentgeltlicher Umtausch" liegt vor, wenn ein fehlerhaftes Teilstück eines Liefergegenstandes „unentgeltlich" durch „Lieferung eines fehlerfreien Teilstückes" ersetzt wird.[240]

e) Reihengeschäft

Schließen **mehrere Unternehmer über denselben Gegenstand** Umsatzgeschäfte ab und erfüllen sie diese Geschäfte dadurch, dass der erste Unternehmer dem letzten Abnehmer in der Reihe unmittelbar die Verfügungsmacht verschafft, so spricht man von einem **Reihengeschäft (Streckengeschäft)**. Letzteres wurde nunmehr in Art. 36a MwStSystRL für Lieferungen in der EU geregelt. In diesem Fall liegen, obwohl nur **einmal Verfügungs-** 87

237 BFH v. 12.11.2008 – XI R 46/07, BStBl. II 2009, 558; v. 17.12.1981 – V R 75/77, BStBl. II 1982, 233; v. 27.06.1995 – V R 27/94, BStBl. II 1995, 756.

238 Nach BFH v. 15.03.1994 – XI R 89/92, UR 1995, 488 mit abl. Anm. Weiß.

239 BMF BStBl. I 2006, 477 zur Steuersatzänderung ab 01.01.2007 (Tz. 43 zum Umtausch); so auch Stadie in: R/D, § 17 Rn. 474 (Aug. 2022); Lippross, USt, Kap. 2.3.9.c.

240 BFH v. 14.04.2015 – V B 150/14, BFH/NV 2015, 1012.

macht verschafft wird, nach § 3 Abs. 1 UStG **so viele Lieferungen** vor **wie Umsatzgeschäfte** getätigt werden. Bei einem zweigliedrigen Reihengeschäft (zwei Kaufverträge o.Ä.) liefert der zweite Unternehmer an seinen Abnehmer, indem diesem durch den ersten Unternehmer in der Reihe (beauftragter Dritter) die Verfügungsmacht verschafft wird (§ 3 Abs. 1 UStG). Der erste Unternehmer in der Reihe liefert an seinen Abnehmer (zweiter Unternehmer in der Reihe), indem er in dessen Auftrag einem Dritten (nämlich dem Abnehmer des zweiten Unternehmers) die Verfügungsmacht verschafft. Bei einem drei- oder mehrgliedrigen Reihengeschäft gilt Entsprechendes. Bedeutung hat dies für den **Ort der Lieferung** und die **Steuerbefreiung als innergemeinschaftliche Lieferung**.

88 Aus § 3 Abs. 6 Satz 1 UStG würde folgen, dass in dem Fall der Beförderung oder Versendung durch den ersten Unternehmer in der Reihe der Ort aller Lieferungen am Beginn der Beförderung oder Versendung wäre, denn für die folgenden Lieferer wäre er ein beauftragter Dritter. Entsprechendes würde bei der Abholung durch den letzten Abnehmer gelten; er wäre aus der Sicht des ersten Lieferers ein von seinem Abnehmer beauftragter Dritter. § 3 Abs. 6a Satz 1 UStG bestimmt stattdessen, dass die **Beförderung oder Versendung** des Gegenstands **nur einer der Lieferungen zuzuordnen** ist. Nur diese Lieferung gilt als Beförderungs- oder Versendungslieferung (vgl. § 3 Abs. 7 Satz 2 UStG). Insofern hat der EuGH[241] die Regelungen des § 3 Abs. 6a Satz 1 und § 3 Abs. 7 Satz 2 UStG vom Grundsatz her als richtlinienkonform[242] abgesegnet. Im Ergebnis wird innerhalb eines Reihengeschäfts die Ortsbestimmung des § 3 Abs. 6 Satz 1 UStG nur einer der Lieferungen in der Reihe zugeordnet (vgl. dazu nun § 3 Abs. 6a UStG), was nur im Zusammenhang mit dem **Zweck** der **Steuerbefreiung einer innergemeinschaftlichen Lieferung** und der damit korrespondierenden **Besteuerung des innergemeinschaftlichen Erwerbs** (welche beide der Umsetzung des Bestimmungslandprinzips dienen) verständlich ist. Es führt dazu, dass die Steuerbefreiung nur einer der Lieferungen innerhalb eines Reihengeschäfts zugeordnet werden kann. Die dabei häufig gebrauchten Begrifflichkeiten einer **„ruhenden Lieferung“** [243] und einer **„bewegten Lieferung“** oder einer **„Transportlieferung“**[244] sind lediglich als sprachliche „Krücken“ zur Unterscheidung der Ortsbestimmung nach § 3 Abs. 6 und § 3 Abs. 7 UStG verständlich.

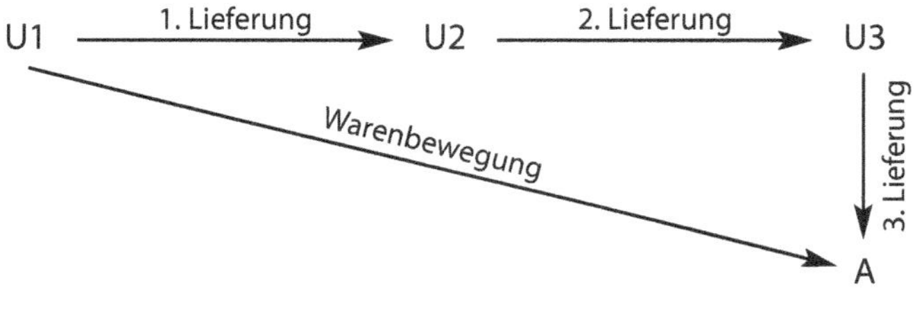

Wenn A bei U3 eine Maschine gekauft hat (Umsatzgeschäft), U3 bei U2 und U2 bei U1 kaufte und A die Ware bei U1 abholt oder U1 sie zu A befördert, so hat nach § 3 Abs. 1 UStG U3 an A geliefert. Denn in seinem – U3 – Auftrag erhält A von U1 (Dritter) die Verfügungsmacht verschafft. Außerdem liefert U1 an U2 und dieser an U3, denn U1 befähigt im Auftrag seines Abnehmers (U2) und U2 im Auftrage seines Abnehmers (U3) einen Dritten – den A –, über den Gegenstand zu verfügen. Die warenbewegte Lieferung ist die des U1 an den U2, § 3 Abs. 6 a S. 2. Die Lieferungen des U2 an den U3 und des U3 an den A sind nachfolgende Lieferungen. Zum Lieferort im Reihengeschäft s. Rn. 251 ff.

---

241 Vgl. EuGH v. 6.4.2006 – C-245/04 (EMAG), ECLI:EU:C:2006:232 = UR 2006, 342 ff.; bestätigt durch EuGH v. 16.12.2010 – C-430/09 (Euro Tyre), ECLI:EU:C:2010:786, Rz. 24 f.

242 Lippross, USt, Kap. 2.3.7.1 (S. 223); a. A. Beiser/Hörtnagel, UVR 2005, 33 (34); v. Streit, UStB 2013, 47 ff.

243 So Abschn. 3.14. Abs. 2 UStAE; Reiß in: T/L (20. Aufl.) § 14 Rz. 57; Schaumburg in Schaumburg, Internationales Steuerrecht, 5. Aufl. 2022, Rz. 10.18; Heuermann, UR 1998, 5 (7); Lippross, USt, Kap. 2.3.6 u. 7 (S. 205 ff.); Meurer, DStR 2011, 199 ff.; vgl. auch FG Nürnberg v. 10.11.2009–2 K 1696/08, DStRE 2010, 1389 (1389) (rkr.); kritisch auch Beiser/Hörtnagel, UVR 2005, 33 (34); präzise hingegen: BFH v. 11.8.2011 – V R 3/10, DB 2011, 2354 (2356), „sog. ruhende Lieferung“; Englisch in: T/L § 17 Rz. 426 – „sog. bewegliche Lieferung“.

244 So nun Ismer/Pull, MwStR 2014, 152 (153).

Übersicht 89

Die Lieferung (§ 3 Abs. 1 UStG)

I. Merkmale der Lieferung

1. **Liefergegenstand** – Liefergegenstand können nur körperliche Sachen und alle Arten von Energie sein.
2. **Verfügungsmacht** – Derjenige, der das **Risiko des zufälligen Untergangs** trägt, ist auch der eigentliche Substanzinhaber eines Gegenstands und damit **Inhaber der Vergütungsmacht.**
3. **Verschaffung** der Verfügungsmacht – **Verschaffung der Verfügungsmacht** ist die **Übertragung der Substanz** (in Form der materiellen Bestandteile) des Eigentums verstanden wird.

Lieferung ist demnach der Übergang der wirtschaftlichen Substanz des Liefergegenstandes vom Liefernden an den Lieferungsempfänger.

II. Dreiecksverhältnisse bei Lieferungen

1. **Kommission (§ 3 Abs. 3 UStG)** – Der Kommissionär handelt im **eigenen Namen**, aber für **fremde** (des Kommittenten) **Rechnung**.
   Es liegen bei Ausführung des Kommissionsgeschäftes immer zwei Lieferungen vor.
   a) Verkaufskommission:
   Kommittent —1. Lieferung→ Kommissionär —2. Lieferung→ Käufer
   b) Einkaufskommission:
   Verkäufer —1. Lieferung→ Kommissionär —2. Lieferung→ Kommittent
2. **Sicherungsübereignung**
   a) Vor **Verwertung** des Sicherungsgutes liegt **keine Lieferung** des Sicherungsgebers an den Sicherungsnehmer vor.
   b) **Bei Verwertung** des Sicherungsgutes liegen grundsätzlich **zwei Lieferungen** vor:
   Sicherungsgeber —1. Lieferung→ Sicherungsnehmer —2. Lieferung→ Käufer
   Ausnahme: aa) Veräußerung des Sicherungsgutes durch den Insolvenzverwalter in der Insolvenz des Sicherungsgebers = nur eine Lieferung an den Käufer;
   ab) Veräußerung des Sicherungsgutes durch den Sicherungsgeber im Auftrag des Sicherungsnehmers = Dreifachumsatz: SG an SN und SN an SG und SG an Käufer!
3. **Zwangsversteigerung**
   Es liefert der Vollstreckungsschuldner an den Erwerber, sodass diesem der Vorsteuerabzug vermittelt werden kann.
4. **Reihengeschäft**
   Das **Reihengeschäft**, bei dem mehrere Umsatzgeschäfte zwischen mehreren Unternehmern durch eine Gegenstandsübergabe an den letzten Abnehmer erfüllt werden, führt zu **mehreren Lieferungen**.

IV. Sonstige Leistung

§ 3 Abs. 9 UStG bestimmt negativ, dass sonstige Leistungen **Leistungen** sind, die **keine Lieferungen** sind. Die MwStSystRL spricht insoweit von einer „Dienstleistung“. Auch sie bestimmt in Art. 24 diese negativ dahin gehend, dass als Dienstleistung jeder Umsatz gilt, „der keine Lieferung von Gegenständen ist“. Jedes Verhalten, durch das einem anderen Rechtssubjekt ein Vorteil zugewendet wird, ist daher sonstige Leistung, wenn der Vorteil nicht in der Verschaffung der Verfügungsmacht an einem 90

Gegenstand besteht. Die sonstige Leistung kann dabei in einem **positiven Tun**, z. B. Dienst- und Werkleistungen, aber auch in einem **Dulden**, z. B. Dulden der Nutzung eines Gegenstandes durch den Vermieter, oder einem **Unterlassen**, z. B. Unterlassen von Wettbewerb in einem bestimmten Gebiet, bestehen.

Bei Leistungen, die keinen körperlichen Gegenstand zum Substrat haben, ist die Abgrenzung zur Lieferung unproblematisch, z. B. bei der Einräumung einer Patentlizenz oder der Übertragung von Urheberrechten. Bei Leistungen, die sich auf einen körperlichen Gegenstand beziehen, kommt es darauf an, ob dem Leistungsempfänger die wirtschaftliche Substanz endgültig zugewendet wird, sodass er darüber im eigenen Namen verfügen darf (Lieferung) oder ob ihm lediglich die (i. d. R. zeitweilige) Nutzung des Gegenstandes überlassen wird (sonstige Leistung). Die Abgrenzung hat eine technische Bedeutung, weil bestimmte Vergünstigungsvorschriften sich nur auf Lieferungen oder sonstige Leistungen beziehen. So befreit § 4 Nr. 1 a UStG nur die Ausfuhrlieferung und von den sonstigen Leistungen nur die Lohnveredelung an Gegenständen der Ausfuhr. Umgekehrt begünstigt § 12 Abs. 2 Nr. 7b UStG nur die sonstige Leistung der Überlassung eines Filmes zur Auswertung mit dem halben Steuersatz, nicht aber die Lieferung eines Filmes.

Beispiel

Einem Kinobetreiber wird ein Film für Vorführungen gegen Entgelt für eine gewisse Zeit überlassen. Die Leistung des Verleihers unterliegt dem ermäßigten Steuersatz. Das gilt selbst dann, wenn der Film auf einer DVD verkörpert ist und diese Eigentum des Kinobetreibers wird, denn der Kerngehalt der Leistung liegt nicht in der Verschaffung der Verfügungsmacht an der DVD, sondern in der Einräumung des Rechtes, den Film öffentlich vorzuführen. Wird hingegen eine DVD einem Privatmann zu dessen Gebrauch verkauft, so liegt eine Lieferung eines Films vor, die nicht nach § 12 Abs. 2 Nr. 7b UStG begünstigt ist.[245]

Bei der Herstellung von Fotokopien liegt eine sonstige Leistung vor, die nicht nach § 12 Abs. 2 Nr. 1 UStG i. V. m. der Anlage 2 Nr. 49 UStG begünstigt ist, anders aber, wenn von einer Dissertation Fotokopien in Buchform hergestellt werden.[246]

Die Abgrenzung der Lieferung von der sonstigen Leistung ist in erster Linie von Bedeutung für den Ort der Leistung, weil hier entweder § 3 Abs. 6–8 UStG (Lieferung) oder §§ 3a, 3b UStG anzuwenden sind. Die richtige Einordnung einer Leistung kann daher über die Steuerbarkeit eines Umsatzes entscheiden.

Beispiel

U betreibt eine Wechselstube auf dem Flughafen Frankfurt. Er wechselt dort ausländische Banknoten und Münzen im Sortengeschäft in inländische Banknoten und Münzen und umgekehrt für Touristen aus Drittstaaten (mit Wohnsitz in Drittstaaten). Der Geldumtausch stellt keine Lieferung dar, sondern eine sonstige Leistung. Das Entgelt für den Umtausch wird für die Dienstleistung des Umtauschens gezahlt und nicht für die Übereignung von Geldscheinen oder Münzen. Da es sich damit nicht um eine Lieferung von Geldscheinen und -münzen handelt, liegt der Ort nicht gemäß § 3 Abs. 6, Abs. 7 UStG in Frankfurt, sondern nach § 3a Abs. 4 Nr. 6a i. V. m. § 4 Nr. 8b UStG (Umsätze von gesetzlichen Zahlungsmitteln) am Wohnsitz der Touristen in den Drittstaaten, sodass die Leistungen in Deutschland nicht nach § 1 Abs. 1 Nr. 1 UStG steuerbar sind.[247]

245 Vgl. BFH v. 29.11.1984 – V R 96/84, BStBl. II 1985, 271.

246 Vgl. Nachweise in BFH v. 09.10.2002 – V R 5/02, BStBl. II 2004, 470.

247 Vgl. BFH v. 19.05.2010 – XI R 6/09, BStBl. II 2011, 831; EuGH v. 14.07.1998 – C-172/96 (First National Bank of Chicago), Slg. 1998, I-4387; s. auch EuGH v. 22.10.2015 – C-264/14, UR 2015, 864 (Umtausch der virtuellen Währung Bitcoins in konventionelle schwedische Kronen keine Lieferung, sondern befreite Dienstleistung).

Die Abgrenzung zwischen Lieferungen und sonstigen Leistungen (Dienstleistungen in der Terminologie der MwStSystRL) hat im Zusammenhang mit der Entwicklung der modernen Informations- und Kommunikationstechnologie besondere Bedeutung gewonnen. Dabei scheinen die Grenzen zwischen der Lieferung körperlicher Güter und den Dienstleistungen bei unkörperlichen Gütern zu verschwimmen. Teilweise können Leistungen substituierbar sowohl in körperlicher Form als Lieferungen als auch unkörperlich als Dienstleistungen angeboten werden. Dies betrifft insbesondere die sog. **Onlinelieferungen digitaler Güter**. Dabei handelt es sich darum, dass via **Internet** oder anderer elektronischer Übertragungsmedien bisher verkörperte Güter wie Bücher, Schallplatten, Bildbände, Disketten, CD-ROMs usw. in unkörperlicher Form vom Leistenden direkt auf elektronischem Wege an den Leistungsempfänger übermittelt werden können. 91

Für die Umsatzbesteuerung spielt die zutreffende Abgrenzung im Zusammenhang mit der Erhebung von Einfuhrumsatzsteuer (nur bei körperlichen Gütern), dem Ort der Leistung, § 3 Abs. 6 und 7 oder § 3a UStG, sowie Befreiungsvorschriften und Steuersatzvorschriften eine große Rolle. Im internationalen Kontext geht es dabei primär um die Frage, ob und wie eine Besteuerung von **Telekommunikations**- und anderen **auf elektronischem Wege erbrachten Dienstleistungen** im Bestimmungs-/Verbrauchsortland gesichert werden kann. Dabei muss das Ziel sein, die **Wettbewerbsneutralität der Umsatzbesteuerung** auch bei grenzüberschreitenden elektronischen Dienstleistungen sicherzustellen, sodass Anbieter aus dem Ausland weder bevorzugt noch benachteiligt werden. Außerdem sollte sichergestellt werden, dass auch keine Wettbewerbsverzerrungen zwischen den Anbietern substituierbarer Güter in herkömmlicher oder moderner Form entstehen.

Beispiel

Ein Buch wird

a) in herkömmlicher Form im Inland geliefert;
b) in herkömmlicher Form aus einem Drittland eingeführt;
c) von einem inländischen Unternehmer via Internet an einen inländischen Abnehmer (Privatperson) digital übermittelt;
d) von einem im Drittland (z. B. USA) ansässigen Unternehmer an einen inländischen Abnehmer digital übermittelt.

Im Fall a) liegt eine steuerbare Lieferung im Inland vor, die mit einem Steuersatz von 7 % zu besteuern ist, §§ 1 Abs. 1 Nr. 1, 3 Abs. 1, Abs. 6, 12 Abs. 2 Nr. 1 UStG i. V. m. Anlage 2 Nr. 49 UStG.

Im Fall b) liegt eine mit 7 % zu besteuernde Einfuhr vor, §§ 1 Abs. 1 Nr. 4, 12 Abs. 2 Nr. 1 UStG i. V. m. Anlage 2 Nr. 49 UStG.

Im Fall c) liegt eine mit 19 % zu besteuernde sonstige Leistung vor, §§ 1 Abs. 1 Nr. 1, 3a Abs. 1, 12 Abs. 1 UStG.

Im Fall d) lag bis zum 01.07.2003 eine nicht steuerbare Leistung vor, da sich nach § 3a Abs. 1 UStG der Leistungsort im Drittland befand, obwohl der Verbrauch im Inland stattfindet. Unter dem Gesichtspunkt der erforderlichen Wettbewerbsneutralität der Umsatzbesteuerung war die Privilegierung des ausländischen Anbieters für elektronisch übermittelte Dienstleistungen nicht hinnehmbar (Fall d). Demgegenüber ist eine unterschiedliche Behandlung bzgl. des Steuersatzes für ein Buch in Papierform (Fall a) und in elektronischer Form (Fall c) unschädlich (so auch bis 2019 noch § 12 Abs 2 Nr. 1 i. V. m. Anlage 2 Nr. 49 UStG bis zur Änderung ab 2020 mit der Einfügung von § 12 Abs. 2 Nr. 14 und bis zur Änderung durch die RL (EU) 2018/1713 auch Art. 98 Abs. 2 i. V. m. Anhang III Nr. 6 MwStSystRL[248]). Die Differenzierung

248 S. auch EuGH v. 11.09.2014 – C-219/13 (K Oy- Finnland), UR 2014, 820 (unterschiedlicher Steuersatz für Buch in Papierform und Hörbuch auf anderem physischen Träger zulässig, solange vom Durchschnittsverbraucher nicht als gleichwertig angesehen) und v. 05.03.2015 – C-502/13 (Kommission/Luxemburg), UR 2015, 308: Vertragsverstoß Luxemburgs wegen Anwendung des ermäßigten Steuersatzes auf die „Lieferung“ digitaler Bücher. Berufung auf Verletzung des Neutralitätsgrundsatzes kam nach EuGH nicht in Betracht. S. auch EuGH v. 07.03.2017 – C-390/15 (RPO), UR 2017,393 (gerechtfertigte Ungleichbehandlung der Lieferung von Büchern in Papierform und von „digitalen Büchern auf elektronischem Wege“). Inzwischen ist allerdings eine Änderung der Richtlinie durch die RL (EU) 2018/1713 v. 06.11.2018, Abl. EU 2018, Nr. L 286, 20 erfolgt, sodass die Mitgliedstaaten nunmehr auch auf elektronische Bücher den ermäßigten Steuersatz anwenden dürfen. So umgesetzt nun in § 12 Abs. 2 Nr. 14 UStG.

zwischen Büchern in Papierform und als PDF greift den unterschiedlichen Leistungsinhalt auf, der bei näherer Betrachtung nicht substituierbar ist. Der Verbraucher, der Wert auf die Form und den Inhalt eines Buches legt (Stichwort: Kulturgut Buch) wird nie lediglich den Inhalt eines Buches (elektronisch bereitgestellt z. B. per PDF) erwerben und umgekehrt. Folglich liegen zwei unterschiedliche Verbrauchsgüter vor, die der Gesetzgeber auch unterschiedlich besteuern kann (aber nicht muss).

92 Für das Umsatzsteuerrecht ist davon auszugehen, dass es sich bei den sog. Onlinelieferungen digitaler Güter um sonstige Leistungen/Dienstleistungen nach § 3 Abs. 9 UStG, Art. 24 MwStSystRL und nicht um Lieferungen i. S. d. § 3 Abs. 1 UStG, Art. 14 MwStSystRL handelt. Die Annahme von Lieferungen verbietet sich mangels Verkörperung. Die deutsche Regelung entspricht der Abgrenzung nach Art. 14 und 24 MwStSystRL. An dieser Unterscheidung anhand der Verkörperung hält die Europäische Union zutreffend auch international fest.[249]

Die insoweit klare Abgrenzung darf schon mit Rücksicht auf die Probleme bei der Einfuhrumsatzsteuer nicht aufgegeben werden. Hier ist eine Erfassung digital übermittelter Leistungen durch die Zollbehörden unmöglich. Die verbleibenden problematischen Abgrenzungen bei teilweise verkörperten Leistungen sind nicht durch eine Ausdehnung des Lieferbegriffes, sondern durch eine Anpassung der Regeln über die Behandlung von Dienstleistungen hinsichtlich Ort, Befreiung und Steuersatz an die für Lieferungen gleichartiger Güter geltenden Regelungen zu lösen. Daher ist es zutreffend, dass die verkörperte Übertragung von **Standardsoftware** auf einem körperlichen Datenträger als Lieferung (Einfuhr) behandelt wird[250] – nicht anders als ein Buch oder eine Schallplatte –, hingegen die Übermittlung auf elektronischem Wege als sonstige Leistung, während die Übertragung von **Individualsoftware** auch dann als sonstige Leistung behandelt wird, wenn sie auf einem körperlichen Datenträger übermittelt wird – nicht anders als der Entwurf des Architekten oder das Manuskript des Autors.

93 Die Abgrenzung zwischen Lieferung und sonstiger Leistung hat auch Bedeutung für den Steuersatz, da dieser zuweilen an eine Lieferung (so § 12 Abs. 2 Nr. 12 und 13 UStG, der von der Lieferung von Kunstgegenständen spricht) anknüpft. Dies wird für den Handel mit Kunstwerken relevant, denn die Digitalisierung macht auch nicht vor Kunstgegenständen halt. Letzteres wird gern unter dem Stichwort „**Kryptokunst**" behandelt.[251] Ist es im klassischen Kunsthandel das Werk des Künstlers, welches gehandelt wird, so ist bei der Kryptokunst das Kunstwerk mehr oder weniger die bloße Verpackung. Gehandelt wird tatsächlich nur der sog. „Token", und das ist im Falle der Kryptokunst ein sog. NFT (Non-Fungible Token). Hierbei handelt es sich um ein eindeutiges Token, also eine Reihe von digitalen Datenblöcken, die auf dezentralen Servern gespeichert sind und nicht in Tranchen oder Teile aufgeteilt werden können. Er kann somit nur in der ursprünglichen Form übertragen werden. Dies macht ihn einzigartig und stellt die Echtheit sowie die Urheberschaft sicher und schützt vor ungewollten Reproduktionen. Künstler können gegen Gebühr ihre Kunst auf Plattformen „minten", d. h. mit einem solch einzigartigen Token verbinden. So wird aus einer kopierbaren Datei ein **fälschungssicheres Unikat.**[252]

---

249 Vgl. Lange UR 2000, 409; s. auch EuGH v. 05.03.2015 – C-502/13 (Kommission/Luxemburg), UR 2015, 308.

250 Abschn. 3.5. Abs. 2 Nr. 1 UStAE; vgl. auch EuGH v. 27.10.2005 – C-41/04 (Levob Verzekeringen), Slg. 2005, I-9463.

251 Siehe dazu ausf. Moskat/Schaar, BB 2022, 28 ff.; Liegmann/Farruggia-Weber, UR 2021, 541 ff.; Rapp/Bongers/Engelhardt, UR 2021, 493 ff.; Bruns/Helbig/Hassa, beck.digitax 2022, 155 ff.

252 Moskat/Schaar, BB 2022, 28 (28); Liegmann/Farruggia-Weber, UR 2021, 541 (543); Bruns/Helbig/Hassa, beck.digitax 2022, 155 (155).

Die Frage ist jedoch, ob eine solche **NFT geschützte Kryptokunst** – d.h. die nun fälschungssichere Datei – als ein Gegenstand angesehen werden kann, der zum ermäßigten Steuersatz nach § 12 Abs. 2 Nr. 12 und 13 UStG (bzw. ab 1.1. 2025 wieder nach § 12 Abs. 2 UStG i.V.m. Anlage 2) geliefert werden könnte. Zwar erfasst das UStG als Gegenstände auch **Sachgesamtheiten** und solche Wirtschaftsgüter, die im **Wirtschaftsverkehr wie körperliche Sachen** behandelt werden, z.B. Elektrizität, Wärme und Wasserkraft. Dies aber nur deshalb, weil diese verbrauchbaren Vorteile jederzeit entnommen und vergegenständlicht werden können (Strom über eine Batterie, Wasser über eine Flasche etc.). Für elektronische Kunstwerke und NFTs kann daraus kein Rückschluss gezogen werden. Mithin bleibt es bei der allgemeinen **Abgrenzung eines Gegenstandes von einem Nichtgegenstand**, der im Umsatzsteuerrecht als **sonstige Leistung**, in der Mehrwertsteuerrichtlinie als **Dienstleistung** bezeichnet wird. 94

Zutreffenderweise können solche rein **digitalen Wirtschaftsgüter** keine körperlichen Gegenstände sein.[253] Entscheidend ist auch hier, ob der verbrauchbare Vorteil dem Risiko eines zufälligen Untergangs zugänglich ist. Dafür ist aber nicht entscheidend, ob etwas einmalig ist oder nicht.[254] Die Lieferung eines Buches bleibt eine Lieferung, auch wenn dieses Buch in einer tausender Auflage oder nur als Unikat hergestellt wurde. Entscheidend ist, dass der Käufer sich dasselbe Buch noch einmal kaufen muss, sollte aufgrund eines Wasserschadens in seinem Haus das Buch zerstört werden. Diese Gefahr des zufälligen Untergangs existiert bei rein digitalen Wirtschaftsgütern nicht, auch wenn sie mittels NFTs vor Veränderungen und Vervielfältigungen geschützt werden. Die Übertragung eines **einmaligen Urheberrechts** bleibt eine sonstige Leistung und wird nicht aufgrund der Einmaligkeit zu einer Lieferung. Wenn dem so ist, dann gilt gleiches für elektronische Nullen und Einsen in Form einer Datei, auch wenn diese Datei über ein NFT vor inhaltlichen Veränderungen geschützt ist. Mit anderen Worten: Existiert kein weiteres digitales und exakt gleiches Wirtschaftsgut, handelt es sich zwar um etwas **Einzigartiges**, aber damit immer noch **nicht zwangsläufig um einen Gegenstand.**[255] Vielmehr liegt eine **einzigartige sonstige Leistung** vor. Der ermäßigte Steuersatz nach § 12 Abs. 2 Nr. 12 und 13 UStG findet daher auf sog. „Kryptokunst" grundsätzlich keine Anwendung.[256] 95

Die Abgrenzung zwischen Lieferung und sonstiger Leistung hat auch Bedeutung für den Leistungsort, da für beide Arten einer Leistung unterschiedliche Systeme (§ 3 Abs. 6–8 für die Lieferung; §§ 3a ff. für eine sonstige Leistung) der Ortsbestimmung bestehen. 96

§ Fall 14: Das Autoleasing/Leistungsort

Unternehmer B mit Unternehmenssitz in Brüssel least/mietet bei K aus Köln einen neuen Pkw für monatlich 1.000 €. Er holt ihn am 02.01.2022 in Köln ab. Sämtliche bei dem Betrieb des Pkw anfallenden Kosten hat B zu tragen. Die unkündbare Mietzeit beträgt vier Jahre. Bei verschuldetem und unverschuldetem Untergang hat B die Miete weiter zu zahlen. Nach Ablauf der vier Jahre hat B das Recht, den Pkw für 100 € zu erwerben. Die übliche Nutzungsdauer für den Pkw beträgt fünf Jahre. Der Neuwagenkaufpreis hätte 40.000 € betragen. B nutzt den Pkw ausschließlich in Belgien für Zwecke seines Unternehmens. Schuldet K deutsche USt?

253 Rapp/Bongers, UR 2023, 665 (667); Rapp/Bongers/Engelhardt, UR 2021, 493 (498 und 500); wohl auch Liegmann/Farruggia-Weber, UR 2021, 541 (542), wenn davon gesprochen wird, dass Token kryptografische Dateneinträge sind; Bruns/Helbig/Hassa, beck.digitax 2022, 155 (157 f.), für die allerdings die fehlende Eigentumsübertragung das entscheidende Kriterium sein soll.

254 Dies übersehen: Moskat/Schaar, BB 2022, 28 (29); und wohl auch Bruns/Helbig/Hassa, beck.digitax 2022, 155 (161), die von einem interessanten Indiz für das Vorliegen einer Lieferung sprechen.

255 A.A. Moskat/Schaar, BB 2022, 28 (29).

256 Ebenso Bruns/Helbig/Hassa, beck.digitax 2022, 155 (158 und 162); Rapp/Bongers, UR 2023, 665 (670).

97 I. Problematisch ist, ob K an B eine sonstige Leistung – Duldungsleistung, Vermieten – oder eine Lieferung erbringt. Handelt es sich um eine sonstige Leistung, so wird diese nach § 3a Abs. 2 UStG in Brüssel erbracht, am Unternehmenssitz des die Leistung empfangenden Unternehmers. In Deutschland wäre die Leistung dann nicht steuerbar.
Handelt es sich hingegen um eine Lieferung, so würde diese als Beförderungslieferung nach der Grundregel des § 3 Abs. 6 UStG in Köln mit dem Beginn der Beförderung ausgeführt. Es würde sich um einen steuerbaren Umsatz handeln, allerdings um eine nach § 4 Nr. 1b i. V. m. § 6a UStG steuerfreie innergemeinschaftliche Lieferung, da die Lieferung an B als einen Unternehmer erfolgt.

Hinweis:
Bei einer innergemeinschaftlichen Lieferung an einen Unternehmer B hat in Belgien eine Erwerbsbesteuerung stattzufinden. Die Lieferung eines (nicht neuen Pkw) an einen Nichtunternehmer wäre hingegen nicht als innergemeinschaftliche Lieferung in Deutschland befreit und unterläge in Belgien dann auch nicht der Erwerbsbesteuerung.

II. Entscheidend ist, ob dem B Verfügungsmacht (die Befähigung wie ein Eigentümer zu verfügen) von K verschafft wurde, d. h., ob der Pkw mit der wirtschaftlichen Substanz dem B mit der Übergabe endgültig zugewendet wurde. Die Vermietung einer Sache bedeutet regelmäßig nicht die endgültige Zuwendung der Substanz. Der Vermieter bleibt rechtlicher und sog. wirtschaftlicher Eigentümer und damit Inhaber der Verfügungsmacht. Die Vereinbarungen zwischen B und K sind aber atypisch für einen Mietvertrag. B trägt das Risiko des Unterganges. Die Mietzeit ist unkündbar so lang bemessen, dass mit den Mietraten der Kaufpreis und die Finanzierungskosten des K gedeckt werden. B ist eine Kaufoption eingeräumt zu einem Preis, der weit unter dem bei Ablauf der Mietzeit zu erwartenden Wert des Wagens steht (bei normaler linearer Absetzung 40.000 € – 32.000 [4 x 8.000] € = 8.000 €). Es kann daher auch davon ausgegangen werden, dass B von der Kaufoption Gebrauch machen wird. Unter diesen Umständen – insbesondere wegen des Gefahrübergangs auf B – liegt deshalb eine Lieferung und nicht lediglich eine sonstige Leistung vor.

III. Nach der zweifelhaften Rspr. des EuGH soll es unionsrechtlich möglich sein, dass ein Leasingvorgang je nach dem nationalen Umsatzsteuerrecht in den Mitgliedstaaten unterschiedlich entweder als Lieferung oder als sonstige Leistung gewürdigt werden darf. Soweit dies dazu führt, dass es dann zu einer Nichtbesteuerung in beiden Staaten kommt, weil jeweils davon ausgegangen wird, dass die Besteuerung im anderen Mitgliedstaat stattzufinden habe, solle auch kein Missbrauch vorliegen, wenn sich die Steuerpflichtigen dies zunutze machen.[257]

Beispiel

Im Jahr 2009 erfolgt ein Fahrzeugleasing durch ein in Deutschland ansässiges Leasingunternehmen LG an private Kunden als Leasingnehmer LN in UK zur längerfristigen (endgültigen) Nutzung der Fahrzeuge in UK. Die Fahrzeuge werden erst in UK durch LG von einem dortigen britischen Autohändler erworben und dann dort vom Händler dem – durch LG bevollmächtigten – LN übergeben. LG unterhält keine Niederlassung in UK.[258] Nach deutscher Auffassung liegt eine nicht in Deutschland, sondern nur in UK steuerbare Lieferung nach Art. 14, 31, 32 MwStSystRL (§ 3 Abs. 1, Abs. 6 UStG) des LG an den LN vor, wenn Gefahr und Nutzen schon mit der Übergabe auf LN übergegangen sind, auch wenn das Eigentum

257 EuGH v. 22.12.2010 – C-277/09 (RBS Deutschland Holding), Slg. 2010, I-13805 = UR 2011, 222; vgl. auch v. 22.12.2010 – C-103/09 (Weald Leasing Limited), Slg. 2010, I-13589 = HFR 2011, 361 (Leasing statt Kauf kein Missbrauch); s. aber zur Behandlung von aufgrund Leasingverträgen veräußerter Fahrzeuge als Lieferungen i. S. v. Art. 14 MwStSystRL auch in UK EuGH v. 03.09.2014 – C-589/12 (Commissioners/GMAC), UR 2014, 895 (aber verfehlt, soweit der EuGH verneint, dass eine Kombination von Berufung auf den Vorrang der Richtlinie und Anwendung richtlinienwidrigen nationalen Rechts nicht missbräuchlich sein könne).

258 Vgl. zur Niederlassung bei Leasingunternehmen EuGH v. 07.05.1998 – C-390/96 (Lease Plan), Slg. 1998 I-2553; v. 17.07.1997 – C-190/95 (ARO Lease), Slg. 1997, I-4383.

erst mit Ablauf der vereinbarten Nutzungsdauer laut Leasingvertrag übertragen werden wird. Nach britischer Auffassung liegt aber mangels Eigentumsverschaffung keine Lieferung vor, sondern lediglich eine sonstige (Dienst-)Leistung, Art. 24 MwStSystRL. Deren Ort befindet sich bei Zugrundelegung der britischen Auffassung nach Art. 45 MwStSystRL (= § 3a Abs. 1 UStG) in Deutschland. Im Ergebnis findet daher keine Besteuerung statt, weil nach deutscher Auffassung eine Lieferung in UK zu besteuern wäre, während nach britischer Auffassung in Deutschland eine sonstige Leistung zu besteuern wäre. Der deutschen Leasingfirma steht aber jedenfalls der Vorsteuerabzug aus dem Erwerb der Leasingfahrzeuge vom britischen Autohändler zu. Es kommt mithin zu unbelastetem Endverbrauch in UK.

Diese Rspr. des EuGH ist verfehlt. Denn die Begriffe der Lieferung und der Dienstleistung sind in allen Mitgliedstaaten der EU einheitlich autonom nach Art. 14 und Art. 24 der MwStSystRL zu bestimmen. Es dürfen mithin in den Mitgliedstaaten keine unterschiedlichen Kriterien zur Abgrenzung von Lieferungen und Dienstleistungen verwendet werden. Richtigerweise kann es auf den zivilrechtlichen Eigentumsübergang als solchen nicht ankommen. Ob allerdings dem Nutzer die Befähigung „wie ein Eigentümer ... zu verfügen" zu können i. S. v. Art. 14 MwStSystRL eingeräumt worden ist, d. h. Nutzen und Gefahr auf ihn übergegangen sind, muss anhand des auf den Vertrag jeweils anwendbaren Zivilrechts des Staates bestimmt werden, dessen Zivilrecht nach den Regeln des IPR auf den Vertrag anwendbar ist, hier also des englischen Rechtes, wenn danach der Leasingvertrag abgeschlossen wurde. Zutreffend stellt der EuGH inzwischen auch – übereinstimmend für alle Mitgliedstaaten – fest, dass beim (Finanzierungs-)Leasing eine Lieferung i. S. d. Art. 14 MwStRL vorliegt, wenn mit dem Eigentum verbundene Chancen und Risiken, d. h. Nutzen, Lasten und Gefahrtragung, auf den Leasingnehmer übertragen werden und die Summe der (abgezinsten) Leasingraten dem Verkehrswert des Gegenstandes entspricht und/oder das rechtliche Eigentum am Ende der Vertragszeit übertragen werden soll.[259] Kurz gesagt, es kommt darauf an, ob auf den Leasingnehmer trotz noch fehlender Eigentumsübertragung der Gegenstand so übertragen wird, dass er darüber so verfügen kann als wäre er der (rechtliche) Eigentümer (= wirtschaftliches Eigentum). Die eigentliche Problematik besteht aber in der Schwierigkeit der Abstimmung der Ergebnisse, wenn zwei Mitgliedstaaten autonom entscheiden, ob die Verfügungsmacht übergegangen ist (dazu s. Rn. 58 ff.).

IV. Eine Steuerschuld des K entsteht nicht, weil es sich um eine steuerfreie innergemeinschaftliche Lieferung nach § 4 Nr. 1b UStG (s. Rn. 259 ff.) handelt. Für die umgekehrte Konstellation mit Leasinggeber in Belgien und Leasingnehmer in Deutschland hinge von der Einordnung als Lieferung die Steuerbarkeit eines Erwerbs durch den Leasingnehmer in Deutschland ab. Denn eine Erwerbsbesteuerung findet nur bei Lieferungen statt (§ 1a UStG) (s. Rn. 246 ff.). Bei einer in Deutschland steuerbaren sonstigen Leistung käme es zu einer Umkehrung der Steuerschuld (s. Rn. 427 ff.).

Bei der Betrachtung des Leasings ist es richtigerweise[260] nicht entscheidend, ob eine 98
atypische „Sale-and-lease-back"-Gestaltung mit einer Eigentumsrückfallklausel (Rückkauf) vorliegt oder nicht[261], sondern allein, ob der formelle (neue) Eigentümer auch die materiellen Befugnisse des Eigentums erhalten hat, mithin, ob er die Ge-

259 Vgl. EuGH v. 02.07.2015 – C-209/14 (NLB Leasing), UR 2015, 628; v. 16.02.2012 – C-118/11 (Eon Aset), UR 2012, 230 mit Anm. Wäger; v. 17.07.2014 – C-438/13 (BCR-Leasing [Rumänien]), UR 2014, 924; s. zu Leasing auch EuGH v. 03.09.2014 – C-589/12 (GMAC UK), UR 2014, 895; v. 17.01.2013 – C-224/11 (BGZ-Leasing, [Polen]), UR 2013, 262 – grundsätzlich Dienstleistung, aber anders wenn Chancen und Risiken auf Leasingnehmer übergehen.

260 Ausführlich zum Ganzen: D. Hummel, UR 2007, 757.

261 So Vosseler, DStR 2007, 188 (190); wohl auch das BMF, Schr. v. 10.10.2006 -- IV A 5 – S 7100 – 91/06, UR 2006, 662.

fahr des zufälligen Untergangs länger als eine log. Sekunde tatsächlich getragen hat. Ist dies nicht der Fall, dann fehlt es an einer Lieferung, und es liegt lediglich eine sonstige Leistung in Form einer Kreditgewährung vor. Beim echten sog. **sale and lease back** liegt daher nur eine Finanzierungsleistung (steuerfreie Kreditgewährung) des Leasinggebers an den Leasingnehmer vor, dessen bloßer Absicherung die Übereignung des Leasinggegenstandes an den Leasinggeber durch den Leasingnehmer und die (Rück-)Vermietung an diesen dient. Art. 14 Abs. 2 Buchst. b der Mehrwertsteuerrichtlinie stellt bereits klar, dass beim Finanzierungsleasing insgesamt eine Lieferung vorliegt,[262] unabhängig davon, in welcher Reihenfolge nun die wirtschaftliche Verfügungsmacht und letztlich das Eigentum übergehen. Weder erfolgt eine Lieferung an den Leasinggeber noch erbringt dieser eine sonstige (Vermietungs-) Leistung oder eine (Rück-)Lieferung an den Leasingnehmer. Soll dem Verkäufer und Leasinggeber lediglich eine vorteilhafte bilanzielle Gestaltung ermöglicht werden, liegt eine steuerpflichtige sonstige Leistung nach § 3 Abs. 9 UStG vor.[263]

V. Leistungen mit Elementen der Lieferung und der sonstigen Leistung

1. Grundsatz der Einheitlichkeit der Leistung

99 Der Europäische Gerichtshof geht in ständiger Rechtsprechung davon aus, dass für die Mehrwertsteuer jede Leistung in der Regel als eigene und selbstständige Leistung zu betrachten ist.[264] Dies folgert er aus Art. 1 Abs. 2 Unterabs. 2[265] sowie Art. 2[266] der Mehrwertsteuerrichtlinie. Ausgangspunkt ist daher zunächst, dass jede Leistung gesondert als eigener Umsatz zu behandeln ist.[267]

Allerdings ist der **Grundsatz der Selbstständigkeit** einer Leistung nicht absolut. Denn im Interesse eines funktionierenden Mehrwertsteuersystems dürfen Umsätze nicht künstlich aufgespalten werden. Letzteres wird als das **umsatzsteuerliche Prinzip der Einheitlichkeit der Leistung** bezeichnet. Dieses besagt, dass ein einheitlicher wirtschaftlicher Vorgang nicht in verschiedene Leistungselemente aufgeteilt werden darf, sondern umsatzsteuerrechtlich hinsichtlich der Steuerbarkeit, Steuerpflicht und des Steuersatzes grundsätzlich einheitlich zu behandeln ist.[268]

Die mehrwertsteuerliche **Behandlung von Leistungsbündeln** bewegt sich daher im Spannungsfeld zwischen dem Prinzip der Selbstständigkeit der Leistungen einerseits und dem Verbot der künstlichen Aufspaltung von einheitlichen Umsätzen andererseits. In diesem Zusammenhang hat der EuGH zwei Ausnahmen vom Grundsatz der Selbststän-

---

262 Schlussanträge des Generalanwalts Szpunar in der Rechtssache Mercedes-Benz Financial Services UK (C 164/16, EU:C:2017:414, Nr. 41).

263 BFH v. 06.04.2016 – V R 12/15, BStBl. II 2017, 188 = UR 2016, 643; v. 09.02.2006 – V R 22/03, BStBl. II 2006, 727; s. auch EuGH v. 27.03.2019 – C-201/18 (Mydibel SA), „Sale and Lease Back" einer Immobilie durch Veräußerung und Rückverpachtung führt nicht zu einer Lieferung der Immobilie und löst keine Vorsteuerberichtigung nach Art. 184, 185 MwStSystRL = § 15a UStG aus.

264 EuGH v. 2.7.2020, C-231/19 (Blackrock Investment Management, UK), EU:C:2020:513, Rn. 23; EuGH v. 18.1.2018 – C-463/16 (Stadion Amsterdam), EU:C:2018:22, Rn. 22; EuGH v. 10.11.2016 – C-432/15 (Baštová), EU:C:2016:855, Rn. 68; EuGH v. 10.3.2011 – C-497/09, C-499/09, C-501/09 und C-502/09 (Bog u. a.), EU:C:2011:135, Rn. 53.

265 Z. B. EuGH v. 2.7.2020, C-231/19 (Blackrock Investment Management, UK), EU:C:2020:513, Rn. 23; EuGH v. 8.12.2016 – C-208/15 (Stock '94), EU:C:2016:936, Rn. 26; EuGH v. 16.4.2015 – C-42/14 (Wojskowa Agencja Mieszkaniowa w Warszawie), EU:C:2015:229, Rn. 30.

266 Z. B. EuGH v. 18.1.2018 – C-463/16 (Stadion Amsterdam), EU:C:2018:22, Rn. 22; EuGH v. 10.3.2011 – C-497/09, C-499/09, C-501/09 und C-502/09 (Bog u. a.), EU:C:2011:135, Rn. 53; EuGH v. 27.10.2005 – C-41/04 (Levob Verzekeringen und OV Bank), EU:C:2005:649, Rn. 20.

267 Vgl. BFH v. 26.09.2019 – V R 36/18, BFH/NV 2020, 112 (Mahlen von Korn und Zugabe von Zusatzstoffen als eigenständige Leistungen); v. 18.08.2005 – V R 20/03, BStBl. II 2005, 910 (Abgabe von Speisen im Theaterrestaurant, nicht befreit nach § 4 Nr. 20 8239a).

268 Vgl. dazu auch Abschn. 3.10. UStAE mit umfangreichen Beispielen aus der Rspr. des BFH und EuGH.

digkeit der Leistung entwickelt: Dies sind zum einen die **einheitlich komplexen Leistungen** und zum anderen die **unselbstständigen Nebenleistungen**. Darüber hinaus findet sich in der Mehrwertsteuerrichtlinie noch die Ausnahme der **eng verbundenen Umsätze**.

a) Erste Ausnahme: Einheitlich komplexe Leistung 100

Bei einer einheitlich komplexen Leistung formen mehrere Leistungskomponenten eine Leistung sui generis. Eine solche liegt nach der Rechtsprechung des Gerichtshofs vor, wenn die Leistung des Steuerpflichtigen aus zwei oder mehreren Elementen oder Handlungen besteht, die **so eng miteinander verbunden** sind, dass sie **objektiv eine einzige untrennbare wirtschaftliche Leistung bilden**, deren getrennte Betrachtung wirklichkeitsfremd wäre. Ob dies der Fall ist, ermittelt der Gerichtshof, indem er die charakteristischen Merkmale und damit das Wesen eines Umsatzes aus der **„Sicht des Durchschnittsverbrauchers“** bestimmt. Entscheidend ist mithin, ob der Durchschnittsverbraucher (d.h. der durchschnittliche Leistungsempfänger) die empfangene Leistung als eine Vielzahl von eigenständigen Leistungen oder als eine einzige Leistung betrachtet. Maßgebliches Kriterium dafür ist die Verkehrsanschauung, d.h. was die Allgemeinheit darunter versteht. Indem der Gerichtshof auf den „Durchschnittsverbraucher“ abstellt, bedient er sich einer **Typisierung**, die er auch in anderen Rechtsgebieten verwendet.

Der Gerichtshof hat in seiner Rechtsprechung verschiedene Indizien zur mehrwertsteuerlichen Beurteilung von Leistungsbündeln entwickelt. Dies sind die **Untrennbarkeit der Leistungselemente**,[269] die **getrennte Zugänglichkeit der Leistungen**,[270] **der wirtschaftliche Leistungszweck**[271] und die **getrennte Abrechnung**[272]. Bei der Lieferung von Strom über besondere Ladesäulen zur Aufladung von Elektrofahrzeugen mit weiteren dafür nötigen Dienstleistungen hat der EuGH zutreffend nicht als einheitlich komplexe Dienstleistung, sondern als Lieferung mit unselbstständigen Nebenleistungen betrachtet.[273]

Beispiel

(Nach BFH V R 31/10): Ein Veranstalter bietet „Dinner Shows“ an. Die Leistung umfasst eine Varieté- und Theatershow sowie ein mehrgängiges Menü. Dafür ist ein einheitlicher Preis zu entrichten. Menü und Showleistung können nicht gesondert von den Gästen in Anspruch genommen werden. Es liegt eine einheitliche Leistung vor, die dem allgemeinen Steuersatz unterliegt. Der ermäßigte Steuersatz für Theatervorführungen gemäß § 12 Abs. 2 Nr. 7 a UStG kann auch nicht auf den aus der „Show“ bestehenden Teil der Leistung angewendet werden.

b) Zweite Ausnahme: Unselbstständige Nebenleistung 101

Vom Grundsatz der Selbstständigkeit einer jeden Leistung bedarf es weiter einer Abweichung, wenn eine Leistung eine bloß unselbstständige Nebenleistung zu einer Hauptleistung bildet. Eine Leistung ist als **Nebenleistung zu einer Hauptleistung** anzusehen, wenn sie für die Kundschaft **keinen eigenen Zweck**, sondern das **Mittel darstellt, um die Hauptleistung des Leistungserbringers unter optimalen Bedingungen in Anspruch zu nehmen**. Der Nebenleistung kommt im Vergleich zur Hauptleistung nur eine untergeordnete Bedeutung zu, weshalb sie „das steuerliche Schicksal der Haupt-

269 EuGH v. 2.7.2020 – C-231/19 (Blackrock Investment Management, UK), EU:C:2020:513, Rn. 23; EuGH v. 4.9.2019 – C-71/18 (KPC Herning), EU:C:2019:660, Rn. 38; EuGH v. 28.2.2019 – C-278/18 (Sequeira Mesquita), EU:C:2019:160, Rn. 30: „einzige untrennbare wirtschaftliche Leistung“; EuGH v. 19.12.2018 – C-17/18 (Mailat), EU:C:2018:1038, Rn. 39.

270 EuGH v. 16.7.2015 – C-584/13 (Mapfre asistencia und Mapfre warranty), EU:C:2015:488, Rn. 56; EuGH v. 17.1.2013 – C-224/11 (BGŻ Leasing), EU:C:2013:15, Rn. 43.

271 Vgl. EuGH v. 4.9.2019 – C-71/18 (KPC Herning), EU:C:2019:660, Rn. 40.

272 EuGH v. 19.1.2012 – C-117/11 (Purple Parking und Airparks Services), EU:C:2012:29, Rn. 35; EuGH v. 25.2.1999 – C-349/96 (CPP), EU:C:1999:93, Rn. 31; siehe auch BFH v. 16.3.2023 – Bildung eines Gesamtpreises alleine ist jedoch nicht ausreichend.

273 EuGH v. 20.4.2023 – C-282/22 (Dyrektor Krajowej), UR 2023, 517, Rn. 39f.

leistung teilt". Das bedeutet, dass die Nebenleistung mehrwertsteuerlich genauso zu behandeln ist wie die Hauptleistung. Anders als bei einer einheitlich komplexen Leistung ruft die Aufteilung eines Leistungsbündels in Haupt- und Nebenleistung keine künstliche Aufspaltung hervor. Haupt- und Nebenleistung sind klar voneinander trennbar. Unselbstständige Nebenleistungen weisen aber im Hinblick auf die ihr zugehörigen Hauptleistungen einen lediglich **akzessorischen Charakter** auf. Der Nebenleistung kommt keine eigenständige, sondern nur eine „dienende" Funktion zu.

Typische Nebenleistungen bei der Lieferung von Gegenständen sind beispielsweise deren **Verpackung** oder deren **Versand**. Letzteren Dienstleistungen kommt nicht das Gewicht einer eigenständigen Hauptleistung zu, da sie lediglich der Erfüllung des eigentlichen Vertragszwecks dienen. Gleiches gilt z. B. auch, wenn der Leistende gegen Entgelt unterschiedliche Zahlungsmöglichkeiten bereitstellt. Auch zu dieser Fallgruppe lassen sich in der Rechtsprechung des Gerichtshofs Indizien finden – wie das **Wertverhältnis der einzelnen Leistungen** zueinander[274] oder das **Fehlen eines eigenständigen wirtschaftlichen Interesses** des Leistungsempfängers[275].

Beispiel

Der Lieferant von Lebensmitteln verpackt diese und befördert sie an den Abnehmer. Er berechnet dem Abnehmer getrennt ausgewiesen den Preis für

- die Lebensmittel,
- die Verpackung und
- den Transport.

Betrachtet man die Vorgänge getrennt, so liegen vor: Lieferungen von Lebensmitteln (Steuersatz 7 % gemäß § 12 Abs. 2 Nr. 1 i. V. m. Anlage UStG), Lieferung von Verpackungsmaterial (Steuersatz 19 %) und eine Beförderungsleistung (Steuersatz 19 %). Die Verpackung und Beförderung haben jedoch gegenüber der Lieferung der Lebensmittel nur eine untergeordnete, dienende Funktion. Sie sind daher ein Teil (unselbstständige Nebenleistungen) der mit 7 % zu versteuernden Lieferungen der Lebensmittel. Demzufolge stellen alle getrennt berechneten Preise die (einheitliche) Gegenleistung (Entgelt) für die Lieferungen der Lebensmittel dar.

Dass die unselbstständige Nebenleistung theoretisch auch **durch einen Dritten erbracht werden könnte** – indem der Mieter z. B. seinen Strom direkt vom Stromlieferer bezieht –, steht einer unselbstständigen Nebenleistung nicht entgegen. Der Umstand, dass ein Dritter theoretisch die Leistung erbringen kann, gehört vielmehr zum Konzept des aus einer Nebenleistung und Hauptleistung bestehenden Umsatzes.

102 **c) Dritte Ausnahme: Der eng verbundene Umsatz**

Die letzte Ausnahme vom Prinzip der Selbstständigkeit einer jeden einzelnen Leistung ergibt sich aus der Mehrwertsteuerrichtlinie selbst. Mit einer steuerbefreiten Leistung **„eng verbundene Umsätze"** teilen deren Steuerfreiheit, um den Steuerbefreiungen zu ihrer vollen Wirksamkeit zu verhelfen. Ein Beispiel ist die Steuerbefreiung von Krankenhausbehandlungen und ärztlichen Heilbehandlungen nach Art. 132 Abs. 1 Buchst. b der Mehrwertsteuerrichtlinie. Um das therapeutische Ziel zu erreichen, können im Einzelfall weitere Leistungen erforderlich sein, die sich von der reinen Heil- und Krankenhausbehandlung unterscheiden – wie etwa Dienstleistungen eines externen Labors. Würden solche Leistungen der Mehrwertsteuer unterworfen, so liefe das dem Ziel zuwider, die Kosten für das Gesundheitssystem zu senken. Der Gesetzgeber erklärt daher in Art. 132 Abs. 1 Buchst. b der Mehrwertsteuerrichtlinie mit der eigentlichen Behandlung **selbstständige, aber „eng verbundene Umsätze"** gleichermaßen für steuerbefreit.

---

274 EuGH v. 27.10.2005 – C-41/04 (Levob Verzekeringen und OV Bank), EU:C:2005:649, Rn. 29: „unbedeutend oder nebensächlich".

275 EuGH v. 18.10.2018 – C-153/17 (Volkswagen Financial Services, UK), EU:C:2018:845, Rn. 33, EuGH v. 8.12.2016 – C-208/15 (Stock '94), EU:C:2016:936, Rn. 29 mit Hinweis auf EuGH v. 16.4.2015 – C-42/14 (Wojskowa Agencja Mieszkaniowa w Warszawie), EU:C:2015:229, Rn. 35.

Manchmal bedient sich der Gerichtshof im Kontext eng verbundener Umsätze der Begriffe „Haupt- und Nebenleistung". Dies ist dogmatisch nicht zutreffend. Wären die eng verbundenen Umsätze bereits eine unselbstständige Nebenleistung, bedürfte es nicht der expliziten Steuerbefreiung dieser Umsätze. Sie wären schon aufgrund ihres Charakters als unselbstständige Nebenleistung steuerbefreit.

2. Besonderheit im UStG: Werklieferung, Werkleistung

a) Bei Leistungen, die auf die **Herstellung oder Bearbeitung eines körperlichen Gegenstandes** gerichtet sind, kann die Leistung sowohl Elemente der Lieferung als auch Elemente der sonstigen Leistung enthalten. Das Umsatzsteuergesetz ordnet derartige Leistungen einheitlich entweder den Lieferungen zu, wenn es sich dabei um eine Werklieferung handelt (§ 3 Abs. 4 UStG), oder den sonstigen Leistungen, wenn es sich um eine Werkleistung handelt (§ 3 Abs. 9 UStG). Das Unionsrecht in Gestalt der MwStSystRL kennt den Begriff der Werklieferung nicht. Auch nach der MwStSystRL kommt jedoch für solche Vorgänge nur eine einheitliche Qualifizierung entweder als Lieferung gemäß Art. 14 oder als Dienstleistung gemäß Art. 24 MwStSystRL in Betracht. Die Unterscheidung ist wichtig hinsichtlich der Bestimmung des Ortes der Leistung und für die Anwendung von Vergünstigungsvorschriften, falls diese nur Lieferungen oder nur sonstige Leistungen begünstigen. Sie kann auch von Bedeutung für den Zeitpunkt der Entstehung der Steuerschuld und die Umkehrung der Steuerschuldnerschaft sein (vgl. §§ 13 Abs. 1, 13b Abs. 1 und Abs. 2 Nr. 1 UStG). 103

Soweit es um die Abgrenzung zwischen Lieferung nach §§ 3 Abs. 4, 3 Abs. 1 UStG einerseits und sonstiger Leistung gemäß § 3 Abs. 9 UStG andererseits geht, muss und kann § 3 Abs. 4 UStG richtlinienkonform in Übereinstimmung mit der Abgrenzung zwischen Lieferung und Dienstleistung in der MwStSystRL ausgelegt werden. Insoweit kann und muss auch auf die Rspr. des EuGH zurückgegriffen werden.[276] Im Zweifelsfall ist danach zu unterscheiden, ob die Lieferelemente = Verschaffung der Verfügungsmacht an einem körperlichen Gegenstand oder die Dienstleistungselemente = Zuwendung von Vorteilen, die nicht im Wesentlichen in der Verschaffung von Verfügungsmacht an einem körperlichen Gegenstand bestehen, überwiegen. Soweit es allein um die Abgrenzung zwischen Lieferung und Werklieferung geht – diese spielt praktisch nur für die Umkehr der Steuerschuldnerschaft nach § 13b Abs. 2 Nr. 1 und Nr. 4 UStG eine Rolle – gibt es keine unionsrechtlichen Abgrenzungsvorgaben zu beachten. Die Abgrenzung zwischen der reinen Lieferung nach § 3 Abs. 1 UStG und der Werklieferung nach § 3 Abs. 4 UStG ist allein eine Angelegenheit des nationalen Rechtes.[277]

Kennzeichnend für die umsatzsteuerliche Werklieferung ist, dass zumindest ein Teil des verwendeten **Hauptstoffes vom Werkunternehmer** (und nicht vom Besteller) stammt. In diesem Fall ordnet § 3 Abs. 4 UStG an, dass lediglich eine **einheitliche (Werk-)Lieferung** des bearbeiteten Hauptstoffes vorliegt und nicht etwa zwei Leistungen, nämlich Lieferung des Stoffes und sonstige Leistung (= Bearbeitung). Die Lieferung beginnt und endet mit der Übergabe des Gegenstandes.

Selbstredend liegt eine Werklieferung und nicht lediglich eine Lieferung vor, wenn der gesamte Hauptstoff vom Werkunternehmer stammt und aus diesem im Auftrag des Bestellers erst eine Sache für diesen hergestellt wird. Die missverständliche gegenteilige Aussage des V. Senates, wonach für eine Werklieferung die „Be- und Verarbeitung eigener Gegenstände des Leistenden nicht ausreichend" sei, sondern der Werkunternehmer zusätzlich zur Verschaffung der Verfügungsmacht einen „fremden Gegenstand be- oder verarbeitet"[278] ist so schlicht falsch und unzutreffend. Die Abgrenzung zur reinen Lieferung gemäß § 3 Abs. 1 UStG besteht darin, dass die Be- oder Verarbeitung des gerade nicht fremden, sondern eigenen

---

276 Insoweit zutreffend BFH v. 09.06.2005, V R 50/02, BStBl. II 2006, 98 (orthopädische Schuhe) und v. 22.08.2013 – V R 37/10, BStBl. II 2014, 128; aus der Rspr. des EuGH vgl. EuGH v. 13.12.2012– C-395/11 (BLV Wohn -und Gewerbebau), UR 2013, 63 Rn. 29 mit Hinweisen auf EuGH v. 10.03.2011– C-497/09, 499/09, 501/09, 502/09 (Bog u.a.), Slg. 2011, I-1457 (Abgrenzung erfordere „komplexe Beurteilung" aufgrund Einzelfallbetrachtung).

277 S. dazu EuGH v. 13.12.2012– C-395/11 (BLV Wohn- und Gewerbebau), UR 2013, 63 und BFH v. 30.06.2011 – V R 37/10, BStBl. II 2011, 842 (Vorlage an den EuGH) und v. 22.08.2013 – V R 37/10, BStBl. II 2014, 128 (nachfolgend EuGH) mit Anm. Lippross MwStR 2013, 756 und Heuermann StBp 2014, 21.

278 BFH v. 22.08.2013 – V R 37/10, BStBl. II 2014, 128 unter II 2 a) Rn. 34 und 35; dagegen zutreffend auch Lippross MwStR 2013, 736.

Gegenstandes (Hauptstoffes) des Werkunternehmers schon im Auftrage des Bestellers/Leistungsempfängers erfolgt und Teil der Leistung ist, dem dann am be- oder verarbeiteten Hauptstoff noch die Verfügungsmacht verschafft werden muss, während die Lieferung nur die Verschaffung der Verfügungsmacht umfasst. Gemeint sein kann hier nur die Abgrenzung zur sonstigen Leistung. Der hat dies nun in § 3 Abs. 4 UStG – „fremder Gegenstand" – klargestellt. Allein dort kommt es darauf an, ob bei der Be- oder Verarbeitung eines dem Besteller gehörenden, also fremden Gegenstandes, vom Werkunternehmer lediglich Zutaten und Nebensachen verwendet werden – dann sonstige Leistung –, oder auch Hauptstoffe – dann Werklieferung. Für die Abgrenzung Lieferung oder Werklieferung spielt dies aber keine Rolle. Schon gar nicht ergibt sich dies aus Vorgaben des Unionsrechtes, weil dieses keine Vorgaben zur Abgrenzung von Lieferung und Werklieferung enthält.

Stammt hingegen der zu bearbeitende **Hauptstoff nicht vom Werkunternehmer** (sondern vom Besteller), liegt **einheitlich nur eine sonstige (Werk-)Leistung** vor, selbst wenn der Werkunternehmer Zutaten oder Nebensachen verwendet und daran dem Besteller Verfügungsmacht verschafft. Ob ein Stoff Hauptstoff oder Zutat (Nebensache) ist, soll sich nach der Rspr. aus der Sicht des Durchschnittsbetrachters entscheiden. Stoffe, die den Gegenstand als solchen kennzeichnen, sind Hauptstoffe, hingegen Zutaten und Nebensachen, wenn sie nicht das Wesen des Umsatzes bestimmen.[279] Ein Gegenstand kann und wird meist aus mehreren Hauptstoffen bestehen. Abweichend vom BGB (vgl. §§ 94, 946 BGB) sieht § 3 Abs. 4 UStG ein Grundstück nicht als alleinige Hauptsache an. Bauunternehmer, die auf fremden Grundstücken Bauwerke errichten und dabei eigene Materialien verwenden, erbringen daher Werklieferungen.

104 b) Wird ein **Teil der Hauptstoffe vom Besteller** zur Werkherstellung beigefügt, spricht man von einer **Materialbeistellung** zur Werklieferung; wird der **gesamte Hauptstoff vom Besteller** gestellt, handelt es sich um eine **Materialgestellung** zur Werkleistung. Das durch den Leistungsempfänger beigestellte Material berührt die Leistung des Leistenden nicht, es stellt insbesondere auch keine Gegenleistung für die Werklieferung/Werkleistung des Unternehmers dar. Dadurch lässt sich USt einsparen, wenn der Besteller Nichtunternehmer ist. Voraussetzung für eine Beistellung/Gestellung ist aber, dass der beigestellte Stoff im Werk tatsächlich verwendet wird.

105 **Fall 15: Die Beistellung von Baustahl**

Nichtunternehmer N lässt sich vom Bauunternehmer B einen Rohbau errichten. Den erforderlichen Baustahl im gemeinen Wert von 11.900 € stellt N bei. B, der den Stahl verwendet, erteilt N eine Rechnung über 238.000 €. Wie hoch ist die USt?

106 B hat eine Werklieferung des Rohbaues erbracht, da er Hauptstoffe (Baumaterial) verwendete. Das gilt trotz Verbindung mit dem Grund und Boden des N (§ 3 Abs. 4 S. 2 UStG). Der von N stammende, beim Bau verwendete Stahl gehört allerdings nicht zum Umfang der Werklieferung (echte Beistellung). Die Gegenleistung besteht nur im Werklohn von 238.000 €. Bei einer Werklieferung im Inland ergibt sich nach § 10 Abs. 1 UStG eine Bemessungsgrundlage von (238.000 € : 1,19 =) 200.000 € und eine Umsatzsteuerschuld von 38.000 €.

107 c) Trotz Nichtverwendung des beigestellten Stoffes im Werk wird ausnahmsweise doch eine echte Beistellung/Gestellung anerkannt, wenn es sich um völlig gleichartigen und gleichwertigen Stoff handelt, der Austausch vom technischen Ablauf her geboten ist und der Menge nach nur Stoff entsprechend der im Werk verwendeten Menge beigestellt wird, sog. **unschädlicher Materialaustausch**.[280]

279 BFH v. 09.06.2005 – V R 50/02, BStBl. II 2006, 98.

280 Vgl. BFH v. 03.12.1970 – V R 122/67, BStBl. II 1971, 355.

3. Klarstellung im UStG: Gehaltslieferung, Umtauschmüllerei

Nach § 3 Abs. 5 UStG liegt eine Lieferung nur des Gehaltes einer Sache vor, wenn dem Lieferer die nach Entzug des Gehaltes verbleibenden Abfälle zurückzugeben sind. Der klassische Fall für diesen Sonderfall der Lieferung ist die Lieferung des Zuckergehaltes bei der Anlieferung von Zuckerrüben, falls dem Landwirt die Rübenschnitzel zurückgegeben werden. Eine bloße Gehaltslieferung erfolgt auch bei der „Lieferung“ von Biomasse an einen Biogasanlagenbetreiber unter vereinbarter Rückgabe der Gärreste an die Landwirte, die sie als Düngemittel verwenden.[281] Die Lieferung beschränkt sich auf die in der Biomasse enthaltenen Stoffe, die in Methan umgewandelt werden. Dies gilt auch dann, wenn dem Lieferer nicht „seine“, sondern gleichartige Nebenerzeugnisse oder Abfälle zurückgegeben werden. 108

Damit nimmt § 3 Abs. 5 UStG letztendlich nur eine wirtschaftliche Betrachtungsweise des Vorgangs vor. Die – insoweit klarstellende – Bedeutung des § 3 Abs. 5 UStG liegt darin, dass hier **nur von einer Lieferung des Gehaltes** und nicht etwa von einem Tausch mit Baraufgabe ausgegangen wird, wie es sich dem äußeren Anschein, nicht aber dem wirtschaftlichen Gehalt nach, darbietet. Es wird also beispielsweise Zucker gegen Geld geliefert und nicht etwa Zuckerrüben gegen Rübenschnitzel und Geld.

§ 3 Abs. 10 UStG qualifiziert umgekehrt einen vermeintlichen Tauschvorgang als bloße sonstige Leistung. Liegt der wirtschaftliche Gehalt einer Leistung in der Bearbeitung (Verarbeitung) eines Gegenstandes, wird dem Auftraggeber aber nicht sein bearbeiteter Gegenstand, sondern ein gleichartiger Gegenstand überlassen, so liegt gleichwohl nur eine Werkleistung (und nicht ein Tausch!) vor, wenn das Entgelt ausschließlich für die Bearbeitung und nicht auch nach dem Materialpreis berechnet wird. Auch dies ist Ausdruck einer wirtschaftlichen Betrachtungsweise, da es dem Leistungsempfänger wirtschaftlich allein um eine Dienstleistung geht.

Beispiel

Der Landwirt bringt Weizen zur Mühle und erhält gegen Berechnung des Mahllohnes eine der angelieferten Weizenmenge entsprechende Menge Weizenmehl (aus fremdem Weizen).

B. Leistung *gegen Entgelt* – der sogenannte Leistungsaustausch (§ 1 Abs. 1 Nr. 1 UStG)

I. Allgemeines

Der Haupttatbestand des Umsatzsteuergesetzes (§ 1 Abs. 1 Nr. 1 UStG) verlangt eine **Lieferung oder sonstige Leistung gegen Entgelt**. Dies wird üblicherweise als Leistungsaustausch bezeichnet. Die Verwendung des Begriffes „**Leistungsaustausch**“ ist zwar verfehlt, soweit die „Gegenleistung“ in Geld entrichtet wird, da die Zahlung von Geld umsatzsteuerrechtlich keine Leistung ist, sodass streng genommen nur dann, wenn die „Gegenleistung“ in Gestalt einer Lieferung oder sonstigen Leistung erbracht wird, von einem Leistungsaustausch gesprochen werden dürfte. Der Begriff wird jedoch allgemein in Anlehnung an das Zivilrecht als (unpräzises) Schlagwort verwendet. Von der Frage, ob eine **Leistung** (überhaupt) **gegen Entgelt** erbracht wird, 109

281 BFH v. 10.08.2017 – V R 3/16, BStBl. II 2017, 1264 und bereits Vorinstanz FG Rhld.-Pfalz v. 08.12.2015–3 K 1070/13, EFG 2016, 324.

ist die nachrangige Frage bei der Bemessungsgrundlage zu unterscheiden, welche Zahlungen u. Ä. zur Gegenleistung („Entgelt") gehören.

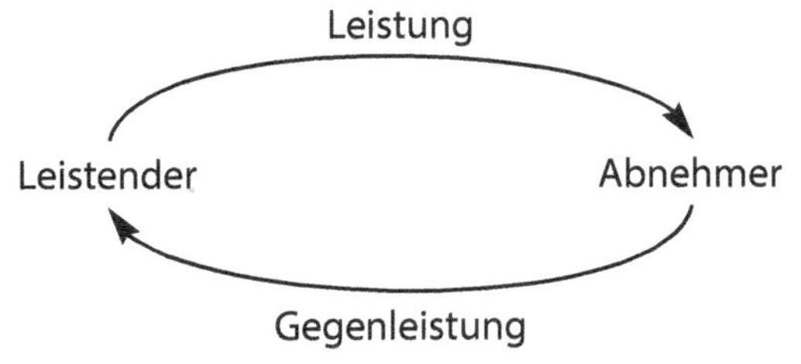

II. Begriff des Entgeltes (der Gegenleistung)

1. Rechtsverhältnis, Kausalität und Finalität

110 **Fall 16: Straßenmusikant**

M spielt in der Fußgängerzone tägl. Gitarre und singt dazu. In seinen Gitarrenkoffer werfen die Passanten ca. 100 Euro pro Tag. Schuldet M Umsatzsteuer, wenn er im Jahr die Kleinunternehmergrenze des § 19 UStG überschreitet?

Abwandlung 1: M gibt fünfmal pro Jahr in Leipzig ein privates Freiluftkonzert und erhält von allen Konzertbesuchern über die Eintrittspreise jedes Mal in Summe ca. 10.000 Euro. Schuldet M Umsatzsteuer?

Abwandlung 2: M will gerade einpacken. Da kommt Passant A und bittet ihn, noch ein Lied zu spielen und bietet dafür 100 Euro. Schuldet M Umsatzsteuer, wenn er im Jahr die Kleinunternehmergrenze des § 19 UStG überschreitet?

111 Da der Begriff „Entgelt" durch § 10 Abs. 1 Satz 2 UStG abweichend vom Sprachgebrauch als **Gegenleistung abzüglich der Umsatzsteuer**, d. h. als **reine Rechengröße** verstanden wird, kann eine Leistung nicht gegen Entgelt in diesem Sinne erbracht werden. § 1 Abs. 1 Nr. 1 UStG versteht den Begriff deshalb im Sinne des Sprachgebrauchs.

Im Regelfall entspricht das Merkmal dem zivilrechtlichen Synallagma, wenn sich also zwei Leistungen im gegenseitigen Vertrag wechselbezüglich gegenüberstehen, d. h. ein unmittelbarer Zusammenhang zwischen der Leistung und einer empfangenen Leistung (Zahlung) besteht.

Umstritten ist, ob die **Gegenleistung final zur Erlangung der Leistung** aufgewendet worden sein muss. Der Wortlaut („gegen") ist insoweit neutral, da auch bei einer (nur) kausalen Zahlung eine Verknüpfung zwischen Zahlung und Leistung vorliegt.

Demgegenüber verlangt die Rechtsprechung ein „Rechtsverhältnis", in dessen Rahmen gegenseitig Leistungen ausgetauscht werden.[282] Diese verkehrsteuerrechtliche Betrachtungsweise ist verfehlt. Aus verbrauchsteuerrechtlicher Sicht kann es nicht darauf ankommen, ob aufgrund einer Rechtsgrundlage gezahlt wird, sondern allein darauf, dass der Empfänger wegen einer ihm gegenüber erbrachten Leistung etwas aufwendet. Auf die Motive des Zahlenden kommt es nicht an, da insoweit eine typisierende Betrachtungsweise geboten ist. Folglich ist die Entscheidung des EuGH[283], wonach ein Straßenmusikant mangels Vorliegens eines Rechtsverhältnisses keine

282 EuGH v. 22.11.2018 – C-295/17 (MEO – Serviços de Comunicações e Multimédia), EU:C:2018:942, Rz. 39; EuGH v. 18.7.2007 – V-277/05 (Société thermale d'Eugénie-les-Bains), EU:C:2007:440, Rz. 19, EuGH v. 17.9.2002 – C-498/99, UR 2002, 510 (511); EuGH v. 3.3.1994 – C-16/93, UR 1994, 399 (400); BFH v. 16.1.2003 – V R 92/01, BStBl. II 2003, 732, (732); BFH v. 1.2.2007 – V R 69/05, UR 2007, 448 (450).

283 EuGH v. 3.3.1994 – C-16/93, UR 1994, 399, Tz. 34.

Leistungen gegen Entgelt erbringe, in dieser Weite schlicht unzutreffend.[284] Das Kriterium „Rechtsverhältnis" ist allerdings inzwischen durch die Rechtsprechung schon verwässert worden. So müsse kein Anspruch auf eine Gegenleistung bzw. Leistung bestehen;[285] „freiwillige" Zahlungen reichten aus.[286]

Für die gegen den Willen des Abgemahnten erfolgte Abmahnung durch einen Konkurrenten hat der BFH[287] sogar entschieden, dass die Abmahnung durch einen Konkurrenten wegen unlauterer Wettbewerbshandlungen eine steuerbare und steuerpflichtige Leistung des Abmahnenden an den Abgemahnten sei. Mit diesem Urteil setzt der BFH seine Rechtsprechung zur Abmahnung durch sog. Abmahnvereine[288] fort. Auch wenn die Annahme eines weiten Leistungsbegriffs zutreffend ist, sind die Ausführungen des BFH hierbei jedoch nicht überzeugend und offenbaren gewisse Widersprüche zur bisherigen Rechtsprechung des BFH. Im Ergebnis erspart der Abmahnende dem Abgemahnten nur weitere Kosten.[289]

Dies hat den BFH jedoch nicht abgehalten, auch bei Abmahnungen bei Urheberrechtsverletzungen eine Leistung des Abmahnenden an den Abgemahnten zu sehen und einen Leistungsaustausch zu bejahen.[290] Richtigerweise ist der Ansicht zu folgen, die ausgehend vom Verbrauchsteuerprinzip allein darauf abstellt, ob für einen Konsumguttransfer kausal Geld aufgewendet wird.[291] Die Motive des Einzelnen (freiwillige Zahlung, Mitleid, gerichtlich erzwungene Zahlung etc.) sind für eine objektive Verbrauchsbesteuerung unerheblich. Es kann keinen Unterschied machen, ob jemand die Waren kauft und bezahlt oder ob er sie stiehlt und anschließend Schadensersatz zahlen muss. Insofern ist unter Verbrauchsteuergesichtspunkten auch dann ein Leistungsaustausch zu bejahen, wenn zwar keine Gegenleistung vereinbart worden war, der Empfänger jedoch gleichwohl für die bzw. wegen der Leistung etwas aufwendet.

So kann im Grundfall oben noch über einen Anteil an den Geldern diskutiert werden, 112
der von den Passanten weniger für die Dienstleistung (Musikdarbietung), sondern aus Mitleid oder Hilfsbereitschaft gezahlt wird. Dass allerdings der gesamte Betrag keine Gegenleistung für eine Dienstleistung sein soll, ist wenig überzeugend. Deutlich wird dies in den Abwandlungen. Bei Abwandlung 1 wird wohl niemand an einer Dienstleistung gegen Entgelt zweifeln, selbst wenn der Musikgenuss der gleiche sein sollte. Auch Abwandlung 2 zeigt deutlich, dass der Passant den Betrag für eine Dienstleistung des M hingegeben hat. Sofern dieser die weiteren Voraussetzungen eines Unternehmers nach § 2 UStG erfüllt, besteht kein Grund, den Zuhörer eines Konzertes zu besteuern, den Zuhörer eines Straßenmusikanten aber nicht.

Glücklicherweise scheint der EuGH mittlerweile von dieser Rechtsprechung auch 113
nach und nach abzurücken. Der EuGH hat seine Aussage insoweit schon relativiert, denn die **wirtschaftliche Realität genieße Vorrang** vor den zugrunde liegenden vertraglichen Vereinbarungen.[292] Die Berücksichtigung der wirtschaftlichen und geschäftlichen Realität stelle ein grundlegendes Kriterium für die Anwendung des gemeinsa-

---

284 Dazu näher Stadie, UStR, 2005, Rz. 3.5.

285 Vgl. BFH v. 10.7.1997 – V B 152/95, UR 1998, 382; EuGH v. 17.9.2002 – C-498/99, UR 2002, 510 (Ehrenschuld). Zu gebotenen weiten Auslegung siehe nur die Schlussanträge der Generalanwältin Kokott v. 7.6.2018 – C-295/17 (MEO), Rz. 31.

286 Vgl. BFH v. 18.3.2004 – V R 101/01, BStBl. II 2004, 798.

287 BFH v. 21.12.2016 – XI R 27/14 , UR 2017, 383.

288 BFH v. 16.1.2003 – V R 92/01 , BStBl. II 2003, 732 = UR 2003, 245.

289 Vgl. dazu näher D. Hummel, UR 2017, 901 ff.

290 BFH v. 13.2.2019 – XI R 1/17, UR 2019, 413.

291 BGH v. 17.7.2001 – X ZR 71/99, UR 2001, 535; BFH v. 5.12.2007 – V R 60/05, BStBl. II 2009, 486; D. Hummel, UR 2008, 569 (572); Hicks, UVR 1995, 197 f.; Tehler, DStR 1983, 215 (218).

292 EuGH v. 20.6.2013 – C-653/11 (Paul Newey), ECLI:EU:C:2013:409 = UR 2013, 628 (632).

men Mehrwertsteuersystems dar.[293] Konsequenterweise können dann die schuldrechtlichen Vereinbarungen aber auch keine abschließende Aussage über das Vorliegen oder Nichtvorliegen einer *Leistung* treffen. In seiner jüngsten Entscheidung behilft sich der EuGH mit einem sehr weiten Verständnis eines unmittelbaren Zusammenhangs zwischen Leistung und Gegenleistung, das auch gegeben ist, wenn eine **erhöhte Gebühr wegen Verstoßes gegen die Nutzungsbedingungen** zu zahlen ist.[294] Ob diese „Kontrollgebühr" nach nationalem Recht als „Bußgeld" zu betrachten sei, ist für den EuGH zu Recht irrelevant.[295]

Unlängst wurde der EuGH gefragt, ob der Anspruch des Netzbetreibers gegen einen Stromdieb auch die Mehrwertsteuer erfasst,[296] obwohl dieser ja gar nicht willentlich den Strom geliefert habe. Es war nicht vorstellbar, dass der EuGH den Stromdieb günstiger als den rechtstreuen Stromnutzer behandeln würde. Der EuGH hat zutreffend (und im Tenor) entschieden, dass zum einen eine Lieferung von Elektrizität durch einen Verteilernetzbetreiber, **auch wenn sie unbeabsichtigt erfolgt und das Ergebnis des rechtswidrigen Handelns eines Dritten ist**, eine Lieferung von Gegenständen gegen Entgelt darstellt. Auch eine solche unbeabsichtigte Tätigkeit, die das Ergebnis des rechtswidrigen Handelns eines Dritten ist, kann eine **wirtschaftliche Tätigkeit** dieses Betreibers darstellen, wenn sie ein Risiko zum Ausdruck bringt, dass seiner Tätigkeit (hier als Elektrizitätsverteilernetzbetreiber) innewohnt.[297] Mit dieser Entscheidung sollte sich nun eigentlich das ohnehin verfehlte Dogma eines angeblich notwendigen Leistungswillens im deutschen Umsatzsteuerrecht erledigt haben.[298]

114 Auch auf eine **Gleichwertigkeit der Gegenleistung** kommt es nicht an. Ein Leistungsaustausch liegt daher bei innerer Verknüpfung zwischen Leistung und Gegenleistung auch dann vor, wenn die Gegenleistung nicht den Wert der Leistung erreicht oder sie erheblich übersteigt. Daher liegt eine Gegenleistung auch vor, wenn dem Leistenden nur seine Aufwendungen erstattet wurden. Auf keinen Fall ist erforderlich, dass der Leistende einen Gewinn macht (vgl. auch § 2 Abs. 1 S. 3 UStG).

Bei Leistungen gegen ein Entgelt unter dem Wert der Leistung ergibt sich allerdings in bestimmten Fällen die Bemessungsgrundlage für den Leistungsaustausch nicht nur aus dem Entgelt, sondern § 10 Abs. 5 UStG bestimmt eine höhere Mindestbemessungsgrundlage (s. Rn. 347 ff.).

2. Tauschumsätze und Umsätze vermittels Gutscheine

115 Die Gegenleistung kann in Geld oder in anderen Leistungen bestehen. Geldleistungen liegen vor, wenn mit Bar- oder Buchgeld (Überweisung) bezahlt wird. Ebenso stellt die Aufrechnung mit einer Geldforderung oder die Übernahme einer Geldschuld eine Geldleistung dar. Hier ergibt sich die Bemessungsgrundlage aus § 10 Abs. 1 UStG. Die Geldleistung selbst ist nur Gegenleistung, nicht Leistung i. S. d. Umsatzsteuergesetzes. Denn Geld ist ein Mittel, um Verbrauch zu finanzieren, nicht aber selbst ein verbrauchsfähiger Gegenstand. Daher stellt Geld zwar ein Entgelt, sogar das regelmäßige, dar, nicht aber ist es selbst Gegenstand einer Leistung.

293 EuGH v. 20.1.2022 – C-90/20 (Apcoa Parking Danmark), ECLI:EU:C:2022:37, Rz. 38; vgl. in diesem Sinne auch EuGH v. 22.11.2018 – C-295/17 (MEO – Serviços de Comunicações e Multimédia), ECLI:EU:C:2018:942, Rz. 43 und die dort angeführte Rechtsprechung.

294 EuGH v. 20.1.2022 – C-90/20 (Apcoa Parking Danmark), ECLI:EU:C:2022:37, Rz. 41.

295 EuGH v. 20.1.2022 – C-90/20 (Apcoa Parking Danmark), ECLI:EU:C:2022:37, Rz. 46.

296 Siehe dazu instruktiv die SA von GAin Kokott v. 12.1.2023 – C-677/21 (Fluvius Antwerpen), EU:C:2023:24

297 EuGH v. 27.4.2023 – C-677/21 (Fluvius Antwerpen), EU:C:2023:348 = UR 2023, 521.

298 Dazu schon immer kritisch Stadie, UStG, § 1 Rz. 44 ff.; Stadie in: R/D, Einf. Rn. 162 (Jan. 2024), D. Hummel, UR 2006, 614 (615 f.); D. Hummel, UR 2008, 569 (572).

Beispiel

Unternehmer A liefert an Unternehmer B einen Lkw. B übernimmt dafür die Restkaufpreisverpflichtung des A gegen C i. H. v. 119.000 €.
Es liegt nur ein Leistungsaustausch vor, nämlich Lieferung des Lkw durch A gegen Geldzahlung. Die Bemessungsgrundlage beträgt 100.000 €, die USt 19.000 €. B seinerseits „leistet" zwar ein Entgelt, erbringt eine „Gegenleistung" in Gestalt der Übernahme der Restkaufpreisverpflichtung des A; aber dies ist keine umsatzsteuerliche Lieferung oder Leistung i. S. d. § 1 Abs. 1 Nr. 1 UStG.[299]

Besteht die Gegenleistung für eine Leistung ihrerseits in einer Lieferung oder sonstigen Leistung, also nicht in Geld, spricht das Gesetz vom **Tausch (Lieferung gegen Lieferung)** oder tauschähnlichen Umsatz (sonstige Leistung gegen sonstige Leistung oder Lieferung), § 3 Abs. 12 UStG. Wenn auch die übrigen Voraussetzungen des § 1 Abs. 1 Nr. 1 UStG vorliegen, sind **zwei steuerbare Umsätze** gegeben, die jeder für sich zu beurteilen sind. Bei Tauschvorgängen ergibt sich die Bemessungsgrundlage nach § 10 Abs. 2 S. 2 und 3 i. V. m. Abs. 1 UStG aus dem Wert der jeweiligen Gegenleistung[300] (s. Rn. 339 ff.). Im Übrigen (Steuerbarkeit, Steuerpflicht, Steuersatz) kommt es aber immer auf die Beurteilung der Leistung selbst an.

Beispiel

Rechtsanwalt R berät den Arzt A in einem privaten Rechtsstreit. A behandelt dafür R vereinbarungsgemäß „kostenlos". Das übliche Honorar des Anwalts beträgt 1.190 €, das übliche Arzthonorar 2.380 €. R und A wohnen in Deutschland und haben ihre Praxen hier.
Beurteilung für R: R erbringt an seinem Praxissitz eine sonstige Leistung (§ 3 Abs. 9, § 3a Abs. 1 UStG) gegen Entgelt, nämlich die Anwaltsleistung. Da die Gegenleistung für die sonstige Leistung wiederum eine sonstige Leistung darstellt, handelt es sich um einen tauschähnlichen Umsatz (§ 3 Abs. 12 S. 2 UStG). Die anwaltliche Leistung ist steuerbar, da sich die Praxis im Erhebungsgebiet befindet und A in Deutschland wohnt und steuerpflichtig ist. Bei einem Steuersatz von 19 % ergibt sich eine Steuer von 2.380 € (Wert der Gegenleistung): 1,19 x 19 % = 380 €.
Beurteilung für A: A erbringt mit der Behandlung des R eine sonstige Leistung, für die die Anwaltsleistung die Gegenleistung ist. Es handelt sich, wie für R, um einen tauschähnlichen Umsatz, § 3 Abs. 12 S. 2 UStG. Die Leistung des A ist aber nach § 4 Nr. 14 UStG steuerfrei. Die Bemessungsgrundlage beträgt 1.190 € (Wert der Gegenleistung) ./. USt 0 €, da steuerfrei.

Sind bei einem **Tauschvorgang beide Leistungen steuerpflichtig**, so entsteht für beide Umsätze eine Steuerschuld. Dies ist **umsatzsteuerrechtlich problematisch**. Bei genauer Betrachtung widerspricht dies nämlich dem Charakter der USt als einer allgemeinen Verbrauchsteuer, die den finanziellen Aufwand für einen verbrauchbaren Vorteil besteuern will. Es steht auch im Widerspruch zur Funktion des Unternehmers als eines zwangsverpflichteten Gehilfen/Steuereinsammlers des Staates,[301] da dieser aus der erhaltenen Gegenleistung keine Umsatzsteuer abführen kann. Selbst wenn die erhaltene Gegenleistung teilbar wäre (der leistende Unternehmer erhält 119 Äpfel), könnte er seine in Geld bestehenden Umsatzsteuerschulden nicht in Naturalien (19 Äpfel) bezahlen. Folglich muss er die Umsatzsteuer in diesem Fall aus dem eigenen Vermögen finanzieren und nicht bloß einsammeln. Allerdings würde die Nichtbesteuerung von Tauschvorgängen zu „Umgehungsgestaltungen" einladen.

---

299 S. auch BFH v. 30.11.2016 – V R 18/16, DStR 2017, 150 (zur gegen Entgelt erfolgenden Eingehung der Verpflichtung zur Geldzahlung durch Mietvertragsabschluss durch den Mieter wird offengelassen, ob überhaupt steuerbar, da jedenfalls nach § 4 Nr. 8 Buchst. g UStG befreit).

300 Bei der Hingabe von Aktien ist dabei deren Ausgabewert und nicht deren Nennwert maßgeblich, wenn erster vertraglich als maßgebend vereinbart wurde – vgl. EuGH v. 8.5.2023 – C-241/23 (Dyrektor Izby Administracji Skarbowej w Warszawie (Gegenleistung in Aktien), EU:C:2024:392, Rn. 32.

301 So zutreffend Stadie in: R/D, Einf. Rn. 226 ff. (Jan. 2024); Stadie, UR 2009, 745 ff.

Ebenso wie der Tausch wird die **Hingabe an Zahlungs statt** behandelt. Sie liegt vor, wenn anstelle einer ursprünglich in Geld vereinbarten Gegenleistung eine Lieferung oder sonstige Leistung erbracht wird.[302] Für die Bemessungsgrundlage maßgebend ist dann der Wert der als Gegenleistung empfangenen Lieferung oder sonstigen Leistung, nicht der ursprünglich vereinbarte Geldbetrag.

Beispiel

U verkauft für 25.000 € einen Pkw. Er akzeptiert nachträglich, dass K an Zahlungs statt Möbel liefert, die einen Wert von 23.800 € haben. Für die Lieferung des Pkw ergibt sich eine Bemessungsgrundlage von 23.800 € : 1,19 = 20.000 € und eine USt von 3.800 €.

Auch diese Lösung entspricht dem Charakter der USt als Verbrauch- und Entgeltsverwendungssteuer. Maßgebend ist, was der Leistungsempfänger tatsächlich aufwendet, nicht, was er ursprünglich schuldete. Muss bei Tauschumsätzen der Wert der Gegenleistung geschätzt werden, zeigt sich das Problem. Es ist bei der Umsatzsteuer als einer indirekten Steuer der tatsächliche Aufwand zu besteuern, nicht ein geschätzter Aufwand.[303]

116 Eine Sonderregelung für **Lieferungen und Leistungen vermittels Gutscheine** ist mit Wirkung ab dem 01.01.2019 in § 3 Abs. 13 bis 15 UStG getroffen worden.[304] Umgesetzt werden damit die durch die RL (EU) 2016/1065 des Rates v. 27.06.2016[305] getroffenen Regelungen in Art. 30 a, 30 b und 410 a MwStSystRL. Als Gutschein im Sinne des UStG wird ein „Instrument" bezeichnet, das als Gegenleistung für eine Lieferung oder sonstige Leistung angenommen werden muss, wobei der Liefergegenstand oder die sonstige Leistung oder der leistende Unternehmer angegeben sind. Lediglich zu einem Preisnachlass berechtigende sog. „Preisnachlassgutscheine" sind keine Gutscheine im Sinne des UStG.

Differenziert wird zwischen sog. „**Einzweckgutscheinen**" und „**Mehrzweckgutscheinen**". Bei Einzweckgutscheinen muss der Ort der zu erbringenden Lieferung oder sonstigen Leistung sowie die dafür geschuldete Steuer bereits bei Ausstellung des Gutscheins feststehen. Es muss mithin auch der anzuwendende Steuersatz bei Ausstellung feststehen. Bei Einzweckgutscheinen gilt bereits die Ausstellung und jede nachfolgende Übertragung des Gutscheins als die Lieferung des Gegenstandes oder Erbringung der sonstigen Leistung, auf die sich der (Einzweck-)Gutschein bezieht. Die tatsächlich dann später nachfolgende Lieferung oder sonstige Leistung gilt dann nicht als „unabhängiger Umsatz", d. h., ist nicht mehr gesondert zu besteuern. Gutscheine, die nicht die Voraussetzungen eines Einzweckgutscheines erfüllen, d. h., bei denen der exakte Leistungsgegenstand, namentlich auch der Ort und die geschuldete Steuer bei Ausgabe noch nicht feststehen, sind „Mehrzweckgutscheine".[306] Bei Mehrzweckgutscheinen unterliegt erst die tatsächliche (spätere) Lieferung oder Erbringung der sonstigen Leistung der Besteuerung. Die Übertragung des Mehrzweckgutscheines unterliegt hingegen nicht (schon) der Steuer.[307]

302 Nach EuGH v. 11.05.2017 – C-36/16 (Posnania Investment), UR 2017, 461 führt die Hingabe von Liefergegenständen an Zahlungs statt zur Tilgung von Steuerschulden nicht zu einem Umsatz gegen Entgelt, sondern allenfalls zu einer unentgeltlichen Wertabgabe. Dagegen Reiß UVR 2017, 205.

303 Anders wohl BFH v. 10.07.1997 – V R 95/96, BStBl. II 1997, 668; v. 10.06.1999 – V R 87/98, BStBl. II 1999, 580; v. 01.08.2002 – V R 21/01, BStBl. II 2003, 438; EuGH v. 02.06.1994 – C-33/93 (Empire Stores Ltd.), Slg. 1994, I-2329; v. 03.07.2001 – C-380/99 (Bertelsmann), Slg. 2001, I-5163. S. zur BMG bei Tauschumsätzen auch Reiß UR 2019, 281 und UR 2018, 822 und BFH v. 25.04.2018 – XI R 21/16, BStBl. II 2018, 505 (zu Tauschumsätzen im Kfz-Handel).

304 S. dazu Völkel DB 2018,1952 und Vobbe BB 2018, 2844.

305 Abl. EU 2016, Nr. L 177, 9 v. 01.07.2016. S. dazu Heinrichshofen/Kupke UVR 2017, 142, 173; Feil/Polok MwStR 2017, 65.

306 Dazu ist ein Ersuchen des BFH (v. 3.11.2022 – XI R 21/21, UR 2023, 273) beim EuGH unter dem Az. C-68/23 anhängig.

307 Zu weiteren Einzelheiten s. Abschn. 3.17. UStAE zur Behandlung von Einzweck- und Mehrzweckgutscheinen.

Übersicht

117

Der sogenannte Leistungsaustausch

I. Einordnung
1. **Haupttatbestand** der steuerbaren Umsätze (§ 1 Abs. 1 Nr. 1 UStG). Verantwortlich für die Einordnung der USt als Verkehrsteuer in rechtstechnischer Sicht, da durch die Anknüpfung an die Leistung Akte des Rechtsverkehrs die Besteuerung auslösen. Die unentgeltlichen Wertabgaben und die Einfuhr knüpfen auch in rechtstechnischer Hinsicht bereits nicht an Akte des Rechtsverkehrs an. Finanzpolitisch intendiert die Besteuerung des Aufwandes für eine Leistung wie der übrigen steuerbaren Umsätze des § 1 UStG eine **Belastung des Verbrauchers**.
2. Neben den Elementen des Leistungsaustausches im engeren Sinne – Leistung gegen Entgelt – müssen für einen steuerbaren Leistungsaustausch noch erfüllt sein:
   a) Leistung eines Unternehmers
   b) im Rahmen seines Unternehmens
   c) im Inland.

II. Leistung
Der Begriff der Leistung als **Oberbegriff für die Lieferung und die sonstige Leistung** umfasst die folgenden gemeinsamen Merkmale:
1. ein **Konsumguttransfer (verbrauchbarer Vorteil)** von einem Leistenden auf den Leistungsempfänger, für den sogar behördlicher oder gesetzlicher Zwang (vgl. § 1 Abs. 1 Nr. 1 S. 2 UStG) genügt;
2. ein **zweites** umsatzsteuerliches **Rechtssubjekt**. Im umsatzsteuerlichen Sinne kann nur gegenüber einem anderen geleistet werden. Eine „Leistungsabgabe" innerhalb der verschiedenen Unternehmensbereiche desselben Unternehmers ist nicht steuerbar, eine „Leistungsabgabe" an den außerunternehmerischen Bereich führt allerdings zu steuerbaren unentgeltlichen Wertabgaben, nicht zum echten Leistungsaustausch;
3. **die Zuwendung eines verbrauchbaren Nutzens/Vorteils** für das andere Rechtssubjekt. Ob ein Nutzen vorliegt, bestimmt sich im Zweifel aus der subjektiven Sicht der Parteien. Wendet der Leistungsempfänger Geld für ein bestimmtes Tun, Dulden oder Unterlassen auf, so indiziert dies, dass für ihn ein verbrauchbarer Nutzen vorliegt. Ein solcher liegt nicht vor bei **Geldzahlungen**, die nicht selbst verbrauchbar sind, sondern nur der späteren Verschaffung eines verbrauchbaren Nutzens dienen. Gleiches gilt für den **Verkauf von Geldforderungen**, selbst wenn der Kaufpreis unter dem Nennwert liegt und diese Differenz nicht als Gegenleistung für bestimmte Dienstleistungen (wie beim echten oder unechten Factoring die Organisation des Inkassos) angesehen werden kann, sondern den wirtschaftlichen Wert der Forderungen abbildet. Dem gleichzustellen ist die **Geldersparnis**, da auch hier kein verbrauchbarer Vorteil verschafft wird, sondern nur die Möglichkeit, sich mit dem gesparten Geld ein Konsumgut im weiteren Sinne anderweitig zu verschaffen. Dem steht der Ersatz von Geldvermögensschäden (wie z. B. entgangener Gewinn, Verzugsschaden etc.) gleich, da auch hier kein Konsumguttransfer stattfindet, sondern nur verhinderte Geldverschaffungsmöglichkeiten adäquat ausgeglichen werden.

III. Gegenleistung (Entgelt)
Das Gesetz verwendet den Begriff des Entgeltes als Merkmal des Leistungsaustausches (§ 1 Abs. 1 Nr. 1 UStG) und als Bemessungsgrundlage für den Umsatz (§ 10 Abs. 1 UStG). Als Kennzeichen für den Leistungsaustausch wird auch der Begriff Gegenleistung verwendet.
Die Gegenleistung setzt voraus:
1. Aufwendungen des Leistungsempfängers oder eines Dritten
   Die Aufwendungen können in Geld bestehen oder in Leistungen. Die Geldzahlung stellt zwar Gegenleistung, nicht aber Leistung dar. Besteht die Gegenleistung ihrerseits in einer anderen Leistung als Geld, kann ein Tausch (Lieferung gegen Lieferung) oder ein tauschähnlicher Umsatz (Lieferung gegen sonstige Leistung bzw. sonstige Leistung gegen sonstige Leistung) vorliegen (§ 3 Abs. 12 UStG).
2. **Finalität/Kausalität/Rechtsverhältnis gegenüber der Leistung**
   Zwischen der Leistung und den Aufwendungen des Leistungsempfängers (oder eines Dritten) muss nach der Rspr. ein innerer Zusammenhang aufgrund eines „Rechtsverhältnisses" bestehen. Der EuGH und der BFH verlangen, dass zwischen den Parteien eine „Vereinbarung" über die Gewährung eines Gegenwertes/Preises getroffen worden ist. Eine rechtsgültige erzwingbare Verpflichtung muss aber nicht bestehen. In der Literatur wird demgegenüber z. T. eine bloße Kausalität aus der Sicht des Leistungsempfängers für ausreichend angesehen.

III. Fehlender Leistungsaustausch

118 Ein Leistungsaustausch i. S. d. § 1 Abs. 1 Nr. 1 UStG liegt nicht vor, wenn es entweder bereits an der Leistung oder aber an einer Gegenleistung fehlt. Problematisch ist in Grenzfällen in der Regel die Frage, ob eine Leistung vorliegt, seltener die Frage, ob eine Gegenleistung gegeben ist. Fehlt es an einem der vorgenannten Merkmale, liegt zwar kein echter steuerbarer Leistungsaustausch vor, es könnte aber dennoch ein steuerbarer Umsatz nach § 1 Abs. 1 Nr. 4 oder Nr. 5 UStG (Einfuhr, ig. Erwerb) gegeben sein. Diese Tatbestände müssen daher gerade bei Verneinung eines Leistungsaustausches (gedanklich) immer geprüft werden. Außerdem wird in § 3 Abs. 1b und in § 3 Abs. 9a UStG für bestimmte unentgeltliche Wertabgaben trotz fehlenden Entgelts oder sogar fehlender Leistung an einen anderen ein Leistungsaustausch i. S. d. § 1 Abs. 1 Nr. 1 UStG fingiert (s. Rn. 109 ff.).

Beispiel

Glasermeister G wirft beim Spielen mit seinem Sohn versehentlich seinem Nachbarn die Scheibe ein. Er beseitigt den Schaden selbst, indem er eine neue Scheibe durch seine Gesellen einsetzen lässt.
G erbringt an den N eine Leistung (Werklieferung), erhält aber dafür keine Gegenleistung. Es läge daher an sich kein steuerbarer Leistungsaustausch nach § 1 Abs. 1 Nr. 1 UStG vor. G entnimmt aber einen Gegenstand (die fertige, eingesetzte Scheibe) seinem Unternehmen zur Befriedigung eines privaten Schadensersatzanspruches, mithin für Zwecke außerhalb des Unternehmens. Damit liegt nach § 3 Abs. 1b Nr. 1 UStG ein der entgeltlichen Lieferung gleichgestellter Umsatz nach § 1 Abs. 1 Nr. 1 UStG vor. Zur Frage, ob auch die Arbeitsleistung „entnommen" wird, s. Rn. 211.

1. Gesamtrechtsnachfolge – Erbschaft, Erbauseinandersetzung, vorweggenommene Erbfolge

119 a) Der Übergang des Vermögens auf den Erben beruht nicht auf einer Leistung des Erblassers. Auch unentgeltliche Wertabgaben nach § 3 Abs. 1 b Nr. 1 und Abs. 9a Nr. 1 und 2 UStG des Erblassers scheiden aus.
Dies gilt auch bei einer gewillkürten Erbfolge. Die entgegengesetzte Auffassung[308] verkennt, dass auch bei der gewillkürten Erbfolge der Vermögensübergang auf einer Gesamtrechtsnachfolge basiert.

b) Nach der früheren Rspr. sollte durch den Erbfall die Unternehmereigenschaft nicht vererbt werden können. Vielmehr müsse der Erbe selbst die Tatbestandsmerkmale des § 2 UStG verwirklichen.[309]

Diese Auffassung ist für ein Umsatzsteuersystem mit Vorsteuerabzug verfehlt. Führt der Erbe das Geschäft nicht fort, sondern veräußert er die Unternehmensgegenstände in einem Akt, so läge danach ein nicht steuerbarer Umsatz vor, ebenfalls bei einer Überführung in den nicht unternehmerischen Bereich. Auf diese Weise könnten Gegenstände, bei deren Bezug durch den Erblasser eine Entlastung von USt durch den Vorsteuerabzug vorgenommen wurde, unbelastet in den Endverbrauch gelangen. Dieser Folgerung ist auch nicht zu entgehen, indem jedenfalls für die Veräußerung des Unternehmens im Ganzen angenommen wird, dass dieser Vorgang die Unternehmereigenschaft begründe. Dies trifft nicht zu.[310] Außerdem löst es nicht das Problem der Überführung in den außerunternehmerischen Bereich. Die o. a. Rspr., die zum alten Bruttoumsatzsteuerrecht ergangen ist und dort ihre Berechtigung gehabt haben mag, ist nunmehr vom BFH zutreffend jedenfalls im Ergebnis aufgegeben worden.

Der Erbe setzt das Unternehmen als Gesamtrechtsnachfolger zwingend in der Lage fort, in der es auf ihn übergeht, bzw. muss sich die Unternehmereigenschaft des Erblassers hinsichtlich des Unternehmensvermögens zurechnen lassen. Dies hat Bedeutung für evtl. Berichtigungen des Vorsteuerabzugs nach § 15a UStG. Veräußerungen des ererbten Unternehmensvermögens und Überführungen in den privaten Be-

308 Birkenfeld UR 1992, 28; Probst UR 1992, 221 und UR 1988, 272; Mensching, Umsatzsteuer bei Erbfall, 1997.

309 RFH RStBl. 1939, 662; RStBl. 1944, 701; BFH v. 19.11.1970 – V R 14/67, BStBl. II 1971, 121; ebenso Abschn. 2.6. Abs. 5 UStAE; Birkenfeld UR 1992, 28.

310 Vgl. BFH v. 15.01.1987 – V R 3/77, BStBl. II 1987, 512.

reich sind daher nach § 1 Abs. 1 Nr. 1, § 2 UStG steuerbar,[311] wobei diese richtigerweise mit § 15a UStG abzustimmen sind.

c) Bei der **Erbauseinandersetzung** gilt richtigerweise, dass die Erbengemeinschaft bezüglich des Unternehmensvermögens ipso jure bereits mit dem Erbfall hinsichtlich des Unternehmensvermögens Unternehmer i. S. d. § 2 UStG wird.[312] Die Erbauseinandersetzung führt in einem vom Erbfall getrennten zweiten Akt bei der Naturalteilung zu Leistungen (Lieferungen und sonstigen Leistungen) der Erbengemeinschaft als Unternehmer an die einzelnen Erben. Fraglich könnte allenfalls sein, ob diese Leistungen unentgeltlich erfolgen,[313] was aber zu unentgeltlichen Wertabgaben führen müsste. Es ist daher richtigerweise – vergleichbar der Realteilung einer Personengesellschaft – von entgeltlichen Umsätzen auszugehen. Das Entgelt der Erben besteht im Verzicht auf die Gesamthandsberechtigung, die sog. Gesellschaftsgemeinschaftsrechte.[314] Soweit die Erben die Gegenstände für ein eigenes Einzelunternehmen erwerben, steht ihnen dafür der Vorsteuerabzug nach § 15 UStG zu. 120

d) Die Problematik der umsatzsteuerlichen Behandlung der Unternehmensübertragung im Ganzen durch vorweggenommene Erbfolge oder bei der Erbauseinandersetzung ist wesentlich dadurch entschärft worden, dass gemäß § 1 Abs. 1a UStG die Geschäftsveräußerung im Ganzen nicht mehr steuerbar ist (s. Rn. 189 ff.). Dies betrifft auch die unentgeltliche Geschäftsübertragung. Insoweit liegen dann auch keine nach § 3 Abs. 1 b und/oder Abs. 9 a UStG steuerbaren unentgeltlichen Wertabgaben vor.

2. Übersicht: Fehlender sog. Leistungsaustausch

Übersicht 121

Fehlender sog. Leistungsaustausch

Keine Leistung gegen Entgelt	Leistung gegen Entgelt
1. **Sog. echter Schadensersatz** bei einem bloßen finanziellen Vermögensschadensausgleich wie z. B. beim Schadensersatz wegen Nichterfüllung, wenn eigene Leistung nicht erbracht wird oder ein Verzögerungsschaden (Verzugszinsen) ausgeglichen wird	1. **Sog. unechter Schadensersatz** a) Geschädigter beseitigt Schaden im Auftrag des Schädigers gegen Werklohn. b) Schadensersatz wegen Nichterfüllung bei Erbringung der eigenen Leistung (Austausch) c) Zahlungen für bestimmte „übervertragliche" oder auch deliktische (str.) Nutzungen (wie z. B. Wertminderungsentschädigungen in Leasingverträgen; besonderes Beförderungsentgelt wegen Schwarzfahrens; Wertersatz bei Diebstahl)
2. **Sog. echte Zuschüsse** werden nicht kausal wegen einer Leistung des Zuschussempfängers gewährt. Es fehlt entweder bereits eine Leistung oder aber jedenfalls Kausalität. Erfolgen meist zur Förderung eines im öffentlichen Interesse liegenden Verhaltens des Unternehmers.	2. **Sog. unechte Zuschüsse** sind Gegenleistung oder Teil der Gegenleistung für eine Leistung des Zuschussempfängers an den Zuschussgeber oder einen Dritten. Sie werden im Interesse des Leistungsempfängers gewährt oder gelten eine Leistung an den Zuschussgeber ab.

311 So nunmehr zutreffend BFH v. 13.01.2010 – V R 24/07, BStBl. II 2011, 241; so auch bereits früher Probst UR 1992, 26; Ruppe/Achatz § 2 Rn. 154.

312 So jetzt ausdrücklich auch BFH v. 13.01.2010 – V R 24/07, BStBl. II 2011, 241; ebenso Lippross, USt, Kap. 2.2.4.2 (S. 131).

313 Englisch in: T/L § 17 Rn. 129 f.

314 Stadie in: R/D, § 2 Rn. 727 (Okt. 2023); Reiß in: T/L (20. Aufl.), § 14 Rz. 40, anders aber Englisch in: T/L § 17 Rz. 130; Probst UR 1992, 26.; Reiß StVj 1989, 103; für Österreich vgl. Ruppe/Achatz § 1 Rn. 185 i. V. m. Rn. 89.

Keine Leistung gegen Entgelt	Leistung gegen Entgelt
3. **Sog. echte Mitgliederbeiträge** Zahlungen zur Förderung eines allgemeinen Vereinszwecks ohne Zuwendung eines Nutzens an die Mitglieder.	3. **Sog. unechte Mitgliederbeiträge** Zahlungen zur Abgeltung von Leistungen des Vereins an die Mitglieder, gleichgültig ob pauschal oder individuell abgegolten.
4. Vorbereitungshandlungen bei vorzeitiger Vertragsbeendigung, auch wenn Ersatz zu leisten ist, sofern dem Leistungsempfänger noch kein verbrauchbarer Vorteil zugewendet wurde: a) Bei Lieferverträgen sind alle Handlungen bis zur Lieferung Vorbereitungshandlungen. b) Bei sonstigen Leistungen: Ob Vorbereitungshandlung oder schon Beginn der Leistung, bestimmt sich nach den Parteivereinbarungen und dem Vertragstyp.	4. **Teilweise erbrachte Leistung** bei vorzeitiger Vertragsbeendigung, wenn dafür Entgelt entrichtet wird: a) Bei Werklieferungen, wenn der teilweise bearbeitete Gegenstand dem Auftraggeber verbleibt. b) Bei sonstigen Leistungen immer, wenn bereits mit der vertraglich geschuldeten Leistungserbringung begonnen wurde.
5. **Verzicht, Entlassung aus dem Vertrag** des Schuldners auf Erbringung der geschuldeten Leistung gegen Entschädigung (vereinbarte Gegenleistung ./. Aufwendungen, die erspart werden)	5. **Verzicht** a) des Gläubigers auf einen Sachleistungsanspruch gegen Entschädigung b) auf eine (einen anderen einschränkende) Rechtsposition
6. **Erbschaft** Gesamtrechtsnachfolge	6. **Erbauseinandersetzung,** aber § 1 Abs. 1a UStG
7. **Kurtaxe einer Gemeinde** Entspricht eher eine Steuer, die nur besondere Personen zu bezahlen haben, um die gemeindlichen Einrichtungen ebenso wie die übrigen Einwohner nutzen zu können (vgl. zutreffend EuGH v. 13.7. 2023 – C-344/22 (Gemeinde A), UR 2023, 648)	

C. Der Unternehmerbegriff

122 Das Gesetz besteuert grundsätzlich nur **Umsätze von Unternehmern**. Der Zweck des Gesetzes, den Aufwand der Verbraucher zu besteuern, müsste eigentlich dazu führen, dass alle Umsätze, auch die einmaligen zwischen Privaten, besteuert werden; dem stehen jedoch **Praktikabilitätserwägungen** entgegen, da die Umsätze der Privaten nicht erfassbar sind. Folglich erfasst das UStG grundsätzlich nur die **Fremdversorgung durch Unternehmer**. Der Unternehmerbegriff ist einer der zentralen Begriffe im Umsatzsteuerrecht (Schlüsselbegriff wie der Leistungsbegriff). Er hat nicht nur Bedeutung für die Festlegung des Steuerschuldners (§ 13a Abs. 1 Nr. 1 UStG) und des Leistungsortes (vgl. § 3a Abs. 1 und 2 UStG); er ist auch Tatbestandsmerkmal für das Vorliegen eines steuerbaren Umsatzes (§ 1 Abs. 1 Nr. 1, 4 und 5 UStG i. V. m. § 1a Abs. 1 Nr. 2 und 3 UStG) und für die Vorsteuerabzugsberechtigung (§ 15 Abs. 1 Satz 1 UStG).

Nach § 2 Abs. 1 UstG wird der Unternehmer durch zwei Merkmale gekennzeichnet:

- die nachhaltige Tätigkeit zur Erzielung von Einnahmen, also die gewerbliche oder berufliche Tätigkeit, und
- die selbstständige Tätigkeit.

Gemeinschaftsrechtlich entspricht dem Unternehmer des § 2 UStG der **Steuerpflichtige in Art. 9 MwStSystRL**. Steuerpflichtiger ist danach derjenige, der eine **wirtschaftliche Tätigkeit** unabhängig von Ort, Zweck und

Ergebnis selbstständig ausübt. Art. 9 Abs. 1 MwStSystRL zählt quasi beispielhaft und umfassend die Tätigkeiten des Erzeugers, Händlers, Dienstleistenden, Urproduzenten, Landwirtes und der freien Berufe als wirtschaftliche Tätigkeiten auf. Art. 10 MwStSystRL schließt nochmals ausdrücklich Arbeitnehmer aus. § 2 Abs. 1 UStG entspricht diesen gemeinschaftsrechtlichen Vorgaben.

Der Unternehmerbegriff des § 2 Abs. 1 UStG ist dabei weiter gefasst als der des Sprachgebrauchs. Eine **Gewinnerzielungsabsicht ist nicht erforderlich**; ebenso wenig steht der Unternehmereigenschaft entgegen, wenn eine Personenvereinigung nur gegenüber ihren Mitgliedern tätig wird (§ 2 Abs. 1 Satz 3 Halbs. 2 UStG), d. h. nicht am allgemeinen wirtschaftlichen Verkehr teilnimmt.

Der Unternehmer ist zwar grds. Schuldner der Umsatzsteuer (§ 13a Abs. 1 Nr. 1 UStG; Ausnahme: Fälle des § 13b UStG – Steuerschuldverlagerung); da die Steuer jedoch regelmäßig abgewälzt wird (indirekte Steuer), ist der Unternehmer nur **Erfüllungsgehilfe des Staates** bei der Besteuerung („**Steuereinsammler**").[315]

I. Die gewerbliche oder berufliche Tätigkeit/Unternehmerfähigkeit

Fall 17: Die Arbeitsgemeinschaft zweier Bauunternehmer 123

Die Baufirmen A und B wollen sich an einem Großprojekt des Baus einer Autobahnbrücke beteiligen. Weil dieses Projekt die Kapazität eines jeden einzelnen von ihnen übersteigt, schließen sie sich zu einer Arbeitsgemeinschaft (Arge) zusammen. Sie erhalten von der Straßenbauverwaltung den Auftrag für die Errichtung der Brücke zum vereinbarten Preis von 10 Mio. € zzgl. Umsatzsteuer. Vertragspartner ist die Arge A und B. Nach Fertigstellung der Brücke verweigert die Straßenbauverwaltung die angeforderte Zahlung von 1,9 Mio. € Umsatzsteuer. Sie vertritt die Auffassung, die Arge sei kein Unternehmer. Denn sie werde mit der Errichtung des Brückenbauwerks nur einmalig, mithin nicht nachhaltig tätig. Im Übrigen sei sie auch nicht rechtsfähig. Da die Arbeitsgemeinschaft somit keine Umsatzsteuer schulde, könne sie auch nur den Betrag von 10 Mio. € als Werklohn verlangen.

I. Die Arge hat einen Anspruch auf Zahlung von 1,9 Mio. € USt, wenn diese Umsatzsteuer zu dem Entgelt i. S. d. § 631 BGB gehört und ein Werkvertrag zwischen der Straßenbauverwaltung und der Arbeitsgemeinschaft zustande gekommen ist. Im Vertrag ist ausdrücklich die Zahlung der Umsatzsteuer zugesagt worden, wobei stillschweigend vorausgesetzt worden ist, dass tatsächlich Umsatzsteuer anfällt. Vertragspartner der Straßenbauverwaltung war die Arbeitsgemeinschaft der Firmen A und B als BGB-Gesellschaft. Gläubiger des Entgeltanspruches ist daher die A- und B-GbR als rechtsfähiger Rechtsträger, § 14 Abs. 2 BGB.[316] Zu diesem zivilrechtlichen Entgelt gehört die Umsatzsteuer, wenn diese steuerrechtlich von der Arbeitsgemeinschaft abgeführt werden muss. 124

1. Es ist nicht zweifelhaft, dass im vorliegenden Fall eine Werklieferung erbracht worden ist. Sie besteht darin, dass die Brücke mit eigenem Material errichtet worden ist. Es ist auch eine Gegenleistung vereinbart worden.
2. Diese Lieferung ist jedoch nur dann steuerbar, wenn sie von einem Unternehmer erbracht worden ist. Die Tätigkeit eines Unternehmers liegt jedenfalls immer dann vor, wenn ein umsatzsteuerlich selbstständiges Gebilde **nachhaltig zur Einnahmenerzielung** Leistungen im umsatzsteuerlichen Sinne erbringt, d. h. im Leistungsaustausch tätig wird. Die Unternehmereigenschaft setzt somit voraus, dass nachhaltig Lieferungen oder sonstige Leistungen gegen Entgelt erbracht

315 Der EuGH bezeichnet ihn auch zutreffend als „Unternehmer in seiner Eigenschaft als Steuereinnehmer für Rechnung des Staates" – EuGH v. 23.11.2017 – C-246/16 (Di Maura), UR 2018, 37, Rz. 23; vgl. auch EuGH v. 13.3.2008 – C-437/06 (Securenta), EU:C:2008:166, Rz. 25; EuGH v. 13.03.2014 – C-204/13 (Malburg), EU:C:2014:147, Rz. 41.

316 Vgl. dazu BGH v. 29.01.2001 – II ZR 331/00, BGHZ 146, 341.

werden, respektive dies jedenfalls objektiv feststellbar beabsichtigt ist.[317] Die Unternehmereigenschaft wird nicht dadurch begründet, dass nur im Erfolgsfalle „Entgelte" in Gestalt von Gewinnprämien erzielt werden.[318] Das **Merkmal der Nachhaltigkeit** dient dazu, typisch private Verwertungshandlungen[319] aus dem Bereich der Steuerbarkeit auszuschalten.

Danach liegt eine nachhaltige Leistungserbringung grundsätzlich dann vor, wenn

- **gleichartige Handlungen** unter Ausnutzung derselben Gelegenheit mehrfach vorgenommen werden, z. B. Verkäufe in einem Laden, geschlechtliche Hingabe gegen Entgelt,[320] aber auch,
- wenn eine **Dauerleistung** erbracht wird, z. B. Vermietung eines Grundstücks, Duldung der Ausnutzung eines Patentes, eines Urheberrechtes oder eine längerfristige Testamentsvollstreckung oder Nachlassverwaltung,[321] aber auch eine längerfristige **Unterlassungsleistung**, etwa ein Wettbewerbsverzicht,[322]
- oder wenn zwar nur eine einmalige Handlung vorgenommen wird, aber die **Absicht der Wiederholung** besteht.

Keine dieser Voraussetzungen trifft für die Arbeitsgemeinschaft zu. Sie sollte nur dieses eine Projekt durchführen. Die Leistung war also nicht auf Wiederholung gerichtet; es handelte sich auch nicht um eine Dauerleistung. Dennoch besteht Einigkeit, dass der Aufwand für die Tätigkeit der Arge zu besteuern ist.

125 3. Der Unternehmerbegriff kann jedoch letztlich nicht nur auf diese einfachen Merkmale zurückgeführt werden. Einerseits ist eine teleologische Reduktion erforderlich, andererseits eine Erweiterung des Begriffes. Daher ist zu bedenken, dass die Beschränkung der Steuerbarkeit auf Leistungen von Unternehmern gerade darauf beruht, die Umsatzbesteuerung praktikabel zu machen, indem nur die Einkommensverwendung für den Bezug der von Unternehmern erbrachten Leistungen besteuert wird. Denn nur durch die Beschränkung auf die entgeltlich von Unternehmern erbrachten Umsätze und den damit erfolgenden Einsatz der Unternehmer als „Steuereinsammler" für die USt lässt sich diese effektiv und -effizient administrieren. Vor diesem Hintergrund sind die gewerbliche und berufliche Sphäre einerseits, bzw. die wirtschaftliche Tätigkeit i. S. d. Art. 9 MwStSystRL von der privaten Sphäre andererseits abzugrenzen.

126 - Typisch private **Verwertungshandlungen** begründen auch dann, wenn sie mehrfach vorgenommen werden oder wenn es sich um eine Dauerleistung handelt, keine Unternehmereigenschaft. So stellt sich die Überlassung von Kapital gegen Gewährung von Zinsen beim (privaten) Sparkonto trotz Erbringung einer Dauerleistung noch als private Verwertungshandlung dar.[323] Ebenso begründet das bloße Halten von Gesellschaftsrechten (Aktien usw.) und Finanztiteln (verzinsliche Wertpapiere, Schuldverschreibungen) nicht

---

317 Vgl. u. a. BFH v. 27.01.2011 – V R 21/09, BStBl. II 2011, 524 (Oldtimersammlung); v. 16.07.1987 – X R 48/82, BStBl. II 1987, 752 (Münzhändler); v. 29.06.1987 – X R 23/82, BStBl. II 1987, 744 (Briefmarkensammlung); v. 15.01.1987 – V R 3/77, BStBl. II 1987, 512 (Beteiligung, Geschäftseinbringung); v. 18.07.1991 – V R 86/87, BStBl. II 1991, 776 (Jahreswagen/Arbeitnehmer).

318 BFH v. 02.08.2018 – V R 21/16, BStBl. II 2019, 339 und EuGH v. 20.11.2016 – C-432/15 (Baštová), UR 2016, 913 (Preisgelder bei Pferderennen); BFH v. 30.08.2017 – XI R 37/14, UR 2017, 956 („Berufspokerspieler"). Siehe auch EuGH-Vorlagebeschluss BFH v. 27.07.2021 – V R 40/20, UR 2022, 11 (zur Abtretung von Preisgeldern als mögliches Entgelt für erbrachte Leistungen der Unterbringung und Verpflegung von Pferden an den Pferdeeigentümer) – entschieden durch EuGH v. 9.2.2023 – C-713/21 (Finanzamt X), UR 2023, 187.

319 Daher wurde der Verkauf von landwirtschaftlichen Grundstücken durch einen Landwirt auch der unternehmerischen Tätigkeit zugeordnet – vgl. EuGH v. 11.7.2024 – C-182//23 (Makowit), EU:C:2024:604, Rn. 38.

320 BFH v. 04.06.1987 – V R 9/79, BStBl. II 1987, 653 (Prostituierte).

321 BFH v. 07.09.2006 – V R 6/05, BStBl. II 2007, 148 (Testamentsvollstrecker).

322 BFH v. 13.11.2003 – V R 59/02, BStBl. II 2004, 474 gegen BFH v. 30.07.1986 – V R 41/76, BStBl. II 1986, 874.

323 BFH v. 01.02.1973 – V R 2/70, BStBl. II 1973, 172; s. auch EuGH v. 29.04.2004 – C-77/01(EDM), Slg. 2004, I-4295; v. 11.07.1996 – C-306/94 (Regie dauphinoise), Slg. 1996, I-3695.

die Unternehmereigenschaft.[324] Wer als Sammler Briefmarken tauscht, wird trotz wiederholter Lieferungen gegen Entgelt nicht zum Unternehmer, ebenso wenig derjenige, der eine ererbte (private) Sammlung nicht lediglich in einem Akt, sondern durch mehrfache Verkäufe veräußert.[325] Nehmen die Veräußerungen allerdings einen Umfang an, dass das Bild eines Briefmarkenhändlers entsteht, was sich auch aus der Art der Werbung und Verkaufsvorbereitung ergeben kann, so wird der Rahmen privater Verwertungshandlungen überschritten. In Zweifelsfällen ist darauf abzustellen, ob mit den Leistungen in wirtschaftlich relevanter Weise am Marktgeschehen („wie ein Händler") teilgenommen wird oder nicht.[326]

- Umgekehrt begründen **typisch gewerbliche Tätigkeiten**, d.h. wirtschaftlich relevante Leistungen, die sich nicht als typische private Verwertungshandlungen darstellen, auch bei nur einmaligem Tätigwerden die Unternehmereigenschaft.

Der BFH behilft sich mittlerweile damit, auf das **Gesamtbild der Verhältnisse** abzustellen, der EuGH verlangt die Würdigung der Gesamtheit der Gegebenheiten des Einzelfalles.[327] Dem ist im Grundsatz zuzustimmen, um über die typologische Betrachtungsweise die Liebhaberei aus dem Unternehmerbegriff herauszunehmen. Der BFH gestattete allerdings verfehlterweise dem Freizeitsegler den Vorsteuerabzug.[328] Richtiger ist bei dem Erwerb von Freizeitgegenständen zur überwiegenden privaten Nutzung die Unternehmereigenschaft generell zu verneinen[329] und schon deshalb nach § 15 Abs. 1 Nr. 1 UStG den Vorsteuerabzug zu verneinen. Soweit nach den Umständen des Einzelfalles eine unternehmerische Nutzung nicht zu verneinen und § 15 Abs. 1 a UStG wegen der Art der Aufwendungen nicht anzuwenden ist, ist ein Ausgleich über die Besteuerung der unentgeltlichen Verwendung nach § 3 Abs. 9a Nr. 1 UStG herbeizuführen (s. Rn. 205 ff.).

Die Errichtung eines so großen Bauwerkes wie einer Autobahnbrücke ist eine typisch gewerbliche Tätigkeit. Deshalb wurde die Arbeitsgemeinschaft hier unternehmerisch tätig, obgleich weder eine mehrfache Leistungserbringung noch eine Dauerleistung vorlag.[330]

II. Mit der Feststellung, dass eine unternehmerische Tätigkeit vorliegt, ist noch nicht die Frage beantwortet, ob es sich um eine unternehmerische Tätigkeit der Arbeitsgemeinschaft handelt. Es muss die **Unternehmerfähigkeit** der Arbeitsgemeinschaft gegeben sein. 127

1. Unternehmer können zunächst einmal alle **rechtsfähigen Gebilde** sein, d.h. alle natürlichen und juristischen Personen.

---

324 EuGH v. 08.11.2018 – C-502/17 (C&D Foods), MwStR 2018, 1060; v. 17.10.2018 – C-249/17 (RyanAir), UR 2018, 879; v. 30.05.2013 – C-651/11 (X BV), UR 2013, 582 und v. 06.09.2012 – C-496/11 (Portugal Telecom), UR 2012, 762 m.w.N.; v. 29.04.2004 – C-77/01, Slg. 2004, I-4295 (EDM); v. 27.09.2001 – C-16/00 (Cibo par-ticipants), Slg. 2001, I-6663; v. 14.11.2000 – C-142/99 (Floridienne & Berginvest), Slg. 2000, I-9657; v. 20.06.1991 – C-60/90 (Polysar); Slg. 1991, I-3111; v. 06.02.1997 – C-80/95 (Harnas & Helms), Slg. 1997, I-745.

325 BFH v. 29.06.1987 – X R 23/82, BStBl. II 1987, 744.

326 So u.a. BFH v. 12.08.2015 – XI R 43/13, BStBl. II 2015, 919 und v. 26.04.2012 – V R 2/11, BStBl. II 2012, 634 (umfangreiche Verkäufe über Internetplattform eBay); v. 27.01.2011 – V R 21/09, BStBl. II 2011, 524 (Oldtimersammlung); v. 29.06.1987 – X R 23/82, BStBl. II 1987, 744; v. 13.12.1984 – V R 32/74, BStBl. II 1985, 173 (Amateurrennfahrer).

327 BFH v. 07.09.2006 – V R 6/05, BStBl. II 2007, 148; 2004, 472 m.w.N.; v. 11.04.2008 – V R 10/07 (Fotovoltaikanlage auf Dach eines EFH), HFR 2008, 1161; EuGH v. 26.09.1996 – C-230/94 (Enkler), Slg.1996, I-4517. S. auch EuGH v. 20.01.2021 – C-655/19 (AJFP Sibiu und DGRFP Brasov), UR 2021, 745 (Grundpfandgläubiger als bloßer Ersteigerer und Veräußerer von Grundstücken kein Unternehmer); zutreffend auf die Tragung eines wirtschaftlichen Risikos abstellend BFH v. 28.8.2023 – V B 44/22, UR 2023, 870 Rz. 18.

328 BFH v. 24.08.2000 – V R 9/00, BStBl. II 2001, 76; v. 23.01.1992 – V R 66/85, HFR 1992, 557; vgl. aber BFH v. 05.06.2007 – V B 168/06, BFH/NV 2007, 1935 und v. 18.06.2004 – V B 41/04, BFH/NV 2004, 1674 (Versagung der Unternehmereigenschaft für Bau einer Segeljacht).

329 Vgl. aber EuGH v. 26.09.1996 – C-230/94 (Enkler), Slg. 1996, I-4517 = UR 1996, 418 mit Anm. Widmann und BFH v. 12.12.1996 – V R 23/93, BStBl. II 1997, 368 (Nachfolgeentscheidung zu Enkler).

330 BFH v. 21.05.1971 – V R 117/67, BStBl. II 1971, 540; v. 10.05.1961 – V 50/59, HFR 1962, 45, RFH v. 12.06.1936 – V A 613/35, RStBl. 1936, 1164; Abschn. 2.1. Abs. 4 UStAE.

Für juristische Personen des öffentlichen Rechts (jPdöR) wird mit der Neuregelung zur Unternehmereigenschaft der juristischen Person des öffentlichen Rechtes in § 2 b UStG i. d. F. des StÄndG 2015[331] in teilweiser Übereinstimmung mit der MwStSystRL (Art. 13) bestimmt, dass die **jPdöR nicht als Unternehmer gilt**, soweit sie **Tätigkeiten ausübt**, die ihr **im Rahmen der öffentlichen Gewalt obliegen**. Auch dann ist sie aber als Unternehmer zu behandeln, soweit die Nichtbehandlung als Unternehmer zu größeren Wettbewerbsverzerrungen führen würde. § 2b Abs. 2 und 3 UStG n. F. regeln, wann nach Auffassung des deutschen Gesetzgebers **keine größeren Wettbewerbsverzerrungen** vorliegen, § 2b Abs. 4 UStG übernimmt die Regelung, wonach bestimmte im Rahmen der Ausübung öffentlicher Gewalt ausgeübte Tätigkeiten immer als von einem Unternehmer erbracht gelten.

Art. 13 Abs. 1 Unterabsatz 1 **MwStSystRL** bestimmt hingegen, dass Staaten, Länder, Gemeinden und sonstige Einrichtungen des öffentlichen Rechts nicht als Steuerpflichtige gelten, soweit sie im Rahmen der ihnen obliegenden öffentlichen Gewalt tätig werden oder Umsätze bewirken. Sodann bestimmt Art. 13 Abs. 1 Unterabsatz 2 MwStSystRL aber generell, dass diese jPdöR doch als Steuerpflichtige zu behandeln sind, wenn ihre Behandlung als Nichtsteuerpflichtige zu größeren Wettbewerbsverzerrungen führen würde.[332] Diese Voraussetzung wird nach Abs. 1 Unterabsatz 3 immer als gegeben angesehen für die in der Anlage I aufgeführten Tätigkeiten (u. a. Telekommunikationswesen, Lieferung von Wasser,[333] Elektrizität, Tätigkeit von Rundfunk- und Fernsehanstalten mit gewerblichem Charakter). Diese Verweisung auf die Anlage I wird in § 2b Abs. 4 Nr. 5 UStG direkt übernommen.

Nach der Rspr. des EuGH sind zwei Voraussetzungen für ein Handeln als Nichtsteuerpflichtiger zu erfüllen. **Erstens** muss es sich um eine **öffentlich-rechtliche Einrichtung**/Körperschaft handeln[334]. Daher scheiden nicht in die Verwaltung eingegliederte Beliehene in der Regel aus, selbst wenn sie öffentliche Aufgaben wahrnehmen.[335] Zweitens muss die öffentlich-rechtliche Einrichtung/Körperschaft **auf öffentlich-rechtlicher Grundlage** ihre **Leistung** erbringen, also aufgrund eines nur der öffentlichen Hand vorbehaltenen Sonderrechts.[336]

Bedient sich allerdings die öffentliche Hand zur Erfüllung ihrer Aufgaben privater Personen, sind diese bei Nachhaltigkeit Unternehmer und leisten an die öffentliche Hand.[337] Lässt sich die Tätigkeit einer jPdöR schon nicht als wirtschaftliche Tätigkeit i. S. d. Art. 9 MwStSystRL qualifizieren, wie bei der hoheitlichen Zuteilung von Funkfrequenzen, so handelt die jPdöR von vornherein nicht als Steuerpflichtiger.[338] Art. 13 MwStSystRL kann überhaupt nur Anwendung finden, wenn vorher die Anwendbarkeit von Art. 9 MwStSystRL zu bejahen war. Danach dürfte bei im engen Sinne hoheitlichem Handeln mangels „Teilnahme" der jPdöR am „relevanten Markt" ein Handeln als Steuerpflichtiger per se ausgeschlossen sein. Allerdings besteht dann regelmäßig auch keine Wettbewerbssituation.

Vorrangig ist daher zu klären, ob die jPdÖR überhaupt wirtschaftlich tätig ist, was bei der Umsetzung von politischen Förderprogrammen wie dem Ausbau von erneuerbaren Energien oder der Beseitigung von gefährlichen Abfällen im Gemeindegebiet nicht zwingend der Fall sein muss, wie unlängst der EuGH am Beispiel zweier Gemeinden entschieden hat. Angesichts der Schwierigkeit einer genauen Definition der wirtschaftlichen Tätigkeit sind dafür nämlich alle Umstände zu prüfen, unter denen die Tätigkeit erfolgt, indem eine Beurteilung von Fall zu Fall vorgenommen wird, bei der dar-

---

331 V. 02.11.2015, BGBl. I 2015, 1834, dazu Bericht des FinAusschusses v. 23.09.2015, BT-Drs. 18/6094 zu Art. 12, S. 91 f. Die Übergangsregelung dazu wurde erneut verlängert. Nunmehr kann eine KdÖR bis 31.12.2026 noch nach dem alten Recht (§ 2 Abs. 3 UStG a. F.) behandelt werden.

332 Vgl. dazu EuGH v. 19.01.2017 – C-344/15 (National Roads Authority), UR 2017,181 (Verwaltung und Bereitstellung öffentlicher Straßen gegen Mautgebühren); v. 16.09.2008 – C-288/07 (Isle of Wight Council u. a.), UR 2008, 816 mit Anm. Küffner; v. 13.12.2007 – C-408/06 (Franz Götz), Slg. 2007, I-11295 und Nachfolgeurteil BFH v. 03.07.2008 – V R 40/04, BStBl. II 2009, 208; vgl. auch BGH v. 29.04.2008 – VIII ZB 61/07 (zum öffentlich-rechtlichen Charakter des Anspruches auf Rechnungserteilung); vgl. auch Sterzinger UR 2009, 37 f. und Achatz IStR 2008, 541.

333 Vgl. dazu EuGH v. 03.04.2008 – C-442/05 (Wasserverband Torgau-Westelbien), Slg. 2008, I-1817 = BStBl. II 2009, 328.

334 EuGH v. 19.01.2017 – C-344/15 (NRA), UR 2017, 181 m. w. N. S. aber EuGH v. 29.10.2015 – C-174/14 (Saudacor), UR 2015, 909 (private AG als „öffentliche Einrichtung", falls von jPdöR beherrscht – 100%-iger Anteilseigner, einziger „Kunde", und Übertragung öff. Aufgaben und Befugnisse). S. dazu BMF v. 18.09.2019, BStBl. I 2019, 921 (zur Einstufung einer jur. Person des privaten Rechtes als Einrichtung des öff. Rechtes. Nur dann erfüllt, wenn Errichtung durch Gesetz als öff. Einrichtung mit Eingliederung in die öff. Verwaltung zur Wahrnehmung öff. Aufgaben durch Ausübung von Tätigkeiten im Rahmen öff. Gewalt) und Sterzinger UR 2019, 761.

335 S. BFH v. 21.03.2018 – XI B 113/17, BFH/NV 2018, 739 (entgeltliche Tierkörperbeseitigung durch GmbH aufgrund Vertrages mit Gemeinde); s. auch EuGH v. 22.02.2018 – C-182/17, Nagyszénás UR 2018, 276.

336 Vgl. EuGH v. 25.07.1991 – C-202/90 (Ayuntamiento de Sevilla), Slg. 1991, I-4247; v. 12.09.2000 – C-359/97 (Kommission/UK und Nordirland), Slg. 2000, I-6355 und C-408/97 (Kommission/Niederlande), Slg. 2000, I-6417 = UR 2000, 518, 527; v. 04.12.2000 – C-446/98 (Fazenda Publica), Slg. 2000, I-11435; vgl. auch BFH v. 10.02.2016 – XI R 26/13, BStBl. II 2017, 857 (Landesärztekammer) und v. 03.07.2008 – V R 51/06, UR 2008, 928 (kein Handeln als Unternehmer bei Übernahme von Schweinen durch Bundesanstalt für Landwirtschaft zwecks Bekämpfung der Schweinepest). S. auch EuGH v. 25.02.2021 – C-604/19 (Gmina Wroclaw), UR 2021, 824, steuerbare Lieferungen von Grundstücken durch Gemeinde (als Steuerpflichtiger!) bei gesetzlich angeordneter Umwandlung von Erbbaurechten in Volleigentum gegen zu entrichtendes Entgelt.

337 Zur Problematik der Abgrenzung hoheitlicher Tätigkeit auf dem Gebiet der Abfallbeseitigung und der Einschaltung privater Dritter vgl. u. a. BFH v. 28.02.2002 – V R 19/01, BStBl. II 2003, 950; BMF v. 10.12.2003, BStBl. I 2003, 785; s. auch EuGH v. 22.02.2018 – C-182/17 (Ntp Nagyszénás), UR 2018, 276 mit Anm. Widmann und v. 29.10.2015 – C-174/14 (Saudacor), UR 2015,909 (privatrechtliche Gesellschaft [nur] dann Unternehmer, wenn sie über hoheitliche Befugnisse verfügt und ihre Anteile zu 100 % von einer KöR gehalten werden und sie in diese eingegliedert ist).

338 EuGH v. 26.06.2007 – C-284/04 (T-Mobile Austria), Slg. 2007, I-5189 und C-369/04 (Hutchison 3 G UK u. a.), Slg. 2007, I-5247; vgl. auch BFH v. 03.07.2008 – V R 51/06, BStBl. II 2009, 214 (Bundesanstalt für Landwirtschaft und Ernährung kein Unternehmer, soweit Erwerb von Schweinen zwecks Beseitigung bei Schweinepest).

auf abgestellt wird, worin die typische Tätigkeit eines in dem betreffenden Bereich tätigen Unternehmers bestehen würde.[339] Handelt die Gemeinde insoweit untypisch, kommt es auf § 2 b UStG daher nicht mehr an, weil schon nach § 2 UStG die Unternehmereigenschaft zu verneinen ist.

Soweit das deutsche Recht den Art. 13 MwStSystRL nicht zutreffend umgesetzt hatte, soll Art. 13 MwStSystRL unmittelbar zugunsten des Steuerpflichtigen anzuwenden sein, namentlich zur Erlangung des Vorsteuerabzugs.[340] Dies ist zweifelhaft. Schon am Vorliegen einer hinreichend genauen und unbedingten Vorgabe der MwStSystRL in Art. 13 kann gezweifelt werden, weil Art. 13 MwStSystRL mehrere *Umsetzungsspielräume* lässt.[341] So kann der Mitgliedstaat festlegen, welche Tätigkeiten den Gemeinden im Rahmen der öffentlichen Gewalt obliegen. Eine feste Grenze der Bestimmung von „größeren" – mithin nicht jeden – Wettbewerbsverzerrungen gibt die Richtlinie auch nicht vor.[342] Davon unbeeindruckt hat der EuGH jedoch gemeint entscheiden zu müssen, dass sich *ein Privater*, der im Wettbewerb mit einer Einrichtung des öffentlichen Rechts steht, unmittelbar auf Art. 13 MwStSystRL berufen könne, da Art. 13 MwStSystRL (damals noch Art. 4 Abs. 5 der 6. EG-RL) alle Kriterien für eine unmittelbare Anwendbarkeit erfülle, insbesondere die Einrichtungen und die Tätigkeiten, für die die Regel der Behandlung als Nichtsteuerpflichtige gilt, klar bezeichnet seien.[343] Dies ergibt keinen Sinn – ein Privater beruft sich auf eine Vorschrift, die für eine jPdÖR geschaffen ist, damit diese unmittelbar aufgrund der Richtlinie besteuert wird – und ist schlicht unzutreffend. Ob an dieser Rechtsprechung weiter festgehalten werden kann, ist mittlerweile ohnehin zweifelhaft. In seinen Entscheidungen zur mehrwertsteuerrechtlichen „Organschaft"[344] und zur Steuerbefreiung bestimmter kultureller Dienstleistungen[345] nuancierte der EuGH nämlich seine Rechtsprechung und kam zum richtigen Ergebnis einer fehlenden unmittelbaren Anwendung der MwStSystRL.

Hinzu kommt, dass noch zu berücksichtigen ist, dass sich – wenn sich eine Gemeinde als jPdöR zu ihren Gunsten auf die Richtlinie beruft (i. d. R. zur Erlangung des Vorsteuerabzugs) – organisationsrechtlich gesehen sich ein Teil eines Mitgliedstaates auf die unterlassene Umsetzung durch den gleichen Mitgliedstaat berufen würde. Dass dies möglich sein soll, ist jedoch zweifelhaft, weil der Sanktionsgedanke – welcher der Konstruktion einer unmittelbar wirkenden Richtlinie zugrunde liegt – zwischen zwei zum gleichen Mitgliedstaat zugehörigen jPdöR wohl nicht einschlägig ist.[346]

Werden jPdöR entgegen § 2b UStG, Art. 9 und 13 MwStSystRL nicht als Unternehmer/Steuerpflichtige besteuert, können Konkurrenten wegen der sich daraus ergebenden Wettbewerbsverzerrungen Konkurrentenklage auf gesetzmäßige Besteuerung erheben.[347]

In **§ 2b Abs. 2** Nr. 1 und 2 UStG präzisiert der deutsche Gesetzgeber, wann bei aufgrund öffentlichen Rechtes erbrachten **Leistungen einer jPdöR** an beliebige Leistungsempfänger keine größeren Wettbewerbsverzerrungen vorliegen, sodass die jPdöR insoweit als Nichtunternehmer handelt, nämlich bei einem 17.500 € nicht übersteigenden Jahresumsatz für jeweils gleichartige Tätigkeiten der jPdöR (Nr. 1) und bei Leistungen, die einer Steuerbefreiung ohne Optionsmöglichkeit unterliegen würden (Nr. 2), z. B. Grundstücksüberlassungen aufgrund öffentlichen Rechtes an Nichtunternehmer. **§ 2 b Abs. 3** Nr. 1 und 2 UStG bestimmt, wann für **Leistungen, die von einer jPdöR an eine andere jPdöR** erbracht werden, nicht von größeren Wettbewerbsverzerrungen auszugehen ist, mithin die leistende jPdöR nicht als Unternehmer handelt. Das liegt nach Nr. 1 vor bei Leistungen, die überhaupt nur von jPdöR erbracht werden dürfen und nach Nr. 2 a–d für Leistungen, die auf öffentlich-rechtlichen Verträgen beruhen, ausschließlich gegen Kostenerstattung erfolgen und der Wahrnehmung einer den Beteiligten obliegenden öffentlichen Aufgabe dienen. Die leistende jPdöR darf gleichartige Leistungen im Wesentlichen nur an andere jPdöR erbringen, also gerade nicht gegen Entgelt für (private) Abnehmer tätig werden. Es ist zweifelhaft, ob die Regelungen in § 2 b Abs. 2 und Abs. 3 UStG richtlinienkonform sind.[348]

---

339 EuGH v. 4.7.2024 – C-87/23 (Latvijas Informācijas un komunikācijas tehnoloģijas asociācija), EU:C:2024:570, Rn. 46; EuGH v. 30.3.2023 – C-612/21 (Gmina O), EU:C:2023:279, Rn. 35; v. 30.3.2023 – C-616/21 (Gmina L.), EU:C:2023:280, Rn. 43; ähnlich zuvor schon EuGH v. 12.5.2016 – C-520/14 (Gemeente Borsele und Staatssecretaris van Financiën), EU:C:2016:334, Rn. 29.

340 Vgl. BFH v. 20.12.2007 – V R 70/05, BStBl. II 2008, 454 (Vorlage an den EuGH) und EuGH v. 04.06.2009 – C-102/08 (Salix), BStBl. II 2017, 873 = UR 2009, 484; BFH v. 20.08.2009 – V R 70/05 (Salix), BStBl. II 2017, 825 = UR 2009, 884; s. auch BFH v. 03.03.2011 – V R 23/10, BFH/NV 2011, 1261 (Marktplatzsanierung).

341 Ähnlich Seer/Wendt, DStR 2001, 831 f.; demgegenüber nunmehr einen Anwendungsvorrang postulierend Seer in: FS Reiß, S. 166 f.; für einen Anwendungsvorrang auch Kraeusel in: FS Korn, S. 479.

342 Zutreffend Seer/Wendt, DStR 2001, 834; Achatz, IStR 2008, 542 spricht von einem Ermessen der Mitgliedstaaten; so auch Küffner, DStR 2003, 1608; ähnlich Sterzinger, DStR 2010, 2221; vgl. nur die Schwierigkeiten des EuGH bei der „näheren Konkretisierung" dieses Tatbestandsmerkmals EuGH v. 16.9.2008, C 288/07 (Isle of Wight), Slg. 2008, I-7203.

343 EuGH v. 8.6.2006, C 430/04 (Feuerbestattungsverein Halle), Slg. 2006, I-4999 Rn. 51.

344 EuGH v. 16.7.2015, C 108/14 u. C 109/14 („Larentia + Minerva" und „Marenave"), UR 2015, 671 m. Anm. D. Hummel.

345 EuGH v. 15.2.2017, C-592/15 (British Film Institute), ECLI:EU:C:2017:117 Rn. 28.

346 AA explizit Sterzinger, DStR 2010, 2219 f.: „Der Hoheitsträger kann sich vor einem nationalen Gericht ggü. dem betroffenen Mitgliedstaat unmittelbar auf das Unionsrecht berufen, wenn dessen vollständige Umsetzung im nationalen Recht nicht tatsächlich gewährleistet ist". Die Entscheidung des EuGH v. 8.6.2006, C 430/04, Feuerbestattungsverein Halle, Slg. 2006, I-4999 betraf einen Privaten und keinen Hoheitsträger und ist – abgesehen davon, dass sie unzutreffend ist – daher nicht auf einen Hoheitsträger übertragbar.

347 EuGH v. 08.06.2006 – C-430/04 (Feuerbestattungsverein Halle), Slg. 2006, I-4999; vgl. auch BFH v. 05.10.2006 – VII R 24/03, BStBl. II 2007, 243.

348 So auch Ismer/Baur MwStR 2016, 740; a. A. aber Heidner UR 2016, 45 und DB 2019,1049; s. auch BMF v. 14.11.2019, 1140, BStBl. I 2019, 1140 (Abs. 3 Nr. 2 Regelbeispiel, gesonderte Prüfung, ob nicht doch größere Wettbewerbsverzerrungen).

128 2. Über den Kreis der natürlichen und juristischen Personen hinaus besitzen alle **Personenvereinigungen**, die nach außen tätig werden, insbesondere die Personengesellschaften des HGB (nicht jedoch die stille Gesellschaft und andere reine Innengesellschaften), die Unternehmerfähigkeit, einschließlich der EWiV. Dies gilt gleichermaßen für die BGB-Gesellschaft, die Partnergesellschaft, die Erbengemeinschaft oder ausländische Gesellschaften, sofern sie rechtsfähig sind. Nur dann können sie auch als solche nach außen tätig werden.

Die Unternehmerfähigkeit haben nach neuerer Ansicht des BFH **Bruchteilsgemeinschaften nicht.**[349] Dies ist zutreffend. Mit der Entscheidung des EuGH in dem Verfahren C-312/19[350] sollte nunmehr geklärt sein, dass eine **Rechtsfähigkeit zwingende Voraussetzung einer wirtschaftlichen Tätigkeit** und damit auch **Voraussetzung der Unternehmereigenschaft** (Steuerpflichtigeneigenschaft im Sinne der MwStSystRL) ist. Denn nach Art. 9 Abs. 1 Satz 1 der Mehrwertsteuerrichtlinie ist „Steuerpflichtiger", wer eine wirtschaftliche Tätigkeit selbstständig und unabhängig von ihrem Ort ausübt, gleichgültig zu welchem Zweck und mit welchem Ergebnis.[351] Daher – so der Gerichtshof – ist zur Feststellung der Selbstständigkeit der Ausübung einer wirtschaftlichen Tätigkeit zu prüfen, ob der Betroffene seine Tätigkeiten im eigenen Namen, auf eigene Rechnung und in eigener Verantwortung ausübt, und ob er das mit der Ausübung dieser Tätigkeiten einhergehende wirtschaftliche Risiko trägt.[352] Parteien die einen Zusammenschluss gründen, der nicht rechtsfähig ist, können daher nicht als Steuerpflichtige angesehen werden.[353]

129 Allerdings kann eine nicht rechtsfähige Bruchteilseigentümergemeinschaft durch eine personengleiche GbR überlagert werden. Davon ist richtigerweise auszugehen, wenn die Bruchteilseigentümer sich (vertraglich) zusammenschließen, um das Bruchteilsobjekt gemeinsam an Dritte zu vermieten oder zu verpachten.[354] Bei einem Auftreten einer Gemeinschaft nach außen überlagert die dadurch entstehende (rechtsfähige) GbR die dingliche (nicht rechtsfähige) Gemeinschaft, sodass es der **Fiktion einer nach außen handelnden** (nicht rechtsfähigen) **Bruchteilsgemeinschaft**[355] auch **nicht bedarf.**[356] Mittlerweile hat das der BFH auch eingesehen und entschieden, dass eine solche **Bruchteilsgemeinschaft nicht Unternehmer** sein kann.[357] Ein Handeln nach Außen fehlt z. B., wenn zwei Personen gemeinsam eine Wohnung als Miteigentümer kaufen, wie der BFH zutreffend klargestellt hat.[358]

349 BFH v. 28.8.2023 – V B 44/22, UR 2023, 870; BFH v. 22.11.2018 – V R 65/17, UR 2019, 179 mit Anm. Heinrichshofen und Widmann MwStR 2019, 241 sowie -Stadie UR 2019, 529; a. A. noch BFH v. 06.09.2007 – V R 41/05 und 22.11.2007 – V R 5/06, BStBl. II 2008, 65 und 448; v. 25.03.1993 – V R 42/89 und v. 29.04.1993 – V R 38/89, BStBl. II 1993, 729 und 734 und offenbar weiterhin BMF Abschn. 2.1. Abs. 2 S. 2 UStAE unter Berufung auf die ältere Rspr. des BFH.

350 EuGH v. 16.9.2020 – C-312/19 (Valstybinė mokesčių inspekcija), ECLI:EU:C:2020:711.

351 Vergleiche nur EuGH v. 12.10.2016 – C-340/15 (Nigl), ECLI:EU:C:2016:764, Rz. 26; EuGH v. 29.9.2015 – C-276/14 (Gmina Wrocław), ECLI:EU:C:2015:635, Rz. 27; EuGH v. 29.10.2009 – C-246/08 (Kommission/Finnland), ECLI:EU:C:2009:671, Rz. 35.

352 EuGH v. 12.10.2016 – C-340/15 (Nigl), ECLI:EU:C:2016:764, Rz. 28; EuGH v. 29.9.2015 – C-276/14 (Gmina Wrocław), ECLI:EU:C:2015:635, Rz. 34. In diesem Sinne auch EuGH v. 18.10.2007 – C-355/06 (van der Stehen), ECLI:EU:C:2007:615, Rz. 23.

353 In diese Richtung auch EuGH v. 16.2.2023 – C-519/21 (DGRFP Cluj), EU:C:2023:106 = UR 2023, 600.

354 D. Hummel in: R/D, § 12 Abs. 2 Nr. 8 Rn. 362 (März 2023).

355 Im Ergebnis daher richtig, auch wenn der Unterschied zwischen einer GbR von Miteigentümern und der dinglichen Gemeinschaft als solcher nicht erkannt wurde – BFH v. 1.10.1998 – V R 31/98, BStBl. II 2008, 497 (499 f.); unzutreffend insoweit die Ausführungen des BFH v. 16.5.1995 – XI R 50/93, BFH/NV 1996, 185.

356 A. A. BFH v. 28.2.1991 – V R 12/85, BStBl. II 1991, 649; BFH v. 22.11.2007 – V R 5/06, BStBl. II 2008, 448; BFH v. 6.9.2007 – V R 41/05, BStBl. II 2008, 65 (68); BFH v. 25.3.1993 – V R 42/89, BStBl. II 1993, 729 (730); BFH v. 29.4.1993 – V R 38/89, BStBl. II 1993, 734 (735); Jakob, USt, 4. Aufl., Rz. 935; zur Unternehmereigenschaft einer Wohnungseigentümergemeinschaft vgl. ausführlich D. Hummel in: R/D, § 4 Nr. 13 Rn. 120 ff. (Juni 2021).

357 BFH v. 22.11.2018 – V R 65/17, UR 2019, 179, mit kritischer Anmerkung Stadie, UR 2019, 529.

358 BFH v. 25.11.2021 – V R 44/20, UR 2022, 392.

Wirtschaftliche Tätigkeit setzt allerdings **voraus**, dass die jeweilige nationale **Rechtsordnung die Fähigkeit verleiht, im Rechtsverkehr (wirtschaftlich) zu handeln.**[359] Im Rechtsverkehr handeln können aber nur Gebilde, die in der Lage sind, Träger von Rechten und Pflichten zu sein, mithin rechtsfähig sind. Natürliche und juristische Personen sind per definitionem rechtsfähig. Andere Gebilde (d. h. andere Handlungsformen) können dies nach der jeweiligen nationalen Rechtsordnung ebenfalls sein, ohne dass – wie der Gerichtshof zutreffend betont – sie eine eigene Rechtspersönlichkeit haben müssen. **Ohne eigene Rechtsfähigkeit kann man jedoch kein Steuerpflichtiger im Sinne der Mehrwertsteuerrichtlinie sein.** Dies folgt letztendlich auch aus der Stellung des Unternehmers im Umsatzsteuerrecht. Diesem fällt die **Funktion eines Steuereinnehmers für Rechnung des Staates**[360] zu. Steuern in einer Rechnung auszuweisen, mittels des Preises einzusammeln oder auch zu vollstrecken, ist aber nur einem rechtsfähigen Gebilde möglich. Folglich hat der Gerichtshof völlig zutreffend entschieden, dass (nur) eine Person, die im eigenen Namen auftritt und entweder für eigene oder fremde Rechnung handelt, als Steuerpflichtiger im Sinne der Mehrwertsteuerrichtlinie anzusehen ist.[361] Dies kann aber nur eine Person, der durch das Recht auch diese Fähigkeit zugestanden wird, die mithin rechtsfähig ist.

Diese Rechtsprechung des EuGH und die im Ergebnis richtigen Entscheidungen des BFH[362] haben den Gesetzgeber aber nicht abhalten können, durch das JStG 2022 den § 2 Abs. 1 Satz 1 UStG um einen Zusatz zu erweitern.[363] Nunmehr ist Unternehmer, wer eine gewerbliche oder berufliche Tätigkeit selbstständig ausübt, „**unabhängig davon, ob er nach anderen Vorschriften rechtsfähig ist**“. Dies basiert auf einer Bitte des Bundesrates an die Bundesregierung zu prüfen, „ob die Unternehmerfähigkeit von Bruchteilsgemeinschaften und deren Gemeinschaftern und weiterer zivilrechtlich nicht rechtsfähiger Gebilde, die im Wirtschaftsverkehr nach außen hin als Unternehmer im Sinne des Umsatzsteuergesetzes auftreten, gesetzlich festgeschrieben werden kann“. Dadurch können die durch Rechtsprechung (gemeint ist die oben genannte Entscheidung des BFH zur fehlenden Unternehmerfähigkeit einer nicht am Rechtsverkehr teilnehmenden Bruchteilsgemeinschaft) entstandene Rechtsunsicherheit beseitigt und andernfalls drohende erhebliche Umstellungsbedarfe für die Betroffenen, deren Steuerberater und die Finanzverwaltung verhindert werden. Was diese **Gesetzesänderung** aber bezwecken soll, ist unklar. Das Entscheidende ist, dass eine bloße Bruchteilsgemeinschaft schon keine gewerbliche oder berufliche (d. h. wirtschaftliche) Tätigkeit ausübt, wenn sie nicht als solche im Rechtsverkehr handeln kann. Die Ergänzung von § 2 Abs. 1 Satz 1 UStG um den Zusatz, unabhängig davon, ob der Unternehmer nach anderen Vorschriften rechtsfähig ist, **geht damit völlig ins Leere.** Hinzu kommt, dass sich der BFH 130

359 Der Gerichtshof spricht von einer Einrichtung, die, wenn auch ohne Rechtspersönlichkeit, eine eigenständige Handlungsbefugnis besitzt – vgl. EuGH v. 21.4.2005 – C-25/03 (HE), ECLI:EU:C:2005:241, Rz. 54.

360 Vgl. nur EuGH v. 8.5.2019 – C-127/18 (A-PACK CZ), ECLI:EU:C:2019:377, UR 2019, 554, Rz. 22, EuGH v. 23.11.2017 – C-246/16 (Di Maura), ECLI:EU:C:2017:887, UR 2018, 37, Rz. 23; EuGH v. 21.2.2008 – C-271/06 (Netto Supermarkt), ECLI:EU:C:2008:105, UR 2008, 508, Rz. 21; EuGH v. 20.10.1993 – C-10/92 (Balocchi), ECLI:EU:C:1993:846, UR 1994, 116, Rz. 25. Siehe dazu auch die Schlussanträge der Generalanwältin Kokott in der Rechtssache Di Maura (C-246/16, ECLI:EU:C:2017:440, Nr. 21).

361 EuGH v. 16.9.2020 – C-312/19 (Valstybinė mokesčių inspekcija, Vereinbarung über eine gemeinsame Tätigkeit), ECLI:EU:C:2020:711, UR 2021, 422, Rz. 52 und Tenor. Der Gerichtshof ist dabei den überzeugenden Schlussanträgen der GAin Kokott in der Rechtssache C-312/19, ECLI:EU:C:2020:310 vollumfänglich gefolgt.

362 BFH v. 25.11.2021 – V R 44/20, UR 2022, 392; BFH v. 22.11.2018 – V R 65/17, UR 2019, 179.

363 Empfehlungen der Ausschüsse an den Bundesrat zum Entwurf eines Jahressteuergesetzes 2022 (JStG 2022), BR-Drucks. 457/1/22 (neu) v. 17.10.2022 in Nr. 28 zu Art. 9, S. 46. Beschlossen in Art. 16 Nr. 2 des JStG 2022 – BR-Drucks. 627/22 (neu), S. 24.

mit seinem Ergebnis auch voll auf der Linie der Rechtsprechung des EuGH bewegt. Denn auch dieser verlangt, dass der Betroffene seine Tätigkeiten im eigenen Namen, auf eigene Rechnung und in eigener Verantwortung ausübt und so das mit der Ausübung dieser Tätigkeiten einhergehende wirtschaftliche Risiko trägt.[364] Wie dies ohne Rechtsfähigkeit[365] gehen sollte, ist schlicht schleierhaft. Von welcher Rechtsunsicherheit der Bundesrat bei seiner Bitte ausgegangen ist, ist auch unklar und warum dieser Bitte nachgekommen wurde, erst recht. Letztendlich geht die Änderung aber so oder so ins Leere, womit immerhin einen **Unionsrechtsverstoß vermieden** wird.

3. Ein Gesellschafter ist nicht allein aufgrund einer Beteiligung Unternehmer i. S. d. Umsatzsteuergesetzes.[366] Er wird nur dann zum Unternehmer, wenn er selbst nachhaltig zur Erzielung von Einnahmen Leistungen erbringt. Dabei können die Leistungen auch gegenüber „seiner" Gesellschaft erbracht werden. Werden ihm diese durch ein gewinnunabhängiges Leistungsentgelt **(Sonderentgelt)** vergütet, so wird er dadurch zum Unternehmer, gleichgültig ob die Leistungsverpflichtungen im Gesellschaftsvertrag oder außerhalb desselben geregelt sind.[367]

Beispiel

Ein Gesellschafter überlässt aufgrund gesellschaftsvertraglicher Verpflichtungen „seiner OHG" ein Grundstück und erhält dafür monatlich 1.000 € zzgl. 190 € USt. Zwischen dem Gesellschafter und der Gesellschaft liegt ein steuerbarer Leistungsaustausch vor. Auch der Gesellschafter ist Unternehmer. Anders ist es zu beurteilen, wenn die Grundstücksüberlassung nur durch die allgemeine Gewinnbeteiligung abgegolten wird.[368]

131 4. Unter Aufgabe seiner früheren Rspr.[369] hatte der BFH allerdings entschieden, dass die Geschäftsführung durch den Gesellschafter für die ansonsten handlungsunfähige Gesellschaft auch bei einer gewinnunabhängigen Vergütung keine Unternehmereigenschaft begründet.[370] Inzwischen ist der BFH wieder zu der zutreffenden Auffassung zurückgekehrt, dass die Geschäftsführung gegen gewinnunabhängiges (Sonder-)Entgelt auch durch einen Gesellschafter im Leistungsaustausch erfolgt (s. Rn. 307 f.). Sofern der Geschäftsführer selbstständig und damit Unternehmer ist, sind seine Leistungen daher steuerbar.[371] Die Verwaltung folgt für die Beurteilung der Selbstständigkeit zivilrechtlichen Vorgaben danach, ob zur Gesellschaft ein Arbeitsverhältnis bestehen kann und besteht. Bejahendenfalls wird Unselbstständigkeit angenommen. Danach kommt Unselbstständigkeit bei juristischen Personen als Geschäftsführer nicht in Betracht. Bei natürlichen Personen sollte sie für persönlich haftende Gesellschafter als Komplementäre zwingend ausgeschlossen sein. Dem ist der BFH zutreffend nicht gefolgt.[372] Natürliche Personen, die Kommanditisten oder persönlich

364 EuGH v. 12.10.2016 – C-340/15 (Nigl u. a.), ECLI:EU:C:2016:764, UR 2016, 873, Rz. 28; EuGH v. 29.9.2015 – C-276/14 (Gmina Wrocław), ECLI:EU:C:2015:635, UR 2015, 829 m. Anm. Küffner, Rz. 34. In diesem Sinne auch EuGH v. 18.10.2007 – C-355/06 (van der Stehen), ECLI:EU:C:2007:615, UR 2007, 889 m. Anm. Widmann, Rz. 23.

365 Deutlich auch Wäger in Birkenfeld/Wäger, Abschn. I Kap. 3.A Rz. 201 (Aug. 2017).

366 BFH v. 27.06.1995 – V R 36/94, BStBl. II 1995, 915.

367 Vgl. BFH v. 12.11.2020 – V R 22/19, UR 2021, 388 (Überlassung von Gegenständen durch Gesellschafter gegen festes Sonderentgelt); EuGH v. 27.01.2000 – C-23/98 (Heerma), Slg. 2000, I-419 = UR 2000, 121; BFH v. 18.12.1996 – XI R 12/96, BStBl. II 1997, 374; Abschn. 1.6. UStAE.

368 BFH v. 08.11.1995 – XI R 63/94 und v. 08.11.1995 – V R 8/94, BStBl. II 1996, 114, 176.

369 BFH v. 19.07.1973 – V R 157/71, BStBl. II 1973, 764.

370 BFH v. 10.07.1980 – V R 5/72, BStBl. II 1980, 622.

371 BFH v. 03.03.2011 – V R 24/10, BStBl. II 2011, 950 (zu einheitlicher Geschäftsführer- und Haftungsvergütung, Komplementär); v. 06.06.2002 – V R 43/01, BStBl. II 2003, 36.

372 BFH v. 26.08.2014 – XI R 26/10, UR 2015, 35 (Nachfolge EuGH v. 13.03.2014 – C-204/13 (Malburg), UR 2014, 343); v. 14.04.2010 – XI R 14/09, BStBl. II 2011, 433.

haftende Gesellschafter, GmbH-Gesellschafter oder Aktionäre sind, können auch als Geschäftsführer jedenfalls im Sinne des UStG und der MwStSystRL unselbstständig, d. h. als weisungsabhängige „Angestellte", bei ihrer Gesellschaft tätig sein, wenn entsprechende vertragliche Vereinbarungen (Arbeitsvertrag, aber auch im Gesellschaftsvertrag) eingegangen wurden.[373] Auch wenn über die Vereinbarung entweder einer gewinnabhängigen Abgeltung der Geschäftsführung (kein Entgelt) oder eines gewinnunabhängigen Sonderentgeltes de facto ein Gestaltungswahlrecht besteht, die Steuerbarkeit zu vermeiden (wichtig, falls wegen steuerbefreiter Umsätze bei der Gesellschaft kein Vorsteuerabzugsrecht besteht) oder herbeizuführen, ist es zutreffend, auch im Verhältnis zum persönlich haftenden Gesellschafter jedenfalls umsatzsteuerlich davon auszugehen, dass auch die Vereinbarung einer unselbstständigen weisungsabhängigen Tätigkeit im Verhältnis zur Gesellschaft möglich ist. Entscheidend ist dabei darauf abzustellen, ob eine inhaltliche Weisungsgebundenheit besteht oder nicht.[374]

Daher sind Vorstandsmitglieder regelmäßig nicht selbstständig tätig, anders sollte es sich hingegen bei **Aufsichtsratsmitgliedern** verhalten.[375] Diese sollen daher Unternehmer sein. Der BFH verneint inzwischen die Unternehmereigenschaft, wenn das Aufsichtsratsmitglied lediglich eine nicht variable Festvergütung erhält und kein Vergütungsrisiko trägt.[376] Ebenso ist eine persönlich haftende GmbH mit ihrer Tätigkeit als Liquidator Unternehmer, wenn sie dafür ein Sonderentgelt erhält[377] oder ein Kommanditist als Beiratsmitglied.[378] Auf das Vorliegen einer variablen Vergütung kommt es aber nicht an. Zutreffend hat der EuGH entschieden, dass die Tätigkeit als Mitglied des Verwaltungsrats einer Aktiengesellschaft nach luxemburgischem Recht nicht selbstständig im Sinne dieser Bestimmung ausgeübt wird, wenn dieses Mitglied – trotz der Tatsache, dass es die Modalitäten der Ausübung seiner Arbeit frei regelt, das Entgelt, das sein Einkommen darstellt, selbst vereinnahmt, im eigenen Namen handelt und keinem hierarchischen Unterordnungsverhältnis unterliegt – weder für eigene Rechnung noch in eigener Verantwortung handelt und das mit seiner Tätigkeit einhergehende wirtschaftliche Risiko nicht trägt.[379] Das maßgebliche Argument ist vor allem, dass der Grundsatz der Rechtsformneutralität dafür spricht, dass die Vergütung, die für die **Tätigkeit der gesetzlich vorgeschriebenen Organe** von einem Steuerpflichtigen gezahlt wird, nicht ihrerseits der Mehrwertsteuer unterliegt und damit den Wettbewerb der Steuerpflichtigen (die ja nicht alle vollständig zum Vorsteuerabzug berechtigt sind) untereinander verzerrt.

5. Beteiligt sich eine Personengesellschaft oder eine Kapitalgesellschaft ihrerseits an einer anderen Gesellschaft, so gehört das bloße Halten der Beteiligung nicht zu ihrem Unternehmensbereich, da die beteiligte Gesellschaft insoweit weder unmittelbar noch mittelbar im Leistungsaustausch tätig wird. Die Folge ist, dass im Zusammenhang mit dem Erwerb der Beteiligung oder ihrer Verwaltung an- **132**

373 BFH v. 10.03.2005 – V R 29/03, BStBl. II 2005, 730 (zum Geschäftsführer einer GmbH – je nach Umständen des Einzelfalles selbstständig oder unselbstständig).

374 So auch BFH v. 14.04.2010 – XI R 14/09, BStBl. II 2011, 433 (für Komplementär bei KG); vgl. auch EuGH v. 18.10.2007 – C-355/06 (van der Steen), Slg. 2007, I-8863 = UR 2007, 889; vgl. ausf. dazu Lippross, USt, Kap. 2.2.8.4.b (S. 166 ff.).

375 Vgl. BFH v. 20.08.2009 – V R 32/08, BStBl. II 2010, 88; v. 14.05.2008 – XI R 70/07, BStBl. II 2008, 912 m. w. N.

376 BFH v. 27.11.2019 – V R 23/19, V R 62/17, UR 2020, 190 = BStBl. II, 2021, 542; EuGH v. 13.06.2019 – C-420/18, MwStR 2019, 663 mit Anm. de Weerth und Anm. Prätzler jurisPR-SteuerR 33/2019 Anm. 6. So jetzt auch das BMF in Abschn. 2.2. Abs. 2 und Abs. 3a UStAE.

377 BFH v. 08.11.1995 – V R 8/94, BStBl. II 1996, 176.

378 BFH v. 24.08.1994 – XI R 74/93, BStBl. II 1995, 150; vgl. auch v. 29.06.2000 – V R 28/99, BStBl. II 2000, 597.

379 EuGH v. 21.12.2023 – C-288/21 (Administration de l'enregistrement, des domaines et de la TVA: Mehrwertsteuer – Mitglied eines Verwaltungsrats), EU:C:2023:1024, Tenor.

fallende Vorsteuerbeträge nicht nach § 15 Abs. 1 UStG abziehbar sind.[380] Das gilt auch bei **reinen Holdinggesellschaften**, die sich auf das Halten und Verwalten von Beteiligungen beschränken.[381] Umstritten war allerdings, ob dies auch dann gilt, wenn die Holding geschäftsleitend ohne gesonderte Vergütung tätig ist.[382] Zu verneinen ist jedenfalls, dass Gewinnbezüge (Dividenden) Entgelt für nach § 4 Nr. 8 e UStG steuerfreie Leistungen sind oder gar, dass sie Entgelte für die geschäftsführende Tätigkeit darstellen. Nunmehr ist nach der Rspr. des EuGH klargestellt, dass auch eine **Holdinggesellschaft** nur dann Unternehmer ist, wenn sie Lieferungen oder Dienstleistungen gegen gewinnunabhängiges Entgelt erbringt, bzw. wenn ihre Tätigkeit auf eine nachhaltige entgeltliche Leistungserbringung gerichtet ist. Die Unternehmereigenschaft wird allerdings bereits durch jede entgeltliche Leistung – etwa kaufmännischer Art wie Übernahme der Buchführung, Geschäftsführung, aber auch Vermietungsleistungen – gegenüber der oder den Beteiligungsgesellschaften begründet.[383] Dies hat Bedeutung für den Vorsteuerabzug.

Problematisch erscheint, inwieweit bei der **gemischten Holding** ein Vorsteuerabzug möglich ist. Soweit die Holding mangels Ausführung von zu besteuernden Umsätzen überhaupt keine Tätigkeiten ausübt, die sich als wirtschaftliche Tätigkeiten i. S. d. Art. 9 MwStSystRL qualifizieren, wie das bloße Halten von Beteiligungen, ist der Vorsteuerabzug insgesamt nicht zu gewähren.[384] Nur bei einer **gemischten Holding**, die nur gegenüber einem Teil ihrer Tochtergesellschaften entgeltliche Leistungen administrativer oder anderer Art erbringt, sich gegenüber dem übrigen Teil ihrer Tochtergesellschaften hingegen auf das bloße Halten der Beteiligung beschränkt, soll es einer Aufteilung der VoSt bedürfen, während bei einer **reinen Führungsholding**, die aber administrative oder andere entgeltliche Leistungen an (alle) ihre Tochtergesellschaft(en) erbringt, der volle Vorsteuerabzug zu gewähren sei. Das Halten der Beteiligung zwecks Erlangung von Ausschüttungen habe dann vollständig unberücksichtigt zu bleiben.[385]

380 BFH v. 28.09.1988 – X R 6/82, BStBl. II 1989, 122; v. 18.03.1988 – V R 178/83, BStBl. II 1988, 646.

381 EuGH v. 20.06.1991 – C-60/90 (Polysar), Slg. 1991, I-3111 = UR 1991, 315. S. auch EuGH – Vorlage des BFH v. 23.09.2020 – XI R 22/18, ob ein Vorsteuerabzug einer geschäftsleitenden Holding für die Einlage von bezogenen Eingangsleistungen in die Tochtergesellschaften zu gewähren ist, DStR 2021, 346.

382 Vgl. dazu EuGH v. 14.11.2000 – C-142/99 (Floridienne & Berginvest), Slg. 2000, I-9657 und Stadie in R/D, § 2 Rn. 249ff. (Okt. 2023) – Führungsholding immer Unternehmer, da ihr die Umsätze der Töchter zuzurechnen sind.

383 EuGH v. 17.10.2018 – C-249/17 (Ryanair), UR 2018, 879, beabsichtigte Geschäftsführung gegen Entgelt genügt, auch wenn es letztlich dazu nicht kommt; v. 05.07.2018 – C-320/17 (Marle Participation), UR 2018, 762 (Vermietungsleistung genügt als „Eingriff in die Verwaltung"!); v. 12.01.2017 – C-28/16 (MVM), DStR 2017, 2806; v. 16.07.2015 – C-108/14 und C-109/14 (Larentia + Minerva), BStBl. II 2017, 604 = UR 2015,671; v. 06.09.2012 – C-496/11 (Portugal Telecom), UR 2012, 762; v. 29.10.2009 – C-29/08 (SKF), UR 2010, 107; v. 29.04.2004 – C-77/01 (EDM), Slg. 2004, I-4295; v. 12.07.2001 – C-102/00 (Wealthgrove), Slg. 2001, II-5679 und v. 27.09.2001 – C-16/00 (Cibo participants), Slg. 2001, II-6663; s. aber EuGH v. 08.11.2018 – C-502/17 (C&D Foods), DStR 2018, 2425 (Veräußerung von Aktien einer Enkelgesellschaft, für die eine entgeltl. Geschäftstätigkeit ausgeübt wird, gehört nicht zur wirtschaftl. Tätigkeit und fällt nicht in den VoSt-Abzug ermöglichenden Anwendungsbereich der MwSt, es sei denn, der Erlös würde für wirtschaftl. Tätigkeiten der Konzernmutter verwendet).

384 EuGH v.12.01.2017 – C-28/16 (MVM), DStR 2017, 2806 mit Anm. Prätzler; v. 16.07.2015 – C-108/14 und C-109/14 (Larentia + Minerva), BStBl. II 2017, 604 = UR 2015,671; v. 30.05.2013 – C-651/11 (X BV), UR 2013, 582; v. 06.09.2012 – C-496/11 (Portugal Telecom), UR 2012, 762.

385 So EuGH v. 05.07.2018 – C-320/17 (Marle Participations), MwStR 2018, 754 mit Anm. Grube; v. 16.07.2015 – C-108/14 und C-109/14 (Larentia + Minerva), BStBl. II 2017, 604 = UR 2015, 671; a. A. an sich zutreffend noch der Vorlagebeschluss BFH v. 11.12.2013 – XI R 17/11 und 38/12, BStBl. II 2014, 417 und 428 und wohl auch v. 02.02.2012 – V R 40/10, BStBl. II 2012, 844; BFH v. 01.06.2016 – XI R 17/11, BStBl. II 2017, 581 = UR 2016, 673 und v. 19.01.2016 – XI R 39/12, UR 2016, 312 (beide nachfolgend zu EuGH C-108/14). S. auch (zutreffend) BFH v. 06.04.2016 – V R 6/14, BStBl. II 2017, 577 = UR 2016, 770 (grds. VoSt-Abzug aus Einwerbung von Kommanditkapital zwecks Beteiligungserwerb durch Führungsholdings, allerdings nicht, wenn aus den Größenverhältnissen des Aufwandes und des Entgeltes ersichtlich ist, dass kein Zusammenhang mit dem Beteiligungserwerb an den Tochtergesellschaften besteht). Friedrich-Vache/Endres-Reich UR 2017, 649; s. auch Friedrich-Vache BB 2019, 993. Zum Vorsteuerabzug bei der Holding. Zu Grenzen des Vorsteuerabzugs einer sog. Führungsholding (unter Anwendung des sog. Trick 17) siehe BFH v. 15.2.2023 – XI R 24/22 (XI R 22/18), UR 2023, 651.

6. Die Arbeitsgemeinschaft ist daher als **BGB-Gesellschaft** selbst unternehmerfähig und mithin auch Steuerschuldner i. S. d. § 13 a Abs. 1 Nr. 1 UStG. A und B sind als Gesellschafter nicht Steuerschuldner für die Leistungen der Arbeitsgemeinschaft. Sie sind allerdings im Rahmen ihrer Einzelunternehmen Unternehmer, ggf. auch mit ihren Leistungen an die Arbeitsgemeinschaft, soweit sie gegen ein gewinnunabhängiges Leistungsentgelt tätig werden. Die Errichtung des Bauwerkes ist der Arbeitsgemeinschaft als Werklieferung zuzurechnen, da sie im Außenverhältnis tätig wurde. 133
Da die Arbeitsgemeinschaft somit als Unternehmer die USt schuldet, muss die Landesstraßenbauverwaltung der Arbeitsgemeinschaft auch die USt ersetzen. Eine Klage der Arbeitsgemeinschaft gegen die Straßenbauverwaltung hätte daher Erfolg.
7. Umgekehrt begründet auch die **Rechtsfähigkeit** oder eine bestimmte Gesellschaftsform nicht automatisch die **Unternehmerfähigkeit.** 134

So ist eine GmbH (oder AG) als persönlich haftender Gesellschafter einer Kommanditgesellschaft (GmbH & Co. KG) nicht Unternehmer, da sie durch die lediglich mit einem Gewinnanteil abgegoltene Geschäftsführung keine Leistung an die KG erbringt, anders aber, wenn sie dafür ein gewinnunabhängiges Entgelt erhält.[386]

Vereine, gleichgültig ob rechtsfähig oder nicht, sind insoweit keine Unternehmer, als sie lediglich (echte) Mitgliedsbeiträge (s. Rn. 47) vereinnahmen, um zur Erfüllung von Gemeinschaftszwecken tätig zu werden, ohne dabei den Mitgliedern einen individuellen Nutzen zuzuwenden. Soweit sie entgeltliche Leistungen an die Mitglieder erbringen, haben sie allerdings auch eine unternehmerische Sphäre.[387] Der Annahme von Leistungen an die Mitglieder steht nicht entgegen, dass eine pauschale Vergütung erfolgt. Eine Leistung (= individueller Nutzen) liegt auch schon dann vor, wenn der Verein dem Mitglied die Möglichkeit einräumt, die Vereinsanlagen individuell zu nutzen.[388] Werbegemeinschaften von Gewerbetreibenden in Form einer BGB-Gesellschaft oder eines Vereins sind Unternehmer und erbringen an ihre Mitglieder steuerbare Leistungen, wenn sie für die Mitglieder (gemeinsame) Werbemaßnahmen ausführen und die Kosten durch Umlagen erheben. Als Unternehmer sind sie dann auch vorsteuerabzugsberechtigt.[389]

II. Die Unternehmenseinheit

Nach § 2 Abs. 1 S. 2 UStG umfasst das Unternehmen die gesamte gewerbliche oder berufliche Tätigkeit. **Ein Unternehmer** hat daher immer nur **ein Unternehmen**, gleichgültig in wie vielen Sparten er sich betätigt und wie viele Betriebe er besitzt. Solange eine Leistung innerhalb des Gesamtunternehmens verbleibt, kommt weder ein Leistungsaustausch noch eine unentgeltliche Wertabgabe nach § 3 Abs. 1 b oder Abs. 9 a UStG für außerunternehmerische Zwecke in Betracht. Leistungsabgaben von einem Betrieb an einen anderen innerhalb desselben Unternehmens sind daher nicht steuerbar und werden als sog. **Innenumsätze** bezeichnet. 135

Beispiel[390]

FCE IT ist eine Niederlassung in Italien der im Vereinigten Königreich niedergelassenen Gesellschaft FCE Bank, deren Unternehmensgegenstand die Erbringung mehrwertsteuerfreier Tätigkeiten im Finanzbereich ist. FCE IT erhielt von der FCE Bank Dienstleistungen in den Bereichen Beratung, Management, Personalaus- und -fortbildung, Datenverarbeitung sowie Bereitstellung und Betreuung von Anwendersoftware. Sie beantragte, gestützt auf Rechnungen, die sie sich selbst ausstellte (ein „autofatturazione" genannter Vorgang), die Erstattung der Mehrwertsteuer für diese Leistungen.

386 BFH v. 06.06.2002 – V R 43/01, BStBl. II 2003, 36.
387 Vgl. EuGH v. 12.02.2009 – C-515/07 (VNLTO), UR 2009, 199; Abschn. 2.10. UStAE; BFH v. 20.12.1984 – V R 25/76, BStBl. II 1985, 176.
388 Vgl. EuGH v. 21.03.2002 – C-174/00 (Kennemer Golf Club), Slg. 2002, I-3293 = UR 2002, 230 und Nieskens UR 2002, 345.
389 BFH v. 29.10.2008 – XI R 59/07, BFH/NV 2009, 324; v. 14.07.1985 – V R 107/76, BStBl. II 1986, 173.
390 Beispiel nach EuGH v. 23.3.2006 – C-210/04 (FCE Bank), EU:C:2006:196 = UR 2006, 331.

Zutreffend entschied der EuGH, dass eine feste Niederlassung in einem anderen Mitgliedstaat, kein von dem Unternehmen, zu dem sie gehört, verschiedenes Rechtssubjekt ist. Auch wenn das Unternehmen an diese feste Niederlassungen Dienstleistungen „erbringt", ist eine solche feste Niederlassung nicht aufgrund der Kosten, mit denen sie wegen der genannten Dienstleistungen belastet wird, als Steuerpflichtiger anzusehen.

III. Selbstständigkeit und Organschaft

1. Selbstständigkeit natürlicher Personen

136 Konstituierendes Merkmal des Unternehmerbegriffs ist die Selbstständigkeit. § 2 Abs. 2 Nr. 1 UStG definiert negativ für natürliche Personen, dass sie nicht selbstständig sind, wenn sie weisungsabhängig sind. Maßgebend für die Selbstständigkeit ist nicht das Auftreten nach außen, sondern das Innenverhältnis. Die Tätigkeit eines Unselbstständigen (Arbeitnehmer) ist dem Unternehmer (Arbeitgeber) zuzurechnen, für den er tätig wird. Entscheidend für die Frage nach der Selbstständigkeit ist die Entscheidung, ob hinsichtlich der Leistungserbringung der Handelnde selbst ein unternehmerisches Risiko trägt. Indizien dafür sind Weisungsunabhängigkeit hinsichtlich des Ortes und der Zeit der Leistungserbringung, Zahlung nach dem Erfolg und nicht nach der Zeit, Beschäftigung von Lohnempfängern, Unterhaltung eines eigenen Büros, einer eigenen festen Niederlassung usw. Maßgebend ist immer das Gesamtbild.[391] Bezogen auf das Entgelt für eine Leistung schließen sich daher Lohnsteuer (für den unselbstständigen Arbeitnehmer) und USt (für den selbstständigen Unternehmer) aus. Eine Person kann allerdings sowohl Arbeitnehmer in einem Bereich und Unternehmer in einem anderen Bereich sein.[392]

Die Abgrenzung von Selbstständigkeit und Unselbstständigkeit ist im Umsatzsteuerrecht grundsätzlich nach den gleichen Beurteilungskriterien wie bei der ertragsteuerlichen Arbeitnehmereigenschaft vorzunehmen. Daher sind der angestellte Geschäftsführer einer GmbH[393] oder das angestellte Vorstandsmitglied unselbstständig tätig. Daher verbleibt es dabei, dass natürliche Personen – anders als juristische Personen – auch als Gesellschafter und einkommensteuerliche Mitunternehmer mangels Selbstständigkeit nicht zum Unternehmer werden, wenn sie aufgrund eines Arbeitsvertrages oder sonst weisungsabhängig für ihre Gesellschaft tätig werden.[394]

137 Bei (nicht angestellten) Aufsichtsratsmitgliedern bzw. anderen Gesellschaftsorganen ist hingegen zu differenzieren, ob dieses Organ gesetzlich zwingend vorgeschrieben ist. Ist die Gesellschaft ein nicht oder nur teilweise zum Vorsteuerabzug berechtigter Steuerpflichtiger, dann führt die Steuerpflicht *der Tätigkeiten der gesetzlich notwendigen Organe* zu nämlich einer endgültigen Kostenbelastung. Diese Kostenbelastung erfasst jedoch nur die Rechtsformen, die kraft Gesetzes auf das Handeln von Organen angewiesen sind. Letzteres ist in der Regel bei künstlichen Rechtsformen (z. B. juristischen Personen) der Fall. Die Mehrwertsteuer soll aber für die miteinander konkurrierenden Wettbewerber neutral sein. Daher verbietet der Neutralitätsgrundsatz es auch, dass Wirtschaftsteilnehmer, die die gleichen Umsätze bewirken, im Rahmen der Erhebung der Mehrwertsteuer unterschiedlich behandelt werden.[395] Folglich – so

391 Vgl. BFH v. 11.11.2015 – V R 3/15 m. w. N. (zur Selbstständigkeit von durch eine inländische Agentur vermittelten ausländischen Pflegekräfte).

392 BFH v. 11.10.2007 – V R 77/05, BStBl. II 2008, 443 m. w. N. (Vermietung Pkw durch Arbeitnehmer an seinen Arbeitgeber).

393 Vgl. EuGH v. 18.10.2007 – C-355/06 (van der Steen), Slg. 2007, I-8863 = UR 2007, 889; BFH v. 14.05.2008 – XI R 70/07, BStBl. II 2008, 912.

394 BFH v. 14.04.2010 – XI R 14/09, BStBl. II 2011, 433 m. w. N.

395 EuGH v. 16.10.2008 – C-253/07 (Canterbury Hockey Club und Canterbury Ladys Hockey Club), EU:C:2008:571, Rn. 30; EuGH v. 11.6.1998 – C-283/95 (Fischer), EU:C:1998:276, Rn. 22.

der Gerichtshof ausdrücklich – wäre dieser Grundsatz verletzt, wenn die Besteuerung von der Rechtsform abhinge, in der der Steuerpflichtige seine Tätigkeit ausübt.[396] Hier würde dann jedoch ein Steuerpflichtiger mit den gleichen (steuerfreien) Ausgangsumsätzen nachteilig behandelt werden, wenn er den Mitgliedern seiner für ihn handelnden Organe eine Vergütung zahlt. Denn der Steuerpflichtige, der z. B. als Einzelunternehmer sich diese „Vergütung" selbst als „Gehalt" zahlt (beziehungsweise im Wege der Entnahme aus dem unternehmerischen Vermögen entnimmt), müsste diese Mehrwertsteuerbelastung nicht tragen. Richtigerweise verlangt der Grundsatz der Rechtsformneutralität jedenfalls dann eine Nichtbesteuerung, wenn es um die Tätigkeit der zwingend vorgeschriebenen Organe einer Gesellschaft geht. Nur so kann die Wettbewerbsneutralität der Mehrwertsteuer für miteinander konkurrierende Unternehmen in unterschiedlichen Rechtsformen gewahrt werden.[397]

2. Unselbstständigkeit juristischer Personen/Organschaft

Eine juristische Person, die nach dem Gesamtbild der tatsächlichen Verhältnisse **finanziell,**[398] **wirtschaftlich und organisatorisch**[399] in ein Unternehmen **eingegliedert** ist, übt grundsätzlich ihre Tätigkeit nicht selbstständig aus (§ 2 Abs. 2 Nr. 2 Satz 1 UStG), d. h., die **unternehmerische Tätigkeit der Organgesellschaft wird dem Organträger zugerechnet.**[400] Innerhalb des Organkreises werden keine Umsätze (im umsatzsteuerrechtlichen Sinne) ausgeführt[401]; es handelt sich um sog. **Innenleistungen.** Die umsatzsteuerrechtliche Organschaft ist ein „Relikt" aus den Zeiten der Umsatzsteuer, in denen auf jeder Wirtschaftsstufe Umsatzsteuer erhoben wurde, ohne dass sich der Leistungsempfänger von der getragenen Umsatzsteuer entlasten konnte. Dies förderte die Tendenz in der Wirtschaft, durch Fusionierungen die entsprechenden Wirtschaftsstufen einzusparen. Die **Rechtsfigur der Organschaft** hat im Umsatzsteuerrecht seit der Einführung des Vorsteuerabzugs **grundsätzlich keine substanzielle Berechtigung** mehr,[402] gleichwohl wird sie auch von der MwStSystRL noch zugelassen (Art. 11 MwStSystRL).[403] 138

Neben einem – im Gesetzgebungsverfahren vom Gesetzgeber[404] besonders betonten – **verringerten Verwaltungsaufwand für den Steuerpflichtigen**[405] (so müssen für Leistungen im Organkreis keine Rechnungen nach § 14 UStG gestellt werden, es existiert

396 In diesem Sinne schon EuGH v. 7.9.1999 – C-216/97 (Gregg), EU:C:1999:390, Rn. 20.

397 Ebenso Schlussanträge der Generalanwältin Kokott v. 13.7.2023 – C-288/22 (Administration de l'Enregistrement, des Domaines et de la TVA: TVA – Membre d'un conseil d'administration), EU:C:2023:590, Rn. 54; Stadie in: R/D, § 2 Rn 518 ff. (Okt. 2023).

398 Laut BFH müssen sich die Anteile an einer Kapitalgesellschaft – damit eine Personengesellschaft als Organträger diese finanziell beherrscht – im (Gesamthands-)Vermögen der Gesellschaft befinden. Allein, dass sie sich im Vermögen eines oder aller Gesellschafter befinden, soll nicht (mehr) genügen – vgl. BFH v. 22.4.2010 – V R 9/09, BStBl. II 2011, 597; v. 1.12.2010 – XI R 43/08, BStBl. II 2011, 600; siehe auch BFH v. 2.12.2015 – V R 12/14, UR 2016, 207; v. 2.12.2015 – V R 15/14, UR 2016, 192; v. 3.12.2015 – V R 36/13, UR 2016, 204; v. 1.2.2022 – V R 23/21, juris, Rz. 30.

399 Feldgen, BB 2013, 2967 ff.; Stadie in: R/D, § 2 Rz. 855 ff. (Okt. 2023); besonders problematisch ist die organisatorische Eingliederung – vgl. BFH v. 5.12.2007 – V R 26/06, BStBl. II 2008, 451; v. 14.2.2008 – V R 12/06, 13/06, BFH/NV 2008, 1365; v. 3.4.2008 – V R 76/05, BStBl. II 2008, 905; v. 20.8.2009 – V R 30/06, UR 2009, 800; v. 27.8.2009 – V B 75/08, BFH/NV 2009, 1964; v. 7.7.2011 – V R 53/10, BFH/NV 2011, 2195 (2196 f.); BFH v. 2.12.2015 – V R 15/14, UR 2016, 192; BFH v. 10.5.2017 – V R 7/16, DStR 2017, 1653; dazu ausführlichst Dodenhoff, UR 2014, 337 ff.

400 Stadie in: R/D, § 2 Rz. 950 (Okt. 2023).

401 Deutlich nun EuGH v. 11.7.2024 – C-184/23 (Finanzamt T II), EU:C:2024:599, Rn. 47. Dem folgend nun auch BFH v. 29.8.2024 – V R 14/24 (V R 20/22; V R 40/19), UR 2025, 8.

402 Vgl. Söhn, StuW 1976, 1 (5); Reiß, StuW 1979, 434 ff.; Steppert, UR 1994, 343; Stadie in: R/D, § 2 UtG Rz. 819 (Okt. 2023); Wäger, DB 2014, 915 (915).

403 Zum Unionsrecht und Organschaft siehe auch ausf. Englisch, UR 2016, 822.

404 Bericht des Finanzausschusses v. 17.3.1967 zu BT-Drucks. V/1581, Einzelbegründung zu § 2 UStG (zitiert nach Eckhardt/Weiß, UStG, Materialien [Stand: März 1974]); ähnlich dann auch BFH v. 7.12.2006 – V R 2/05, BStBl. II 2007, 848 (849) = UR 2007, 277.

405 BFH v. 2.12.2015 – V R 15/14, UR 2016, 192 – dient der Verwaltungsvereinfachung. Dies scheint auch der EuGH als Sinn und Zweck identifiziert zu haben – vgl. EuGH v. 9.4.2013 – C-85/11 (Komission/Irland), ECLI:EU:C:2013:217, Rz. 47 f. = UR 2013, 418, wobei hier auch der Vereinfachungszweck zugunsten der Steuerverwaltung gemeint ist; vgl. auch EuGH v. 16.7.2015 – C-108/14 u. a. (Larentia + Minerva), ECLI:EU:C:2015:496, Rz. 40 = UR 2015, 722.

nur ein Unternehmer mit einer Umsatzsteuernummer und es wird nur für diesen eine Umsatzsteuervoranmeldung abgegeben) besteht der **Vorteil** hauptsächlich für miteinander verbundene und **nicht vollständig zum Vorsteuerabzug berechtigte Unternehmen**, da bei diesen im Rahmen der Organschaft im Ergebnis die eigene Wertsteigerung im Organkreis bzw. die nicht mit Umsatzsteuer belasteten Kosten (z. B. Personalkosten) nicht zu einer (ganz oder teilweise) endgültigen **Umsatzsteuerbelastung beim Leistungsempfänger** führen. Diese Kostenbelastung könnte nur vermieden werden, wenn die Leistungen durch den Organträger selbst erbracht werden würden.[406] Typische Anwendungsbereiche für umsatzsteuerrechtliche Organkreise sind insofern in der Banken- und Versicherungsbranche und im medizinischen Bereich (Krankenhäuser etc.) zu finden.[407]

Es müssen alle drei Eingliederungsvoraussetzungen vorliegen.[408] Allerdings erfordert die Annahme einer Organschaft nicht, dass alle drei Eingliederungsmerkmale gleichermaßen stark ausgeprägt sind. Tritt auf einem der drei Gebiete die Eingliederung weniger stark in Erscheinung, so hindert dies nicht, trotzdem eine Organschaft anzunehmen, wenn sich die Eingliederung deutlich auf den beiden anderen Gebieten zeigt.[409]

Finanzielle Eingliederung bedeutet, dass der Organträger unmittelbar oder mittelbar so an der Organgesellschaft beteiligt ist, dass er seinen Willen durch Mehrheitsbeschlüsse durchsetzen kann. Dazu genügen, sofern die Satzung keine höhere Mehrheit vorsieht, **mehr als 50 %** der stimmberechtigten Anteilsrechte.[410] Eine Organschaft nur zwischen **Schwestergesellschaften**[411] ist daher nicht möglich. Es fehlt an der Unterordnung unter den Organträger als ein übergeordnetes Unternehmen.[412] Umsatzsteuerlich kommt eine **Mehrmütterorganschaft** zu mehreren Organträgern nicht in Betracht.[413] Eine davon zu unterscheidende Frage ist aber, ob der beherrschende Gesellschafter – auch wenn er keine eigenen unmittelbaren Umsätze ausführt – nicht doch als **mittelbarer Unternehmer**[414] und damit auch als Organträger anzusehen ist. Letzteres ist richtigerweise entgegen der wohl herrschenden Meinung zu bejahen.

Von einer **wirtschaftlichen Eingliederung** spricht man, wenn der Betrieb der Organgesellschaft dem Unternehmen der Organmutter förderlich ist nach Art einer Betriebsabteilung. Es genügt, dass zwischen der Organgesellschaft und dem Unternehmen des Organträgers ein vernünftiger wirtschaftlicher Zusammenhang im Sinne einer wirtschaftlichen Einheit, Kooperation oder Verflechtung vorhanden ist. Die Tätigkeiten von Organträger und Organgesellschaft müssen lediglich aufeinander abgestimmt sein und sich dabei fördern und ergänzen. Die Organgesellschaft muss nicht wirtschaftlich

---

406 Entgegen der Ansicht von Dodenhoff, UR 2014, 337 (344) ist die Organschaft daher kein Steuervorteil, sondern eine Regelung zur Vermeidung eines Steuernachteils. Dazu ausführlich bereits D. Hummel, MwStR 2013, 294 ff.

407 Anders als einzelne meinen (z. B. Leonard, DStR 2010, 721 [725]), kann die Beseitigung eines Nachteils kein Gestaltungsmissbrauch sein (zutreffend: Stadie, UStG, § 2 Rz. 258; D. Hummel, MwStR 2013, 294 [295 f.]; ähnlich Heintzen, DStR 1999, 1799 [1799] für Organisationsprivatisierungen der öffentlichen Verwaltung). Siehe in dieser Richtung auch EuGH v. 9.1.2023 – C-289/22 (A.T.S. 2003), EU:C:2023:26 = UR 2023, 485.

408 Vgl. dazu näher D. Hummel, MwStR 2013, 294 ff.

409 BFH v. 29.10.2008 – XI R 74/07, BStBl. II 2009, 256; v. 05.12.2007 – V R 26/06 – V R 26/06 und v. 03.04.2008 – V R 76/05, BStBl. II 2008, 451 und 905.

410 Ausnahmsweise auch einmal nur 50 %: Vgl. FG Schleswig-Holstein v. 06.02.2018–4 K 35/17 (Rev XI R 16/18), MwStR 2018, 846 mit Anm. Endres-Reich und Friedrich-Vache UR 2019, 91 (finanzielle Eingliederung könne schon bei 50%-iger Beteiligung gegeben sein). Jedenfalls unter besonderen Umständen bejahend nun EuGH v. 1.12.2022 – C-141/20 (Norddeutsche Gesellschaft für Diakonie), UR 2023, 25 und BFH v. 18.1.2023 – XI R 29/22 (XI R 16/18), UR 2023, 334.

411 BFH v. 24.08.2016 – V R 36/15, BStBl. II 2017, 595; v. 02.12.2015 – V R 12/14, UR 2016, 207 und V R 15/14, BStBl. II 2017, 553 bestätigen Aufrechterhaltung von BFH v. 22.04.2010 – V R 9/09, BStBl. II 2011, 597, v. 01.12.2010 – XI R 43/08, BStBl. II 2011, 600 unter Aufgabe der entgegengesetzten früheren Rspr. bei Halten einer Mehrheitsbeteiligung im Sonder-BV des Gesellschafters, so noch BFH v. 14.02.2008 – V R 12-13/06, BFH/NV 2008, 1365; v. 19.05.2005 – V R 31/03, BStBl. II 2005, 671.

412 BFH-Rspr. v. 20.01.1999 – XI R 69/97, BFH/NV 1999, 1136. S. auch BFH v. 26.09.019 – V R 36/17, BFH/NV 2020, 86 und BFH v. 22.11.2001 – V R 50/00, BStBl. II 2002, 167.

413 BFH v. 30.04.2009 – V R 3/08, BStBl. II 2013, 873; zutreffend auch BMF Abschn. 2.8. Abs. 3 UStAE.

414 Siehe zu Holding, die mittels der beherrschten Gesellschaften wirtschaftlich tätig ist Stadie in: R/D, § 15 Rn. 231 ff. (Jan. 2022).

vom Organträger abhängig sein. Es genügt das Bestehen von mehr als nur völlig unerheblichen wirtschaftlichen Beziehungen.[415] Eine wirtschaftliche Eingliederung verlangt aber nicht, dass unmittelbare Beziehungen zum Organträger bestehen, sondern es genügen auch Beziehungen zwischen den Organgesellschaften.[416]

Die organisatorische Eingliederung liegt vor, wenn durch **organisatorische Maßnahmen** sichergestellt ist, dass eine vom Willen des Organträgers abweichende Willensbildung bei der Organgesellschaft nicht stattfindet und nicht stattfinden kann.[417] Die Beherrschung der Organgesellschaft muss in der laufenden Geschäftsführung wirklich wahrgenommen werden. Die organisatorische Eingliederung erfolgt in aller Regel durch die personelle Verflechtung der Geschäftsführungs- und Vertretungsorgane. Bloße Weisungsbefugnisse der Gesellschafterversammlung genügen nicht, wohl aber die Unterstellung der Leitung der Gesellschaft durch entsprechend § 291 AktG abgeschlossenen Beherrschungsvertrag.[418] Aktienrechtliche oder sonstige gesellschaftsrechtliche Abhängigkeitsvermutungen sollen unerheblich für die Annahme einer Organschaft sein.[419] Ein Beherrschungs- und Gewinnabführungsvertrag i. S. d. § 14 KStG ist nicht erforderlich. Es muss aber ein Verhältnis der **Unterordnung** vorliegen, respektive eine Eingliederung mit Durchgriffsrechten.[420]

Diesbezüglich betont auch der EuGH zu Recht, dass Art. 11 MwStSystRL den Mitgliedstaaten ein **Wahlrecht** zubilligt. In einer beachtlichen Entscheidung aus dem Jahre 2015 stellt der EuGH[421] dabei klar, dass Art. 11 MwStSystRL (im Streitfall noch Art. 4 der 6. EG-Richtlinie) keine unmittelbare Wirkung entfaltet, mithin der einzelne Steuerpflichtige nicht eine unmittelbare Anwendung zu seinen Gunsten verlangen kann. Dies ist zutreffend, denn die ausnahmsweise unmittelbare Anwendbarkeit einer EU-Richtlinie – im Unterschied zu einer EU-Verordnung – hat der EuGH als einen **Sanktionsmechanismus** gegenüber Mitgliedstaaten entwickelt, die ihrer Umsetzungspflicht nicht nachgekommen sind, obwohl bereits aus der Richtlinie klar und deutlich hervorgeht, wie diese umzusetzen ist.[422] Dieser Gedanke greift nicht, wenn dem Mitgliedstaat ein Wahlrecht zur Umsetzung eingeräumt wird[423] – er muss die Richtlinie insoweit gerade nicht umsetzen – und kann erst recht nicht greifen, wenn die Voraussetzungen, unter denen das Wahlrecht ausgeübt werden kann, noch einer Präzisierung durch den Mitgliedstaat bedürfen.[424] Dies kann bei den Formulierungen in Art. 11 Abs. 1 MwStSystRL – „die (...) durch gegenseitige finanzielle, wirtschaftliche und organisatorische Beziehungen eng miteinander verbunden sind" – wohl bejaht werden. Dogmatisch richtig schließt bereits das Bestehen eines mitgliedstaatlichen Wahlrechts *per se* ein unmittelbares Sich-berufen auf die zugrunde liegende Richtlinie aus.

Für die **unionsrechtskonforme Ausübung des Wahlrechts** vertritt der EuGH die Ansicht, dass Einschränkungen der Organschaft auf bestimmte Wirtschaftssektoren (z. B. wie im Fall von Schweden auf den Finanz- und Versicherungssektor[425]), auf bestimmte Wirtschaftsteilnehmer (z. B. auf Unternehmer) oder gar auf bestimmte Rechtsformen (z. B. auf juristische Personen) nur dann zulässig sind, wenn diese Einschränkungen der **Verhinderung missbräuchlicher Praktiken** oder Verhaltensweisen und der Vermeidung von Steuerhinterziehung oder -umgehung dienen.[426] Dies wurde bejaht bei der Beschränkung auf den Finanz- und Versicherungs-

415 BFH v. 29.10.2008 – XI R 74/07, BStBl. II 2009, 256; v. 20.08.2009 – V R 30/06, BStBl. II 2010, 863; v. 18.06.2009 – V R 4/08, BStBl. II 2010, 310; v. 06.05.2010 – V R 26/09, BStBl. II 2010, 1114; s. aber FG München v. 13.09.2018–3 K 949/16 und BFH v. 13.01.2019 – VR 30/18, UR 2020, 140, wirtschaftliche Eingliederung nur bei entgeltlichem Leistungsaustausch, nicht durch Gewährung unentgeltlicher Darlehen.

416 BFH v. 11.5.2023 – V R 28/20, UR 2023, 825.

417 Vgl. FG Münster v. 18.06.2019–15 K 3739/16 U (Rev Az. XI R 16/19) m. w. N.; BFH v. 08.08.2013 – V R 18/13, BStBl. II 2017, 543; v. 28.10.2010 – V R 7/10, BStBl. II 2011, 391 m. w. N.; v. 07.07.2011 – V R 53/10, BStBl. II 2013, 218.

418 BFH v. 10.05.2017 – V R 7/16, BStBl. II 2017, 1261.

419 BFH v. 05.12.2007 – V R 25/06 und v. 03.04.2008 – V R 76/05, BStBl. II 2008, 451 und 905; v. 14.02.2008 – V R 12-13/06, BFH/NV 2008, 1365.

420 BFH v. 02.12.2015 – V R 15/14. BStBl. II 2017, 553 und BMF Abschn. 2.8. UStAE; aus früherer Zeit vgl. BFH v. 14.02.2008 – V R 12-13/06, BFH/NV 2008, 1365; v. 19.05.2005 – V R 31/03, BStBl. II 2005, 671.

421 EuGH v. 16.7.2015 – C-108/14 u. a. (Larentia + Minerva), ECLI:EU:C:2015:496, Rz. 47 ff. = UR 2015, 722; zustimmend BFH v. 2.12.2015 – V R 67/14, UR 2016, 199.

422 Vgl. den Beginn mit EuGH v. 4.12.1974 – C-41/74 (van Duyn), ECLI:EU:C:1974:133; v. 5.4.1979 – C-148/78 (Ratti), ECLI:EU:C:1979:110; v. 19.1.1982 – Rs. 8/81 (Becker), ECLI:EU:C:1982:7 = UR 1982, 70 m. Anm. Weiß.

423 So schon D. Hummel, EuR 2010, 309 (315 f.) m. w. N.; vgl. auch ausführlich dazu D. Hummel, UR 2009, 73 ff.

424 So ausdrücklich EuGH v. 16.7.2015 – C-108/14 u. a. (Larentia + Minerva), ECLI:EU:C:2015:496 = UR 2015, 722 Rz. 50; zustimmend BFH v. 2.12.2015 – V R 67/14, UR 2016, 199; a. A. offenbar: Hamacher/Dahm in Anm. zu EuGH v. 25.4.2013 – C-480/10 (Kommission/Schweden), ECLI:EU:C:2013:263 = UR 2013, 423 (429); Küffner/Streit, UR 2013, 401 (404); Slapio, UR 2013, 407 (410); Birkenfeld, UR 2014, 120 (127); v. Streit/Duyfjes, DStR 2014, 399 (404) Fn. 41; v. Streit, UStB 2013, 295 (301); unklar Erdbrügger, DStR 2013, 1573 (1578) – „könnte sich ergeben".

425 EuGH v. 25.4.2013 – C-480/10 (Kommission/Schweden), ECLI:EU:C:2013:263 = UR 2013, 423.

426 EuGH v. 16.7.2015 – C-108/14 u. a. (Larentia + Minerva), ECLI:EU:C:2015:496 = UR 2015, 722 Rz. 41; EuGH v. 25.4.2013 – C-480/10 (Kommission/Schweden), ECLI:EU:C:2013:263 = UR 2013, 423 (427), Rz. 38 ff.

sektor in Schweden, weil die Kommission nicht nachgewiesen hat, dass diese Maßnahmen im Hinblick auf den Kampf gegen Steuerhinterziehung nicht begründet wären.[427] Auch die Einbeziehung von Nichtunternehmern verstoße nach Ansicht des EuGH nicht gegen Unionsrecht.[428]

Der Umkehrschluss, die Nichteinbeziehung von Nichtunternehmern sei unionsrechtswidrig,[429] ist allerdings unzutreffend, wie der BFH[430] richtigerweise klargestellt hat. Die **Nichteinbeziehung von Nichtunternehmern** vermindert das Risiko von Umsatzsteuergestaltungen und die Überwachungsbedürftigkeit der Organschaft und ist auch von Sinn und Zweck der Organschaft nicht ansatzweise gefordert. Auch die in § 2 Abs. 2 Nr. 2 UStG genannten **Eingliederungsvoraussetzungen** sind unionsrechtlich entgegen vielen Stimmen im Schrifttum[431] unbedenklich, wenn sie zutreffend ausgelegt werden und der Fokus weniger auf einer **Beherrschung**,[432] als vielmehr auf einer **Eindeutigkeit** der Beurteilung des Vorliegens einer umsatzsteuerrechtlichen Organschaft liegt. Dann verhindern diese Eingliederungsvoraussetzungen die Möglichkeit missbräuchlicher Praktiken etc.[433]

Bei einer solchen Auslegung wäre auch eine **Vorlage an den EuGH** nicht notwendig gewesen. Der 11. Senat meinte jedoch danach fragen zu müssen, ob es anstelle einer Mehrwertsteuergruppe unionsrechtlich möglich sei, ein Mitglied der Mehrwertsteuergruppe (den Organträger) zum Steuerpflichtigen zu bestimmen.[434] Diese Frage ist schon schief, weil das Mehrwertsteuerrecht den Begriff der Mehrwertsteuergruppe gar nicht kennt. Der 5. Senat hat daraufhin zur Präzisierung eine weitere Vorlage hinterhergeschoben, die sich mehr auf die Eingliederungsvoraussetzungen bezieht.[435] Beide Verfahren sind mittlerweile Ende 2022 entschieden.[436] Dabei zeigt sich wieder die Gültigkeit der allgemeinen Regel: Schlechte Vorlagefragen führen selten zu hilfreichen Antworten des Gerichtshofs. Die beiden Entscheidungen werfen nämlich neue Fragen auf, die vor allem auf die kaum zu verstehenden Vorlagefragen des 11. Senates des BFH zurückzuführen sind. Daher gibt es nun die nächste Vorlage des BFH, der im Ergebnis das Vorliegen von nicht steuerbaren Innenumsätzen (zu Unrecht) in Zweifel zieht,[437] die aber vom Gerichtshof nun entschieden wurde. Leistungen zwischen Mitgliedern einer Mehrwertsteuergruppe (d.h. innerhalb einer Organschaft) sind auch dann nichtsteuerbar, wenn eins der Mitglieder nicht voll zum Vorsteuerabzug berechtigt ist.[438] Ein Missbrauch kann in den Vorteilen der Organschaft für nicht zum Vorsteuerabzug berechtigte Mitgieder nicht gesehen werden, da insofern bereits keine Gefahr von Steuerverlusten besteht.[439]

Zumindest bestätigt der Gerichtshof im Grundsatz **die grundsätzliche Konformität der deutschen Organschaftsregelungen** mit dem Unionsrecht. Der Konstruktion einer Mehrwertsteuergruppe als eigenständiges Rechtssubjekt bedarf es nach der MwStSystRL jedenfalls nicht.[440] Die Bestimmung eines Organträgers ist ausreichend, wenn dieser Organträger in der Lage ist, seinen Willen bei den anderen Mitgliedern dieser Gruppe durchzusetzen, und somit eine genaue Erhebung der Mehrwertsteuer ermöglicht wird.[441]

Nicht ganz klar sind dann aber die Ausführungen zur **finanziellen Eingliederung**, denn hier hatte der 11. Senat behauptet, dass das UStG **neben einer Stimmrechtsmehrheit auch eine Mehrheitsbeteiligung** verlange. Wie dies mit der Entscheidung vom 1.12.2010 zu vereinbaren sein soll, wonach die Stimmenmehrheit erforderlich ist, also mehr als 50 % der Stimmen an der Organgesellschaft, sofern keine höhere qualifizierte Mehrheit für Beschlüsse in der Organgesellschaft erforderlich ist,[442] hat sich nie erschlossen. Aus unerfindlichen Gründen meinte der EuGH, dass die notwendigen Verbindungen zwischen Organträger und Organgesellschaft nicht eng auszulegen seien, weswegen das Erfordernis der Stimmenmehrheit grds. nicht zusätzlich zur Mehrheitsbeteiligung aufgestellt werden könne.[443] Allerdings müsse der Organträger in der Lage sein, seinen Willen bei den anderen Mitgliedern der Mehrwertsteuergruppe (gemeint sind die Organgesellschaften) durchzusetzen.[444] Wie das bei bloßer Mehrheitsbeteiligung gehen soll, die nicht mit einer Stimmrechtsmehrheit verbunden ist, bleibt dem Leser ein Rätsel. Dies Aussage ist als solche in sich widersprüchlich, mehrwertsteuerrechtlich verfehlt und damit auch kaum umsetzbar. Glücklicherweise hat das vorlegende

427 EuGH v. 25.4.2013 – C-480/10 (Kommission/Schweden), ECLI:EU:C:2013:263 = UR 2013, 423 (427), Rz. 39 a.E.

428 EuGH v. 9.4.2013 – C-85/11 (Kommission/Irland), ECLI:EU:C:2013:217 = UR 2013, 418 Rz. 41.

429 So z.B. Küffner/Streit, UR 2013, 401 (403); Slapio, UR 2013, 407 (410); Birkenfeld, UR 2014, 120 (124); Grünwald, MwStR 2014, 226 (229); v. Streit/Duyfjes, DStR 2014, 399 (404), Fn. 41.

430 BFH v. 2.12.2015 – V R 67/14, UR 2016, 199; BFH v. 3.12.2015 – V R 36/13, UR 2016, 204.

431 Hamacher/Dahm in Anm. zu EuGH v. 25.4.2013 – C-480/10 (Kommission/Schweden), ECLI:EU:C:2013:263 = UR 2013, 423 (428); so wohl auch Birkenfeld, UR 2014, 120 (126); zu weit auch v. Streit/Duyfjes, DStR 2014, 399 (403 f.).

432 So jedoch Wäger, DB 2014, 915 (918) über eine rein zivilrechtliche Argumentation. Dabei übersieht Wäger allerdings, dass der zivilrechtliche Ausgleichsanspruch unabhängig von einer organisatorischen Eingliederung ist und nötigenfalls gerichtlich gegen den Willen der Organgesellschaft bzw. gesellschaftsrechtlich nach Abberufung der Geschäftsführung durchgesetzt werden kann.

433 Ebenso BFH v. 2.12.2015 – V R 67/14, UR 2016, 199.

434 BFH v. 11.12.2019 – XI R 16/18, UR 2020, 338.

435 BFH v. 7.5.2020 – V R 40/19, UR 2020, 541; siehe dazu auch den Aufsatz von Hinder/Broekmann, GmbHR 2020, 884.

436 EuGH v. 1.12.2022 – C-141/20 (Norddeutsche Gesellschaft für Diakonie), ECLI:EU:C:2022:943; EuGH v. 1.12.2022 – C-269/20 (Finanzamt T – Leistungen innerhalb einer Mehrwertsteuergruppe), ECLI:EU:C:2022:944.

437 Vgl. BFH v. 16.1.2023 – V R 22/20 (V R 40/19), UR 2023, 325.

438 EuGH v. 11.7.2024 – C-184/23 (Finanzamt T II), EU:C:2024:599.

439 So ausdrücklich: EuGH v. 11.7.2024 – C-184/23 (Finanzamt T II), EU:C:2024:599, Rn. 46.

440 EuGH v. 1.12.2022 – C-141/20 (Norddeutsche Gesellschaft für Diakonie), ECLI:EU:C:2022:943, Rz. 55 ff.; EuGH v. 1.12.2022 – C-269/20 (Finanzamt T – Leistungen innerhalb einer Mehrwertsteuergruppe), ECLI:EU:C:2022:944, Rz. 48 ff.

441 So ausdrücklich EuGH v. 1.12.2022 – C-141/20 (Norddeutsche Gesellschaft für Diakonie), ECLI:EU:C:2022:943, Rz. 56; EuGH v. 1.12.2022 – C-269/20 (Finanzamt T – Leistungen innerhalb einer Mehrwertsteuergruppe), ECLI:EU:C:2022:944, Rz. 49.

442 BFH v. 1.12.2010 – XI R 43/08, BStBl. II 2011, 600.

443 EuGH v. 1.12.2022 – C-141/20 (Norddeutsche Gesellschaft für Diakonie), ECLI:EU:C:2022:943, Rz. 67.

444 EuGH v. 1.12.2022 – C-141/20 (Norddeutsche Gesellschaft für Diakonie), ECLI:EU:C:2022:943, Rz. 70.

Gericht noch zu prüfen, ob das Erfordernis der Stimmrechtsmehrheit zusätzlich zu dem Erfordernis der Mehrheitsbeteiligung auch der Verhinderung von missbräuchlichen Praktiken etc. dient.[445] Da die Stimmrechtsmehrheit aber gar nicht zusätzlich zur Mehrheitsbeteiligung nötig ist, sondern das alleinige Kriterium zur verlässlichen Bestimmung eines Organträgers darstellt und es auch nur einen Organträger geben kann, der seinen Willen durchsetzen kann, dürfte insoweit alles beim Alten bleiben. Eine **Mehrmütterorganschaft** hat der EuGH damit jedenfalls nicht gefordert.

Die bedenklich restriktiven Tendenzen der Rechtsprechung des BFH im Rahmen der **wirtschaftlichen Eingliederung**[446] und der **organisatorischen Eingliederung**[447] dürften sich im Hinblick auf die Vorgaben des EuGH allerdings nicht länger halten lassen. Das Ziel der Verhinderung missbräuchlicher Praktiken und der Vermeidung der Steuerhinterziehung oder -umgehung verlangt insofern nicht den Ausschluss einer abweichenden Willensbildung bei der Organgesellschaft,[448] sondern nur, dass sich die Eingliederung auf einen einzigen Organträger bezieht.

Die Organschaft tritt dem Wortlaut nach ein, wenn die Eingliederungsvoraussetzungen gegeben sind. Umstritten ist jedoch, ob die Folgen nicht doch nur nur auf Antrag eintreten, mithin ein **Wahlrecht des Steuerpflichtigen** besteht.[449] Der Sinn und Zweck der Organschaft spricht für ein solches Wahlrecht, da der verringerte Verwaltungsaufwand allein zugunsten des Steuerpflichtigen wirken kann. Sofern dieser einen höheren Verwaltungsaufwand freiwillig in Kauf nimmt, ist der Sinn und Zweck der Organschaftsregelungen nicht einschlägig. Die ablehnende Ansicht des BFH führt außerdem dazu, dass die **Organschaftsregelungen dazu missbraucht werden**, die eigentlichen **Haftungstatbestände der §§ 69 ff. AO zu erweitern**, was insbesondere wegen der auf das Inland beschränkten Wirkung der Organschaft ein Problem mit Art. 3 Abs. 1 GG hervorruft.[450] Umgekehrt endet die Organschaft von Gesetzes wegen mit Wegfall der tatbestandlichen Voraussetzungen (in der Praxis relevant ist die Eröffnung des Insolvenzverfahrens über die Organgesellschaft oder den Organträger[451]). 139

Organgesellschaft kann nach der gesetzlichen Regelung in § 2 Abs. 2 Nr. 2 UStG nur eine **juristische Person** sein. Das sog. organschaftsähnliche Verhältnis, nach der auch Personengesellschaften des Handelsrechts unselbstständig i. S. d. § 2 Abs. 2 Nr. 1 UStG sein konnten, wurde von der Rspr. in den 1970er-Jahren aufgegeben.[452] Daher sollten nach ganz h. M. daher auch nur **juristische Personen** des bürgerlichen Rechts als **Organgesellschaften** in Betracht kommen, sodass andere Rechtsformen (insbesondere Personengesellschaften) allenfalls als **Organträger** fungieren können.[453] Letztendlich wurde damit der Begriff der „juristischen Person" i. S. von § 2 Abs. 2 Nr. 2 UStG rein zivilrechtlich verstanden. Dies war schon immer bedenklich,[454] weil eigentlich anerkannt ist, dass die Regelungen 140

---

445 EuGH v. 1.12.2022 – C-141/20 (Norddeutsche Gesellschaft für Diakonie), ECLI:EU:C:2022:943, Rz. 69.

446 Vgl. dazu D. Hummel MwStR 2013, 294 (298 ff.); ähnlich auch v. Streit, UStB 2013, 295 (300).

447 Vgl. zuletzt nur BFH v. 8.8.2013 – V R 18/13, UR 2013, 785 m. Anm. Slapio; immer noch restriktiv BFH v. 2.12.2015 – V R 15/14, UR 2016, 192 mithilfe des Aspekts der Rechtssicherheit (der hier zulasten des Steuerpflichtigen angewendet wird). Dagegen zutreffend v. Streit, UStB 2013, 295 (300).

448 A. A. offenbar BFH v. 2.12.2015 – V R 15/14, UR 2016, 192; offenlassend hingegen BFH v. 19.1.2016 – XI R 38/12, UR 2016, 312.

449 So Stadie, UStG, § 2 Rz. 269 ff.; Stadie in: R/D, § 2 Rz. 910 ff. (Okt. 2023); FG Rh.-Pf. v. 11.3.2008–6 V 2395/07, UR 2008, 542 (rkr.); a. A. BFH v. 17.1.2002 – V R 37/00, BStBl. II 2002, 373 (376); BFH v. 28.11.2002 – V B 126/02, BFH/NV 2003, 515 (515); BFH v. 29.10.2008 – XI R 74/07, BStBl. II 2009, 256; Reiß in: R/K/L § 2 Rz. 120.1 (Mai 2016); nicht hilfreich Heidner, UR 2006, 308 – „ausgepaukte Frage".

450 Dazu ausführlich Stadie in: R/D, § 2 Rz. 919 (Okt. 2023).

451 Die Organschaft endet u. a. wegen Wegfalls der organisatorischen Eingliederung mit Eröffnung des Insolvenzverfahrens über das Vermögen des Organs und schon im Eröffnungsverfahren mit der Einsetzung eines starken Insolvenzverwalters, nicht aber schon eines vorläufigen schwachen Insolvenzverwalters, vgl. BFH v. 08.08.2013 – V R 18/13, BStBl. II 2017, 543 = DB 2013, 2065; v. 24.08.2011 – V R 53/09, BStBl. II 2012, 56. Auch die Eröffnung des Insolvenzverfahrens über das Vermögen des Organträgers lässt die Organschaft entfallen, so zutreffend BFH v. 15.12.2016 – V R 14/16, BStBl. II 2017, 600; BMF Abschn. 2.8. Abs. 12 UStAE; S. aber BFH v. 27.11.2019 – XI R 35/17, BB 2020, 533 (keine Beendigung der Organschaft durch Anordnung der vorläufigen Eigenverwaltung unter Bestellung eines vorläufigen Sachwalters und Erlass einer Anordnung i. S. d. § 21 Abs. 2 S. 1 Nr. 3 InsO).

452 BFH v. 07.12.1978 – V R 22/74, BStBl. II 1979, 356; dazu Weiß UR 1979, 97.

453 Vgl. Stadie in: R/D, § 2 Rz. 838 ff. (Okt. 2023); unter Ausnahme der GmbH & Co KG: Lippross, USt, Kap. 2.8.3.2.3.2.b (S. 464); so noch Klenk in: S/R, § 2 Rz. 100 (April 2010); BFH v. 20.12.1973 – V R 87/70, BStBl. II 1974, 311 (311 f.).

454 Vgl. umfassend dazu Birkenfeld, UR 2008, 2 ff. und D. Hummel, UR 2010, 207 ff.; die Vereinbarkeit mit dem Unionsrecht offenbar nicht für zweifelsfrei haltend Treiber in: S/R, § 2 Rz. 162 (März 2023); ähnlich zeitweise auch Stadie in: R/D, § 2 Rz. 839 ff. (Juli 2011); anders nun BMF Abschn. 2.8. Abs. 5 a UStAE, welches nunmehr dezidiert die finanzielle Eingliederung einer Personengesellschaft näher erläutert.

des Umsatzsteuerrechts autonom auszulegen sind[455] und auch im Zivilrecht mittlerweile umstritten ist, ob eine Personengesellschaft „nur“ teilrechtsfähig oder sogar als juristische Person vollrechtsfähig ist.[456] Mit der Modernisierung des Gesellschaftsrechts durch das MoPeG,[457] welches zum 1.1.2024 in Kraft getreten ist, sollte endgültig geklärt sein, dass die zivilrechtlichen Unterschiede bei der Behandlung von künstlichen Rechtspersonen keine Auswirkung auf die Auslegung des Umsatzsteuergesetzes haben können.

Die **zivilrechtlichen Unterschiede**[458] zwischen einer juristischen Person (strikte Trennung zwischen Gesellschafts- und Gesellschafterebene, Existenz unabhängig vom Fortbestand einer Gesellschaftermehrzahl, Drittorganschaft) und einer Personengesellschaft (Selbstorganschaft, Erlöschen bei Wegfall des vorletzten Gesellschafters, [abdingbarer] Grundsatz der Einstimmigkeit) **sind** für den Sinn und Zweck der umsatzsteuerrechtlichen Organschaft **ohne Bedeutung**.[459] Sie verhindern weder einen entsprechenden **Verwaltungsaufwand** noch eine entsprechende **Eingliederung** (i. S. einer Beherrschung) in einen Organträger und sagen auch nichts über die umsatzsteuerrechtlich nach § 15 Abs. 2 UStG gebotene Kostenbelastung mit Umsatzsteuer innerhalb des Unternehmensverbunds aus.[460] Damit **fehlt ein sachlicher Grund**, warum nur Unternehmer mit eingegliederten juristischen Personen des Privatrechts in den Genuss der umsatzsteuerrechtlichen Wirkung einer Organschaft kommen sollen, Unternehmer mit eingegliederten Personengesellschaften hingegen nicht.

Als Lösung bietet sich bereits eine **verfassungskonforme** – und vom Zivilrecht losgelöste – **Auslegung des Begriffs der juristischen Person** i. S. des § 2 Abs. 2 Nr. 2 Satz 1 UStG an, wonach der Begriff allein als Gegensatz zu dem Begriff der (nicht beherrschbaren) natürlichen Person zu verstehen ist, sodass auch andere (beherrschbare) Rechtsformen (insbesondere [teil-]rechtsfähige **Personengesellschaften**) **darunterfallen**.[461] Diese erweiternde Auslegung des Begriffs der **juristischen Person** kann sich dabei sogar an die Auslegung des BVerfG im Rahmen des Art. 19 Abs. 3 GG anlehnen (Rz. 14.220 m. w. N.). So sind die OHG, die KG, die Partnerschaftsgesellschaft und auch die Außen-GbR als grundrechtsfähig i. S. des Art. 19 Abs. 3 GG angesehen und damit im Ergebnis mit juristischen Personen i. S. des Zivilrechts gleichgestellt worden.[462] Letzteres ist aufgrund verfassungskonformer (Art. 3 Abs. 1 GG) Auslegung auch für den Begriff der juristischen Person i. S. von § 2 Abs. 2 Nr. 2 Satz 1 UStG geboten.

Art. 11 MwStSystRL enthält demgegenüber keine entsprechende Einschränkung für die Mitgliedschaft in einer Mehrwertsteuer-Gruppe. Anders als nach § 2 Abs. 2 Nr. 2 UStG wird auch keine Eingliederung/Unterordnung in das Unternehmen des herrschenden Organträgers verlangt. Vielmehr könnten danach auch Personengesellschaften und gleichgeordnete Personen als Mitglieder einer Mehrwertsteuer-Gruppe zusammen als ein Steuerpflichtiger behandelt werden.

---

455 Beispielhaft Stadie in: R/D, Einf. Rz. 706 ff. (Jan. 2024); im Hinblick auf die Befreiungsvorschriften Heidner, UR 2006, 74 (76); BFH v. 25.5.2000 – V R 48/99, BFH/NV 2000, 1315 = UR 2000, 430 (432); auch BFH v. 18.1.2005 – V R 53/02, BStBl. II 2007, 730 = UR 2005, 375 (376), allerdings für den Begriff der Geschäftsveräußerung im Ganzen.

456 Dazu ausführlich D. Hummel in Mössner/Lampert u. a., Steuerrecht international tätiger Unternehmen, Rz. 14.216 ff. m. w. N.

457 Gesetz zur Modernisierung des Personengesellschaftsrechts (Personengesellschaftsrechtsmodernisierungsgesetz – MoPeG) v. 10.8.2021; BGBl. I 2021, 2436 ff.

458 Vgl. dazu ausführlich Habermeier in Staudinger, BGB, 13. Aufl., Vorbem. zu §§ 705–740 Rz. 28 ff. sowie Schäfer in MüKo BGB, Bd. 6, 7. Aufl., § 705 Rz. 307 ff., wobei Habermeier davon spricht, dass die Unterscheidung an Bedeutung verliert; dagegen wird häufig vertreten, dass eine Personengesellschaft als juristische Person zu verstehen sei – so von Raiser, AcP 194 (1994), 495 ff.; Raiser, AcP 199 (1999), 104 ff.; Raiser in FS Zöllner, 1998, 469 ff.; Timm, ZGR 1996, 247 (251 ff.); wohl auch Hadding in FS Kraft, 1998, 137 ff.; Hadding, ZGR 2001, 712 ff.; wohl auch Schmidt, ZGR 1998, 633 ff.; Mülbert, AcP 199 (1999), 38 (66 f.).

459 A. A. offenbar immer noch BFH v. 2.12.2015 – V R 25/13, UR 2016, 185.

460 Ebenso auch Birkenfeld, UR 2008, 2 ff.

461 Vgl. zum Ganzen ausführlich D. Hummel, UR 2010, 207 ff.; so nun auch v. Streit, UStB 2013, 295 (299); Slapio, UR 2013, 407 (411); ähnlich für das Zivilrecht, wonach der Begriff der juristischen Person nur die gesetzlich angeordnete Rechtsfähigkeit im Gegensatz zu der angeborenen Rechtsfähigkeit einer natürlichen Person meint – vgl. Hadding in FS Kraft, 1998, 137 (142 ff.); Hadding, ZGR 2001, 712 (718).

462 Diese Begründung ablehnend Stadie in: R/D, § 2 Rz. 846 (Okt. 2023).

Auf Vorlage des XI. Senates hat der EuGH[463] entschieden, dass Art. 4 Abs. 4 der 6. Richtlinie (jetzt Art. 11 MwStSystRL) der Beschränkung auf juristische Personen als Organgesellschaften und damit der Ausschluss von Personengesellschaften als Organgesellschaften im nationalen Recht nach § 2 Abs. 2 Nr. 2 UStG grundsätzlich entgegenstehe, es sei denn dieser Ausschluss sei eine geeignete Maßnahme zur Vermeidung von Steuerhinterziehungen. Daher ist spätestens nun § 2 Abs. 2 Nr. 2 UStG „richtlinienkonform" dahingehend auszulegen, dass auch Personengesellschaften als „juristische Person" zu behandeln seien und demzufolge in das Unternehmen eines Organträgers eingegliedert werden können.[464]

Insofern konnte der BFH mithilfe des EuGH[465] endlich überzeugt werden, dass eine **Differenzierung anhand der Rechtsform** – mag sie der damalige Gesetzgeber evtl. auch bewusst vorgesehen haben – im Anwendungsbereich der Organschaft nicht gerechtfertigt ist. Die vom EuGH genannten Rechtfertigungsgründe der Verhinderung missbräuchlicher Praktiken etc. dürften für die differenzierte Betrachtung der unterschiedlichen Rechtsformen (d.h. von Personengesellschaften und Kapitalgesellschaften) nicht ansatzweise einschlägig sein. Dem haben sich im Grundsatz nunmehr auch der V. und der XI. Senat des BFH angeschlossen.[466] Die dogmatische Lösung des V. Senates über eine *teleologische Extension*[467] ist allerdings wenig überzeugend, da der Begriff der juristischen Person nicht zwingend – wie bereits Art. 19 Abs. 3 GG zeigt – im technischen Sinne verstanden werden muss.[468] Hier hilft eine ganz „normale" teleologische Auslegung, wie sie wohl auch der XI. Senat zu Recht vorgenommen hat.[469] Bedenklich ist allerdings wieder die fehlende Abstimmung der beiden Umsatzsteuersenate, die nach dem klaren Wortlaut der Entscheidungen doch divergieren.[470]

Insofern bedurfte es einer Vorlage des FG Berlin-Brandenburg,[471] auf die hin der EuGH dann völlig zu Recht klargestellt hat, dass Art. 11 der Mehrwertsteuerrichtlinie im Licht der **Grundsätze der Rechtssicherheit**, der **Verhältnismäßigkeit** und der **steuerlichen Neutralität** einer nationalen Regelung entgegensteht, die die Möglichkeit für eine Personengesellschaft, zusammen mit dem Unternehmen des Organträgers eine Mehrwertsteuergruppe zu bilden, davon abhängig macht, dass die Gesellschafter der Personengesellschaft neben dem Organträger nur Personen sind, die in dieses Unternehmen finanziell eingegliedert sind.[472] Es war auch kaum vorstellbar, dass er diese feinsinnige Differenzierung des BFH im Anwendungsbereich eines doch recht rechtsformunabhängigen Mehrwertsteuerrechts tolerieren würde. Der BFH hat sich dieser (schon immer zutreffenden) Erkenntnis nunmehr auch angeschlossen.[473]

Organträger kann jedes unternehmerfähige Gebilde sein. Der Organträger muss aber tatsächlich Unternehmer i.S.d. § 2 Abs. 1 UStG sein. [474] Eine reine Holdinggesellschaft[475] soll nach h.M. daher nach § 2 UStG als Organträger nicht in Betracht kommen. Dies ist zweifelhaft (zum mittelbaren Unternehmer s. Rn. 138). Zu Art. 11 MwStSystRL hat der EuGH allerdings entschieden, dass ein nationales Gesetz auch einen Nichtunternehmer als Mitglied einer MwSt-Gruppe zulassen kann, die dann insgesamt als Steuerpflichtiger zu behandeln ist.[476] Das kann insbesondere für reine Holdinggesellschaften von Bedeutung sein.

463 EuGH v. 16.07.2015 – C-108/14 und C-109/14 (Larentia + Minerva), BStBl. II 2017, 604 = MwStR 2015, 583 mit Anm. Grünwald auf Vorlage v. BFH v. 11.12.2013 – XI R 38/12 und XI R 17/11, BStBl. II 2014, 428 und 417.

464 So auch Boor UR 2013, 729; dezidiert anders aber Endres, Mehrwertsteuergruppe nach Art. 11 MwStSystRL, Köln 2016, 74f.; Hummel UR 2015, 678; wohl auch Nieskens BB 2015, 2074. So jetzt auch BFH v. 19.01.2016 – XI R 38/12, BStBl. II 2017, 567 = MwStR 2016, 262 (Nachfolgeentscheidung Larentia + Minerva – kapitalistisch geprägte GmbH & Co. KG als „juristische Person" zulässige Organgesellschaft).

465 EuGH v. 16.7.2015 – C-108/14 u.a. (Larentia + Minerva), ECLI:EU:C:2015:496 = UR 2015, 722 Rz. 38ff.

466 BFH v. 19.1.2016 – XI R 38/12, UR 2016, 312; v. 2.12.2015 – V R 25/13, UR 2016, 185; v. 3.12.2015 – V R 36/13, UR 2016, 204.

467 So ausdrücklich BFH v. 2.12.2015 – V R 25/13, UR 2016, 185 Rz. 38ff.

468 So aber wohl Birkenfeld, UR 2014, 120 (126f.) – eindeutiger Wortlaut. Angesichts des gleichlautenden Wortlauts bei Art. 19 Abs. 3 GG ist dies allerdings ein eher merkwürdiges Argument. Zweifelnd hinsichtlich einer unionsrechtskonformen Auslegung aber v. Streit, UStB 2013, 295 (301).

469 Der BFH v. 19.1.2016 – XI R 38/12, UR 2016, 312 spricht von einer richtlinienkonformen Auslegung.

470 BFH v. 19.1.2016 – XI R 38/12, UR 2016, 312 – Personengesellschaft, an der der Organträger unter 100 % beteiligt war; BFH v. 2.12.2015 – V R 25/13, UR 2016, 185 – muss zu 100 % beteiligt sein. Warum deshalb keine Vorlage an den Großen Senat des BFH notwendig sein sollte, erschließt sich einem dabei kaum – so aber ausdrücklich BFH v. 19.1.2016 – XI R 38/12, UR 2016, 312 Rz. 94.

471 FG Berlin-Brandenburg v. 21.11.2019–5 K 5044/19, UR 2020, 145.

472 EuGH v. 15.4.2021 – C-868/19 (Finanzamt für Körperschaften Berlin), ECLI:EU:C:2021:285 = UR 2021, 392.

473 BFH v. 16.3.2023 – V R 14/21 (V R 45/19), UR 2023, 404 Rn. 19.

474 BFH v. 12.10.2016 – XI R 30/14, BStBl. II 2017, 597 = DStR 2017, 198 und v. 02.12.2015 – V R 67/14, BStBl. II 2017, 560 = MwStR 2016, 247 (unionskonforme Einschränkung zur Verhinderung von Missbrauch) mit (zust.) Anmerkung Heuermann DB 2016, 608 und Wäger UR 2016, 173. So im Ergebnis auch BFH v. 10.08.2016 – XI R 41/14, BStBl. II 2017, 590 = DStR 2016, 2959 (danach jedenfalls keine unmittelbare Wirkung des Unionsrechtes); ablehnend bzgl. Unionsrechtskonformität hingegen Englisch UR 2016, 822, 826f. Danach zwar geltendes Recht nach § 2 Abs. 2 Nr. 2 UStG, aber unionsrechtswidrig, nicht verhältnismäßig und Verstoß gegen das Neutralitätsprinzip.

475 Vgl. BFH v. 09.10.2002 – V R 64/99, BStBl. II 2003, 375.

476 EuGH v. 09.04.2013 – C-85/11 (Kommission/Irland), UR 2013, 418; s. dazu auch Endres UR 2015, 853 (Zulassung von Nichtsteuerpflichtigen [Holdinggesellschaften] sei unionsrechtlich sogar zwingend geboten, sofern der Mitgliedstaat überhaupt eine Gruppenbesteuerung vorsieht!).

Auch bei der an sich zutreffenden Auslegung des Art. 11 MwStSystRL durch den EuGH stellen die in § 2 Abs. 2 Nr. 2 UStG demgegenüber bestehenden Einschränkungen grundsätzlich keine richtlinienwidrige Regelung dar.[477] Denn Art. 11 MwStSystRL räumt dem nationalen Gesetzgeber lediglich das Wahlrecht ein, eine Gruppenbesteuerung einzuführen. Da er mithin auch berechtigt ist, überhaupt keine Gruppenbesteuerung vorzusehen, ist er richtigerweise auch berechtigt, ihre Einführung von der Erfüllung bestimmter Kriterien abhängig zu machen, u. a. dass Mitglieder des Organkreises nur Unternehmer werden und sein können. Die Auffassung des EuGH, dass der nationale Gesetzgeber nur berechtigt sei, von Art. 11 MwStSystRL umfassend Gebrauch zu machen oder es insgesamt zu lassen, entbehrt jeder Logik.[478]

Der EuGH[479] hat insoweit zutreffend entschieden, dass es einem Mitgliedstaat erlaubt ist, die Gruppensteuerung nur für einen bestimmten Wirtschaftssektor einzuführen – in concreto für den (weitgehend befreiten) Finanzsektor. Wettbewerbsverzerrungen für in anderen Wirtschaftssektoren tätige Unternehmen im selben Mitgliedstaat können davon nicht ausgehen.

141 Die Folgen der Organschaft sind:

- Die Umsätze der Organtochter werden der Organmutter zugerechnet; Unternehmer/Steuerpflichtiger ist nur der Organträger. Umsatzsteuerlich ist die Organgesellschaft ein unselbstständiger Teil des Organträgers.[480]
- Für den Organkreis wird eine einheitliche Umsatzsteuererklärung abgegeben, es erfolgt eine einheitliche Steuerfestsetzung.
- Innerhalb des Organkreises gibt es keinen Leistungsaustausch und keinen Vorsteuerabzug.
- Rechnungen innerhalb des Organkreises stellen keine Rechnung im umsatzsteuerrechtlichen Sinne dar; daher wird auch nicht nach § 14c Abs. 1 oder Abs. 2 UStG eine zu Unrecht ausgewiesene Steuer geschuldet.[481]
- Die Organgesellschaften haften für die gesamten Umsatzsteuern des Organkreises (§ 73 AO).[482]

Steuerschuldner und Steuervergütungsgläubiger ist nur der Organträger.

Die **Wirkungen** der Organschaft sind auf **Innenleistungen zwischen den im Inland gelegenen Unternehmensteilen beschränkt**. Dies entspricht Art. 11 MwStSystRL, wobei dessen primärrechtliche Übereinstimmung mit den Grundfreiheiten derzeit infrage gestellt wird.[483] Diese Unternehmensteile sind als ein Unternehmen zu behandeln (§ 2 Abs. 2 Nr. 2 Satz 2 und 3 UStG).[484] Die Organschaft kann auch durch Eingliederung in ein im Ausland ansässiges Unternehmen begründet werden. In einem solchen Fall, d. h., wenn der **Organträger** seine Geschäftsleitung **im Ausland** hat, **gilt** der **wirtschaftlich bedeutendste Unternehmensteil im Inland als Unternehmer** (§ 2 Abs. 2 Nr. 2 Satz 4 UStG).[485] Die Folge ist, dass dieses inländische Unternehmen und die im Ausland belegenen Teile sich als selbstständige Unternehmer gegenüberstehen und für ihre umsatzsteuerrechtlichen Beziehungen die allgemeinen Regeln gelten.

---

477 So aber bereits Küffner/Streit UR 2013, 401; zweifelnd Heinrichshofen EU-UStB 2013, 46; Slapio UR 2013, 407; Boor UR 2013, 729; Grünwald MwStR 2013, 328; FG München v. 13.03.2013–3 K 235/10, EFG 2013, 1434, aufgehoben durch BFH v. 02.12.2015 – V R 25/13, BStBl. II 2017, 547.

478 Reiß UR 2016, 739, 746; dem zustimmend auch Englisch UR 2016, 822, 823.

479 EuGH v. 25.04.2010 – C-480/10 (Kommission/Schweden), UR 2013, 423 mit Anm. Grube MwStR 2013, 279.

480 EuGH v. 22.05.2008 – C-162/07 (Ampliscientifica SrL und Amplifin SpA), UR 2008, 534; vgl. auch BFH v. 10.08.2017 – V R 64/16 (GmbH als Organ eines Landwirtes, Lieferungen der GmbH unterliegen dann der Besteuerung nach Durchschnittssätzen gemäß § 24 UStG); v. 29.10.2008 – XI R 74/07, UR 2009, 47 (nur eine steuerfreie Grundstückslieferung durch den Organträger, obwohl zivilrechtlich getrennte Grundstücksübereignung durch Organträger und Gebäudeerrichtung durch Organgesellschaft!).

481 BFH v. 28.10.2010 – V R 7/10, BStBl. II 2011, 391.

482 BFH v. 05.10.2004 – VII R 76/03, BStBl. II 2006, 3; s. aber Reiß in: R/K/L § 2 Rn. 104 f. (Mai 2016)

483 Widmann, UR 2012, 32 (34); ähnlich Birkenfeld, UR 2010, 198 (202 f.).

484 Dazu näher Stadie in: R/D, § 2 UStG Rz. 1050 ff. (Okt. 2023).

485 Von Bedeutung für § 21 AO (zuständiges FA).

Beispiel

Die im Inland ansässige M-AG hat im Inland eine Organgesellschaft T1-GmbH und in den Niederlanden eine Tochtergesellschaft T2-NV. Die T1 unterhält in Belgien eine Betriebsstätte. Die M veräußert Waren an beide Tochtergesellschaften, wobei die Hälfte der an T1 verkauften Ware zu deren Betriebsstätte in Belgien befördert wird.

Die T2-NV und die Betriebsstätte der T1-GmbH sind nicht im Inland belegen, sodass die Organschaftswirkungen insoweit nicht eintreten und folglich steuerbare Umsätze vorliegen, die allerdings steuerfrei nach § 4 Nr. 1 Buchst. b i. V. m. § 6 a UStG sind.

Im Inland belegene Unternehmensteile von Organträger und -gesellschaften werden aber weiterhin als ein Unternehmen behandelt. Im Verhältnis zu ausländischen Organgesellschaften liegen hingegen steuerbare Umsätze vor.[486] Jede Organgesellschaft erhält deshalb eine eigene USt-IdNr. (§ 27 a Abs. 1 UStG). Bei innergemeinschaftlichen Lieferungen innerhalb des Organkreises liegen befreite innergemeinschaftliche Lieferungen und ein Erwerb vor. Es handelt sich um echte Lieferungen und nicht lediglich um gleichgestelltes innerunternehmerisches Verbringen.

Auch wenn die Wirkungen der Organschaft auf das Inland beschränkt sind, meint dies nur, dass eine im Ausland ansässige Organgesellschaft oder ein im Ausland ansässiger Organträger nicht in den Organkreis einbezogen werden kann. Davon unberührt bleibt die Selbstständigkeit oder Unselbstständigkeit der einzelnen Gesellschaft oder Betriebsstätte. Diese im Ausland ansässigen Gesellschaften bleiben genauso selbstständig, wie Betriebsstätten bzw. feste Niederlassungen unselbstständig bleiben. Eine Organschaft kann daran nichts ändern. Die Folge davon ist, dass Warenbewegungen zwischen einer Niederlassung aus dem Ausland zum inländischen Stammhaus umsatzsteuer- und mehrwertsteuerrechtlich (oder umgekehrt) unbeachtlich sind. Es kann *per definitionem* keine Leistungsbeziehungen zwischen einem nicht selbstständigen Teil eines Steuerpflichtigen (feste Niederlassung) und dem „Rest“ des Steuerpflichtigen (Stammhaus) geben. Dies gilt entgegen der verfehlten Rechtsprechung des EuGH auch dann, wenn „von einer Hauptniederlassung in einem Drittland zugunsten einer Zweigniederlassung in einem Mitgliedstaat Dienstleistungen erbracht werden und die Zweigniederlassung einer Gruppe von Personen angehört, die als ein einziger Mehrwertsteuerpflichtiger angesehen werden können“.[487]

An dieser Entscheidung ist bereits unklar, wie es mehrwertsteuerrechtlich überhaupt möglich sein soll, dass ein **Stammhaus eine Dienstleistung an eine Betriebsstätte** erbringen kann. Ein steuerbarer Umsatz setzt grundsätzlich zwei Personen (den Leistenden und den Leistungsempfänger) voraus. Ein Konsumguttransfer innerhalb einer Person ist ein nicht steuerbarer Vorgang. Der Kopf einer Person kann auch keine Dienstleistung an seinen linken Arm erbringen. Dies hat den EuGH jedoch nicht davon abhalten können, die oben genannte Rechtsprechung[488] zu bestätigen und auszuführen, dass die in einem Mitgliedstaat ansässige Hauptniederlassung einer Gesellschaft, die zu einer Mehrwertsteuergruppe im Sinne von Art. 11 gehört, und die in einem anderen Mitgliedstaat ansässige Zweigniederlassung dieser Gesellschaft für Mehrwertsteuerzwecke als getrennte Steuerpflichtige anzusehen sind, wenn die Hauptniederlassung für die Zweigniederlassung Dienstleistungen erbringt und ihr die Kosten für diese Dienstleistungen zurechnet.[489] Auch hier bleibt offen, wie dies gehen soll.

486 Vgl. Abschn. 2.9. UStAE.

487 So EuGH v. 17.9.2014 – C-7/13 (Skandia America Corp., USA, filial Sverige), ECLI:EU:C:2014:2225, Tenor; vgl. dazu v. Streit/Streit, MwStR 2014, 714 ff.

488 Zur Kritik siehe nur Stadie, UStG, § 2 Rz. 340.

489 EuGH v. 11.3.2021 – C-812/19 (Danske Bank), ECLI:EU:C:2021:196, Tenor.

142 Die Beschränkung der Organschaftswirkungen auf das Inland gewährleistet das **Bestimmungslandprinzip** und ist insoweit mit der Niederlassungsfreiheit nach Art. 49 AEUV vereinbar.

Beispiel

Die in Frankreich ansässige Versicherungsgesellschaft O erbringt gegenüber ihrer in Deutschland ansässigen Versicherungs-Tochtergesellschaft Datenverarbeitungsleistungen gegen Entgelt.
Würde die Organschaft umsatzsteuerrechtlich über die Grenze wirken, so lägen nicht steuerbare Innenumsätze vor. Die ausländische Muttergesellschaft könnte die der Datenverarbeitung zuzurechnenden französischen Vorsteuern nicht vergütet erhalten, da die zugrunde liegenden Leistungen für Versicherungsumsätze verwendet werden, die den Vorsteuerabzug ausschlössen, wenn sie im französischen Inland ausgeführt würden (vgl. Art. 169 Buchst. a i. V. m. Art. 135 Abs. 1 Buchst. a MwStSystRL[490]).
Bei Beschränkung der Organschaftswirkungen auf im Inland ansässige Personen führt die französische Muttergesellschaft hingegen in Deutschland steuerbare (§ 3a Abs. 2 UStG) und steuerpflichtige (Datenverarbeitungsleistungen unterliegen keiner Steuerbefreiung) sonstige Leistungen aus, die sie nunmehr zum Abzug der französischen Vorsteuern berechtigt. Die deutsche Tochtergesellschaft schuldet die deutsche Umsatzsteuer gem. § 13b Abs. 5 i. V. m. Abs. 1 UStG (Rz. 14.144 ff.). Damit ist sichergestellt, dass die sonstigen Leistungen in dem Mitgliedstaat umsatzsteuerlich belastet werden, in dem diese verbraucht werden.

IV. Beginn und Ende der Unternehmereigenschaft

143 **§ Fall 18: Der erfolglose Unternehmer**

A und B gründeten am 01.04.2021 (Gesellschaftsvertrag) die A-Bau GmbH. Diese wurde am 01.06.2021 eingetragen. Die GmbH erwarb am 01.05.2021 eine Betonmischmaschine für 20.000 € zzgl. 3.800 € USt. Nach einem Zerwürfnis zwischen A und B lösten diese die GmbH wieder auf. Sie wurde nach Abwicklung noch in 2021 gelöscht. Die Betonmischmaschine wurde verschrottet. Umsätze hat die GmbH nicht getätigt. Sie begehrt für 2021 den Vorsteuerabzug.

144 I. Der Vorsteuerabzug steht nach § 15 UStG nur Unternehmern i. S. d. § 2 UStG zu. Unstreitig beginnt die Unternehmereigenschaft bereits mit **Vorbereitungshandlungen** vor der Ausführung eigener Umsätze. Zeitlich ist damit bereits in Voranmeldungs- und Besteuerungszeiträumen der Vorsteuerabzug möglich, in denen noch keine Ausgangsumsätze getätigt wurden.
Nach wohl h. M. soll für die Unternehmereigenschaft i. S. des Umsatzsteuerrechts nicht entscheidend sein, ob der Unternehmer eine eigene Rechtsfähigkeit besitzt.[491] Dies ist mehr als zweifelhaft, weil das Merkmal der unternehmerischen Tätigkeit verlangt, dass der Unternehmer nach außen zur Verfolgung eines unternehmerischen Zwecks aufgetreten ist. Sollte dies der Fall sein, dann liegt im Zweifel eine **Außen-GbR** i. S. der § 705 ff. BGB vor,[492] deren (Teil-)Rechtsfähigkeit mittlerweile anerkannt ist.[493] Relevant wird diese Fragestellung insbesondere bei bloßen Gemeinschaften (wie z. B. einer Miteigentümergemeinschaft nach §§ 741 ff. BGB). Wie *Schön*[494] schon damals überzeugend dargelegt hat, **verlangt** eine **unternehmerische Tätigkeit** i. S. des § 2 UStG **mehr als die schlichte, zufällige dingli-**

490 Entsprechend § 15 Abs. 2 Satz 1 Nr. 2 i. V. m. § 4 Nr. 10 Buchst. a UStG (Rz. 14.443 f.).

491 BFH v. 1.10.1998 – V R 31/98, BStBl. II 2008, 497 (499); BFH v. 19.12.1991 – V R 35/87, BFH/NV 1992, 569 (570); BFH v. 25.3.1993 – V R 42/89, BStBl. II 1993, 729 (730); so noch Klenk in: S/R, § 2 Rz. 10 (Apr. 2010); missverständlich BFH v. 3.11.2005 – V R 53/03, BFH/NV 2006, 841 (843); unklar Treiber in: S/R, § 2 Rz. 15 (März 2023).

492 Zutreffend Stadie in: R/D, § 2 Rz. 115 (Okt. 2023); Schön, DStJG, Bd. 13 (1990), 81, 90; D. Hummel, Bauten auf fremdem Grund und Boden (Diss.), S. 207; das Vorliegen einer „Außen-GbR" übersehend: BFH v. 6.9.2007 – V R 41/05, BStBl. II 2008, 65 (68); ausdrücklich ablehnend BFH v. 9.9.1993 – V R 63/89, BFH/NV 1994, 589 (589).

493 Vgl. BGH v. 29.1.2001 – II ZR 331/00, NJW 2001, 1056; ebenso dann BGH v. 18.2.2002 – II ZR 331/00, NJW 2002, 1207 (Folgeentscheidung); v. 16.7.2001 – II ZB 23/00, NJW 2001, 3121; v. 24.2.2003 – II ZR 385/99, NJW 2003, 1445.

494 Schön, DStJG, Bd. 13 (1990), 81 (87).

che Berechtigung an einem Gegenstand.[495] Bei einem Auftreten einer Gemeinschaft nach außen überlagert die dadurch entstehende (rechtsfähige) GbR die dingliche (nicht rechtsfähige) Gemeinschaft, sodass es der **Fiktion einer nach außen handelnden** (nicht rechtsfähigen) **Bruchteilsgemeinschaft**[496] auch **nicht bedarf.**[497] Mittlerweile hat das der BFH auch eingesehen und entschieden, dass eine **Bruchteilsgemeinschaft nicht Unternehmer** sein kann.[498] Ein Handeln nach Außen fehlt aber, wenn zwei Personen gemeinsam eine Wohnung als Miteigentümer kaufen, wie der BFH zutreffend klargestellt hat.[499]

Mit der Entscheidung des EuGH in dem Verfahren C-312/19[500] sollte nunmehr eigentlich geklärt sein, dass eine **Rechtsfähigkeit zwingende Voraussetzung einer wirtschaftlichen Tätigkeit** und damit auch **Voraussetzung der Unternehmereigenschaft** (Steuerpflichtigeneigenschaft im Sinne der MwStSystRL) ist. Denn nach Art. 9 Abs. 1 Satz 1 der Mehrwertsteuerrichtlinie ist „Steuerpflichtiger", wer eine wirtschaftliche Tätigkeit selbstständig und unabhängig von ihrem Ort ausübt, gleichgültig zu welchem Zweck und mit welchem Ergebnis.[501] Nach der Rechtsprechung des Gerichtshofs verleihen die in Art. 9 Abs. 1 der Mehrwertsteuerrichtlinie verwendeten Begriffe, insbesondere der Begriff „wer", dem Begriff „Steuerpflichtiger" eine weite Definition.[502] Der Schwerpunkt liegt dabei auf der Selbstständigkeit der Ausübung einer wirtschaftlichen Tätigkeit in dem Sinne, dass alle natürlichen und juristischen Personen, sowohl öffentliche als auch private, sowie Einrichtungen ohne Rechtspersönlichkeit, die objektiv die Kriterien dieser Bestimmung erfüllen, als Mehrwertsteuerpflichtige gelten.[503] Daher – so der Gerichtshof – ist zur Feststellung der Selbstständigkeit der Ausübung einer wirtschaftlichen Tätigkeit zu prüfen, ob der Betroffene seine Tätigkeiten im eigenen Namen, auf eigene Rechnung und in eigener Verantwortung ausübt, und ob er das mit der Ausübung dieser Tätigkeiten einhergehende wirtschaftliche Risiko trägt.[504]

Die Unternehmerfähigkeit setzt zwar eine Rechtsfähigkeit voraus, allerdings kommt auch eine **Vorgesellschaft als Unternehmer** in Betracht. Bei juristischen Personen besteht insoweit ohnehin **Identität** zwischen der Gründergesellschaft/**Vorgesellschaft ab Abschluss des Gesellschaftsvertrages** und der erst mit der Eintragung entstehenden juristischen Person.[505] Von daher steht dem Vorsteuerabzug für die GmbH nichts entgegen. Die Unternehmerfähigkeit der erst später eingetragenen

---

495 Ebenso Reiß, BB 1987, 448 (450f.); Reiß in R/K/L, § 2 UStG Rz. 83 (Mai 2016); Friedl, UR 1989, 144 (145); Stadie in: R/D, § 2 UStG Rz. 112 (Okt. 2023); EuGH v. 21.4.2005 – C-25/03 – HE, ECLI:EU:C:2005:241, Rz. 54f. = UR 2005, 324 (330) = DB 2005, 1035; BFH v. 3.11.2005 – V R 53/03, BFH/NV 2006, 841 (843); unklar Friedrich-Vache in: R/K/L § 2 Rn. 83 (Nov. 2023).

496 Im Ergebnis daher richtig, auch wenn der Unterschied zwischen einer GbR von Miteigentümern und der dinglichen Gemeinschaft als solcher nicht erkannt wurde, BFH v. 1.10.1998 – V R 31/98, BStBl. II 2008, 497 (499f.); unzutreffend insoweit die Ausführungen des BFH v. 16.5.1995 – XI R 50/93, BFH/NV 1996, 185.

497 A. A. BFH v. 28.2.1991 – V R 12/85, BStBl. II 1991, 649; v. 22.11.2007 – V R 5/06, BStBl. II 2008, 448; v. 6.9.2007 – V R 41/05, BStBl. II 2008, 65 (68); v. 25.3.1993 – V R 42/89, BStBl. II 1993, 729 (730); v. 29.4.1993 – V R 38/89, BStBl. II 1993, 734 (735); Jakob, USt4, Rz. 935; zur Unternehmereigenschaft einer Wohnungseigentümergemeinschaft vgl. ausführlich D. Hummel in: R/D, § 4 Nr. 13 Rz. 125ff. (Juni 2021).

498 BFH v. 22.11.2018 – V R 65/17, UR 2019, 179, mit kritischer Anmerkung Stadie, UR 2019, 529.

499 BFH v. 25.11.2021 – V R 44/20, BStBl II 2023, 285.

500 EuGH v. 16.9.2020 – C-312/19 (Valstybinė mokesčių inspekcija – Vereinbarung über eine gemeinsame Tätigkeit), ECLI:EU:C:2020:711.

501 Vgl. nur EuGH v. 12.10.2016 – C-340/15 (Nigl), ECLI:EU:C:2016:764, Rz. 26; EuGH v. 29.9.2015 – C-276/14 (Gmina Wrocław), ECLI:EU:C:2015:635, Rz. 27; EuGH v. 29.10.2009 – C-246/08 (Kommission/Finnland), ECLI:EU:C:2009:671, Rz. 35.

502 EuGH v. 12.10.2016 – C-340/15 (Nigl), ECLI:EU:C:2016:764, Rz. 27; EuGH v. 29.9.2015 – C-276/14 (Gmina Wrocław), ECLI:EU:C:2015:635, Rz. 28.

503 EuGH v. 12.10.2016 – C-340/15 (Nigl), ECLI:EU:C:2016:764, Rz. 27; EuGH v. 29.10.2015 – C-276/14 (Gmina Wrocław), ECLI:EU:C:2015:635, Rz. 34.

504 EuGH v. 12.10.2016 – C-340/15 (Nigl), ECLI:EU:C:2016:764, Rz. 28; EuGH v. 29.9.2015 – C-276/14 (Gmina Wrocław), ECLI:EU:C:2015:635, Rz. 34. In diesem Sinne auch EuGH v. 18.10.2007 – C-355/06 (van der Steen), ECLI:EU:C:2007:615, Rz. 23.

505 Vgl. BFH v. 08.11.1989 – I R 174/86, BStBl. II 1990, 91.

Kapitalgesellschaft beginnt jedenfalls bereits mit dem Abschluss des Gesellschaftsvertrages.

Problematisch könnte erscheinen, ob die **Vorgründungsgesellschaft** bei Geschäftsaufnahme vor **Abschluss des Gesellschaftsvertrages** bereits selbst als Unternehmer zu behandeln ist oder ob auch hier wie bei der Vorgesellschaft von einer Identität mit der zivilrechtlich ab Eintragung als juristische Person entstehenden Kapitalgesellschaft auszugehen ist. EuGH und BFH haben zutreffend die Unternehmereigenschaft der Vorgründungsgesellschaft selbst bejaht, obwohl die Vorgründungsgesellschaft ihrerseits durch die Übertragung der für die GmbH erworbenen Wirtschaftsgüter wegen der Nichtsteuerbarkeit der Geschäftsveräußerung im Ganzen nach § 1 Abs. 1a UStG keinen steuerbaren Umsatz ausführte. Im Ergebnis wird der Vorgründungsgesellschaft quasi zugerechnet, dass die GmbH später Umsätze tätigen wird.[506]

Entstehen im Zusammenhang mit der Gründung einer Kapitalgesellschaft, z. B. durch den Abschluss des Gesellschaftsvertrages oder die Erstellung einer Konzeption, der Vorgesellschaft in Rechnung gestellte VoSt, können diese grundsätzlich von ihr abgezogen werden.

145 II. Der BFH[507] hatte früher verlangt, dass es tatsächlich zur Ausführung von Umsätzen gegen Entgelt kommt. Diese Rspr. ist durch die Rspr. des EuGH überholt. Der EuGH leitet aus dem Charakter der USt als Verbrauchsteuer zutreffend ab, dass bereits in der Vorbereitungsphase vor Ausführung von Leistungen der Vorsteuerabzug möglich sein müsse. Der Vorsteuerabzug gewährleiste die **Neutralität der USt für den Unternehmer**. Es gelte der **Grundsatz des Sofortabzugs der VoSt**. Die Unternehmereigenschaft beginnt daher schon mit investiven Tätigkeiten, die darauf gerichtet sind, Ausgangsumsätze gegen Entgelt zu erbringen. Die einmal begründete Unternehmereigenschaft entfällt auch nicht rückwirkend, wenn es später entgegen den Erwartungen nicht zu Ausgangsumsätzen kommt. Letztlich genügt daher für die endgültige Begründung der Unternehmereigenschaft, dass eine investive Tätigkeit mit der **Absicht** späterer entgeltlicher Umsätze entfaltet wird.[508] Aus dieser auch für die richtlinienkonforme Auslegung der §§ 2 und 15 UStG zu berücksichtigenden Rspr. des EuGH folgt für das deutsche Recht, dass der **Vorsteuerabzug auch für erfolglose Unternehmer** nicht rückwirkend entfällt. Allerdings kommt bei endgültiger Aufgabe oder Fehlschlagen der unternehmerischen Tätigkeit entweder eine Besteuerung nach § 3 Abs. 1b oder Abs. 9a UStG in Betracht, falls es zu unentgeltlichen Wertabgaben kommt, oder aber es können Vorsteuerkorrekturen nach § 15a UStG vorzunehmen sein.[509] Die Absicht zur Verwendung von Leistungsbezügen für eine nachhaltige entgeltliche Leistungserbringung muss allerdings durch objektive Anhaltspunkte belegt werden, um eine missbräuchliche Erschleichung des Vorsteuerabzugs für private Verwendung auszuschließen.[510]

Die Erfolglosigkeit der GmbH steht daher der Bejahung ihrer Unternehmereigenschaft nicht entgegen. Der GmbH ist daher der Vorsteuerabzug zu gewähren.

---

506 EuGH v. 29.04.2004 – C-137/02 (Faxworld), Slg. 2004, I-5564 und BFH v. 15.07.2004 – V R 84/99, BStBl. II 2005, 155; s. auch EuGH v. 01.03.2012 – C-280/10 (Polski Trawertyn), UR 2012, 366 und v. 13.03.2014 – C-204/13 (Malburg), UR 2014, 353 und nachfolgend BFH v. 26.08.2014 – XI R 26/10, UR 2015, 35 sowie v. 11.11.2015 – V R 8/15, DB 2016, 689 (alle zur Versagung des Vorsteuerabzugs für Gesellschafter aus Aufwendungen für die noch zu gründende Gesellschaft bei Unentgeltlichkeit oder Scheitern der Gründung).

507 BFH v. 06.05.1993 – V R 45/88, BStBl. II 1993, 564.

508 Vgl. EuGH v. 17.10.2018 – C-249/17 (Ryanair), MStR 2018, 1056 mit Anm. Grube; v. 21.03.2000 – C-147/98 (Gabalfrisa), Slg. 2000, I-1577 = UR 2000, 208; v. 08.06.2000 – C-396/98 (Schloßstraße), Slg. 2000, I-4279 = UR 2000, 336; v. 08.06.2000 – C-400/98 (Breitsohl), Slg. 2000, I-4321 = UR 2000, 329; grundlegend v. 29.02.1996 – C-110/94 (INZO), Slg. 1996, I-857; v. 15.01.1998 – C-37/95 (Ghent Coal), Slg. 1998, I-149. S. auch BFH v. 05.12.2018 – XI R 44/14, MwStR 2019,419 mit (abl.) Anm. Mayer und Reiß und BFH v. 27.03.2019 – V R 11/19, BFH/NV 2020, 104 und V R 6/19, BFH/NV 2019, 1254.

509 S. BFH v. 27.10.2020 – V R 20/20, DStR 2021, 478, im Nachgang zu BFH v. 27.03.2019 – V R 61/17, DStR 2019, 984; EuGH v. 09.07.2020 – C 374/19 (FA Bad Neuenahr/Ahrweiler), DStR 2020, 1570.

510 BFH v. 08.03.2001 – V R 24/98, BStBl. II 2003, 430.

V. Leistung im Rahmen des Unternehmens

Ein Umsatz nach dem Grundtatbestand ist nur steuerbar, wenn die Leistungen im Rahmen des Unternehmens erbracht werden (§ 1 Abs. 1 Nr. UStG). Ob das der Fall ist, bestimmt sich im Wege der wertenden Zuordnung. Erfasst werden alle Umsätze, die im Zusammenhang mit der unternehmerischen Tätigkeit stehen. **146**

Das sind neben den Grundgeschäften, die aufgrund der Nachhaltigkeit die Unternehmereigenschaft begründen, auch Hilfsgeschäfte (§ 19 Abs. 3 Nr. 2 UStG), die üblicherweise anfallen (Veräußerung von Inventar, Abfällen usw., Kreditgewährung an Kunden), sowie Nebengeschäfte, die sich zwar nicht notwendig oder üblicherweise aus dem Geschäftsbetrieb ergeben, aber mit diesem *in einem Sachzusammenhang* stehen (z. B. der juristische Vortrag oder Aufsatz eines Rechtsanwalts). Der EuGH geht – nimmt man ihn wortwörtlich – sogar noch weiter.

Beispiel[511]

X ist als privater Gerichtsvollzieher selbstständig tätig. Daneben schloss er einen einmaligen Geschäftsbesorgungsvertrag mit Y. Laut diesem Vertrag verpflichtete sich X, im Rahmen von drei Verfahren zur Versteigerung für drei Immobilien Angebote abzugeben. Für den Fall, dass er den Zuschlag erhalten sollte, verpflichtete er sich auch, das Eigentum auf den Auftraggeber zu übertragen. X macht geltend, dass seine Dienstleistung lediglich gelegentlich erbracht worden sei und keinen Zusammenhang mit der von ihm ausgeübten selbstständigen wirtschaftlichen Tätigkeit aufweise, für die er zur Mehrwertsteuer angemeldet sei.

Laut dem EuGH sei Art. 9 Abs. 1 MwStSystRL dahin auszulegen, dass eine natürliche Person, die bereits für ihre Tätigkeit als selbstständiger Gerichtsvollzieher mehrwertsteuerpflichtig ist, für jede weitere, **gelegentlich ausgeübte wirtschaftliche Tätigkeit** als „Steuerpflichtiger" anzusehen ist, sofern diese Tätigkeit eine Tätigkeit i. S. v. Art. 9 Abs. 1 Unterabs. 2 MwStSystRL darstellt.[512]

Die Frage, die sich nun stellt, ist, ob dies z. B. auch bei einem Schriftsteller gelten würde, der diesen Geschäftsbesorgungsvertrag abgeschlossen hätte (d. h. damit tätig geworden wäre in einem Gebiet ohne jeden Zusammenhang zu seiner eigentlichen unternehmerischen Tätigkeit). Dies ist m. E. zu verneinen, denn in dem konkret entschiedenen Fall bestand ein enger Zusammenhang der „Nebentätigkeit" des Gerichtsvollziehers mit seiner steuerpflichtigen Haupttätigkeit. Daher war bei der gebotenen typisierenden Betrachtungsweise die dort streitige, nur gelegentlich ausgeübte Geschäftsbesorgung für fremde Dritte in der Tat auch eine wirtschaftliche Tätigkeit. Jedenfalls hat der EuGH die genannte Frage gerade (noch) nicht entschieden.[513] Mittlerweile existiert ein erstes Urteil des BFH,[514] das offenlässt, ob an bisheriger Rspr. aufgrund dieser EuGH-Entscheidung weiter festgehalten werden kann.

511 Beispiel nach EuGH, Urt. v. 13.6.2013 – C 62/12, UR 2013, 626

512 EuGH v. 13.6.2013 – C-62/12 (Kostov), EU:C:2013:391, Rn. 31.

513 Ebenso Schlussanträge der Generalanwältin Kokott in der Rechtssache Posnania Investment (C-36/16), EU:C:2017:134, Nr. 34.

514 BFH v. 12.8.2015 – XI R 43/13, BStBl II 2015, 919, Rn. 36.

D. Leistung im Inland

I. Inland und Ausland – räumliche Abgrenzung der Steuergewalt

147 1. Steuerbarkeit ist bei den in § 1 Abs. 1 UStG genannten Umsätzen nur gegeben, wenn der jeweilige Umsatz im Inland stattfindet. Ob dies der Fall ist, ergibt sich durch Anwendung der gesetzlichen Regelungen über den Ort des jeweiligen Umsatzes auf den zu beurteilenden Sachverhalt. So enthalten die §§ 3 Abs. 5a–8, 3c, 3g UStG Regeln über den Ort der Lieferung, §§ 3a, 3b UStG enthalten Regeln über den Ort der sonstigen Leistung, § 3d UStG Regeln über den Ort des innergemeinschaftlichen Erwerbs. § 3e UStG betrifft sowohl Lieferungen als auch sonstige Leistungen. Ist der Ort auf diese Weise bestimmt, muss entschieden werden, ob er im Inland liegt. Die Definition dafür findet sich in § 1 Abs. 2 UStG und ergänzend in § 1 Abs. 3 UStG. Nach § 1 Abs. 2 S. 1 UStG umfasst das umsatzsteuerliche Inland das staatsrechtliche (Hoheits-)Gebiet der Bundesrepublik mit Ausnahme der dort genannten Gebiete (dazu sogleich). Im Bereich des Küstenmeeres erstreckt sich die Hoheitsgrenze auf zwölf Seemeilen vor der Küstenlinie.

2 Kein umsatzsteuerliches Inland sind die österreichischen Gemeinden **Mittelberg und Jungholz**. Umsätze, die dort stattfinden, sind nach § 1 Abs. 1 Nr. 1 UStG in Deutschland nicht steuerbar. Sie unterliegen aber dem österreichischen Umsatzsteuergesetz. Da dieses Gebiet allerdings zum Zollgebiet der Gemeinschaft gehört und insoweit deutsche Zollbehörden tätig werden, unterliegen **Einfuhren aus Drittländern** in diesem Gebiet der deutschen! (statt der österreichischen) Einfuhrumsatzsteuer. Dies bestimmt nunmehr § 1 Abs. 1 Nr. 4 UStG ausdrücklich. Auch eine deutsche Erwerbsbesteuerung nach § 1 Abs. 1 Nr. 5 UStG in diesen Gebieten scheidet aus, denn sie sind kein Inland. Stattdessen findet eine österreichische Erwerbsbesteuerung statt. Lieferungen von Deutschland in die genannten Gebiete sind als Lieferungen nach Österreich zu behandeln, also als innergemeinschaftlich befreite Lieferungen (s. Rn. 259 ff.).

148 3. Obwohl deutsches Hoheitsgebiet, werden das **Gebiet von Büsingen** und die Insel **Helgoland** umsatzsteuerlich nicht als Inland behandelt, § 1 Abs. 2 S. 1 UStG. Büsingen ist eine deutsche Gemeinde, die dem Zollgebiet der Schweiz angeschlossen ist. Helgoland gehört keinem Zollgebiet an. Beide Gebiete gehören auch weder zollrechtlich noch umsatzsteuerrechtlich zum Gemeinschaftsgebiet, vgl. Art. 6 Abs. 2 a) und b) MwStSystRL. Umsatzsteuerlich handelt es sich daher um **Ausland** und außerdem liegt auch **kein Gemeinschaftsgebiet** vor. Dort stattfindende Umsätze sind weder nach § 1 Abs. 1 Nr. 1 UStG noch nach Abs. 1 Nr. 4 (Einfuhr) oder Abs. 1 Nr. 5 UStG (innergem. Erwerb) steuerbar. Lieferungen in diese Gebiete sind ggf. als Ausfuhrlieferungen (und nicht als innergemeinschaftliche Lieferungen) zu befreien. Dasselbe gilt für Umsätze auf deutschen Schiffen oder in deutschen Luftfahrzeugen in Gebieten, die zu keinem Zollgebiet gehören. Zwar gehören diese hoheitsrechtlich dann (z. B. auf hoher See) zu Deutschland, aber eben weder umsatzsteuerlich noch zollrechtlich.

149 4. **Ausland** sind nach § 1 Abs. 2 S. 2 UStG alle Gebiete, die nicht Inland sind. Das sind: das staatsrechtliche Ausland, einschließlich der – aus deutscher Sicht – Zollanschlüsse; Ausland sind auch die Hoheitsgebiete der Mitgliedstaaten der EU, allerdings sind sie kein Drittlandsgebiet. Umsatzsteuerliches Ausland sind außerdem die in § 1 Abs. 2 S. 1 UStG genannten Gebiete, die staatsrechtlich zum inländischen Hoheitsgebiet gehören (Büsingen, Helgoland, Freihäfen usw.). Zum

Ausland gehören auch Gebiete, die zu niemandes Hoheitsgebiet gehören. Vorbehaltlich der Ausnahme des § 1 Abs. 3 UStG sind Umsätze im Ausland nach deutschem UStG immer nicht steuerbar.

5. Die Ansässigkeit des Unternehmers im Inland ist für die Steuerbarkeit eines Umsatzes grundsätzlich nicht maßgebend. Einzig und allein entscheidend ist, ob sich nach den für den Umsatz maßgebenden Regelungen (§ 3 Abs. 5a–8 und §§ 3a–3g UStG) ein Leistungsort im Inland ergibt. Auf eine persönliche Beziehung des Unternehmers zum Inland kommt es grds. nicht an. Dies betont § 1 Abs. 2 S. 3 UStG ausdrücklich, wonach Staatsangehörigkeit des Unternehmers, Wohnsitz und Sitz sowie Betriebsstätte im Inland für die Besteuerung unmaßgeblich sind, wenn der Umsatz im Inland ausgeführt wird. Allerdings knüpft § 3a Abs. 1 UStG, Art. 45 MwStSystRL für den Ort einer sonstigen Leistung/Dienstleistung an den Unternehmenssitz/Sitz der wirtschaftlichen Tätigkeit an.

6. Das **Völkerrecht kennt keine zwingenden Gebote**, wonach die Staaten an ein bestimmtes Prinzip gebunden wären, d.h. die Besteuerung nur an ein bestimmtes Kriterium anknüpfen dürfte.[515] Auch im Umsatzsteuerrecht können deshalb Fälle von internationaler Doppelbesteuerung eintreten. Das wird nicht berücksichtigt, wenn es heißt, dass der **Doppelbesteuerungskonflikt** nicht auftreten könne, weil der Geltungsbereich des UStG international auf das Staatsgebiet beschränkt sei[516] bzw. weil die Staaten übereinstimmend eine gegenstandsbezogene und gegenständlich beschränkte Besteuerungsform zugrunde legten.[517] Dabei wird der weite Bereich der sonstigen Leistungen (Dienstleistungen) übersehen, bei deren Umsatzbesteuerung die Länder an unterschiedliche Kriterien anknüpfen können. Eine rechtliche Doppelbesteuerung wäre folglich nur dann ausgeschlossen, wenn alle Staaten der Welt nach einheitlichen Kriterien verfahren würden.

7. Eine Doppelbesteuerung tritt ein, wenn zwei (theoretisch auch mehrere) Staaten ein und denselben Umsatz nach ihrem jeweiligen, nicht übereinstimmenden (kollidierenden) Steuerrecht besteuern. Bei der **Lieferung von Gegenständen** kann eine solche Kollision prinzipiell nicht eintreten, weil **innerhalb der EU** nach übereinstimmenden Regeln[518] verfahren wird und ansonsten alle Staaten im Ergebnis das Bestimmungslandprinzip verfolgen, indem sie die Ausfuhren befreien und die Einfuhren besteuern. Allerdings setzt dies voraus, dass in **beiden Mitgliedstaaten** auch **von einer Lieferung ausgegangen wird**.[519] Bei **sonstigen Leistungen** (Dienstleistungen) ist im Verhältnis **zwischen den Mitgliedstaaten der EU** eine solche Doppelbesteuerung ebenfalls prinzipiell ausgeschlossen, da nach Art. 43 ff. MwStSystRL verbindliche Bestimmungen für den Ort der sonstigen Leistungen (Dienstleistungen) bestehen, welche eine Doppelbesteuerung bzw. eine Nichtbesteuerung verhindern sollen.[520] Im **Verhältnis zu Drittlandstaaten** kann es bei sonstigen Leistungen hin-

---

515 Vgl. Kirchhof, Handbuch des Staatsrechts, Bd. V, 3. Aufl., § 118 Rz. 226; Stadie in: R/D, Einf. Rz. 730 (Jan. 2024).

516 So noch Lang in: T/L (20. Aufl.) § 2 Rz. 35.

517 So Burmester, JZ 1993, 698 (700).

518 Der EuGH bezeichnet die Lieferungsortsbestimmungen ausdrücklich als Kollisionsnormen: EuGH v. 29.3.2007 – C-111/05 (Aktiebolaget NN), ECLI:EU:C:2007:195, Rz. 43 ff. = UR 2007, 420.

519 Sofern ein Mitgliedstaat von einer sonstigen Leistung, der andere von einer Lieferung ausgeht, kann es zu einer Nichtbesteuerung kommen, welche nach EuGH v. 22.12.2010 – C-277/09 (RBS Deutschland Holding), ECLI:EU:C:2010:810 = UR 2011, 222 ff. auch dann nicht rechtsmissbräuchlich sein soll, wenn durch vertragliche Gestaltungen im Ergebnis ein Vorsteuerabzug für steuerfreie Leistungen generiert wird. Letzteres ist durchaus zweifelhaft. Besser nunmehr EuGH v. 21.11.2013 – C-494/12 (Dixons Retail), ECLI:EU:C:2013:758 = HFR 2014, 84 (85), der mehr auf den wirtschaftlichen Sachverhalt abstellt. Vgl. auch zum Problem bei der unterschiedlichen Abgrenzung zwischen Werklieferung und Werkleistung Nieskens/Slapio, UR 2011, 573 (575 f.).

520 Auch diese Ortsbestimmungen bezeichnet der EuGH als Kollisionsnormen: EuGH v. 9.3.2006 – C-114/05 (Gillan Beach), ECLI:EU:C:2006:169, Rz. 20 = UR 2006, 350; EuGH v. 6.11.2008 – C-291/07 (TRR Trygghetsradet), ECLI:EU:C:2008:609, Rz. 24 = UR 2008, 925.

gegen zu Doppelbesteuerungen kommen, wenn die betroffenen Staaten den Ort der sonstigen Leistung nach ihrem Recht jeweils auf dem eigenen Territorium sehen und den Umsatz auch besteuern. Eine solche Kollision ist vor allem gegeben, wenn bei einer grenzüberschreitenden sonstigen Leistung der eine Staat den Ort beim leistenden Unternehmer, der andere Staat den Ort beim Empfänger sieht.

8. Trotz der Harmonisierung des Umsatzsteuerrechts **innerhalb der EU** können sich **Kollisionen** jedoch auch im Verhältnis zwischen Mitgliedstaaten ergeben, soweit die **Vorgaben** von den nationalen Rechtsordnungen **nicht** zutreffend bzw. unvollständig **umgesetzt** worden sind oder wenn die **Begriffe** von den Mitgliedstaaten **unterschiedlich ausgelegt** werden.[521] Dem steht es gleich, wenn der **Sachverhalt unterschiedlich gewertet** wird. Eine Doppelbesteuerung bzw. **Nichtbesteuerung** kann dann insbesondere dadurch eintreten, dass ein Vorgang in einem Staat als Lieferung, im anderen Staat als sonstige Leistung gewertet wird und der Ort des Umsatzes danach im jeweilig anderen Staat liegt.[522] Ein schönes Beispiel für diese Problematik stellt die Rechtssache DuoDecad dar.[523] Hintergrund des **Vorabentscheidungsersuchens sind die divergierenden Entscheidungen** der portugiesischen und ungarischen **Finanzbehörden** über den Ort von IT-Unterstützungsdienstleistungen eines ungarischen Unternehmens (DuoDecad) an ein portugiesisches Unternehmen (Lalib). Während die portugiesischen Behörden davon ausgingen, dass Lalib real existierte, hielten die ungarischen Behörden diese für fiktiv und Teil einer rechtsmissbräuchlichen Gestaltung. Die Dienstleistung von DuoDecad an Lalib würde somit in beiden Mitgliedstaaten besteuert (**Doppelbesteuerung aufgrund eines Qualifikationskonflikts**) werden. Dies widerspricht dem Gedanken des Neutralitätsgrundsatzes im Mehrwertsteuerrecht. Denn eine Doppelbesteuerung der unternehmerischen Tätigkeiten läuft dem Grundsatz der Steuerneutralität zuwider, der dem gemeinsamen Mehrwertsteuersystem zugrunde liegt.[524]
Leider erklärt der EuGH das **Vorabentscheidungsersuchen schon** für **unzulässig.**[525] Der Gerichtshof sei für die **Anwendung der Rechtsnormen auf einen bestimmten Sachverhalt nicht zuständig**, da Art. 267 AEUV ihm nur die Befugnis verleiht, sich zur Auslegung der Verträge und der Rechtsakte der Unionsorgane zu äußern.[526] Dies ist jedoch zweifelhaft. Vielmehr ist der Auffassung der Generalanwältin *Kokott*[527] zu folgen. Danach sind die Gerichte der Mitgliedstaaten berechtigt oder verpflichtet, wenn sie feststellen, dass ein und derselbe Umsatz in einem anderen Mitgliedstaat steuerlich unterschiedlich behandelt wird, den Gerichtshof um Vorabentscheidung zu ersuchen.[528] Sofern sich der zugrunde liegende Konflikt auf die **Auslegung des Rechts** (z. B. der Ortsbestimmungen) bezieht,

---

521 Vgl. insoweit die vielen Beispiele bei Nieskens/Slapio, UR 2011, 573 ff.

522 Vgl. den Sachverhalt des BFH-Vorlagebeschlusses v. 22.2.2001 – V R 26/00, UR 2001, 305 bzw. das Urteil des BFH v. 10.4.2003 – V R 26/00, BStBl. II 2004, 571 und den Sachverhalt des EuGH v. 22.12.2010 – C-277/09 (RBS Deutschland Holding), ECLI:EU:C:2010:810 = UR 2011, 222 ff., wobei zumindest der Fall der Nichtbesteuerung in grenzüberschreitenden Leasinggeschäften seit der Neufassung der Art. 43 f. MwStSystRL (bzw. § 3a UStG) – Rz. 14.196 ff. – nicht mehr eintreten dürfte.

523 EuGH v. 16.6.2022 – C-596/20 (DuoDecad), ECLI:EU:C:2022:474.

524 EuGH v. 23.4.2009 – C-460/07 – Puffer (ECLI:EU:C:2009:254, Rz. 46); v. 17.5.2001 – C-322/99 und C-323/99 – Fischer und Brandenstein (ECLI:EU:C:2001:280, Rz. 76); v. 8.3.2001 – C-415/98 – Bakcsi (ECLI:EU:C:2001:136, Rz. 46); v. 25.5.1993 – C-193/91 – Mohsche (ECLI:EU:C:1993:203, Rz. 9).

525 EuGH v. 16.6.2022 – C-596/20 – DuoDecad, ECLI:EU:C:2022:474, Rn. 39.

526 Vgl. in diesem Sinne EuGH v. 21.6.2007 – C-259/05 (Omni Metal Service), ECLI:EU:C:2007:363, Rz. 17; EuGH v. 6.10.2021 – C-487/19 (W.Ż. – Kammer für außerordentliche Überprüfung und öffentliche Angelegenheiten des Obersten Gerichts – Ernennung), ECLI:EU:C:2021:798, Rz. 78 und 132; EuGH v. 16.6.2022 – C-596/20 (DuoDecad), ECLI:EU:C:2022:474, Rn. 37.

527 Schlussanträge der Generalanwältin Kokott in der Rs. DuoDecad (C-596/20, EU:C:2022:91).

528 EuGH v. 18.6.2020 – C-276/18 (KrakVet Marek Batko), ECLI:EU:C:2020:485, Rz. 51, EuGH v. 5.7.2018 – C-544/16 (Marcandi), ECLI:EU:C:2018:540, Rz. 64 und 66; EuGH v. 17.12.2015 – C-419/14 (WebMindLicenses), ECLI:EU:C:2015:832, Rz. 59.

kann und muss dieser durch die Anrufung des Gerichtshofs gelöst werden. Diese Auslegung des Unionsrechts im Rahmen des Vorabentscheidungsersuchens ist auch für die andere Finanzverwaltung bindend. Sofern sich jedoch der Konflikt nicht auf eine divergierende Auslegung des Unionsrechts, sondern eine **divergierende Würdigung des Sachverhalts** (z. B. das Vorliegen einer missbräuchlichen Praxis) bezieht, lässt sich eine **binnenmarktwidrige Doppelbesteuerung** nur vermeiden, wenn der Gerichtshof in dieser besonderen Situation – Doppelbesteuerung durch zwei Mitgliedstaaten aufgrund eines mehrwertsteuerrechtlichen Qualifikationskonfliktes in einem grenzüberschreitenden Fall – ausnahmsweise selbst feststellt, wie der Sachverhalt zu würdigen ist.[529]

9. Im Verhältnis zwischen Deutschland und einem **Nicht-EU-Staat** (Drittstaat) kommen diese Lösungsmöglichkeiten nicht in Betracht. Auch gibt es keine völkerrechtlichen Abkommen zur Vermeidung einer solchen umsatzsteuerrechtlichen Doppelbesteuerung, obgleich der Richtliniengeber das Problem gesehen hat (vgl. Art. 59 a MwStSystRL). Die Doppelbesteuerung aufgrund der kollidierenden Steuerrechte der Staaten bleibt mithin prinzipiell bestehen. Eine **Billigkeitsmaßnahme** nach § 163 AO ist nicht angebracht, da jeder Staat sein Steuerrecht aus seiner Sicht zutreffend anwendet. Insbesondere würde dieselbe Argumentation (Unbilligkeit der Doppelbesteuerung) auch im Steuersystem des anderen Staates gelten, sodass sich der eine Staat jeweils auf die Erlassmöglichkeit im jeweils anderen Staat berufen könnte, um sein Besteuerungsrecht durchzusetzen.[530]

Beispiel

Ein im Ausland (Drittlandsgebiet) ansässiger Rechtsanwalt berät eine in Deutschland ansässige Bank. Ist nach dem ausländischen Umsatzsteuerrecht der Ort der sonstigen Leistung im ausländischen Staat, so kollidiert diese Besteuerung mit § 3a Abs. 2 UStG, wonach sich der Ort in Deutschland befindet.

II. Drittlandsgebiet und Gemeinschaftsgebiet

1. Das Gesetz unterscheidet mit Rücksicht auf die Bedürfnisse des Binnenmarktes zwischen Drittlandsgebiet und Gemeinschaftsgebiet (§ 1 Abs. 2 a UStG). **Gemeinschaftsgebiet** sind das **Gebiet der übrigen EU-Staaten und das Inlandsgebiet**. Was zum Gemeinschaftsgebiet gehört, ergibt sich aus Art. 52 Abs. 2 EUV i. V. m. Art. 355 AEUV i. V. m. Art. 5 u. 6 MwStSystRL. **Drittlandsgebiet** sind alle übrigen Gebiete. Danach sind auch Helgoland und Büsingen und seit dem Brexit auch das Vereinigte Königreich Drittlandsgebiet. Für Freihäfen und Watten gemäß § 1 Abs. 3 UStG enthält § 1 Abs. 2 a UStG eine Regelung, die in klarem Widerspruch zu Art. 5 u. 6 MwStSystRL steht. Obwohl es sich EU-rechtlich um Gemeinschaftsgebiet handelt, sollen sie danach Drittlandsgebiet sein. Für Umsätze dort und die Ausfuhr dahin enthalten § 1 Abs. 3 und § 6 Abs. 1 Nr. 3 UStG allerdings sodann unionsrechtskonforme Einschränkungen, sodass im Ergebnis für die relevanten Umsätze doch eine Behandlung wie für Umsätze innerhalb des Gemeinschaftsgebiets stattfindet. 150

529 Siehe nur EuGH v. 6.2.2003 – C-185/01 (Auto Lease Holland), ECLI:EU:C:2003:73 = UR 2003, 137, Rz. 37 auf die Vorlage des BFH v. 22.2.2001 – V R 26/00, UR 2001, 305, Rz. 54 und 56 hin. Die dortige Antwort war nichts anderes als die vom vorlegenden Gericht erbetene Sachverhaltswürdigung durch den Gerichtshof. Ähnlich auch EuGH v. 5.7.2018 – C-544/16 (Marcandi), ECLI:EU:C:2018:540, Rz. 49, dem eine unterschiedliche Beurteilung der Ausgabe von „Guthabenpunkten“ in den Mitgliedstaaten zugrunde lag.

530 A. A. wohl Schaumburg/Häck in Schaumburg, Internationales Steuerrecht, 5. Aufl. 2022, Rz. 19.101.

2. Auch das **übrige Gemeinschaftsgebiet** (Gemeinschaftsgebiet ohne Inland) ist **Ausland** (= nicht Inland) (§ 1 Abs. 2 S. 2 UStG). Daraus folgt, dass Umsätze dort nach deutschem UStG nicht steuerbar sind, ebenso wie Umsätze im Drittland.

Beispiel

U tätigt
- eine Lieferung in der Ukraine (Drittland) und
- eine Lieferung in Italien (übriges Gemeinschaftsgebiet).

Beide Lieferungen sind nach deutschem UStG nicht steuerbar (§§ 1 Abs. 1, Abs. 2, 3 Abs. 6 UStG). Sie sind allerdings nach ukrainischem und nach italienischem Umsatzsteuerrecht steuerbar.

3. Beim **grenzüberschreitenden Warenverkehr mit Drittlandstaaten** liegt aus deutscher Sicht einerseits eine **Einfuhr** nach § 1 Abs. 1 Nr. 4 UStG vor (aus dem Drittland in das Inland), andererseits kommt eine **steuerfreie Ausfuhr** nach § 4 Nr. 1 Buchst. a i. V. m. § 6 UStG in Betracht (s. Rn. 232 ff.).
4. Beim **grenzüberschreitenden Warenverkehr mit dem übrigen Unionsgebiet** sind die besonderen Regeln für den Binnenmarkt seit dem 01.01.1993 zu beachten. Prinzipiell ist festzuhalten, dass es keine Einfuhrbesteuerung nach § 1 Abs. 1 Nr. 4 UStG gibt. Jegliche Grenzabfertigung entfällt. Partiell wird die Einfuhrbesteuerung bislang jedoch noch durch eine **Besteuerung des Erwerbs** (beim kommerziellen Warenverkehr) nach §§ 1 Abs. 1 Nr. 5, 1 a UStG ersetzt. Die steuerfreie Ausfuhr wird partiell (im kommerziellen Warenverkehr) bislang durch die **steuerfreie innergemeinschaftliche Lieferung** ersetzt (§ 4 Nr. 1 b i. V. m. § 6 a UStG). Für den privaten Warenverkehr über die Grenze entfällt grundsätzlich eine Einfuhr- oder Erwerbsbesteuerung, aber auch eine Befreiung als Ausfuhr- oder innergemeinschaftliche Lieferung. Als Fazit ist daher festzuhalten, dass der Unterscheidung zwischen Drittlandsgebiet und übrigem Gemeinschaftsgebiet/Unionsgebiet bisher noch keine Bedeutung für die Steuerbarkeit – nur Inlandsumsätze – zukommt. Allerdings gibt es insoweit Sonderregelungen für den Ort des Umsatzes. Dagegen ist die Unterscheidung bedeutsam für die Besteuerung der Einfuhr oder des Erwerbs einerseits und die Befreiung der Ausfuhrlieferung oder der innergemeinschaftlichen Lieferung andererseits.

Beispiele

- U importiert aus der Schweiz = Einfuhr (§ 1 Abs. 1 Nr. 4 UStG)
- U „importiert“ aus Frankreich = innergemeinschaftlicher Erwerb (§ 1 Abs. 1 Nr. 5 UStG)
- U exportiert in die Schweiz = Ausfuhrlieferung (§ 4 Nr. 1 Buchst. a i. V. m. § 6 UStG)
- U „exportiert“ nach Frankreich = innergemeinschaftliche Lieferung (§ 4 Nr. 1 Buchst. b i. V. m. § 6 a UStG)

Übersicht 151

Geltungsbereich des UStG

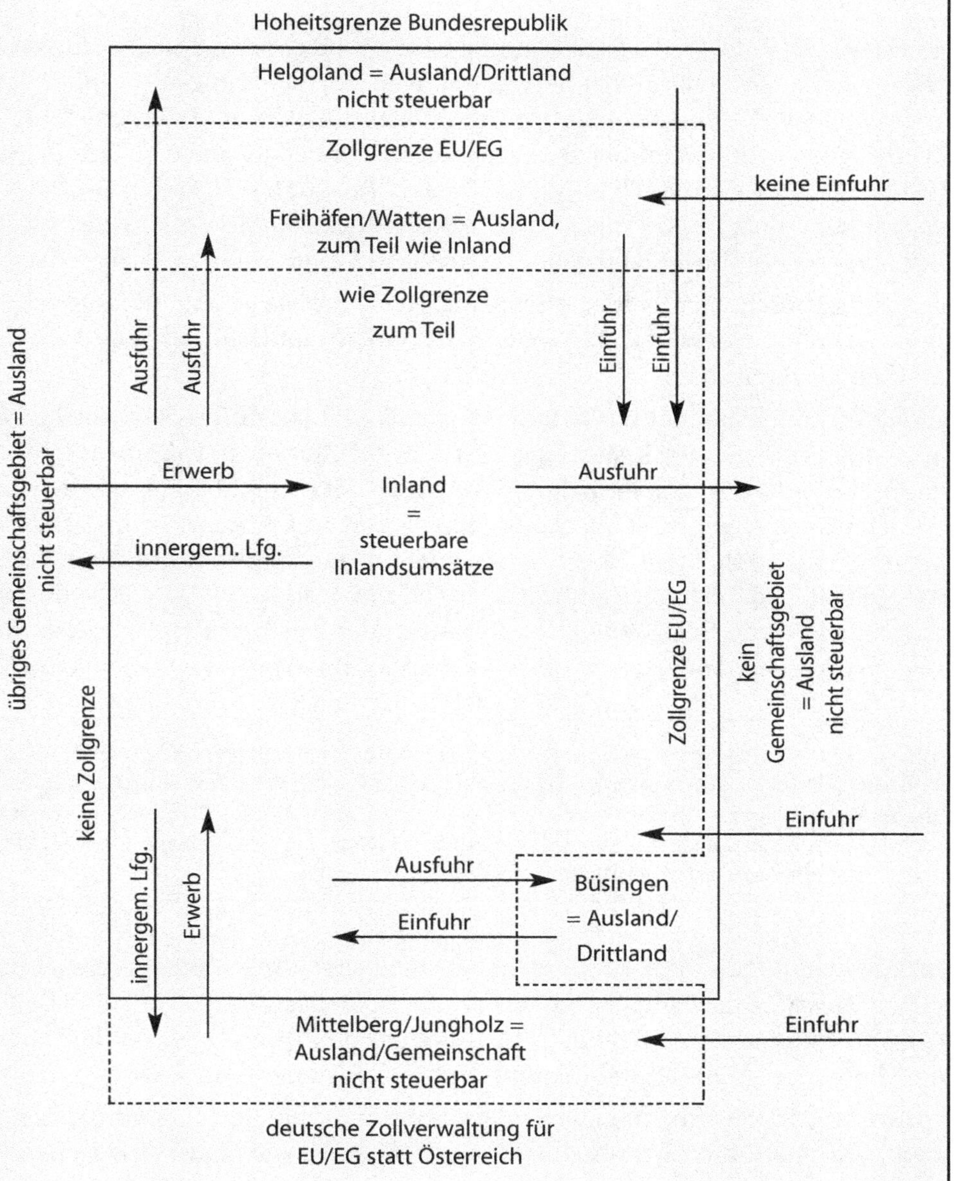

III. Ort der Lieferung

152 1. Allgemeines

Die Feststellung des Ortes der Lieferung ist zur Abgrenzung der steuerbaren von den nicht steuerbaren Lieferungen notwendig, weil nur Lieferungen im Inland steuerbar sind (s. Rn. 147 ff.). Die gesetzlichen Regelungen zum Ort der Lieferung finden sich in § 3 Abs. 6 bis 8 UStG. Sonderregelungen bestehen nach § 3c UStG (i. d. F. JStG 2020, für den Ort der Lieferung beim Fernverkauf s. Rn. 263), § 3e UStG (Ort der Lieferungen während einer Beförderung durch Schiff, Flugzeug, Eisenbahn) und 3g UStG (Ort der Lieferung von Gas, Elektrizität, Wärme und Kälte).

153 Die Ortsbestimmungen gelten sowohl für rein innerstaatliche Lieferungen als auch für Lieferungen grenzüberschreitender Art zu Drittländern und innerhalb der Europäischen Gemeinschaft.

Das Gesetz unterscheidet im Anschluss an Art. 31 ff. MwStSystRL zwischen **Beförderungs-** und **Versendungslieferungen (§ 3 Abs. 6 UStG** – sog. warenbewegte Lieferungen) und den **übrigen Lieferungen (§ 3 Abs. 7 UStG** – nicht warenbewegte Lieferungen). Die Grundregel bei Lieferungen findet sich in § 3 Abs. 7 UStG. Die Lieferung wird dort ausgeführt, wo sich der **Gegenstand im Zeitpunkt der Verschaffung der Verfügungsmacht**, d. h. im Zeitpunkt der Lieferung (so Art. 31 MwStSystRL) befindet. Maßgebend ist die **Belegenheit des Gegenstandes**, nicht der Ort, an dem die Handlungen vorgenommen werden, die zur Verschaffung der Verfügungsmacht führen.

Beispiel

Über eine Schiffsladung ist ein Konnossement ausgestellt worden. Während sich das Schiff auf hoher See befindet, überträgt E in Hamburg durch Einigung und Übergabe des Konnossements das Eigentum und die Verfügungsmacht an der Schiffsladung auf K (§§ 929 BGB, 650 HGB). Die Lieferung ist nicht steuerbar, denn der Gegenstand der Lieferung befand sich auf hoher See, also außerhalb des Inlandes, als im Inland die Verfügungsmacht verschafft wurde.

Praktisch stellt sich die **Grundregel aber weitgehend als Ausnahmeregel** dar. Denn bei der Lieferung beweglicher Sachen erfolgt normalerweise immer eine Beförderung oder Versendung zum Abnehmer. Dies liegt daran, dass auch das Befördern durch den Abnehmer (Abholfall) ein Befördern i. S. d. § 3 Abs. 6 UStG ist.

§ 3 Abs. 7 S. 1 UStG findet daher nur Anwendung, wenn der Liefergegenstand im Zusammenhang mit der Lieferung nicht zum Lieferungsempfänger verbracht wird. Dies ist etwa der Fall bei der Lieferung von **Grundstücken** oder sonstigen unbeweglichen Liefergegenständen oder bei beweglichen Sachen, wenn diese trotz Lieferung nicht bewegt werden. Das wird häufig zutreffen, wenn die Lieferung durch **Übergabesurrogate** erfolgt, etwa durch Einigung und Vereinbarung eines Besitzmittlungsverhältnisses oder die Abtretung des Herausgabeanspruches sowie bei der Einigung kurzer Hand (§§ 929 S. 2, 930, 931 BGB) oder durch Übergabe von Traditionspapieren (§§ 448, 475g, 524 HGB), und es anschließend nicht zu einem Befördern/Versenden an den Empfänger kommt. Eine wesentliche Bedeutung kommt der Grundregel insbesondere bei Lieferungen im **Reihen- oder Kettengeschäft** gemäß § 3 Abs. 6a UStG zu. Hier kommt immer **nur eine Lieferung** als Beförderungs- oder Versendungslieferung **(sog. warenbewegte Lieferung)** in Betracht. Für die dieser Lieferung vorangehenden oder nachfolgenden **sog. ruhenden Lieferungen** bestimmt sich der Lieferort ebenfalls nach § 3 Abs. 7 UStG (s. dazu gleich). Dabei sind die häufig gebrauchten Begrifflichkeiten einer **„ruhenden**

Lieferung“ [531] und einer „**bewegten Lieferung**“ oder als „**Transportlieferung**“[532] lediglich als sprachliche „Krücken“ zur Unterscheidung der Ortsbestimmung nach § 3 Abs. 6 und § 3 Abs. 7 UStG nachvollziehbar.

2. Ort der nicht warenbewegten Lieferung nach Art. 3 Abs. 7 UStG 154

§ 3 Abs. 7 Satz 1 UStG gilt außerdem in den Fällen, in denen der **Verkäufer den Gegenstand transportiert** und noch die **Gefahr des zufälligen Untergangs trägt**. Der Ort der Lieferung ist in diesen Fällen entgegen § 3 Abs. 6 Satz 1 UStG am Ort der Übergabe, da erst dort dem Abnehmer die Verfügungsmacht verschafft wird.[533] Es erfolgt mithin keine Versendung des Gegenstands einer Lieferung, sondern bei der Lieferung (d. h. Verschaffung der Verfügungsmacht an einem Gegenstand – vgl. § 3 Abs. 1 UStG) war die Versendung bereits abgeschlossen.

3. Ort der Beförderungs- oder Versendungslieferung nach § 3 Abs. 6 UStG 155

Wird der Gegenstand durch den Lieferer selbst (oder seine Leute) oder durch den Abnehmer (oder seine Leute) oder durch einen vom Lieferer oder dem Abnehmer beauftragten selbstständigen Dritten an den Abnehmer (oder einen von diesem bestimmten Dritten – vgl. § 3 Abs. 1 UStG) **befördert** oder **versendet**, so legt § 3 Abs. 6 S. 1 UStG (in Übereinstimmung mit Art. 32 MwStSystRL) den **Ort der Lieferung** (noch) dorthin, wo die **Beförderung oder Versendung beginnt**. Voraussetzung ist allerdings, dass der Liefergegenstand fertig ist und ein Befördern oder Versenden **an den Abnehmer** vorliegt.[534] Steht die Person des Abnehmers noch nicht fest oder ist der Liefergegenstand noch nicht fertig gestellt, so stellt eine räumliche Fortbewegung ein sog. innerbetriebliches Befördern oder Versenden dar, das nicht unter § 3 Abs. 6 UStG fällt.

Beispiel 1

M in München erhält von W in Wien den Auftrag, ihm einen Motor zu liefern. M sendet die Einzelteile des Motors an die Adresse des W in Wien. Dort wird der Motor von Leuten des M (oder von M beauftragten anderen Unternehmern) zusammengebaut und W übergeben. Ort der Lieferung ist nach § 3 Abs. 7 UStG Wien, nicht München. Denn es werden Einzelteile befördert, nicht aber der Liefergegenstand Motor.

Beispiel 2

D aus Dresden versendet seine Produkte nach W zu Wien, der diese auf Probe (§ 454 BGB) gekauft hat. Nach einer Prüfung in Wien wird die Ware durch W gebilligt. Der Ort der Lieferung bestimmt sich nach § 3 Abs. 7 Satz 1 UStG. Bei einem **Kauf auf Probe**[535] gilt der Kaufvertrag gem. § 454 BGB als unter der aufschiebenden Bedingung der Billigung der Ware durch den Käufer geschlossen. Kommt es zu einer solchen Billigung nicht, kommt ein Kaufvertrag nicht zustande, weswegen der Grundsatz gilt, nach dem der Substanzinhaber (dies ist hier noch der verkaufende Eigentümer D) die Gefahr des zufälligen Untergangs trägt. Die davon abweichenden Gefahrtragungsregelungen der §§ 446, 447 BGB, welche alle einen Kaufvertrag voraussetzen, greifen nicht ein, weswegen eine **Lieferung** bei einem Kauf auf **Probe**

531 So Abschn. 3.14. Abs. 2 UStAE; Reiß in: T/L (20. Aufl.) § 14 Rz. 57; Schaumburg in Schaumburg, Internationales Steuerrecht, 5. Aufl. 2022, Rz. 10.18; Heuermann, UR 1998, 5 (7); Lippross, USt, Kap. 2.3.6 u. 7 (S. 205 ff.); Meurer, DStR 2011, 199 ff.; kritisch auch Beiser/Hörtnagel, UVR 2005, 33 (34); präzise hingegen: BFH v. 11.8.2011 – V R 3/10, DB 2011, 2354 (2356), „sog. ruhende Lieferung“; Englisch in: T/L § 17 Rz. 426 – „sog. bewegliche Lieferung“.

532 So nun Ismer/Pull, MwStR 2014, 152 (153).

533 A. A. Frye, UR 2013, 889 (898 f.) und Stadie, UStG, § 3 Rz. 124 – potenzieller Abnehmer genügt.

534 Vgl. dazu BFH v. 30.07.2008 – XI R 67/07, BStBl. II 2009, 552 (Versenden an den Abnehmer auch dann, wenn Übergabe an ihn nur gegen Kasse erfolgen darf); BFH v. 06.12.2007 – V R 24/05, BStBl. II 2009, 490.

535 Dazu bereits ausführlich D. Hummel, UR 2007, 757 (763).

erst mit der Billigung durch den Käufer und nicht schon durch die bloße Besitzerlangung vorliegt.[536] Folglich war die Versendung bereits vor der Lieferung abgeschlossen und erfolgte nicht bei der Lieferung.

Das Gesetz unterscheidet zwischen Befördern und Versenden. Versenden liegt vor, wenn der Transport von einem selbstständigen Dritten (z. B. Frachtführer, Spediteur) durchgeführt wird, Befördern hingegen, wenn der Transport vom Lieferer oder Abnehmer selbst oder deren abhängigen Personal durchgeführt wird. Das Versenden beginnt bereits mit der Übergabe des fertigen Gegenstandes an den selbstständigen Dritten zum Zwecke des Transportes an den Abnehmer. Auch das Befördern durch den Abnehmer und das Versenden durch den vom Abnehmer beauftragten Dritten **(Abholfälle)** sind **Beförderungs- oder Versendungslieferungen**.

156 4. Beförderung/Versendungslieferung aus dem Drittlandsgebiet nach § 3 Abs. 8 UStG

Die Regelung des § 3 Abs. 6 UStG wird durch **§ 3 Abs. 8 UStG** für den Fall einer **Beförderung/Versendungslieferung aus dem Drittlandgebiet** in das Inland modifiziert. Die Lieferung ist dann im Inland ausgeführt, wenn der Lieferer, der die Beförderungs-/Versendungslieferung ausgeführt hat, **Schuldner der Einfuhrumsatzsteuer** (s. Rn. 228 ff.) ist oder ohne Umsatzsteuerbefreiung der Einfuhr nach § 5 UStG wäre. Der Schuldner der Einfuhrumsatzsteuer bestimmt sich nach § 13 a i. V. m. § 21 Abs. 2 UStG nach den Vorschriften über die Zölle. Nach Art. 201 des Zollkodex ist Zollschuldner und damit Schuldner auch der EUSt der Anmelder. Im Falle einer wirksamen Vertretung ist der Vertretene der Anmelder und Schuldner.[537] Wird entsprechend den rechtsgeschäftlich vereinbarten Lieferkonditionen die Zollabfertigung vorgenommen, so bedeutet die Kondition „versteuert und verzollt", dass der Lieferer Schuldner der Einfuhrumsatzsteuer ist, dagegen bedeutet die Klausel „unversteuert und unverzollt", dass der Lieferungsempfänger Schuldner der Einfuhrumsatzsteuer ist.

Beispiel

N in New York verkauft B in Bremen eine Ladung Stoff „unversteuert und unverzollt". B in Bremen verkauft diese Ladung „versteuert und verzollt" an H in Hamburg. Die Ladung wird direkt von N an H versendet. Die Zollabfertigung erfolgt für B. In diesem Reihengeschäft liefert N als erster in der Reihe an B durch Versenden nicht steuerbar in New York (§ 3 Abs. 6 S. 1 und Abs. 6 a S. 2 UStG). B liefert an H steuerbar im Inland (§ 3 Abs. 7 S. 2 Nr. 2 UStG).
Für B ergibt sich, dass er die Einfuhrumsatzsteuer als VoSt abziehen kann (§ 15 Abs. 1 Nr. 2 UStG), da die Einfuhr für sein Unternehmen erfolgte. Wenn hingegen schon N an B „versteuert und verzollt" geliefert hätte und deshalb Schuldner der EUSt wäre, so hätte N wegen der Sonderregelung des § 3 Abs. 8 UStG abweichend von § 3 Abs. 6 UStG erst im Inland steuerbar und steuerpflichtig an den B geliefert. Dann dürfte auch nur N die EUSt als Vorsteuer von seiner Steuerschuld abziehen, weil für sein Unternehmen und nicht das des B eingeführt worden wäre.

536 Ebenso zu Recht BFH v. 6.12.2007 – V R 24/05, BStBl. II 2009, 490; Birkenfeld, UR 2006, 80 (85); BMF, Abschn. 13.1 Abs. 6 UStAE; Nieskens in: R/D, § 3 Rn. 1003 (Aug. 2024) – allerdings soll ein Wahlrecht eingeräumt werden; Brandl in: Bunjes (23. Aufl.) § 13 Rz. 14; Heuermann in: S/R, § 3 Rz. 454 (März 2024); Ismer/Pull, MwStR 2014, 152 (159). a. A. Stadie, UStG, § 3 Rz. 144; Raab/Jünger, UR 2005, 581 (588); FG Köln v. 27.1.2005–2 K 6226/04, EFG 2005, 817 (819 f.) (aufgehoben durch BFH v. 6.12.2007 – V R 24/05, BStBl. II 2009, 490) mit Anm. Büchter-Hole, EFG 2005, 822.

537 Vgl. BFH v. 29.01.2015 – V R 5/14, BStBl. II 2015, 567 und v. 16.06.2015 – XI R 17/13, BStBl. II 2015, 1024 (kein Handeln als Vertreter für private Kunden bei Einfuhr von Gegenständen, wenn der angebliche Vertreter bzgl. aller anfallenden Kosten, Steuern und Zölle nicht auf Rechnung des angeblich Vertretenen [privaten Kunden] handelt, im Übrigen auch missbräuchliche Gestaltung nach § 42 AO).

5. Zeitpunkt der Lieferung 157

Nicht mehr ausdrücklich im Gesetz geregelt ist der Zeitpunkt der Lieferung.[538] Aus dem Wortlaut des § 3 Abs. 6 UStG ergibt sich eindeutig, dass er lediglich eine Ortsbestimmung für die Lieferung enthält, nicht aber eine Zeitbestimmung. Der Zeitpunkt einer Lieferung ergibt sich ausschließlich aus § 3 Abs. 1 UStG. Geliefert wird erst und nur dann, wenn die Verfügungsmacht am Liefergegenstand verschafft wird. Dafür ist maßgeblich darauf abzustellen, wann dem Abnehmer Substanz und Ertrag zustehen bzw. ab wann die Gefahr des Unterganges von ihm zu tragen ist.[539] Strittig ist allerdings, ob schon der bloße Übergang der Preisgefahr (etwa bei vertraglicher Vereinbarung oder gemäß § 447 BGB) dafür genügt, dass bereits geliefert worden ist. Dies ist richtigerweise zu bejahen. Denn angesichts der Gefahrtragung ist der Übergang der Verfügungsmacht/des wirtschaftlichen Eigentums des Käufers ab diesem Zeitpunkt ebenfalls zu bejahen. Fehlt es auch am Übergang der Preisgefahr, kommt es mit Beförderungsbeginn mangels Vorliegens einer Lieferung schon zu diesem Zeitpunkt zunächst weder schon zu einer Orts- noch zu einer Zeitbestimmung.[540] Erst wenn es tatsächlich durch Erlangung der Verfügungsmacht mit Übergabe zur Lieferung kommt, greift dann auch die Ortsregelung des § 3 Abs. 6 UStG ein.

Beispiel

U aus Flensburg befördert vom 31.03. (Beförderungsbeginn) bis zum 01.04. (Beförderungsende) Ware von Flensburg nach München an Abnehmer A. Die Ware wird auf dem Transport erheblich beschädigt und stellt nur noch Schrott dar. Wenn A vereinbarungsgemäß die Preisgefahr trägt, so wird man anzunehmen haben, dass bereits mit Transportbeginn gemäß § 3 Abs. 1 UStG an ihn geliefert wurde. Nach § 3 Abs. 6 UStG ist der Lieferort dann Flensburg.
Wenn aber U die Preisgefahr trägt, so ist die Ware erst mit der Übergabe an A in München am 01.04. geliefert worden. Der Lieferort ist gleichwohl nach § 3 Abs. 6 UStG Flensburg, auch wenn die Lieferung gemäß § 3 Abs. 1 UStG erst mit der Übergabe erfolgt. Bei einem Untergang kommt es aber gar nicht mehr zu einer Lieferung, sodass es auch keinen Lieferort und keine Lieferzeit gibt. Die Gegenmeinung nimmt hingegen an, dass wegen der Ortsbestimmung in § 3 Abs. 6 S. 1 UStG eine Lieferung auch zeitlich bereits mit Transportbeginn zunächst vorgelegen haben müsse. Diese soll allerdings dann mangels Entgeltes nicht steuerbar sein. Jedoch geben weder der Wortlaut des § 3 Abs. 6 S. 1 UStG noch der des Art. 32 MwStSystRL noch ihre systematische Stellung (Ortsregelung!) etwas dafür her, dass dort das endgültige Vorliegen einer Lieferung mit Beförderungsbeginn fingiert werde, obwohl die Merkmale einer Lieferung, wie in § 3 Abs. 1 UStG (Art. 14 MwStSystRL) definiert, nicht vorliegen.

6. Ort der Lieferung im Reihengeschäft nach § 3 Abs. 6a UStG 158

Von besonderer Bedeutung für die Bestimmung des Lieferortes für **Reihen- oder Kettengeschäfte** ist seit **01.01.2020** die Regelung des **§ 3 Abs. 6a** (bis 01.01.2020 geregelt in § 3 Abs. 6 S. 5 UStG). Schließen **mehrere Unternehmer über denselben Gegenstand** Umsatzgeschäfte ab und erfüllen sie diese Geschäfte dadurch, dass der erste Unternehmer dem letzten Abnehmer in der Reihe unmittelbar die Verfügungsmacht verschafft, so spricht man von einem Reihengeschäft. Letzteres wurde nunmehr in Art. 36a MwStSystRL für Lieferungen in der EU geregelt. In diesem Fall liegen, obwohl nur **einmal Verfügungsmacht verschafft** wird, nach § 3 Abs. 1 UStG **so viele Lieferungen** vor **wie Umsatzgeschäfte** getätigt werden. Bei einem zweigliedrigen Rei-

538 Vgl. zur früheren Rechtslage BFH v. 21.04.1993 – XI R 102/90, BStBl. II 1993, 731.

539 S. auch GAin Kokott in den Schlussanträge v. 03.10.2019 – C 401/18 (Herst), BeckRS 2019, 23106; D. Hummel, UR 2007, 757 ff.

540 So auch Ruppe/Achatz § 3 Rn. 159; a. A. BFH v. 06.12.2007 – V R 24/05, BStBl. II 2009, 490 (zum Kauf auf Probe), BMF, Abschn. 3.12. Abs. 7, Abschn. 13.1. Abs. 2, Abs. 6 UStAE; Heuermann UR 2017, 853; Lippross UR 2008, 495; Nieskens UR 1997, 11.

hengeschäft (zwei Kaufverträge o. Ä.) liefert der zweite Unternehmer an seinen Abnehmer, indem diesem durch den ersten Unternehmer in der Reihe (beauftragter Dritter) die Verfügungsmacht verschafft wird (§ 3 Abs. 1 UStG). Der erste Unternehmer in der Reihe liefert an seinen Abnehmer (zweiter Unternehmer in der Reihe), indem er in dessen Auftrag einem Dritten (nämlich dem Abnehmer des zweiten Unternehmers) die Verfügungsmacht verschafft. Bei einem drei- oder mehrgliedrigen Reihengeschäft gilt Entsprechendes. Im Ergebnis wird innerhalb eines Reihengeschäfts die Ortsbestimmung des § 3 Abs. 6 Satz 1 UStG nur einer der Lieferungen in der Reihe zugeordnet (vgl. dazu nun § 3 Abs. 6a UStG), was nur im Zusammenhang mit dem **Zweck** der **Steuerbefreiung einer innergemeinschaftlichen Lieferung** und der damit korrespondierenden **Besteuerung des innergemeinschaftlichen Erwerbs** (welche beide der Umsetzung des Bestimmungslandprinzips dienen) verständlich ist. Die Auslegung der Art. 31 und 32 MwStSystRL durch den EuGH führt dazu, dass die Steuerbefreiung nur einer der Lieferungen innerhalb eines Reihengeschäfts (und dabei wohl primär dem ersten grenzüberschreitenden Umsatz in der Reihe[541]) zugeordnet werden kann. Auf die übrigen Lieferungen ist für die Ortsbestimmung hingegen § 3 Abs. 7 UStG anzuwenden.

Dabei ist zwischen der warenbewegten Lieferung, vorangehenden (§ 3 Abs. 7 S. 2 Nr. 1 UStG) und nachfolgenden (§ 3 Abs. 7 S. 2 Nr. 2 UStG) **ruhenden Lieferungen** zu unterscheiden. Die vorangehenden Lieferungen werden am Ort des Beginns der Beförderung/Versendung ausgeführt, die nachfolgenden am Ort des Endes der Beförderung. **Lieferungen im Reihengeschäft werden daher an zwei Orten** ausgeführt, nämlich am **Ort des Beginns** die **warenbewegte Lieferung und** die **vorangehenden Lieferungen** und am **Ort des Endes** die **nachfolgenden Lieferungen.** Zu beachten ist dabei, dass in den **Abholfällen** die **Beförderung/Versendung** grundsätzlich dem **(Vor-)Lieferer** und nicht dem Abholenden zugeordnet wird (vor 2020 § 3 Abs. 6 S. 1 und S. 6 Hs. 1 UStG a. F. und ab 2020 § 3 Abs. 6a S. 3 und S. 4). Allerdings sieht das Gesetz vor, dass der **Abholende in der Kette/Reihe** – der sog. Zwischenhändler – nachweisen darf, dass er die Beförderung als Lieferer vornimmt. Dann ist die Beförderung seiner Lieferung an seinen Abnehmer zuzuordnen, § 3 Abs. 6 S. 6 Hs. 2 UStG a. F. bis 2019 und 3 Abs. 6a S. 4 UStG ab 01.01.2020. Die Lieferung durch den ersten Lieferer an ihn ist dann die vorangehende, ruhende Lieferung im Sinne des § 3 Abs. 7 S. 2 Nr. 1 UStG.

159 Der neue § 3 Abs. 6a bestimmt nunmehr ausdrücklich, dass bei **Beförderung/Versendung** des Liefergegenstandes durch den **ersten Lieferer in der Reihe** die Lieferung durch den ersten Lieferer in der Reihe an seinen Abnehmer die warenbewegte (ggf. zu befreiende) Lieferung ist und bei Beförderung/Versendung durch den **letzten Abnehmer in der Reihe** die Lieferung an den letzten Abnehmer. Nur bei einer Beförderung/Versendung durch eine Person **in der Reihe (Zwischenhändler)** besteht im Ergebnis eine Wahlmöglichkeit. Grundsätzlich ist die (ggf. zu befreiende) warenbewegte Lieferung die an den Zwischenhändler ausgeführte Lieferung. Wenn aber der Zwischenhändler gegenüber dem an ihn leistenden (Vor-)Unternehmer bis zum Beginn der Beförderung eine USt-IdNr. verwendet, die ihm **vom Mitgliedstaat des Beginns der Beförderung/Versendung** erteilt wurde, ist bei **Lieferungen innerhalb der Union** die Lieferung des Zwischenhändlers die warenbewegte (ggf. als innergemeinschaftlich Lieferung zu befreiende) Lieferung, § 3 Abs. 6a S. 5 UStG, während die vorangehende Lieferung an ihn die nach § 3 Abs. 7 S. 2 Nr. 1 UStG im Mitgliedstaat des Beginns der Beförderung steuerbare und nicht befreite Lieferung ist.

541 Der EuGH v. 6.4.2006 – C-245/04 (EMAG), ECLI:EU:C:2006:232 = UR 2006, 342 [345 f.] spricht von dem ersten Umsatz, dem ein innergemeinschaftlicher Erwerb gegenüberstehe; bestätigt durch EuGH v. 16.12.2010 – C-430/09 (Euro Tyre), ECLI:EU:C:2010:786, Rz. 24 f.

Entgegen der Auffassung des FG Münster[542] kann diese Rechtsprechung des EuGH – es könne nur eine Lieferung steuerbefreit sein – **nicht auf Ausfuhrlieferungen** übertragen werden. Deswegen ergibt es Sinn, dass Art. 36a MwStSystRL sich auf innergemeinschaftliche Lieferungen bezieht.[543] Der deutsche Gesetzgeber geht offenbar von einem anderen Ansatz aus – vgl. § 3 Abs. 6a Satz 6 und 7 UStG. Dieses sog. Highlander-Prinzip („Es kann nur einen geben") führt per se zu Problemen, weil zum einen eine Zuordnung vorgenommen werden muss und davon Rechtsfolgen für nachfolgende und vorhergehende Lieferungen ausgehen. Es ist nur aufgrund der weggefallenen Grenzkontrollen innerhalb der EU und den Schwierigkeiten bei der Besteuerung des innergemeinschaftlichen Erwerbs verständlich. Nicht jedoch bei Ausfuhr- und Einfuhrlieferungen. 160

Die größten Probleme bereiten die Lieferungen durch einen Unternehmer in der Mitte eines Reihengeschäftes. Deswegen konzentrierte sich die EU-Kommission in den **sog. quick fixes** auf diesen Fall und schlug den neuen Art. 36a MwStSystRL vor.[544] In Deutschland wurde daraufhin aus § 3 Abs. 6 Satz 5 und 6 der neue § 3 Abs. 6a UStG, der jedoch weiter geht als die unionsrechtliche Grundlage und auch Reihengeschäfte mit Drittstaaten einbezieht. 161

Beispiel

Unternehmer A aus Österreich bestellt Ware bei Unternehmer D1 aus Deutschland, der sie seinerseits bei D2 aus Deutschland ordert. D2 versendet vereinbarungsgemäß die Ware unmittelbar zu A mittels des von ihm beauftragten Spediteurs.
Der Ort der Lieferung des D2 an D1 ist gem. § 3 Abs. 6a Satz 2 i.V.m. Abs. 6 Satz 1 und 4 UStG am Beginn der Versendung, d.h. in Deutschland. Der Ort der Lieferung des D1 an A ist nach § 3 Abs. 7 Satz 2 Nr. 2 UStG in Österreich, da dort die Versendung endet.[545] Diese Auslegung würde dazu führen, dass D1 in Österreich eine Lieferung versteuern müsste. Die Äußerungen des EuGH[546] (der bislang aber nur den Abholfall durch den mittleren Unternehmer entschieden hat, der eigentlich kein Reihengeschäft darstellt[547]) deuten allerdings eher darauf hin, dass sich die Lieferung über die Grenze (d.h. zwischen D1 und A) als (steuerfreie) innergemeinschaftliche Lieferung nach Art. 32 Satz 1 MwStSystRL richtet (vulgo die bewegte Lieferung ist, welche mit einer Erwerbsbesteuerung des A einhergeht), sodass die Lieferung von D2 an D1 nach Art. 31 MwStSystRL zu beurteilen und in Deutschland steuerbar und steuerpflichtig ist.

Die ganze Problematik wird nunmehr etwas entschärft, weil der **mittlere Unternehmer** über die **Mitteilung der entsprechenden Umsatzsteuer-Identifikationsnummer** steuern kann, ob die Beförderung gem. § 3 Abs. 6a Satz 5 UStG seiner Lieferung an seinen Kunden zuzuordnen ist, sodass er die steuerfreie innergemeinschaftliche Lieferung erbringt. Unter Berücksichtigung des Wortlautes von Art. 36a MwStSystRL – nach Abs. 1 wird die Beförderung der Lieferung an den Zwischenhändler zugeschrieben, es sei denn (Abs. 2) dieser hat die entsprechende Umsatzsteuer-Identifikationsnummer seinem Lieferanten mitgeteilt – ist dabei § 3 Abs. 6a Satz 5 UStG wohl als lex specialis zu sehen, der den überflüssigen § 3 Abs. 6a Satz 4 UStG in Gänze verdrängt.

542 FG Münster v. 16.1.2014–5 K 3930/10 U, BB 2014, 1122 (aufgehoben durch BFH v. 21.1.2015 – XI R 12/14, BFH/NV 2015, 957) mit kritischer Anm. D. Hummel.

543 Dies übersieht auch BFH v. 11.3.2020 – XI R 18/18, MwStR 2020, 934.

544 Richtlinie (EU) 2018/1910 des Rates vom 4. Dezember 2018 zur Änderung der Richtlinie 2006/112/EG in Bezug auf die Harmonisierung und Vereinfachung bestimmter Regelungen des Mehrwertsteuersystems zur Besteuerung des Handels zwischen Mitgliedstaaten, ABl. EU 2018, L 311/3.

545 So auch die Auffassung der Finanzverwaltung in Abschn. 3.14. Abs. 8 UStAE.

546 EuGH v. 6.4.2006 – C-245/04 (EMAG), ECLI:EU:C:2006:232 = UR 2006, 342 ff.; dessen Unklarheit hat zu einer weiteren Vorlage geführt, aufgrund derer der EuGH v. 16.12.2010 – C-430/09 (Euro Tyre), ECLI:EU:C:2010:786, Rz. 27, seine unklaren Ausführungen bestätigt und von einer „umfassenden Würdigung aller besonderen Umstände" spricht, die das Ausgangsgericht vorzunehmen habe; genauso kryptisch ist EuGH v. 27.9.2012 – C-587/10 (VSTR), ECLI:EU:C:2012:592 = UR 2012, 832 Rz. 36 ff.; kritisch zum EuGH auch v. Streit, UR 2011, 161 ff.; zur „Umsetzung" dieser Rechtsprechung siehe v. Streit, UStB 2012, 18 ff.

547 Zutreffend Stadie, UStG, § 3 Rz. 47.

Insofern folgt im Wege des Umkehrschlusses, dass in einem Fall, in dem der mittlere Unternehmer zwar die Gefahr des zufälligen Untergangs trägt, seinem Lieferanten aber nicht die entsprechende Umsatzsteuer-Identifikationsnummer mitteilt, es bei der Grundaussage des Art. 36a Abs. 1 MwStSystRL bleibt. Es wäre hilfreicher gewesen, den nun noch überflüssigeren § 3 Abs. 6a Satz 4 UStG in Gänze zu streichen

162 Nach der seit dem **01.01.2020 geltenden Neuregelung in § 3 Abs. 6a** S. 6 und 7 UStG kommt es auch bei Reihengeschäften im Verhältnis zu Drittstaaten nur noch darauf an, ob der Zwischenhändler eine USt-IdNr. oder StNr. des Abgangsstaates verwendet, respektive die Ware bei der Einfuhr für seine Rechnung zum zoll- und steuerrechtlich freien Verkehr angemeldet wird. Da **Art. 36a MwStSystRL** nur eine **Regelung für das innergemeinschaftliche Reihengeschäft** enthält und gerade nicht für Reihengeschäfte im Zusammenhang mit Drittländern gilt, ist zweifelhaft, ob die Neuregelung in § 3 Abs. 6a bei Reihengeschäften im Zusammenhang mit Drittstaaten unionsrechtlich gedeckt ist. Das dürfte zu verneinen sein, denn der EuGH stellte allein darauf ab, wann und wo die Verfügungsmacht überging. Allerdings ist die gesetzliche Neuregelung in § 3 Abs. 6a in Bezug auf Reihengeschäfte im Zusammenhang mit Drittstaaten jedenfalls zugunsten eines sich darauf berufenden Unternehmers anzuwenden.

Für Lieferungen im Rahmen von Reihengeschäften innerhalb der Union zwischen deren Mitgliedstaaten nach dem 01.01.2020 ist hingegen der neue Art. 36a MwStSystRL zu beachten. Danach wird grundsätzlich die Beförderung/Versendung der Lieferung des Erstlieferanten in der Reihe an den Zwischenerwerber (= Zwischenhändler) zugeordnet, es sei denn, dieser hat seinem Lieferer eine USt-IdNr. mitgeteilt, die ihm vom Abgangsmitgliedstaat erteilt wurde. Das allein maßgebliche Kriterium für die Zuordnung der Beförderung/Versendung bei **grenzüberschreitenden Lieferungen innerhalb der Union**, bei denen die Beförderung/Versendung durch einen Zwischenhändler in der Reihe veranlasst wird, stellt daher seit dem 01.01.2020 die Verwendung (= Mitteilung) oder Nichtverwendung einer USt-IdNr. des Mitgliedstaates des Beginns der Beförderung/Versendung dar. Bei Nichtverwendung einer entsprechenden USt-IdNr. ist die warenbewegte (nach Art. 138 zu befreiende innergemeinschaftliche) Lieferung die Lieferung an den Zwischenhändler, bei Verwendung einer solchen USt-IdNr. ist es erst die Lieferung des Zwischenhändlers. Unerheblich ist hingegen nunmehr nach dem neuen Art. 36a, ob, wann und wo dem Zweit-/Enderwerber Verfügungsmacht verschafft worden ist.

Beispiel 1

P2 (Polen) bestellt bei P1 (Polen), dieser bei D2 (Deutschland) und D2 bei D1 (Deutschland) einen Liefergegenstand. D2 holt den Gegenstand bei D1 in Deutschland ab und befördert ihn direkt zu P2. Nur wenn D2 gegenüber dem D1 seine deutsche USt-IdNr. verwendet (mitteilt), ist die Lieferung des D2 an P1 die warenbewegte, nach Art. 138, Art. 36a MwStSystRL, § 3 Abs. 6a, § 4 Nr. 1 Buchst. b), § 6a UStG zu befreiende innergemeinschaftliche Lieferung. Die Lieferung des D1 an D2 ist dann eine nicht befreite ruhende Lieferung in Deutschland. Die Lieferung des P1 an den P2 ist eine in Deutschland nicht steuerbare ruhende Lieferung in Polen. Völlig unerheblich ist es ab dem 01.01.2020, ob dem P1 oder gar dem P2 (ausnahmsweise) bereits in Deutschland vor oder mit Beginn der Beförderung durch D2 Verfügungsmacht am Liefergegenstand verschafft worden ist. Allein maßgebend ist, ob D2 gegenüber dem D1 seine deutsche USt-IdNr. verwendet. Hat D2 dem D1 keine deutsche USt-IdNr. mitgeteilt, ist die Lieferung des D1 an D2 die warenbewegte, innergemeinschaftlich befreite Lieferung.

Beispiel 2

Wie oben, aber anstelle von P2 und P1 handeln R2 und R1 mit Sitz im Drittland Russland. Hier ist für die Befreiung als Ausfuhrlieferung nach Art. 146 Abs. 1 Buchst. a) MwStSystRL unerheblich, ob D2 gegenüber D1 eine deutsche USt-IdNr. oder deutsche StNr. verwendet oder nicht. Vielmehr ist – jedenfalls nach der bisherigen Rspr. des EuGH – entscheidend, ob die Verfügungsmacht am Liefergegenstand bereits in Deutschland auf R1 oder gar R2 übergegangen ist oder ob dies erst mit der Ankunft bei R2 in Russland erfolgte. Von letzterem ist normalerweise auszugehen, sodass schon die Lieferung des D1 an D2 die warenbewegte, nach Art. 146 Abs. 1 Buchst. a) MwStSystRL an sich zu befreiende Ausfuhrlieferung ist. Allerdings ist die Beförderung nach Russland als einem Drittland nach § 3 Abs. 6a UStG dem D2 wegen der Verwendung einer deutschen USt-IdNr. gegenüber D1 zuzuordnen. Nach deutschem Recht ist daher erst die Lieferung des D2 an den R 1 nach § 4 Nr. 1 Buchst. a, § 6 UStG zu befreien. Auf eine etwaige Richtlinienwidrigkeit kommt es nicht an, solange das deutsche Gesetz nicht geändert wird.

Mit dem EuGH und dem XI. Senat des BFH[548] ist für die Zuordnung der Beförderung/ Versendung zur Bestimmung der (warenbewegten) Lieferung im **Reihengeschäft zu Drittländern** darauf abzustellen, ob dem Zweiterwerber (oder einem späteren Erwerber) schon im Abgangsstaat vor oder mit Beginn der Beförderung/Versendung die Verfügungsmacht vom Ersterwerber (vorangehenden Erwerber/Zwischenhändler) verschafft wurde oder ob ihm die Befähigung als/wie ein Eigentümer zu verfügen, erst im Bestimmungsland nach Beendigung der Beförderung übertragen wurde. Ob die Verfügungsmacht bereits im Abgangslieferstaat oder erst im Bestimmungsland vom Ersterwerber auf den Zweiterwerber übertragen worden ist, ergibt sich allein aus den tatsächlich zwischen dem Ersterwerber und dem Zweiterwerber getroffenen vertraglichen Vereinbarungen und ihrer Erfüllung/Einhaltung hinsichtlich des Zeitpunktes des Überganges von Eigentum, Besitz, Nutzen, Lasten und Gefahrtragung. Nach der nationalen **Neuregelung in § 3 Abs. 6a UStG** kommt es allerdings auch bei grenzüberschreitenden Reihengeschäften zu Drittländern nur darauf an, ob eine USt-IdNr. oder StNr. des Mitgliedstaates verwendet wurde, die vom Mitgliedstaat des Beginns der Beförderung/Versendung erteilt worden ist. Unerheblich ist hingegen danach, ob und wann die Verfügungsmacht auf den Zweit-/Enderwerber übertragen worden ist. Selbst wenn diese nationale gesetzliche Regelung durch die Regelung in Art. 36a MwStSystRL nicht gedeckt ist, ist sie aber zugunsten des Steuerpflichtigen zu beachten, solange der deutsche Gesetzgeber den § 3 Abs. 6a nicht ändert. 163

Für den **Erstlieferanten** ergibt sich bei Befördern oder Versenden durch den Erst-erwerber/Zwischenhändler das Problem, dass er nicht wissen kann, welche Vereinbarungen hinsichtlich eines Eigentumsüberganges, respektive hinsichtlich des Überganges von Nutzen, Lasten und Gefahr zwischen seinem (Erst-)Abnehmer (= Zwischenhändler) und einem (nachfolgenden) Zweit-/Endabnehmer bestehen. Möglicherweise ist ihm sogar schon nicht bekannt, dass überhaupt eine Weiterveräußerung des von ihm an den Ersterwerber gelieferten Gegenstandes an einen Zweiterwerber erfolgt ist. Jedenfalls ist der Erstlieferant **in den Abholfällen** insoweit auf Angaben seines (Erst-)Abnehmers angewiesen, ob dieser den Gegenstand in das Drittland oder übrige Unionsgebiet befördern/versenden wird und ob er die Verfügungsmacht an einen Zweitabnehmer schon im Abgangs-/Herkunftsland überträgt oder diese erst mit Beendigung der Beförderung im Bestimmungsland übertragen wird. Der EuGH[549] nimmt zutreffend an, dass der **Erstlieferant** jedenfalls dann davon ausgehen darf, dass er eine innergemeinschaftlich befreite, **warenbewegte Lieferung** tätigt, wenn ihm sein Abnehmer als **Ersterwerber** seine Absicht **mitteilt,** dass er den Liefergegenstand

548 EuGH v. 19.12.2018 – C-414/17 (AREX CZ); v. 26.07.2017 – C-386/16 (Toridas), MwStR 2017, 779; v. 27.09.2012 – C-587/10 (VStR), UR 2102, 832; v. 16.12.2010 – C-430/09 (Euro Tyre), UR 2011, 176; BFH v. 11.03.2020 – XI R 18/18, MwStR 2020, 934; v. 28.05.2013 – XI R 11/09, UR 2013, 756 (Nachfolge zu C-587/10); v. 25.02.2015 – XI R 15/14, UR 2015, 391 und XI R 30/13, UR 2015, 391 und UR 2015, 402; s. auch Schlussantrag Generalanwältin Kokott v. 03.10.2019 – C-401/18 (Herst) m. w. N.

549 EuGH v. 16.12.2010 – C-430/09 (Euro Tyre Holding), UR 2011, 176 (Rn. 35–38) mit Verweisung auf EuGH v. 27.07.2007 – C-409/04 (Teleos), BStBl. II 2009, 70 (Rn. 42, 66, 67).

unter Verwendung der **USt-IdNr. des Bestimmungslandes in** ein **anderes Mitgliedsland** der Union als Bestimmungsland **befördern oder versenden** wird.

164 Für den **gutgläubigen Erstlieferanten** bleibt es dabei, dass er für seine Lieferung an den Zwischenhändler/Ersterwerber dann keine Umsatzsteuer schuldet, wenn tatsächlich der Liefergegenstand vom Ersterwerber abredewidrig nicht in den anderen Mitgliedstaat befördert/versendet wird. Der EuGH geht davon aus, dass dann der Ersterwerber zur Umsatzsteuer für diese Lieferung herangezogen werden müsste, wenn er seiner Verpflichtung nicht nachgekommen ist, den Liefergegenstand in das übrige Gemeinschaftsgebiet zu befördern oder zu versenden. Eine ausdrückliche Rechtsgrundlage für die Verlagerung der Steuerschuld auf den Ersterwerber ist allerdings in der MwStSystRL nicht vorhanden.

Für das deutsche Recht allerdings ergibt sie sich aus **§ 6a Abs. 4 UStG**, soweit der Ersterwerber/Zwischenhändler als Abnehmer dem Erstlieferer unrichtige Angaben über die Beförderung in das übrige Gemeinschaftsgebiet erteilt hat.[550]

Davon musste bis 2020 richtigerweise auch dann ausgegangen werden, wenn der Ersterwerber dem Erstlieferanten nur mitteilte, dass er den Liefergegenstand in das übrige Unionsgebiet befördert oder versendet, dabei aber verschwieg, dass er die Verfügungsmacht an dem Liefergegenstand bereits vor oder mit Beginn der Beförderung/Versendung noch in Deutschland schon auf einen Zweiterwerber übertragen hatte. Darin lag dann eine unrichtige Angabe darüber, dass der Liefergegenstand schon „bei der Lieferung" des Erstlieferanten an den Zwischenhändler/Ersterwerber in das übrige Gemeinschaftsgebiet gemäß § 6a Abs. 1 Nr. 1 UStG befördert/versendet wurde. Denn tatsächlich erfolgte die Beförderung/Versendung dann erst „bei der Lieferung" des Ersterwerbers an den Zweiterwerber. Im Ergebnis ließ sich für die Beteiligten des Reihengeschäftes[551] der Sachverhalt dahin gehend gestalten, ob in den Abholfällen durch den Zwischenhändler schon die Lieferung an den Zwischenhändler die innergemeinschaftlich befreite warenbewegte Lieferung war oder erst die Lieferung des Zwischenhändlers an seinen (End-)Abnehmer. Durch bereits vor Beginn der Beförderung/Versendung des Liefergegenstandes erfolgende Übertragungen der Verfügungsmacht, namentlich in Gestalt der Übertragung des rechtlichen und/oder (nur) des wirtschaftlichen Eigentums, vom Ersterwerber an einen Zweiterwerber, konnte erreicht werden, dass erst die Lieferung des Ersterwerbers/Zwischenhändlers an den Zweiterwerber und nicht schon die Lieferung des ersten in der Reihe an den Ersterwerber die warenbewegte Lieferung war. Wurde die Verfügungsmacht hingegen vom Ersterwerber auf den Zweiterwerber erst nach Gelangen in das Bestimmungsland übertragen, war nur die an den Zwischenhändler ausgeführte Lieferung die warenbewegte Lieferung. Wurde der Liefergegenstand vom Zweiterwerber oder durch einen vom ihm beauftragten Frachtführer oder Spediteur beim Erstlieferer abgeholt, war regelmäßig davon auszugehen, dass dem Zweiterwerber mit der Übergabe des Liefergegenstandes im Abgangsland auch bereits Verfügungsmacht durch den Ersterwerber verschafft worden ist, sodass die Lieferung des Erstlieferers an den Zwischenhändler/Ersterwerber gerade nicht mehr die warenbewegte befreite, sondern die nicht befreite ruhende Lieferung war.[552]

165 Bei **Einfuhren aus Drittländern** ist außerdem noch **§ 3 Abs. 8 UStG** zu beachten. Danach wird der Ort der Lieferung bei Beförderungs-/Versendungslieferungen entgegen § 3 Abs. 6 S. 1 UStG in das **Inland verlagert**, wenn der Lieferer **Schuldner der deut-**

550 S. zur Bestimmung der befreiten warenbewegten Lieferung beim grenzüberschreitenden Reihengeschäft EuGH v. 27.09.2012– C-587/10 (VStR), UR 2012, 832 mit nachfolgend BFH v. 28.05.2013 – XI R 11/09, UR 2013, 756 und v. 25.02.2015 – XI R 15/14 und XI R 30/13, UR 2015, 391 und UR 2015, 402; s. auch Hassa UR 2016, 493; Reiß UR 2015, 733; Ismer/Pull MwStR 2015, 394; Heuermann DB 2015, 1303; Wäger UR 2015, 576; Maunz DStR 2015, 1025; Heinrichshofen/Matheis UVR 2015,175; Heuermann UR 2017, 853.

551 S. zur Bestimmung der befreiten warenbewegten Lieferung beim grenzüberschreitenden Reihengeschäft EuGH v. 27.09.2012– C-587/10 (VStR), UR 2012, 832 mit nachfolgend BFH v. 28.05.2013 – XI R 11/09, UR 2013, 756 und v. 25.02.2015 – XI R 15/14 und XI R 30/13, UR 2015, 391 und UR 2015, 402; s. auch Hassa UR 2016, 493; Reiß UR 2015, 733; Ismer/Pull MwStR 2015, 394; Heuermann DB 2015, 1303; Wäger UR 2015, 576; Maunz DStR 2015, 1025; Heinrichshofen/Matheis UVR 2015,175; Heuermann UR 2017, 853.

552 EuGH v. 19.12.2018 – C-414/17 (AREX CZ); s. auch BFH v. 11.03.2020 – XI R 18/18, MwStR 2020, 934; s. aber FG Rhld.-Pfalz v. 31.05.2016–3 K 1364, EFG 2016, 1384 (rkr., Nachfolge zu BFH v. 25.02.2015 – XI R 30/13, UR 2015, 402). Danach soll bei vorbehaltenem Eigentumsübergang bis zur Bezahlung des Kaufpreises im Bestimmungsland auch noch keine Verschaffung der Verfügungsmacht im Abgangsland vorliegen, auch wenn dort der Liefergegenstand bereits vom Zweiterwerber (oder seinem Frachtführer) abgeholt wird (sehr zweifelhaft!).

schen Einfuhrumsatzsteuer (EUSt) ist.[553] § 3 Abs. 8 UStG ist nur für den Lieferer anzuwenden, der Schuldner der deutschen EUSt ist und dem die warenbewegte Lieferung zuzuordnen ist. § 3 Abs. 8 UStG ist bei Lieferungen in das Drittland (Ausfuhrlieferungen) nicht anzuwenden. Hier bleibt es bei der Regelung in § 3 Abs. 6, Abs. 6a und 7 UStG.

Beispiel 1

(Lieferung in Drittland):
R (Russland) bestellt Ware bei B (Weißrussland), B bestellt diese Ware bei D1 (Münster) und D1 bei D2 (Nürnberg). Die Ware wird
a) von D2 zu R befördert,
b) von R bei D2 abgeholt,
c) von D1 bei D2 abgeholt und unmittelbar zu R befördert,
d) von B bei D2 abgeholt und unmittelbar zu R befördert.

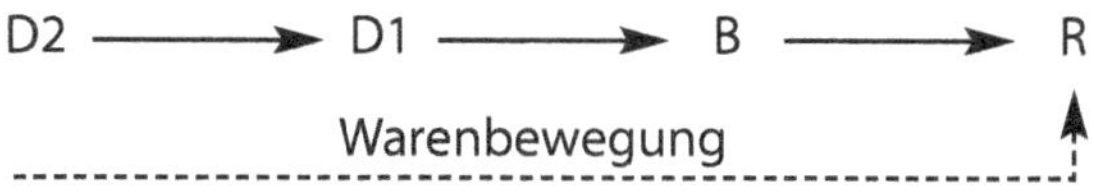

a) D2 befördert die Ware nach Russland zu R. D2 liefert nach § 3 Abs. 6 S. 1, § 3 Abs. 6a UStG mit Beginn der Beförderung in Nürnberg an D1. Alle anderen Lieferungen, nämlich D1 an B und B an R sind nachfolgende Lieferungen. Sie werden in Russland ausgeführt und sind in Deutschland nicht steuerbar. Hinweis: D2 tätigt eine steuerfreie Ausfuhrlieferung nach § 4 Nr. 1 Buchst. a i. V. m. § 6 Abs. 1 Nr. 1 UStG.
b) R holt die Ware bei D2 ab. Dann ist die Beförderung der Lieferung des B an R zuzuordnen. B als Zwischenhändler liefert nach § 3 Abs. 6, Abs. 6a UStG bei Verwendung einer deutschen USt-IdNr. oder deutschen Steuernummer steuerbar, aber nach § 4 Nr. 1 Buchst. a i. V. m. § 6 Abs. 1 Nr. 2 UStG befreit in Deutschland (Ausfuhrlieferung). D2 und D1 liefern nach § 3 Abs. 7 S. 2 Nr. 1 i. V. m. § 3 Abs. 6a UStG in Deutschland (vorangehende ruhende Lieferungen). Die Lieferungen des D1 und des D2 sind nicht als Ausfuhrlieferungen befreit, weil nur die sog. warenbewegte Lieferung nach § 4 Nr. 1 Buchst. a i. V. m. § 6 Abs. 1 UStG befreit wird (s. Rn. 237 ff.).
c) D2 ist die Beförderungslieferung zuzurechnen, obwohl D1 abgeholt hat, wenn D1 keine deutsche USt-IdNr. oder deutsche Steuernummer verwendet. D2 liefert nach § 3 Abs. 6 S. 1 und Abs. 6a UStG steuerbar in Deutschland an D 1. Die Lieferung des D2 an D1 ist gleichwohl allerdings nicht befreit, sondern steuerpflichtig, da D1 kein ausländischer Abnehmer ist und deshalb die Voraussetzungen des § 4 Nr. 1 Buchst. a, § 6 Abs. 1 Nr. 2 UStG nicht erfüllt sind. Beachte: Die Befreiung nach § 6 Abs. 1 Nr. 1 UStG verlangt, dass der Lieferer selbst die Ware ins Drittland/Ausland befördert oder versendet hat und nicht sein Abnehmer. Gleichwohl ist die Beförderung für § 3 Abs. 6 UStG der Lieferung des D2 an D1 zuzuordnen (§ 3 Abs. 6a S. 6 und S. 4). D1 und B tätigen erst nachfolgende ruhende Lieferungen in Russland, die in Deutschland nicht steuerbar sind. Wenn allerdings D1 gegenüber dem D2 (s)eine deutsche USt-IdNr. oder (s)eine deutsche StNr. verwendet, ist die Beförderung der Ware erst der Lieferung des D1 an den B zuzurechnen. Erst diese Lieferung des D1 an den B ist dann nach § 4 Nr. 1 Buchst. a, § 6 Abs. 1 Nr. 1 UStG befreit.
d) Der Lieferung des D1 an B ist die Beförderung durch B zuzuordnen, sofern B keine deutsche USt-IdNr. (oder deutsche Steuernummer) verwendet. D1 liefert gemäß §§ 3 Abs. 6, 3 Abs. 6a, 4 Nr. 1 Buchst. a i. V. m. § 6 Abs. 1 Nr. 2 UStG steuerbar, aber befreit (B ist ausländischer Abnehmer) in Deutschland. D2 liefert nicht befreit in Deutschland an D1 (vorangegangene ruhende Lieferung; § 3 Abs. 7 S. 2 Nr. 1 UStG), B liefert in Russland (nachfolgende Lieferung; § 3 Abs. 7 S. 2 Nr. 2 UStG).

553 Vgl. dazu BFH v. 16.06.2015 – XI R 17/13, BStBl. II 2015, 1024 (zur Anwendbarkeit auch bei Steuerfreiheit für die Einfuhr) sowie den dreisten Missbrauchsfall in BFH v. 21.03.2007 – V R 32/05, BStBl. II 2008, 153 und BMF BStBl. I 2008, 295. Schuldner der Einfuhrumsatzsteuer gemäß § 13 a Abs. 2 i. V. m. § 21 Abs. 2 UStG und Art. 201 Abs. 3 Zollkodex (ZK) ist der Anmelder bei der Einfuhr aus dem Drittland. Anmelder ist auch der Vertretene, wenn der (Zoll-)Agent mit Vertretungsmacht handelt. Für die Anwendung der Ortsbestimmung des § 3 Abs. 8 UStG kann der Lieferer auch Schuldner der Einfuhrumsatzsteuer sein, wenn in concreto die Einfuhr nach § 5 UStG befreit ist. S. auch BMF, Abschn. 3.13 UStAE – maßgeblich ist, wer nach den zollrechtlichen Vorschriften Schuldner der EUSt ist, unmaßgeblich sind vereinbarte Lieferkonditionen.

Beispiel 2

(Lieferung in Drittland):
D2 (Darmstadt) kauft eine Maschine bei D1 (Nürnberg), dieser kauft sie bei B (Weißrussland), B kauft sie bei R (Russland). Die Maschine wird unmittelbar von R zu D2 befördert.

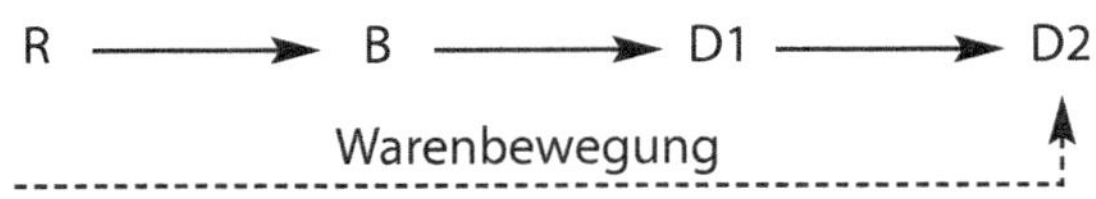

a) R befördert die Maschine zu D2. R liefert in Russland nach § 3 Abs. 6 S. 1 UStG. Die Lieferungen von B an D1 und von D1 an D2 sind nachfolgende Lieferungen. Sie werden nach § 3 Abs. 7 S. 2 Nr. 2 UStG in Deutschland ausgeführt. Hinweis: Die Einfuhr erfolgt für B. B ist einerseits Schuldner der EUSt, kann diese aber andererseits als Vorsteuer abziehen. Falls R Schuldner der deutschen EUSt ist (Lieferkondition „versteuert und verzollt"), greift allerdings § 3 Abs. 8 UStG ein. Dann liefert bereits R gemäß § 3 Abs. 8 UStG in Deutschland und für ihn erfolgt die Einfuhr. Alle nachfolgenden Lieferungen B an D1 und D1 an D2 werden als nachfolgende Lieferungen in Deutschland ausgeführt.
b) D2 holt die Maschine bei R ab. Die Beförderung ist D1 zuzuordnen. D1 liefert nach § 3 Abs. 6 S. 1 UStG in Russland. Die Lieferungen R an B und B an D1 sind vorangehende Lieferungen. Sie werden nach § 3 Abs. 7 S. 2 Nr. 1 UStG in Russland ausgeführt. Hinweis: Die Einfuhr erfolgt für D2.
c) B holt die Maschine bei R ab. Da die Beförderung R zuzuordnen ist, liefert R in Russland. Die nachfolgenden Lieferungen B an D1 und D1 an D2 werden in Deutschland ausgeführt. Hinweis: Für diese Lösung ist gleichgültig, wer Schuldner der deutschen EUSt ist, solange es nicht R ist. Dann Lösung wie unter a).
d) D1 holt die Maschine in Russland ab. Da die Beförderung B zuzuordnen ist, liefert dieser in Russland, ebenso der R an B, weil es sich um eine vorangehende Lieferung handelt. Dagegen liefert D1 an D2 in Deutschland am Ort des Endes der Beförderung, weil es sich um eine nachfolgende Lieferung handelt. Hinweis: Sollte B Schuldner der EUSt sein, würde er allerdings nach § 3 Abs. 8 UStG in Deutschland liefern. Im Übrigen bliebe die Lösung aber unverändert.

166 7. Sonderregelungen

Durch das JStG 2020 wurde in **§ 3 Abs. 3a S. 1 UStG** eine **Sonderregelung für den Betreiber einer elektronischen Schnittstelle** (= **elektronischer Marktplatz**, elektronische Plattform, elektronisches Portal) eingeführt, der die innerunionale (= Beförderung/Versendung eines Gegenstandes beginnt und endet im Gemeinschaftsgebiet) Lieferung eines Gegenstandes durch einen nicht im Gemeinschaftsgebiet ansässigen Unternehmer an einen Empfänger nach § 3a Abs. 5 S. 1 UStG (= Nichtunternehmer) „unterstützt" (dazu § 25e i. d. F. JStG 2020). Nach § 3 Abs. 3a UStG wird ein solcher Betreiber einer elektronischen Schnittstelle so behandelt, als ob er diesen Gegenstand für sein Unternehmen selbst erhalten und (weiter-)geliefert hätte. Nach dem insoweit neu eingefügten **§ 3 Abs. 6b UStG** wird dann die **Beförderung oder Versendung** des Gegenstandes der Lieferung durch diesen Unternehmer, d. h. dem **Inhaber der Schnittstelle zugeschrieben.** Der unterstützende Betreiber der elektronischen Schnittstelle wird mithin so behandelt **wie ein im Reihengeschäft handelnder Lieferer**, respektive Lieferungsempfänger. Dabei legt § 3 Abs. 6b UStG fest, dass die Beförderung/Versendung des Gegenstandes der Lieferung des Schnittstellenbetreibers zugeschrieben wird. Die an diesen erfolgende vorhergehende Lieferung erfolgt mithin als ruhende Lieferung nach § 3 Abs. 7 S. 2 Nr. 1 UStG dort, wo die Beförderung beginnt und ist nicht befreit. Etwaige nachfolgende Lieferungen erfolgen nach § 3 Abs. 7 S. 2 Nr. 2 UStG dort, wo die Beförderung/Versendung endet. Der neue **§ 4 Nr. 4c UStG** befreit die Lieferung der Gegenstände durch den nicht im Gemeinschaftsgebiet ansässigen Lieferer an den Betreiber der Schnittstelle, die dieser nach § 3 Abs. 3a S. 1 UStG erst im Gemeinschaftsgebiet weiterliefert. Eine Haftung des Schnittstellenbetreibers für eine nicht entrichtete Steuer des Drittlandunternehmers kommt schon wegen dieser Befreiung nicht in Betracht, wird im Übrigen aber auch ausdrücklich nach § 25e Abs. 1 UStG in den Fällen des § 3 Abs. 3a UStG ausgeschlossen.

Beispiel

L betreibt in Leipzig ein elektronisches Portal. Er „unterstützt" die Lieferung von (Kosaken-)Stiefeln durch den in Weißrussland ansässigen Unternehmer B an den in Leipzig ansässigen Endverbraucher E. Die Stiefel wurden aus einem in Dresden bei D für den B unterhaltenen Lager an E nach Leipzig ausgeliefert, indem sie dorthin per Post geschickt wurden. E zahlte den vereinbarten Preis von 238 € an L, der davon 200 € an B in Minsk weiterleitete.

Nach § 3 Abs. 3a S. 1 UStG hat Portalbetreiber L die Stiefel selbst von B geliefert erhalten und an E (weiter-)geliefert. Die Beförderung/Versendung der Stiefel an den E aus Dresden nach Leipzig ist nach § 3 Abs. 6b UStG der Lieferung des Portalbetreibers L an den Endverbraucher E zuzuschreiben. Sie erfolgt nach § 3 Abs. 6 S. 1, § 3 Abs. 6b UStG in Dresden, nämlich dort, wo die Beförderung der Stiefel durch den Schnittstellenbetreiber L an den E beginnt. Sie ist daher nach § 1 Abs. 1 Nr. 1 UStG in Deutschland steuerbar und mangels Befreiung steuerpflichtig. Es ergibt sich eine BMG von 200 € nach 10 Abs. 1 UStG und eine USt-Schuld von 38 € bei einem Steuersatz von 19 % nach § 12 Abs. 1 UStG. Die quasi im Reihengeschäft erfolgende Lieferung der Stiefel durch B an den Portalbetreiber L erfolgte hingegen nach § 3 Abs. 7 S. 2 Nr. 1 UStG zwar auch dort, wo die Beförderung/Versendung beginnt, d. h. in Dresden und ist daher an sich ebenfalls steuerbar. Sie wird allerdings nach **§ 4 Nr. 4c UStG befreit**, nämlich als Lieferung von Gegenständen an einen Unternehmer für sein Unternehmen, die dieser nach § 3 Abs. 3a S. 1 UStG im Gemeinschaftsgebiet weiterliefert.

Die Sonderregelung nach § 3 Abs. 3a UStG für den Betreiber einer elektronischen Schnittstelle gilt gem. § 3 Abs. 3a S. 2 UStG auch, wenn der Betreiber der Schnittstelle den Fernverkauf von **aus dem Drittlandsgebiet eingeführten Gegenständen** in Sendungen mit einem **Sachwert von höchstens 150 €** unterstützt (s. Rn. 230 zu innergemeinschaftlichen Fernverkäufen).

§§ 3c, 3e UStG enthalten Sonderregelungen für den innergemeinschaftlichen Fernverkauf und den Fernverkauf von aus Drittlandsgebiet eingeführten Gegenständen. 167 § 3c UStG wird gesondert dargestellt (s. Rn. 263). § 3e UStG bestimmt für Lieferungen und für Restaurationsleistungen an Bord des Reisemittels (Schiff, Flugzeug, Eisenbahn) während einer innergemeinschaftlichen Beförderung als Ort der Lieferung, respektive sonstigen Leistung den Abgangsort innerhalb der Gemeinschaft. § 3e UStG ist nicht anwendbar auf Lieferungen, die während eines Aufenthaltes in Drittstaaten stattfinden.[554]

§ 3g UStG enthält eine Sonderregel für den Lieferort von Elektrizität, Gas, Wärme und Kälte. 168 Bei Lieferungen an Strom-/Gas-/Wärme-/Kältelieferanten wird der Unternehmensort des Abnehmers zum Lieferort bestimmt, § 3g Abs. 1 UStG, bei anderen Abnehmern der Ort der Nutzung/des Verbrauches, hilfsweise der Ansässigkeitsort, § 3g Abs. 2 UStG. Durch die Regelung werden Schwierigkeiten bei der grenzüberschreitenden Lieferung der genannten Stoffe vermieden. Der Lieferant tätigt im Herkunftsland keine (befreite) Lieferung, der Abnehmer hat in seinem Staat keine Einfuhr, resp. keinen innergemeinschaftlichen Erwerb zu besteuern. Stattdessen wird nach § 13b Abs. 5 S. 1, Abs. 2 Nr. 5 UStG der Abnehmer zum Steuerschuldner, falls er Unternehmer ist. Diese Regelung entspricht für die unter § 3g UStG fallenden Lieferungen der in § 3a Abs. 1 und Abs. 2 UStG eingeführten generellen Ortsregelung für sonstige Leistungen (s. Rn. 170 ff.).

554 EuGH v. 15.09.2005 – C-58/04 (Köhler), BStBl. II 2007, 150; BFH v. 20.12.2005 – V R 30/02, BStBl. II 2007, 139.

Übersicht

169 **Ort der Lieferung (§ 3 Abs. 6-8 UStG)**

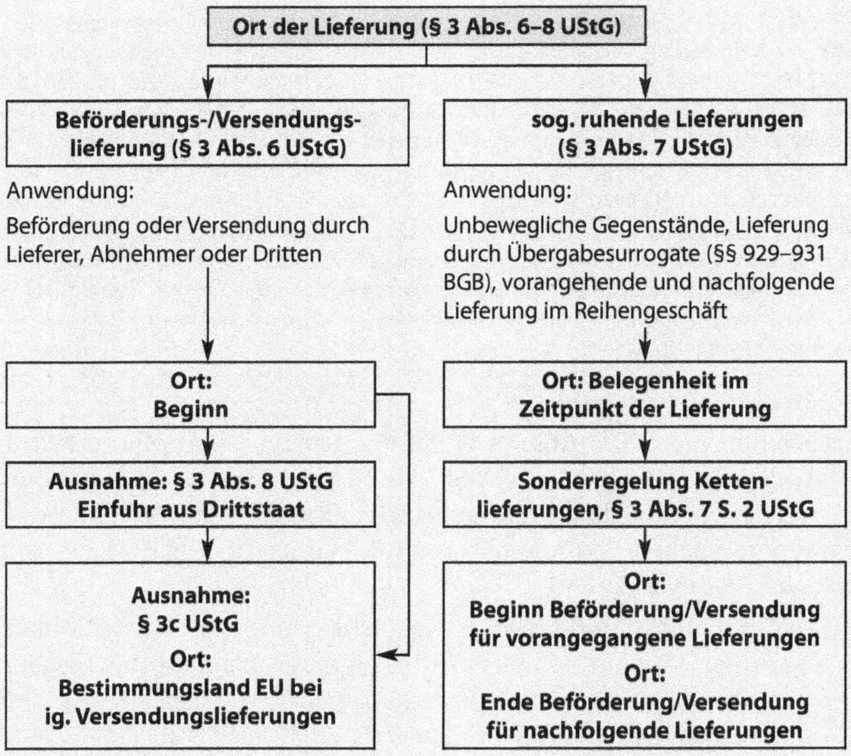

Sonderregelungen:

- bis 01.01.2020 § 3f UStG für unentgeltliche Wertabgaben – Unternehmensort
- § 3g UStG für Strom-/Gaslieferungen – Unternehmensort des Abnehmers oder Verbrauchs-/Nutzungsort

IV. Der Ort der sonstigen Leistung (§§ 3a ff. UStG)

1. Allgemeines

170 Die umsatzsteuerrechtliche Behandlung des Orts der sonstigen Leistungen (§ 3 Abs. 9 UStG; Dienstleistungen, Art. 2 Abs. 1 Buchst. c MwStSystRL) ist schwerpunktmäßig in § 3a UStG (Art. 43 ff. MwStSystRL) normiert. Dieser wurde durch das JStG 2009 zum 1.1.2010 grundlegend umgestaltet[555] und im Jahr 2010 durch das JStG 2010 zum 1.1.2011 erneut geändert.[556] Die Änderungen basieren auf einer Anpassung der erheblich veränderten Vorgaben der MwStSystRL, welche auf der Änderungsrichtlinie 2008/8/EG vom 12.2.2008 beruhen.[557]

555 Einfügung durch das JStG 2009 (Art. 7 Nr. 2 i.V.m. Art. 39 JStG 2009), BGBl. I 2008, 2794.

556 Insbesondere wurde die Ortsverlagerung des Art. 53 MwStSystRL berücksichtigt (Art. 4 JStG 2010), BGBl. I 2010, 1768. Weitere Änderungen erfolgten durch das Amtshilferichtlinie-Umsetzungsgesetz, BGBl. I 2013, 1809, das sog. Kroatienanpassungsgesetz, BGBl. I 2014, 1266, und das Gesetz zur Anpassung der Abgabenordnung an den Zollkodex der Union und zur Änderung weiterer steuerlicher Vorschriften, BGBl. I 2014, 2417.

557 ABl. EU Nr. L 44 v. 20.2.2008, 11.

Spezielle Regelungen befinden sich für den Ort von bestimmten Beförderungsleistungen und damit zusammenhängenden Leistungen in § 3b UStG, für den Ort von Restaurationsleistungen an Bord von Beförderungsmitteln in § 3e UStG.[558] Die alte Ortsbestimmung für den Ort von unentgeltlichen Leistungen in § 3f. UStG war ohnehin überflüssig und fehlerhaft; sie ist mittlerweile aufgehoben worden.[559] Für die Bestimmung des Orts einer entgeltlichen[560] sonstigen Leistung knüpft das UStG in § 3a UStG seit dem 1.1.2010 grundsätzlich an die **Eigenschaft des Leistungsempfängers** und die **Verwendung der empfangenen Leistung** an.

Ist der Empfänger nämlich ein **Unternehmer** und wird die Leistung für dessen Unternehmen erbracht, ist der Ort der Leistung grundsätzlich (Ausnahmen bestehen z. B. für die in § 3a Abs. 3 UStG genannten Dienstleistungen) dort, wo das Unternehmen des Leistungsempfängers betrieben wird (vgl. § 3a Abs. 2 Satz 1 UStG), oder – wenn die Leistung an einer Betriebsstätte ausgeführt wird – am Ort der Betriebsstätte.[561] Maßgebend ist für die Ortsbestimmung der Zeitpunkt der Leistungserbringung (vgl. auch Art. 25 MwStDVO), wobei nachträgliche Verwendungsänderungen unberücksichtigt bleiben. Dies schließt aber den **nachträglichen Nachweis der Unternehmereigenschaft** nicht aus.

Diese Regelung verfolgt das **Prinzip**, den **Ort** der sonstigen Leistungen dorthin zu legen, **wo** der **Verbrauch der Leistung** stattfindet. Damit geht – sofern der Ort in einem anderen Mitgliedstaat der EU liegt – eine **Steuerschuldverlagerung auf den Leistungsempfänger** einher (Art. 196 i. V. m. Art. 44 MwStSystRL bzw., wenn der Ort in Deutschland liegt und der Leistende im übrigen Gemeinschaftsgebiet ansässig ist, § 13b Abs. 1 i. V. m. Abs. 5 Satz 1 Halbs. 1 UStG). Liegt der Leistungsort hingegen im Drittland, dann richtet sich die umsatzsteuerrechtliche Behandlung der Leistung nach dem Recht des jeweiligen Bestimmungslands. 171

Werden die Leistungen hingegen an einen Empfänger erbracht, der **weder ein Unternehmer** ist, für dessen Unternehmen die Leistung bezogen wurde, **noch eine juristische Person, der eine USt-IdNr. erteilt wurde**, dann richtet sich der Ort der in § 3a Abs. 4 UStG genannten Katalogleistungen ebenfalls nach dem **Bestimmungslandprinzip**, sofern der Leistungsempfänger im Drittland ansässig ist. Der Grund dieser Ausnahme vom Ursprungslandprinzip (welche auf Art. 45 MwStSystRL beruht) erschließt sich nicht, da eine Besteuerung dieser Leistungen im Drittland weder geboten noch sichergestellt ist.[562]

Im Umkehrschluss folgt aus § 3a Abs. 4 UStG aber, dass diese Leistungen an Nichtunternehmer, die nicht im Drittland ansässig sind, grundsätzlich nach der Auffangvorschrift des § 3a Abs. 1 UStG am Ort des Leistenden besteuert werden **(Ursprungslandprinzip)**. Im Ergebnis ist die in § 3a Abs. 1 UStG enthaltene Verankerung des Ursprungslandprinzips nicht der Grundsatz, sondern lediglich – entgegen der systematischen Stellung – eine **Auffangvorschrift**, die als solche zwar gegen das Verbrauchsortprinzip verstößt, welches dem Wesen einer Verbrauchsteuer entsprechen würde (s. Rn. 11 ff.), aber gerechtfertigt ist, da anderenfalls eine Besteuerung nicht 172

558 Vgl. dazu auch OFD Nds. v. 27.5.2010 – S 7117 – 38 – St 171, UR 2010, 958 u. Art. 15 EU-DVO.

559 Weggefallen durch das Gesetz zur weiteren steuerlichen Förderung der Elektromobilität und zur Änderung weiterer steuerlicher Vorschriften (EMobStFG) v. 12.12.2019, BGBl. I 2019, S. 2451 mit Wirkung v. 18.12.2019.

560 Bei unentgeltlichen sonstigen Leistungen (§ 3 Abs. 9 a UStG) stellt sich die Frage nach dem Leistungsort richtigerweise nicht, weswegen der § 3f UStG zu Recht aufgehoben wurde (vgl. Rz. 14.487 ff.).

561 Der Begriff der Betriebsstätte bestimmt sich nicht nach § 12 AO, sondern ist EG-richtlinienkonform als feste Niederlassung (Art. 44, 45 MwStSystRL – siehe dazu auch Art. 11 EU-DVO) zu interpretieren; vgl. Stadie in: R/D, § 3a Rn. 196 (Okt. 2024); siehe dazu auch Scheller/Baier/Göcke, Stbg 2014, 256 ff.; jetzt auch BFH v. 16.1.2003 – V B 47/02, BFH/NV 2003, 830; widersprüchlich BMF, Abschn. 3a.1. Abs. 3 S. 1 (der den Wortlaut des § 12 AO wiederholt) und S. 2 UStAE; a. A. anscheinend Koenig in Koenig, AO, 5. Aufl. 2024, § 12 Rz. 1.

562 Stadie in: R/D, § 3a Rn. 61 (Okt. 2024).

kontrolliert werden könnte und damit weitestgehend entfallen würde. Letzteres widerspräche noch mehr dem allgemeinen Verbrauchsteuercharakter der Umsatzsteuer.

Die Komplexität der Ortsregelungen für sonstige Leistungen beruht auf der Schwierigkeit, das Umsatzsteueraufkommen dem Staat zuzuweisen, in dem der Aufwand für einen verbrauchbaren Nutzen getätigt und der verbrauchbare Nutzen in Anspruch genommen wird und zugleich diesen Aufwand an diesem Ort auch hinreichend rechtssicher und verwaltungstechnisch einfach überprüfbar zu bestimmen, um einen unversteuerten Endverbrauch zu vermeiden. Das am einfachsten zu überwachende Prinzip wäre das **Ursprungslandprinzip** (Sitz des Leistenden), das am schwierigsten zu überwachende Prinzip ist das **Verbrauchsortprinzip** (Sitz des Leistungsempfängers). Einen „Kompromiss" stellt das **Tätigkeitsortsprinzip** (da wo die Leistung dargeboten wird) dar. Der Unionsgesetzgeber hat sich für alle Varianten in einer mehr oder minder überzeugenden Differenzierung entschieden.

173 Der **Ort des tatsächlichen Verbrauches** lässt sich nur für einige wenige sonstige Leistungen schon nach der Art der Leistung für den leistenden Unternehmer und den Leistungsempfänger bereits bei Erbringung/Abgabe der Leistung rechtssicher erkennen, insbesondere wenn ein sofortiger Verbrauch schon bei Leistungsabgabe eintritt. Dies gilt etwa für **Beförderungsleistungen**, **§ 3b Abs. 1 UStG**, die dort verbraucht werden, wo die Beförderung stattfindet. Schon für **Restaurationsleistungen** (Abgaben von Speisen und Getränken zum sofortigen Verzehr), **§ 3a Abs. 3 Nr. 3b UStG**, funktioniert dies nicht mehr, da die nicht aufgegessene Pizza eingepackt und zu Hause verzehrt werden kann. Wenn Restaurant und Wohnsitz in unterschiedlichen Staaten liegen, zeigt sich das Problem. Die größere Annäherung an den Ort des tatsächlichen Verbrauchs ergibt sich zweifellos, wenn auf den **Sitzort/Ansässigkeitsort des Empfängers** abgestellt wird. Dies passt freilich schlecht zu einer indirekten Steuer, die beim leistenden Unternehmer erhoben wird. Dieser hat gar nicht die Möglichkeit, immer den Wohnsitz des Leistungsempfängers rechtssicher zu erfahren. Sofern der Leistungsempfänger Nichtunternehmer ist, werden ihm auch keinerlei (Erklärungs-, Kontroll- oder Zahlungs-)Pflichten auferlegt. Am weitesten entfernt vom Ort des tatsächlichen Verbrauchs ist der **Sitzort des leistenden Unternehmers**. Auf der anderen Seite ließe sich anhand dieses Kriteriums der Ort einer sonstigen Leistung am sichersten bestimmen.

Die Hauptproblematik besteht jetzt aber in den vielen Abgrenzungsfragen, die damit verbunden sind und große Auswirkungen haben können. Denn der Leistungsort bestimmt, welches „Umsatzsteuergesetz" Anwendung findet und damit auch, welcher Steuersatz einschlägig ist. Für eine indirekte Steuer – bei der der Unternehmer nur als **Steuereinsammlungsgehilfe des Staates** fungiert (dazu s. Rn. 31) – sind solche Abgrenzungsschwierigkeiten besonders problematisch.

Beispiel

Rechtsanwalt R in Deutschland berät einen Unternehmer (Y) in Frankreich, wegen einer privaten Erbschaftsangelegenheit und einen Unternehmer (X) in Frankreich im Rahmen eines Unternehmenskaufvertrages. Wo ist der Ort der sonstigen Leistungen?

Der Ort der sonstigen Leistungen richtet sich nach § 3a UStG und ist abhängig davon, ob der Leistungsempfänger ein Unternehmer ist, für dessen Unternehmen die Leistung ausgeführt wird. Nach § 3a Abs. 2 UStG ist in diesem Fall der Leistungsort, dort, wo der Empfänger sein Unternehmen betreibt, mithin bei X in Frankreich. Im Fall von Y würde grds. § 3a Abs. 1 UStG zur Anwendung kommen, womit der Ort in Deutschland liegt. Da weder eine sonstige Leistung nach Abs. 3 vorliegt, noch der Empfänger ein Nichtunternehmer mit Sitz in einem Drittstaat ist (Abs. 4), bleibt es bei diesem Grundsatz.

2. Sonstige Leistungen an einen Unternehmer (§ 3a Abs. 2 UStG)

a) Für sonstige Leistungen an Unternehmer gilt in Übereinstimmung mit Art. 44 MwStSystRL nach der Grundregel des § 3a Abs. 2 S. 1 UStG das Empfängerortprinzip. Die Leistung wird an dem Ort ausgeführt, an dem der Empfänger sein Unternehmen betreibt, respektive wo er den Sitz seiner wirtschaftlichen Tätigkeit hat. Das ist der Ort, an dem die Handlungen zur zentralen Verwaltung des Unternehmens erfolgen. Kriterien zur Bestimmung dieses Ortes sind der Ort der wesentlichen Entscheidungen zur allgemeinen Leitung des Unternehmens, der Ort des satzungsmäßigen Sitzes, der Ort der Ansässigkeit der Geschäftsleitung des Unternehmens.[563] Sofern die Leistung tatsächlich an eine Betriebsstätte (feste Niederlassung) erbracht wird, ist der Ort der Betriebsstätte maßgebend.[564] Auf den Wohnsitz oder gewöhnlichen Aufenthaltsort des Unternehmers (als natürliche Person) oder des Führungspersonals (bei juristischen Personen und Gesellschaften als Unternehmer) kann nur hilfsweise abgestellt werden, wenn es an einem (anderen) Ort der wirtschaftlichen Tätigkeit oder festen Niederlassung fehlt.[565] 174

Nach der ständigen Rechtsprechung des Gerichtshofs muss eine feste Niederlassung i. S. d. Art. 44, 45 MwStSystRL einen hinreichenden Grad an Beständigkeit sowie eine Struktur aufweisen, die es ihr von der personellen und technischen Ausstattung her erlaubt, Dienstleistungen, die für den eigenen Bedarf dieser Niederlassung erbracht werden, zu empfangen und dort für autonome Umsätze zu verwenden.[566] Diese Auslegung wird durch Art. 11 MwStDVO – der als Durchführungsverordnung die Mehrwertsteuerrichtlinie nur präzisieren, aber nicht verändern kann[567] – zutreffend (mithin deklaratorisch) wiederholt. Die hinreichende Beständigkeit verlangt eine mehr als nur vorübergehende Verfügungsmacht über die personelle und sachliche Ausstattung.[568] Keine feste Niederlassung/Betriebsstätte ist daher – mangels Umsatzerbringung – ein Warenlager.

Umstritten ist, ob eine **Tochtergesellschaft eine feste Niederlassung** darstellen kann.[569] Dies ist zu verneinen. Art. 44 der Mehrwertsteuerrichtlinie spricht nämlich von *einem* Steuerpflichtigen, der einen Sitz seiner wirtschaftlichen Tätigkeit an einem Ort und eine feste Niederlassung an einem anderen Ort hat. Eine Mutter- und eine Tochtergesellschaft sind aber nicht ein Steuerpflichtiger, sondern *zwei* Steuerpflichtige. Dies gilt jedenfalls, solange wie der Mitgliedstaat nicht von der Möglichkeit einer „Gruppenbesteuerung" nach Art. 11 MwStSystRL Gebrauch gemacht hat. Auch Art. 11 Abs. 1 der MwSt-DVO erwähnt Kriterien wie die hinreichende Beständigkeit der Niederlassung und eine Struktur, die es dieser erlaubt, Dienstleistungen zu empfangen und zu verwenden. Gesellschaftsrechtliche 175

---

563 EuGH v. 19.04.2007 – C-73/06 (Planzer Luxembourg), Slg. 2007, I-5655 = UR 2007, 655 m. w. N. zur Rspr. des EuGH.

564 Dazu Art. 11 MwStDVO und EuGH v. 16.10.2014 – C-605/12 (Wellmory), UR 2014, 937 (hinreichender Grad an Beständigkeit und Struktur, um Dienstleistungen für ihre wirtschaftliche Tätigkeit zu empfangen und zu verwenden).

565 Vgl. EuGH v. 06.10.2011 – C-421/10 (Stoppelkamp), DStR 2011, 1947 auf Vorlage von BFH v. 30.06.2010 – XI R 5/08, BStBl. II 2011, 144.

566 Vgl. in diesem Sinn: EuGH v. 16.10.2014 – C-605/12 (Welmory), EU:C:2014:2298, Rn. 58; EuGH v. 28.6.2007 – C-73/06 (Planzer Luxembourg), EU:C:2007:397, Rn. 54 und die dort angeführte Rechtsprechung.

567 EuGH v. 28.2.2023 – C-695/20 (Fenix International), EU:C:2023:127, Rn. 51 a. E. – die Vorschrift der Richtlinie „in keiner Weise ergänzt oder ändert".

568 Vgl. Art. 12 und 13 MwStDVO; BFH v. 08.09.2010 – XI R 15/08, BFH/NV 2011, 661; v. 30.06.2011 – V R 37/09, BFH/NV 2011, 2129; EuGH v. 28.06.2007 – C-73/06 (Planzer Luxembourg), Slg. 2007, I-5655; v. 17.07.1997 – C-190/95 (Aro Lease), Slg. 1997, I-4383; v. 20.02.1997 – C-260/95 (DFDS), Slg. 1997, I-1005, v. 04.07.1985 – Rs. 168/84 (Berkholz), Slg. 1985, 2251.

569 So wohl der EuGH v. 07.05.2020 – C-547/18 (Dong Yang Electronics), DStR 2020, 1047; dagegen zutreffend die GAin Kokott in den Schlussanträgen in der Rs. C-547/18 (Dong Yang Electronics), ECLI:EU:C:2019:976, Nr. 46 und in der Rs. C-533/22 (SC Adient Ltd & Co. KG), ECLI:EU:C:2024:106, Nr. 48; dagegen ebenso zutreffend Stadie, UStG, § 3a Rn. 32 a. E.

Verbindungen mit einem anderen Steuerpflichtigen werden hingegen nicht erwähnt.[570]

Gleichwohl meinte der Gerichtshof jedoch in der Rechtssache Dong Yang,[571] es könne „nicht ausgeschlossen werden, dass die von der Muttergesellschaft (...) für die Zwecke der Ausübung einer solchen Tätigkeit gehaltene Tochtergesellschaft eine feste Niederlassung dieser Muttergesellschaft in einem Mitgliedstaat der Union im Sinne von Art. 44 (...) darstellt“. Diese Aussage ist jedoch zumindest missverständlich und der nötigen Rechtssicherheit bei der Bestimmung des Orts der Leistung abträglich. Wohl aus diesem Grund hat der Gerichtshof in den letzten beiden einschlägigen Entscheidungen explizit ausgeführt, dass die Einstufung als „feste Niederlassung“, die anhand der wirtschaftlichen und geschäftlichen Gegebenheiten zu beurteilen ist, nicht allein von der Rechtsform der betreffenden Einrichtung abhängen darf und dass der Umstand, dass eine Gesellschaft eine Tochtergesellschaft in einem Mitgliedstaat besitzt, für sich genommen nicht bedeutet, dass sie dort auch eine feste Niederlassung hat.[572] Zudem hat der Gerichtshof in der Rechtssache Welmory[573] ausgeführt, dass der Sitz der wirtschaftlichen Tätigkeit als Anknüpfungspunkt ein objektives, einfaches und praktisches Kriterium ist, das eine große Rechtssicherheit bietet, da es sich leichter überprüfen lässt als beispielsweise das Bestehen einer festen Niederlassung. Daher kann die gesellschaftsrechtliche Verbindung zu einer anderen selbstständigen Person keine feste Niederlassung begründen. Eine selbstständige Gesellschaft kann daher nicht zugleich als feste Niederlassung einer anderen selbstständigen Gesellschaft betrachtet werden, auch wenn sie zum selben Konzern gehört.[574]

176 Nach § 3a Abs. 2 UStG wird verlangt, dass die Leistung **an einen Unternehmer und für sein Unternehmen** ausgeführt wurde. Art. 43 Nr. 2 MwStSystRL fingiert dabei eine juristische Person mit USt-IdNr. als Steuerpflichtigen, während nach Art. 43 Nr. 1 MwStSystRL ein Steuerpflichtiger, der auch nicht steuerbare Tätigkeiten ausführt, als Steuerpflichtiger gilt. Aus dieser **Fiktion** folgt indes kein neuer Begriff des Steuerpflichtigen,[575] sondern es wird lediglich **für Zwecke der Ortsbestimmung** („für die Zwecke der Anwendung der Regelungen für die Bestimmung des Orts der Dienstleistung gilt“, Art. 43 MwStSystRL [einleitender Satz]) **die Eigenschaft als Steuerpflichtiger** fingiert. Das gilt allerdings nicht für solche Dienstleistungen, die ausschließlich für den privaten Gebrauch des Steuerpflichtigen oder seines Personals empfangen werden (vgl. Art. 19 MwStDVO).

Bei richtlinienkonformer Auslegung ist § 3a Abs. 2 S. 1 UStG daher dahin gehend zu verstehen, dass mit Ausnahme der ausschließlich für den privaten Bedarf des Unternehmers oder seines Personals bezogenen Leistungen die an einen Unternehmer erbrachten sonstigen Leistungen immer auch als für dessen Unternehmen bezogen gelten.[576]

Bei ausschließlich für den privaten Bedarf bezogenen Leistungen bestimmt sich der Leistungsort nach § 3a Abs. 1 UStG nach dem Unternehmensort des leistenden Unternehmers, sofern nicht § 3a Abs. 3–8 UStG eingreifen. Der leistende Unternehmer darf grundsätzlich darauf vertrauen, dass eine von ihm an einen

570 Vgl. ebenso die Schlussanträge der GAin Kokott in der Rs. C-533/22 (SC Adient Ltd & Co. KG), ECLI:EU:C:2024:106, Nr. 42.

571 EuGH v. 7.5.2020 – C-547/18 (Dong Yang Electronics), EU:C:2020:350, Rn. 30.

572 EuGH v. 13.6.2024 – C-533/22 (Adient), EU:C:2024:501, Rn. 44ff.; v. 29.6.2023 – C-232/22 (Cabot Plastics Belgium), EU:C:2023:530, Rn. 36; EuGH v. 7.4.2022 – C-333/20 (Berlin Chemie A. Menarini), EU:C:2022:291, Rn. 40.

573 EuGH v. 16.10.2014, C-605/12 (Welmory), EU:C:2014:2298, Rn. 55.

574 Schlussanträge der GAin Kokott in der Rs. C-533/22 (SC Adient Ltd & Co. KG), ECLI:EU:C:2024:106, Nr. 48; dem folgend EuGH v. 13.6.2024 – C-533/22 (Adient), EU:C:2024:501, Rn. 44ff.

575 So aber Monfort, UR 2009, 301 (315); zutreffend hingegen Stadie in: R/D, § 3a Rn. 48 (Okt. 2024).

576 Stadie, UStG, § 3a Rn. 24.

Unternehmer als Leistungsempfänger erbrachte Leistung für dessen Unternehmen erbracht wird, wenn der Leistungsempfänger eine USt-IdNr. verwendet.

Im Rahmen der Ortsbestimmung ergeben sich im Wesentlichen Fragen des **Nachweises der Unternehmereigenschaft**. Nach dem Gesetzeswortlaut scheint es auf die objektive Lage anzukommen, sodass der Leistende das Risiko einer Fehleinschätzung tragen müsste. Da sich aber aus dem Konzept der Umsatzsteuer ergibt, dass der Leistende lediglich als **zwangsverpflichteter Gehilfe des Steuergläubigers** (s. Rn. 31) fungiert, ergibt sich bereits aus einer teleologischen Auslegung unter Berücksichtigung des auch im Umsatzsteuerrecht geltenden Verhältnismäßigkeitsgrundsatzes,[577] dass der Leistende – entgegen der Ansicht der Finanzverwaltung[578] – nicht verpflichtet ist, nach den Regelungen über die objektive Beweislast eine von § 3a Abs. 1 UStG abweichende Ortsbestimmung nachzuweisen.[579] Zum einen ist § 3a Abs. 1 UStG überhaupt kein Grundsatz, sondern lediglich eine Auffangvorschrift, und zum anderen sind die Ortsbestimmungsregelungen keine Begünstigungen des Leistenden, die dieser nach allgemeinen Beweislastgrundsätzen[580] nachzuweisen hätte. Die Ortsbestimmungen regeln letztendlich „nur", welcher Staat den Aufwand für einen verbrauchbaren Vorteil besteuern darf. Das ist sicherlich kein Vorteil für den Steuerpflichtigen. 177

Insofern hat vielmehr der Leistungsempfänger dem Leistenden glaubhaft zu machen, dass der Leistungsort nicht im Ursprungsland liegt, ohne dass den Leistenden eigene Nachforschungspflichten treffen.[581] Die **Glaubhaftmachung** eines in einem anderen Mitgliedstaat ansässigen Empfängers erfolgt dabei nach der Konzeption der MwStSystRL (vgl. Art. 264 Abs. 1 Buchst. b MwStSystRL) und des UStG (vgl. § 18a Abs. 7 Satz 1 Nr. 3 Buchst. a UStG) grundsätzlich **durch die Verwendung** der (ausländischen[582]) **USt-IdNr. durch den Leistungsempfänger**, wobei Art. 18 EU-DVO vom Leistenden verlangt („kann er davon ausgehen"), dass dieser die Gültigkeit der Nummer sowie des dazugehörigen Namens und der Anschrift bestätigt erhalten hat. 178

Die **Verwendung der USt-IdNr.** muss dabei nicht beim zivilrechtlichen Vertragsschluss und auch nicht schriftlich erfolgen. Richtigerweise kann eine Verwendung **auch mündlich** vorgenommen werden.[583] Eine allgemeine Erklärung, dass bei allen Bestellungen diese Nummer verwendet werden soll, genügt richtigerweise ebenso wie die bloße Angabe der Nummer im Briefkopf – allerdings entgegen der Ansicht der Finanzverwaltung – bei Angebot oder Annahme durch den Leistungsempfänger, sofern dadurch erkennbar ist, dass der Leistungsempfänger als Unternehmer und nicht als Privatperson die Leistung empfangen will.[584] Da den Leistenden auch **keine Nachforschungspflichten**[585] treffen, kann er grundsätz-

577 Insofern ist es unnötig, den ohnehin nur deklaratorischen § 6a Abs. 4 UStG analog anwenden zu wollen – so Lohse/Spilker/Zitzl, UR 2010, 633 (639f.) und ähnlich Neeser, UVR 2010, 375 (377).

578 Abschn. 3a.2. Abs. 9 UStAE.

579 Stadie in: R/D, § 3a Rn. 114 (Okt. 2024); zur vergleichbaren Frage bei der Ausfuhrlieferung EuGH v. 21.2.2008 – C-271/06 (Netto), ECLI:EU:C:2008:105, Rz. 18 u. 27 = UR 2008, 508.

580 Zu diesen im Umsatzsteuerrecht näher D. Hummel, UR 2012, 497 ff.

581 Stadie in: R/D, § 3a Rn. 115 (Okt. 2024).

582 Dies übersieht offenbar Korf, UR 2010, 763 (764), der selbst auf die Ungereimtheiten bei der Erstellung einer zusammenfassenden Meldung nach § 18a UStG unter Verwendung einer inländischen USt-IdNr. hinweist – richtigerweise zeigt das Zusammenspiel zwischen Ortsverlagerung, Steuerschuldverlagerung und Kontrolle via der zusammenfassenden Meldung, dass nur die Verwendung (Mitteilung) einer ausländischen USt-IdNr. dem Leistenden zu erkennen gibt, dass die Leistung dorthin und nicht an eine inländische Betriebsstätte ausgeführt wird; zutreffend Neeser, UVR 2010, 375 (377).

583 Abschn. 3a.2. Abs. 10 Satz 3 UStAE; Stadie in: R/D, § 3a Rn. 144 f. (Okt. 2024).

584 Stadie in: R/D, § 3a Rn. 140 ff., 149 (Okt. 2024); Huschens, UVR 2011, 220 (222); a. A. im Fall der USt-IdNr. auf dem Briefkopf BMF, Abschn. 3a.2 Abs. 10 Satz 5 UStAE.

585 A. A. offenbar Slotty-Harms, UVR 2010, 272 (275).

lich davon ausgehen, dass auch Leistungen, welche typischerweise nicht für ein Unternehmen ausgeführt werden,[586] ausnahmsweise solche sein sollen.

Eine **Verwendung der USt-IdNr.** liegt aber richtigerweise nicht vor, wenn der Leistende lediglich weiß, dass dem Leistungsempfänger eine entsprechende USt-IdNr. erteilt wurde.[587] Dies gilt m.E. jedenfalls bei Leistungsempfängern, welche keine juristischen Personen sind. Da den Leistenden **keine Nachforschungspflicht** trifft (insbesondere hat er nicht jedes Mal zu überprüfen, ob die angegebene[588] USt-IdNr. noch gültig ist, auch wenn Art. 18 Abs. 1 MwSt-DVO wohl davon ausgeht),[589] kann er von der Nichtanwendbarkeit der Regelung des § 3a Abs. 2 UStG ausgehen, sofern keine USt-IdNr. durch den Leistungsempfänger verwendet wurde.

Beispiel

Unternehmer U aus Münster lässt an seinem Pkw eine Reparaturleistung von einem Werkstattunternehmer W auf Texel (Niederlande) ausführen. U befand sich dort auf Urlaub. Der Pkw wird ausschließlich für private Zwecke des U und seiner Familie genutzt. U hat gegenüber dem W seine deutsche USt-IdNr. verwendet und außerdem ausdrücklich erklärt, dass die Reparaturleistung für sein Unternehmen ausgeführt wird.

Nach § 3a Abs. 2 S. 1 UStG erbringt W seine Leistung in Münster – und nicht nach § 3a Abs. 3 Nr. 3c UStG in den Niederlanden. Die für die danach in Deutschland steuerbare und steuerpflichtige Werkleistung des W entstandene USt wird allerdings nach § 13b Abs. 5 S. 1, Abs. 1 UStG von U geschuldet – Umkehr der Steuerschuldnerschaft. Dem U steht aber kein Vorsteuerabzug nach § 15 UStG zu, weil die Reparaturleistung des W nicht „für das Unternehmen" des U ausgeführt worden ist.

Hinweis:
W schuldet auch keine niederländische USt, wenn auch nach dortigem Recht die Dienstleistung des W (davon kann ausgegangen werden, weil die Niederlande wohl die Richtlinie zutreffend umgesetzt haben – vgl. Art. 44, 43 MwStSystRL, Art. 19 Abs. 2 MwStDVO) als in Deutschland erbracht gilt.

179 Gemäß § 3a Abs. 2 Satz 3 UStG gilt die Ortsbestimmung des Satzes 1 entsprechend bei einer sonstigen Leistung an eine ausschließlich nicht unternehmerische juristische Person, der eine USt-IdNr. erteilt wurde. Richtigerweise muss diese die erteilte Nummer auch **verwendet** haben. Hauptsächlich sollen damit wohl **Körperschaften des öffentlichen Rechts** erfasst werden, welche gem. § 2 Abs. 3 UstG a.F. bzw. § 2b Abs. 1 UStG bei der Ausübung ihrer hoheitlichen Tätigkeit nicht unternehmerisch tätig sind, dennoch eine USt-IdNr. beantragt und erhalten haben, um innergemeinschaftliche Erwerbe aus anderen Mitgliedstaaten zu erklären (siehe Art. 214 Abs. 1 Buchst. b i.V.m. Art. 2 Abs. 1 Buchst. b und Art. 3 Abs. 3 MwStSystRL sowie § 27a Abs. 1 Satz 2 UStG). Gleiches gilt für juristische Personen, welche lediglich Beteiligungen halten (zu Holdinggesellschaften s. Rn. 132).

---

586 Ob bei Zweifeln an der unternehmerischen Verwendung (Eintrittsberechtigungen für einen Museumsbesuch) tatsächlich eine ausdrückliche Bestätigung durch den Leistungsempfänger angefordert werden muss – so Stadie in: R/D, § 3a Rn. 180 (Okt. 2024) –, erscheint jenseits des kollusiven Zusammenwirkens bei objektiv nicht für das Unternehmen erbringbaren Leistungen (z.B. der Beratung in privaten Scheidungsangelegenheiten) zweifelhaft, weil der Verwendung der USt-IdNr. durch den Leistungsempfänger dieser Inhalt (d.h. die unternehmerische Verwendung) konkludent entnommen werden kann und der Leistende nicht die Aufgabe hat, den Leistungsempfänger an einer „missbräuchlichen" Verwendung der USt-IdNr. zu hindern. Ob tatsächlich eine unternehmerische Verwendung erfolgte, ist m.E. eine Frage des Vorsteuerabzugs des Leistungsempfängers und nicht der für den Leistenden relevanten Ortsbestimmung. Anders hingegen die Finanzverwaltung in Abschn. 3a.2. Abs. 11a UStAE – Erklärung des Leistungsempfängers sei hier notwendig.

587 Ganz deutlich wird dies, wenn dem Leistungsempfänger mehrere Nummern erteilt wurden, von denen der Leistende Kenntnis hat – ähnlich auch Nieskens, UR 2009, 253 (260); etwas unklar Huschens, UVR 2011, 220 (222) „unerheblich (…) auf welche Weise" Kenntnis erlangt wurde und „Briefkopf des Auftragsschreibens" sei ausreichend.

588 Dies gilt erst recht für eine lediglich auf anderem Wege (z.B. Information durch einen Dritten) bekannt gewordene USt-IdNr.

589 Stadie in: R/D, § 3a Rn. 146 (Okt. 2024); anders hingegen Nieskens, UR 2009, 253 (260) „Abfrage gem. § 18e UStG vor jedem Umsatz"; offenbleibend bei Slotty-Harms, UVR 2010, 272 (274). Richtigerweise ist Art. 18 Abs. 1 MwSt-DVO zu reduzieren auf die Fallgruppe von erkennbaren Zweifeln an der Gültigkeit der USt-IdNr.

Davon ausgenommen sind Leistungen für die „persönliche Verwendung" einer juristischen Person,[590] d. h. Leistungen, die diese nicht für ihre Tätigkeit als nicht unternehmerische Person beziehen (z. B. Dienstleistungen für die persönliche Verwendung ihrer Gesellschafter oder des Personals). Da Art. 44 MwStSystRL für die Ortsbestimmung verlangt, dass der Steuerpflichtige (über die Fiktion des Art. 43 MwStSystRL fällt auch eine nicht unternehmerische juristische Person mit erteilter USt-IdNr. darunter) **als Steuerpflichtiger handelt**, muss die Leistung auch **für dessen Tätigkeit als juristische Person** bezogen werden, was durch die **Verwendung** der USt-IdNr. dem Leistenden glaubhaft gemacht wird.[591] In § 3a Abs. 2 Satz 3 UStG wird dies durch die Formulierung „Die Sätze 1 (...) gelten entsprechend" deutlich, da Satz 1 verlangt, dass die Leistung für das Unternehmen (d. h. für ihre Tätigkeit als nicht unternehmerische Person) ausgeführt werden muss.[592]

§ 3a Abs. 2 Satz 3 UStG und Art. 43 Nr. 2 MwStSystRL knüpfen an die Existenz einer juristischen Person an. Richtigerweise kann der **Begriff der juristischen Person** – wie ihn § 3a Abs. 2 Satz 3 UStG verwendet – nicht i. S. des deutschen Zivilrechts zu verstehen sein, da dem bereits die unionsrechtskonforme Auslegung des Art. 43 Nr. 2 MwStSystRL entgegensteht[593] und anerkannt ist, dass die Regelungen des Umsatzsteuerrechts autonom auszulegen sind.[594] Darüber hinaus ist auch im (nationalen) Zivilrecht – was mitunter von der steuerrechtlichen Literatur übersehen wird – mittlerweile umstritten, ob eine Personengesellschaft „nur" teilrechtsfähig oder sogar als juristische Person (d. h. als vollrechtsfähiges Rechtssubjekt) zu betrachten ist.[595] 180

Als Lösung bietet sich eine **unionsrechts- und auch verfassungskonforme** – und vom Zivilrecht losgelöste – Auslegung des Begriffs der juristischen Person i. S. des § 3a Abs. 2 UStG an, wonach der Begriff allein als Gegensatz zum Begriff der natürlichen Person – *Stadie*[596] stellt auf den Unternehmerbegriff des § 2 UStG bzw. auf den Begriff des Steuerpflichtigen nach Art. 9 ff. MwStSystRL ab – zu verstehen ist. Dann fallen neben den anerkannten juristischen Personen auch andere (künstliche) Rechtsformen (insbesondere [teil-]rechtsfähige Personengesellschaften) unter den **umsatzsteuerrechtlichen Begriff der juristischen Person**.[597]

Durch das Abstellen auf den **Empfängerort** wird erreicht, dass damit für den Regelfall die Besteuerung auch in dem Staat stattfindet, in dem der vermutliche **Ver-** 181

590 So Erwägungsgrund Nr. 4 der Änderungsrichtlinie 2008/8/EG, ABl. EU Nr. L 44 v. 20.2.2008, 11.

591 Insofern zutreffend, wenn Beuchert/Schell, DStR 2009, 2277 (2279) meinen, dass die Ortsverlagerung eingreift, selbst wenn die Leistung für den nicht unternehmerischen Bereich erbracht wird; unzutreffend hingegen, wenn die Ortsverlagerung unabhängig von der Glaubhaftmachung (der Unternehmereigenschaft und unternehmerischen Verwendung) gegenüber dem Leistenden eingreifen soll. Ebenso Art. 18 EU-DVO, der auch für diese Leistungsempfänger gilt – a. A. Korn/Robisch, DStR 2011, Beihefter zu Heft 29, 29 (36) („nur für echte Unternehmer"), die nicht berücksichtigen, dass allein das Vorhandensein einer Nummer von dem Leistenden nicht erahnt werden kann.

592 Zutreffend Stadie in: R/D, § 3a Rn. 258 (Okt. 2024); für eine Verwendung der USt-IdNr. auch Matheis, UVR 2010, 282 (284); a. A. v. Streit/Küffner, UR 2010, 597 (606 f.).

593 Stadie in: R/D, § 3a Rn. 247 ff. (Okt. 2024); Spilker, IStR 2009, 838 ff.

594 Beispielhaft: Stadie in: R/D, Einf. Rn. 703 ff. (Jan. 2024); im Hinblick auf die Befreiungsvorschriften Heidner, UR 2006, 74 (76); BFH v. 25.5.2000 – V R 48/99, BFH/NV 2000, 1315 = UR 2000, 430 (432); nun auch BFH v. 18.1.2005 – V R 53/02, BStBl. II 2007, 730 = UR 2005, 375 (376) für den Begriff der Geschäftsveräußerung im Ganzen. Insoweit wäre es mit dem Harmonisierungsauftrag nicht zu vereinbaren, wenn jeder Mitgliedstaat die Umsatzsteuer abhängig vom nationalen Verständnis einer juristischen Person auslegt.

595 Insofern ist mittlerweile im zivilrechtlichen Schrifttum umstritten, ob nicht aufgrund der veränderten Lebenswirklichkeit und des „Durchbruchs" der „Gruppenlehre" bei der Behandlung von Gesamthandsgesellschaften auch Personengesellschaften unter den Begriff der juristischen Person zu subsumieren sind. Dies wird spätestens überlegt, seitdem der BGH der sog. Außen-GbR (zuerst in BGH v. 29.1.2001 – II ZR 331/00, ZIP 2001, 330 ff.) ausdrücklich eine (Teil-)Rechtsfähigkeit zuerkannt hat.

596 Stadie in: R/D, § 3a Rn. 248 (Okt. 2024).

597 Ähnlich für das Zivilrecht, wonach der Begriff der juristischen Person nur die gesetzlich angeordnete Rechtsfähigkeit im Gegensatz zu der angeborenen Rechtsfähigkeit einer natürlichen Person meint – vgl. Hadding in FS Kraft, 1998, 137 (142 ff.), Hadding, ZGR 2001, 712 (718).

brauch der Leistung durch den Empfänger erfolgt. Dies würde gerade bei grenzüberschreitend erbrachten sonstigen Leistungen zu erheblichen **verwaltungstechnischen Schwierigkeiten für den leistenden Unternehmer** führen. Denn der leistende Unternehmer müsste ggf. im für ihn fremden Staat des Leistungsempfängers die sonstige Leistung deklarieren und die Umsatzsteuerschuld bezahlen. Diese Erschwernisse werden dadurch vermieden, dass bei grenzüberschreitend von im übrigen Gemeinschaftsgebiet und in Drittlandsgebiet ansässigen Unternehmern im Inland erbrachten sonstigen Leistungen eine **Umkehr der Steuerschuldnerschaft** eintritt (s. Rn. 427 ff.). Die USt wird dann abweichend vom Normalfall nicht vom leistenden Unternehmer, sondern vom **leistungsempfangenden Unternehmer** geschuldet. Dieser hat sie beim (in der Regel seinem) inländischen Fiskus zu deklarieren und er kann seinerseits für die von ihm geschuldete USt bei seinem Fiskus den Vorsteuerabzug geltend machen, vgl. § 13b Abs. 1 Nr. 1, Abs. 2 Nr. 1 i. V. m. Abs. 5 S. 1 und § 15 Abs. 1 Nr. 4 UStG. Für unter die Empfängerortregelung des Art. 44 MwStSystRL fallende Dienstleistungen (sonstige Leistungen) an Unternehmer (und gleichgestellte juristische Personen mit USt-IdNr.) innerhalb der Europäischen Union schreibt Art. 196 MwStSystRL zwingend die Umkehr der Steuerschuldnerschaft vor, wenn die Leistung von einem nicht im Empfängermitgliedstaat ansässigen Unternehmer erbracht wird.

Beispiel

Vermittler N in Nürnberg vermittelt für Bilderhändler S aus Salzburg die Durchführung von Restaurationsarbeiten an einem Bild des S durch den Restaurator M aus München. Alle Beteiligten sind Unternehmer. Die Restaurationsarbeiten führt M in München aus. Danach wird das Bild wieder nach Salzburg gebracht.

M und N erbringen an S je eine sonstige Leistung, M durch Arbeiten an beweglichen Gegenständen (Werkleistung) und N durch eine Vermittlungsleistung. Sowohl die Leistung des M als auch die Leistung des N werden gemäß § 3a Abs. 2 S. 1 UStG am Unternehmensort des Empfängers S in Salzburg erbracht. Sie sind daher in Deutschland nicht steuerbar. In Österreich schuldet S die österreichische USt aus den an ihn erbrachten Leistungen des M und des N gemäß der dem § 13b Abs. 1 Nr. 1, Abs. 2 UStG und dem Art. 196 MwStSystRL entsprechenden Regelung des § 19 Abs. 1 S. 2 österreichische UStG. Er kann diese seinerseits gemäß der § 15 Abs. 1 Nr. 1 UStG entsprechenden Regelung des § 12 Abs. 1 Nr. 3 österreichische UStG in Österreich als Vorsteuer von seiner Umsatzsteuerschuld abziehen.

Abwandlung: Wie oben, aber N und M betreiben ihr Unternehmen in der Schweiz, während S in Stuttgart ansässig ist.

N und M führen in Deutschland gemäß § 1 Abs. 1 Nr. 1 i. V. m. § 3a Abs. 2 S. 1 UStG steuerbare und steuerpflichtige sonstige Leistungen (Werkleistung an beweglichen Gegenständen und Vermittlungsleistung) aus, für die aber nach § 13b Abs. 5 i. V. m. Abs. 2 Nr. 1 UStG S die deutsche USt schuldet. Diese kann er seinerseits nach § 15 Abs. 1 Nr. 4 UStG (auch ohne Rechnung!) als Vorsteuer von seiner Umsatzsteuerschuld abziehen.

182 b) Von der Grundregelung des Empfängerortprinzips nach § 3a Abs. 2 UStG bei sonstigen Leistungen an Unternehmer (und gleichgestellte juristische Personen mit USt-IdNr.) gibt es nur wenige vorrangige Abweichungen für bestimmte abschließend aufgezählte Leistungen. Für diese Leistungen erschien es dem Gesetzgeber sinnvoll, einen anderen Leistungsort als den Empfängerort zu bestimmen. Es handelt sich dabei um folgende Ortsbestimmungen für sonstige Leistungen:

- erstens den Ort der Belegenheit des Grundstücks gemäß § 3a Abs. 3 Nr. 1 UStG (Art. 47 MwStSystRL),
- zweitens den Ort der tatsächlichen Erbringung der Leistung
  (1) für die **Einräumung von Eintrittsberechtigungen zu** kulturellen, künstlerischen, wissenschaftlichen, usw. **Veranstaltungen** oder für ähnliche Veranstaltungen wie Messen und Ausstellungen gemäß **§ 3a Abs. 3 Nr. 5 UStG** (Art. 53 MwStSystRL);

(2) **für Restaurationsleistungen** (Abgabe von Speisen und Getränken zum Verzehr an Ort und Stelle) gemäß § 3a Abs. 3 Nr. 3b UStG (Art. 55 MwStSystRL);
- drittens den Ort der tatsächlichen Zurverfügungstellung des Beförderungsmittels bei kurzfristiger Vermietung (nicht mehr als 30 bzw. 90 Tage) eines Beförderungsmittels gemäß §3a Abs. 3 Nr. 2 UStG (Art. 56 MwStSystRL);
- viertens den Ort der tatsächlichen Bewirkung einer Beförderungsleistung bei Personenbeförderungen nach § 3b Abs. 1 S. 1 und 2 UStG (Art. 48 MwSt-SystRL).

Für alle anderen sonstigen Leistungen – außer solche für den privaten Gebrauch des Unternehmers oder seines Personals – an Unternehmer und gleichgestellte juristische Personen mit USt-IdNr. für deren Unternehmen bleibt es beim Empfängerortprinzip des § 3a Abs. 2 S. 1 UStG.

Für an sich unter das Empfängerortprinzip des § 3a Abs. 2 UStG fallende sonstige Leistungen der **Güterbeförderung** und damit im Zusammenhang stehende Leistungen nach § 3b Abs. 2 UStG (Beladen, Entladen, Umschlagen von beförderten Gütern) sowie **Arbeiten an beweglichen Gegenständen und deren Begutachtung** bestimmt **§ 3a Abs. 8 UStG abweichend von § 3a Abs. 2 UStG** den **Ort im Drittland**, wenn die Leistung **dort genutzt oder ausgewertet** wird. Auch dafür ergibt sich die gemeinschaftsrechtliche Grundlage aus Art. 59a Buchst. a MwStSystRL. Durch § 3a Abs. 8 UStG wird eine Doppelbesteuerung im Inland neben der im Drittland (möglicherweise) erfolgenden Besteuerung vermieden. § 3 Abs. 8 UStG setzt insoweit das Bestimmungsland-/Verbrauchslandprinzip um.

c) Die sicherste und leichteste Anknüpfungsmöglichkeit für den Ort der sonstigen Leistung bietet der **Sitzort des leistenden Unternehmers**. Dem trägt das UStG dadurch Rechnung, dass gemäß **§ 3a Abs. 1 UStG** der **(Unternehmens-)Sitzort des leistenden Unternehmers**, d.h. der Ort, von dem aus er sein Unternehmen betreibt, nur nachrangig nach allen anderen Ortsbestimmungen gemäß §§ 3a Abs. 2–7, 3 b, 3 e UStG zur Ortsbestimmung für sonstige Leistungen herangezogen wird. Soweit § 3a Abs. 1 UStG den Sitzort des leistenden Unternehmers zum Leistungsort erklärt **(subsidiäre Grundregel)**, räumt das Gesetz der tatsächlichen Erfassung der Umsätze und verwaltungsmäßigen Erleichterungen und Kontrollmöglichkeiten den Vorrang vor der Zuordnung der Umsätze und des Umsatzsteueraufkommens an die Staaten nach dem Bestimmungsland-/Verbrauchsortprinzip ein. 183

Von großer Bedeutung ist, dass **§ 3a Abs. 1 UStG** gegenüber der Empfängerortregelung des § 3a Abs. 2 UStG für sonstige Leistungen an Unternehmer für deren Unternehmen (und gleichgestellte juristische Personen mit USt-IdNr.) nachrangig ist. **§ 3a Abs. 1 UStG** kann daher überhaupt nur bei **sonstigen Leistungen an Nichtunternehmer** (aber nicht an juristische Personen mit USt-IdNr.) oder an Unternehmer (und juristische Personen mit USt-IdNr.), aber nur **für deren privaten Gebrauch oder den ihres Personals**, Anwendung finden. Auch dann scheidet seine Anwendung freilich aus, soweit nach § 3a Abs. 3–8 und §§ 3b, 3e UStG für an Nichtunternehmer (oder für den ausschließlichen privaten Gebrauch eines Unternehmers oder seines Personals) erbrachte Leistungen anderweitige Ortsregelungen bestehen.

Beispiel

Rechtsanwalt R mit Anwaltspraxis und Wohnung in Münster mietet von Autoverleiher N in den Niederlanden a) längerfristig einen Pkw für Mandantenbesuche und b) einen weiteren Pkw für eine 14-tägige private Urlaubsreise nach Frankreich und c) längerfristig einen weiteren Pkw zur privaten Nutzung für seine Frau. Der Pkw wurde dem R jeweils in den Niederlanden ausgehändigt und bei a) und c) im Wesentlichen in Deutschland gefahren.

N erbringt durch die Vermietung der drei Pkws (Beförderungsmittel) drei sonstige Leistungen nach § 3 Abs. 9 UStG an R. Der Ort dieser Leistung bestimmt sich zu a) nach § 3a Abs. 2 UStG mit Münster als Empfängersitzort, weil die sonstige Leistung für das Unternehmen des R erbracht wird und es sich nicht um eine kurzfristige Vermietung des Pkw handelte; für b) liegt der Ort nach § 3a Abs. 3 Nr. 2 S. 1 und 2 UStG in den Niederlanden, da der kurzfristig vermietete Pkw dem R dort zur Verfügung gestellt wurde und für c) liegt der Ort nach § 3a Abs. 3 Nr. 2 S. 3 UStG in Münster als Wohnort des Empfängers. Denn die nicht nur kurzfristige, sondern langfristige Vermietung an R erfolgte nicht für Zwecke des Unternehmens, sondern für dessen privaten Bedarf. Für die in Deutschland steuerbare und steuerpflichtige sonstige Leistung (a) schuldet R (und nicht N) die deutsche USt nach § 13b Abs. 5 S. 1 i. V. m. Abs. 1 UStG. Für die in den Niederlanden steuerbaren sonstigen Leistungen (b) schuldet N entsprechend Art. 193 MwStSystRL (= § 13a Nr. 1 UStG) in den Niederlanden die niederländische USt/MwSt. Für die in Deutschland steuerbare sonstige Leistung nach (c) schuldet der R als Leistungsempfänger nach § 13b Abs. 5 S. 1 i. V. m. Abs. 2 Nr. 1 UStG in Deutschland die Steuer. Denn R ist Unternehmer und an ihn wird eine nicht unter §§ 13b Abs. 1, 3 a Abs. 2 UStG fallende sonstige Leistung eines im Ausland (Niederlande) ansässigen Unternehmers erbracht. Unerheblich ist, dass diese Leistung nicht für das Unternehmen des R erbracht wird.[598]

Unter dem Aspekt einer Besteuerung im Staat des vermutlichen Verbrauchs (Bestimmungslandprinzip) erscheint für b) zunächst unbefriedigend, dass die Besteuerung in den Niederlanden erfolgt, obwohl der eigentliche Leistungsverbrauch in Frankreich stattfindet. Aus Gründen der erleichterten Durchführung der Besteuerung wie auch der praktischen Erfassung/Kontrolle einer überhaupt erfolgenden Besteuerung sind aber Abweichungen von dem Bestimmungsland/Verbrauchsortprinzip zu akzeptieren. Eine Nichtbesteuerung würde dem Bestimmungslandprinzip noch mehr widersprechen.

184 d) Für an Nichtunternehmer (ausgenommen juristische Personen mit USt-IdNr.) erbrachte kulturelle, künstlerische, wissenschaftliche, sportliche usw. Leistungen, für Arbeiten an beweglichen Gegenständen und deren Begutachtung sowie für ergänzende (Neben-)Leistungen zu Güterbeförderungen (wie das Be-, Ent- und Umladen) gilt ebenfalls der Ort der tatsächlichen Erbringung/Ausübung der Tätigkeit, § 3a Abs. 3 Nr. 3a und 3c und § 3b Abs. 2 UStG, Art. 54 Abs. 1 und 2 MwStSystRL.[599] Soweit es danach auf den **Ort der tatsächlichen Erbringung/Ausübung der Tätigkeit** ankommt, ist entscheidend, wo der Unternehmer die geschuldete Tätigkeit für die Leistungserbringung tatsächlich ausübt, nicht, wo er sich auf die geschuldete Leistung lediglich vorbereitet. Das gilt selbst dann, wenn die Vorbereitungszeit einen größeren Zeitraum beansprucht.

Beispiel

Eine berühmte Opernsängerin bereitet sich acht Wochen in Münster auf einen dreistündigen Gesangsauftritt in der Mailänder Scala vor. Der Ort der Leistung liegt ausschließlich in Mailand, unabhängig davon, ob die Leistung der Opernsängerin gegenüber der Mailänder Scala als Unternehmerin schon nach § 3a Abs. 2 UStG in Mailand erbracht wurde oder ob sie unmittelbar gegenüber den Besuchern als Nichtunternehmer (bzw. Unternehmern für deren privaten Gebrauch) nach § 3a Abs. 3 Nr. 3 a UStG in Mailand erbracht wurde.

185 e) Für bestimmte in § 3a Abs. 4 UStG, Art. 59 MwStSystRL, aufgeführte sonstige Leistungen an Nichtunternehmer (ausgenommen juristische Personen mit USt-IdNr.) mit Wohnsitz oder Sitz im Drittland gilt das Empfängerortprinzip. Leistungsort ist für diese Leistungen der Wohnort oder Sitzort (Ansässigkeit) des Nichtunternehmers im Drittland. § 3a Abs. 4 UStG ist nachrangig gegenüber einer Ortsbestimmung nach § 3a Abs. 3 UStG, falls es überhaupt zu Überschneidungen kommen kann. Er hat aber Vorrang vor § 3a Abs. 1 UStG. Zu beachten ist, dass nicht § 3a Abs. 4 UStG, sondern § 3a Abs. 1 UStG anzuwenden ist, wenn die in § 3a Abs. 4 Nr. 1–10 und 14 UStG genannten Leistungen an Nichtunternehmer mit Wohnsitz/Sitz in der Union erbracht werden. Die (wenig überzeugende) Differenzierung erklärt sich daraus, dass für in Drittländern erbrachte sonstige Leistungen das Bestimmungslandprinzip

598 Vgl. Abschn. 3a.16. Abs. 1–3 und Abschn. 13b. Abs. 1 und Abs. 2 UStAE.

599 S. BFH v. 23.07.2019 – XI R 7/17 (zu sportlichen Leistungen von Boxtrainern im Ausland); v. 01.03.2018 – V R 25/17, BStBl. II 2018, 555 und Abschn. 3a.6. Abs. 2a UStAE (zu unter § 3a Abs. 3 Nr. 3 fallende Leistungen auftretender Künstler einschl. Gastspielagenturen); zu Art. 54 MwStSystRL s. EuGH v. 08.05.2019 – C-568/17 (Geelen), MwStR 2019, 362 (Bereitstellung interaktiver erotischer Live-Webcam Darbietungen im Internet), MwStR 2019, 362.

uneingeschränkt zur Geltung gebracht werden soll, weil andernfalls Wettbewerbsnachteile im Drittland wegen der (zusätzlichen) Belastung mit der USt eines EU-Mitgliedstaates befürchtet werden. Dagegen werden durch Anwendung des § 3a Abs. 1 UStG hervorgerufene Wettbewerbsverzerrungen innerhalb der EU wegen unterschiedlichen Steuersatzniveaus bei Leistungen an Nichtunternehmer gegenwärtig für tolerierbar gehalten; anders freilich, wenn der leistende Unternehmer im Drittland ansässig ist (s. sogleich zu § 3a Abs. 6 UStG) oder wenn es sich um Telekommunikations-, Radio- und Fernsehdienstleistungen oder auf elektronischem Wege erbrachte Leistungen handelt (s. unten zu § 3a Abs. 5 UStG).

Das **Empfängerortprinzip** gilt nach § 3a Abs. 4 Nr. 1 UStG für die Einräumung/Übertragung von **Patenten, Urheberrechten und ähnlichen Rechten**, nach Nr. 2 für der Werbung oder Öffentlichkeitsarbeit dienende Leistungen, nach Nr. 4 und 5 für die **Datenverarbeitung** und die Überlassung von (ungeschütztem) **Know-how**, nach Nr. 3 für **rechtliche, technische und wirtschaftliche Beratungsleistungen**, insbesondere durch die Angehörigen der dort genannten freien Berufe,[600] aber auch durch ähnliche Leistungen anderer Unternehmer, nach Nr. 6a für **Bank- und Finanzumsätze**, insbesondere der unter § 4 Nr. 8a bis h bezeichneten Art und die Verwaltung von Krediten und Kreditsicherheiten sowie **Versicherungsumsätze** der in Nr. 10 bezeichneten Art, nach Nr. 6b für **Geschäfte mit Gold, Silber, Platin**, nach Nr. 7 für die **Personalgestellung**, nach Nr. 8 und Nr. 9 für bestimmte **(Wettbewerbs-)Verzichtsleistungen**, nach Nr. 10 für die Vermietung beweglicher Sachen – außer Beförderungsmittel und nach der abschließenden Nr. 14 für die Gewährung des Zugangs zu Leitungsnetzen für Erdgas, Elektrizität, Wärme und Kälte sowie die Übertragung und Verteilung über diese Netze, mithin für die Durchleitungsleistungen, und für damit unmittelbar zusammenhängende sonstige Leistungen.

Für **Telekommunikations-, Rundfunk- und Fernsehdienstleistungen und auf elektronischem Wege erbrachte Dienstleistungen** an Nichtunternehmer gilt ebenfalls aufgrund der seit dem 01.01.2015 geltenden allgemeinen Sonderregelung in § 3a Abs. 5 UStG für diese Leistungen das Empfängerortprinzip. Wenn allerdings die Entgelte für die bezeichneten Leistungen an nicht unternehmerische Empfänger in anderen Mitgliedstaaten sowie – eingefügt durch das JStG 2020 – die innergemeinschaftlichen Fernverkäufe nach § 3c UStG (s. Rn. 263 ff.) **im Vorjahr insgesamt 10.000 € nicht überstiegen** haben und im laufenden Jahr nicht übersteigen werden, gilt nicht das Empfängerortprinzip, wenn der leistende Unternehmer nur in einem Mitgliedstaat ansässig ist, § 3a Abs. 5 S. 3 UStG.[601] Vielmehr bleibt dann der Sitzort des leistenden Unternehmers nach § 3a Abs. 1 UStG maßgebend. Durch die ab dem 01.01.2019 geltende Neuregelung sollen sog. Miniunternehmer entlastet werden, indem ihnen Erklärungs- und Zahlungspflichten in einem anderen Mitgliedstaat der Union erspart bleiben.

f) Mit der Regelung in § 3a Abs. 6 UStG wird für die Vermietung von Beförderungsmitteln, Leistungen an inländische juristische Personen des öffentlichen Rechts, Telekommunikationsdienstleistungen bzw. Rundfunk- und Fernsehdienstleistungen der Anwendungsbereich des § 3a Abs. 1 UStG weiter eingeschränkt, indem der **Ort** bestimmter sonstiger Leistungen **aus dem Drittlandsgebiet in das Inland verlagert** wird, wenn diese hier genutzt oder ausgewertet werden, d.h. der **Verbrauch hier stattfindet.** 186

600 Die Leistung muss berufstypisch oder dieser ähnlich sein, vgl. EuGH v. 06.12.2007 – C-401/06 (Kommission/Deutschland), UR 2008, 117 und BFH v. 03.04.2008 – V R 62/05, BStBl. II 2008, 900 (verneint für Testamentsvollstrecker und Rechtsanwalt).

601 Neu eingefügt durch Gesetz zur Vermeidung von Umsatzsteuerausfällen beim Handel von Waren im Internet v. 11.12.2018, BGBl. I 2018, 2338.

> **Beispiel**
> Ein in Basel ansässiger Autovermieter (V) vermietet einem in Basel ansässigen Verbraucher langfristig Fahrzeuge zur Nutzung in Deutschland. Der Ort der sonstigen Leistung des V wäre nach § 3a Abs. 3 Nr. 2 Satz 3 UStG in der Schweiz (§ 3a Abs. 3 Nr. 2 Satz 1 UStG erfasst nur die kurzfristige Vermietung); durch § 3a Abs. 6 UStG wird der Ort in das Inland verlegt, da die Vermietungsleistung hier genutzt wird.

187 g) Für **elektronische Dienstleistungen,**[602] **Telekommunikationsleistungen,**[603] **und Rundfunk- und Fernsehleistungen**, die von Drittlandsunternehmern – weder Unternehmensleitung noch feste Niederlassung im Gemeinschaftsgebiet – an nicht unternehmerische Empfänger/Endverbraucher erbracht werden, gilt seither, dass die entsprechenden Leistungen in dem Mitgliedstaat der Union zu besteuern sind, in dem der Endverbraucher/Nichtunternehmer als Empfänger der Leistungen ansässig ist **(Empfängerortprinzip)**.

Problematisch war hier freilich, wie die Erfassung gesichert werden konnte, da eine Umkehr der Steuerschuldnerschaft für private Endverbraucher als nicht praktikabel erscheint. **Für** von Drittlandsanbietern an Endverbraucher in der EG erbrachte **elektronische Dienstleistungen** wurde deshalb zugleich ein vereinfachtes Anmelde- und Erhebungsverfahren europaeinheitlich eingeführt, Art. 359–369 MwStSystRL a.F. Der Drittlandsunternehmer erhält die Möglichkeit, sich nur in einem EU-Staat registrieren **(Einortregistrierung)** zu lassen. Für die von ihm erbrachten elektronischen Dienstleistungen kann er in diesem Staat alle Anmeldungs- und Zahlungspflichten gegenüber sämtlichen EU-Mitgliedstaaten erfüllen.

Diese Sonderregelung ist mit Wirkung seit dem 01.01.2015 auch auf von Drittlandsunternehmern an Nichtunternehmer erbrachte Telekommunikations-, Rundfunk- und Fernsehdienstleistungen ausgedehnt worden, Art. 358a–368 MwStSystRL i.d.F. RL 2008/8/EG. Die Steuerschuld errechnet sich für den einzelnen Umsatz nach dem Recht (insbesondere Steuersatz!) des Mitgliedstaates, in dem der Kunde wohnt. In Deutschland erfolgte die Umsetzung insoweit durch § 16 Abs. 1a und § 18 Abs. 4c und 4d UStG i.V.m. § 3a Abs. 5 UStG. Der Registrierungsstaat in der Union hat an den Wohnsitzstaat des Kunden in der Union die vereinnahmte Steuer abzuführen. Für entsprechende Leistungen an Unternehmer wird die Steuerschuld für die nach § 3a Abs. 2 UStG steuerbaren Leistungen von vornherein auf den Empfänger nach § 13b Abs. 5 S. 1 i.V.m. Abs. 2 Nr. 1 UStG verlagert, sodass es insoweit für den Drittlandsunternehmer weder zu Registrierungs-, Anmelde- und Zahlungspflichten kommt. Dies vermeidet Wettbewerbsverzerrungen zugunsten von Drittlandsunternehmern.

188 Die **Ortsregelung** dazu findet sich in **Art. 58 MwStSystRL** in der seit 01.01.2015 geltenden Fassung. Die **Sonderregelungen** zur Erfassung, zu den **Erklärungs- und Zahlungspflichten** finden sich in **Art. 369a–369k MwStSystRL**. Die Umsetzung in das **deutsche UStG** erfolgte durch die seit dem 01.01.2015 geltenden Änderungen in **§ 3a Abs. 5 UStG** zum Ort der sonstigen Leistungen, in **§ 13 Abs. 1 Nr. 1e UStG** zur Entstehung der Steuerschuld, in **§ 16 Abs. 1b UStG** zum Besteuerungszeitraum und in **§ 18 Abs. 4e UStG** für die Abgabe der Steuererklärung für entsprechende inländische Umsätze durch in einem anderen Mitgliedstaat ansässige Unternehmer und in **§ 18h UStG** für im Inland ansässige Unternehmer, die in einem anderen Mitgliedstaat entsprechende Umsätze erbringen und ihren Erklärungs- und Zahlungspflichten dafür im Inland genügen wollen. Durch das **JStG**

602 S. dazu Abschn. 3a.12. UStAE und Art. 7 MwStDVO nebst Anhang I zu Art. 7, u.a. Überlassung, Bereitstellung und Aktualisierung von Software (u.a. Beschaffungs-, Buchführungsprogramme), Einräumung eines Onlinemarktplatzes, allgemein die Bereitstellung von Websites, Webhosting, Online-Data-Warehousing, Onlinebereitstellung von Speicherplatz und Werbeplätzen, Bereitstellung von Bildern, Texten, Datenbanken, Musik, Filmen und Spielen.

603 S. dazu Abschn. 3a.10. UStAE, u.a. Übertragung von Signalen via Festnetz, Mobilfunk, Internet, Bereitstellung von Leitungskapazitäten, Verschaffung von Zugangsberechtigungen zu Fest- und Mobilnetzen.

2020 wurde das bisherige besondere Besteuerungsverfahren des mini one stop shop **(MOSS)** mit einer einzigen Anlaufstelle für Anmeldung und Zahlung der in mehreren Mitgliedstaaten geschuldeten Umsatzsteuer als Sonderregelung nur für an Nichtunternehmer erbrachte Telekommunikations-, Rundfunk- und Fernseh- sowie elektronische Dienstleistungen in § 3a Abs. 5 UStG hinsichtlich der Erfüllung ihrer Deklarations- und Zahlungspflichten nach § 16 Abs. 1a und 1b UStG, § 18 Abs. 4 c bis 4 e, § 18 h UStG auf **alle an Nichtunternehmer mit Sitz oder Wohnsitz in der Gemeinschaft erbrachten sonstigen Leistungen** ausgedehnt. Die bisherige „MOSS"-Regelung wird **durch die „OSS"-Regelung** (one stop shop) Regelung in § 18i und § 18j UStG i. d. F. JStG 2020 **ersetzt.**[604] Nach **§ 18i UStG** kann ein **nicht im Gemeinschaftsgebiet ansässiger Unternehmer** für alle **nach dem 30.06.2021** im Gemeinschaftsgebiet erbrachten sonstigen Leistungen an einen Empfänger nach § 3a Abs. 5 UStG (= Nichtunternehmer) seine Erklärungs- und Zahlungspflichten durch Erklärung in und Zahlung an einen Mitgliedstaat als einzige „Anlaufstelle" und „Briefkasten" zunächst genügen.

E. Keine Geschäftsveräußerung im Ganzen

I. Nach § 1 Abs. 1a UStG sind Umsätze im Rahmen einer Geschäftsveräußerung im ganzen an einen anderen Unternehmer nicht steuerbar. 189

Die Vorschrift basiert auf Art. 19 und 29 MwStSystRL. Dort ist die Rede von der Übertragung eines Gesamt- oder Teilvermögens. Ausdrücklich erfasst werden neben entgeltlichen Veräußerungen auch unentgeltliche Übertragungen. Ebenfalls erfasst wird die Einbringung von Unternehmen in (Personen- oder Kapital-)Gesellschaften. Der nationale Gesetzgeber[605] hatte bei der Umsetzung dieser Erlaubnis primär die Vermeidung von (vermeintlichen) Nachteilen einer unentgeltlichen Geschäftsveräußerung im Ganzen im Blick. Dies trifft allerdings nicht zu.[606] Der daher alleinige Sinn und Zweck der Regelung in § 1 Abs. 1a UStG besteht lediglich darin, aus Vereinfachungsgründen[607] bei einer Übertragung vieler verbrauchbarer Vorteile zwischen Unternehmern diesen Vorgang insgesamt für nicht steuerbar zu erklären. Statt der Systematik des Gesetzes folgend eine Vielzahl von Lieferungen von Wirtschaftsgütern und ggf. von sonstigen Leistungen (Übertragung von Rechten) einzeln anzunehmen und umsatzsteuerrechtlich bewerten zu müssen,[608] wird die umsatzsteuerrechtliche Behandlung von Übertragung von Unternehmen oder Unternehmensteilen insbesondere für den Leistenden erleichtert. Dieser muss weder eine Beeinflussung des bereits vorgenommenen Vorsteuerabzugs noch hohe Umsatzsteuerschulden trotz fehlender Gegenleistung (so bei einer unentgeltlichen Übertragung) befürchten. Außerdem müssen nicht sämtliche Einzelleistungen durch ihn (einzeln) umsatzsteuerrechtlich gewürdigt und (einzeln) abgerechnet werden.[609]

---

604 Siehe dazu BMF v. 01.04.2021, BStBl. I 2021, 629f.

605 Vgl. Gesetzesentwurf v. 7.9.1993 – BT-Drs. 12/5630, Begr. Zu Art. 15 Nr. 1 des Gesetzes zur Bekämpfung des Missbrauchs und zur Bereinigung des Steuerrechts (StMBG), S. 84.

606 Dazu näher D. Hummel, UVR 2011, 361 (363).

607 EuGH v. 27.11.2003, Zita Modes, C-497/01, Slg. 2003, I-14393 Rz. 32 = HFR 2004, 402; Gesetzesentwurf v. 7.9.1993 – BT-Drs. 12/5630, Begr. Zu Art. 15 Nr. 1 des Gesetzes zur Bekämpfung des Missbrauchs und zur Bereinigung des Steuerrechts (StMBG), S. 84.; Rondorf, DStZ 1994, 358, 358; Stadie, UStG, § 1 Rz. 125; Reiß in: T/L (20. Aufl.) § 14 Rz. 86; Hidien, UVR 2009, 11, 11; Slotty-Harms/Jansen, UVR 2011, 76.

608 Vgl. BFH v. 18.11.1999, V R 13/99, BStBl. II 2000, 153, 154f. m. w. Nw. = UVR 2000, 430 (LS).

609 So ausdrücklich EuGH v. 27.11.2003, Zita Modes, C-497/01, Slg. 2003, I-14393 Rz. 39 = HFR 2004, 402; dies übersehen wohl Wagner/Gallert, DStR 2010, 2017, 2018, wenn sie davon sprechen, dass das Ziel gewesen sei, „Geschäftsveräußerungen umsatzsteuerrechtlich zu neutralisieren".

II. Voraussetzungen für die Anwendung des § 1 Abs. 1a UStG sind:
- Übereignung bzw. Einbringung in eine Gesellschaft
- eines Unternehmens oder gesondert geführten Betriebes
- an einen anderen Unternehmer.

Unerheblich ist, ob der Übertragende ein Entgelt erhält oder nicht. Fehlt es an jeglicher Übertragung/Einbringung von Gegenständen auf den die Tätigkeit fortführenden Unternehmer, liegt keine Geschäftsveräußerung im Ganzen (kurz: GiG) vor.[610] Die Übertragungen sind als Leistungsaustausch oder unentgeltliche Wertabgaben nach § 3 Abs. 1b und/oder Abs. 9a UStG steuerbar, wenn der Erwerber kein Unternehmer ist. Es genügt allerdings für die Anwendung des § 1 Abs. 1a UStG, wenn der Erwerber erst mit dem Erwerb eine unternehmerische Tätigkeit aufnimmt.[611] Der Erwerber muss jedoch beabsichtigen, den übertragenen Unternehmensteil weiter zu betreiben. Ein Erwerb zum Zwecke der Stilllegung fällt nicht unter § 1 Abs. 1a UStG, Art. 19, 26 MwStSystRL.[612] Wesentliche Voraussetzung für die Anwendung des § 1 Abs. 1a UStG ist, dass das **Unternehmen** oder zumindest ein **gesondert geführter Betrieb** im Ganzen übertragen wird.

190 Schwierige **Abgrenzungsprobleme** ergeben sich, wenn vom Übertragenden einzelne Unternehmensgegenstände zurückbehalten oder an andere Personen als den Erwerber übertragen werden. Es stellt sich dann nämlich die Frage, ob noch das Unternehmen im Ganzen übertragen wurde. Ist dies zu verneinen, liegen normal zu besteuernde Umsätze im Leistungsaustausch vor. Problematisch ist auch die Beantwortung der Frage, ob ein gesondert geführter Betrieb vorliegt. Zutreffend hat der BFH inzwischen entschieden, dass § 1 Abs. 1a UStG wegen des Gebotes der richtlinienkonformen Auslegung nicht in Anlehnung an Normen des deutschen EStG oder der AO ausgelegt werden darf, sondern autonom richtlinienkonform in Übereinstimmung mit der Rspr. des EuGH zu Art. 19, 29 MwStSystRL auszulegen ist.

Ein gesonderter Betrieb (= Übertragung eines Teilvermögens) liegt vor, wenn mit dem übertragenen Teilvermögen (= übertragene Gegenstände, mit denen bisher vom Veräußerer eine unternehmerische Tätigkeit ausgeübt wurde) vom Erwerber eine selbstständige der Art nach gleiche (Unternehmer-)Tätigkeit fortgeführt werden kann und fortgeführt wird.[613] Es muss nicht bereits vor Veräußerung ein organisatorisch selbstständiger Unternehmensteil bestanden haben.[614]

Außerdem muss auch bzgl. funktionell wesentlicher Betriebsgrundlagen genügen, dass diese dem Erwerber für die Fortsetzung des Unternehmens zur Verfügung stehen. Es genügt daher, wenn sie diesem zur Nutzung überlassen werden. Nicht erforderlich ist hingegen, dass sie ihm zu Eigentum übertragen werden.[615] Abzustellen ist darauf, ob dem Erwerber die erforderlichen Betriebsgrundlagen für die Fortführung des Unternehmens insgesamt oder eines Unternehmensteiles übertragen oder zur Nutzung überlassen wurden, sodass er in die Lage versetzt wird, die bisher vom Veräußerer erbrachten Umsätze weiterhin zu erbringen.

---

610 BFH v. 21.05.2014, BStBl. II 2014, 1029 (keine GiG bei bloßer unentgeltlicher Nutzungsüberlassung an Einzelunternehmen fortführende Gesellschaft); s. auch BFH v. 03.07.2014 – V R 12/13, BFH/NV 2014, 1603 (keine GiG bei Nichteintritt in Mietverhältnisse durch Erwerber).

611 Abschn. 1.5. Abs. 1 UStAE.

612 EuGH v. 27.11.2003 – C-497/01 (Zita Modes), Slg. 2003, I-14393.

613 Vgl. EuGH v. 30.05.2013 – C-651/11 (X BV), UR 2013, 582; v. 10.11.2011– C-444/10 (Schriever), Slg. 2011, I-11071 = BStBl. II 2012, 848; v. 27.11.2003 – C-497/01 (Zita Modes), Slg. 2003, I-14393.

614 BFH v. 19.12.2012 – XI R 38/10, BStBl. II 2013, 1053; s. auch BFH v. 06.07.2016 – XI R 1/15, BStBl. II 2016, 909 (GiG bei Veräußerung/Erwerb eines Geschäftsgrundstückes, dass vom Veräußerer vollständig an den Erwerber verpachtet war, vom Erwerber wurde aber nur noch ein Teil der Pachtverhältnisse fortgesetzt. Bezüglich der fortgesetzten Pachtverhältnisse wird GiG eines „gesondert geführten Betriebs" als „Teilvermögen" im Sinne der MwStSystRL bejaht!).

615 BFH v. 04.07.2002 – V R 10/01, BStBl. II 2004, 662; v. 23.08.2007 – V R 14/05, BStBl. II 2008, 165.

Nach verfehlter **Rechtsprechung des BFH** muss der Erwerber die übernommenen Unternehmensgegenstände auch tatsächlich in vergleichbarer Weise wie bisher der Veräußerer für Umsätze einsetzen, etwa bisher vermietete Grundstücke wie bisher vermieten.[616] Mit dem Sinn und Zweck einer GiG hat das alles nichts zu tun.[617] Im Ergebnis wird für eine GiG verlangt, dass als Unternehmensteil (gesonderter Betrieb) materielle und immaterielle Bestandteile/Wirtschaftsgüter in einem solchen Umfange übertragen/überlassen werden, dass mit ihnen die bisher ausgeübte selbstständige wirtschaftliche Tätigkeit unverändert fortgeführt werden kann. Soweit dies der Fall ist, spielt es keine Rolle, dass bisher für das Unternehmen des Veräußerers genutzte Gegenstände, insbesondere als Verkaufs- oder Produktionsstätten genutzte eigene Grundstücke, nicht auf den Erwerber zu Eigentum übertragen werden. Es genügt dann, dass sie an ihn vermietet werden. Bedarf es der Nutzung des bisherigen Unternehmensgegenstandes nicht – etwa weil der Erwerber selbst über ein geeignetes Grundstück verfügt –, so kann eine GiG auch ohne jede Nutzungsüberlassung einer im Sinne des EStG bisher wesentlichen Betriebsgrundlage seitens des Veräußerers vorliegen.[618] 191

Soweit die wirtschaftliche Tätigkeit ein bestimmtes Geschäftslokal erfordert, genügt ebenfalls die bloße Verpachtung des bisher auf eigenem Grundstück betriebenen Geschäftslokals einschließlich der darauf befindlichen beweglichen Einrichtungsgegenstände, um von einer nicht steuerbaren GiG auszugehen.[619] Die bloße Verpachtung einer Gaststätte genügt aber nicht,[620] da eine Geschäftsverpachtung keine Geschäftsveräußerung im Ganzen ist.

III. Unter § 1 Abs. 1a UStG fallen danach insbesondere die entgeltliche Veräußerung eines Unternehmens durch **Verkauf**, die **Einbringung eines Einzelunternehmens** in eine Gesellschaft durch Einzelrechtsnachfolge im Wege der Sacheinlage, unentgeltliche oder teilentgeltliche Übertragung im Wege der **vorweggenommenen Erbfolge**, im Rahmen der Erbauseinandersetzung oder durch Sachvermächtnisse. Voraussetzung ist aber immer, dass tatsächlich die für die bisherige und die weiterzuführende Unternehmenstätigkeit funktionell wesentlichen Betriebsgrundlagen übertragen oder zur Nutzung überlassen werden und die bisherige Unternehmenstätigkeit auch tatsächlich damit fortgesetzt wird.[621] 192

---

616 Vgl. BFH v. 24.02.2021 – XI R 8/19, UR 2021, 633 (Erwerber vermietet das von ihm vor Erwerb des Grundstücks bereits teilweise von ihm als Mieter untervermietete Grundstück nach Erwerb weiterhin an den bisherigen Untermieter); BFH v. 12.08.2015 – XI R 16/14, DB 2016, 30 = BStBl. 2020 II, 790 (Übertragung eines bereits seit Längerem vermieteten Gebäudekomplexes durch eine Objekt[bauträger]gesellschaft); BFH v. 18.09.2008 – V R 23/06, UR 2009, 528; v. 06.05.2010 – V R 25/06 und v. 24.09.2009 – V R 6/08, BStBl. II 2010, 1114 und 315 (keine GiG bei Veräußerung des vermieteten Grundstücks an den Mieter [auch an Organträger] zu dessen Eigennutzung); v. 06.09.2007 – V R 41/05 und v. 22.11.2007 – V R 5/06, BStBl. II 2008, 65 und 448 (GiG an Bruchteilsgemeinschaft bei Einräumung eines Miteigentümeranteils); v. 11.10.2007 – V R 57/06, BStBl. II 2008, 447 (keine GiG bei bloßer Übertragung eines unvermieteten Grundstücks); v. 06.05.2010 – V R 25/09, BFH/NV 2010, 1873; v. 30.04.2009 – V R 4/07, BStBl. II 2009, 863; v. 18.01.2005 – V R 53/02, BStBl. II 2007, 730 (GiG bei Veräußerung vermieteter Grundstücke als gesonderte Vermietungsbetriebe); v. 23.08.2007 – V R 14/05, BStBl. II 2008, 165 (GiG für Institutsübertragung bejaht, obgleich nicht alle wesentlichen Betriebsgrundlagen – hier Anteile, Grundstück, Lieferbeziehungen – mit übertragen wurden, aber dennoch eine Fortsetzung der bisherigen Tätigkeit erfolgen konnte. Offenlassend, ob eine „zwangsweise" GiG im Rahmen einer Zwangsversteigerung möglich ist BFH v. 5.12.2024 – V R 16/22, juris.).

617 Besser aber BFH v. 25.9.2024 - XI R 19/22, UR 2025, 130, der davon zumindest bei einem Durchgangserwerb absieht.

618 EuGH v. 10.11.2011 – C-444/10 (Schriever), Slg. 2011, I-11071 = BStBl. II 2012, 848 mit nachgehend BFH v. 18.01.2012 – XI R 27/08, BStBl. II 2012, 842; vgl. auch Endres/Ismer UR 2011, 481; s. aber BFH v. 04.02.2105 – XI R 42/13, BStBl. II 2015, 616 (keine GiG bei bloßem Erwerb des Gaststätteninventars vom bisherigen Pächter und Abschluss eines neuen Pachtvertrages mit dem Grundstückseigentümer) und v. 03.12.2015 – V R 36/13, BStBl. II 2017, 563 (Aufspaltung des Bauunternehmens eines Einzelunternehmers auf eine das Unternehmen fortführende „Betriebs"-KG = GiG und eine „Besitz"-GbR, die das bisherige Anlagevermögen übernimmt und unentgeltlich der KG zur Nutzung überlässt = keine GiG.).

619 BFH v. 29.08.2018 – XI R 37/17, BStBl. II 2019, 378 (GiG bei Übereignung des Inventars vom bisherigen Gaststättenbetreiber unter gleichzeitiger Anmietung der Immobilie vom Eigentümer. Wegen GiG kein Vorsteuerabzugsrecht aus Erwerb Inventar).

620 EuGH v. 19.12.2018 – C-17/18 (Mailat), MwStR 2019, 317.

621 Vgl. dazu BFH v. 03.12.2015 – V R 36/13, BStBl. II 2017, 563 (keine GiG für die Übertragung des bisherigen Anlagevermögens eines Bauunternehmers auf eine von ihm beherrschte „Besitz-GbR", die dieses unentgeltlich an eine vom bisherigen Bauunternehmer beherrschte „Betriebs-KG" überlässt – GbR führt nicht das Bauunternehmen fort!).

Nach Auffassung des BFH sollte auch die Übertragung einer 100 %-Beteiligung an einer Kapitalgesellschaft zu einer GiG führen können.[622] Die Veräußerung der Beteiligung kann aber nicht die Veräußerung des Unternehmens der Kapitalgesellschaft darstellen, an der die Beteiligung besteht. Auch wenn in Art. 19, 29 MwStSystRL nur von der Übertragung eines Gesamt- oder Teilvermögens die Rede ist, kann nur eine Übertragung gemeint sein, die es ermöglicht, eine bisher mit diesem Vermögen ausgeführte Unternehmertätigkeit anstelle des veräußernden Steuerpflichtigen fortzusetzen. Das trifft bei bloßer isolierter Veräußerung auch einer 100%-igen Beteiligung gerade nicht zu. So hat denn zutreffend auch der EuGH entschieden.[623] Abgesehen davon greift der Sinn und Zweck einer GiG bei einer bloßen Anteilsveräußerung nicht ein.

Nicht unter § 1 Abs. 1a UStG fällt der Erwerb des Unternehmens durch **Erbanfall**. Hier fehlt es bereits an einer Übereignung. Nicht unter § 1 Abs. 1a UStG fällt auch der **Formwechsel von Gesellschaften**, sei es nach dem UmwG (z. B. von der KapG in die PersG und umgekehrt), oder auch außerhalb des UmwG, z. B. von der GbR in die OHG oder KG. Hier fehlt es bereits an einer Vermögensübertragung. Der bisherige Rechtsträger bleibt zivilrechtlich bestehen, wenn auch nunmehr in anderer Rechtsform. Umsatzsteuerlich ist von einer Unternehmeridentität der formgewechselten Gesellschaft auszugehen. Gleiches gilt für Umwandlungen von Unternehmensträgern[624] nach dem Umwandlungsgesetz **(Verschmelzung und Spaltung)**.

193 IV. Die **Rechtsfolge** der Anwendung des § 1 Abs. 1a UStG besteht für den Übertragenden darin, dass für ihn kein steuerbarer Vorgang gegeben ist. Der Erwerber muss sich so behandeln lassen, als setze er das Unternehmen des Veräußerers fort. § 1 Abs. 1a S. 3 UStG ordnet insoweit an, dass der **Erwerber an die Stelle des Veräußerers** tritt.

Was mit dieser Formulierung gemeint ist, ist umstritten. Bei wortlautgetreuer Auslegung würde diese Formulierung bedeuten, dass der Ersteher nunmehr z. B. mit der Ehefrau des Veräußerers verheiratet wäre. Dass der Gesetzgeber diese Rechtsfolge anordnen wollte, dürfte aber kaum unterstellt werden können. § 15a Abs. 10 UStG – welcher einen Informationsanspruch des Erstehers normiert – spricht hingegen davon, dass der nach § 15a UStG maßgebliche Berichtigungszeitraum nicht unterbrochen wird. Da § 15a UStG die Berichtigung eines vorgenommenen Vorsteuerabzuges betrifft, kann aus der Zusammenschau dieser beiden Vorschriften entnommen werden, dass der Ersteher jedenfalls an die bisherige Verwendung durch den Vollstreckungsschuldner und den zeitlichen Verbrauch des Gegenstandes nach Maßgabe des § 15a UStG gebunden ist.

Insofern vertritt ein Teil der Literatur zu Recht die Auffassung, dass mit der missglückten Formulierung lediglich eine Bindung des Erwerbers an die umsatzsteuerrechtliche Einbindung der erworbenen Gegenstände bzw. deren Vorsteuerkorrekturvolumen erfolgt (als eine Art objektbezogene Einzelrechtsnachfolge),[625] sodass die Vorsteuerkorrektur aufgrund einer Verwendungsänderung und darüber hinaus auch einer Entnahme in Gänze bei dem Ersteher als dem „Rechtsnachfolger" des Vollstreckungsschuldners vorgenommen wird.

---

622 BFH v. 27.01.2011 – V R 38/09, DStR 2011, 454 mit Anm. Wäger DStR 2011, 433. Der BFH beruft sich dabei auf ein überflüssiges missverständliches obiter dictum des EuGH v. 29.10.2009 – C-29/08 (SKF), Slg. 2009, I-10413, und gibt zu Unrecht die zutreffende entgegengesetzte Rspr. aus BFH v. 29.10.1987 – X R 33-34/81, BStBl. II 1988, 92 auf.

623 EuGH v. 30.05.2013 – C-651/11 (X BV), UR 2013, 583 mit Anm. Grube MwStR 2013, 341.

624 Stadie in: R/D, § 2 Anm. 730ff. (Okt. 2023) – keine Übertragung, da Gesamtrechtsnachfolge; a. A. hingegen Reiß UR 1996, 367.

625 Reiß in: T/L (20. Aufl.) § 14 Rz. 85 Fn. 228; Reiß, UR 1996, 357, 364; Stadie, UStG, § 1 Rz. 150ff.; Stadie in: R/D, § 2 Anm. 742.1 und 753ff. (Okt. 2023); Lippross, USt, Kap. 2.7.4.b (S. 438f.); Widmann, UR 1995, 325, 326; Slotty-Harms, UVR 2008, 218; Slotty-Harms/Jansen, UVR 2011, 76.

Demgegenüber wurde früher vertreten, dass § 1 Abs. 1a Satz 3 UStG eine Gesamtrechtsnachfolge anordnet, sodass der Erwerber in die durch den Veräußerer begründeten Steuerschuldverhältnisse eintreten würde.[626] Dem kann allerdings nicht zugestimmt werden, da ein dementsprechender gesetzgeberischer Wille im Gesetzgebungsverfahren nicht im Ansatz erkennbar ist. Die Veräußerung eines Unternehmens – einzeln oder als Ganzes – ist immer eine Einzelrechtsnachfolge. Art. 19 MwStSystRL spricht auch lediglich von einer Rechtsnachfolge und nicht einer Gesamtrechtsnachfolge. Weder die Entstehungsgeschichte noch die bezweckte vereinfachte – umsatzsteuerneutrale – Übertragung eines Unternehmens verlangen eine Gesamtrechtsnachfolge bzw. den Eintritt des Erwerbers in das Steuerschuldverhältnis des Vollstreckungsschuldners. Insofern bezieht sich die missglückte Formulierung des § 1 Abs. 1a Satz 3 UStG richtigerweise lediglich auf die umsatzsteuerrechtliche Einbindung der übertragenen einzelnen verbrauchbaren Vorteile, weswegen der Ersteher nur in die mit den einzelnen Leistungsinhalten und deren Verwendung verbundenen potenziellen Vorsteuerkorrekturen (zu Gunsten wie zu Lasten) eintritt und stellt keine Regelung einer Gesamtrechtsnachfolge dar.[627] 194

Dies betrifft insbesondere Vorsteuerkorrekturen nach § 15a UStG zugunsten wie zuungunsten des Erwerbers. Insoweit ordnet § 15a Abs. 10 UStG ausdrücklich an, dass der Erwerber in den unveränderten Berichtigungszeitraum eintritt.[628] Über die Anwendung des § 15a UStG hinausgehend folgt aus der gesetzlich angeordneten Unternehmeridentität u. a. auch, dass für die unentgeltlichen Wertabgaben nach § 3 Abs. 1b und Abs. 9a UStG alle bereits vom Übertragenden verwirklichten Sachverhalte zu berücksichtigen sind. So darf etwa bei dem Erwerber keine Besteuerung nach § 3 Abs. 1b Nr. 1 UStG vorgenommen werden, wenn er einen Gegenstand entnimmt, für den der Übertragende keinen Vorsteuerabzug hatte, umgekehrt hat aber eine Besteuerung stattzufinden, wenn beim Rechtsvorgänger ein Vorsteuerabzug stattgefunden hatte.

---

626 So Zeuner in: Bunjes/Geist (9. Aufl. 2009) § 1 Rz. 103, wenn sie davon spricht, dass das Unternehmen des Rechtsnachfolgers und des Rechtsvorgängers „identisch" sein sollen; wohl immer noch Oelmaier in: S/R, § 1 Rz. 198 (Okt. 2021), wenn er davon sprach, dass der Erwerber in das vom Veräußerer begründete Steuerschuldverhältnis eintrete; Oelmaier in: S/R, § 15a Rz. 361 (Juni 2023) – Vielmehr ist der Erwerber Rechtsnachfolger des Übertragenden; wohl auch der BFH v. 7.12.2006, V R 2/05, BStBl. II 2007, 848, 850 = UVR 2007, 103 (Kurzwiedergabe) zum Übergang von Erstattungsansprüchen.

627 Stadie, UStR, Rz. 5.204 f.; Stadie, UStG, § 1 Rz. 150 ff.; Stadie in: R/D, § 2 Anm. 742.1 und 753 ff. (Okt. 2023); Reiß in: T/L (20. Aufl.) § 14 Rz. 85 Fn. 228; Reiß, UR 1996, 357, 363 f.; Lippross, USt, USt, Kap. 2.7.4.b (S. 438 f.); Robisch in: Bunjes (23. Aufl.) § 1 Rz. 140 f.

628 Zur Problematik, ob bei Grundstücksveräußerungen eine GiG vorliegt oder nicht und deshalb § 15a UStG anzuwenden ist oder nicht vgl. u. a. BFH v. 19.12.2012 – XI R 38/10, BStBl. II 2013, 1053 (Veräußerung eines Erbbaurechtes mit verpachtetem Gebäude); v. 06.05.2010 – V R 25/06 und v. 24.09.2009 – V R 6/08, BStBl. II 2010, 1114 und 315; v. 06.05.2010 – V R 25/09, BFH/NV 2010, 1873; v. 24.02.2005 – V R 45/02, BStBl. II 2007, 61 (verneint für Erwerber bei Erwerb von Grundstück im Zustand der Bebauung).

3. Ergänzungstatbestände: Unentgeltliche Wertabgaben

A. Zweck der Ergänzungstatbestände

I. Besteuerung unentgeltlicher Zuwendungen/Wertabgaben aus dem Unternehmen

195 Entsprechend den Vorgaben der Richtlinie werden Wertabgaben aus dem Unternehmen zu unternehmensfremden Zwecken jetzt nicht mehr als eigenständiger Besteuerungstatbestand (Eigenverbrauch) geregelt, sondern im Wege der Fiktion als Fall des Leistungsaustausches. Die unentgeltlichen Wertabgaben aus dem Unternehmen werden als Lieferungen, so § 3 Abs. 1b UStG, oder als sonstige Leistungen, so § 3 Abs. 9a UStG, gegen Entgelt behandelt, obwohl ein Entgelt tatsächlich gerade nicht vorliegt. Bei den unentgeltlichen Wertabgaben für den eigenen privaten Verbrauch des Unternehmers fehlt es darüber hinaus nicht erst am Entgelt, sondern bereits an einer Leistung mangels zweiten Rechtssubjektes. Die Besteuerung der unentgeltlichen Wertabgaben aus dem Unternehmen für den eigenen privaten Verbrauch ist ein notwendiger **Ergänzungstatbestand zum Leistungsaustausch**, um einen insofern zu hohen Vorsteuerabzug bei dem Unternehmer zu korrigieren. Der Unternehmer soll in seiner Eigenschaft als Endverbraucher keine Vorzugsstellung vor dem privaten Endverbraucher genießen, der die Güter und Dienstleistungen für seinen Konsum ohne Vorsteuerabzugsberechtigung erwirbt und daher wirtschaftlich mit USt belastet ist.

II. Belastung des privaten Konsums und Vorsteuerabzug

196 1. Die Besteuerung unentgeltlicher Wertabgaben aus dem Unternehmen macht den Vorteil aus der Gewährung des Vorsteuerabzugs wieder rückgängig, wenn der Unternehmer den bezogenen Gegenstand oder die zunächst für das Unternehmen bezogene Dienstleistung später für außerunternehmerische Zwecke verwendet. Die unter Verbrauchsteueraspekten notwendige Belastung des privaten Konsums lässt sich technisch auf zwei Arten herstellen: Entweder – so der Regelfall – bereits durch Versagung des Vorsteuerabzugs oder erst durch eine Besteuerung der unentgeltlichen Wertabgaben aus dem Unternehmen, sofern bei einem Bezug für das Unternehmen zunächst ein Vorsteuerabzug gewährt wurde. Wurde die Belastung bereits durch Nichtgewährung eines Vorsteuerabzugs nach § 15 UStG hergestellt, bedarf es insoweit einer weiteren Belastung durch Besteuerung einer Wertabgabe aus dem Unternehmen gerade nicht mehr.

197 § **Fall 19: Der Betriebsausflug**

(nach BFH v. 09.12.2010 – V R 17/10, BStBl. II 2012, 53)

Steuerberater St veranstaltete mit seinen Angestellten einen viertägigen Betriebsausflug als Betriebsveranstaltung nach München und Salzburg. Dafür entstanden Aufwendungen (Verpflegung, Getränke, Übernachtungen, Fahrtkosten Theater-, Konzert- und Opernbesuche) von 3.000 € zzgl. deutsche USt und 2.000 € zzgl. österreichischer USt. Pro Arbeitnehmer beliefen sich die Aufwendungen auf 500 € netto.

198 Aus den für den **Betriebsausflug/die Betriebsveranstaltung** an den St erbrachten Leistungen für Übernachtung/Verpflegung/Getränke/kulturelle Veranstaltungen steht dem St kein Vorsteuerabzug nach § 15 Abs. 1 UStG, Art. 167, 168 MwStSystRL zu. Da die entsprechenden Leistungen schon bei Leistungsbezug in vollem Um-

fang nicht unmittelbar zur Ausführung von (zu besteuernden oder diesen in Art. 169 MwStSystRL gleichgestellten) Leistungen gegen Entgelt bestimmt waren, sondern nur zur unentgeltlichen Weitergabe an die Arbeitnehmer, erfolgten sie – jedenfalls nach nunmehriger Auffassung des BFH[629] – nicht i. S. d. § 15 Abs. 1 UStG für das Unternehmen des St. Es liegt nicht lediglich ein Bezug von Aufmerksamkeiten vor (s. Rn. 220 ff.). Der Bezug von Leistungen, die von vornherein schon vollständig für den privaten Bedarf des Unternehmers oder – durch unentgeltliche Weitergabe – seines Personals erfolgen, kann dem Unternehmen nicht – auch nicht wahlweise – zugeordnet werden. Werden solche nicht dem Unternehmen zuzuordnende Leistungen (Lieferungen und sonstige Leistungen) unentgeltlich an das Personal oder andere Dritte weitergegeben, erfolgt diese Entnahme/Weitergabe/Zuwendung nicht „aus seinem Unternehmen" i. S. d. Art. 16 MwStSystRL, § 3 Abs. 1b UStG, bzw. nicht als Verwendung eines dem Unternehmen zugeordneten Gegenstandes oder unentgeltliche Erbringung einer sonstigen (Dienst-)Leistung durch einen als Unternehmer für Zwecke außerhalb des Unternehmens handelnden Steuerpflichtigen i. S. d. Art. 26 MwStSystRL, § 3 Abs. 9a Nr. 1 und 2 UStG. Damit § 3 Abs. 1b, Abs. 9a UStG, Art. 16, 26 MwStSystRL anwendbar sind, muss vorrangig eine Zugehörigkeit des entnommenen, verwendeten Gegenstandes oder des eingesetzten Personals für eine sonst erbrachte Leistung zum Unternehmen gegeben sein. Es kann nicht umgekehrt die Zugehörigkeit zum Unternehmen erst aus einer angeblich nach § 3 Abs. 1b oder Abs. 9a UStG zu besteuernden Wertabgabe aus dem Unternehmen hergeleitet werden. Diesem (geänderten) Verständnis des BFH ist zuzustimmen.[630]

2. Art. 16 und 26 Abs. 1 Buchst. a MwStSystRL machen die Besteuerung **unentgeltlicher Wertabgaben durch Lieferung oder Verwendung von Gegenständen** generell davon abhängig, dass ein **vollständiges oder partielles Vorsteuerabzugsrecht** bestand. Damit soll eine Doppelbelastung des privaten Verbrauchs mit USt vermieden werden. Hingegen sind **andere Dienstleistungen** aus dem Unternehmen **für den privaten Bedarf** des Unternehmers, seines Personals oder vergleichbare andere unternehmensfremde (private) Zwecke nach Art. 26 Abs. 1 b MwStSystRL auch dann zu besteuern, wenn kein Vorsteuerabzug stattgefunden hat. Dieser sehr weite Ansatz, den auch § 3 Abs. 9a Nr. 2 übernimmt, bedarf aber – entgegen der wohl h. M. – einer teleologischen Reduktion, wenn und soweit die Dienstleistung „aus dem Unternehmen" heraus unter Einsatz von dem Unternehmen zugeordneten Personal erfolgt. Wenn der Unternehmer die Dienstleistung statt durch einen Angestellten auch selbst erbringen könnte, würde mangels Kosten (Ausgaben i. S. v. § 10 Abs. 4 Nr. 3 UStG) nämlich keine Besteuerung eintreten. Hintergrund ist letztendlich die Tatsache, dass auch Art. 26 MwStSystRL nur einen unberechtigten Vorsteuerabzug eines Unternehmers neutralisieren will und den Unternehmer nicht schlechter als eine Privatperson behandeln will, die sich dieselbe Leistung selbst erbringen könnte (der angestellte RA, der sich in eigener Sache vertritt, wird auch nicht mit Umsatzsteuer belastet).[631] 199

629 BFH v. 09.12.2010 – V R 17/10, BStBl. II 2012, 13 mit Anm. Wäger DStR 2011, 433 f.; einen Vorsteuerabzug nur zusprechend, wenn Betriebsveranstaltung nicht ausschließlich dem privaten Bedarf dient, wobei unter letzteres auch sog. Teambuilding-Events fallen: BFH v. 10.5.2023 – V R 16/21, UR 2023, 683.

630 Anders noch BFH v. 04.07.1985 – V R 82/77, BStBl. II 1985, 538; v. 18.12.1986 – V R 176/75, BStBl. II 1987, 350 (zu Angelteich und Schwimmbad für eigene Nutzung und Nutzung durch Arbeitnehmer).

631 Siehe dazu ausführlich Stadie, UStR, 2005, Rz. 4.37 ff.

Beispiel

Ein Rechtsanwalt lässt seine Frau in einem Rechtsstreit durch einen bei ihm angestellten Anwalt vertreten, anstatt seine Frau selbst zu vertreten. Diese unentgeltliche Dienstleistung darf entgegen dem Wortlaut des Art. 26 MwStSystRL (und auch des § 3 Abs. 9a Nr. 2 UStG) nicht besteuert werden, da das Steueraufkommen nicht von dem Zufall abhängen kann, ob der Unternehmer die Dienstleistung selbst erbringt (mangels Kosten fällt keine USt an) oder durch seinen Mitarbeiter durchführen lässt. Würde der angestellte Mitarbeiter seine Frau in einem Rechtsstreit vertreten, würde ebenfalls keine USt anfallen, sodass auch unter Gleichbehandlungsgesichtspunkten keine Besteuerung dieser Dienstleistung geboten ist. Erst wenn für die Dienstleistungen Gegenstände verwendet werden, für die ein Vorsteuerabzug erfolgt ist, ist eine Korrektur im Wege der Entnahmebesteuerung geboten.

200 3. Das deutsche Recht entspricht der Richtlinienregelung. In § 3 Abs. 1b S. 2 UStG ist bestimmt, dass Voraussetzung für die Besteuerung ist, dass der entnommene/zugewendete Gegenstand oder seine Bestandteile zum vollen oder teilweisen **Vorsteuerabzug berechtigt** haben. Für die Verwendung eines Gegenstandes bestimmt § 3 Abs. 9a Nr. 1 UStG, dass er nur besteuert wird, wenn bzgl. des Gegenstandes eine volle oder teilweise Vorsteuerabzugsberechtigung bestand. Dagegen wird die Besteuerung anderer unentgeltlicher sonstiger (Dienst-)Leistungen nach § 3 Abs. 9a Nr. 2 UStG nicht von einem vorherigen Vorsteuerabzugsrecht abhängig gemacht.

Beispiel

Unternehmer U erwirbt einen Pkw für sein Unternehmen von einem Nichtunternehmer (Kleinunternehmer nach § 19 Abs. 1 UStG oder durch eine steuerbefreite Lieferung nach § 4 Nr. 28 a UStG). Er verwendet diesen Pkw auch teilweise für private Fahrten. Da aus dem Erwerb des Pkw kein Vorsteuerabzug möglich ist, darf insoweit auch keine Besteuerung der privaten Verwendung nach § 3 Abs. 9a Nr. 1 UStG stattfinden. Soweit andererseits aber VoSt etwa aus dem Kraftstoffverbrauch und sonstigen Unterhaltskosten anfällt, ist dem dadurch Rechnung zu tragen, dass der Vorsteuerabzug nur anteilig im Umfang der unternehmerischen Nutzung gewährt wird (sog. Aufteilungsgebot).[632] Das BMF lässt aus Vereinfachungsgründen – ohne Rechtsgrundlage – alternativ zu, dass aus den laufenden Aufwendungen der volle Vorsteuerabzug geltend gemacht werden kann, dann aber die außerunternehmerische Nutzung nach § 3 Abs. 9a Nr. 1 UStG besteuert wird, wobei lediglich die anteiligen laufenden Ausgaben als Bemessungsgrundlage angesetzt werden.

201 4. In Übereinstimmung mit der Auslegung des Art. 26 Abs. 1 Buchst. a MwStSystRL durch den EuGH[633] bestimmt § 10 Abs. 4 Nr. 2 S. 1 UStG, dass in die Bemessungsgrundlage für die unentgeltliche Wertabgabe durch Verwendung nach § 3 Abs. 9a Nr. 1 UStG nur solche Ausgaben eingehen, die zum vollen oder teilweisen Vorsteuerabzug berechtigt haben.

Beispiel

Nutzung eines Pkw auch für private Zwecke, bei dessen Anschaffung zutreffend die VoSt abgezogen wurde. Für die Nutzung fallen auch Kosten aus der Kfz-Steuer, der Garagenmiete (steuerfrei, weil von Kleinunternehmer), der Versicherung (steuerfrei) und der Finanzierung (steuerfrei) an. Diese Ausgaben dürfen nicht in die Bemessungsgrundlage für die unentgeltliche Wertabgabe einbezogen werden, weil kein Vorsteuerabzug möglich war. Unerheblich ist, weshalb kein Vorsteuerabzug möglich ist, etwa, weil schon gar keine umsatzsteuerliche Leistung vorliegt (Kfz-Steuer) oder wegen nicht steuerbarer Leistungen von Nichtunternehmern oder steuerbefreiter Leistungen.[634]

202 5. Wie bereits oben erwähnt, kommt es trotz des Wortlaues bei einem fehlendem Vorsteuerabzug zu einer nach § 3 Abs. 9a Nr. 2 UStG nicht zu einer besteuernden

632 S. Abschn. 15.2c. (Zuordnung von Leistungen zum Unternehmen) und Abschn. 15.23. UStAE (Teilunternehmerische Fahrzeugverwendung).

633 Vgl. EuGH v. 25.05.1993 – C-193/91 (Mohsche), BStBl. II 1993, 812 = Slg. 1993, I-2615.

634 So zutreffend BMF, Abschn. 10.6. Abs. 3 S. 5 f. UStAE.

unentgeltlichen Wertabgabe als sonstige Leistung, wenn unter Einsatz von Arbeitskräften des Unternehmens Dienstleistungen/Werkleistungen für den privaten Bereich erbracht werden.

Beispiel

Dachdecker D lässt durch seine Arbeitnehmer Ausbesserungen des Daches seines privat bewohnten Einfamilienhauses vornehmen. Es liegt eine nach § 3 Abs. 9a Nr. 2 UStG zu besteuernde sonstige Leistung vor. In die Bemessungsgrundlage gehen die anteiligen Lohnkosten aus oben genannten Gründen (teleologische Reduktion – s. Rn. 199 ff.) entgegen der wohl h. M. nicht ein. Lediglich sofern für die Ausbesserung des Daches Gegenstände des Unternehmens verwendet wurden, die von der Umsatzsteuer entlastet gewesen sind, kommt eine Korrektur dieses insoweit unberechtigten Vorsteuerabzugs in Betracht.

B. Gegenstandsentnahme für außerunternehmerische Zwecke

§ **Fall 20: Bau eines Hauses für die Tochter/Entnahme eines fertigen Werkes** 203

Bauunternehmer B (Unternehmenssitz Nürnberg) errichtet auf einem nicht zum Unternehmen gehörenden privaten Grundstück in Köln ein Einfamilienhaus für seine Tochter. Er verwendet Material, das er für 100.000 € zzgl. 19.000 € USt eingekauft hatte. Die Lohnkosten einschließlich Gemeinkosten betragen 200.000 €. Seine eigene Mitarbeit ist mit 50.000 € zu veranschlagen. Der Gewinnaufschlag beträgt 20 %, sodass er von einem fremden Dritten 350.000 € + 70.000 € = 420.000 € zzgl. USt verlangt hätte.
Wie ist der Vorgang umsatzsteuerlich zu würdigen?

I. B erbringt an seine Tochter eine Werklieferung (§ 3 Abs. 4 S. 2 UStG), die aber unentgeltlich erfolgt. Da B nicht zur Erzielung von Einnahmen handelt (vgl. § 2 Abs. 1 S. 2 UStG), erfolgt die Werklieferung für Zwecke außerhalb des Unternehmens. 204
Es könnte jedoch eine gemäß § 3 Abs. 1b Nr. 1 i. V. m. § 1 Abs. 1 Nr. 1 UStG als entgeltliche Lieferung zu besteuernde Gegenstandsentnahme vorliegen. Gegenstand ist alles, was i. S. d. § 3 Abs. 1 UStG geliefert werden oder was Gegenstand einer Werklieferung nach § 3 Abs. 4 UStG sein kann. Wird zu unternehmensfremden Zwecken eine Lieferung (Werklieferung) unentgeltlich erbracht, so wird der Gegenstand, bei der Werklieferung das fertige Werk, dem Unternehmen entnommen. Für die Besteuerung maßgebend ist dabei allein die aus dem Unternehmen erfolgende Wertabgabe. Der Tatbestand des § 3 Abs. 1b Nr. 1 UStG ist bei einer Entnahme für den privaten Bedarf des Unternehmers erfüllt, wobei dies auch dann gegeben ist, wenn der Entnahmegegenstand vom Unternehmer als Privatperson einem Dritten aus unternehmensfremden Gründen zugewendet wird. Eine Gegenstandsentnahme liegt nur vor, wenn der Gegenstand das Unternehmen endgültig verlassen soll. Wird ein Gegenstand des Unternehmens hingegen nur vorübergehend für unternehmensfremde Zwecke verwendet, handelt es sich um eine unentgeltliche Wertabgabe, die nach § 3 Abs. 9a Nr. 1 UStG als sonstige Leistung zu besteuern ist. Hier liegt eine Gegenstandsentnahme vor.

1. Wird von einem Unternehmer ein Gegenstand für seinen privaten eigenen Bedarf oder als Geschenk für einen Dritten hergestellt, ist allerdings wie folgt zu differenzieren, wenn der Unternehmer auch eigenes Material verwendet:
   Wird Material verwendet, das der Unternehmer bereits früher bezogen hat und dem Unternehmen zuordnete, so liegt eine einheitlich zu beurteilende Entnahme des fertigen Werkes vor, in die sowohl die Materialentnahme, die Verwendung von Arbeitsgeräten und der Einsatz der Arbeitskräfte eingeht. Anders ist

zu entscheiden, wenn der Unternehmer bei Erwerb des gesamten Materials bereits weiß, dass er dieses nur für die privaten Zwecke des Hausbaues für die Tochter verwenden wird. Der Materialerwerb erfolgt dann nicht für das Unternehmen, sodass kein Vorsteuerabzugsrecht besteht. Eine wahlweise Zuordnung zum Unternehmen ist nicht möglich. Da dann keine Hauptstoffe des Unternehmens verwendet werden, liegt keine Gegenstandsentnahme nach § 3 Abs. 1b Nr. 1, Abs. 4 UStG vor. Vielmehr stellen dann die Verwendung der Arbeitsgeräte und der Einsatz der Arbeitskräfte je eine selbstständige unentgeltliche Wertabgabe nach § 3 Abs. 9a Nr. 1 UStG (Verwendung von Unternehmensgegenständen – Arbeitsgeräte) und § 3 Abs. 9a Nr. 2 UStG (Erbringung einer anderen sonstigen Leistung) dar. Werden daneben noch einzelne dem Unternehmen früher zugeordnete Materialien entnommen, liegt insoweit eine Gegenstandsentnahme nach § 3 Abs. 1b Nr. 1 UStG vor.[635]

2. Im Ergebnis ist es letztlich gleichgültig, wie der Ablauf und die Zuordnungsentscheidung sind. Die Kosten der Verwendung der Arbeitsgeräte und die Lohnkosten gehen immer in die Bemessungsgrundlage nach § 10 Abs. 4 Nr. 1 oder Nr. 2 und 3 UStG ein. Die Materialkosten nur dann, wenn das Material für das Unternehmen erworben wurde. Dann gleicht allerdings der Vorsteuerabzug die Belastung durch die Besteuerung der unentgeltlichen Wertabgabe aus.

II. Die fiktive Werklieferung gegen Entgelt nach § 3 Abs. 1b Nr. 1 durch Errichtung des EFH für die Tochter wurde im Ausgangsfall nach § 3 Abs. 7 Satz 1 in Köln, mithin im Inland ausgeführt und ist steuerbar.

III. Auf die fiktiven entgeltlichen Lieferungen nach § 3 Abs. 1b UStG sind auch die Befreiungsvorschriften anwendbar.
Die Gegenstandsentnahme des Einfamilienhauses ist nicht nach § 4 Nr. 9 Buchst. a UStG befreit. Im vorliegenden Fall wird kein Grundstück (bebaut oder unbebaut) entnommen, sondern lediglich das fertig gestellte Gebäude. Die Entnahme ist daher steuerpflichtig. Der Steuersatz beträgt 19 % (§ 12 Abs. 1 UStG).

Entnimmt der Unternehmer ein (unbebautes oder auch bebautes) Grundstück seinem Unternehmen für eigene private Zwecke, so fällt der Vorgang nicht unter § 1 des Grunderwerbsteuergesetzes, denn es fehlt an einem Eigentumswechsel. Eine Lieferung an einen Dritten wäre allerdings grunderwerbsteuerbar. Strittig ist, ob deshalb auch bei der unentgeltlichen Wertabgabe nach § 3 Abs. 1b Nr. 1 UStG für den eigenen privaten Bedarf von einer Befreiung nach § 4 Nr. 9 Buchst. a UStG auszugehen ist. Das wurde für die Eigenverbrauchsbesteuerung schon früher bejaht[636] und wird auch für die unentgeltliche Wertabgabe nach § 3 Abs. 1b UStG wieder von der Finanzverwaltung vertreten.[637] Die entsprechende Anwendung von § 4 Nr. 9 Buchst. a UStG[638] folgt aus dem Gebot einer richtlinienkonformen Auslegung, denn Art. 26 MwStSystRL fingiert die Entnahme als eine entgeltliche Lieferung.

IV. Die **Bemessungsgrundlage** für die Gegenstandsentnahme nach § 3 Abs. 1b Nr. 1 UStG ergibt sich aus § 10 Abs. 4 Nr. 1 UStG. Danach ist der **Einkaufspreis** einschließlich Nebenkosten oder in Ermangelung eines solchen der **Selbstkostenpreis** anzusetzen. Der Ansatz der Selbstkosten kommt nur in Betracht, wenn am Markt keine Einkaufspreise für gleichartige Gegenstände bestehen.[639] Maßgebend sind die Preisverhältnisse im Zeitpunkt der Entnahme. Der fiktive Einkaufspreis ergibt sich aus dem Wiederbeschaffungspreis auf der Handelsstufe des Unternehmers. Sowohl der Ansatz eines Gewinnaufschlags als auch der Ansatz kalkulatorischer Kosten, z. B. Unternehmerlohn, sind ausgeschlossen.

635 Vgl. BFH v. 21.04.1988 – V R 135/83, BStBl. II 1988, 746.
636 Vgl. Abschn. 71 Abs. 2 UStR 2000; BFH v. 16.09.1987 – X R 51/81, BStBl. II 1988, 205; RFH RStBl. 1942, 51.
637 BMF, Abschn. 4.9.1. UStAE.
638 Stadie, UStR, 2005, Rz. 10.102; Klenk, UR 2004, 145 (149); Birkenfeld, UR 2004, 265 (270 f.).
639 Vgl. BFH v. 4.9.2024 – XI R 15/24 (XI R 17/20), UR 2025, 12 (zur unentgeltlichen Lieferung von anfallender Wärme); BFH v. 12.12.2012 – XI R 3/10, BStBl. II 2014, 809 (Entnahme von Strom und Wärme durch Betreiber eines Blockheizkraftwerkes in einem Einfamilienhaus); Abschn.10.6. Abs. 1 UStAE.

Als Bemessungsgrundlage sind mithin nach § 10 Abs. 4 Nr. 1 UStG mangels eines Einkaufspreises die Selbstkosten von 100.000 € Material und 200.000 € Lohnkosten = 300.000 € anzusetzen, sodass sich bei einem Steuersatz von 19 % eine Steuerschuld von 57.000 € ergibt. Nicht zur Bemessungsgrundlage gehört ein Gewinnaufschlag und der Wert der eigenen Arbeitsleistung.

V. Die Vorsteuer aus der Anschaffung der Materialien ist nach § 15 Abs. 1 UStG abziehbar. Denn die Leistung erfolgte für das Unternehmen, wenn der Unternehmer bei Bezug eine entsprechende Zuordnungsentscheidung getroffen hat und nicht bereits die Verwendung für den privaten Hausbau vorgesehen war.

C. Gegenstandsverwendung und Leistungsentnahme

I. § 3 Abs. 9a Nr. 1 UStG stellt die Verwendung eines dem Unternehmen zugeordneten Gegenstandes für außerunternehmerische (private) Zwecke einer entgeltlich erbrachten sonstigen Leistung gleich. Es muss sich dabei um einen dem Unternehmen zugeordneten Gegenstand handeln. Außerdem muss bzgl. dieses Gegenstandes ein (vollständiges oder partielles) Vorsteuerabzugsrecht bestanden haben. Der Gegenstandsbegriff ist hier wie in § 3 Abs. 1 UStG zu verstehen. Es muss sich um eine körperliche Sache handeln, die auch Liefergegenstand sein könnte. 205

Der Gegenstand muss dem Unternehmen zugeordnet worden sein. Bei **gemischt genutzten Gegenständen,** d. h. teils für das Unternehmen, teils für außerunternehmerische (dem privaten Bedarf dienende) Zwecke genutzten Gegenständen, soll nach h. M. ein **Zuordnungswahlrecht des Unternehmers** (s. Rn. 361 ff.) bestehen. Er soll den Gegenstand bei Erwerb voll dem Unternehmen zuordnen können. Dann steht ihm vorbehaltlich § 15 Abs. 2 UStG (Verwendung zu steuerfreien Umsätzen) auch der volle Vorsteuerabzug zu. Die private Nutzung wird dann zum Ausgleich nach § 3 Abs. 9a Nr. 1 UStG besteuert. Er soll allerdings den Gegenstand auch nur insoweit dem Unternehmen zuordnen können, als er ihn für das Unternehmen verwendet. Dann scheidet bzgl. des auf die private (außerunternehmerische) Verwendung fallenden Anteils ein Vorsteuerabzug nach § 15 Abs. 1 UStG aus, weil kein Erwerb für das Unternehmen vorliegt. Insoweit liegt dann in der privaten Verwendung auch keine Verwendung eines dem Unternehmen zugeordneten Gegenstandes, sodass eine Besteuerung nach § 3 Abs. 9a Nr. 1 UStG ausscheidet.

Bei einer in Anspruch genommenen Leistung, welche einen Zusammenhang sowohl mit dem unternehmerischen Bereich als auch dem privaten Bereich aufweist, bedarf es einer zuordnenden Entscheidung, für welchen Bereich die Leistung bezogen wurde. Für den Fall, dass die bezogene Leistung wirtschaftlich teilbar ist, enthält § 15 Abs. 1 UStG keine Regelung.[640] Allerdings soll die Umsatzsteuer als materielle Verbrauchsteuer[641] nur den Endverbrauch, nicht aber den unternehmerischen (Zwischen-)Verbrauch erfassen. Damit ergäbe sich aus dem Gesetzesziel ein Aufteilungsgebot. Unbestritten ist dies, sofern die Leistung real teilbar ist oder wenn bei Geltendmachung des § 15 UStG der anteilige unternehmerische Gebrauch aufgrund eines Verbrauchs des Gegenstandes im Moment der Geltend- 206

640 Insbesondere wird nicht die Formulierung „soweit" die Leistung „für Zwecke (der) besteuerten Umsätze verwendet wird" wie in Art. 17 Abs. 2 der 6.EG-RL verwandt.

641 Söhn StuW 1975, 1 ff., Tehler UVR 1992, 231; Tipke DStR 1983, 595; Stadie, UStR, Rz. 1.13; a. A.: Weiss UR 1987, 258; Achatz USt u. SchE, S. 23.

machung des Vorsteuervergütungsanspruches feststeht.[642] Soweit ein Gegenstand lediglich unterschiedlich genutzt wird, kommt eine Aufteilbarkeit aufgrund der nicht prognostizierbaren und wandelbaren Nutzungsverhältnisse dagegen richtigerweise nicht in Betracht. Eine von einem Unternehmer angegebene Aufteilung nach einem festen Prozentsatz stellt insoweit eine reine Spekulation dar und ist für die Frage der Zuordnung untauglich. Daraus folgt aber, dass richtigerweise nur eine Entweder-oder-Betrachtung vorgenommen werden kann.[643] Im Gegensatz dazu geht die h. M.[644] von einem Zuordnungswahlrecht des Unternehmers aus. Dieser kann den Gegenstand entweder voll dem Unternehmen, voll der Privatsphäre oder entsprechend dessen eigener Prognose anteilig dem Unternehmen zuordnen.

207 Diese h. M. ist nur vor dem Hintergrund verständlich, dass eine spätere Einlage eines zunächst privat erworbenen und genutzten Gegenstandes nicht möglich sein soll. Bei nicht vorhersehbaren Nutzungsanteilen kann eine Neutralisierung der Umsatzsteuerbelastung dann nur über eine vollständige Zuordnung und anschließender Entnahmebesteuerung erreicht werden. Würde hingegen eine Einlagenentsteuerung (eine analoge Anwendung von § 15a UStG würde dies erlauben) zugelassen werden, könnte der Unsinn eines derartigen Zuordnungswahlrechts guten Gewissens aufgegeben werden.

Beispiel

Der Unternehmer erwirbt einen Pkw für 50.000 € zzgl. 9.500 € USt, den er zu 40 % privat und zu 60 % unternehmerisch nutzt. Er hat a) die Wahl, den Pkw voll dem Unternehmen zuzuordnen und kann dann die vollen 9.500 € nach § 15 Abs. 1 UStG als VoSt abziehen. Dann ist allerdings die private Verwendung nach § 3 Abs. 9a Nr. 1 UStG zu versteuern. Er kann b) den Gegenstand nur zu 60 % dem Unternehmen zuordnen. Dann steht ihm auch nur ein Vorsteuerabzug von 60 % = 5.700 € zu. Es entfällt eine Besteuerung der privaten Nutzung nach § 3 Abs. 9a Nr. 1 UStG.

Ein – ohnehin verfehltes – Zuordnungswahlrecht kann sich nur auf Gegenstände beziehen, die dem Unternehmer geliefert werden und nicht auf solche, die lediglich zur Nutzung (z. B. Miete) überlassen wurden. Richtigerweise ist davon auszugehen, dass eine vom Dritten erbrachte sonstige Leistung, z. B. die Nutzungsüberlassung eines Gegenstandes, von vornherein nur z. T. für das Unternehmen erbracht wurde und nur insoweit ein Vorsteuerabzugsrecht besteht.[645]

Beispiel

Wie oben, aber das Fahrzeug wird nur gemietet. Die jährlichen Raten betragen 10.000 € zzgl. 1.900 € USt. Dann wird die Vermietungsleistung (s. Rn. 89) des Vermieters nur zu 60 % für das Unternehmen erbracht, sodass dem U lediglich ein Vorsteuerabzug von 1.140 € zusteht.[646]

---

642 Stadie, UStR, Rz. 15.45.

643 Soll ein Gegenstand mehrheitlich für das Unternehmen verwendet werden, so ist die Leistung für das Unternehmen erfolgt und eine Korrektur der nicht gebotenen USt-Entlastung erfolgt über das Instrument der Entnahmebesteuerung (Stadie, UStR, Rz. 15.50). Soll dagegen der Gegenstand überwiegend im privaten Bereich eingesetzt werden, so erfolgt die Leistung gerade nicht für das Unternehmen und eine Entlastung der dennoch erfolgten unternehmerischen Nutzung erfolgt über den Gedanken des § 15a UStG unter dem Gesichtspunkt der Nutzungseinlage (Stadie, UStR, Rz. 16.101 ff.), allerdings verneint die ganz h. M. zu Unrecht und weitestgehend ohne Begründung bislang die Anerkennung eines nachträglichen Vorsteuerabzuges durch eine nachträgliche anteilige Vorsteuervergütung.

644 BFH v. 24.7.2003 – V R 39/99, BStBl II 2004, 371; BFH v. 31.1.2002 – V R 61/96, BStBl. II 2003, 813; EuGH v. 8.5.2003 – C-269/00, UR 2003, 288, kritisch dazu Dziadkowski IStR 2004, 339 (341).

645 So jetzt auch ausdrücklich BFH v. 14.10.2015 – V R 10/14, BStBl. II 2016, 717 (Vermietung eines Gebäudes); s. auch BFH v. 14.04.1994 – V R 94/91, BFH/NV 1995, 452 (Miete einer Telefonanlage, die sowohl unternehmerisch als auch privat genutzt wird); wie hier auch Lippross, USt, Kap. 2.6.7.1.a (S. 406); so jetzt auch BMF, Abschn. 15.2c. Abs. 2 S. 2 und 15.23. Abs. 7 UStAE (Aufteilungsgebot).

646 S. auch EuGH v. 16.02.2012 – C-118/11 (Eon Aset), UR 2012, 230 (Zuordnungswahlrecht nur bei Lieferung aufgrund Finanzierungsleasing).

Das auf der Rspr. des EuGH beruhende Zuordnungswahlrecht für gemischt verwendete Gegenstände kann wegen des sofortigen vollen Vorsteuerabzugs bei vollständiger Zuordnung des Gegenstandes zu erheblichen Liquiditätsvorteilen führen. Denn die nachfolgende Besteuerung der Gegenstandsverwendung für den privaten Bedarf und allgemein für unternehmensfremde Zwecke nach § 3 Abs. 9a Nr. 1 UStG, Art. 26 Abs. 1 Buchst. a MwStSystRL führt nur zu einer den Liquiditätsvorteil nicht ausgleichenden zeitlich sukzessiv nachfolgenden „Rückgängigmachung" des Vorsteuerabzugs. 208

Der EuGH hat allerdings seine (verfehlte) Rspr. zum Zuordnungswahlrecht erheblich eingeschränkt. Er unterscheidet nunmehr (sog. Sphärentheorie) zwischen einer **Verwendung/Entnahme für den privaten Bedarf** des Unternehmers oder seiner Arbeitnehmer und einer vergleichbaren **Verwendung für „unternehmensfremde Zwecke"** einerseits und einer **Verwendung für eine (nicht völlig unternehmensfremde) nicht wirtschaftliche Tätigkeit** andererseits. Letztere führt zwar ebenfalls zu nicht in den Rahmen des Unternehmens fallenden Vorgängen, ist aber nicht nach Art. 26, 16 MwStSystRL (= § 3 Abs. 1b, Abs. 9a Nr. 1 UStG) zu besteuern. Da die Verwendung für solche nicht wirtschaftlichen Tätigkeiten nicht zu Umsätzen führt, die als Umsätze gegen Entgelt zu behandeln sind, ist dafür nach Art. 168 f MwStSystRL auch **kein Vorsteuerabzugsrecht** gegeben.

Bei einer **gemischten teilunternehmerischen Nutzung** für einerseits im Rahmen des Unternehmens erfolgende entgeltliche Umsätze = **wirtschaftliche Tätigkeit** und andererseits für eine außerhalb des Rahmens des Unternehmens erfolgende **nicht wirtschaftliche Tätigkeit** als Nichtunternehmer/Nichtsteuerpflichtiger muss daher **zwingend eine Vorsteueraufteilung** bereits bei Erwerb eines solchen Gegenstandes erfolgen. **Anders** als für die private und eine vergleichbare **unternehmensfremde Verwendung** besteht hier keine Möglichkeit, durch vollständige Zuordnung zur unternehmerischen, gegen Entgelt erfolgenden wirtschaftlichen Tätigkeit den vollen Vorsteuerabzug zu erlangen.

Der EuGH hat eine solche nicht i. S. d. Art. 16, 26 MwStSystRL „unternehmensfremden Zwecken" dienende nicht wirtschaftliche Tätigkeit bei einem **Verein** hinsichtlich der reinen Vereinstätigkeit angenommen.[647] Eine solche nicht wirtschaftliche Tätigkeit liegt aber auch bei **juristischen Personen des öffentlichen Rechtes** hinsichtlich des **hoheitlichen Bereiches** vor. Auch bei natürlichen Personen und Gesellschaften als Unternehmer ist ein solcher nicht wirtschaftlicher, aber nicht dem privaten Bedarf dienender Tätigkeitsbereich denkbar. Dazu gehört etwa das Halten von Beteiligungen.[648] Der BFH und die Verwaltung folgen dieser Unterscheidung.[649] Eine unter **§ 3 Abs. 9a Nr. 1 UStG** fallende Gegenstandsverwendung – und ebenso eine Entnahme/unentgeltliche Zuwendung nach **§ 3 Abs. 1a UStG** – kommt daher nur bei **Verwendung**/Entnahme/unentgeltlicher Zuwendung **für den privaten Bedarf des Unternehmers oder seines Personals** oder vergleichbare Zwecke in Betracht, z. B. Verwendung für den privaten Bedarf von Vereinsmitgliedern, ehrenamtlichen Vorstandsmitgliedern usw.

---

647 So EuGH v. 12.02.2009 – C-515/07 (VNLTO), Slg. 2009, I-839 = UR 2009, 199.

648 Vgl. EuGH v. 13.03.2008 – C-437/06 (Securenta), Slg. 2008, I-1597, und v. 29.10.2009 – C-29/08 (SKF), Slg. 2009, I-10413.

649 Vgl. BFH v. 03.03.2011 – V R 23/10, BStBl. II 2012, 74; v. 07.07.2011 – V R 42/09 und V R 21/10, BStBl. II 2014, 76 und 81; v. 12.01.2011 – XI R 10/08, BFH/NV 2011, 860.

Beispiel

a) Der Verein V erwirbt einen Pkw für 40.000 € zzgl. 7.600 €. Der Pkw wird zu 50 % für Vereinszwecke, zu 25 % für unternehmerische Zwecke und zu 25 % für private Zwecke des (angestellten oder ehrenamtlich tätigen) Vorstandsmitgliedes genutzt. Hinsichtlich der Nutzung für Vereinszwecke erfolgt eine Verwendung für eine nicht den Vorsteuerabzug eröffnende wirtschaftliche Tätigkeit. Hinsichtlich der Verwendung für die private Nutzung durch das Vorstandsmitglied liegt, bei insoweit wahlweiser Zuordnung des Pkw zum Unternehmen, eine nach § 3 Abs. 9a Nr. 1 UStG zu besteuernde Verwendung für Zwecke des Personals (falls Angestellter), bzw. (falls ehrenamtlich tätig) für vergleichbare außerhalb des Unternehmens liegende (private, unternehmensfremde) Zwecke vor. Bei Zuordnung zum Unternehmen steht dem Verein mithin ein Vorsteuerabzug (nur) zu 50 % zu.

b) Es handelt sich um eine (auch) unternehmerisch tätige Kapitalgesellschaft. Der Pkw wird zu 50 % für das Unternehmen, zu 25 % für private Zwecke des Alleingesellschafters und zu 25 % für die Beteiligungsverwaltung genutzt. Ein Vorsteuerabzug ist (nur) zu 75 % möglich, wenn der Pkw auch bezüglich der (privaten unternehmensfremden) Nutzung durch den Alleingesellschafter dem Unternehmen zugeordnet wird. Insoweit hat dann eine (ausgleichende) Besteuerung nach § 3 Abs. 9a Nr. 1 UStG zu erfolgen.

209 II. Auch mit dieser Begrenzung eröffnete die Möglichkeit der Erlangung des vollen Vorsteuerabzugs bei gemischter Verwendung eines Gegenstandes für Zwecke des Unternehmens und für (unternehmensfremde, private) außerhalb des Unternehmens liegende Zwecke noch erhebliche Liquiditätsvorteile, namentlich bei (auch) für (private) Wohnzwecke genutzten **Grundstücken**. Durch das JStG 2010 wurde daher in **§ 15 Abs. 1b UStG** für die Lieferung/den Erwerb von Grundstücken (einschließlich darauf errichteter Gebäude) der Vorsteuerabzug ausgeschlossen, soweit diese nicht auf die Verwendung des Grundstückes/Gebäudes für unternehmerische Zwecke, d. h. für die Ausführung entgeltlicher Umsätze, entfällt. Korrespondierend dazu bestimmt **§ 3 Abs. 9a Nr. 1 Hs. 2 UStG** nunmehr, dass die private Verwendung eines solchen Grundstückes nicht (mehr) zu besteuern ist (s. Rn. 366 f.). Die unionsrechtliche Rechtsgrundlage bildet **Art. 168a MwStSystRL.**[650]

210 III. Die Gegenstandsverwendung ist nur steuerbar, wenn hinsichtlich des Gegenstandes selbst ein zumindest partielles Vorsteuerabzugsrecht bestand. Anders als zu § 3 Abs. 1b UStG scheidet eine Besteuerung nach § 3 Abs. 9a Nr. 1 UStG auch dann aus, wenn bzgl. nachträglich eingebauter Bestandteile oder für Erhaltungsaufwand ein Vorsteuerabzugsrecht besteht. Das ist wenig konsequent, entspricht aber den Vorgaben aus Art. 26 Abs. 1 Buchst. a MwStSystRL.[651] Besteht umgekehrt für den Gegenstand ein Vorsteuerabzugsrecht, fallen aber im Zusammenhang mit der Unterhaltung des Gegenstandes Aufwendungen an, für die kein Vorsteuerabzug möglich ist, sind diese „Ausgaben" nach § 10 Abs. 4 Nr. 2 UStG nicht in die Bemessungsgrundlage mit aufzunehmen. Damit wird der Rspr. des EuGH (s. Rn. 201) Rechnung getragen.

Daher sind z. B. Kfz-Steuern (öffentliche Abgabe), Versicherungsprämien, Garagenmiete (steuerfreie Leistungen) nicht in die Bemessungsgrundlage einzubeziehen.[652]

211 VI. **§ 3 Abs. 9a Nr. 2 UStG** erfasst **die Erbringung anderer sonstiger Leistungen** (andere als Gegenstandsverwendung) durch den Unternehmer **für außerunternehmerische Zwecke.** Damit werden dem Wortlaut nach alle **sonstigen Leistungsabgaben** aus dem Unternehmen **für außerunternehmerische** (unternehmensfremde, private) **Zwecke** erfasst. Dies betrifft insbesondere jede Art von Dienst- und Werk-

650 JStG v. 08.12.2010, BGBl. I 2010, 1768 und Art. 168a MwStSystRL eingefügt aufgrund der RL/2009/162/EU v. 22.12.2009, Abl. EU 2010, Nr. L 10, 14; vgl. dazu Reiß UR 2010, 797.

651 A.A. Lippross, USt, Kap. 2.6.7.1.c (S. 409) – nach § 3 Abs. 9a Nr. 1 steuerbare Verwendung (nur) des eingefügten Bestandteils, obwohl nun kein selbstständiger Gegenstand mehr.

652 So auch BMF, Abschn. 10.6. Abs. 3 UStAE.

leistungen. Dieser sehr weite Ansatz bedarf aber – entgegen der wohl h. M. – einer teleologischen Reduktion. Wenn der Unternehmer die Dienstleistung statt durch einen Angestellten auch selbst erbringen könnte, würde mangels Kosten (Ausgaben iSv. § 10 Abs. 4 Nr. 3 UStG) nämlich keine Besteuerung eintreten. Hintergrund ist letztendlich die Tatsache, dass auch § 3 Abs. 9a Nr. 2 UStG (wie auch Art. 26 MwStSystRL) nur einen unberechtigten Vorsteuerabzug eines Unternehmers neutralisieren will und den Unternehmer nicht schlechter als eine Privatperson behandeln will, die sich dieselbe Leistung selbst erbringen könnte (der angestellte RA, der sich in eigener Sache vertritt, wird auch nicht mit Umsatzsteuer belastet).[653]

Beispiel

Der Unternehmer lässt durch eigene Arbeitnehmer seines Handwerksbetriebs in seinem Privathaus eine Reparatur durchführen, bei der vorsteuerentlastete Materialien aus dem Unternehmen verwendet werden. Unabhängig davon, ob dieser Vorgang nun als Werklieferung oder Werkleistung einzustufen ist (zur Abgrenzung s. Rn. 103 ff.) darf nur die Entnahme der Gegenstände nach § 3 Abs. 1b Satz 1 Nr. 1 besteuert werden, da hinsichtlich der Arbeitsleistung kein Vorsteuerabzug zu neutralisieren ist. [654]

V. Die **Befreiungsvorschriften** des § 4 UStG sind prinzipiell auch auf die unentgeltlichen Wertabgaben nach § 3 Abs. 9a UStG anzuwenden. Fraglich kann dies nur dort sein, wo nach dem Wortlaut der Befreiungsvorschrift die Leistung bereits als entgeltlich gekennzeichnet ist. Dies trifft für die wichtige Befreiungsvorschrift des § 4 Nr. 12 Buchst. a UStG zu. Die dort befreite Vermietung oder Verpachtung von Grundstücken nimmt dem Wortlaut nach Bezug auf eine Nutzungsüberlassung gegen Entgelt, nämlich Miet- oder Pachtentgelt. Aus der von § 3 Abs. 1b und Abs. 9a UStG in Übereinstimmung mit Art. 16 und Art. 26 MwStSystRL angeordneten Gleichbehandlung unentgeltlicher Wertabgaben mit entgeltlichen Umsätzen sollte man eigentlich folgern müssen, dass dies auch für die Befreiungsvorschriften gilt. 212

Beispiel

Steuerberater S ließ für 1.000.000 € zzgl. 190.000 € USt ein Gebäude errichten. Dieses wird seit Fertigstellung zu 50 % für private Wohnzwecke und zu 50 % für seine Kanzlei genutzt. Er begehrte den vollen Vorsteuerabzug, weil er das Gebäude seinem Unternehmen zuordnete. Die private Verwendung will er nach § 3 Abs. 9a Nr. 1 UStG versteuern. Die Befreiungsvorschrift nach § 4 Nr. 12 Buchst. a UStG sei nicht anwendbar. Nach Art. 135 Abs. 1 Buchst. l MwStSystRL sei nur die Vermietung und Verpachtung von Grundstücken befreit. Er vermiete aber nicht an sich selbst. Der Bauantrag wurde erst nach dem 01.01.2011 gestellt (§ 27 Abs. 16 UStG).

Das Grundstück inklusive Gebäude konnte in vollem Umfange dem Unternehmen zugeordnet werden. Die (Werk-)Lieferung des Gebäudes wird dann vollständig für das Unternehmen ausgeführt, sodass nach § 15 Abs. 1 Nr. 1 UStG der Vorsteuerabzug auch bezüglich des zu Wohnzwecken genutzten Teiles besteht. Die private Nutzung ist dann nach § 3 Abs. 9a Nr. 1 UStG a. F. steuerbar. Nach an sich zutreffender früherer deutscher Auffassung[655] war der nach § 3 Abs. 9a Nr. 1 UStG steuerbare Umsatz allerdings als Vermietungsumsatz steuerfrei nach § 4 Nr. 12 Buchst. a UStG zu behandeln. Daher wäre der Vorsteuerabzug nach § 15 Abs. 4, Abs. 2 UStG nur zu 50 %, also mit 95.000 € zulässig. Der EuGH hat freilich entgegengesetzt entschieden.[656] Die private Verwendung sei mangels Entgeltes keine Vermietung und daher nicht befreit. Dem S ist mithin der volle Vorsteuerabzug zu gewähren und er hat die private Nutzung als steuerpflichtige sonstige Leistung zu versteuern (zur

653 Siehe dazu ausführlich Stadie, UStR, Rz. 4.37 ff.

654 Anders wohl BFH v. 18.05.1993 – V R 134/89, BStBl. II 1993, 885.

655 BFH v. 10.02.1994 – V R 33/92, BStBl. II 1994, 668; so auch damals noch Abschn. 24c Abs. 7 UStR 2000.

656 EuGH v. 08.05.2003 – C-269/00 (Seeling), Slg. 2003, I-4101 = BStBl. II 2004, 371; bestätigt durch Urt. v. 14.07.2005 – C-434/03 (Charles und Charles-Tijmens), Slg. 2005, I-7037; s. auch ; BFH v. 24.07.2003 – V R 39/99, BStBl. II 2004, 371 (endgültige Entscheidung Seeling).

Kritik s. Rn. 366). Aufgrund der Neufassung von § 3 Abs. 9a Nr. 1 Hs. 2 und § 15 Abs. 1b UStG, steht dem S lediglich zu 50 % für die unternehmerische Verwendung des Gebäudes als Kanzlei der Vorsteuerabzug in Höhe von 95.000 € zu. Die Nutzung für private Wohnzwecke ist nach § 3 Abs. 9a Nr. 1 Hs. 2 UStG nicht (mehr) steuerbar. Der Vorsteuerabzug ist insoweit nach § 15 Abs. 1b UStG auch bei einer vollständigen Zuordnung zum Unternehmen ausgeschlossen.

213 VI. **Bemessungsgrundlage** für die sonstigen Leistungen nach § 3 Abs. 9a Nr. 1 und 2 UStG sind nach § 10 Abs. 4 Nr. 2 und 3 UStG die bei der Ausführung entstandenen Ausgaben. Dazu gehören nicht nur die **variablen Kosten**, die allein durch die private Leistungsabgabe verursacht wurden (z. B. Treibstoffverbrauch), sondern auch die **fixen Kosten** entsprechend dem Anteil der außerunternehmerischen Nutzung bzw. Leistungsabgabe. Einzubeziehen sind auch die Anschaffungs- und Herstellungskosten des verwendeten Gegenstandes. Diese sind gleichmäßig auf einen Zeitraum zu verteilen, der dem für diesen Gegenstand maßgeblichen Berichtigungszeitraum für Vorsteuerkorrekturen nach § 15a UStG entspricht, z. B. für Gebäude zehn Jahre. Nicht (mehr) maßgeblich ist die für ertragsteuerliche Abschreibungen zugrunde gelegte Nutzungsdauer.[657] Der Ausgabenbegriff ist derselbe für die Gegenstandsverwendung nach § 3 Abs. 9a Nr. 1 UStG und die allgemeine Leistungsabgabe nach § 3 Abs. 9a Nr. 2 UStG. Richtigerweise sind bei § 3 Abs. 9a Nr. 2 UStG Lohnkosten (ohne Vorsteuerabzug) nicht in die Bemessungsgrundlage mit einzubeziehen (teleologische Reduktion – s. Rn. 199).

D. Unentgeltliche Wertabgaben an Arbeitnehmer

214 § **Fall 21: Pkw-Überlassung an den Geschäftsführer**

G ist als Geschäftsführer bei der X-Möbel GmbH angestellt. Nach dem Anstellungsvertrag ist er berechtigt, den Firmenwagen „unentgeltlich" auch für Privatfahrten und zu Fahrten zwischen Wohnung und Betrieb zu nutzen. Darüber hinaus benutzte G an zwei Tagen einen Lieferwagen der Firma, um Möbel für den Umzug seiner Tochter zu transportieren. Dies war im Arbeitsvertrag nicht vorgesehen. Mit Zustimmung der Gesellschafter braucht er auch hierfür nichts zu zahlen.

Liegen steuerbare Umsätze vor?

215 I. In Übereinstimmung mit Art. 16 und 26 MwStSystRL werden unentgeltliche Gegenstandszuwendungen an Arbeitnehmer **(Entnahmen für den Bedarf des Personals)** nach **§ 3 Abs. 1b Nr. 2 UStG** Lieferungen gegen Entgelt, hingegen die **Gegenstandsverwendung nach § 3 Abs. 9a Nr. 1 UStG** und **andere Leistungsabgaben** an Arbeitnehmer **nach § 3 Abs. 9a Nr. 2 UStG** sonstigen Leistungen gegen Entgelt gleichgestellt. Mit Ausnahme der Herausnahme der Besteuerung von **Aufmerksamkeiten** werden unentgeltliche Wertabgaben für den privaten Bedarf des Arbeitnehmers und unentgeltliche Wertabgaben für außerunternehmerische Zwecke des Unternehmers vollständig gleichbehandelt. Die nur einem Unternehmer zustehende Entlastung durch Vorsteuerabzug wird zur Herstellung der Belastung für einen Endverbrauch durch die von § 3 Abs. 1b Nr. 2 und Abs. 9a Nr. 1 UStG angeordnete Besteuerung der unentgeltlichen Leistungsabgaben für den Bedarf des Personals wieder ausgeglichen (Stichwort: **Korrektur des Vorsteuerabzugs**). Dadurch

---

657 Zur Verfassungsgemäßheit und Richtlinienkonformität der Bemessungsgrundlage für unentgeltliche Wertabgaben nach § 10 Abs. 4 UStG s. BFH v. 12.08.2015, BStBl. II 2015, 1063 unter Berufung auf EuGH 14.09.2006 – C-72/05 (Wollny), Slg. 2006, I-8297 = BStBl. II 2007, 32 (zur Richtlinienkonformität).

erfolgt die erforderliche Gleichstellung zu anderen nicht unternehmerischen Endverbrauchern.[658]

II. Anders als bei den Wertabgaben für eigene private Zwecke des Unternehmers liegen den unentgeltlichen Wertabgaben an Arbeitnehmer allerdings tatsächlich Lieferungen oder sonstige Leistungen zugrunde. Denn hier ist eine zweite Person vorhanden. Außerdem werden die unentgeltlichen Leistungen an Arbeitnehmer aus der Sicht des Unternehmers an sich nicht für außerunternehmerische Zwecke erbracht. Daher ist es zutreffend, dass die Leistungen an Arbeitnehmer ausdrücklich als unentgeltlich gekennzeichnet werden und außerdem darauf abgestellt wird, dass sie für den (privaten) Bedarf des Personals erfolgen. Daraus ergibt sich bei Lieferungen und sonstigen Leistungen an Arbeitnehmer eine zweifache **Abgrenzungsproblematik:** 216

Erstens müssen die **unentgeltlichen** nach § 3 Abs. 1b Nr. 2 und Abs. 9a Nr. 1 und 2 i. V. m. § 1 Abs. 1 Nr. 1 UStG zu besteuernden unentgeltlichen Wertabgaben an das Personal von Lieferungen und sonstigen Leistungen **unterschieden** werden, die an Arbeitnehmer **gegen tatsächliches Entgelt** erfolgen. Die Abgrenzung ist vor allem für die Bemessungsgrundlage von Bedeutung. Hier sind bei Leistungen gegen Entgelt § 10 Abs. 1 und Abs. 2 UStG anwendbar, während § 10 Abs. 4 UStG bei den unentgeltlichen Zuwendungen für den Bedarf des Personals Anwendung findet.

Zweitens kann bei fehlendem Entgelt zweifelhaft sein, ob überhaupt eine **Zuwendung**/(Sach-)Leistung **für den (privaten) Bedarf** der Arbeitnehmer/**des Personals** vorliegt oder ob der Unternehmer nicht zur Verfolgung anderer Zwecke handelt, die nicht unternehmensfremd sind. Im letzteren Fall scheidet eine Steuerbarkeit nach § 3 Abs. 1b Nr. 1 und 2 und Abs. 9a UStG aus. Beachte aber: Auch bei Leistungen an Arbeitnehmer, die (auch) im Interesse des Unternehmens liegen, bleibt es bei der Steuerbarkeit, wenn sie nicht unentgeltlich, sondern gegen (ggf. verbilligtes) Entgelt erfolgen.

Beispiel 1

Bei unternehmensinternen Arbeitssitzungen werden in den Räumen des Unternehmens (Kantine/Sitzungsraum) den von auswärts angereisten Arbeitnehmern Mahlzeiten (Sandwiches und kalte Gerichte) unentgeltlich serviert, um einen effizienten Arbeitsablauf zu ermöglichen. Nach der zutreffenden Auffassung des EuGH soll es unter solchen Umständen daran fehlen, dass die unentgeltliche Gewährung von Mahlzeiten an Arbeitnehmer auf die Befriedigung des privaten Bedarfs der Arbeitnehmer zielt.

Beispiel 2

Unternehmer U mietet zur Abstellung der Fahrzeuge seiner Angestellten in einem Parkhaus neben der Arbeitsstätte Parkplätze für mtl. 60 € zzgl. USt an. Die Angestellten, die die Parkplätze zur Abstellung ihrer Fahrzeuge nutzen, müssen sich an den Kosten zur Hälfte, d. h. mit 30 € (zzgl. USt) beteiligen. Mit der Zurverfügungstellung von Parkplätzen an seine Angestellten erbringt U nach § 1 Abs. 1 Nr. 1 steuerbare Leistungen gegen Entgelt, die nach § 4 Nr. 12 Satz 2 UStG nicht befreit sind.[659]

III. Unproblematisch ist die Abgrenzung, falls der Arbeitnehmer ein **sichtbares Entgelt** für eine Leistung des Arbeitgebers aufzuwenden hat, etwa wenn der Arbeitnehmer ein Produkt des Arbeitgebers kauft. Darüber hinausgehend bejahen Rspr. 217

658 Vgl. EuGH v. 11.12.2008 – C-371/07 (Danfoss/AstraZeneca), UR 2009, 60; v. 20.01.2005 – C-412/03 (Hotel Scandic Gasabäck), Slg. 2005, I-743; v. 16.10.1997 – C-258/95 (Fillibeck), Slg. 1997, I-5577; vgl. bereits BFH v. 11.03.1988 – V R 30/84 und v. 11.03.1988 – V R 114/83, BStBl. II 1988, 643 und 651.

659 Beispiele nach EuGH v. 11.12.2008 – C-371/07 (Danfoss/AstraZeneca), Slg. 2008, I-9573 = UR 2009, 60 und BFH v. 14.01.2016 – V R 63/14, BStBl. II 2016, 360.

und Verwaltung[660] aber zutreffend auch, dass bei ausdrücklicher oder konkludenter Vereinbarung im Arbeitsvertrag die **Arbeitsleistung des Arbeitnehmers** Entgelt für die Leistung des Arbeitgebers (= Sachlohn) an seinen Arbeitnehmer sein kann. Dann liegt ein **tauschähnlicher Umsatz** nach § 3 Abs. 12 UStG vor. Die Bemessungsgrundlage für die Leistung des Arbeitgebers bestimmt sich dann gemäß § 10 Abs. 2 S. 2 UStG nach dem **Wert der Arbeitsleistung**. Dieser muss allerdings geschätzt werden. Als Schätzung kann dabei von den Aufwendungen des Arbeitgebers für die Erbringung der Leistung ausgegangen werden, bei einer Sachzuwendung also vom Einkaufspreis oder den Herstellungskosten des Liefergegenstandes, bei Gegenstandsverwendung oder anderen sonstigen Leistungen von den dafür getätigten „Ausgaben" (Aufwendungen). Von einem tauschähnlichen Umsatz ist dann auszugehen, wenn die betreffenden Leistungen bereits im Arbeitsvertrag zugesagt sind.[661] Dies kann auch auf mündlichen Zusagen beruhen. Dann besteht eine Konnexität zwischen Arbeitsleistung einerseits und Sachzuwendungen sowie Barlohn andererseits. Den Sachzuwendungen steht ein Teil der Arbeitsleistung als Entgelt gegenüber. Handelt es sich hingegen um nicht vertraglich zugesagte spontane Zusatzleistungen, wird die Arbeitsleistung auch nicht anteilig für die Sachleistung erbracht.

Im vorliegenden Fall liegt daher bzgl. der Pkw-Überlassung ein entgeltlicher tauschähnlicher Umsatz nach § 1 Abs. 1 Nr. 1 i. V. m. § 3 Abs. 9, Abs. 12 UStG vor. Als Bemessungsgrundlage ist nach § 10 Abs. 2 S. 2 UStG der Wert der anteiligen Arbeitsleistung anzusetzen. Der Wert der Arbeitsleistung ist seinerseits mit den Ausgaben des Arbeitgebers für die **Pkw-Nutzung** durch den G für dessen private Fahrten einschließlich der Fahrten Wohnung/Arbeitsstätte anzusetzen. Hierbei sind auch **nicht mit VoSt belastete Aufwendungen** zu berücksichtigen, weil es sich um einen normalen entgeltlichen Umsatz handelt. Eine pauschale Kürzung um 20 % der Kosten kommt daher nicht in Betracht. Die Kosten können durch Aufzeichnungen anhand eines Fahrtenbuches nachgewiesen oder auch geschätzt werden. Aus Vereinfachungsgründen lässt die Finanzverwaltung auch den Ansatz lohnsteuerlicher Werte abzüglich USt als geschätzte Ausgaben zu. Für die Pkw-Überlassung können danach die sich aus § 8 Abs. 2 EStG ergebenden Werte angesetzt werden, d. h. 1 % Listenpreis/Monat zzgl. 0,03 % Listenpreis/Entfernungs-km/Monat.[662]

Beispiel

Pkw-Überlassung vom 01.01.01 bis 31.12.01 für private Fahrten und Fahrten Wohnung/Arbeitsstätte bei 10 Entfernungskilometern. Der Listenpreis beträgt (42.017 + 7.983 USt =) 50.000 €. Es ergibt sich eine Bemessungsgrundlage von (500 x 12) + (15 x 10 x 12) = 7.800 : 1,19 = 6.554,63 und eine USt von 1.245,37 €.

Hingegen erfolgte die nur kurzfristige Überlassung des Lieferwagens nicht gegen Entgelt in Gestalt einer anteiligen Arbeitsleistung. Es kann hier nicht davon ausgegangen werden, dass G einen Teil seiner Arbeitsleistung dafür konkret aufwendete. Es liegt aber eine Gegenstandsverwendung nach § 3 Abs. 9a Nr. 1 UStG für die privaten Zwecke des Arbeitnehmers G vor.

660 BFH v. 18.02.2016 – V R 23/15, BStBl. II 2016, 496 und v. 12.01.2011 – XI R 10/08, BFH/NV 2011, 860 (Wohnungsüberlassung); v. 31.07.2008 – V R 74/05, BFH/NV 2009, 226 (teilentgeltliche Pkw-Überlassung); v. 10.06.1999 – V R 104/98, BStBl. II 1999, 582; v. 16.12.1999 – V R 43/99, BFH/NV 2000, 994.

661 S. aber BFH v. 06.06.2019 – V R 18/18, DStR 2019, 2142 mit Anm. Heuermann (Übernahme von [Makler-]Leistungen für Wohnungswechsel des Arbeitnehmers – kein tauschähnlicher Umsatz, wenn Wohnungswechsel im Arbeitgeberinteresse erforderlich – hier konzerninterne Funktionsverlagerung).

662 Vgl. BFH v. 05.06.2014 – XI R 2/12, BStBl. II 2015, 785; v. 31.07.2008 – V R 74/05, BFH/NV 2009, 226 und BMF, Abschn. 15.23. Abs. 8 f. UStAE.

Als Bemessungsgrundlage sind hier nach § 10 Abs. 4 Nr. 2 UStG die Ausgaben für die Nutzung durch G anzusetzen. Diese umfassen die variablen und fixen Kosten. Auszuscheiden sind hier aber – im Unterschied zur Leistung gegen anteilige Arbeitsleistung als Entgelt – die nicht mit VoSt belasteten Kosten. Auch hier wird aus Vereinfachungsgründen der Ansatz lohnsteuerlicher Werte zugelassen. Erfolgt bei einer Fahrzeugüberlassung eine Ausgabenschätzung mit den lohnsteuerlichen Werten, sind diese zur Berücksichtigung des Abzugs nicht mit Vorsteuer belasteter Kosten pauschal um 20 % zu kürzen.

Beispiel

Wie oben, aber unentgeltliche Überlassung (nicht gegen Arbeitsleistung): Bemessungsgrundlage wäre dann 7.800 – (20 % v. 7.800 =) 1.560 = 6.240 : 1,19 = 5.243,70 €.

IV. Soweit bei Wertabgaben an Arbeitnehmer kein Entgelt vorliegt, auch nicht in Gestalt einer anteiligen Arbeitsleistung, setzt die Steuerbarkeit nach § 3 Abs. 1b Nr. 2 und Abs. 9a UStG voraus, dass die Leistungen für den **privaten Bedarf des Personals** erfolgen. Diese Voraussetzung bejaht der BFH sowohl für die kostenlose **Gestellung eines Fahrzeugs** als auch für die Durchführung von **Sammelfahrten von der Wohnung**[663] des Arbeitnehmers zur Arbeitsstätte für den Regelfall. Aus der Sicht der USt liegt insoweit ein privater Bedarf des Arbeitnehmers vor, weil er nicht Unternehmer ist. Belanglos ist, ob und inwieweit Aufwendungen für die Fahrten Wohnung/ Arbeitsstätte ertragsteuerlich für den Arbeitnehmer zu Werbungskosten führen. 218

V. Werden einem Arbeitnehmer Unternehmensgegenstände nicht für dessen privaten Bedarf, sondern im **eigenen betrieblichen Interesse des Unternehmers** überlassen, z. B. Arbeitsmittel, besondere (Schutz-)Kleidung, so fehlt es häufig bereits an einer Leistung an den Arbeitnehmer, sodass eine Besteuerung nach § 3 Abs. 1b Nr. 2 und Abs. 9a UStG nicht in Betracht kommt. Selbst wenn man aber von einer Leistung an den Arbeitnehmer ausgeht, so scheidet eine Besteuerung aus, auch wenn die Überlassung für den Arbeitnehmer zugleich vorteilhaft ist,[664] sofern die „Leistung" überwiegend durch das betriebliche Interesse veranlasst wurde. Sie erfolgte dann nicht für den privaten Bedarf und auch nicht zu anderen unternehmensfremden Zwecken. Dies kann ausnahmsweise auch für **Sammelfahrten** zutreffen, wenn dafür zwingende betriebliche Erfordernisse vorliegen, oder für die Gewährung von Mahlzeiten in besonderen Fällen.[665] 219

Beispiel

Überlassung eines Werkswagens auch für Heimfahrten, damit Arbeitnehmer jederzeit einsetzbar ist.[666]

Eine Aufteilung in einen steuerbaren Teil (Vorteil für den Arbeitnehmer) und einen nicht steuerbaren Teil (eigenbetriebliches Interesse) ist nicht möglich und zulässig, wenn es sich um eine einheitliche Maßnahme handelt, z. B. Stellung von Dienstkleidung. Die scheinbare Sachzuwendung hat in diesen Fällen keinen Entlohnungscharakter und befriedigt keinen rein privaten Bedarf.

Solche nicht steuerbaren Leistungen im eigenbetrieblichen Interesse – also nicht für den privaten Bedarf des Personals – sollen u. a. sein: Die Bereitstellung von Erho-

663 Vgl. BFH v. 09.07.1998 – V R 105/92, BStBl. II 1998, 635 m. w. N.; s. auch EuGH v. 16.02.2012 – C-18/11 (Eon Ast), UR 2012, 230; v. 16.10.1997– C-258/95 (Fillibeck), Slg. 1997, I-5577.

664 BFH v. 06.06.2019 – V R 18/18, UR 2019, 812; v. 11.03.1988 – V R 30/84, BStBl. II 1988, 643.

665 BFH v. 15.11.2007 – V R 15/06, BStBl. II 2009. 423; EuGH v. 11.12.2008 – C-371/07 (Danfoss/AstraZeneca), UR 2009, 60; v. 18.07.2013 – C-124/12 (AES-3C Maritza East), UR 2014, 398 und v. 16.10.1997 – C-258/95 (Fillibeck), Slg. 1997, I-5577.

666 BFH v. 06.06.1984 – V R 136/83, BStBl. II 1984, 688.

lungs-, Aufenthalts- und Sportanlagen, betriebliche Fortbildungsleistungen, Zuwendungen im üblichen Rahmen bei Betriebsveranstaltungen (bis zur Höhe von 110 € je Arbeitnehmer bei nicht mehr als zwei Veranstaltungen/Jahr), Betriebskindergärten.[667]

Beispiel

Bauunternehmer B gewährt seinen Bauarbeitern unentgeltlich Unterkunft in Hotels in der Nähe der jeweiligen Baustelle. Zutreffend zieht er die ihm in Rechnung gestellte USt als VoSt ab. Es liegen weder unter § 1 Abs. 1 Nr. 1 UStG fallende entgeltliche Leistungen noch unter § 3 Abs. 9a Nr. 2 UStG fallende Leistungen ohne besonderes Entgelt an die Arbeitnehmer vor. Entscheidend ist, dass die „Übernachtungsleistungen" nicht für den privaten Bedarf der Arbeitnehmer erbracht werden. Gerade deshalb fehlt es an einer Zuwendung und damit einer Leistung an die Arbeitnehmer.[668]

220 VI. Von der Steuerbarkeit ausdrücklich ausgenommen sind die **Aufmerksamkeiten**. Aufmerksamkeiten sind Zuwendungen (Leistungen) des Arbeitgebers an seine Arbeitnehmer, die zu keiner ins Gewicht fallenden Bereicherung des Arbeitnehmers führen, z. B. Sachzuwendungen bis zu 60 € aus Anlass besonderer persönlicher Ereignisse wie Geburtstag oder Hochzeit.[669]

Zu beachten ist, dass nach der Rspr. des V. Senates des BFH keine Besteuerung der unentgeltlichen Zuwendung eines (Liefer-)Gegenstandes nach § 3 Abs. 1b Nr. 2 UStG oder der Verwendung eines solchen Gegenstandes oder der Erbringung einer anderen sonstigen Leistung nach § 3 Abs. 9a Nr. 1 und 2 UStG stattfindet, wenn bereits bei Bezug des Gegenstandes, bzw. der anderen sonstigen Leistung die (ausschließliche) unentgeltliche Zuwendung an den Arbeitnehmer für dessen privaten Bedarf vorgesehen war. Nach Auffassung des BFH besteht dann für die an den Arbeitgeber erfolgte Lieferung oder sonstige Leistung schon kein Vorsteuerabzugsrecht nach § 15 Abs. 1 Nr. 1 UStG, weil sie nicht für „sein Unternehmen ausgeführt worden sind" (sondern für die außerhalb des Unternehmens liegende Weitergabe an den Arbeitnehmer für dessen privaten Bedarf). Sofern die unentgeltlichen Zuwendungen an die Arbeitnehmer jedoch als nicht steuerbare „Aufmerksamkeiten" (oder als auch überwiegend im eigenbetrieblichen Interesse erbrachte nicht steuerbare Leistungen) zu qualifizieren sind, besteht trotz der Unentgeltlichkeit das Vorsteuerabzugsrecht nach § 15 Abs. 1 Nr. 1 UStG. Die Kosten dafür gehören zu den allgemeinen Aufwendungen für das Unternehmen, die ihrerseits unmittelbar und direkt mit der unternehmerischen Gesamttätigkeit zusammenhängen.[670] Eine gemeinschaftsrechtliche Grundlage für die Sonderbehandlung der „Aufmerksamkeiten" ist freilich nicht erkennbar.

221 VII. Die **Bemessungsgrundlage** für die nach § 3 Abs. 1b Nr. 2 und Abs. 9a UStG steuerbaren Zuwendungen an das Personal ist in § 10 Abs. 4 Nr. 1–3 UStG geregelt. Wie bereits ausgeführt gelten dieselben Grundsätze wie bei Wertabgaben für außerunternehmerische Zwecke, also Einkaufspreis bzw. Selbstkosten oder Ausgaben. Aus Vereinfachungsgründen lässt die Verwaltung für die Gewährung von Kost und Logis, für Deputate und für die Kfz-Nutzung den Ansatz lohnsteuerlicher Sachbezugswerte zu. Da dies Bruttowerte sind, muss daraus allerdings die USt herausgerechnet werden.[671]

---

667 Vgl. Abschn. 1.8. Abs. 4 UStAE.

668 Beispiel nach BFH v. 21.07.1994 – V R 21/92, BStBl. II 1994, 881.

669 Abschn. 1.8. Abs. 3 UStAE; vgl. auch BFH v. 24.11.1992 – V R 44/88, BFH/NV 1994, 200.

670 BFH v. 09.12.2010 – V R 17/10, BStBl. II 2012, 53 mit Anm. Wäger DStR 2011, 433, s. auch Hess. FG v. 22.02.2018–6 K 2033715, EFG 2018, 1496 (Rev. VR 18/18 – zur Übernahme von Umzugs-/Maklerkosten für Angestellte); vgl. auch EuGH v. 18.07.2013 – C-124/12 (AES-3C Maritza East), UR 2014, 398.

671 Abschn. 1.8. Abs. 8 UStAE; s. auch BFH v. 05.06.2014 – XI R 2/12, BStBl. II 2015,785 (Vereinfachungsregel nicht zu beanstanden).

VIII. Hat der Arbeitnehmer für die Sachzuwendung ein **verbilligtes Entgelt** zu entrichten, liegt ein normaler Leistungsaustausch nach § 1 Abs. 1 Nr. 1 UStG vor, für den sich die Bemessungsgrundlage aus dem Entgelt ergibt (§ 10 Abs. 1 UStG). Liegt das Entgelt allerdings bei Lieferungen unter dem Einkaufspreis bzw. bei sonstigen Leistungen unter den Kosten, so sind diese Werte als **Mindestbemessungsgrundlage** anzusetzen (§ 10 Abs. 5 Nr. 2 UStG), falls die Leistung bei unentgeltlicher Zuwendung nach § 3 Abs. 1b Nr. 2 oder Abs. 9a UStG steuerbar gewesen wäre, d. h. keine „Leistung im eigenbetrieblichen Interesse" bzw. keine bloße Aufmerksamkeit vorgelegen hätte.[672]
Bei Personalrabatten kann eine Anbindung an die lohnsteuerliche Beurteilung nicht in Betracht kommen. Gleichgültig, ob der Personalrabatt lohnsteuerlich anzuerkennen ist oder nicht, löst er nur dann die Anwendung der Mindestbemessungsgrundlage aus, wenn durch den Rabatt der Einkaufspreis bzw. die Selbstkosten unterschritten werden.

Beispiel

Die Automobilwerke Späthle AG gewähren ihren Arbeitnehmern einen Preisnachlass von 20 % auf den Endpreis, zu dem der Pkw an Letztverbraucher angeboten wird. Für den von A erworbenen Pkw beträgt der Endpreis 50.000 €, sodass A einen Preisnachlass von 10.000 € erhält. Die Selbstkosten der Späthle AG betragen 33.000 €. Die Bemessungsgrundlage für den Leistungsaustausch nach § 10 Abs. 1 UStG beträgt (40.000 € : 1,19 =) 33.613 €. Sie liegt damit über den Selbstkosten von 33.000 €. Eine Anwendung der Mindestbemessungsgrundlage kommt nicht in Betracht. Es ist belanglos, dass lohnsteuerlich ein zu versteuernder Vorteil von 6.920 € vorliegt (vgl. dazu § 8 Abs. 3 EStG).

E. Unentgeltliche Zuwendung aus unternehmerischem Anlass

I. Nach § 3 Abs. 1b Nr. 3 UStG wird einer Lieferung gegen Entgelt auch jede andere unentgeltliche Zuwendung eines Gegenstandes – außer Geschenken von geringem Wert und Warenmustern – für Zwecke des Unternehmens gleichgestellt. Die Vorschrift ist durch Art. 16 MwStSystRL in der Auslegung durch den EuGH gedeckt. Der EuGH hat insoweit ausdrücklich entschieden, dass Art. 16 MwStSystRL auch unentgeltliche Sachzuwendungen aus unternehmerischem Anlass zu besteuern sind.[673] Die Abgabe muss aber unentgeltlich sein. Dies ist nicht der Fall z. B. bei der Abgabe eines Tablets anlässlich eines Abschlusses eines Zeitschriftenabonnements, denn dies ist Teil (der EuGH spricht von Nebenleistung) der entgeltlichen Lieferung der Zeitungen.[674] Die Vorschrift erscheint deshalb als problematisch, weil sie einen unternehmerischen Verbrauch belastet.[675] Dies steht an sich im Gegensatz zum gerade vom EuGH herausgearbeiteten Neutralitätsgrundsatz der USt, der die Entlastung unternehmerischen Verbrauchs durch den Vorsteuerabzug betont. 222
Daher sollte § 3 Abs. 1b Nr. 3 UStG wie auch Art. 16 MwStSystRL zumindest teleologisch einschränkend dahin ausgelegt werden, dass er nur dann eingreift, wenn die zugewendeten Gegenstände beim Empfänger typisierend einem nicht unternehmerischen Verbrauch zugänglich gemacht werden können. Die Grund-

672 BFH v. 15.11.2007 – VR 15/06; v. 27.02.2008 – XI R 50/07; v. 29.05.2008 – V R 12/07, BStBl. II 2009, 423, 426, 428.
673 EuGH v. 27.04.1999 – C-48/97 (Kuwait Petroleum), Slg. 1999, I-2323.
674 EuGH v. 5.10.2023 – C-505/22 (Deco Proteste – Editores), DStR 2023, 2279.
675 Vgl. kritisch bereits Lippross UR 2006, 142; Widmann DB 1999, 925; Huschens INF 1999, 417; s. auch BFH v. 13.03.2019 – XI R 28/17, MwStR 2019, 748 (Vorlage an EuGH – Behandlung des [unentgeltlichen] Ausbaus einer Gemeindestraße durch Unternehmer im eigenen Interesse des Unternehmers) mit Anm. Küffner/Kirchinger UR 2019, 585.

idee ist auch bei § 3 Abs. 1b Nr. 3 wie bei Nr. 2 UStG (Arbeitnehmer), dass der zuwendende Unternehmer zwar zu seinen unternehmerischen Zwecken handelt, er aber dem Empfänger durch Zuwendung eines Gegenstandes einen Vermögensvorteil verschafft und ihm einen mit USt unbelasteten Verbrauch ermöglicht, weil hinsichtlich der zugewendeten Gegenstände ein Vorsteuerabzug möglich war. Dieser typisierend zu unterstellende Endverbrauch wird durch Aufwendungen des zuwendenden Unternehmers ermöglicht. Insoweit ist der Verwaltung zu folgen, wenn sie die Anwendung des § 3 Abs. 1b Nr. 3 UStG ausschließt, falls beim Empfänger eine private Bereicherung und damit außerunternehmerische Verwendung nicht in Betracht kommt,[676] etwa für Werbeprospekte, Verkaufshilfen und -ständer, Dekorationsmaterial usw.

Die Vorschrift des § 3 Abs. 1b Nr. 3 UStG ist allerdings unabhängig davon anzuwenden, ob der Empfänger der unentgeltlichen Zuwendung ein Endverbraucher oder ein an sich vorsteuerabzugsberechtigter Unternehmer ist.[677]

Beispiele

1. V lässt auf seinem Grundstück ein Restaurantgebäude und eine Tankstelle errichten. Er vermietet anschließend das Gebäude und die Tankstelle steuerpflichtig. Die Baugenehmigung erhielt V nur unter der Auflage, dass er selbst die Erschließung (Errichtung einer Zufahrtsstraße) und die Kosten dafür übernahm. V ließ daraufhin für 1.000.000 € zzgl. 190.000 € USt eine Zufahrtsstraße auf Grundstücken der Bundesrepublik errichten.
2. S betreibt einen Steinbruch. Der Betrieb des Steinbruchs wurde S nur unter der Auflage der Erschließung einer Gemeindestraße durch deren Ausbau durch S gestattet. S ließ die Gemeindestraße dementsprechend für 1.000.000 € zzgl. 190.000 € USt ausbauen. Die ausgebaute Gemeindestraße wird von S für seinen Steinbruch, aber auch von anderen Verkehrsteilnehmern mit deren Fahrzeugen genutzt.[678]

Nach der neueren Rechtsprechung des EuGH in der Rechtssache Mitteldeutsche Hartstein-Industrie (Rs. C-528/19) hat keine Besteuerung als unentgeltliche Wertabgabe nach Art. § 3 Abs. 1b Nr. 3 UStG, Art. 16 der MwStSystRL zu erfolgen, wenn die mit abziehbarer Vorsteuer belastete Eingangsleistung (hier der Straßenausbau) unabdingbar für die Ausführung der gegen Entgelt erfolgenden steuerpflichtigen Umsätze (hier eines Steinbruchunternehmers, respektive eines Vermieters) ist. Der Vorsteuerabzug aus Eingangsleistungen in Höhe von 190.000 € ist dem Unternehmer (hier V und S) hingegen vollumfänglich zu gewähren, wenn und soweit die Eingangsleistungen für die Erbringung der zu besteuernden entgeltlichen Ausgangsumsätze erforderlich sind. Der EuGH meint insoweit, dass die mit dem Ausbau der Straßen unabdingbar verbundene unentgeltliche Lieferung an den Straßeneigentümer (Gemeinde/Bund) keinen als unentgeltliche Wertabgabe zu besteuernden Umsatz darstellt. Es soll insoweit an einem unversteuerten Endverbrauch fehlen. Letzteres erscheint freilich nicht völlig zweifelsfrei. Denn als Endverbraucher ließen sich wohl auch der Staat, respektive staatliche Untergliederungen wie Gemeinden ansehen, respektive die übrigen Straßenbenutzer.

Für den EuGH war entscheidend, dass für die zur Ausführung der steuerpflichtigen Umsätze erforderlichen Eingangsleistungen der Vorsteuerabzug vollständig gewährt werden muss, um den Unternehmer vollständig von einer Umsatzsteuerbelastung zu entlasten. Soweit damit **unvermeidbare Begünstigungen Dritter** (hier der Straßennutzung durch Dritte, respektive durch den Träger der Straßenbaulast) verbunden sind, darf die Entlastung durch den Vorsteuerabzug nicht (partiell) durch die Besteuerung einer für den Unternehmer nicht vermeidbaren unentgeltlichen Wertabgabe konterkariert werden. Anders verhält es sich jedoch, wenn solche Wertabgaben **nicht unerlässlich** mit der Verwendung der Eingangsleistung für zu besteuernde entgeltlichen Umsätze verbunden sind.

Die frühere Rechtsprechung des XI. Senates, nach der zwar der Vorsteuerabzug aus den Eingangsleistungen für die Errichtung der Zugangsstraßen voll zu gewähren war, aber sodann nach § 3 Abs. 1b Nr. 3 UStG eine unentgeltliche Wertabgabe an den öffentlich-rechtlichen Träger der Straßenbaulast

676 Abschn. 3.3. Abs. 10 und 14 UStAE.

677 EuGH v. 30.09.2010 – C-581/08 (EMI Group), UR 2010, 816.

678 Beispiele nach BFH v. 14.05.2008 – XI R 60/07, BStBl. II 2008, 721 (Zuwendung einer Straße an die Bundesrepublik) und v. 13.01.2011 – V R 12/08, BStBl. II 2012, 61 (Zuwendung von Erschließungsanlagen durch GmbH an die Gemeinde [Alleingesellschafterin]) sowie EuGH v. 16.09.2020 – C-528/19 (Mitteldeutsche Hartstein-Industrie), MwStR 2020, 927 mit Anm. Lippross aufgrund Vorlage des BFH v.13.03.2019 – XI 28/17, MwStR 2019, 748 und dazu die Nachfolgeentscheidungen des BFH v.16.12.2020 – XI R 26/20 und XI R 28/17, UR 2021, 465. Siehe auch Widmann UR 2021, 11.

respektive Eigentümer zu besteuern war, ist überholt. Ebenso kann nicht in Betracht kommen, entsprechend der Rechtsprechung des V. Senates von vornherein den Vorsteuerabzug vollständig oder partiell zu versagen, soweit die Eingangsleistungen (auch) in eine unentgeltliche Weiterlieferung der Zugangsstraße Eingang finden. Vielmehr ist aus den Eingangsleistungen der volle Vorsteuerabzug (hier in Höhe von 190.000 €) zu gewähren. Denn die Eingangsleistungen dienen den steuerpflichtigen (Steinbruch-/Vermietungs-)Leistungen und nicht einer außerhalb des Unternehmens erfolgenden Lieferung durch eine nicht zu besteuernden Wertabgabe.

II. Für § 3 Abs. 1b Nr. 3 UStG besteht im deutschen Recht nur ein schmaler Anwendungsbereich. Zunächst einmal werden (betrieblich/unternehmerisch veranlasste) **Geschenke von geringem Wert** (und Warenmuster[679]) ausdrücklich ausgenommen. Geschenke von geringem Wert werden in Anlehnung an § 4 Abs. 5 Nr. 1 EStG angenommen, wenn ihre Anschaffungskosten 50 € pro Jahr und Empfänger nicht übersteigen. Bei höherwertigen Geschenken schließt bereits § 15 Abs. 1a Nr. 1 UStG i. V. m. § 4 Abs. 5 Nr. 1 EStG den Vorsteuerabzug aus. Deshalb scheidet dann aber auch eine Besteuerung nach § 3 Abs. 1b Nr. 3 UStG aus. Denn die Belastung wird bereits durch den Ausschluss des Vorsteuerabzugs hergestellt. 223

Unter § 3 Abs. 1b Nr. 3 UStG (Art. 16 MwStSystRL) können daher nur solche anderen unentgeltlichen Zuwendungen (Zuwendungen für Zwecke des abgebenden Unternehmens) fallen. Es darf aber auch keine Gegenleistung vorliegen. Denn dann wäre die Steuerbarkeit bereits nach § 1 Abs. 1 Nr. 1 UStG gegeben. Daher scheidet § 3 Abs. 1b Nr. 3 UStG auch für Bestechungsleistungen und „Schmiergeldleistungen" aus, denn hier wird eine – wenn auch verbotene – Gegenleistung erwartet.[680] Ebenfalls liegt keine unentgeltliche Zuwendung vor, wenn für vermeintlich unentgeltliche Zuwendungen ein Entgelt von dritter Seite gezahlt wird.[681]

Als schmaler Anwendungsbereich verbleiben zu Werbezwecken gemachte Sachzuwendungen, wenn der Empfänger dafür nicht seinerseits Werbeleistungen als Gegenleistung – dann ohnehin Leistungsaustausch – zu erbringen hat, etwa die Zuwendung von Gegenständen mit dem Firmenlogo oder als Treueprämien wegen eines Leistungsbezuges durch den Empfänger.[682] Alles in allem handelt es sich um eine problematische Vorschrift. Wenig überzeugend ist auch, dass nur die unentgeltliche Abgabe/Entnahme von Liefergegenständen aus dem Unternehmen auch für Zwecke des Unternehmens in § 3 Abs. 1b Nr. 3 UStG, Art. 16 MwStSystRL erfasst wird, nicht aber die unentgeltliche Abgabe von sonstigen (Dienst-)Leistungen aus dem Unternehmen für Zwecke des Unternehmens.[683]

III. Hinsichtlich der Anwendung der Befreiungsvorschriften, § 4 UStG und der Bemessungsgrundlage, § 10 Abs. 4 Nr. 1 UStG, gelten dieselben Grundsätze wie bei der Gegenstandsentnahme nach § 3 Abs. 1b Nr. 1 UStG und der Zuwendung an Arbeitnehmer nach § 3 Abs. 1b Nr. 2 UStG (s. Rn. 204 u. Rn. 205).

---

679 Zum Begriff Warenmuster vgl. BFH v. 12.12.2012 – XI R 36/10, BStBl. II 2013, 412; EuGH v. 30.09.2010 – C-581/08 (EMI Group), Slg. 2010, I-8607 = UR 2010, 816; Abschn. 3.3. Abs. 13 UStAE.

680 Vgl. R 4.10 (1) bis (4) EStR, keine Geschenke danach u. a. beim Empfänger ausschließlich betrieblich nutzbare Wirtschaftsgüter, Sachpreise bei Preisausschreiben und Auslobungen, Kränze und Blumen bei (Trauer-)Feierlichkeiten.

681 Vgl. BFH v. 16.10.2013 – XI R 39/12, BStBl. II 2014, 1024 (Entgelt von Mobilfunkbetreibern an Vermittler von Mobilfunkverträgen für dessen „kostenlose" Abgabe von Handys an die Nutzer).

682 Vgl. FG Rhld.-Pfalz v. 15.09.2015- 6 K 1844/13, EFG 2015, 2114 (Zu Sachgeschenken einer Brauerei als Treueprämien für Bierkäuferkunden).

683 Vgl. EuGH v. 12.11.2008 – C-371/07 (Danfoss/AstraZeneca), UR 2009, 60 zur unentgeltlichen Bewirtung von Geschäftsfreunden im Unterschied zu EuGH v. 30.09.2010 – C-581/08 (EMI Group), Slg. 2010, I-8607 = UR 2010, 816.

4. Grenzüberschreitende Sondertatbestände

A. Einfuhr und grenzüberschreitender Warenverkehr mit Drittländern

I. Bestimmungsland- und Ursprungslandprinzip

224 1. Beim grenzüberschreitenden Warenverkehr bedarf es einer Regelung, in welchem der beteiligten Staaten die Umsatzbesteuerung erfolgen soll. Dafür gibt es zwei Ansätze. Entweder würde die Ware ausschließlich mit der USt des Herkunftslandes besteuert. Dies wäre eine Besteuerung nach dem **Ursprungslandprinzip**. Die Besteuerung nach dem Ursprungslandprinzip hätte zur Folge, dass die Ware auf dem Verbrauchermarkt mit unterschiedlicher Umsatzsteuerbelastung je nach Herkunftsland angeboten würde. Umgekehrt würde sich für den Lieferanten die von ihm abzuführende USt unabhängig vom Ort des Endverbrauches immer nach der in seinem „Heimatland" zu entrichtenden USt richten.

Beispiel

Lieferant D in Deutschland liefert für einen Endpreis von 119.000 €
a) Ware an den Bund (kein Unternehmer),
b) Ware an den russischen Staat (kein Unternehmer).
Bei einer reinen Ursprungslandbesteuerung würde die Warenlieferung in beiden Fällen ausschließlich mit deutscher USt von 19 % = 19.000 € belastet, gleichgültig welcher Steuersatz in Russland besteht.

Dem Ursprungslandprinzip entgegengesetzt ist das sog. **Bestimmungslandprinzip**. Beim Bestimmungslandprinzip wird die Ware ausschließlich mit der USt des Staates belastet, in dem der Endverbrauch (vermutlich) stattfindet. Dies ist der Staat, in dem der Abnehmer (Lieferungsempfänger) die Ware empfängt.

Beispiel

Wie oben; die USt in Russland möge 20 % betragen: Bei einer Besteuerung nach dem Bestimmungslandprinzip ist die Warenlieferung im Fall a) mit 19.000 € deutscher USt belastet, hingegen im Fall b) mit 19.833 € russischer USt.

225 2. Die moderne USt vom Typ der in Deutschland und allen Staaten der EU verwendeten Nettoallphasensteuer mit Vorsteuerabzug folgt dem Bestimmungslandprinzip. Diese Umsatzbesteuerung hat sich de facto als der „Exportschlager" der EG/EU erwiesen und weltweit durchgesetzt. Lediglich die USA sind dem Vorbild bisher nicht gefolgt. In den USA stehen verfassungsrechtliche Gründe der Einführung einer Bundesumsatzsteuer entgegen. Die auf der Ebene der einzelnen Bundesstaaten erhobenen **sales taxes** folgen im Prinzip eher einer Ursprungslandbesteuerung. Die Besteuerung nach dem Bestimmungslandprinzip ist kein Zufall. Da die USt modernen Typs eine Belastung des Endverbrauchers intendiert, ergibt es Sinn, dass die Steuer des Staates maßgebend ist, in dem der Aufwand für den Endverbrauch getätigt wird. Dafür sprechen drei wesentliche Gründe:

- Erstens ist aus der Sicht des Endverbrauchers sicherzustellen, dass er proportional zum von ihm zu entrichtenden Preis mit derselben USt belastet wird, gleichgültig aus welchem Herkunftsland die erworbene Ware stammt.
- Zweitens ist aus der Sicht der die Ware anbietenden Unternehmer eine Wettbewerbsneutralität nur herzustellen, wenn bei einem Angebot am gleichen Ort im Staat des Verbrauchers die von diesem zu tragende USt gleich hoch ist.

- Drittens ist aus der Sicht der beteiligten Staaten bei einer den Verbraucher belastenden Steuer nur eine Verteilung des Umsatzsteueraufkommens akzeptabel, bei der der Staat die USt erhält, in dem der Aufwand für den Verbrauch erfolgt und normalerweise der Verbraucher ansässig ist.

3. Eine Besteuerung nach dem Ursprungslandprinzip wäre hingegen auch ohne Weiteres möglich, hätte aber Nachteile. Bei einer Lieferung aus Hochsteuerländern in Niedrigsteuerländer müsste der Unternehmer, um wettbewerbsfähig zu bleiben, die Umsatzsteuerdifferenz aus der Gewinnmarge tragen. **226**
4. Technisch wird das Bestimmungslandprinzip auf unterschiedlichen Wegen erreicht. Es kann der Ort der Lieferung oder sonstigen Leistung bereits so festgelegt werden, dass die Steuerbarkeit nur im Bestimmungsland und nicht im Ursprungsland gegeben ist. **227**

Beispiel

Händler H in Frankfurt/Oder besitzt eine Zweigniederlassung in St. Petersburg. Er verbringt Ware von Frankfurt/Oder in die Zweigniederlassung nach Russland (Beachte: kein Befördern an einen Abnehmer). Erst dort wird sie an einen Abnehmer geliefert. Die Lieferung ist nach § 3 Abs. 6 i. V. m. § 1 Abs. 1 Nr. 1, Abs. 2 UStG in Deutschland nicht steuerbar, weil sie nicht im Inland erfolgte. Umgekehrt ist sie aber – sofern existent – nach russischem Umsatzsteuerrecht in Russland zu besteuern. Um dies sicherzustellen, wird vermutlich bereits bei der Einfuhr russische Umsatzsteuer erhoben (von H).

Anstelle einer Ortsbestimmung nur im Bestimmungsland kann das Bestimmungslandprinzip auch dadurch umgesetzt werden, dass zwar im Herkunfts-/Ursprungsland eine steuerbare Leistung angenommen wird, diese aber im Herkunftsland als „Ausfuhr" befreit wird, während umgekehrt das Bestimmungsland die „Einfuhr" belastet.

Beispiel

D in Dresden verkauft und übergibt in Dresden einen Pkw an den Käufer K aus Kiew. Der Kaufpreis beträgt 30.000 €.
Die Lieferung des Pkw ist im Inland/Deutschland nach §§ 3 Abs. 6, 1 Abs. 1 Nr. 1 und Abs. 2 UStG zwar steuerbar, aber als Ausfuhrlieferung nach § 4 Nr. 1 Buchst. a i. V. m. § 6 UStG steuerfrei. In der Ukraine erfolgt aber für K (wahrscheinlich) eine Besteuerung der Einfuhr.

II. Einfuhr (§ 1 Abs. 1 Nr. 4 UStG) im Inland

1. Zweck

a) Nach § 1 Abs. 1 Nr. 4 UStG unterliegt die Einfuhr von Gegenständen „im Inland" der (Einfuhr-)USt. Im Kern besteht die Einfuhr in dem rein tatsächlichen Vorgang des Verbringens eines körperlichen Gegenstandes aus dem Drittland in das Inland. Trotz Verbringens in das Inland liegt allerdings noch keine Einfuhr vor, solange sich die Drittlandsware (**Nicht**-Unionsware) noch in einem zollrechtlichen „Nichterhebungsverfahren/**besonderen** Zollverfahren" befindet (dazu Art. 210 UZK [Art. 84 Zollkodex, ZK],[684] u. a. Versandverfahren, Zolllagerverfahren). Rechtlich **228**

684 Der Zollkodex (ZK), geregelt in der VO (EWG) 2913/92 v. 12.10.1992 zur Festlegung des Zollkodex, Abl. EWG 1992, Nr. L 302, 1 ist mit Wirkung ab dem 01.05.2016 aufgehoben worden und durch den Zollkodex der Union (UZK), VO (EU) Nr. 952/2013 v. 09.10.2013, Abl. EU 2013, Nr. L 269, 1 mit Berichtigung in Abl. EU 2013, Nr. L 287, 90 ersetzt worden. Die Zollkodex-DurchführungsVO zum ZK ist durch die Delegierte Verordnung, EU 2015, 2446 v. 28.07.2015 und die Durchführungsverordnung (EU) 2015/1447 v. 24.11.2015, Abl. EU 2015, Nr. L, 343 ersetzt worden. Sowohl die Delegierte VO (UZK-DA) als auch die neue DurchführungsVO (UZK-IA) der Kommission ergänzen den UZK und dienen der Sicherstellung seiner ordnungsgemäßen und unionseinheitlichen Umsetzung.

gesehen wird der Einfuhrtatbestand im Regeltatbestand des Art. 77 UZK (Art. 201 ZK) für die Entstehung der Einfuhrzollschuld erst mit der Überführung der Ware in den steuer- und zollrechtlich freien Verkehr gemäß Art. 77, 201 UZK (Art. 79 ZK) verwirklicht, wodurch sie den Status von **Unionsware** erlangt. Dies geschieht erst „im Inland". Daher erklärt sich die Formulierung in § 1 Abs. 1 Nr. 4 UStG.
Allerdings entsteht eine Einfuhrzollschuld wie auch eine Einfuhrumsatzsteuerschuld auch bei vorschriftswidriger Verbringung von Nichtgemeinschaftsware in das Inland, bzw. bei Entziehung aus zollamtlicher Überwachung und sonstigen Zuwiderhandlungen gegen zollrechtliche Pflichten, vgl. Art. 79 UZK (Art. 202–205 ZK) i. V. m. § 21 Abs. 2 UStG. Das gilt allerdings nicht für **Nicht-Unionsware**, die vor Beendigung eines Nichterhebungsverfahrens wieder aus der Gemeinschaft zurück in ein Drittland gelangt/ausgeführt wird, selbst wenn insoweit wegen einer Zuwiderhandlung eine Zollschuld nach Art. 79 UZK (Art. 204 ZK) entsteht.[685] Umsatzsteuerlich stellt sich die Einfuhr danach gemäß Art. 30, 60 MwStSystRL als Verbringen eines nicht im freien Verkehr befindlichen Gegenstandes (aus Drittstaaten) in die Union dar. Die Ware muss dabei allerdings in den Wirtschaftsverkehr eines Mitgliedstaates der Union/Gemeinschaft gelangen.[686] Das kann durch rechtmäßige Einfuhr in die Gemeinschaft, durch sofortige Überführung in den freien Verkehr oder nach Beendigung eines besonderen Zollverfahrens (Versand, Lagerung, Verwendung, Veredelung) erfolgen, während die Ware sich noch im Unionsgebiet befindet, aber auch durch eine „illegale Einfuhr" unter Umgehung der Zollabfertigung.[687]
Mit Rücksicht auf die Besonderheiten im europäischen Binnenmarkt wird als Einfuhr seit 01.01.1993 nur noch das Verbringen von **Gegenständen aus** dem **Drittlandsgebiet** (Nicht-Unionsware) als **Einfuhr** besteuert. § 21 Abs. 1 UStG behandelt die Einfuhrumsatzsteuer auch rechtstechnisch als Verbrauchsteuer i. S. d. Abgabenordnung. Daraus folgt z. B. eine erleichterte Änderbarkeit von Bescheiden (§ 172 Abs. 1 S. 1 Nr. 1 AO) und eine kürzere Verjährungsfrist (§ 169 Abs. 2 S. 1 Nr. 1 AO). Abweichend von der (innerstaatlichen) USt wird in der Bundesrepublik die Einfuhrumsatzsteuer von den Bundeszollbehörden und nicht von den Landesfinanzbehörden verwaltet (Art. 108 Abs. 1 GG). Dies hat einen praktischen Hintergrund. Die Erhebung der Einfuhrumsatzsteuer erfolgt z. T. bereits bei Grenzübertritt des Gegenstandes. Dies ist auch für die Erhebung von Zöllen der Fall. Damit ist aber -ohnehin die Bundeszollverwaltung (für die Gemeinschaft handelnd!) befasst. § 21 Abs. 2 S. 1 UStG erklärt zur Erleichterung des Verfahrens daher auch prinzipiell die Vorschriften über die Zölle für sinngemäß anwendbar. Bei der Einfuhr handelt es sich um einen materiell notwendigen Haupttatbestand der Umsatzbesteuerung im Bestimmungsland. Die Einfuhrumsatzsteuer ist auch Teil des Umsatzsteueraufkommens, das nach Art. 106 Abs. 3 GG auf Bund und Länder zu verteilen ist (Gemeinschaftsteuer).

b) Der Zweck der Einfuhrbesteuerung besteht darin, die Besteuerung des Verbrauchs und des Verbrauchers im Inland/Bestimmungsland herbeizuführen. Für eine umfassende Verbrauchsteuer (Aufwandsteuer) ist es unerheblich, ob der Verbraucher

685 EuGH v. 06.06.2016 – C-226/14 und C-228/14 (Eurogate Distribution), MwStR 2016, 620; s. auch FG Hamburg v. 12.10.2016, 4 K 113/15, BeckRS 2016, 95781.

686 EuGH v. 10.07.2019 – C-26/18 (Federal Express), MwStR 2019, 670 mit Anm. Schrömbges, a. a. O. und Nieskens UVR 2019, 267 und Weymüller juris-PR-SteuerR 43/2019 Anm. 6; v. 01.06.2017 – C-571/15 (Wallenborn), MwStR 2017, 575; v. 02.06.2016 – C-226/14 und 228/14 (Eurogate Distribution), UR 2016, 557; FG Hbg. v. 26.08.2019–4 K 64/17, BeckRS 2019, 27233 (zu geschmuggeltem und nach Entdeckung vernichteten verbrauchsteuerpflichtigem Tabak); FG München v. 09.04.2019–14 K 408/17, BeckRS 2019, 22281; s. auch Schrömbges MwStR 2019, 133 m. w. N.; s. auch EuGH v. 03.03.2021 – C-7/20 (VS gegen HZA Münster), DStR 2021, 610.

687 S. EuGH v. 03.03.2021 – C-7/20 (VS gegen HZA Münster), DStR 2021, 610.

Aufwendungen für Inlands- oder Auslandsware tätigt. Die Besteuerung der Einfuhr neben der Besteuerung des innerstaatlichen Leistungsaustausches ist daher konsequent und notwendig. Eine Belastung mit der USt des Ursprungslandes wird im Ursprungsland durch die Befreiung der Ausfuhr vermieden (vgl. für das deutsche Recht § 4 Nr. 1a UStG). Die Besteuerung der Einfuhr hat nicht den Charakter eines Schutzzolles für die heimische Wirtschaft. Sie zielt vielmehr auf eine gleiche Belastung der inländischen Verbraucher. Durch die Besteuerung der Einfuhr bei gleichzeitiger Befreiung der Ausfuhr werden insoweit auch zutreffend Wettbewerbsverzerrungen zulasten einheimischer Anbieter ausgeschaltet.

2. Einfuhr durch Endverbraucher/Nichtunternehmer

Eine Besteuerung der Einfuhr ist insbesondere notwendig, wenn private Nichtunternehmer oder der Staat im hoheitlichen Sektor die Einfuhr bewirken. Für diesen Personenkreis wirkt sich die Besteuerung der Einfuhr als definitive Belastung mit der inländischen USt aus. § 1 Abs. 1 Nr. 4 UStG besteuert daher zutreffend auch die **Einfuhr durch Nichtunternehmer.** Die Erhebung der Einfuhrumsatzsteuer von Nichtunternehmern lässt sich technisch nur durch eine Abfertigung und Kontrolle schon an den Zollgrenzen bewältigen. Denn eine allgemeine Erklärungspflicht von Privatpersonen für einen einfuhrumsatzsteuerpflichtigen Drittlandserwerb gegenüber inländischen Behörden ohne vorherige Grenzkontrolle ist praktisch nicht durchsetzbar. 229

3. Einfuhr durch Unternehmer

a) Bei der Einfuhr durch voll vorsteuerabzugsberechtigte Unternehmer kommt der Besteuerung der Einfuhr lediglich eine Kontrollfunktion zu. Da der Unternehmer die von ihm gemäß §§ 13a Abs. 2, 21 Abs. 2 UStG i.V.m. dem Zollkodex der Union (UZK) für die Einfuhr geschuldete **Einfuhrumsatzsteuer** wieder **als VoSt abziehen** kann (§ 15 Abs. 1 Nr. 2 UStG), wird er an sich nicht belastet. Dieses Nullsummenspiel ist nur scheinbar sinnlos. Es entspricht der Behandlung innerstaatlicher Umsätze zwischen vorsteuerabzugsberechtigten Unternehmern. Auch dort erfolgt die Erhebung der USt auf jeder Wirtschaftsstufe – Allphasenumsatzsteuer – nur deshalb, um eine effektive Kontrollmöglichkeit zu haben, die leichter beim Leistungsempfänger durchzuführen ist. Bei der Einfuhr ist den Zollbehörden praktisch die Überprüfung der Inlandsverwendung auch nicht möglich. Dies erfolgt durch die Überprüfung der Vorsteuerabzugsberechtigung seitens der innerstaatlichen Finanzbehörden. 230

Beispiel

Unternehmer U führt für 10.000 € eine Maschine aus Zürich ein.
a) Die Maschine wird im Inland zu 100 % zur Ausführung steuerpflichtiger Umsätze verwendet.
b) Die Maschine wird im Inland zu 100 % zur Ausführung steuerfreier Umsätze verwendet.
In beiden Fällen hat U die Einfuhr bei den Zollbehörden mit 10.000 € x 19 % = 1.900 € deutscher USt zu versteuern. Im Fall a) kann er diese Einfuhrumsatzsteuer in seiner inländischen Umsatzsteuererklärung gegenüber dem Finanzamt gemäß § 15 Abs. 1 Nr. 2 als VoSt abziehen, im Falle b) schließt § 15 Abs. 2 Nr. 1 UStG den Vorsteuerabzug aus.

b) Auch bei prinzipiell vorsteuerabzugsberechtigten Unternehmern kann der Vorsteuerabzug ganz oder teilweise wegen der Ausführung steuerfreier Umsätze ausgeschlossen sein (§ 15 Abs. 2 und Abs. 4 UStG). Die die Einfuhrumsatzsteuer erhebenden Zollbehörden wären jedoch überfordert, wenn sie diese Umstände schon bei der Erhebung der Einfuhrumsatzsteuer überprüfen müssten. Bei der Schnelligkeit der Abfertigung, die notwendig ist, wäre nicht einmal durchführbar zu überprüfen, ob der Einführende ein Unternehmer ist und die Einfuhr für sein Unternehmen erfolgt. Es ist daher aus praktischen Gründen erforderlich, zunächst grundsätzlich jede – auch unternehmerische – Einfuhr zu besteuern und den Einführenden als Unternehmer wegen einer Entlastung sodann auf den Vorsteuerabzug zu verweisen. Davon macht freilich nunmehr die neue **Befreiung nach § 5 Abs. 1 Nr. 7 UStG i. d. F. JStG 2020** für die Einfuhr von Gegenständen in Sendungen im Sachwert von höchstens 150 € eine Ausnahme.

4. Befreiung/Bemessungsgrundlage/Steuersatz

231 a) Prinzipiell unterliegt jede Einfuhr aus einem Drittland der Besteuerung. § 5 UStG befreit jedoch bestimmte Einfuhren. Befreit werden nach § 5 Abs. 1 Nr. 1 und 2 UStG die Einfuhr von Wertpapieren, menschlichen Organen, Blut und Frauenmilch, gesetzlichen Zahlungsmitteln, amtlichen Wertzeichen, Gold durch Zentralbanken, Wasser- und Luftfahrzeugen sowie von zu deren Ausrüstung und Versorgung bestimmten Gegenständen. Die Lieferung entsprechender Gegenstände im Inland wäre jeweils ebenfalls befreit. § 5 Abs. 1 Nr. 3 UStG, Art. 143 Abs. 1 d MwStSystRL befreit die Einfuhr, falls der eingeführte Gegenstand (innergemeinschaftliche Transitware) im Anschluss unmittelbar zur Ausführung einer befreiten innergemeinschaftlichen Lieferung verwendet wird. § 5 Abs. 1 Nr. 4 und 5 UStG befreien die Einfuhr, soweit die eingeführten Gegenstände zur Ausführung von steuerfreien Umsätzen in einem Umsatzsteuerlager nach § 4 Nr. 4a UStG verwendet werden sollen oder soweit die Einfuhr im Zusammenhang mit einer durch Auslagerung steuerpflichtig werdenden Lieferung steht und der Lieferer zugleich der Schuldner der Einfuhrumsatzsteuer wäre. Darüber hinausgehend werden in Anlehnung an zollrechtliche Behandlungen nach § 5 Abs. 2 und 3 UStG i. V. m. der Einfuhrumsatzsteuerbefreiungsverordnung **(EUStBV)**, der Einreise-Freimengen-Verordnung **(EF-VO)** und der Kleinsendungs-Einfuhrfreimengen-Verordnung **(KF-VO)**[688] bestimmte Einfuhren befreit, von denen kein wettbewerbsmäßiger Einfluss auf den innerstaatlichen Handel ausgeht, u. a. die Einfuhr zur vorübergehenden Verwendung nach Art. 250 ff. UZK (Art. 137–144 ZK), die Einfuhr von Übersiedlung-, Heirats- und Erbschaftsgut, die Einfuhr von Gegenständen erzieherischen, wissenschaftlichen und kulturellen Charakters, die Einfuhr von Reisemitbringseln im persönlichen Reisegepäck (mit Mengenbegrenzung für Alkohol und Tabakwaren und im Übrigen einer Wertgrenze von 175 €) sowie von Waren in Kleinsendungen nicht kommerzieller Art (bis zu 45 €).
Die nach § 1a der EUStBV bisher bestehende generelle Einfuhrumsatzsteuerbefreiung für Kleinsendungen mit einem Gesamtwert nicht über 22 € ist durch das JStG 2020 (Art. 25) mit Wirkung ab dem 01.07.2021 ersatzlos aufgehoben worden. Eine Befreiung von der Einfuhrumsatzsteuer kommt seitdem auch bei geringem Wert der Gegenstände grundsätzlich nicht mehr in Betracht.

---

688 EUStBV v.11.08.1992, BGBl. I 1992, 1526 zuletzt geändert durch VO zur Änderung der ZollVO und der EUStBV v. 24.11.2008, BGBl. I 2008, 2232, 1; EF-VO v. 24.11.2008, BGBl. I 2008, 2235 i. V. m. Richtlinie 2007/74/EG des Rates v. 20.12.2007, Abl. EU 2007, Nr. L 346, 6; KF-VO v. 11.01.1979, BGBl. I 1979, 73 i. d. F. Gesetz v. 22.12.2003, BGBl. I 2004, 21 i. V. m. VO (EWG) 918/83, Abl. EWG 1983, Nr. L 105, 1983, 1 zuletzt geändert durch VO (EG) Nr. 274/2008, v. 17.03.2008, Abl. EU 2008, Nr. L 85, 1. S. auch BFH v. 16.06.2015 – XI R 17/13, BStBl. II 2015, 1024 und v. 29.01.2015 – V R 5/14, BStBl. II 2015, 567 zur Anwendung von § 3 Abs. 8 UStG trotz Befreiung der Einfuhr von der EUSt nach § 5 Abs. 2 i. V. m. der EUStBV.

b) Zur Bemessungsgrundlage bestimmt § 11 Abs. 1 UStG den **Zollwert**. Da einer Einfuhr nicht notwendigerweise ein Leistungsaustausch zugrunde liegt, kommt eine unmittelbare Anknüpfung an das Entgelt nicht in Betracht. Der Zollwert ist bei entgeltlichen Transaktionen jedoch aus dem Entgelt/Preis ohne USt abzuleiten (= sog. Transaktionswert, vgl. Art. 69–76 UZK [Kapitel 3 Art. 28 f ZK]). Diesem Wert sind u. a. im Ursprungsland erhobene Abgaben, im Bestimmungsland zu erhebende Zölle und Transport- und Vermittlungskosten bis zum Bestimmungsort hinzuzurechnen (vgl. § 11 Abs. 3 UStG).

c) Die Einfuhr unterliegt demselben Steuersatz wie die Lieferung entsprechender Gegenstände im Inland (§ 12 Abs. 1 und Abs. 2 UStG).

Beispiel

Importeur I aus Hamburg importiert Weizen. Kaufpreis 100.000 € free on board New York. Fracht bis Hamburg 10.000 €, Zoll 20.000 €. Die Bemessungsgrundlage für die Einfuhr beträgt 130.000 €. Der Steuersatz beträgt nach § 12 Abs. 2 Nr. 1 i. V. m. Nr. 13 der Anlage zum UStG 7 %.

III. Befreiung der Ausfuhrlieferung (§ 4 Nr. 1 Buchst. a i. V. m. § 6 UStG)

1. Grundsätzliche Regelung und Zweck

a) § 4 Nr. 1 Buchst. a i. V. m. § 6 UStG befreit die Ausfuhrlieferung in das Drittlands- 232
gebiet von der deutschen USt. Vorausgesetzt wird, dass der Lieferort sich im Inland befindet, der Gegenstand aber durch Befördern oder Versenden in Drittlandsgebiet gelangt. Die Beschränkung auf **Drittlandsgebiet** erfolgt wegen der Sonderregelungen in Bezug auf grenzüberschreitende Warenlieferungen im europäischen Binnenmarkt. Durch die Befreiung der Ausfuhrlieferung wird im Ursprungsland dem Bestimmungslandprinzip Rechnung getragen.[689] Es erfolgt eine vollständige Entlastung von der USt des Ursprungslandes. Damit korrespondiert die Belastung mit der USt des Bestimmungslandes durch die Besteuerung der Einfuhr im Bestimmungsland. Auch wenn das Bestimmungsland (ausnahmsweise) keine USt erhebt, bedarf es zur Herstellung gleicher Wettbewerbsbedingungen im Bestimmungsland einer Entlastung durch Ausfuhrbefreiung im Ursprungsland.[690] Befreit sind auch illegale Ausfuhren.[691]

Hinweis:

Eine Versagung der Umsatzsteuerbefreiung für eine Ausfuhrlieferung oder die Versagung des Vorsteuerabzugs wegen Einbeziehung in eine Hinterziehung von Einfuhrabgaben/Einfuhrumsatzsteuer eines Drittlandes nach dem neu eingeführten § 25f UStG (s. Rn. 438 ff.) kommt richtigerweise auch für die Zukunft nicht in Betracht. Der (verfehlte) § 25f UStG betrifft nur die Einbeziehung in eine Steuerhinterziehung von Umsatzsteuer der Mitgliedstaaten und die Erlangung eines ungerechtfertigten Vorsteuerabzugs der Mitgliedstaaten. § 25f UStG verweist auf eine Hinterziehung nach § 370 AO. § 370 AO handelt von der Hinterziehung deutscher Umsatzsteuer und anderer deutscher Steuern und auch der Hinterziehung von Umsatzsteuer/Verbrauchsteuern der Mitgliedstaaten, nicht von der Hinterziehung von Umsatzsteuer/Verbrauchsteuer von Drittstaaten. Auch nach Einführung des § 25f bleibt es bei der Befreiung der Ausfuhrlieferung, selbst wenn der ausführende inländische Unternehmer Mittäter oder Gehilfe einer Umsatzsteuerhinterziehung im Drittland ist.[692]

---

689 So zutreffend EuGH v. 17.10.2019 – C-653/18 (Unitel), UR 2019, 849; v. 28.03.2019 – C-275/18 (Vins), MwStR 2019, 486.

690 So zutreffend BFH v. 12.03.2020 – V R 24/19, BFH/NV 2020, 1098 und BFH v. 12.03.2020 – V R 20/19, MwStR 2020, 941 auch für mit der Hinterziehung von Umsatzsteuer des Drittlandes verbundenen Ausfuhrlieferungen.

691 EuGH v. 02.08.1993 – C-111/92 (Lange), Slg. 1993, I-4677.

692 So für die Rechtslage vor Einführung des § 25f UStG bereits BFH v. 12.03.2020 – V R 24/19, BFH/NV 2020, 1098, und die Vorinstanz FG Neustadt v. 28.05.2019–3 K 1391/17, EFG 2019, 1634 und BFH v. 12.03.2020 – V R 20/19, MwStR 2020, 941 (anders noch die Vorinstanz FG Köln v. 19.02.2019–8 K 2906/16, EFG 2019, 1245). Danach keine Versagung der Befreiung für die Ausfuhrlieferung in Deutschland wegen Beteiligung/Ermöglichung einer Hinterziehung in der

b) Wird im Ursprungsland nach einer Nettoallphasenumsatzsteuer mit Vorsteuerabzug besteuert, genügt die Befreiung der Ausfuhrlieferung nur dann, wenn dem exportierenden Lieferer trotz Steuerfreiheit der Ausfuhrlieferung der Vorsteuerabzug erhalten bleibt. Nur über den Vorsteuerabzug tritt die notwendige volle Entlastung von der USt des Ursprungslandes ein. Dies ist in Deutschland nach § 15 Abs. 2 Nr. 1 i. V. m. Abs. 3 Nr. 1 a UStG der Fall. Entsprechende Regelungen enthalten die Umsatzsteuergesetze aller EU-Staaten gemäß Art. 169 Buchst. b i. V. m. Art. 146, 147 MwStSystRL. Dem exportierenden Lieferer steht trotz Steuerfreiheit der Vorsteuerabzug zu.

Beispiel

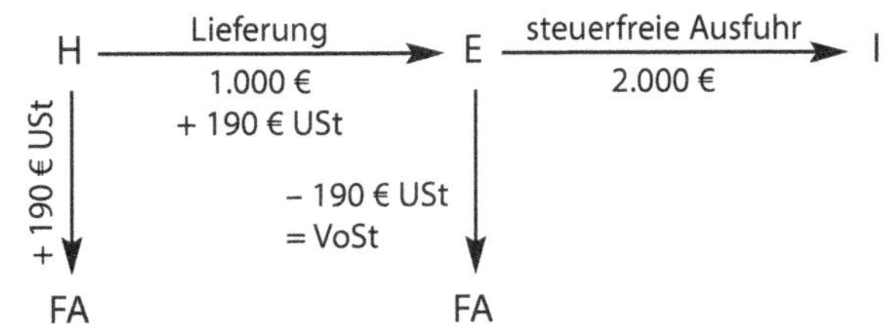

Obwohl die inländische Lieferung des Herstellers H an den Exporteur E mit USt belastet wurde, tritt durch die Gewährung des Vorsteuerabzugs für E in gleicher Höhe bei Befreiung der Ausfuhrlieferung eine vollständige Entlastung von der inländischen USt ein. Im Einfuhrland des I kann und wird regelmäßig eine Belastung mit der Einfuhrumsatzsteuer des Einfuhrlandes erfolgen. Ohne das Vorsteuerabzugsrecht bliebe die Ausfuhrlieferung mit der auf der Vorstufe erhobenen inländischen USt, hier 190 €, belastet.

Das System der Steuerbefreiung mit Vorsteuerabzugsrecht für den Exporteur ermöglicht einen vollständigen wettbewerbsneutralen exakten Grenzausgleich hinsichtlich der USt des Ursprungslandes auf allen vorhergehenden Umsatzstufen.

c) Nach dem gegenwärtigen System ist der vollständige Grenzausgleich nur möglich, wenn der Lieferant eine steuerfreie Ausfuhrlieferung tätigt. Das setzt voraus, dass er (vorsteuerabzugsberechtigter) Unternehmer ist. Bei einer grenzüberschreitenden Lieferung durch einen Nichtunternehmer erfolgt kein Grenzausgleich für die USt auf den Vorstufen. Dies wird aus Praktikabilitätsgründen hingenommen. Für die Lieferungen gegen Entgelt gleichgestellten unentgeltliche Wertabgaben nach § 3 Abs. 1b UStG (s. Rn. 203 ff.) schließt § 6 Abs. 5 UStG ausdrücklich die Befreiung als Ausfuhrlieferung aus.[693]

Beispiel

Privatmann P in Deutschland erwirbt für 20.000 € zzgl. 3.800 € USt einen Pkw vom Händler. Nach einem Jahr veräußert er den Pkw im Inland für 11.900 € an einen Käufer in der Schweiz.

Die Lieferung des P ist zwar mangels Unternehmereigenschaft nicht steuerbar. P kann aber auch die von ihm im Preis bezahlte USt von 3.800 € weder ganz noch teilweise abziehen. Geht man davon aus, dass im Preis von 11.900 € noch 1.900 € deutsche (Restumsatz-)Steuer enthalten ist, wird der private Käufer mit deutscher Ursprungslandsteuer und mit schweizerischer (Bestimmungsland-)Einfuhrumsatzsteuer belastet.

Türkei. S. auch EuGH v. 17.07.2019 – C-653/18 (Unitel), UR 2019, 849. Auch bei einem erst in einem Drittland begangenen „Betrug" kann allerdings (ausnahmsweise) ein Betrug zum Nachteil des „gemeinsamen Mehrwertsteuersystem" vorliegen. Dann kann davon auszugehen sein, dass kein steuerbarer Umsatz vorliegt und daher auch kein Vorsteuerabzugsrecht besteht.

693 S. BFH v. 19.02.2014 – XI R 9/13, BStBl. II 2014, 597 mit Anm. Grube jurisPR-Steuerrecht 29/2014 Anm. 29.

d) **Ausfuhrlieferungen im nicht kommerziellen Reiseverkehr** sind (seit dem 01.01.2010) erst ab einer Wertgrenze von 50 € für den Gesamtwert der Lieferung befreit, § 6 Abs. 3a Nr. 3 UStG. Diese (zeitlich befristete) Wertgrenze wurde aus Gründen der Verwaltungsvereinfachung eingeführt.[694] Liegen die Voraussetzungen für eine Befreiung einer kommerziellen Ausfuhrlieferung zweifelsfrei vor, ist diese auch dann zu gewähren, wenn eine Ausfuhr im privaten, nicht kommerziellen Reiseverkehr nur vorgetäuscht wurde.[695]

2. Einzelheiten zur Ausfuhrbefreiung

a) Die Ausfuhrlieferung setzt immer voraus, dass der Lieferort nach den Regeln des 233
§ 3 Abs. 5 a UStG im Inland liegt. Der Liefergegenstand muss bei der Lieferung durch Befördern oder Versenden vom inländischen Lieferort **in Drittlandsgebiet** gelangen. Nach h. M. soll daher eine Ausfuhrbefreiung nur für Beförderungslieferungen nach § 3 Abs. 6 UStG und nicht für sog. ruhende Lieferungen mit Ortsbestimmung nach § 3 Abs. 7 UStG in Betracht kommen.[696] Auch wenn die Liefergegenstände erst erhebliche Zeit nach Verschaffung der Verfügungsmacht vom Abnehmer in das Drittlandsgebiet befördert oder versendet werden, liegt aber eine befreite Ausfuhrlieferung vor, wenn der Liefergegenstand tatsächlich zweifelsfrei in das Drittland physisch verbracht worden ist.[697] Das Befördern/Versenden in das Drittland ist die eigentliche Ausfuhr. § 6 Abs. 1 UStG differenziert dabei nach der Art, wie der Gegenstand in das Drittlandsgebiet gelangt. Bei **§ 6 Abs. 1 Nr. 1 UStG** (Art. 146 Abs. 1 Buchst. a MwStSystRL) befördert oder versendet der Lieferer/Verkäufer den Gegenstand vom Inland in das Drittlandsgebiet. Hier ist **kein ausländischer Abnehmer** erforderlich.

Beispiel

Der deutsche Bauunternehmer B in Freiburg lässt sich für 10.000 € Steine von M in München auf eine Baustelle in Bern/Schweiz liefern. M beauftragt mit dem Transport einen Frachtführer.
Die Lieferung des M an den B erfolgt nach § 3 Abs. 6 UStG in München, ist aber steuerfrei nach § 4 Nr. 1 Buchst. a i. V. m. § 6 Abs. 1 Nr. 1 UStG.

b) Nach § 6 Abs. 1 Nr. 2 UStG (Art. 146 Abs. 1 Buchst. b MwStSystRL) ist ein **aus-** 234
ländischer Abnehmer erforderlich, wenn der **Abnehmer/Erwerber** den Liefergegenstand aus dem Inland in das Drittland **befördert** oder versendet **(Abholfälle)**. Das gilt auch dann, wenn die Beförderung oder Versendung in das Drittland teils durch den Abnehmer und teils durch den Lieferer erfolgt (sog. **gebrochene Beförderung** durch Lieferer und Abnehmer).[698]

Beispiel

Wie oben, aber B beauftragt den Frachtführer F. Dann ist die Lieferung des M an B nicht befreit, da B kein ausländischer Abnehmer ist. Allerdings kann B die ihm in Rechnung gestellte USt als VoSt abziehen. Ebenso wäre die Lieferung des M an B nicht befreit, wenn M die Steine zu einem von B beauftragten Frachtführer nach Freiburg befördert hätte und F die Steine sodann auftragsgemäß zur Baustelle des B in Bern transportiert.

---

694 S. dazu näher Abschn. 6.11. UStAE.

695 EuGH v. 17.12.2020 – C-656/19 (Bakati Plus), DStR 2021, 300.

696 Abschn. 6.1. Abs. 4 i. V. m. Abschn. 3.14. Abs. 14 UStAE; a. A. im Ergebnis zutreffend Lippross, USt, Kap. 3.2.1.1 (S. 580). Zu verlangen ist lediglich, dass ein ausreichender sachlicher und zeitlicher Zusammenhang zwischen Lieferung und (anschließender) Beförderung/Versendung in das Drittlandsgebiet besteht.

697 Vgl. EuGH v. 19.12.2013 – C-563/12 (BDV Hungary), HFR 2014, 182.

698 S. Abschn. 6.3. UStAE (zum ausl. Abnehmer) und Abschn. 6.1. Abs. 3 a UStAE (zur Steuerbefreiung bei Ausfuhrlieferungen und innergemeinschaftlicher Lieferung bei sog. gebrochener Beförderung).

Ein ausländischer Abnehmer ist nur derjenige Abnehmer, der zum Zeitpunkt der Lieferung seinen Wohnsitz (natürliche Person) oder seinen Sitz (juristische Person) im Ausland hat (§ 6 Abs. 2 Nr. 1 UStG). Das kann für die Abnehmereigenschaft auch das EU-Ausland sein. Bei Zweigniederlassungen inländischer Unternehmen ist der im Inland ansässige Unternehmer als ausländischer Abnehmer anzusehen, wenn die im Ausland befindliche Zweigniederlassung die Bestellung im „eigenen Namen“ abgegeben hat (§ 6 Abs. 2 Nr. 2 UStG).
Wird der Wohnsitz im Ausland erst nach der Lieferung begründet, genügt dies für die Befreiung nicht.

Beispiel

Gastarbeiter G aus Serbien kehrt in die Heimat zurück. Er erwirbt im Inland bei H in Hannover einen neuen Pkw, den er mitnimmt. Die Lieferung des H in Hannover ist nicht befreit, da G im Zeitpunkt der Lieferung noch keinen Wohnsitz in Serbien hatte.

Die Regelung dient der Vermeidung von Missbräuchen, weil befürchtet wird, dass es in den Abholfällen nicht wirklich zur Ausfuhr kommt. Sie ist gleichwohl nicht befriedigend und zwingt zu unnötigen Förmlichkeiten. So lässt sich im Beispielsfall die Befreiung dadurch erreichen, dass H den Wagen nach Serbien bringt oder G erst nach Serbien ausreist, dort den Wohnsitz begründet und anschließend den Wagen abholt.

235 c) Eine Sonderregelung trifft § 6 Abs. 1 Nr. 3 UStG, wenn der Lieferant oder Abnehmer den Liefergegenstand **in die in § 1 Abs. 3 UStG bezeichneten Zollfreigebiete** (= Freihäfen, Gewässer und Watten zwischen Hoheits- und Zollgrenze) befördert oder versendet hat. Hier erfolgt eine Befreiung nur, wenn a) der Abnehmer Unternehmer ist, für sein Unternehmen erworben hat und er nicht wegen steuerfreier Umsätze ganz oder teilweise vom Vorsteuerabzug ausgeschlossen ist oder b) wenn er ausländischer Abnehmer ist. Dabei ist zu beachten, dass ein Unternehmer mit Sitz/Wohnsitz in den bezeichneten Zollfreigebieten gerade kein ausländischer Abnehmer ist (§ 6 Abs. 2 Nr. 1 UStG). Die komplizierte Regelung dient dazu, eine Besteuerung des Endverbrauches in den bezeichneten Zollfreigebieten sicherzustellen. Bei Lieferungen an ausländische Abnehmer als Privatpersonen ist daher zusätzlich erforderlich, dass der Liefergegenstand im Anschluss ins übrige Drittlandsgebiet (nicht EU!) gelangt (§ 6 Abs. 1 Nr. 3 b UStG).

236 d) Der Befreiung als Ausfuhrlieferung steht nicht entgegen, dass der Ausfuhrgegenstand vor der Ausfuhr im Inland noch be- oder verarbeitet wurde (§ 6 Abs. 1 S. 2 UStG). Für den Bearbeiter kommt evtl. ebenfalls eine Befreiung nach § 4 Nr. 1 Buchst. a i. V. m. § 7 UStG als sog. Lohnveredelung in Betracht.

Beispiel

S in Stuttgart liefert dort an Z in Zürich Kupfer. Auf Weisung des Z übergibt S das Kupfer an F in Freiburg, der daraus für Z Rohre herstellt. Die Rohre werden von F anschließend nach Zürich zu Z befördert. S tätigt in Stuttgart (§ 3 Abs. 6 UStG) eine nach § 4 Nr. 1 Buchst. a i. V. m. § 6 Abs. 1 Nr. 2 UStG steuerfreie Ausfuhrlieferung. F erbringt eine nach § 3a Abs. 2 Nr. 3 c UStG steuerbare, aber nach § 4 Nr. 1 Buchst. a i. V. m. § 7 UStG steuerfreie Lohnveredelung.

237 e) Beim **Reihengeschäft** (s. Rn. 251 ff.) kann nur eine, nämlich die **warenbewegte Lieferung** als Ausfuhrlieferung befreit sein. Erfolgt im Reihengeschäft die Lieferung an einen inländischen Abnehmer (Vertragspartner), ist sie dann nach § 6 Abs. 1 Nr. 1 UStG befreit, wenn der erste Unternehmer den Liefergegenstand selbst in das Drittland befördert oder versendet. Dagegen ist die Lieferung für den

ersten in der Reihe schon mangels ausländischen Abnehmers nach § 3 Abs. 6 S. 5 und 6 UStG a.F. (Abs. 6a n.F.) i.V.m. § 6 Abs. 1 Nr. 2 UStG nicht befreit, wenn erst der letzte Abnehmer in der Reihe den Liefergegenstand abholt (Befördern durch den Abnehmer). Es fehlt dann für den ersten in der Reihe aber auch schon daran, dass er nicht die warenbewegte Lieferung tätigt, sondern erst der mittlere Unternehmer. Wird der Gegenstand durch den mittleren Abnehmer in der Reihe abgeholt, ist (seit dem 01.01.2020) danach zu differenzieren, ob er eine deutsche USt-IdNr. verwendet oder nicht.

Beispiel

D in Düsseldorf verkauft eine Maschine an K in Köln, dieser an Z in Zürich.

1. D befördert die Maschine nach Zürich zu Z.
   Die (warenbewegte) Lieferung des D an K ist in Düsseldorf ausgeführt (§ 3 Abs. 6 S. 1, Abs. 6a S. 2 UStG), aber nach § 4 Nr. 1 Buchst. a i.V.m. § 6 Abs. 1 Nr. 1 UStG steuerfrei, denn D befördert und braucht daher nach § 6 Abs. 1 Nr. 1 UStG keinen ausländischen Abnehmer. Die (ruhende) Lieferung des K wird erst in Zürich ausgeführt und ist daher nicht steuerbar (§ 3 Abs. 7 S. 2 Nr. 2 UStG).
2. Z lässt die Maschine bei D abholen.
   K liefert nach § 3 Abs. 6 S. 1 UStG in Düsseldorf an Z. Für K liegt eine steuerfreie Ausfuhr nach § 6 Abs. 1 Nr. 2 UStG vor, denn Z ist ausländischer Abnehmer. D hingegen liefert steuerbar und nicht steuerfrei in Düsseldorf nach § 3 Abs. 7 S. 2 Nr. 1 UStG an den K, denn die warenbewegte Lieferung erfolgt nur zwischen K und Z (§ 3 Abs. 6a S. 3 UStG). Die vorangehende ruhende Lieferung des D nach § 3 Abs. 7 S. 2 Nr. 1 UStG wird nicht befreit. Die ihm von D in Rechnung zu stellende deutsche USt kann K allerdings als VoSt nach § 15 Abs. 1, Abs. 2 Nr. 1 und Abs. 3 Nr. 1 UStG voll abziehen.
3. K lässt die Maschine bei D abholen und bringt sie zu Z.
   a) K verwendet gegenüber D seine deutsche USt-IdNr.
      Die Beförderung ist dem K nach § 3 Abs. 6a S. 5 UStG zuzurechnen. Er liefert nach § 3 Abs. 6 S. 1 UStG steuerbar, aber nach § 4 Nr. 1 Buchst. a, § 6 Abs. 1 Nr. 1 UStG und auch Nr. 2 steuerfrei an Z (ausländischer Abnehmer!). Für D eine nach § 3 Abs. 7 S. Nr. 2 UStG steuerbare und nicht befreite ruhende Lieferung in Deutschland an den K.
   b) K verwendet gegenüber D keine deutsche USt-IdNr.
      Die Beförderung ist nicht dem K (Abnehmer!), sondern dem D (Lieferer) zuzurechnen. Für D eine nach § 3 Abs. 6 S. 1 UStG i.V.m. Abs. 6a S. 5 UStG steuerbare Lieferung, die aber nicht nach § 4 Nr. 1 Buchst. a), § 6 Abs. 1 Nr. 2 UStG befreit ist, weil D kein ausländischer Abnehmer ist. Für K ebenfalls nicht befreit, weil ihm schon die warenbewegte Lieferung nicht zuzurechnen ist.

3. Nachweise

Die Ausfuhr muss vom Unternehmer nachgewiesen werden (§ 6 Abs. 4 S. 1 UStG). Entgegen früherer Auffassung ist das Führen des vorgeschriebenen Nachweises keine materielle Voraussetzung für die Befreiung.[699] Die Befreiung ist daher nicht zu versagen, wenn feststeht, dass der Gegenstand in das Drittlandsgebiet gelangt ist. Allerdings gehen Zweifel daran grundsätzlich zulasten des die Befreiung beanspruchenden Unternehmers. 238

Aufgrund der Ermächtigungsvorschrift des § 6 Abs. 4 S. 2 UStG wird nach den §§ 8–17 UStDV ein sog. **Ausfuhrnachweis (Belegnachweis)** und ein **Buchnachweis** (Aufzeichnungen) gefordert. Die Nachweispflichten in den §§ 9–17 UStDV wurden mit Wirkung zum 01.01.2012 erheblich umgestaltet,[700] um sie an die seit dem 01.07.2009 bestehende EU-einheitliche Pflicht zur Teilnahme am elektronischen Ausfuhrverfahren nach Art. 326 UZK-IA (vormals Art. 787 ZK-DVO/VO/EWG Nr. 2913/92) anzupassen. We-

699 BFH v. 06.12.2007 – V R 59/03, BStBl. II 2009, 57 m.w.N. S. auch EuGH v. 28.03.2019 – C-275/18, (Milan Vins) und v. 08.11.2018 – C- 495/17 (Cartrans Spedition), MwStR 2019, 65.

700 Art. 1 der 2. Verordnung zur Änderung steuerlicher Verordnungen v. 02.12.2011, BGBl. I 2011, 2416; Begründung BR-Drs. 628/11 v. 13.10.2011.

gen der Gefahr missbräuchlicher Inanspruchnahme der Steuerbefreiung werden die Nachweispflichten von der Finanzverwaltung sehr streng interpretiert. Sie sind ab 2010 auch als Mussvorschriften ausgestaltet.[701] Buchnachweis und Ausfuhrnachweis können bis zur letzten mündlichen Verhandlung vor dem FG nachgeholt oder ergänzt werden. Auch ohne ordnungsgemäßen Ausfuhr- oder Buchnachweis kann die Ausfuhrlieferung steuerfrei sein, wenn objektiv feststeht, dass die materiellen Voraussetzungen für eine Befreiung nach § 6 Abs. 1–3 a UStG vorliegen.[702]

239 Nach der Rspr. ist darüber hinausgehend einem **gutgläubigen Unternehmer**, der die erforderliche Sorgfalt hat walten lassen, die Steuerfreiheit für Ausfuhrlieferungen trotz Nichterfüllung der materiellen Voraussetzung des Beförderns/Versendens in das Drittlandsgebiet nach § 6 Abs. 1 UStG, Art. 146 Abs. 1 der MwStSystRL zu gewähren, wenn er durch gefälschte Ausfuhrnachweise von seinem Abnehmer über das physische Verbringen in das Drittlandsgebiet getäuscht wurde. Verfahrensrechtlich hat dies im deutschen Recht durch einen Erlass nach §§ 163, 227 AO wegen sachlicher Unbilligkeit zu erfolgen.[703] Diese **Gewährung von Gutglaubensschutz** folgt aus dem Verhältnismäßigkeitsgrundsatz und berücksichtigt die gebotene Risikoverteilung zwischen dem Unternehmer als Steuereinsammler und dem Staat. Daher gewährt der BFH[704] zutreffend eine Befreiung aufgrund Gutglaubensschutzes auch dann, wenn entgegen § 6 Abs. 1 UStG der Liefergegenstand zwar nicht in das Drittlandsgebiet befördert/versendet worden ist, der Lieferant darüber aber von seinem Abnehmer getäuscht worden ist (s. Rn. 259 ff. zur innergemeinschaftlichen Lieferung).

IV. Lohnveredelung an Gegenständen der Ausfuhr (§ 7 UStG)

240 1. Die Befreiung der Ausfuhrlieferung betrifft die Lieferung körperlicher Gegenstände. Regelmäßig wird die grenzüberschreitende Erbringung sonstiger Leistungen nicht befreit (vgl. aber § 4 Nr. 3 und 5 UStG), weil es an Überprüfungsmöglichkeiten beim Grenzübergang fehlt. Damit korrespondiert umgekehrt, dass sonstige Leistungen nicht der Einfuhrumsatzbesteuerung unterliegen. Dem Bestimmungslandprinzip wird bei sonstigen Leistungen bereits bei der Bestimmung des Ortes der Leistung Rechnung zu tragen versucht.
§ 4 Nr. 1a i. V. m. § 7 UStG befreit jedoch eine **Werkleistung = sonstige Leistung,** nämlich die Be- oder Verarbeitung (= Lohnveredelung) durch den Werkunternehmer von Stoffen (Gegenständen), die der Auftraggeber stellt. Der be- oder verarbeitete Gegenstand (= Gegenstand der Ausfuhr) muss nach der Erbringung der Lohnveredelung im Inland – Ortsbestimmung nach § 3a Abs. 3 Nr. 3c UStG bei Leistungen an Nichtunternehmer, ansonsten nach § 3a Abs. 2 UStG Sitzort des empfangenden Unternehmers – in das Drittlandsgebiet gelangen. Korrespondierend unterliegt umgekehrt die Lohnveredelung in einem Drittlandsgebiet bei Wiedereinfuhr des bearbeiteten Stoffes der Einfuhrumsatzbesteuerung. Bemessungsgrundlage ist der Werklohn (= das Veredelungsentgelt; vgl. § 1 Abs. 1 Nr. 4 i. V. m.

---

701 Vgl. dazu Abschn. 6.5.–6.12. UStAE; s. aber auch BFH v. 31.07.2008 – V R 21/06, UR 2009, 29 – dort auch zur Vermutungsregel.

702 BFH v. 28.08.2014 – V R 16/14, BStBl. II 2015, 46; v. 28.05.2009 – V R 23/08, BStBl. II 2010, 517, Abschn. 6.10. Abs. 3 a UStAE.
S. auch BFH v. 12.03.2020 – V R 20/19, BStBl. II 2020, 608; siehe unlängst aber auch EuGH v. 2.3.2023 – C-664/21 (NEC PLUS ULTRA COSEMTICS), UR 2023, 528 mit deutlich restriktiveren Tendenzen.

703 BFH v. 28.08.2014 – V R 16/14, BStBl. II 2015, 46; v. 30.07.2008 – V R 7/03, BStBl. II 2010, 1075; EuGH v. 21.02.2008 – C-271/06 (Netto-Supermarkt GmbH), Slg. 2008, I-787 = HFR 2008, 408; s. auch Ismer/Artinger MwStR 2019, 56.

704 BFH v. 29.03.2016 – XI B 77/15, BFH/NV 2016, 1181 (aber nur bei Gutgläubigkeit und vollständiger Erfüllung der formellen Buch- und Belegnachweise gemäß §§ 8–17 UStDV).

§ 11 Abs. 2 UStG). Die Überwachung ist hier wegen der Verbindung mit dem Verbringen eines körperlichen Gegenstandes über die Zollgrenze möglich.

2. Die Befreiung für die Lohnveredelung nach § 4 Nr. 1 Buchst. a i.V.m. § 7 UStG erfolgt weitgehend nach den gleichen Kriterien wie die Befreiung der Ausfuhrlieferung. In den Versendungs-/Beförderungsfällen durch den Werkunternehmer bedarf es keines im Ausland ansässigen Auftraggebers (§ 7 Abs. 1 Nr. 1 UStG). In den Abholfällen (Befördern oder Versenden durch den Auftraggeber) muss der Auftraggeber hingegen im Ausland (beachte: auch in einem EU-Staat!) ansässig sein (§ 7 Abs. 1 Nr. 2 UStG). Auch für die Lohnveredelung ist ein **Beleg- und Buchnachweis** zu führen (§ 7 Abs. 4 UStG i.V.m. §§ 12 und 13 UStDV).
3. Zu beachten ist aber folgende **wesentliche Abweichung** zur Ausfuhrlieferung. Die Lohnveredelung ist nur dann befreit, wenn der zu bearbeitende oder zu verarbeitende Gegenstand/Stoff des Auftraggebers von dem Auftraggeber entweder
   - zum Zwecke der Lohnveredelung in das Unionsgebiet (beachte: nicht Inland allein) eingeführt wurde oder
   - zum Zwecke der Lohnveredelung im Unionsgebiet erworben wurde.

Beispiel 1

Der Werkstattunternehmer W in Berlin führt a) eine Reparatur an dem Lkw des Fuhrunternehmers B aus Minsk/Weißrussland aus. Der Lkw wurde nicht extra zum Zwecke der Reparatur „eingeführt“. W führt b) eine Reparatur am Pkw des in der Schweiz ansässigen Schriftstellers Max Fisch aus. Fisch befand sich zu einem privaten Besuch in Berlin, als sein Pkw beschädigt wurde.
Zu a): Die Werkleistung des W erfolgt gemäß § 3a Abs. 2 UStG in Minsk und ist daher schon nicht steuerbar.
Zu b): Die Werkleistung an Fisch erfolgt gemäß § 3a Abs. 3 Nr. 3c UStG in Berlin. Sie ist nicht nach § 4 Nr. 1a i.V.m. § 7 UStG befreit, denn der Pkw wurde weder zum Zwecke der Reparatur in das Unionsgebiet eingeführt noch hier erworben.

Beispiel 2

Auftraggeber A (Privatperson) aus den USA lässt bei Färberei R in Rheydt Stoff einfärben, den A in Schottland erworben hatte. Anschließend wird der nunmehr eingefärbte Stoff in die USA „exportiert“. Die Lohnveredelung des R (= Einfärben des Stoffes) ist steuerbar nach § 3a Abs. 3 Nr. 3c UStG und steuerfrei nach § 7 Abs. 1 UStG.

4. Zu beachten ist, dass Werklieferungen den Regeln über die Ausfuhrlieferung nach § 6 UStG unterliegen. Hier ist also gerade kein Erwerb oder keine Einfuhr zum Zwecke der Bearbeitung erforderlich. Bei Reparaturleistungen kann bei ansonsten unklarer Abgrenzung von einer Werklieferung ausgegangen werden, wenn der Entgeltanteil, der auf das verwendete Material entfällt, mehr als 50 % des Gesamtentgeltes beträgt.[705]

V. Grenzüberschreitende Güterbeförderungen und ergänzende Leistungen im internationalen Warenverkehr

1. Bei grenzüberschreitenden Güterbeförderungen in und aus Drittlandsgebiet unterliegt nur die Beförderung auf dem inländischen Streckenteil der deutschen Besteuerung (§ 3b Abs. 1 S. 3 UStG), sofern der Empfänger der Beförderungsleistung kein Unternehmer ist. Ist er Unternehmer, so wird die gesamte Beförderungsleistung am Ort des Unternehmens des Empfängers erbracht, § 3a Abs. 2 UStG. Die grenzüberschreitende Güterbeförderung ist hinsichtlich des inländischen Strecken- 241

705 Abschn. 7.4. i.V.m. 3.8. Abs. 6 UStAE.

anteils aber nach **§ 4 Nr. 3a Buchst. aa und Buchst. bb UStG** befreit, wenn sie **Gegenstände der Ausfuhr** (oder der Durchfuhr im externen Versandverfahren in Drittstaaten) **oder der Einfuhr** in einen Mitgliedstaat der Gemeinschaft betrifft. Letzterenfalls müssen allerdings die Kosten der Beförderung in der Bemessungsgrundlage für die Einfuhr enthalten sein (vgl. § 11 Abs. 3 Nr. 3 UStG). **Innergemeinschaftliche Güterbeförderungen** werden demgegenüber gerade **nicht befreit.**

2. Sonstige ergänzende Leistungen im internationalen Warenverkehr, die sich auf Gegenstände der Einfuhr aus Drittstaaten oder der Ausfuhr in Drittstaaten beziehen, z. B. Lagerungen, Umladen, Verpacken, Kontrollleistungen usw., werden ebenfalls nach § 4 Nr. 3a UStG befreit.[706] Auch bei sonstigen Leistungen für Gegenstände der Einfuhr ist erforderlich, dass die Entgelte für diese Leistungen in die Bemessungsgrundlage der Einfuhr einbezogen worden sind (§ 4 Nr. 3a Buchst. bb i. V. m. § 11 Abs. 3 Nr. 4b UStG). Wie bei der Güterbeförderung geht es darum, dass im Zusammenhang mit der Ausfuhr vollständig von der Steuer des Ursprungslandes entlastet werden soll.

B. Umsatzsteuer-Binnenmarkt: Innergemeinschaftlicher Erwerb und innergemeinschaftlich befreite Lieferung

I. Grundlagen und Überblick

242 1. Nach Art. 14 EGV war die Gemeinschaft verpflichtet, bis zum 31.12.1992 die erforderlichen Maßnahmen zu treffen, um gemäß **Art. 93 EGV** die USt, Verbrauchsteuern und sonstigen indirekten Steuern so weit zu **harmonisieren**, als dies für die Errichtung und das **Funktionieren des Binnenmarktes** erforderlich ist. In Ausführung dieses Artikels erging die Richtlinie 91/680 EWG.[707] Diese wurde durch das deutsche Umsatzsteuer-Binnenmarktgesetz[708] in deutsches Recht umgesetzt und mit Wirkung ab dem 01.01.2007 durch die MwStSystRL ersetzt.

2. Zum Verständnis der Regelung ist entscheidend, dass die USt trotz ihrer Harmonisierung bzgl. der Aufkommenszuteilung eine nationale Steuer bleibt. Jeder Mitgliedstaat behält also „sein“ Umsatzsteueraufkommen. Hinsichtlich der Höhe des Umsatzsteuersatzes ist auch keine vollständige Harmonisierung im Sinne einer Vereinheitlichung erfolgt. Es wurde lediglich der Normalsteuersatz nach unten auf 15 % begrenzt und der ermäßigte Steuersatz auf 5 %, Art. 96, 97 und 99 MwStSystRL. Unter diesen Voraussetzungen galt es, folgende Probleme zu bewältigen: Erstens soll im Wesentlichen die Verteilung des Umsatzsteueraufkommens unter den EU-Staaten unverändert bleiben. Zweitens soll – trotz unterschiedlicher Steuersätze – der Wettbewerb für die die Leistungen anbietenden Unternehmer nicht relevant durch die USt beeinflusst werden. Zugleich hat aber für einen einheitlichen Binnenmarkt eine Grenzabfertigung wegen der USt innerhalb der EU zu entfallen. Diese Anforderungen miteinander zu vereinen gleicht ein wenig der Quadratur des Kreises.

243 3. Die Binnenmarktrichtlinie hat das Problem beim EU-grenzüberschreitenden Warenverkehr zwischen vorsteuerabzugsberechtigten Unternehmern – sog. **kommerzieller Warenverkehr** – dadurch gelöst, dass materiell alles beim Alten geblieben

706 Vgl. dazu BFH v. 10.11.2010 – V R 27/09, BStBl. II 2011, 557.
707 Ergänzungsrichtlinie, Abl. EG 1991, Nr. L 376.
708 V. 25.08.1992, BGBl. I 1992, 1548; BStBl. I 1992, 552.

ist. Lediglich verfahrensrechtlich und in der Bezeichnung sind Änderungen eingetreten. An die Stelle der Besteuerung der **Einfuhr** tritt die Besteuerung des **innergemeinschaftlichen Erwerbs**. Dieser ist als normaler innerstaatlicher Besteuerungstatbestand gestaltet (§§ 1 Abs. 1 Nr. 5, 1a UStG), sodass die Landesfinanzbehörden – und nicht der Zoll wie bei der Einfuhr – zuständig sind und der Erwerb in der normalen Steuererklärung zu deklarieren ist. Die frühere steuerfreie Ausfuhrlieferung für den „Export in EG-Staaten" wurde durch die **steuerfreie innergemeinschaftliche Lieferung** ersetzt (§ 4 Nr. 1b i. V. m. § 6a UStG). Wie die Ausfuhrlieferung lässt sie den **Vorsteuerabzug** aus den Eingangsleistungen für den „Exporteur" zu (§ 15 Abs. 3 Nr. 1a UStG).

Beispiel

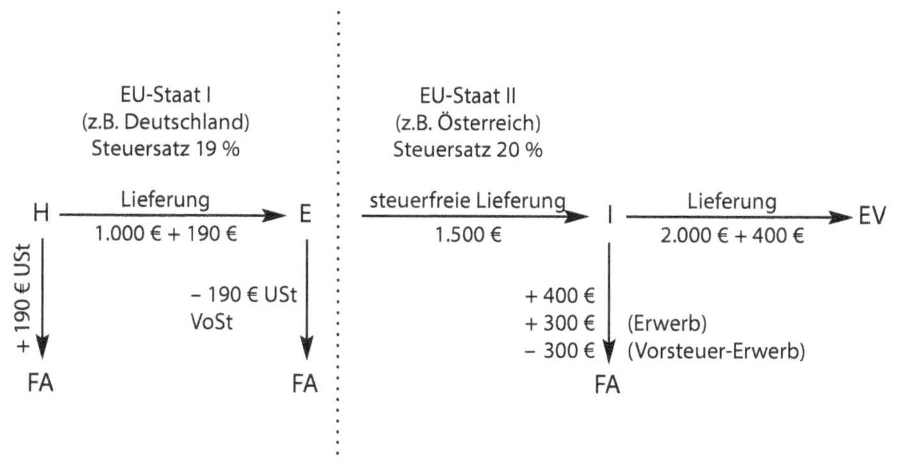

Auf diese Weise bleibt im Ergebnis materiell das **Bestimmungslandprinzip beim kommerziellen Warenverkehr** vollständig gewahrt. Der Endverbraucher wird (nur) mit der USt seines (Verbrauchs-)Landes belastet. Diese erhält auch das betreffende EU-Land. Die Erwerbsbesteuerung im Bestimmungsland (im Beispiel Österreich) und der dort nach österr. UStG für die Besteuerung des Erwerbs (entsprechend § 1a UStG, Art. 2 Abs. 1 Buchst. b, Art. 20, 21 MwStSystRL) zu gewährende Vorsteuerabzug (entsprechend § 15 Abs. 1 Nr. 3, § 3d S. 1 UStG, Art. 168 Buchst. c MwStSystRL) gleichen sich aus. Im Ursprungsland erfolgt schon durch die Steuerbefreiung der innergemeinschaftlichen Lieferung bei Erhalt des Vorsteuerabzugs eine vollständige Entlastung.

Alternativ zu dieser Lösung wäre für den kommerziellen Warenverkehr auch denkbar gewesen, weder den Erwerb zu besteuern noch die innergemeinschaftliche Lieferung zu befreien. Dann hätte aber für den Erwerber ein **grenzüberschreitender Vorsteuerabzug** zugelassen werden müssen. Die dadurch eintretende Verschiebung des Steueraufkommens zugunsten der exportstarken EU-Staaten müsste durch Ausgleichszahlungen der Staaten untereinander beseitigt werden. Dieses eigentliche **gemeinsame Marktprinzip** des grenzüberschreitenden Vorsteuerabzugs ist gescheitert, weil man sich nicht auf ein Clearing-System einigen konnte. Ein zwischenzeitlich erneuter Anlauf der Kommission[709] hatte keine Wirkung gezeigt. Im Ergebnis führt aber die jetzige Lösung mit der Befreiung der innergemein-

709 Kom (96) 328 endg. = Ratsdok. 9466/96 = BR-Drs. 637/96; vgl. dazu Schlienkamp UR 1996, 326; vgl. insoweit auch Mitteilung KOM (2008) 807 endg. über eine Strategie zur Bekämpfung des MwSt-Betrugs in der EU v. 01.12.2008 sowie KOM (2008) 109 endg. und SEK (2008) 249 endg. v. 22.02.2008 mit Erörterung einer Besteuerung innergemeinschaftlicher Lieferungen und einer generellen Verlagerung der Steuerschuldnerschaft auf den Empfänger.

schaftlichen Lieferung des Lieferers im Abgangsmitgliedstaat und der Besteuerung des innergemeinschaftlichen Erwerbs beim Erwerber im Ankunftsmitgliedstaat und gleichzeitiger Gewährung des Vorsteuerabzugs im Ankunftsmitgliedstaat für den Erwerber bei Verwendung von den Vorsteuerabzug zulassenden Umsätzen zu einer dem Bestimmungslandprinzip voll entsprechenden Lösung.

244 4. Für den **nicht kommerziellen Warenverkehr** innerhalb der EU, d.h. wenn der **Abnehmer kein Unternehmer** ist bzw. kein Vorsteuerabzugsrecht hat, musste die Besteuerung der Einfuhr mit Grenzabfertigung und Kontrolle durch die Zollbehörden (s. Rn. 228 ff.) ebenfalls entfallen. Ein Ersatz der Einfuhrbesteuerung durch eine innerstaatliche Erwerbsbesteuerung mit Deklarationspflicht konnte für private Erwerber aber – anders als für Unternehmer – prinzipiell nicht in Betracht kommen. Eine solche Erwerbsbesteuerung wäre bei nicht unternehmerischen (privaten) Erwerbern weder zumutbar noch kontrollierbar. Zutreffende Deklaration und deren Kontrolle wären bei einer Erwerbsbesteuerung auch von Nichtunternehmern/Privatpersonen aber dringend gerade deshalb erforderlich, weil hier keine korrespondierende Entlastung durch einen Vorsteuerabzug erfolgen dürfte, sondern die Belastung mit der Umsatzsteuer des Verbrauchslandes gerade durch die Besteuerung des Erwerbs hergestellt werden müsste.

Für den **nicht kommerziellen innergemeinschaftlichen Warenverkehr** wird dem Bestimmungslandprinzip jedenfalls bei Beförderung/Versendung durch den Lieferer nunmehr aber weitgehend durch die Ortsregelung für den innergemeinschaftlichen Fernverkauf in **§ 3c UStG** i. d. F. des JStG 2020 (dazu s. Rn. 263 ff.) in Umsetzung von **Art. 33 Buchst. a der MwStSystRL** 2006/112/EG Rechnung getragen, indem der Lieferort in das Bestimmungsland verlagert wird. Bei Abhollieferungen bleibt es dagegen dabei, dass der Lieferort sich nach § 3 Abs. 6 UStG bestimmt, d.h. dort, wo die Beförderung/Versendung durch den Abnehmer beginnt, respektive nach § 3 Abs. 7 S. 1 UStG dort, wo der Gegenstand sich zur Zeit der Verschaffung der Verfügungsmacht befindet.

Beispiel

Nichtunternehmer Ö (Wohnsitz Wien) kauft bei Unternehmer D (München) während eines Aufenthaltes in Bayern zwei Paare Skier. Paar 1 lässt er durch D an seine Wohnadresse in Wien schicken. Dieses will er später an seinen Bruder verschenken. Paar 2 lässt er sich sofort in München aushändigen, um damit sofort in Bayern Ski zu fahren. Nach Beendigung des Skiurlaubs in Bayern nimmt der die Skier mit nach Wien.

Der Ort für das durch Unternehmer D im Auftrage des Ö nach Wien versendete Paar 1 der Skier liegt nach § 3c Abs. 1 i. d. F. JStG 2020 dtsch. UStG in Österreich. Die Lieferung ist daher nach dtsch. UStG nicht steuerbar. Sie ist in Österreich freilich von D nach österr. UStG zu besteuern. Der Ort der Lieferung des Paares 2 liegt nach § 3 Abs. 7 S. 1, Abs. 6 S. 1 UStG in München. Die Lieferung ist für D nach deutschem UStG in Deutschland steuerbar und steuerpflichtig. In Österreich ist weder durch D eine Lieferung zu besteuern, noch tätigt Ö als Privatperson dort einen steuerbaren und steuerpflichtigen Erwerb entsprechend § 1a dtsch. UStG.

5. Bei der **Lieferung neuer Fahrzeuge** (s. Rn. 248 ff.) findet auch für Privatpersonen im Bestimmungsland eine **Erwerbsbesteuerung** statt, umgekehrt wird die Lieferung im Ursprungsland befreit **(§§ 1b, 2a, 4 Nr. 1b, 6a UStG)**.

Übersicht 245

Bestimmungslandprinzip im innergemeinschaftlichen Warenverkehr

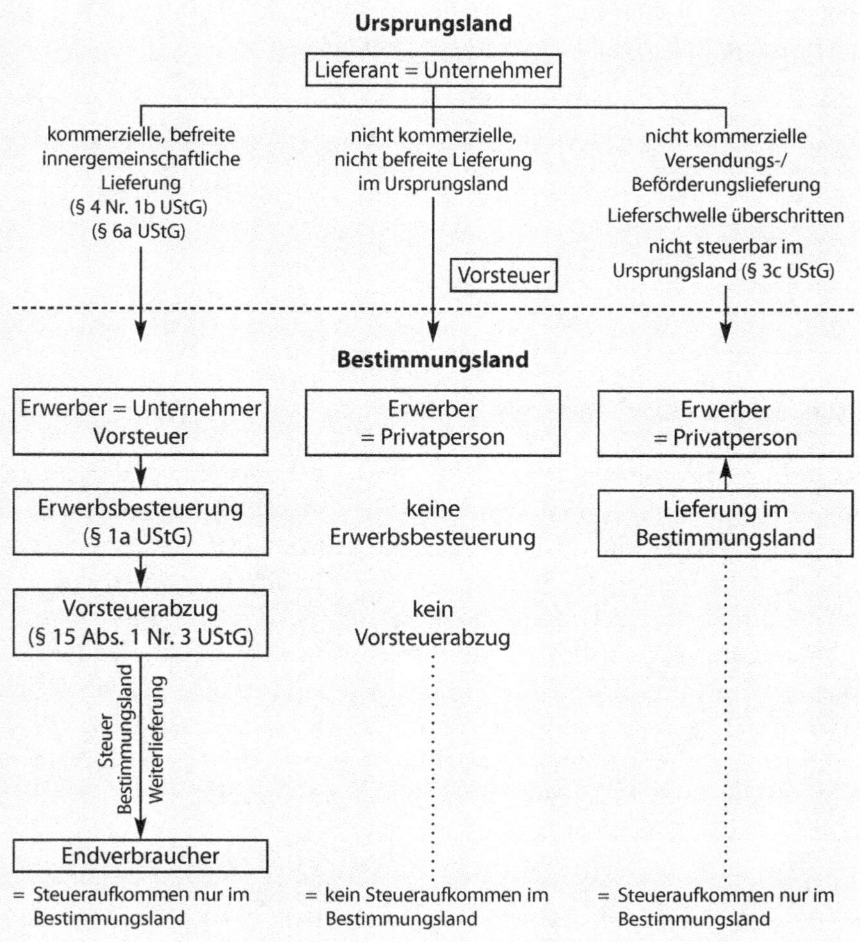

II. Erwerbsbesteuerung im Inland (§ 1 Abs. 1 Nr. 5 UStG)

1. Allgemeine Voraussetzungen

§ 1 Abs. 1 Nr. 5 UStG nennt den **innergemeinschaftlichen Erwerb** als weiteren steuerbaren Umsatz. Er ersetzt weitgehend die frühere Einfuhr, die nach § 1 Abs. 1 Nr. 4 UStG nur noch die Einfuhr aus dem Drittlandsgebiet betrifft. Nach § 1a Abs. 1 UStG, (Art. 2 Abs. 1 Buchst. b, 20 MwStSystRL) müssen **drei Voraussetzungen** erfüllt sein, damit ein innergemeinschaftlicher Erwerb vorliegt: 246

- Erstens muss eine **Lieferung** vorliegen und der Gegenstand dabei **aus dem übrigen Gemeinschaftsgebiet** in das Inland oder die in § 1 Abs. 3 UStG genannten Gebiete gelangt sein. Der Lieferort liegt mithin nach § 3 Abs. 6 UStG im übrigen Gemeinschaftsgebiet.

- Zweitens muss der **Erwerber Unternehmer** sein oder juristische Person des öffentlichen oder privaten Rechts.[710] Dazu enthält § 1a Abs. 3 UStG Einschränkungen. Als Erwerber kommt eine natürliche Privatperson (mit Ausnahme des Erwerbs neuer Fahrzeuge nach § 1b UStG) nicht in Betracht.
- Drittens muss der **Lieferant Unternehmer** sein. Er darf aber nicht Kleinunternehmer entsprechend § 19 UStG in seinem Heimatstaat sein.

Beispiel

U mit Sitz in Köln erwirbt von A in Amsterdam für 100.000 € einen gebrauchten Lkw. A ist Fuhrunternehmer, U ist Baustoffhändler.
Der Erwerb durch U unterliegt in Deutschland der Erwerbsbesteuerung bei U. Es entsteht eine Steuer von (100.000 € x 19 % =) 19.000 €. Diese kann U zugleich als Vorsteuer nach § 15 Abs. 1 Nr. 3 UStG von seiner Steuerschuld abziehen. Für A liegt in den Niederlanden eine steuerfreie innergemeinschaftliche Lieferung vor, entsprechend Art. 138 Abs. 1 MwStSystRL.

2. Institutionelle Erwerber und Erwerbsschwellen

247 a) Die Grundregel für den Erwerber lautet, dass er Unternehmer sein muss. Für natürliche Privatpersonen findet – vorbehaltlich § 1b UStG – keine Erwerbsbesteuerung statt und reziprok keine Befreiung der Lieferung im Ursprungsland.
Juristische Personen als Nichtunternehmer, Kleinunternehmer sowie **pauschalierende Landwirte** und **Unternehmer** mit ausschließlich steuerfreien Umsätzen **ohne Vorsteuerabzug** werden für die Erwerbsbesteuerung wie andere Unternehmer behandelt, wenn ihre Erwerbe bedeutsam sind. Dafür maßgebend ist, ob die Erwerbe die Erwerbsschwelle überschreiten (§ 1a Abs. 3 UStG). Die **Erwerbsschwelle** beträgt für die Bundesrepublik **Deutschland 12.500 €.** Maßgebend ist die Summe der Entgelte für Erwerbe im Vorjahr und die voraussichtlichen Entgelte für Erwerbe im laufenden Kalenderjahr.

Beispiel 1

Kleinunternehmer K hatte in 01 aus allen EU-Staaten Erwerbe für 30.000 €. Er hat in 02 die Erwerbsbesteuerung durchzuführen.

Beispiel 2

Pauschalierender Landwirt L hatte in 01 keine Erwerbe. Er erwirbt in 02 aus Dänemark eine Mähmaschine für 80.000 €. Er muss für 02 die Erwerbsbesteuerung durchführen.

b) Überschreiten diese **institutionellen Erwerber** die Erwerbsschwelle nicht, werden sie wie private Abnehmer behandelt. Es findet für sie keine Erwerbsbesteuerung statt, aber die Lieferungen an sie sind im Ursprungsland auch nicht befreit. Da dies bei Bezug aus einem höher versteuernden Ursprungsmitgliedstaat nachteilig sein kann, gewährt § 1a Abs. 4 UStG ein **Optionsrecht** zur Erwerbsbesteuerung. Dieses bindet den Erwerber für mindestens zwei Kalenderjahre.

Beispiel

Landwirt L erwirbt für 10.000 € netto aus Dänemark einen Pflug. Wenn er optiert, zahlt er 19 % deutsche USt auf 10.000 €. Dafür kann sein Lieferant ihn aber in Dänemark steuerfrei beliefern (dänische USt = 25 %). Optiert L, hat er allerdings auch für mindestens zwei Kalenderjahre alle innergemeinschaftlichen Erwerbe zu versteuern.

---

710 Zur Erwerbsbesteuerung bei Lieferungen durch sog. Versandhandelsapotheken aus den Niederlanden an gesetzliche Krankenkassen als jPdöR und deren Versicherte s. BFH v. 20.05.2015 – XI R 2/13, BStBl. II 2018, 605.

c) Beim Erwerb **neuer Fahrzeuge** und von **verbrauchsteuerpflichtigen Waren** (Mineralöle, Tabakwaren, Alkohol und alkoholische Getränke) haben institutionelle Abnehmer immer die Erwerbsbesteuerung vorzunehmen (§ 1a Abs. 5 UStG). Es kommt nicht darauf an, ob sie die Erwerbsschwelle überschreiten. Die Sonderregelung für verbrauchsteuerpflichtige Waren folgt daraus, dass hier für den kommerziellen Warenverkehr bei den Verbrauchsteuern uneingeschränkt am Bestimmungslandprinzip festgehalten wird. Nach der Regelung in den Verbrauchsteuergesetzen (Mineralöl/Tabak/Alkohol) steht auch die jeweilige Verbrauchsteuer dem Bestimmungsland zu. Der Verkehr mit verbrauchsteuerpflichtigen Waren unterliegt auch im Binnenmarkt weiterhin der Überwachung. Er bedarf bei kommerziellen Warenbewegungen der Genehmigung.

3. Sonderregelung für den Erwerb neuer Fahrzeuge

a) Für den Erwerb neuer Fahrzeuge als besonders wertvolle und mobile Einzelgüter soll die Besteuerung im Bestimmungsland in jedem Falle gesichert werden. Deshalb ist hier immer eine Erwerbsbesteuerung für den Erwerber vorgeschrieben. Ist der Erwerber Unternehmer, folgt dies bereits aus § 1a Abs. 1 und Abs. 5 UStG. Auch für institutionelle Abnehmer gelten nicht die Erwerbsschwellen (§ 1a Abs. 5 i. V. m. Abs. 3 UStG). Ist der **Erwerber eine natürliche Privatperson**, so ordnet **§ 1b UStG** auch für ihn die Erwerbsbesteuerung an. Er hat dann nach §§ 16 Abs. 5a, 18 Abs. 5a UStG innerhalb von zehn Tagen nach Erwerb eine sog. **Fahrzeugeinzelbesteuerung** durchzuführen und die Steuer zu entrichten. Zur Sicherung des Steueranspruches sind die Zulassungsstellen eingeschaltet, die den Finanzbehörden Mitteilung über die Zulassung zu machen haben (vgl. § 18 Abs. 10 UStG). **248**

b) Die Definition für **neue Fahrzeuge** findet sich in § 1 b Abs. 3 UStG, Art. 2 Abs. 2 Buchst. b MwStSystRL. Erfasst werden Land-, Wasser- und Luftfahrzeuge, die im Zeitpunkt der Lieferung durch Verschaffung der Verfügungsmacht (und nicht erst im Zeitpunkt der Ankunft im Bestimmungsmitgliedstaat) nicht mehr als 6.000 km (Landfahrzeuge), 100 (Wasserfahrzeuge) oder 40 Betriebsstunden (Luftfahrzeuge) zurückgelegt haben oder deren erste Inbetriebnahme im Zeitpunkt des Erwerbs nicht länger als drei Monate (so für Wasser- und Luftfahrzeuge), bzw. sechs Monate (so für Landfahrzeuge) zurückliegt.[711]

c) Das deutsche UStG ist in Bezug auf den Erwerb neuer Fahrzeuge durch Unternehmer und institutionelle Abnehmer fehlerhaft umgesetzt worden. Nach Art. 2 Abs. 1 Buchst. b ii) MwStSystRL unterliegt die Lieferung eines neuen Fahrzeugs durch Unternehmer, juristische Personen und jede andere Person der Erwerbsbesteuerung. Demgegenüber betrifft § 1b UStG nur den Erwerb eines neuen Fahrzeugs durch eine natürliche Person als Nichtunternehmer. Für den Erwerb von neuen Fahrzeugen durch Unternehmer und juristische Personen bleibt es bei der Regelung in § 1a UStG. § 1a Abs. 5 UStG sieht für den Erwerb neuer Fahrzeuge zwar vor, dass hier keine Erwerbsschwelle gilt. Es bleibt aber bei der Regelung des § 1a Abs. 1 Nr. 3 UStG, wonach der Liefernde ein Unternehmer sein muss. § 2a UStG hilft auch nicht weiter, da er nur die Lieferung neuer Fahrzeuge durch Nichtunternehmer im Inland betrifft, die in das übrige Gemeinschaftsgebiet gelangen.

---

711 Vgl. EuGH v. 18.11.2010 – C-84/09, (X), Slg. 2010, I-11645 = UR 2011, 104 (Lieferung/Erwerb eines Segelbootes in UK für Bestimmungsland Schweden – zu besteuernder Erwerb, obwohl das Schiff erst nach der Lieferung in UK noch auf hoher See gesegelt wurde, bevor es nach Schweden verbracht wurde!). Zum Begriff der (Land-)Fahrzeuge vgl. BFH v. 27.02.2014 – V R 21/11, BStBl. II 2014, 501 (sog. Pocket Bikes als Landfahrzeuge). S. auch EuGH v.14.06.2017 – C-26/16 (Santogal), UR 2017, 539 mit Anm. Reiß UR 2017, 565.

Beispiel

Händler H in Aachen erwirbt von Privatmann P in den Niederlanden für sein Unternehmen ein neues Fahrzeug für 30.000 €. Nach dem Wortlaut des § 1a Abs. 1 Nr. 3 UStG unterliegt der Erwerb entgegen Art. 2 Abs. 1 Buchst. b Buchst. ii) MwStSystRL nicht der Erwerbsbesteuerung. § 1b UStG kann nicht angewendet werden, weil das Fahrzeug von einem Unternehmer erworben wird. Eine richtlinienkonforme Auslegung ist trotz des Wortlautes aufgrund des offenkundigen Redaktionsversehens des Gesetzgebers hier geboten.[712]

4. Werklieferungen und Werkleistungen

249 Eine Erwerbsbesteuerung kommt nach § 1a Abs. 1 UStG nur bei Lieferungen in Betracht. Art. 20 MwStSystRL definiert den Erwerb auch als „Erlangung der Befähigung wie ein Eigentümer über einen körperlichen Gegenstand zu verfügen". Als Lieferung ist auch die **Werklieferung** gemäß § 3 Abs. 4 UStG zu behandeln. Der Erwerbsbesteuerung unterliegt daher auch die Übertragung von Gegenständen, die vom Werkunternehmer in einem anderen EU-Mitgliedstaat aus eigenen Hauptstoffen hergestellt wurden.

Es muss daher unterschieden werden zwischen Werklieferungen, für die uneingeschränkt die Regeln über den innergemeinschaftlichen Erwerb und die innergemeinschaftliche Lieferung gelten, und Werkleistungen, die keine Werklieferungen sind.

Beispiel

D in Deutschland lässt sich von Ö in Österreich einen Schreibtisch für 5.000 € fertigen. Das Holz beschafft Ö. Nach Fertigstellung wird der Schreibtisch aus Österreich zu D in Deutschland befördert. Falls D Unternehmer ist, unterliegt die an ihn ausgeführte Werklieferung in Deutschland der Erwerbsbesteuerung nach § 1 Nr. 5 i. V. m. § 1a UStG.

5. Innergemeinschaftliches Verbringen innerhalb des Unternehmens

250 a) Als innergemeinschaftlicher Erwerb wird auch das Verbringen eines Unternehmensgegenstandes aus dem übrigen Unionsgebiet in das Inland behandelt. Es handelt sich hier aus der Sicht des Unternehmens um einen sog. Innenumsatz. Die Erwerbsbesteuerung nach **§ 1a Abs. 2 UStG** entspricht auch hier der Einfuhrumsatzbesteuerung nach § 1 Abs. 1 Nr. 4 UStG bei gleich gelagerten Sachverhalten, wenn der Gegenstand aus einem Drittlandsgebiet eingeführt wurde. Unter die Erwerbsbesteuerung fällt sowohl die Verbringung von Anlage- als auch Umlaufvermögen von einer im übrigen Unionsgebiet belegenen festen Niederlassung oder Zweigstelle in im Inland belegene feste Niederlassungen oder Zweigstellen.

Beispiel 1

U überführt aus einer Zweigstelle in Utrecht (Niederlande) eine Maschine in seine Hauptniederlassung in Aachen.

Beispiel 2

U überführt zum Verkauf bestimmte Ware aus seiner Hauptniederlassung in Brüssel in seine feste Niederlassung in Köln.

---

712 Zutreffend Lippross, USt, Kap. 14.9.3.1 (S. 1637 f.) und Stadie in: R/D, § 1a Rn. 222 (März 2023) – offenkundiges Redaktionsversehen des dt. Gesetzgebers.

b) Nicht als innergemeinschaftlicher Erwerb nach § 1a Abs. 2 UStG (und korrespondierend nicht als innergemeinschaftliche Lieferung nach § 3 Abs. 1a UStG) wird ein Verbringen aus dem übrigen Gemeinschaftsgebiet zur lediglich **vorübergehenden Verwendung** in das Inland (aus dem Inland in das übrige Gemeinschaftsgebiet) behandelt. Das Gesetz definiert nicht, wann ein lediglich vorübergehendes Verbringen vorliegt. Zur richtlinienkonformen Auslegung ist auf Art. 23 i. V. m. Art. 17 Abs. 2 MwStSystRL zurückzugreifen.[713] Als eine „vorübergehende Verwendung", d. h. gerade nicht als Verbringen gilt es nach Art. 17 Abs. 2 Buchst. b, f und g MwStSystRL, wenn Arbeitsmittel oder Arbeitsmaterialien oder andere Gegenstände in das Inland verbracht und dort zur Ausführung von (Werk-)Lieferungen (durch Montage, Installation) oder sonstigen (Dienst-)Leistungen, etwa für Werkleistungen oder Vermietungen,[714] verwendet werden oder wenn mit Fahrzeugen Beförderungsleistungen im Inland ausgeführt werden oder wenn der Auftraggeber Material in das Inland verbringt und es dort beistellt oder gestellt. Werden Gegenstände zwecks Begutachtung oder Bearbeitung in das Inland verbracht, liegt eine „vorübergehende Verwendung" entsprechend Art. 17 Abs. 2 Buchst. f MwStSystRL nur vor, wenn diese Gegenstände wieder in den Mitgliedstaat zurückgelangen, aus dem sie in das Inland verbracht worden sind.[715] Auf die tatsächliche Dauer der Verwendung kommt es nicht an. Ein vorübergehendes **(befristetes) Verbringen** liegt nach Art. 17 Abs. 2 Buchst. h MwStSystRL auch vor, wenn für die Verwendung dieses Gegenstandes bei einer Einfuhr aus einem Drittland Regelungen über die Befreiung von Einfuhrabgaben bei vorübergehender Einfuhr gelten würden. Dies betrifft die Regelungen in Art. 250–253 UZK (Art. 137–144 ZK). Nach Art. 251 Abs. 2 UZK können Nichtunionswaren, die zur Wiederausfuhr bestimmt sind, maximal bis zu einer Dauer von 24 Monaten unter Befreiung von Einfuhrabgaben im Gemeinschaftsgebiet verwendet werden. Für einige Gegenstände gelten kürzere Verwendungsfristen.[716]

Beispiel

Bauunternehmer B in Maastricht (Niederlande) führt für Auftraggeber A in Aachen die Herstellung eines Rohbaues in Aachen aus. Die erforderlichen Steine bringt er mit dem Lkw nach Aachen. Außerdem setzt er eigene Baumaschinen ein, die ebenfalls nach Aachen verbracht werden. B führt in Aachen eine steuerbare und steuerpflichtige Werklieferung des Rohbaues aus (§ 1 Abs. 1 Nr. 1 i. V. m. § 3 Abs. 4, Abs. 7 UStG). Es liegt jedoch kein innergemeinschaftlicher Erwerb bzgl. der Steine, des Lkw und der Baumaschinen vor, weder für B (nur vorübergehendes Verbringen) noch für A (kein Verbringen zu seiner Verfügung und keine entgeltliche Lieferung dieser Gegenstände an ihn).

Hinweis:

B hat gleichwohl Aufzeichnungspflichten in den Niederlanden bzgl. der vorübergehend verwendeten Gegenstände zu erfüllen (vgl. Art. 243 MwStSystRL und § 22 Abs. 4 a UStG für den umgekehrten Fall von Bauarbeiten eines deutschen Unternehmers in den Niederlanden).

---

713 S. auch Lippross, USt, Kap. 14.5.12.3 (S. 1567) und Kap. 14.5.12.4 (S. 1569).

714 S. BFH v. 21.05.2014 – V R 34/13, BStBl. II 2014, 914 (Verbringen einer Segeljacht zwecks Vermietung und eigener Nutzung).

715 EuGH v. 06.03.2014 – C-606/12 und C-607, 12 (Dresser Rand France), UR 2014, 933.

716 S. dazu Nachweise zu den einzelnen Bestimmungen im UZK und in der UZK-DA und UZK-IA in Abschn. 1a.2 Abs. 12 UStAE.

6. Ort des Erwerbs und Erwerb im Reihengeschäft

251 a) Der **Ort des Erwerbs** befindet sich dort, wo sich der Gegenstand am Ende der Beförderung oder Versendung befindet (§ 3d S. 1 UStG). Im Falle der Lieferung fallen mithin der Ort der Lieferung nach § 3 Abs. 6 UStG und der Ort des korrespondierenden Erwerbs auseinander. Ersterer liegt im Ursprungsland = Abgangsort, letzter im Bestimmungsland = Ankunftsort. § 3d S. 1 UStG korrespondiert mit § 3 Abs. 6 S. 1 UStG. Der Ort der Lieferung liegt im Mitgliedstaat des Beginns der Beförderung, der Ort des Erwerbs im Mitgliedstaat des Endes der Beförderung.[717]

Beispiel

U (Utrecht, NL) liefert an A (Aachen) eine Baumaschine. A holt diese in Utrecht ab. U liefert nach § 3 Abs. 6 UStG aus deutscher Sicht nicht steuerbar in den Niederlanden, aber dort befreit. A hingegen bewirkt nach §§ 1 Abs. 1 Nr. 5, 1a i. V. m. § 3d S. 1 UStG einen in Deutschland steuerbaren Erwerb.

Für die Anwendung des §§ 3 Abs. 6 S. 1, 3d S. 1 UStG muss der Abnehmer bereits feststehen, also entweder der bindende (Kauf-)Vertrag bereits bei Beginn der Beförderung/Versendung abgeschlossen worden sein oder jedenfalls der Name und Anschrift des (zukünftigen) Erwerbers bereits zum Zeitpunkt des Beginns der Beförderung/Versendung aus dem Herkunftsland in das Bestimmungsland bekannt sein, wenn die Lieferung selbst nach einer bestehenden Vereinbarung (erst) nach dem Ende der Beförderung/Versendung erfolgt.

b) Ist dies der Fall, schadet auch eine (Zwischen-)Lagerung in einem **Auslieferungs-/Konsignationslager** nicht (s. Rn. 259 ff.). Bei Erfüllung dieser Voraussetzungen ist die Lieferung für den Lieferanten im Herkunftsland als innergemeinschaftliche Lieferung befreit und erst der Lieferungsempfänger/Erwerber tätigt den innergemeinschaftlichen Erwerb im Bestimmungsland. Stand bei Beginn der Beförderung/Versendung hingegen der (ggf. erst zukünftige) Abnehmer noch nicht fest, liegt im Abgangsstaat zwar ein befreites innergemeinschaftliches Verbringen vor. Der Erwerbstatbestand im Bestimmungsland wird dann jedoch noch vom verbringenden Unternehmer selbst verwirklicht und nicht schon vom späteren Käufer.

c) Durch **Art. 17a MwStSystRL**[718] ist inzwischen eine **Sonderregelung** zum Verbringen von Waren im Rahmen einer Konsignationslagerregelung in einen anderen Mitgliedstaat getroffen worden. Das Verbringen im Rahmen einer **Konsignationslagerregelung** gilt noch nicht als einer Lieferung gegen Entgelt gleichstehendes innergemeinschaftliches Verbringen. Dadurch wird vermieden, dass der Lieferer aus einem anderen Mitgliedstaat sich im für ihn fremden Mitgliedstaat des Ortes des Konsignationslagers registrieren lassen muss. Vielmehr tätigt er erst mit der (Aus-)Lieferung aus dem Konsignationslager an seinen Kunden die befreite ig. Lieferung in seinem (Abgangs-)Mitgliedstaat und erst sein Kunde tätigt den dazu korrespondierenden ig. Erwerb im Bestimmungsmitgliedstaat. Auch nach dieser Regelung ist aber grundsätzlich Voraussetzung, dass bereits bei Verbringen in das Konsignationslager eine Vereinbarung zwischen den Parteien besteht, wonach der Kunde als Lieferungsempfänger den Gegenstand erwerben kann und darf. Ist die Lieferung an den Kunden nicht innerhalb von zwölf Monaten seit Verbringung in das Konsignationslager erfolgt, ist dann allerdings von einem innergemeinschaftlichen Verbringen im Abgangsland an sich selbst und einem damit korrespondierenden ig. Erwerb im Bestimmungsland auszugehen. Keine Verbringung liegt vor, wenn die Gegenstände innerhalb eines Jahres ohne vor-

717 Vgl. dazu BFH v. 20.12.2006 – V R 11/06, BStBl. II 2007, 424 (zur Erwerbsbesteuerung einer privat genutzten Jacht nach § 1b UStG).

718 Eingefügt durch Richtlinie (EU) 2018/1910 v. 04.12.2018, Abl. EU 2018, Nr. L 311, 5.

herige Lieferung in das Herkunftsland zurückgesandt werden. Art. 17 a MwStRL ist mit Wirkung ab dem 01.01.2020 durch **§ 6b UStG** umgesetzt worden (s. Rn. 259ff.).

d) Erfolgt im Anschluss an einen Erwerb eine Lieferung durch den Erwerber, befindet sich der Lieferort nach § 3 Abs. 7 S. 2 Nr. 2 UStG im Mitgliedstaat des Erwerbs.

Beispiel

K in Köln kauft von D in Düsseldorf eine Maschine, die D seinerseits von A in Amsterdam kauft. Die Maschine wird von A unmittelbar an K versendet. A liefert entsprechend § 3 Abs. 6 S. 1, § 3 Abs. 6a UStG innergemeinschaftlich gemäß Art. 138 MwStSystRL nach ndl. Recht befreit an D in den Niederlanden. D bewirkt in Deutschland einen Erwerb nach §§ 1 a, 3 d S. 1 UStG. D liefert in Deutschland steuerbar und steuerpflichtig (§ 3 Abs. 7 S. 2 Nr. 2 UStG) an den K. K ist Empfänger einer innerstaatlichen Lieferung und nicht Erwerber.

Problematisch ist, wer im Reihengeschäft der Erwerber ist. Erwerber ist immer nur derjenige, der der erste Abnehmer desjenigen Lieferanten ist, dem die Beförderung/Versendung **(sog. warenbewegte Lieferung)** nach § 3 Abs. 6a (bis 01.01.2020 nach § 3 Abs. 6 S. 5 und 6 UStG a. F.) zugeordnet ist, die ihrerseits allein als innergemeinschaftliche Lieferung nach §§ 4 Nr. 1 Buchst. b, 6a UStG befreit ist. Der Erwerber ist dann derjenige, an den die befreite Lieferung erfolgt und der ggf. i. S. d. § 3 Abs. 7 S. 2 Nr. 2 UStG die erste nachgeordnete Lieferung tätigt.[719]
Zu beachten ist, dass im Reihengeschäft nur eine der Lieferungen die sog. warenbewegte, innergemeinschaftlich zu befreiende Lieferung ist (s. Rn. 259ff.).

e) Zur Kontrolle und Sicherstellung der Erwerbsbesteuerung bestimmt **§ 3d S. 2 UStG**, dass bei Verwendung einer USt-IdNr. eines anderen Mitgliedstaates als des Bestimmungslandes durch den Erwerber ein Erwerb vorläufig **auch** als in dem anderen Mitgliedsland bewirkt gilt, dessen USt-IdNr. verwendet wurde. Dies hat seinen Grund darin, dass der Lieferant zum Nachweis einer befreiten Lieferung die USt-IdNr. des Empfängers benötigt. Der Mitgliedstaat der befreiten Lieferung kann dann überprüfen lassen, ob im Mitgliedstaat der USt-IdNr. des Empfängers eine korrespondierende Erwerbsbesteuerung stattgefunden hat. Die **Erwerbsbesteuerung im Mitgliedstaat der verwendeten USt-IdNr.** entfällt allerdings, wenn der Erwerber nachweist, dass sein Erwerb im Mitgliedstaat der Ankunft des Gegenstandes besteuert wurde. Eine Besteuerung im Land der verwendeten USt-IdNr. ist dann rückgängig zu machen (§ 17 Abs. 2 Nr. 4 UStG). Letztlich soll durch diese Regelung gewährleistet werden, dass **eine Kontrolle möglich ist**. Im Ergebnis soll aber gleichwohl nur im Bestimmungsland die endgültige Erwerbsbesteuerung erfolgen. In den Fällen der fiktiven Erwerbsbesteuerung beim innergemeinschaftlichen Dreiecksgeschäft (dazu sogleich) nach § 25b UStG erfolgt von vornherein keine Erwerbsbesteuerung im Mitgliedstaat der verwendeten USt-IdNr. 252

Beispiel

Die Bundesrepublik Deutschland lässt von österreichischen Lieferanten Bücher für eine deutsche Schule in Italien liefern. Sie verwendet ihre deutsche USt-IdNr.
Die endgültige Erwerbsbesteuerung nach § 3d S. 1 UStG ist in Italien durchzuführen. Bis zum Nachweis dieser Besteuerung hat die Bundesrepublik in Deutschland die Erwerbsbesteuerung durchzuführen (§ 1a i. V. m. § 3d S. 2 UStG).

719 S. EuGH v. 23.04.2020 – C-401/18 (Herst), UR 2020, 386; v. 19.12.2018 – C-414/17 (AREX CZ) und v. 21.02.2018 – C-628/16 (Kreuzmayr), MwStR 2018, 308 mit Anm. Reiß MwStR 2018, 296; s. auch bereits Reiß UR 2015, 733; vgl. auch BFH v. 11.03.2020 – XI R 18/18, MwStR 2020, 934; BFH v. 28.05.2013 – XI R 11/09, UR 2013, 756; EuGH v. 26.07.2017 – C-386/16 (Toridas), MwStR 2017, 779 mit Anm. Grube und Reiß MwStR 2017, 767; v. 27.09.2012 – C-587/10 (VStR), UR 2012, 832; v. 06.04.2006 – C-245/04 (EMAG Eder oHG), Slg. 2006, I-3247; v. 16.12.2010 – C-430/00 (Euro Tyre Holding), UR 2011, 176; BFH v. 11.08.2011 – V R 3/10, UR 2011, 909. Siehe zu innergemeinschaftlichen Reihengeschäften auch Meyering/Hintzen/Meißner DStR 2021, 257.

Die Regelung des **§ 3d S. 2 UStG** hat eine **reine Sicherungsfunktion**. Das Recht und die Pflicht zur Durchführung der Erwerbsbesteuerung des Mitgliedstaates, in den der Liefergegenstand gemäß § 3d S. 1 UStG tatsächlich gelangt, bleibt unberührt. Um die Besteuerung im richtigen (Bestimmungs-)Mitgliedstaat durchzusetzen, ist dem Erwerber im Mitgliedstaat der (bloßen) verwendeten USt-IdNr. **kein Vorsteuerabzug aus dem Erwerb** entsprechend § 15 Abs. 1 Nr. 3 UStG, Art. 168c MwStSystRL im (falschen) Mitgliedstaat der verwendeten USt-IdNr. zu gewähren.[720] Vielmehr kann er nur durch Nachweis der Erwerbsbesteuerung im richtigen Mitgliedstaat gemäß § 3d S. 2 UStG erreichen, dass die Erwerbsbesteuerung im Mitgliedstaat der verwendeten USt-IdNr. rückgängig gemacht wird.[721] § 15 Abs. 1 Nr. 3 UStG bestimmt ausdrücklich, dass ein Vorsteuerabzug nur gewährt wird, wenn der Erwerb gemäß § 3d S. 1 UStG tatsächlich im Inland erfolgt ist.

253 f) Das **Reihengeschäft**, insbesondere das **innergemeinschaftliche Dreiecksgeschäft nach § 25b UStG** ist eine Vereinfachungsvorschrift, die aber in der Praxis erhebliche Schwierigkeiten bereitet. Die unionsrechtliche Grundlage für die Regelung findet sich in Art. 141 MwStSystRL. Die Regelung sieht verkürzt wie folgt aus:
Der **erste Lieferant** in der Reihe tätigt eine steuerfreie innergemeinschaftliche Lieferung.

Der **Zwischenunternehmer (erster Abnehmer/Zwischenhändler)** tätigt einen Erwerb im Bestimmungsland, der aber nicht besteuert wird. Er tätigt im Bestimmungsland eine steuerpflichtige Lieferung, für die aber der letzte Abnehmer in der Reihe zum Steuerschuldner erklärt wird. Dadurch erübrigen sich für den Zwischenunternehmer Erklärungs- und Zahlungspflichten im Bestimmungsland bzgl. des dort getätigten innergemeinschaftlichen Erwerbs und der dort erfolgenden nachfolgenden Lieferung an den Enderwerber (Vereinfachung). In seinem Heimatland hat der Zwischenhändler allerdings in der zusammenfassenden Meldung die nicht dort, sondern erst im Bestimmungsland steuerbare Lieferung unter Angabe der USt-IdNr. seines Abnehmers anzugeben.

Der letzte Abnehmer in der Reihe tätigt keinen Erwerb, sondern ist Empfänger einer innerstaatlichen Lieferung. Er wird als Empfänger für diese Lieferung zum Steuerschuldner (wie § 13b Abs. 5 UStG = Umkehrung der Steuerschuldnerschaft; s. Rn. 427 ff.).

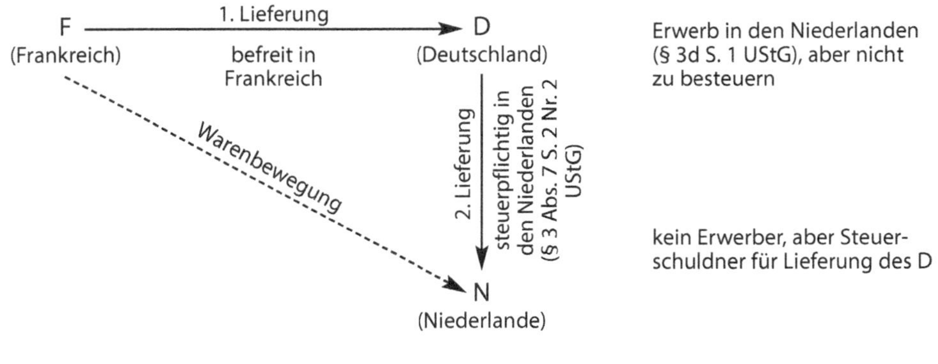

Diese Regelung bewirkt, dass die Zwischenperson (D) im für sie fremden Bestimmungs-/Erwerbsmitgliedstaat (Niederlande) keine Erklärungs- und Zahlungs-

720 BFH v. 01.09.2010 – V R 39/08, BStBl. II 2011, 658; v. 08.09.2010 – XI R 40/08, BStBl. II 2011, 661; EuGH v. 22.04.2010 – C-536/08 und C-539/08 (X und Facet Trading BV), UR 2010, 418.

721 Nach der durchaus kritikwürdigen Rspr. des EuGH v. 18.12.2014 – C-131/13 (Italmoda), UR 2015, 106, ist die Rückgängigmachung aber zu versagen, wenn der Stpfl. sich fahrlässig an einer in der Lieferkette begangenen Mehrwertsteuerhinterziehung beteiligt hat.

pflichten zu erfüllen hat. Dies wird technisch dadurch erreicht, dass der Erwerb nicht besteuert wird (er gilt fiktiv als besteuert!) und die Steuerschuld auf den letzten Unternehmer (N) in der Reihe verlagert wird. Der letzte Unternehmer in der Reihe ist nicht Erwerber im Bestimmungsmitgliedstaat, aber über die Verlagerung der Steuerschuldnerschaft für die Lieferung des Mittelmannes an ihn tritt dasselbe Ergebnis ein.

g) Die Regelung des **§ 25b UStG über das innergemeinschaftliche Dreiecksgeschäft** enthält keine Sonderregelungen über den Ort der Lieferung bei Reihen- oder Kettengeschäften. Vielmehr bestimmt sich der Ort der Lieferung auch bei Vorliegen der Voraussetzungen des § 25b UStG ausschließlich nach § 3 Abs. 6, Abs. 6a und Abs. 7 UStG. Die **Bedeutung des § 25b UStG** besteht ausschließlich darin, dass nach § 25b Abs. 2 UStG die **Steuerschuldnerschaft** für die letzte Lieferung der Zwischenperson (= erster Abnehmer im Dreiecksgeschäft) **auf den letzten Abnehmer verlagert** wird und der **Erwerb der Zwischenperson im Bestimmungsland** des letzten Abnehmers als **besteuert gilt**. Dadurch wird erreicht, dass die Zwischenperson im Bestimmungsland, in dem sie nicht ansässig ist, praktisch keine Erklärungs- und Zahlungspflichten hat. Sie braucht dort weder den von ihr bewirkten Erwerb zu besteuern noch die von ihr bewirkte Lieferung. Damit erübrigt sich auch ein Vorsteuerabzug für sie im Bestimmungsland. 254

Beispiel 1 (Deutschland als Bestimmungsland)

I (Italien) veräußert Ware an Ö (Österreich), dieser an D in Deutschland. I versendet die Ware unmittelbar an D. I tätigt in Italien eine dort steuerbare, aber befreite innergemeinschaftliche Lieferung (Art. 138 MwStSystRL; §§ 3 Abs. 6, 4 Nr. 1b i.V.m. § 6a Abs. 1 Nr. 1 UStG entsprechend). Ö (erster Abnehmer der innergemeinschaftlich befreiten warenbewegten Lieferung) bewirkt in Deutschland einen Erwerb nach § 1a i.V.m. § 3d S. 1 UStG. Aber dieser Erwerb gilt nach § 25b Abs. 3 UStG als in Deutschland besteuert. Ö braucht insoweit keine Erklärungspflichten in Deutschland zu erfüllen. Ö bewirkt nach § 3 Abs. 7 S. 2 Nr. 2 UStG eine in Deutschland steuerbare und steuerpflichtige Lieferung an D. Aber für diese Lieferung ist nicht Ö, sondern D nach § 25b Abs. 2 UStG der Steuerschuldner (sog. reverse charge, echter Übergang der Steuerschuld). D seinerseits kann die von ihm für Ö geschuldete Steuer als Vorsteuer von seiner Steuerschuld gemäß § 25b Abs. 5 i.V.m. § 15 Abs. 1 Nr. 3 UStG abziehen.

Beispiel 2 (Lieferung aus Deutschland)

D (Deutschland) veräußert Ware an B (Belgien), dieser an N (Niederlande). D befördert die Ware unmittelbar zu N. D liefert nach §§ 3 Abs. 6, 4 Nr. 1 b i.V.m. § 6a Abs. 1 Nr. 1 UStG steuerfrei in Deutschland an B (innergemeinschaftliche Lieferung). B tätigt in den Niederlanden einen dort als besteuert geltenden Erwerb (Art. 141 MwStSystRL; § 25b Abs. 3 UStG entspr.) und liefert dort steuerbar und steuerpflichtig an N (Art. 31 MwStSystRL; § 3 Abs. 7 S. 2 Nr. 2 UStG entspr.). Für diese Lieferung ist aber N der Steuerschuldner (Art. 197 Abs. 1 Buchst. a MwStSystRL; § 25b Abs. 2 UStG entspr.).

Beispiel 3 (deutscher Zwischenlieferer)

F (Frankreich) veräußert Ware an D (Deutschland), dieser an Ö (Österreich). F befördert die Ware unmittelbar nach Österreich. F liefert nach französischem Umsatzsteuerrecht innergemeinschaftlich befreit an D in Frankreich, § 3 Abs. 6 S. 1 UStG. D tätigt in Österreich einen Erwerb, § 3d S. 1 UStG, der aber dort als besteuert gilt. Außerdem liefert er steuerbar und steuerpflichtig in Österreich an Ö, § 3 Abs. 7 S. 2 Nr. 2 UStG. Die österreichische Steuerschuld für die Lieferung des D geht aber auf Ö über, Art. 197 Abs. 1 i.V.m. Art. 141 MwStSystRL. D braucht in Österreich keine Erklärungs- und Zahlungspflichten zu erfüllen, hat aber in Deutschland in einer zusammenfassenden Meldung nach § 18a UStG die in Österreich ausgeführte Lieferung zu deklarieren.

255 h) Die Anwendung des § 25b UStG setzt tatbestandlich voraus (§ 25b Abs. 1 UStG):
- drei Unternehmer aus drei unterschiedlichen Mitgliedstaaten (USt-IdNr.);[722]
- zwei Umsatzgeschäfte über denselben Gegenstand, der unmittelbar vom ersten Lieferer an den letzten Abnehmer gelangt (Reihen- oder Dreiecksgeschäft), und zwar aus einem Mitgliedstaat in einen anderen;
- Befördern/Versenden durch den ersten Lieferer oder seinen (den ersten) Abnehmer.

Zu beachten ist, dass der Anwendungsbereich des § 25b UStG ziemlich eingeschränkt ist. Er findet schon nicht auf ein mehr als dreigliedriges Reihengeschäft Anwendung. Er findet auch beim dreigliedrigen Reihengeschäft keine Anwendung, wenn zwei Unternehmer im selben Mitgliedstaat erfasst sind. Ebenfalls findet er keine Anwendung, wenn der letzte in der Reihe den Gegenstand befördert oder versendet (abholt).

Beispiel 1 (Lieferung aus Deutschland)

D1 (Darmstadt) veräußert an D2 (Düsseldorf) und D2 an N (Niederlande). N holt den Gegenstand bei D1 ab. D2 liefert gemäß § 3 Abs. 6a S. 3, § 3 Abs. 6 S. 1 UStG (§ 3 Abs. 6 S. 5 und 6 UStG a. F.) steuerbar, aber steuerfrei nach § 4 Nr. 1 Buchst. b i. V. m. § 6a UStG an den N. N tätigt einen in den Niederlanden steuerbaren Erwerb. D1 liefert nach § 3 Abs. 7 S. 2 Nr. 1 UStG steuerbar und steuerpflichtig in Deutschland an D2.
Ebenso verhält es sich, wenn zwar D2 die Beförderung übernimmt oder veranlasst, aber dabei durch Verwendung seiner deutschen USt-IdNr. gegenüber D 1 nachweist, dass er den Gegenstand als Lieferer befördert, § 3 Abs. 6a S. 4 und 5 (§ 3 Abs. 6 S. 6 UStG a. F.; s. Rn. 87 f.).[723]

Beispiel 2 (Lieferung nach Deutschland)

N (Niederlande) veräußert an D2 (Düsseldorf), D2 veräußert an D1 (Darmstadt). N befördert unmittelbar an D1. N liefert nach § 3 Abs. 6 S. 1, § 3 Abs. 6a UStG aus deutscher Sicht nicht steuerbar an D2 in den Niederlanden. D2 tätigt nach §§ 1 a, 3 d S. 1 UStG einen in Deutschland steuerbaren innergemeinschaftlichen Erwerb. Dafür kann er die VoSt nach § 15 Abs. 1 Nr. 3 UStG abziehen. D2 liefert steuerbar und steuerpflichtig nach § 3 Abs. 7 S. 2 Nr. 2 UStG an D1. Aus dieser Lieferung steht dem D1 nach § 15 Abs. 1 Nr. 1 UStG der Vorsteuerabzug zu. Eine Verlagerung der Steuerschuld nach § 25b UStG auf D1 findet nicht statt.

256 i) Die Verlagerung der Steuerschuld für die Lieferung des ersten Abnehmers auf den letzten Abnehmer nach § 25b Abs. 2 UStG setzt außerdem voraus, dass der **letzte Abnehmer eine USt-IdNr. des Bestimmungslandes** verwendet (Mitgliedsland des Endes der Beförderung/Versendung), die Zwischenperson **(erster Abnehmer) nicht im Bestimmungsland** ansässig ist und ihrem Abnehmer (dem letzten Abnehmer) eine **Rechnung** erteilt, in der die **Steuer nicht ausgewiesen** ist. In der Rechnung ist auf das Vorliegen eines innergemeinschaftlichen Dreiecksgeschäfts und den Übergang der Steuerschuld hinzuweisen, § 14 a Abs. 7 UStG. Dieser Hinweis **ist keine bloße Formalie**, sondern für die Inanspruchnahme der Sonderregelung obligatorisch. Er kann aber **noch nachträglich erteilt werden, dann aber nur mit Wirkung ex nunc.**[724] Da die in den Art. 42 und 141 der Mehrwertsteuerrichtlinie vorgesehene Ausnahmeregelung fakultativ ist, ermöglicht es die nach Art. 226 Nr. 11a der Richtlinie erforderliche Angabe (Formalität), sicherzustellen, dass der Endempfänger einer Lieferung Kenntnis von seinen steuerlichen Pflichten hat. Daher liegt nach zutreffender Auffassung des EuGH kein innergemeinschaftliches

722 S. dazu EuGH v. 19.04.2018 – C-580/16 (Hans Bühler), MwStR 2018, 471 mit Anm. Grube. S. auch Reiß MwStR 2018, 594 (maßgeblich ist, dass USt-IdNrn. verschiedener Staaten verwendet werden).

723 Vgl. EuGH v. 26.07.2017 – C-386/16 (Toridas), MwStR 2017, 779 mit Anm. Reiß.

724 Ebenso die Schlussanträge der Generalanwältin Kokott v. 14.7.2022 in der Rechtssache Luxury Trust Automobil (C-247/21, EU:C:2022:588, Rn. 71).

Dreiecksgeschäft (§ 25b UStG) vor, wenn die vom Zwischenerwerber ausgestellte Rechnung nicht die Angabe „Steuerschuldnerschaft des Leistungsempfängers“ gemäß Art. 226 Nr. 11a der Richtlinie (§ 14 a Abs. 7 UStG) enthält.[725]

7. Steuerbefreiung des Erwerbs

§ 4b UStG befreit bestimmte Fälle des innergemeinschaftlichen Erwerbs. Er entspricht weitgehend den Befreiungen des § 5 UStG für die Einfuhr (s. Rn. 231 ff.). § 4b Nr. 1 UStG befreit wie § 5 Nr. 1 UStG den Erwerb von Wertpapieren, menschlichen Organen, Blut und Frauenmilch sowie von Wasserfahrzeugen für die Seeschifffahrt und von dafür bestimmten Ausrüstungsgegenständen. § 4b Nr. 2 UStG befreit den Erwerb von Gold von Zentralbanken, den Erwerb von Gegenständen zur Einlagerung in ein Umsatzsteuerlager (§ 4 Nr. 4a UStG) und den Erwerb von Gegenständen, die sich in einem Nichterhebungsverfahren nach § 4 Nr. 4b UStG befinden (s. Rn. 228). § 4b Nr. 3 UStG befreit den Erwerb, soweit auch eine Einfuhr nach § 5 UStG befreit wäre.[726] Nach § 4b Nr. 4 UStG ist u. a. der Erwerb von Gegenständen befreit, die ihrerseits zur Ausführung steuerfreier Ausfuhrlieferungen oder steuerfreier innergemeinschaftlicher Lieferungen verwendet werden. Denn für derartige Lieferungen ist der Vorsteuerabzug nach § 15 Abs. 3 UStG nicht ausgeschlossen. Aus diesen Gründen lässt die Verwaltung zur Vereinfachung auch die freiwillige Besteuerung des Erwerbs trotz Befreiung nach § 4b Nr. 4 UStG zu.[727] 257

Beispiel

D erwirbt von F (Frankreich) eine Maschine zum Preis von 100.000 €, die er
- nach Serbien ausführt (§ 4 Nr. 1 Buchst. a UStG);
- innergemeinschaftlich befreit nach Österreich liefert (§ 4 Nr. 1 Buchst. b UStG).

Beide Erwerbe sind befreit. Aber es wird nicht beanstandet, wenn D die Erwerbe besteuert und die Erwerbsteuer als Vorsteuer von seiner Steuerschuld abzieht.

8. Bemessungsgrundlage und Steuersatz

Bemessungsgrundlage für den Erwerb ist das für die Lieferung zu entrichtende **Entgelt** (§ 10 Abs. 1 UStG). In den Fällen des innergemeinschaftlichen Verbringens nach § 1a Abs. 2 UStG sind – wie bei unentgeltlichen Wertabgaben nach § 3 Abs. 1b UStG – der **Einkaufspreis zuzüglich Nebenkosten** oder die Selbstkosten als Bemessungsgrundlage anzusehen (§ 10 Abs. 4 Nr. 1 UStG). Der Erwerb unterliegt demselben Steuersatz nach § 12 UStG wie entsprechende innerstaatliche Lieferungen. 258

III. Steuerfreie innergemeinschaftliche Lieferung

1. Allgemeine Voraussetzungen

a) **§ 4 Nr. 1 Buchst. b i. V. m. § 6a UStG** befreit die **innergemeinschaftliche Lieferung**. Der Lieferort liegt im Inland, aber der Liefergegenstand gelangt durch Befördern oder Versenden (Achtung: auch durch den Abnehmer = Abholfälle oder 259

725 EuGH v. 8.12.2022 – C-247/21 (Luxury Trust Automobil), EU:C:2022:966, Rn. 46 ff.; BFH v. 17.7.2024 – XI R 35/22 (XI R 14/20), BStBl. II 2024, 810.

726 Vgl. insoweit EuGH v. 26.02.2015 – C-144/13 (VDP Dental Laboratory), UR 2015, 474 zum Erfordernis der Übereinstimmung der Befreiung nach Art. 140 a) und b) MwStSystRL und nach Art. 143 MwStSystRL (Lieferung, ig. Erwerb, Einfuhr von Zahnersatz).

727 Abschn. 4b.1. Abs. 3 UStAE.

bei der sog. gebrochenen Beförderung/Versendung durch beide beteiligte Unternehmer) bei der Lieferung in das übrige Gemeinschaftsgebiet, § 6a Abs. 1 Nr. 1 UStG. Insbesondere für Reihengeschäfte ist zu beachten, dass nur eine, d. h. die sog. warenbewegte Lieferung an den Erwerber befreit ist (s. Rn. 87 f. und Rn. 251 ff.). Der Unterschied zur steuerfreien Ausfuhrlieferung besteht darin, dass der Gegenstand **nicht in Drittlandsgebiet, sondern in das übrige Gemeinschaftsgebiet** gelangen muss. Außerdem muss der **Abnehmer** grundsätzlich ein **Unternehmer** sein, für dessen Unternehmen der Erwerb erfolgen muss.

b) Der Lieferung gleichgestellt wird nach § 6a Abs. 2 i. V. m. § 3 Abs. 1a UStG das **innerunternehmerische Verbringen** vom Inland in das übrige Gemeinschaftsgebiet. Dies korrespondiert mit der **Erwerbsbesteuerung** beim innergemeinschaftlichen Verbringen (s. Rn. 246 ff.).

c) Erfolgt die (Aus-)Lieferung über ein im anderen Mitgliedstaat unterhaltenes **Auslieferungs-/Konsignationslager**, liegt eine echte innergemeinschaftlich befreite Lieferung vor, wenn bereits bei Abgang in Deutschland der endgültige Abnehmer feststand. Stand der oder überhaupt ein Abnehmer hingegen noch nicht bindend bei Abgang in Deutschland fest, weil zu diesem Zeitpunkt noch gar keine Vereinbarung über den Verkauf der Ware an einen bestimmten Abnehmer geschlossen worden war, lag bis zur erst ab 01.01.2020 geltenden (neuen) Konsignationslagerregelung in § 6b UStG zwar ebenfalls ein – der Lieferung gleichgestelltes – befreites innergemeinschaftliches Verbringen vor. Aber der Verbringende selbst (und nicht erst sein späterer Abnehmer) tätigte dann im anderen Mitgliedstaat den innergemeinschaftlichen Erwerb.[728] Erfolgt die (der Beförderung/Versendung) **nachfolgende Lieferung** an den vorgesehenen Erwerber **nicht innerhalb von zwölf Monaten** nach Beendigung des Beförderns/Versendens, so gilt dies nach § 6b Abs. 3 UStG dann als das einer innergemeinschaftlich befreiten Lieferung gleichgestelltes **Verbringen nach § 6a Abs. 2 UStG**. Das gilt nicht, wenn die Lieferung nicht ausgeführt wird und der Gegenstand noch innerhalb von zwölf Monaten in den Abgangsmitgliedstaat zurückgelangt und dies vom Unternehmer gesondert nach § 22 Abs. 4 f UStG aufgezeichnet wird. Dann liegt nach § 6b Abs. 4 UStG weder eine befreite innergemeinschaftliche Lieferung noch ein gleichgestelltes Verbringen vor. Kommt es innerhalb von zwölf Monaten nach dem Ende der Beförderung oder Versendung zu einem **Erwerberwechsel**, so ist die Lieferung an den neuen Erwerber als die befreite innergemeinschaftliche Lieferung zu behandeln. Ein gleichgestelltes innergemeinschaftliches Verbringen liegt nach § 6b Abs. 5 UStG nicht vor, wenn der neue Erwerber gegenüber dem Lieferer die ihm vom Bestimmungsmitgliedstaat erteilte USt-IdNr. verwendet, Name und Anschrift des neuen Erwerbers dem Lieferer bekannt sind und er den Erwerberwechsel gesondert aufzeichnet. Nach § 6b Abs. 6 UStG gilt die Beförderung oder Versendung als das einer innergemeinschaftlich befreiten Lieferung gleichgestellte Verbringen nach § 6a i. V. m. § 3 Abs. 1a UStG, wenn innerhalb von zwölf Monaten nach dem Ende der Beförderung/Versendung, aber vor Lieferung des Gegenstandes eine der Voraussetzungen nach Abs. 1 oder Abs. 5 wegfällt.

d) Abweichend von der Befreiung der Ausfuhrlieferung muss der **Abnehmer** prinzipiell **Unternehmer** sein oder juristische Person. Lieferungen an Privatpersonen – außer bei neuen Fahrzeugen – werden nicht befreit, § 6a Abs. 1 S. 1 Nr. 2 Buchst. a), b) und c) UStG. Der Erwerb muss in einem anderen EU-Mitgliedstaat von Gesetzes wegen der Erwerbsbesteuerung unterliegen, § 6a Abs. 1 Nr. 3 UStG. Es besteht eine direkte **Korrespondenz zwischen Steuerbefreiung** der innerge-

728 S. BFH v. 20.10.2016 – V R 31/15, BStBl. II 2017,1076 und v. 16.11.2016 – V R 1/16, BStBl. II 2017, 1079.

meinschaftlichen Lieferung **und Erwerbsbesteuerung** in einem anderen Mitgliedstaat (§ 6a Abs. 1 Nr. 2 und Nr. 3 UStG).[729] Der Erwerb muss im anderen Mitgliedstaat steuerbar sein. Eine Steuerpflicht des Erwerbs muss nicht vorliegen.[730]

e) Seit 2020 bestimmt die neu eingefügte Vorschrift des § 6a Abs. 1 S. 1 Nr. 4 UStG, dass Unternehmer oder juristische Personen als Abnehmer gegenüber dem liefernden Unternehmer eine ihnen von einem anderen Mitgliedstaat erteilte gültige USt-IdNr. verwendet haben müssen. Die **Verwendung einer** von einem anderen Mitgliedstaat erteilten **gültigen USt-IdNr.** ist nach der neuen gesetzlichen Regelung eine **zwingende materielle Voraussetzung** für die Befreiung als innergemeinschaftliche Lieferung. Ebenfalls ist die die Angabe der USt-Id Nr. des Erwerbers und im Falle eines Erwerberwechsels auch die des neuen Erwerbers nach der Konsignationsregelung des § 6b UStG in der nach § 18a UStG zu erstattenden Zusammenfassenden Meldung zwingende materielle Voraussetzung für die Gewährung der Befreiung.

2. Nachweispflichten, Bedeutung der USt-IdNr. und Gutglaubensschutz

a) Dem inländischen Lieferanten ist häufig eine Überprüfung nicht möglich, ob sein Abnehmer die Qualifikation als regelversteuernder Unternehmer erfüllt oder ob er als institutioneller Abnehmer einzustufen ist, der die Erwerbsschwelle überschreitet bzw. optiert hat. Dies ist aber Voraussetzung für die Steuerbefreiung. Auch im Interesse der Sicherung des Steueraufkommens der beteiligten EU-Staaten muss zur Vermeidung von **Steuerhinterziehung durch Vortäuschung innergemeinschaftlich befreiter Lieferungen** oder Verschweigen innergemeinschaftlicher Erwerbe und anschließender steuerpflichtiger Umsätze im Inland die Korrespondenz zwischen Steuerbefreiung im „Ursprungsland" und Erwerbsbesteuerung im „Bestimmungsland" kontrolliert werden können. Zu diesem Zweck erhalten alle Unternehmer und juristischen Personen, die am innergemeinschaftlichen Warenverkehr durch befreite Lieferungen oder innergemeinschaftliche Erwerbe teilnehmen, in ihrem Ansässigkeitsstaat sog. **Mehrwertsteuer/Umsatzsteuer-Identifikationsnummern**. In der Bundesrepublik werden sie auf Antrag vom **Bundeszentralamt für Steuern** (§ 27a UStG) vergeben. Die USt-IdNr. seines Abnehmers ist für den Lieferanten praktisch mit dem Nachweis verbunden, dass dessen Erwerb im Bestimmungsland der Erwerbsbesteuerung zu unterwerfen ist, weil er ein der Erwerbsbesteuerung unterworfener Unternehmer oder ihr unterworfene juristische Person ist. Voraussetzung ist allerdings, dass die Angaben des Abnehmers über die Erteilung einer **USt-IdNr.** im anderen Mitgliedstaat zutreffend sind. Dies kann der Lieferant sich vom Bundeszentralamt bestätigen lassen (§ 18e UStG). Diesem werden sämtliche vergebenen USt-IdNr. aus den übrigen Mitgliedstaaten mitgeteilt und umgekehrt werden den übrigen Mitgliedstaaten die deutschen USt-IdNrn. mitgeteilt. 260

Zur Kontrolle der Korrespondenz zwischen steuerbefreiter innergemeinschaftlicher Lieferung und Erwerbsbesteuerung muss der Lieferant nach **§ 18a UStG** außerdem monatlich **zusammenfassende Meldungen** über die von ihm ausgeführten steuerfreien Lieferungen abgeben, in denen die Bemessungsgrundlagen und die USt-IdNr. der Abnehmer angegeben sind.[731] Diese Daten können zu Kontrollzwecken dem EU-Staat des Erwerbers mitgeteilt werden.

729 S. EuGH v. 26.07.2017 – C-386/16 (Toridas), UR 2017, 678 m. w. N.

730 BFH v. 21.01.2015 – XI R 5/13, BStBl. I 2015, 725 (zur Lieferung von verbrauchsteuerpflichtigem Wein in ein Verbrauchsteuerlager in UK).

731 Durch die Änderungsrichtlinie 2008/117 v. 16.12.2008, Abl. EG 2009, Nr. L 17, 7 wird der normale Meldezeitraum ab 01.01.2010 in Art. 263 MwStSystRL auf einen Kalendermonat verkürzt. Das Kalendervierteljahr darf lediglich bei einem Gesamtbetrag der Lieferungen bis 50.000 €/Kalendervierteljahr beibehalten werden.

b) Die Behandlung als steuerfreie innergemeinschaftliche Lieferung erfordert damit, dass der Lieferant sich über die USt-IdNr. seines Abnehmers informiert und diese kennt. Nach § 14a Abs. 3 UStG ist der Lieferant auch verpflichtet, seinem Abnehmer eine Rechnung zu erteilen, in der er seine **USt-IdNr.** sowie die ihm mitgeteilte USt-IdNr. des Abnehmers in der Rechnung angibt. Allerdings gehörte das Vorhandensein und die Mitteilung einer USt-IdNr. des Abnehmers bisher **nicht** zu den **materiellen Voraussetzungen für die Befreiung** der innergemeinschaftlichen Lieferung gemäß Art. 138 MwStSystRL a. F. und § 4 Nr. 1 Buchst. b i. V. m. § 6a Abs. 1 UStG a. F. Die **Befreiung** sollte dem Lieferer daher bisher (bis zum 01.01.2020) **auch** dann zu gewähren sein, wenn der **Abnehmer** tatsächlich über **keine** (oder noch keine gültige) **USt-IdNr.** verfügte, sofern tatsächlich feststand, dass der gelieferte Gegenstand in einen anderen Mitgliedstaat der Union befördert und versendet wurde und der Abnehmer dort als Unternehmer oder juristische Person tatsächlich der dortigen Erwerbsbesteuerung unterlag.[732] Das Verwenden einer gültigen USt-/MwSt-IdNr. des Abnehmers sowie deren Angabe in der zusammenfassenden Meldung nach § 18a Abs. 7 UStG waren – laut Ansicht des EuGH – als lediglich formelle Voraussetzungen für die Befreiung nicht zwingend für die Befreiung erforderlich. Die Befreiung war auch ohne Verwendung und Aufzeichnung einer gültigen USt-IdNr. zu gewähren, wenn zweifelsfrei feststand, dass die Voraussetzungen des § 6a Abs. 1 UStG erfüllt waren.

Nach dem geänderten Art. 138 Abs. 1 und Abs. 1a MwStSystRL ist die **Verwendung einer MwSt-IdNr.** des Lieferungsempfängers allerdings nunmehr auch **materielle Voraussetzung für die Befreiung.** Der Lieferungsempfänger/Erwerber muss in einem anderen Staat als dem Abgangsstaat registriert sein und dem Lieferer seine dortige MwSt-IdNr. mitgeteilt haben. Dies gilt seit dem 01.01.2020.[733] Dementsprechend ist eine Anpassung des deutschen UStG erfolgt.[734]

Nach dem geänderten § 4 Nr. 1 Buchst. b UStG liegt eine befreite innergemeinschaftliche Lieferung nicht (mehr) vor, soweit der liefernde Unternehmer in Bezug auf die Lieferung in den anderen Mitgliedstaat keine zusammenfassende Meldung mit der erforderlichen Angabe der (zutreffenden) USt-IdNr. des Abnehmers/Erwerbers abgegeben hat. Nach § 6a Abs. 1 S. 1 Nr. 2 a) UStG muss der Abnehmer ein in einem anderen Mitgliedstaat (als der Bundesrepublik) für Zwecke der USt erfasster Unternehmer sein und nach Nr. 4 muss der Abnehmer gegenüber dem Lieferer eine ihm von einem anderen Mitgliedstaat erteilte gültige USt-IdNr. verwendet haben. Zusammengefasst verlangt die Befreiung als innergemeinschaftliche Lieferung mithin:

1. die Beförderung/Versendung des Liefergegenstandes in das übrige Gemeinschaftsgebiet (in einen anderen Mitgliedstaat);
2. einen in einem anderen Mitgliedstaat für Umsatzsteuerzwecke erfassten Unternehmer als Abnehmer/Erwerber (oder eine dort für Umsatzsteuerzwecke erfasste nicht unternehmerisch tätige juristische Person und bei der Lieferung neuer Fahrzeuge schlicht auch jeden anderen Erwerber);
3. der Erwerb muss beim Erwerber im anderen Mitgliedstaat – dem Bestimmungsland – der (Erwerbs-)Umsatzbesteuerung unterliegen und
4. der Abnehmer/Erwerber hat gegenüber dem liefernden Unternehmer eine ihm von einem anderen Mitgliedstaat erteilte gültige USt-IdNr. verwendet.

732 So EuGH v. 09.02.2017 – C-21/16 (Euro Tyre), UR 2017, 271; BFH v. 26.11.2014 – XI R 37/12, BFH/NV 2015, 358; v. 28.05.2013 – XI R 11/09, UR 2013, 756; EuGH v. 27.09.2012 – C-587/10 (VStR), UR 2012, 832; v. 06.09.2012 – C-273/11 (Mecsek Gabona), UR 2012, 796.

733 RL (EU) 2018/1910 v. 04.12.2018, Abl. EU 2018, Nr. L 311, 3.

734 Durch das Gesetz zur weiteren Förderung der Elektromobilität v. 12.12.2019, BGBl. I 2019, 2451 (Art. 12 für UStG und Art. 15 für Änderungen der UStDV) und ergänzend durch das JStG 2020, BGBl. I 2020, 3096 = BStBl. I 2021, 6.

Der Mitteilung der USt-IdNr. des Abnehmers kommt und kam für den Lieferanten auch schon vor dem 01.01.2020 große Bedeutung zu. Denn bei Verwendung einer gültigen USt-IdNr. konnte (und kann er immer noch) davon ausgehen, dass der Erwerber Unternehmer (oder jur. Person) ist und der Erwerb des Abnehmers im Bestimmungsland der Erwerbsbesteuerung unterliegt.[735] Sollte dies tatsächlich nicht zutreffen, wird bei Verwendung einer erteilten USt-IdNr. der gute Glaube des Lieferanten über § 6a Abs. 4 UStG geschützt.

c) Der liefernde Unternehmer muss den **Nachweis** führen, dass die **materiellen Voraussetzungen** des § 6a UStG für eine innergemeinschaftlich befreite Lieferung vorliegen, d.h. das Gelangen in das übrige Gemeinschaftsgebiet, die Unternehmereigenschaft oder Eigenschaft als juristische Person des Abnehmers und die gesetzliche Verpflichtung zu einer Erwerbsbesteuerung im anderen Mitgliedstaat. Dabei hilft ihm zunächst die **Gelangensvermutung in § 17a UStDV.** Danach wird vermutet, dass der Liefergegenstand in das übrige Gemeinschaftsgebiet befördert oder versendet wurde, wenn der liefernde Unternehmer angibt, dass er den Gegenstand dorthin befördert oder versendet hat oder wenn er im Besitz einer ihm erteilten Gelangensbestätigung des Abnehmers ist. Außerdem muss er dann zwei **Belege Dritter** besitzen, aus denen sich die Beförderung oder Versendung in das übrige Gemeinschaftsgebiet ergibt, u.a. Beförderungsbelege (Frachtbrief, Spediteursbescheinigung) oder andere Belege (Versicherungspolice, Lagerhalterbescheinigung). Die Gelangensvermutung kann vom Finanzamt widerlegt werden. Besteht keine Gelangensvermutung nach § 17a UStDV, hat der Unternehmer durch Belege nachzuweisen, dass der Liefergegenstand in das übrige Gemeinschaftsgebiet befördert oder versandt worden ist. Zum Nachweis hat der Lieferant nach § 6a Abs. 3 UStG i.V.m. §§ 17b bis 17d UStDV einen **Beleg- und Buchnachweis** zu führen. Die Grundproblematik besteht dabei darin, dass mangels Grenzkontrollen der Nachweis – anders als bei der Ausfuhrlieferung – nicht durch einen Ausgangsvermerk einer Ausfuhr(grenz)zollstelle geführt werden kann. Stattdessen soll eine Kontrollmöglichkeit dadurch eröffnet werden, dass über die Angabe der (richtigen) USt-IdNrn. des (richtigen) Abnehmers überprüft werden kann, ob im anderen Mitgliedstaat eine korrespondierende Erwerbsbesteuerung stattgefunden hat.

Die **Nichterfüllung der Nachweispflichten** führt regelmäßig zur Versagung der Steuerbefreiung, weil den Unternehmer insoweit die objektive Feststellungslast trifft. Die Finanzbehörden sind nicht verpflichtet, im Wege der Amtshilfe für den Nachweis zu sorgen, dass die Voraussetzungen einer innergemeinschaftlichen Lieferung erfüllt sind. Allerdings handelt es sich – entgegen früherer Rspr.[736] – bei den erforderlichen Nachweisen **nicht** um **materielle Voraussetzungen für die Befreiung**. Diese ist daher auch dann zu gewähren, wenn solche Nachweise nicht vorgelegt werden können, aber dennoch objektiv feststeht, dass die materiellen Voraussetzungen des § 6a Abs. 1 Nr. 1–3 UStG für eine Befreiung der innergemeinschaftlichen Lieferung (Gelangen in übriges Gemeinschaftsgebiet, Erwerber Unternehmer oder juristische Person, Abnehmer unterliegt, da Unternehmer oder juristische Person der Erwerbsbesteuerung im anderen Mitgliedstaat) vorliegen.[737]

---

735 S. BFH v. 26.06.2019 – V R 38/18, DStR 2019, 2579. Der sich aus der Verwendung einer gültigen USt-IdNr. ergebende Nachweis der Unternehmereigenschaft des Abnehmers wird durch die Angabe einer bloßen Briefkastenanschrift nicht infrage gestellt.

736 Nach der bislang vom BFH in ständiger Rspr. zu § 6a UStG vertretenen Ansicht sollten die Nachweispflichten materielle Voraussetzungen der Steuerbefreiung sein; vgl. nur BFH v. 2.4.1997 – V B 159/96, BFH/NV 1997, 629; v. 5.2.2004 – V B 180/03, BFH/NV 2004, 988; v. 30.3.2006 – V R 47/03, BStBl. II 2006, 634 = UR 2006, 397.

737 Vgl. EuGH v. 08.11.2018 – C-495/17 (Cartrans Spedition), UR 2018, 908; v. 09.02.2017 – C-21/16 (Euro Tyre), UR 2017, 271; v. 27.09.2012 – C-587/10 (VStR), UR 2102, 832; v. 06.09.2012 – C-273/11 (Mecsek-Gabona), UR 2012, 796; v. 27.09.2007 – C-146/05 (Albert Collée), Slg. 2007, I-7861; C-409/04 (Teleos), Slg. 2007, I-7797; C-184/05 (Twoh), Slg. 2007, I-7897 = BStBl. II 2009, 78, 70, 83; BFH v. 28.05.2013 – XI R 11/06, UR 2013, 756 (Nachfolgeentscheidung VStR); v. 06.12.2007 – V R 59/03, BStBl. II 2009, 57 (Nachfolgeentscheidung Collée).

Wird der Nachweis nach § 6a Abs. 3 i. V. m. § 17a ff. UStDV nicht ordnungsgemäß geführt, gehen etwaige Zweifel allerdings voll zulasten des Lieferanten. Außerdem kommt dann ein Gutglaubensschutz nicht in Betracht.[738]

261 d) Das o. g. Verfahren vermag nicht zu verhindern, dass der Lieferant von seinem Abnehmer darüber getäuscht wird, dass die Voraussetzungen für eine innergemeinschaftliche Lieferung vorliegen. Namentlich kann er in den Abholfällen darüber getäuscht werden, dass der Liefergegenstand tatsächlich in das übrige Gemeinschaftsgebiet verbracht wird. Eine **Täuschung** ist auch darüber möglich, dass der Abnehmer als Unternehmer der Erwerbsbesteuerung in einem anderen Mitgliedstaat unterliegt. § 6a Abs. 4 UStG führt daher einen **Gutglaubensschutz** für den Lieferanten ein. Eine ausdrückliche Rechtsgrundlage dafür findet sich in der MwStSystRL freilich nicht.[739] Dieser bedarf es auch nicht. Wie der EuGH zutreffend entschieden hat, ist nach allgemeinen Rechtsgrundsätzen des Unionsrechts (Rechtssicherheit, Verhältnismäßigkeit, Neutralitätsgrundsatz) dem Lieferanten Gutglaubensschutz zu gewähren ist, wenn er alle ihm mögliche Vorsicht hat walten lassen, um festzustellen und nachzuweisen, dass die Voraussetzungen für eine Befreiung, namentlich das Gelangen in das übrige Gemeinschaftsgebiet und die Unternehmereigenschaft des Erwerbers oder die Beförderung in einen anderen Mitgliedstaat zur dort dauerhaften Verwendung für den Endverbrauch bei einem neuen Fahrzeug, vorliegen.[740] Für den **Mitgliedstaat Deutschland** ist allerdings zu konstatieren, dass der **deutsche Gesetzgeber** als das **verfassungsgemäß zuständige Organ** ausdrücklich in § 6a Abs. 4 UStG sowohl einen Gutglaubensschutz für den Lieferanten vorsieht und die Steuerschuldnerschaft des Abnehmers vorsieht, soweit dieser durch unrichtige Angaben den Lieferanten täuscht. Der Rspr. des **EuGH** ist insoweit **zuzustimmen,** dass unter Beachtung der allgemeinen Rechtsgrundsätze des Unionsrechtes der **MwStSystRL nicht** entnommen werden kann, dass die **Gewährung eines Gutglaubensschutzes** einem nationalen Umsatzsteuergesetzgeber **unionsrechtlich untersagt** sei. Die sachlich zutreffende Entscheidung des deutschen Gesetzgebers, dem gutgläubigen Lieferanten bei Täuschung durch unrichtige Angaben seines Abnehmers die Befreiung zu gewähren und stattdessen den Abnehmer zum Schuldner zu erklären, ist daher nicht zu beanstanden. Sie **verstößt** gerade **nicht gegen die Vorgaben des Unionsrechtes**, sondern ist durch dieses sogar geboten.[741]

Muss der Lieferant aufgrund unrichtiger, von ihm nicht überprüfbarer Angaben des Abnehmers annehmen, dass die Voraussetzungen der Steuerbefreiung vorliegen, obwohl dies nicht der Fall ist, ist die Lieferung für den Lieferanten gleichwohl nach **§ 6a Abs. 4 UStG** als steuerfrei zu behandeln. Typische Konstellation ist dabei, dass der Abnehmer in Abholfällen den Liefergegenstand entgegen seiner Verpflichtung und seiner Bestätigung nicht in das übrige Unionsgebiet befördert oder versendet hat[742] oder dass der Abnehmer entgegen seiner Versicherung

---

738 BFH v. 12.10.2018 – XI B 65/18, BFH/NV 2019, 129; v. 13.06.2018 – XI R 20/14, BStBl. II 2018, 800 m. w. N.; v. 10.08.2016 – V R 45/15, BStBl. II 2018, 501; v. 22.07.2015 – V R 38/14, BStBl. II 2018, 498; v. 21.01.2015 – XI R 5/13, BStBl. II 2015, 724; v. 25.04.2013 – V R 28/11, BStBl. II 2013, 656; v. 12.05.2011 – V R 46/10, BStBl. II 2011, 957; st. Rspr. seit BFH v. 12.05.2009 – V R 65/06, BStBl. II 2010, 511.

739 So zutreffend BFH v. 25.04.2013 – V R 28/11, BStBl. II 2013, 656 und v. 12.05.2011 – V R 46/10, BStBl. II 2011, 436.

740 Grundlegend EuGH v. 27.09.2007 – C-409/04 (Teleos), Slg. 2007, I-7797 = BStBl. II 2009, 70; seither mehrfach bestätigt, vgl. u. a. EuGH v. 25.10.2018 – C-528/17 (Bozicevic Jezovnik), UR 2018, 904; v. 14.06.2017 – C-26/16 (Santogal), UR 2017, 539 (zur Lieferung eines neuen Fahrzeuges); v. 06.09.2012 – C-273/11 (Mecsek-Gabona), UR 2012, 796; v. 21.12.2011 – C-499/10 (Vlaamse Oliemaatschappij), UR 2012, 160; v. 21.02.2008 – C-271/06 (Netto-Supermarkt), Slg. 2008, I-771.

741 A. A. allen Ernstes Pump, UStB 2007, 165 (165).

742 So die Konstellation in EuGH v. 27.09.2007 – C-409/04 (Teleos), Slg. 2007, I-7797 und v. 21.02.2008 – C-271/06 (Netto-Supermarkt), Slg. 2008, I-771 und möglicherweise in EuGH v. 06.09.2012 – C-273/11 (Mecsek-Gabona), UR 2012, 796; vgl. auch EuGH v. 16.12.2010 – C-430/09 (Euro Tyre), Slg. 2010, I-1335 = UR 2011, 176 und v. 14.06.2017 – C-26/16 (Santogal), UR 2017, 539 und dazu Reiß UR 2017, 565 (zur Befreiung der Lfg. eines neuen Fahrzeugs an einen Nichtunternehmer!).

kein Unternehmer ist oder den Gegenstand nicht als Unternehmer für sein Unternehmen erwirbt, sodass er nicht der Erwerbsbesteuerung im anderen Mitgliedstaat unterliegt. Voraussetzung ist, dass der Lieferant die Unrichtigkeit der Angaben seines Abnehmers auch bei Beachtung der Sorgfalt eines ordentlichen Kaufmannes nicht erkennen konnte. Die Steuer für die objektiv nicht befreite Lieferung schuldet dann allerdings der Abnehmer. Die Sorgfalt verlangt mindestens, dass der Lieferant durch Anfrage beim Bundeszentralamt sich über das Vorhandensein einer gültigen USt-IdNr. seines Abnehmers informiert. Spiegelt der Abnehmer eine ihm nicht erteilte USt-IdNr. nur vor, so handelt der Lieferant jedenfalls nicht sorgfältig, wenn er sich die USt-IdNr. und die Identität des Empfängers nicht vom Bundeszentralamt für Steuern bestätigen lässt.[743]

Beispiel

N (Niederlande) kauft bei K in Köln in dessen Laden einen Fotoapparat. N nennt seine niederländische USt-IdNr., die sich K vom Bundeszentralamt bestätigen lässt, bestätigt den Empfang des Fotoapparates und versichert, dass er diesen in die Niederlande verbringt. Tatsächlich schenkt N den Apparat seinem in Köln wohnhaften Neffen. Für K ist die Lieferung als steuerfrei gemäß § 6a Abs. 4 UStG zu behandeln, N schuldet aber die deutsche USt. Tatsächlich liegt eine innergemeinschaftliche Lieferung nicht vor, denn der Gegenstand ist nicht in das übrige Gemeinschaftsgebiet (Niederlande) gelangt. Hatte N hingegen schon keine USt-IdNr. der Niederlande und täuschte er diese nur vor, so schuldet K die USt. Anders wäre es nur dann, wenn ihm fehlerhaft vom Bundeszentralamt nach § 18e UStG bestätigt worden wäre, dass K über eine niederländische USt-IdNr. verfügt.

e) Die Regelungen über die **Befreiung der innergemeinschaftlichen Lieferung** und die Besteuerung des innergemeinschaftlichen Erwerbs sind **„betrugsanfällig“**. Es besteht einerseits die Gefahr, dass eine innergemeinschaftlich befreite Lieferung **im Inland/Abgangsmitgliedstaat** nur **vorgetäuscht** wird, obwohl tatsächlich dort eine steuerbare und steuerpflichtige Lieferung ausgeführt wurde. Dieser Gefahr soll durch die o. a. Nachweispflichten und Kontrollmöglichkeiten für die Besteuerung eines korrespondierenden innergemeinschaftlichen Erwerbs anhand der USt-IdNrn. begegnet werden. Kann daher nicht nachgewiesen werden und steht auch nicht objektiv fest, dass der Gegenstand an einen zur Erwerbsbesteuerung Verpflichteten (Unternehmer/juristische Person) in ein anderes Mitgliedsland geliefert wurde, ist die Befreiung als innergemeinschaftliche Lieferung zu versagen.

f) Es besteht aber auch umgekehrt die Gefahr, dass zwar tatsächlich eine Lieferung stattgefunden hat, bei der der Liefergegenstand an einen Unternehmer als Abnehmer in einen anderen Mitgliedstaat gelangte, dass aber **im anderen Mitgliedstaat die (Erwerbs-)Umsatzbesteuerung** durch den (richtigen) Erwerber durch **Täuschung über die Person/Identität des Erwerbers umgangen** wird. Nach übereinstimmender Rspr. des EuGH und des BGHSt ist dann die Befreiung als innergemeinschaftliche Lieferung für den Lieferer auch zu versagen, wenn er durch unrichtige Angaben über die Identität des Erwerbers/Abnehmers sich an der „Hinterziehung“ von Umsatzsteuer im Bestimmungs-/Erwerbsmitgliedstaat beteiligt/an ihr mitgewirkt hat. Das soll auch dann gelten, wenn objektiv zweifelsfrei feststeht, dass der Liefergegenstand in einen anderen Mitgliedstaat/das Gemeinschaftsgebiet gelangt ist und an einen (allerdings durch falsche Angaben im Beleg- und Buchnachweis verschleierten) zur Erwerbsbesteuerung verpflichteten Erwerber (Unternehmer/

743 Vgl. BFH v. 11.03.2020 – XI R 38/18, UR 2020, 764 (Sorgfaltspflichtverletzung bei fehlender Gebrauchmachung vom Bestätigungsverfahren bzgl. USt.IDNr.). Zu den Sorgfaltspflichten s. auch BFH v. 25.04.2013 – V R 28/11, -BStBl. II 2013, 656 und v. 14.11.2012 – XI R 17/12, BStBl. II 2013, 407 (Barverkauf und Abholen eines Pkw durch angeblich Beauftragte); v. 12.05.2009 – V R 65/06 (zu CMR-Frachtbrief ohne Warenempfangsbestätigung); vgl. auch Englisch UR 2008, 481.

juristische Person) geliefert wurde.[744] Das führt dann dazu, dass im Bestimmungsland natürlich die Umsatzbesteuerung des Erwerbs und der Weiterveräußerung beim richtigen Erwerber nachzuholen ist, aber gleichwohl **im Ursprungsland keine Befreiung** als innergemeinschaftliche Lieferung zu gewähren ist.

Strafrechtlich liegt dann sowohl eine Täterschaft/Mitwirkung an einer Umsatzsteuerhinterziehung im Bestimmungsland (Erwerbssteuer und Umsatzsteuer auf nachfolgenden Umsatz) als auch im Ursprungsland (keine Befreiung) vor. Das Bundesverfassungsgericht hat in dieser auch strafrechtlich (doppelten) Sanktionierung keinen Verfassungsverstoß erkennen können.[745]

Diese mittlerweile auch vom BFH[746] für das deutsche Umsatzsteuerrecht mehrfach bestätigte Rspr. des EuGH war und ist sowohl unter umsatzsteuerlichen als auch strafrechtlichen Gesichtspunkten mehr als zweifelhaft. Richtigerweise darf und muss die Mitwirkung des Lieferers an der Umsatzsteuerhinterziehung im Mitgliedstaat des Erwerb(er)s durch täuschende Angaben über die Person des Erwerbers dadurch sanktioniert werden, dass der täuschende Lieferant für die Umsatzsteuerhinterziehung im Erwerbsmitgliedstaat (neben dem Erwerber) entsprechend § 71 AO zur Haftung herangezogen wird. Entsprechend § 370 Abs. 6 S. 2 AO ist er auch für die Mitwirkung an der Umsatzsteuerhinterziehung in einem anderen Mitgliedstaat in Deutschland ggf. zu bestrafen. Unberührt bleibt selbstredend, dass er im anderen Mitgliedstaat ggf. der Bestrafung wegen der Mitwirkung an der nach dortigem Recht strafbaren Steuerhinterziehung unterliegt.

Der EuGH hat freilich ausdrücklich entgegengesetzt entschieden.[747] Danach muss **die Befreiung für die warenbewegte innergemeinschaftliche Lieferung** von den nationalen Behörden und Gerichten immer **zwingend versagt** werden, wenn der Lieferer wusste oder hätte wissen müssen, dass er sich durch seine Lieferung an einer im Rahmen der Lieferkette begangenen **Mehrwertsteuerhinterziehung beteiligt** hat. Das liege namentlich auch dann vor, wenn der Lieferer wusste oder hätte wissen müssen, dass über die Person des wahren Erwerbers im Bestimmungsland getäuscht wird und es dort zu einer Hinterziehung der Umsatzsteuer des Bestimmungslandes kommt. Für die zwingende Versagung des begünstigenden Rechtes der Steuerbefreiung für innergemeinschaftliche Lieferung sei es unerheblich, dass die Mehrwertsteuerhinterziehung in einem anderen Mitgliedstaat erfolgte. Gleichzeitig hat der EuGH in dieser Entscheidung seine bisherige Rspr. bestätigt, dass dem an einer Mehrwertsteuerhinterziehung im eigenen oder im fremden Mitgliedstaat vorsätzlich oder fahrlässig „Beteiligten" auch **kein Vorsteuerabzug** aus den an ihn erbrachten Lieferungen entsprechend § 15 Abs. 1 Nr. 1 UStG und keine Erstattung der Umsatzsteuer aus einer Rückgängigmachung der Erwerbsbesteuerung wegen Nachweises der Erwerbsbesteuerung im Bestimmungsland entsprechend § 3d S. 2 UStG zu gewähren ist. Voraussetzung ist aber immer, dass aufgrund der objektiven Sachlage feststeht, dass diese Rechte in betrügerischer Weise oder missbräuchlich geltend gemacht werden. Nunmehr hat der EuGH die Voraussetzungen dafür (die Beweislast liegt bei den Finanzbehörden) etwas konkretisiert.[748] Ein Mitgliedstaat kann dabei nicht die Entscheidung eines Steuerpflichtigen, seine Tätigkeit in einer Form auszuüben, die ihm die Senkung der wirtschaftlichen Kosten ermöglicht, als missbräuchlich i. d. S. fingieren, um z. B. den Vorsteuerabzug zu versagen.[749]

Eine Rechtsgrundlage dafür, dass nationale Behörden und Gerichte die Steuerbefreiung für die innergemeinschaftliche Lieferung und den Vorsteuerabzug zu versagen haben, auch wenn dies nicht im nationalen (Gesetzes-)Recht vorgesehen ist, gab es weder auf nationaler Ebene noch gibt es sie auf unionaler Ebene. Mit Wirkung **ab 01.01.2020** hat der **deutsche Gesetzgeber** dafür **mit § 25f UStG allerdings nunmehr eine gesetzliche Grundlage** geschaffen (s. Rn. 438).

Für die von der Rspr. aus Abschreckungsgründen zur Generalprävention befürwortete (zusätzliche) Sanktionierung durch Versagung der Befreiung als innergemeinschaftliche Lieferung im Ursprungsmitgliedstaat neben der weiterhin gebotenen Besteuerung des innergemeinschaftlichen Erwerbs im Bestimmungsmitgliedstaat besteht weder in der MwStSystRL noch bestand dafür im deutschen UStG bis zur Einfügung des § 25f UStG eine gesetzliche Grundlage.[750] Seit der Änderung des Art. 138 Abs. 1 und Abs. 1a MwStSystRL zum 1.1.2020 kann die Befreiung auch nur und erst bei Verwendung der USt-IdNr. des (richtigen) Erwer-

744 EuGH v. 07.12.2010 – C-285/09 (R), BStBl. II 2011, 846 auf Vorlage von BGH v. 07.07.2009–1 StR 41/09, UR 2009, 732.

745 BVerfG v. 16.06.2011–2 BvR 542/09, UR 2011, 775.

746 BFH v. 17.02.2011 – V R 30/10, BStBl. II 2011, 769; v. 11.08.2011 – V R 50/09 und VR 19/10, BStBl. II 2012, 151 und 156; v. 14.12.2011 – XI R 33/10, BFH/NV 2012, 1009.

747 EuGH v. 18.12.2014 – C-131/13 (Italmoda), UR 2015, 106 mit (zust.) Anm. Heuermann DStR 2015, 1416; Drüen MwStR 2015, 841; kritisch D. Hummel BB 2015, 549.

748 Vgl. EuGH v. 1.12.2022 – C-512/21, UR 2023, 166.

749 Unlängst EuGH v. 9.1.2023 – C-289/22, UR 2023, 485. Deutlich strenger aber, wenn eine Gesellschaft gegründet wird und ein bestehenden Geschäftsbetrieb erwirbt und dann die Kleinunternehmerbefreiung im ersten Jahr in Anspruch nimmt, die der Verkäufer nicht mehr in Anspruch nehmen kann – so wohl EuGH v. 4.10.2024 – C-171/23 (UP CAFFE), EU:C:2024:840.

750 Zutreffend noch die Zweifel in BFH v. 29.07.2009 – XI B 24/09, UR 2009, 728 und BVerfG v. 23.07.2009–2 BvR 542/09, UR 2009, 898 (im Aussetzungsverfahren); vgl. auch Küffner/Streit DStR 2010, 2572.

bers und richtigen Angaben zur Lieferung und zum Lieferungsempfänger in der zusammenfassenden Meldung beansprucht werden.

Unter rein umsatzsteuerlichen Aspekten führt die Versagung der Befreiung aus generalpräventiven Gründen auch zu einer gegen den Neutralitätsgrundsatz verstoßenden Belastung des liefernden Unternehmers, wenn zutreffend im Bestimmungsland der Erwerb und die diesem nachfolgenden Umsätze besteuert werden. Die Versagung der Befreiung der Lieferung sichert dann nicht die Besteuerung eines Endverbrauches, sondern stellt allein eine – wohl strafrechtliche – Ungehorsamssanktion des Lieferanten dar. Der Versagung der Befreiung liegt erkennbar eine ethische Missbilligung zugrunde, nämlich die der Beteiligung an einer Hinterziehung. Es wird die Steuer auch aus rein generalpräventiven Gründen, nicht etwa zwecks Schadensausgleichs, auferlegt. Die Besteuerung der Lieferung im Herkunftsland verstößt auch eindeutig gegen die der MwStSystRL zugrunde liegende Verteilung des Steueraufkommens aus der Umsatzbesteuerung zwischen den Mitgliedstaaten nach dem Bestimmungslandprinzip. Statt einer generalpräventiven rein sanktionierenden Besteuerung im Herkunftsland muss richtigerweise die tatsächliche Durchführung der Besteuerung im Bestimmungsland unterstützt werden. Insoweit ist es in der Union auch zwingend geboten, dass dem Mitgliedstaat des Erwerbs vom Mitgliedstaat des an der Hinterziehung des Erwerbers mitwirkenden Lieferanten **Hilfe bei der Durchsetzung von dessen Steuer/Haftungsansprüchen** geleistet wird.[751] Die Rspr. des EuGH führt mit der doppelten Besteuerung im Ursprungsland und im Bestimmungsland und zugleich der Versagung des Vorsteuerabzugs für alle an der Mehrwertsteuerhinterziehung „Beteiligten" in der Reihe – im Gegensatz zum Strafrecht auch unvorsätzlich, aber fahrlässig handelnde „Beteiligte" – zu ganz unverhältnismäßigen Eingriffen und einem überhöhten Steueraufkommen, indem nicht nur für den Ausfall der „hinterzogenen" Steuer im Bestimmungsland gehaftet wird. Die nicht der Kompetenz der nationalen und der Unionsgerichte unterliegende Begründung von eigenen Besteuerungs- und Aufkommensbefugnissen für den (Herkunfts-)Mitgliedstaat, in dem die Lieferung stattgefunden hat, hilft dem durch die Beteiligung des Lieferers an der Umsatzsteuerhinterziehung geschädigten (Bestimmungs-) Mitgliedstaat des Erwerbs offenkundig gerade nicht.

Berechtigt ist die endgültige Versagung der Befreiung nur dann, wenn wegen der Verschleierung der Identität des Erwerbers gerade nicht zweifelsfrei festgestellt werden kann, dass in einem anderen Mitgliedstaat überhaupt die Erwerbsbesteuerung durchzuführen ist. Dann freilich steht auch nicht zweifelsfrei fest, dass überhaupt eine innergemeinschaftlich zu befreiende Lieferung vorliegt.

Nach der (verfehlten) Entscheidung des EuGH in Sachen Italmoda ist davon auszugehen, dass schon nach dem Unionsrecht die Verpflichtung für die nationalen Gerichte und Behörden bestehen soll, für innergemeinschaftliche Lieferungen die Steuerbefreiung nach § 4 Nr. 1 Buchst. b i. V. m. § 6a UStG zu versagen, wenn der Lieferer sich an einer Mehrwertsteuerhinterziehung im Bestimmungsland beteiligt. Das müsste dann selbstredend auch gelten, wenn bei einem innergemeinschaftlichen Verbringen aus einem Mitgliedstaat der Erwerber im anderen Mitgliedstaat die Steuer selbst hinterzieht, indem er dort seinen Erwerb und seine anschließende Weiterlieferung nicht deklariert. Zugleich muss ihm auch der Vorsteuerabzug versagt werden.

Diese Rspr. des EuGH ist darüber hinaus auch problematisch im Hinblick auf die Kompetenzverteilung zwischen Gerichten und Gesetzgebung auf Unionsebene und nationaler Ebene. Im Verhältnis Union und Mitgliedstaat obliegt es nach den Vorgaben des Art. 273 MwStSystRL dem Mitgliedstaat, Vorkehrungen gegen eine Steuerhinterziehung zu treffen, indem er zusätzliche Pflichten und Bedingungen zu denjenigen der MwSt-SystRL festlegt, die für eine Befreiung zu erfüllen sind. Nach nationalem innerstaatlichem Verfassungsrecht der Bundesrepublik obliegt dies im Verhältnis zum Bürger dem Gesetzgeber und nicht den Behörden oder Gerichten. Der EuGH betätigt sich vorliegend als Unionsgesetzgeber, indem er dem Mitgliedstaat – auch der Bundesrepublik – vorschreibt, den „Vorteil" der Steuerbefreiung bei vorsätzlicher oder fahrlässiger „Beteiligung an einer Mehrwertsteuerhinterziehung" nicht zu gewähren. Er betätigt sich darüber hinausgehend auch als nationaler Gesetzgeber, indem er den nationalen Gerichten und Behörden die unmittelbare An-

751 S. dazu zutreffend die Kritik des FG München v. 04.12.2014–14 K 1511/14 (Vorlage an den EuGH v. 20.10.2016 – C-24/15 – Plöckl), UR 2015, 558.

wendung dieser Normen als anzuwendendes nationales Recht gebietet. Das ist sowohl unionsrechtlich als auch verfassungsrechtlich hoch problematisch. Dem EuGH hätte Gelegenheit gegeben werden sollen, diese schon unionsrechtlich gegenüber dem Unionsgesetzgeber bedenkliche Anmaßung gesetzgeberischer Befugnisse durch ihn und die seiner Rspr. folgenden nationalen Gerichte zu begrenzen oder zurückzunehmen. Daran ändert auch der Umstand nichts, dass der deutsche Gesetzgeber nunmehr mit **§ 25f UStG** – in Umsetzung der Rspr. des EuGH und BFH – **eine gesetzliche Grundlage ab 2020** dafür geschaffen hat, die Steuerbefreiung für eine innergemeinschaftliche Lieferung und zugleich den Vorsteuerabzug zu versagen, wenn der Unternehmer wusste oder hätte wissen müssen, dass er mit seiner Leistung oder/und seinem Leistungsbezug in eine Hinterziehung von Umsatzsteuer im Sinne von § 370 AO (d.h. der Bundesrepublik oder eines anderen Mitgliedstaates) einbezogen wird. Diese, durch den Gesetzgeber erfolgte, Neuregelung soll unionsrechtlich nach der MwStSystRL zulässig sein,[752] was im Hinblick auf den unionsrechtlichen Verhältnismäßigkeitsgrundsatz und die unionsrechtlichen Grundrechte der involvierten Steuerpflichtigen aber eher fraglich und in der Sache ohnehin verfehlt ist (s. Rn. 438).

3. Lieferung neuer Fahrzeuge

262 a) Die Lieferung neuer Fahrzeuge unterliegt immer der Erwerbsbesteuerung im Bestimmungsland. Sie ist daher umgekehrt im Liefer-/Ursprungsland immer als innergemeinschaftliche Lieferung befreit. Im Einzelnen ist wie folgt zu unterscheiden:

- Die **Lieferung** erfolgt **durch** einen **Unternehmer** im Inland an einen Erwerber mit USt-IdNr. im anderen EU-Land. Dann ist die Lieferung ganz normal nach § 6a Abs. 1 Nr. 2 Buchst. a oder Buchst. b UStG befreit und auch in der zusammenfassenden Meldung nach § 18a UStG zu deklarieren.
- Die Lieferung erfolgt von einem Unternehmer im Inland an eine Privatperson zur Verwendung für den Endverbrauch im anderen EU-Land. Dann ist die Lieferung gleichwohl nach § 6a Abs. 1 Nr. 2 Buchst. c UStG befreit, aber nicht in der zusammenfassenden Meldung zu deklarieren (§ 18a Abs. 2 Nr. 1 UStG). Dasselbe gilt für Lieferungen an institutionelle Abnehmer ohne USt-IdNr.

Nach der Rspr. des EuGH[753] ist auch bei der Lieferung neuer Fahrzeuge dem Lieferer die Befreiung zu gewähren, wenn die materielle Voraussetzung einer Beförderung in einen anderen Mitgliedstaat zur dauerhaften Verwendung für den Endverbrauch dort an sich nicht erfüllt ist, der Lieferer aber darüber vom Abnehmer getäuscht worden ist, sofern er dies nicht erkennen konnte und gutgläubig ist. Für das deutsche Recht lässt sich dies auf § 6a Abs. 4 UStG stützen.

b) Ist der **Lieferant kein Unternehmer** oder liefert ein Unternehmer außerhalb seines Unternehmens ein neues Fahrzeug, ist die Lieferung gleichwohl nach **§ 2a UStG** als steuerbare Inlandslieferung zu behandeln. Der **Nichtunternehmer** wird für die innergemeinschaftliche Lieferung neuer Fahrzeuge **wie ein Unternehmer** behandelt. Der Sinn liegt darin, ihm wegen der Erwerbsbesteuerung im anderen EG-Staat den Vorsteuerabzug zu ermöglichen, indem auch beim Nichtunternehmer eine **steuerfreie innergemeinschaftliche Lieferung** nach § 4 Nr. 1 Buchst. b i. V. m.

---

752 Vgl. EuGH v. 20.05.2021 – C-4/20 (ALTI) UR 2021, 481 (Zur nach Art. 193, 205 MwStSystRL bestehenden Zulässigkeit einer durch das nationale Gesetz angeordneten gesamtschuldnerischen Haftung des Leistungsempfängers für durch den Leistenden nicht abgeführte Umsatzsteuer einschließlich der Entrichtung von Verzugszinsen, wenn er vom Vorsteuerabzug Gebrauch gemacht hat).

753 EuGH v. 14.06.2017 – C-26/16 (Santogal), MwStR 2017, 617 mit Anm. Grube.

§ 6a UStG vorliegt. Entsprechendes gilt für den **Kleinunternehmer** nach § 19 Abs. 4 UStG. Der **Vorsteuerabzug** wird für Nichtunternehmer und Kleinunternehmer nach § 15 Abs. 4a UStG allerdings beschränkt. Abziehbar ist nur die auf die Anschaffung, nicht auf Reparaturen entfallende USt und auch nur bis zu der Höhe, in der bei fehlender Befreiung eine Steuer angefallen wäre.

Beispiel

P erwirbt in 01/2021 für 100.000 € zzgl. 19.000 € USt ein neues Fahrzeug. In 02/2021 veräußert er dieses Fahrzeug nach einem Unfall für 80.000 € an den Abnehmer B (Privatperson) in Belgien. Vorher hat er es für 10.000 € zzgl. 1.900 € USt reparieren lassen.
P tätigt eine steuerfreie innergemeinschaftliche Lieferung nach § 2a i. V. m. §§ 4 Nr. 1 Buchst. b, 6a Abs. 1 Nr. 1, 2 Buchst. c und 3 UStG. Denn der Pkw gelangt nach Belgien, Abnehmer kann auch ein Nichtunternehmer sein und ein solcher unterliegt bei Erwerb neuer Fahrzeuge auch der Erwerbsbesteuerung. P darf in 02/2021 VoSt von maximal 80.000 € x 19 % = 15.200 € abziehen, nicht etwa 19.000 € aus der Lieferung an ihn und nicht 1.900 € aus der Reparatur. Diese Beschränkungen gelten nur für private Fahrzeuglieferer nach § 2a UStG und Kleinunternehmer nach § 19 Abs. 4 UStG.

IV. Ort der Lieferung beim innergemeinschaftlichen Fernverkauf und beim Fernverkauf eines aus einem Drittland eingeführten Gegenstandes/Verlagerung des Lieferortes ins Bestimmungsland (§ 3 c UStG)

1. Für **Lieferungen an private natürliche Personen** als Nichtunternehmer und institutionelle Abnehmer ohne USt-IdNr. (unterhalb der Erwerbsschwelle) kommt – außer bei neuen Fahrzeugen – eine Erwerbsbesteuerung nicht in Betracht. Dementsprechend scheidet auch eine Befreiung als innergemeinschaftliche Lieferung aus. Insoweit gilt prinzipiell bei Lieferungen an diesen Abnehmerkreis das Ursprungslandprinzip. 263

Beispiel

P aus Dänemark erwirbt bei U in Flensburg für 30.000 € zzgl. 5.700 € USt einen Gebrauchtwagen und nimmt ihn mit nach Dänemark. Für U liegt keine steuerfreie innergemeinschaftliche Lieferung vor, für P kein Erwerb in Dänemark.

Dies gilt allerdings nur noch für alle reinen **Abhollieferungen**. Eine (reine) Abhollieferung liegt nicht vor, wenn sowohl bei der Beauftragung als auch bei der Organisation der wesentlichen Phasen des Versands oder der Beförderung der Gegenstände die Rolle des Lieferers überwiegt.[754]

2. Für **vom Lieferer veranlasste Versendungs- und Beförderungslieferungen**[755] wird hingegen zur Vermeidung von Wettbewerbsverzerrungen und Verschiebungen des Steueraufkommens zugunsten niedrig besteuernder EU-Staaten – **seit dem 01.07.2021** mit Inkrafttreten der **Neuregelung zu § 3c UStG** nahezu uneingeschränkt – das **Bestimmungslandprinzip** grundsätzlich auch bei Lieferungen an

754 EuGH v. 18.06.2020 – C-276/18 (KrakVet), UR 2020, 549, Rz. 63.

755 Siehe dazu EuGH v. 18.06.2020 – C-276/18 (KrakVet), UR 2020, 549 mit Anm. Prätzler jurisPR-SteuerR 37/2020 Anm. 6. Danach ist von einer durch den Lieferer veranlassten Versendung oder Beförderung auszugehen, wenn die Rolle des Lieferers bei Beauftragung und der Organisation der Beförderung/Versendung überwiegt.
Zur Abgrenzung gegenüber Abholfällen durch den Abnehmer s. BFH v. 20.05.2015 – XI R 2/13, DStR 2015, 2542 (dreiste Gestaltung durch niederländische Versandhandelsapotheke – zutreffend kein Abholen bei bloß formularmäßiger Bevollmächtigung des Lieferers durch den Abnehmer, für diesen die Versendung vorzunehmen). S. auch BFH v. 06.06.2019 – V R 41/17, DStR 2019, 2364 mit Anm. Heuermann (Vorlage an EuGH [Az. C-802/19] zur Problematik der Rabattgewährung ndl. Apotheken an Patienten in Dtschld. bei Versendungslieferungen a) nach § 3 c in Deutschland an deutsche Patienten als Leistungsempfänger u. b) in den Ndl. steuerbare, aber befreite Lieferungen an gesetzliche Krankenkassen).

private Endverbraucher und diesen gleichgestellte institutionelle Abnehmer[756] unterhalb der Erwerbsschwelle aufrechterhalten. Daher wird nach **§ 3c Abs. 1 UStG** bei einem **innergemeinschaftlichen Fernverkauf** im Sinne des Art. 33 Buchst. a der MwStSystRL (Lieferung aus einem Mitgliedstaat in einen anderen Mitgliedstaat) die Lieferung an den Ort verlagert, an dem sich der Liefergegenstand bei Beendigung der Beförderung/Versendung befindet, d.h in das EU-Land, in dem die Beförderung/Versendung endet. Nach der ab dem **01.07.2021 geltenden Regelung** des **§ 3c UStG** findet die Verlagerung an den Ort der Beendigung der Beförderung/Versendung nach § 3c Abs. 4 UStG nur dann nicht statt, wenn der Gesamtbetrag der **Entgelte für innergemeinschaftliche Fernverkäufe und** sonstige Leistungen nach § 3a Abs. 5 S. 1 und 2 UStG (**Telekommunikations-, Rundfunk- und Fernsehdienstleistungen**, auf elektronischem Wege erbrachte Leistungen) **insgesamt 10.000 € im vorangegangenen Kalenderjahr** nicht überschritten hat und im laufenden Kalenderjahr nicht überschreiten wird. Dies gilt freilich nur für solche Unternehmer, die nur in einem Mitgliedstaat (aufgrund Sitz, Geschäftsleitung, Betriebsstätte oder Wohnsitz) ansässig sind. Die **Erwerbsmindestschwelle von 10.000 €** gilt nunmehr übereinstimmend aufgrund der übereinstimmenden Richtlinienvorgaben in allen und **für alle EU-Mitgliedstaaten**. Der Unternehmer kann auf die Anwendung der Regelung verzichten und für eine Besteuerung im Bestimmungsland optieren, obwohl der Schwellenwert von 10.000 € nicht überschritten wird. Diese **Option** bindet den Unternehmer dann für zwei Jahre.

Für das jeweilige Bestimmungsland ist schwer zu kontrollieren, ob bei ihm nicht ansässige Unternehmer dort entsprechend § 3c UStG (Art. 33 MwStSystRL) steuerpflichtige Lieferungen tätigen. Dieser ist dort für diese Umsätze zwar erklärungs- und zahlungspflichtig wie jeder inländische Unternehmer und nach § 14a Abs. 2 UStG auch zur Ausstellung von Rechnungen verpflichtet. Freilich erfährt das Bestimmungsland ggf. dennoch nichts von derartigen Lieferungen. Hier helfen nur Informationsübermittlungen der Mitgliedstaaten untereinander ohne vorheriges Ersuchen nach Art. 17 und Spontanauskünfte nach Art. 13 f. der Zusammenarbeits-VO[757] auf dem Gebiet der Mehrwertsteuer weiter.

3. Auf die **Lieferung neuer Fahrzeuge** findet die besondere Ortsregelung nach § 3c UStG keine Anwendung, § 3c Abs. 5 Nr. 1 UStG. Das Bestimmungslandprinzip wird hier schon durch die Erwerbsbesteuerung beim (auch privaten) Erwerber gesichert. Dasselbe gilt bei der Lieferung **verbrauchsteuerpflichtiger Waren an institutionelle Abnehmer**, § 3c Abs. 5 S. 2 UStG. Diese haben nach § 1a Abs. 5 UStG unabhängig von der Erwerbsschwelle den Erwerb zu besteuern, sodass ihre Belieferung nach § 6a UStG steuerfrei ist. Dagegen findet § 3c UStG bei Versendungs-/Beförderungslieferungen von verbrauchsteuerpflichtigen Waren an private Abnehmer unabhängig von jeder Lieferschwelle für den Lieferanten Anwendung. Für Abhollieferungen gilt hingegen auch bei Lieferung verbrauchsteuerpflichtiger Waren an Private das Ursprungslandprinzip.

756 Vgl. BGH v. 08.09.2011–1 StR 38/11, wistra 2011, 465 (Pflanzenschutzmittellieferungen aus Luxemburg an Landwirte in Deutschland).

757 Verordnung (EU) Nr. 904/2010 v. 07.10.2010, Abl. EU 2010, Nr. L 268, 1. Siehe dazu auch EuGH v. 18.06.2020 – C-276/18 (KrakVet), UR 2020, 549 (keine Bindung an Entscheidung der Steuerbehörde eines anderen Mitgliedstaates, aber Verpflichtung zur Zusammenarbeit und ggf. Vorlage an den EuGH zur Herstellung einer einheitlichen Auslegung der Richtlinienvorgaben in den Mitgliedstaaten).

V. Sonstige Leistungen im Binnenmarkt

1. Allgemeines

Da sonstige Leistungen, abgesehen von der Lohnveredelung, weder einer Einfuhrbesteuerung unterworfen werden noch als quasi Ausfuhr befreit werden, führt der Wegfall der Grenzabfertigung im Binnenmarkt an sich nicht zu einem speziellen Regelungsbedürfnis für „Binnengrenzen überschreitende sonstige Leistungen". Vielmehr wird dem Bestimmungslandprinzip bereits über die Bestimmung des Ortes der sonstigen Leistung Rechnung getragen (vgl. § 3a UStG). **264**

Soweit Unternehmer grenzüberschreitende sonstige Leistungen aus einem anderen als ihrem Ansässigkeitsstaat in Anspruch nehmen und der Ort der Leistung im Ursprungsland liegt, bereitet die Entlastung des Unternehmers durch den Vorsteuerabzug technische Probleme. Denn wenn die Leistung in einem anderen Staat nicht befreit wird, ist der Unternehmer als Leistungsempfänger auf das Vorsteuervergütungsverfahren im für ihn fremden Staat angewiesen (vgl. § 18 Abs. 9 UStG i. V. m. §§ 59 ff. UStDV). Daher wird der Ort der sonstigen Leistung bei sonstigen Leistungen an Unternehmer in § 3a Abs. 2 UStG ab 2010 weitgehend in den Staat des Unternehmenssitzes des Empfängers verlagert, sodass vom Empfänger „seine" Vorsteuerbelastung in seinem Heimatland von seiner Umsatzsteuerschuld abziehen kann. Zugleich wird durch eine **Umkehrung der Steuerschuldnerschaft** der leistungsempfangende Unternehmer statt des Leistenden zum Steuerschuldner erklärt, **§ 13b Abs. 5 S. 1 UStG,** wenn der leistende Unternehmer im Ausland (einschließlich übrigem Gemeinschaftsgebiet) ansässig ist (s. Rn. 427 ff.). Es wird mithin wie bei der Erwerbsbesteuerung bei innergemeinschaftlich befreiten Lieferungen – nur mit einer anderen Technik – der leistungsempfangende Unternehmer zum Steuerschuldner. Damit werden für den leistenden Unternehmer Erklärungs- und Zahlungspflichten im für ihn fremden Bestimmungsmitgliedstaat vermieden. Die Regelungen über den Ort der sonstigen Leistung in § 3a UStG und über die Umkehr der Steuerschuldnerschaft in § 13b Abs. 5 S. 1 UStG, wie auch die zugrunde liegenden Regelungen in Art. 43 f., 196 MwStSystRL gelten allerdings grundsätzlich allgemein **auch** im Verhältnis von und zu **Drittstaaten**.

2. Die innergemeinschaftliche Güterbeförderung und Nebenleistungen

Auch für innergemeinschaftliche Güterbeförderungen an Unternehmer gilt die Ortsregelung des **§ 3a Abs. 2 UStG, Art. 44 MwStSystRL**, sodass die Beförderungsleistung immer am Unternehmensort des Empfängers erbracht wird. Unverändert bleibt es dabei, dass für sonstige Leistungen, die (grenzüberschreitend) von einem im Ausland (auch übriges Unionsgebiet) ansässigen Unternehmer erbracht werden, eine Umkehr der Steuerschuldnerschaft eintritt. **265**

Beispiel

Deutscher Unternehmer lässt von französischem Frachtführer F Ware von Paris nach Düsseldorf transportieren. Die Beförderungsleistung wird nach § 3a Abs. 2 UStG in Deutschland erbracht. U als Leistungsempfänger kann die deutsche USt nach § 15 Abs. 1 Nr. 4 UStG als VoSt abziehen, schuldet sie aber auch nach § 13b Abs. 5 S. 1, Abs. 1 UStG (s. Rn. 427 ff.). F hat in Deutschland keine Erklärungs- und Zahlungspflichten. Beachte aber: U muss dem F dennoch seine deutsche USt-IdNr. mitteilen, damit dieser in Frankreich entsprechend § 18a Abs. 2, Abs. 7 Nr. 3 UStG in der Zusammenfassenden Meldung (ZM) die USt-IdNr. des U angeben kann.

266 Auch für das Beladen, Entladen und Umschlagen und ähnliche mit der Güterbeförderung im Zusammenhang stehende Umsätze an Unternehmer (oder juristische Personen mit USt-IdNr.) verbleibt es bei der Empfängerortregelung des § 3a Abs. 2 UStG und der Umkehr der Steuerschuldnerschaft des § 13b Abs. 5 S. 1 UStG bei Leistungserbringung durch einen im Ausland ansässigen Unternehmer. Bei entsprechenden Leistungen an Nichtunternehmer bestimmt sich der Ort hingegen nach § 3b Abs. 2 UStG und es tritt keine Umkehr der Steuerschuldnerschaft ein.

Beispiel

Frachtführer F übernimmt das Umladen von Gütern in Köln und befördert diese sodann für „Spediteur" S (Unternehmer in den Niederlanden) von Köln nach Aachen. In Aachen übernimmt S die Güter selbst und befördert sie weiter nach Rotterdam. Das Umladen und die Güterbeförderung des F, die tatsächlich nur in Deutschland stattfindet, wird nach § 3a Abs. 2 UStG in den Niederlanden erbracht. Dort schuldet S wegen Verlagerung der Steuerschuld (vgl. Art. 196 MwStSystRL) die niederländische Steuer, die er aber als Vorsteuer (entsprechend Art. 168 Buchst. a, 178 Buchst. f MwStSystRL) in den Niederlanden von seiner Steuerschuld abziehen kann. F hat in den Niederlanden weder Erklärungs- noch Zahlungspflichten. Hätte es sich bei S um eine Privatperson mit Wohnsitz in den Niederlanden gehandelt, hätte F in Deutschland eine nach §§ 1 Abs. 1 Nr. 1, 3b Abs. 1 und 2 UStG steuerbare und steuerpflichtige Leistung erbracht, für die er selbst auch nach § 13a Abs. 1 Nr. 1 UStG die (deutsche) Steuer schuldet.

Bei der **Besorgungsleistung** (Handeln im eigenen Namen, aber für fremde Rechnung) einer innergemeinschaftlichen Güterbeförderung oder einer damit zusammenhängenden Nebenleistung ist gemäß § 3 Abs. 11 UStG (Leistungskommission) der besorgende Unternehmer so zu behandeln als werde die Beförderungsleistung oder Nebenleistung an ihn und von ihm erbracht.

Beispiel

Spediteur D in Deutschland besorgt für den Unternehmer N (Niederlande) eine Güterbeförderung durch Frachtführer F (Frankreich) von Frankreich nach Dänemark. Der Ort für die Güterbeförderung des F liegt nach § 3a Abs. 2 i. V. m. § 3 Abs. 11 UStG in Deutschland, denn die Beförderungsleistung des F gilt als an D erbracht. Der Ort für die ebenfalls als Güterbeförderung zu behandelnde Besorgungsleistung des D an den N liegt in den Niederlanden. D schuldet die deutsche USt aus der Leistung des F an ihn und kann sie als Vorsteuer nach § 15 Abs. 1 Nr. 4 UStG von seiner Steuerschuld abziehen. In den Niederlanden hat er keine Erklärungs- und Zahlungspflichten zu erfüllen.

3. Vermittlungsleistungen und Werkleistungen

267 Nach § 3a Abs. 2 UStG gilt auch für Vermittlungsleistungen und Werkleistungen an Unternehmer der Ansässigkeitsort des empfangenden Unternehmens als Ort der Leistung. Auf den Ort der vermittelten Leistung und den Ort der Tätigkeit kommt es nur noch bei Vermittlungsleistungen und Werkleistungen an Nichtunternehmer an, die keine juristischen Personen mit USt-IdNr. sind, § 3a Abs. 3 Nr. 3 Buchst. c und Nr. 4 UStG.

Beispiel

V in Deutschland vermittelt a) für die Unternehmer D1 (Dänemark) und b) für D2 (Deutschland) je eine nach §§ 4 Nr. 1 Buchst. a, 6 UStG befreite Ausfuhrlieferung vom Lieferort Deutschland nach § 3 Abs. 6 S. 1 UStG nach Serbien. Der Ort der Vermittlungsleistung ist für a) nach § 3a Abs. 2 UStG Dänemark, sodass die Vermittlungsleistung des V in Deutschland nicht steuerbar ist und in Dänemark nicht V, sondern D1 eine dänische USt schulden würde und als VoSt abziehen könnte. Allerdings ist die Vermittlungsleistung auch in Dänemark befreit. Die Vermittlungsleistung unter b) an D2 ist in Deutschland für V nach § 3a Abs. 2 UStG zwar steuerbar, aber nach § 4 Nr. 5 Buchst. a UStG befreit.

4. Erklärungs- und Meldepflichten bei sonstigen Leistungen

Parallel zur gesonderten Erklärungspflicht für steuerbefreite innergemeinschaftliche Lieferungen verlangt § 18b S. 1 Nr. 2 UStG auch eine gesonderte Erklärung derjenigen im Ausland ausgeführten Umsätze, für die die Steuerschuld (entsprechend Art. 196 MwStSystRL, § 13b Abs. 5 UStG) auf den im anderen Mitgliedstaat ansässigen Leistungsempfänger übergegangen ist. Derartige sonstige Leistungen sind auch in der zusammenfassenden Meldung (ZM) nach § 18a Abs. 2 und Abs. 7 S. 1 Nr. 3 UStG (Art. 262, 264 MwStSystRL) zu erklären. Damit wird auch für sonstige Leistungen, bei denen es zu einer Umkehrung der Steuerschuldnerschaft wegen der grenzüberschreitenden Erbringung kommt, ein Informationsaustausch zwischen dem Herkunfts-/Sitzstaat und dem Bestimmungsmitgliedstaat wie bei innergemeinschaftlichen Lieferungen ermöglicht.[758] 268

758 S. BFH v. 27.09.2017 – XI R 15/15, BStBl. II 2018, 155 (zusammenfassende Meldung für deutschen Anwalt, der ausl. Unternehmer berät – anwaltliche Schweigepflicht steht nicht entgegen).

269 **Übersicht**

Befreite innergemeinschaftliche Lieferung (§ 4 Nr. 1 Buchst. b i.V. m. § 6a, § 2a, § 1b, § 3c UStG)

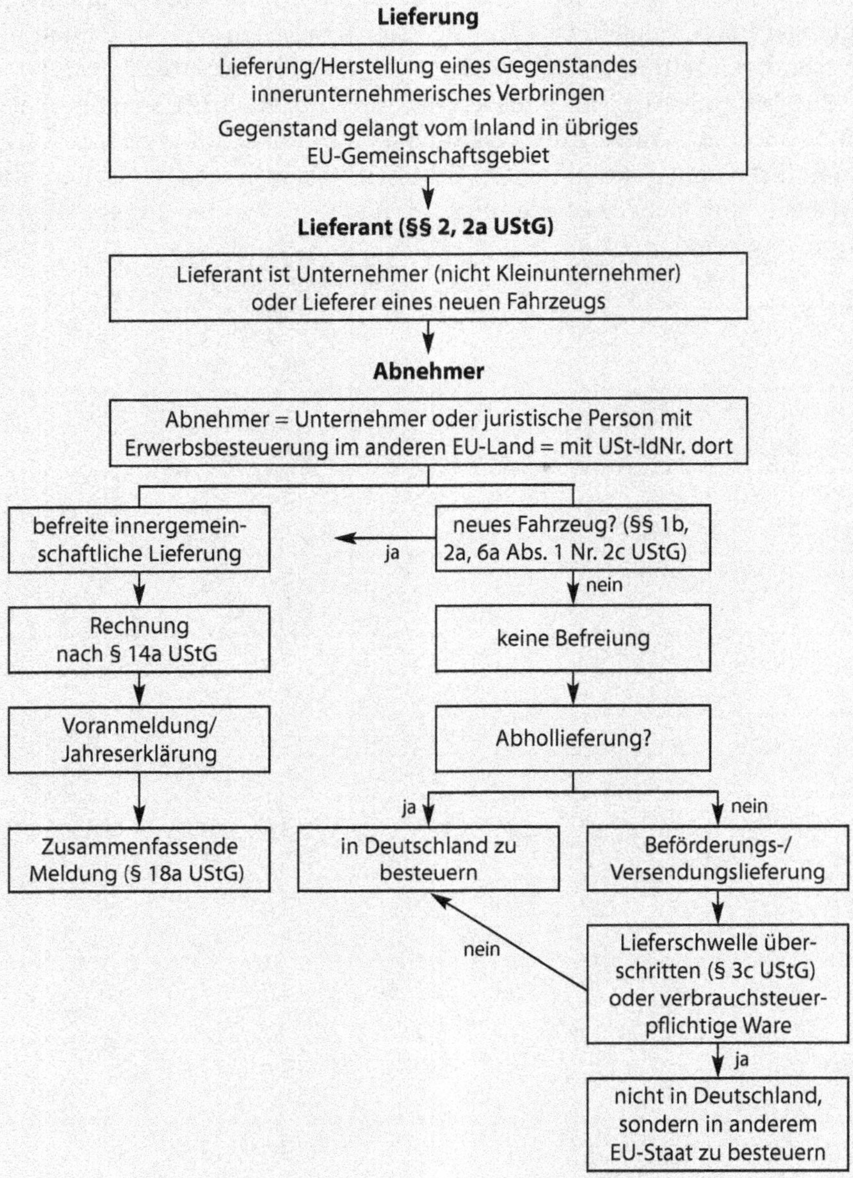

5. Steuerbefreiungen und Option

A. Zweck und Wirkungen der Steuerbefreiungen

I. Den Steuerbefreiungen ist gemeinsam, dass für den unter die Befreiungsvorschrift fallenden steuerbaren Umsatz keine USt entsteht. Insoweit besteht i.E. kein Unterschied zu einem bereits nach § 1 Abs. 1 UStG nicht steuerbaren Vorgang. Dennoch ist es aus systematischen und praktischen Erwägungen notwendig, zwischen **nicht steuerbaren** und lediglich **steuerfreien** Umsätzen streng zu trennen. Formal ist dies bereits deshalb erforderlich, weil § 22 UStG besondere Aufzeichnungspflichten für die steuerpflichtigen und die steuerfreien Umsätze statuiert. In dem amtlichen vorgeschriebenen Datensatz (= Erklärungsvordruck), dessen Verwendung vorgeschrieben ist (vgl. § 18 Abs. 1 und Abs. 3 UStG), sind nur die steuerpflichtigen und die steuerfreien Umsätze zu deklarieren. Materiell-rechtlich ergeben sich unterschiedliche Auswirkungen insbesondere beim Vorsteuerabzug. Der **Vorsteuerabzug** wird grundsätzlich nur bei steuerfreien Umsätzen ausgeschlossen (§ 15 Abs. 2 Nr. 1 UStG; § 15 Abs. 2 Nr. 2 und 3 UStG betreffen nur an die Befreiung anknüpfende Ergänzungen). Besondere Nachweispflichten sind nur für bestimmte steuerfreie Umsätze vorgeschrieben (vgl. § 4 Nr. 1–4, Nr. 5 i.V.m. §§ 6–8 UStG i.V.m. §§ 8–13, 18–22 UStDV). 270

II. Es handelt sich fast durchgängig um tätigkeits-, d.h. umsatzbezogene (objektive) Steuerbefreiungen im Interesse der Verbraucher. **Personenbezogene (subjektive) Befreiungen** widersprechen dem Zweck der auf Abwälzung angelegten Umsatzsteuer und stellen deshalb **Fremdkörper** im Gesetz dar (vgl. zur Steuerbefreiung der Blinden § 4 Nr. 19 UStG). Von der Wirkung her führt auch die „Nichterhebung" der Steuer bei den sog. Kleinunternehmern nach § 19 Abs. 1 Satz 1 UStG zu einer Steuerbefreiung, welche allerdings eine reine Bagatellfunktion hat. Die Steuerbefreiungen für Umsätze i.S.d. § 1 Abs. 1 Nr. 1 UStG lassen sich **in zwei Gruppen einteilen**, deren Unterscheidung sich aus **§ 15 Abs. 2 und Abs. 3** ergibt. Nach § 15 Abs. 2 Nr. 1 ist der Vorsteuerabzug bei Bezügen von Gegenständen und sonstigen Leistungen, die zur Ausführung steuerfreier Umsätze verwendet werden, grundsätzlich ausgeschlossen. Davon werden nach § 15 Abs. 3 Nr. 1 Buchst. a insbesondere solche Umsätze ausgenommen, die nach § 4 Nr. 1–7 und den weiteren genannten Bestimmungen steuerfrei sind. Bei diesen erhält der Unternehmer mithin trotz der Steuerfreiheit der Umsätze die mit ihnen zusammenhängenden Vorsteuern vergütet. Für bestimmte Steuerbefreiungen ohne Vorsteuerabzug sieht § 9 zur Vermeidung von Wettbewerbsnachteilen die Möglichkeit des Verzichtes auf die Steuerbefreiung vor, wenn der Umsatz für das Unternehmen des Empfängers erfolgt. 271

1. **Steuerbefreiungen mit Vorsteuerabzug** (§ 4 Nr. 1–7 UStG; hinzu kommen noch § 25 Abs. 2, § 25c Abs. 4 und die in § 26 Abs. 5 UStG bezeichneten Vorschriften). Diese Gruppe dient der Herstellung der **Wettbewerbsneutralität** im Verhältnis zur Leistungserbringung im Ausland. Bei diesen Steuerbefreiungen wird durch die Befreiung eine Belastung mit deutscher USt vermieden, wenn ansonsten eine **Doppelbesteuerung** mit inländischer USt und ausländischer (Einfuhr-)Umsatzsteuer eintritt oder einzutreten droht, oder wo entsprechende Leistungen, wenn sie vom Ausland aus erbracht werden, dort keiner USt unterliegen. Dies betrifft die Steuerbefreiungen des § 4 Nr. 1–5 UStG, insbesondere die Befreiung der **Ausfuhr** durch § 4 Nr. 1 Buchst. a UStG und die Befreiung der **innergemeinschaftlichen Lieferung** nach § 4 Nr. 1 Buchst. b UStG.

2. **Steuerbefreiungen ohne Vorsteuerabzug** (§ 4 Nr. 8 ff. UStG; dieselbe Wirkung hat die Kleinunternehmerbefreiung nach § 19 Abs. 1 UStG). Diese zweite Gruppe der Befreiungen erklärt sich aus **sozialen Erwägungen**, indem durch die Befreiung der Bezug bestimmter Leistungen für den Endverbraucher um die USt verbilligt werden soll. Dies betrifft u. a. die Befreiung der **Vermietung von Grundstücken** (§ 4 Nr. 12 UStG), die Befreiung der **Heilbehandlung** im Bereich der **Humanmedizin** (§ 4 Nr. 14 UStG) und weiterer mit der **Betreuung und Pflege hilfsbedürftiger Personen** und mit der **Gesundheitsvorsorge** in engem Zusammenhang stehende Leistungen (vgl. u. a. § 4 Nr. 15–17 UStG), die Befreiung gewisser **kultureller und Schul- und Bildungsleistungen** (vgl. § 4 Nr. 20–23 UStG), die Befreiung von **Leistungen** der **Sozialfürsorge** und der **Betreuung von Kindern und Jugendlichen** (vgl. § 4 Nr. 18, 24, 25, 27 UStG). Diese Leistungen sind nur dann befreit, wenn sie von **Einrichtungen des öffentlichen Rechtes erbracht** werden oder von diesen vergleichbaren anderen **(privaten) Einrichtungen**, deren Zielsetzung mit einer Einrichtung des öffentlichen Rechts vergleichbar ist und die **keine systematische Gewinnerzielung** anstreben. Etwaig anfallende Gewinne dürfen nicht verteilt werden, sondern müssen zur Erhaltung oder Verbesserung der von der Einrichtung erbrachten Leistungen verwendet werden. Die Befreiung des **Geld- und Kapitalverkehrs** in § 4 Nr. 8 UStG lässt sich sachlich eigentlich (näher dazu s. Rn. 296 ff.) nicht erklären. Durch die Befreiung des **Grundstückserwerbs** (§ 4 Nr. 9 Buchst. a UStG) soll eine doppelte Belastung mit USt und der speziellen Verkehrsteuer, der Grunderwerbsteuer, vermieden werden (vgl. auch § 4 Nr. 9 Buchst. b UStG Doppelbelastung mit Rennwett- und Lotteriesteuer;[759] § 4 Nr. 10 Buchst. a UStG Doppelbelastung mit Versicherungsteuer). Der Verbilligung von Verteidigungslasten dienen die in § 4 Nr. 7 UStG und der in § 26 Abs. 5 UStG genannten Befreiungen von Lieferungen und sonstigen Leistungen an die Vertragsparteien des Nordatlantikpaktes, die NATO-Truppen selbst und deren ziviles Gefolge (Art. 67 Abs. 3 des NATO-Truppenstatutes), an Stellen der Vereinigten Staaten (Art. III des Offshore-Abkommens) und an NATO-Hauptquartiere (Art. 14 Abkommen NATO-Hauptquartiere).
3. Aus dem Rahmen fällt die **subjektive Steuerbefreiung** des § 4 Nr. 19 UStG, durch die die Leistungen von Blinden mit nicht mehr als zwei Arbeitnehmern und von Blindenwerkstätten befreit werden, weil hier der Unternehmer und nicht der Verbraucher begünstigt werden soll.[760] Zutreffend verlangen sowohl das BVerfG[761] als auch der EuGH,[762] dass Befreiungen – etwa nach § 4 Nr. 14 UStG – oder Steuersatzermäßigungen nicht an die Rechtsform des Unternehmers anknüpfen, sondern nur an die Art der Leistung und ihre Bedeutung für den Verbraucher. Das Anknüpfen an die Rechtsform oder Eigenschaften des Unternehmers widerspricht dem Neutralitätsgebot der USt, ihrem Belastungsgrund und damit auch dem verfassungs- und unionsrechtlichen Gleichheitssatz.[763] Die **Rechtsformneutralität** der USt ist daher insbesondere bei der Auslegung der Befreiungsvorschriften zu beachten.

759 Zur Zulässigkeit einer engen Umsetzung der Befreiungsvorschrift des Art. 135 Abs. 1 i MwStSystRL (für Wetten, Lotterien und andere Glückspiele) vgl. BFH v. 10.11.2010 – XI R 79/07, BStBl. II 2011, 311 und EuGH v. 10.06.2010 – C-58/09 (Leo Liberia), UR 2010, 494. Zur Zulässigkeit einer selektiven Befreiung nur von analogem Glücksspiel und nicht von online-Glücksspiel siehe EuGH v. 12.9.2024 – C-73/23 (Chaudfontaine Loisirs), EU:C:2024:734 und v. 12.9.2023 – C-741/22 (Casino de Spa u.a.), EU:C:2024:732.

760 Vgl. auch Englisch in: T/L § 17 Rn. 198 f.

761 BVerfGE 101, 151 = BStBl. II 2000, 160; vgl. auch BVerfGE 101, 132 = BStBl. II 2000, 156.

762 EuGH v. 10.09.2002 – C-141/00 (Pflegedienst Kügler), Slg. 2002, I-6833; v. 06.11.2003 – C-45/01 (Dornier-Stiftung), Slg. 2003, I-12911.

763 Vgl. auch Kirchhof UR 2002, 541.

III. Obgleich allen Steuerbefreiungen gemeinsam ist, dass für den Umsatz keine USt entsteht, ist die Wirkung unterschiedlich, je nachdem, ob durch die Befreiung der Vorsteuerabzug für Vorumsätze ausgeschlossen wird – das ist nach § 15 Abs. 2 Nr. 1 UStG der Regelfall – oder ob trotz Befreiung der Vorsteuerabzug für den Vorumsatz erhalten bleibt (vgl. § 15 Abs. 3 Nr. 1 UStG). 272

Eine **vollständige Entlastung** von inländischer USt tritt nur dann ein, wenn trotz Steuerfreiheit des Ausgangsumsatzes der Vorsteuerabzug gewährt wird – sog. **echte Befreiungen**. Wird dagegen der **Vorsteuerabzug versagt**, so wird der Endverbraucher mittelbar im Preis die für den Unternehmer nicht abzugsfähige VoSt mitbezahlen müssen. Es tritt daher nur eine teilweise Entlastung von der USt ein – sog. **unechte Befreiungen.**

Beispiel

Kauft der inländische Exporteur für 50.000 € zzgl. 9.500 € USt eine Maschine ein und verkauft er sie für 60.000 € an den ausländischen Abnehmer A in einem Drittland, so ist die Ausfuhrlieferung gemäß § 4 Nr. 1 Buchst. a UStG steuerfrei und die VoSt kann gemäß § 15 Abs. 3 Nr. 1 UStG abgezogen werden. Der ausländische Abnehmer wird also auch nicht mittelbar im Preis mit inländischer USt belastet, sondern allein mit der ausländischen Einfuhrumsatzsteuer.

Kauft dagegen der Vermieter eines Hauses Öl für die Heizung zum Preis von 5.000 € zzgl. 950 € USt und werden diese Kosten auf die Mieter umgelegt, so ist die Vermietungsleistung nach § 4 Nr. 12 Buchst. a UStG einschließlich der Nebenleistung der Energieversorgung steuerfrei. Der Vermieter kann den Umsatzsteuerbetrag von 950 € aber nach § 15 Abs. 2 Nr. 1 UStG nicht als VoSt abziehen. Er wird die Mieter daher mit 5.950 € und nicht lediglich mit 5.000 € belasten, sodass im Ergebnis keine (volle) Entlastung, sondern nur eine teilweise Entlastung von der USt eintritt. Der Umfang der Steuerbefreiung für den Leistungsempfänger ist damit abhängig von der Höhe der Eingangsleistungen, die mit Umsatzsteuer vorbelastet sind, die der Leistende empfangen hat.

IV. Nach Ansicht des EuGH und BFH sind die Steuerbefreiungsvorschriften **als Ausnahmeregelungen** grundsätzlich **eng auszulegen.**[764] Allerdings ist diese Ansicht in Bezug auf Steuerbefreiungsvorschriften – gleiches gilt in Bezug auf die Steuersatzermäßigungsvorschriften des § 12 Abs. 2 UStG – nur bedingt zutreffend. Grundsätzlich sind Vorschriften allein nach den herkömmlichen Auslegungsmethoden – und damit weder weit noch eng – auszulegen. Bei dieser – normalen – Auslegung ist lediglich zu beachten, dass die Anwendung nicht dazu führen kann, dass der Grundsatz der Steuerpflicht eines Umsatzes leerläuft und nur steuerfreie Umsätze existieren. Insofern kann eine *extensive* Auslegung nicht richtig sein. Eine nicht extensive Auslegung ist aber nicht mit einer engen, sondern eher mit einer **präzisen Auslegung** (welche sich an dem Sinn und Zweck einer Vorschrift zu orientieren hat) gleichzusetzen.[765] 273

V. Die Steuerbefreiung (ohne Vorsteuerabzugsberechtigung) kann sogar zu einer Belastungssteigerung führen, wenn an einen zum vollen Vorsteuerabzug berechtigten Unternehmer eine Leistung erbracht werden soll. 274

§ **Fall 22: Der blinde Zwischenhändler mit befreiten Umsätzen**

Hersteller U1 liefert an den Großhändler U2, dieser an den Einzelhändler U3 und dieser an den Endverbraucher. Es soll ein **Belastungsvergleich** angestellt werden, wenn auf der einen Seite keine Befreiung von USt gegeben ist, auf der anderen Seite der **Großhändler U2 als Blinder** nach § 4 Nr. 19 a UStG umsatzsteuerbefreit ist. Der Nettowert der Ursprungslieferung soll 100 € und der Mehrwert zwischen U2 und U3 sowie zwischen U3 und dem Endverbraucher je 100 € ausmachen.

---

764 EuGH v. 18.01.2001 – C-83/99 (KOM/Spanien), Slg. 2001, I-445 = UR 2001, 210, Rn. 19; EuGH v. 08.05.2003 – C-384/01 (KOM/Frankreich), Slg. 2003, I-4395 = UR 2003, 408, Rn. 28; BFH, Urt. v. 12.5.2005 – V R 54/02, BStBl. II 2007, 283 = UR 2005, 561; zum ermäßigten Steuersatz in § 12 Abs. 2 Nr. 8 UStG ausdrücklich: BFH, Urt. v. 29.1.2009 – V R 46/06, BStBl. II 2009, 560 = UR 2009, 385 (387).

765 Vgl. zur berechtigten Kritik im Rahmen der Steuerbefreiungsvorschriften: Stadie, UStG, Vor §§ 4–9 UStG Rz. 15 ff.

275 I. Liegt keine **Steuerbefreiung** vor, so ergibt sich:
1. Die Lieferung von U1 an U2 ist mit einer USt von 19 % zu belasten. U2 zahlt also 119 €. U1 behält davon 100 € und führt 19 € an das Finanzamt ab.
2. U2 veräußert an U3 zum Nettopreis von 200 €. Hinzu kommen 19 % Mehrwertsteuer, sodass U3 an U2 238 € zu zahlen hat. U2 hat 19 € Umsatzsteuerzahllast an das Finanzamt abzuführen, weil er die an U1 im Kaufpreis mit gezahlten 19 € als VoSt absetzen kann.
3. Der Endverbraucher hat an U3 357 € zu zahlen, nämlich 300 € + 19 % Mehrwertsteuer. U3 hat ebenfalls 19 € Umsatzsteuerzahllast an das Finanzamt abzuführen, weil er von den 57 € USt 38 € als VoSt absetzen kann. Für den Endverbraucher ergibt sich daher eine **Umsatzsteuerbelastung von insgesamt 57 €.**

II. Geht man davon aus, dass **U2 umsatzsteuerbefreit** leistet, so ergibt sich:
1. U1 liefert an U2 zum Preis von 100 € + 19 % USt. U2 zahlt also an U1 119 €, von denen U1 19 € an das Finanzamt abführt.
2. Bei der Lieferung von U2 an U3 beträgt der Nettopreis an sich 200 €. Da U2 umsatzsteuerbefreit ist, zahlt U3 an ihn keinen offenen Umsatzsteuerteil, sondern insgesamt lediglich 219 €. Der an U1 gezahlte Umsatzsteuerteil von 19 € wird dem U3 weiterberechnet, denn U2 hat keinen Vorsteuerabzug (§ 15 Abs. 2 Nr. 1 UStG).
3. Der Nettopreis für den Endverbraucher beträgt 219 € + 100 € = 319 €. Von dieser Bemessungsgrundlage hat der Endverbraucher Mehrwertsteuer im Preis zu zahlen i. H. v. 19 %, also 60,61 €. Diesen Betrag hat U3 an das Finanzamt abzuführen. Da er keine USt im Preis bezahlt hat, scheidet ein Vorsteuerabzug aus. Daraus ergibt sich, dass der letzte Umsatz an den Endverbraucher bei einer Steuerbefreiung innerhalb der Unternehmerkette zu einer höheren USt führt und dass die gesamte Umsatzsteuerbelastung durch den Wegfall einer Stufe des Vorsteuerabzugs sich insgesamt erhöht.

Dies ist aber die natürliche Folge einer nur partiell wirkenden Steuerbefreiung, bei der der Vorsteuerabzug nicht bestehen bleibt. Dies zeigt auch, dass diese (sog. unechten) Steuerbefreiungen primär auf der letzten Stufe zum Endverbraucher Anwendung finden sollen; mithin den nicht zum Vorsteuerabzug berechtigten Endverbraucher begünstigen (entlasten) sollen. Sofern hingegen auch ein relevanter Markt dieser Leistungen an vorsteuerabzugsberechtigte Unternehmer besteht, gewährt das Gesetz eine entsprechende Möglichkeit auf die Steuerbefreiung zu verzichten, um an diesen Markt teilnehmen zu können.

276 Der **„steuerfreie" Umsatz** ist also nicht etwa im vollen Umfang von der Umsatzsteuer befreit, sondern bleibt **mit heimlicher Steuer belastet** (sog. *unechte* Steuerbefreiung). Die **Entlastungswirkung** der Steuerbefreiung beschränkt sich auf die **Wertschöpfung** des Unternehmers, dessen Umsatz von der Steuer befreit ist, sodass im Ergebnis nur eine – im Verhältnis zum Regelsteuersatz – **Ermäßigung** der Besteuerung bewirkt wird, deren Höhe von dem Umfang der Vorsteuerbeträge abhängt.

Wird der steuerfreie Umsatz von einem Unternehmer zur Ausführung eigener steuerpflichtiger Umsätze bezogen, so kommt es zur sog. **Nachholwirkung** des Allphasensystems. Da auf jeder Stufe der gesamte Umsatz, d. h. die gesamte Gegenleistung und nicht nur der Mehrwert der Steuer unterliegt, wird die Steuer auf den steuerfreien Vorumsatz nacherhoben.

Die **Versagung des Vorsteuerabzugs** soll nach verbreiteter Ansicht einen **Systembruch** darstellen.[766] Diese Behauptung ist als solche ohne jeglichen rechtlichen Aus-

766 Söhn, StuW 1976, 1, 24 ff.; Reiß in: T/L (20. Aufl.) § 14 Rz. 170; Robisch in: Bunjes (23. Aufl.) Einl. Rz. 22; Heidner in Bunjes (23. Aufl.), § 9 Rz. 3; ähnlich Oelmaier in: S/R, § 15 Rz. 692 (Juni 2022), der von einer Störung der Neutralität spricht.

sagewert, denn dem Gesetzgeber bleibt es grundsätzlich überlassen, inwieweit er das von ihm selbst aufgestellte System durchbricht; der „Systembruch" ist dann Teil des Systems. M.a.W.: Der Ausschluss des Vorsteuerabzugs bei den Steuerbefreiungen nach § 4 Nr. 8ff. UStG bzw. Art. 132 – 135 EG-RL ist als Subsystem Bestandteil des von der EU-Richtlinie und dem Umsatzsteuergesetz gewählten Besteuerungssystems. Die These vom Systembruch gewänne nur dann **rechtliche Relevanz**, wenn dieser einen Verstoß gegen den Gleichheitssatz (Art. 3 Abs. 1 GG, Art. 20 der Charta) darstellen würde. Das wäre der Fall, wenn die nicht abziehbaren Vorsteuern oder deren unterschiedliche Höhe zu gravierenden Wettbewerbsnachteilen führen würden. Dies ist jedoch nicht ersichtlich.

Vergleich 277

Variante I: Alle Umsätze steuerpflichtig

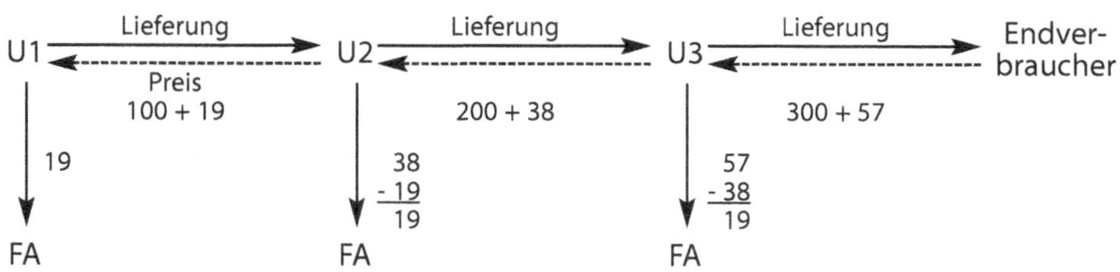

Endpreis 357 €, davon im Ergebnis an Fiskus 57 € USt.

Variante II: Umsatz U2 – U 3 steuerfrei

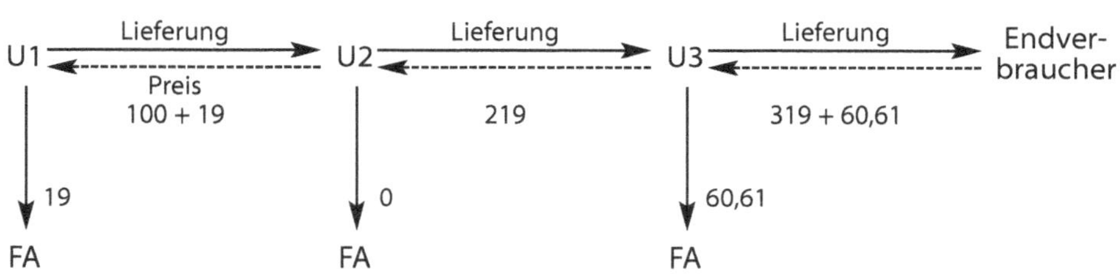

Endpreis 379,61 €, d.h. um 22,61 € teurer. Das sind die 19 € für U2 nicht abzugsfähige VoSt + 19 % auf diesen Betrag beim steuerpflichtigen Umsatz von U3 an Endverbraucher.

B. Die Option

I. Um die nachteiligen Wirkungen einer Steuerbefreiung bei Zwischenumsätzen 278
von Unternehmern zu vermeiden, gewährt das Gesetz in § 9 UStG die Möglichkeit, bei bestimmten Umsätzen auf die Steuerbefreiung zu verzichten **(Option zur Steuerpflicht)**. Bei Steuerbefreiungen, die einen Vorsteuerabzug ausschließen, muss daher unterschieden werden, ob eine Option möglich ist oder nicht.

II. Bei einer Option wird der an sich steuerfreie Umsatz als steuerpflichtig behandelt 279
und demgemäß auch der Vorsteuerabzug gewährt. Die Belastungswirkung entspricht daher derjenigen eines von Anbeginn nicht befreiten Umsatzes.

III. Der **Sinn und Zweck des Optionsrechts** (d.h. der Möglichkeit eines Verzichts auf eine Steuerbefreiung) ist etwas umstritten. Er besteht **nicht**, wie z. T. angenommen wird, darin, den **Unternehmer entscheiden zu lassen, ob der Verbraucher mit Umsatzsteuer belastet wird oder nicht.**[767] Der Unternehmer entscheidet mit seinem Wahlrecht nicht, ob der Endverbraucher mit Umsatzsteuer belastet ist, sondern **allenfalls, über die Höhe der effektiven Umsatzsteuerbelastung des Endverbrauchers**, da der durch die Steuerbefreiung in der Regel aus sozial-, kultur- oder wirtschaftspolitischen Gründen bezweckte Vorteil des Verbrauchers bei Steuerbefreiungen ohne Vorsteuerabzug davon abhängig ist, wie hoch die nicht abzugsfähige Umsatzsteuer aus den vorhergehenden Eingangsumsätzen ist.[768]

280 Die Wirkung der Steuerfreiheit ohne Vorsteuerabzug erschöpft sich lediglich in der umsatzsteuerrechtlichen Befreiung der (um die angefallenen und nicht abziehbaren Vorsteuerbeträge bereinigten) Gewinnspannen der eingeschalteten Unternehmer. Der Sinn und Zweck der Optionsmöglichkeit besteht daher **allein** darin, die mit der **Steuerfreiheit verbundenen Wettbewerbs- bzw. Marktzugangsnachteile des Leistenden zu verhindern.**[769] Diese sind zum einen im Hinblick auf **konkurrierende Leistende** zu sehen, **welche geringere Vorsteuerbeträge** im Rahmen ihrer Eingangsleistungen tragen mussten und deswegen vom Vorsteuerabzugsausschluss aus § 15 Abs. 2 Nr. 1 UStG geringfügiger betroffen sind. Typisierend dürfte dieser Wettbewerbsnachteil zwar eher geringer ausfallen, da bei vergleichbaren Leistungen in der Regel auch vergleichbare Vorsteuerbelastungen existieren.[770] Die Vorsteuerbelastung kann jedoch mithilfe des Instruments der **Organschaft** (§ 2 Abs. 2 Satz 1 Nr. 2 UStG) unterschiedlich stark beeinflusst werden. Dies würde bei fehlender Optionsmöglichkeit wiederum zu einer Konzentrationswirkung am Markt bzw. zu Wettbewerbsvorteilen größerer Marktteilnehmer führen, welche durch die Einführung des Vorsteuerabzugs gerade vermieden werden sollten.[771] Damit dient das Optionsrecht auch der Vermeidung von Wettbewerbsnachteilen des Leistenden, der nicht die Möglichkeit hat, über die Konstruktion einer Organschaft vergleichbar niedrige Vorsteuerbelastungen zu generieren.

281 Zum anderen besteht für den **Anbieter einer steuerbefreiten Leistung an andere Unternehmer ein Wettbewerbsnachteil, weil diese aufgrund ihrer Vorsteuerabzugsberechtigung sich selbst mit der entsprechenden Leistung umsatzsteuerentlastet versorgen könnten** und damit unternehmerische Anbieter sich nicht an diesem Markt beteiligen könnten. So wäre es für einen vorsteuerabzugsberechtigten Leistungsempfänger wirtschaftlich günstiger, **nur ein Grundstück zu erwerben und das Gebäude selbst errichten zu lassen**, weil ihm dann der Vorsteuerabzug aus den Baukosten möglich wäre. Könnte der Verkäufer eines bebauten Grundstücks nicht zur Steuerpflicht optieren, würde dieser die für ihn nicht abziehbaren Vorsteuern kalkulatorisch in der Gegenleistung berücksichtigen (müssen), um sie auf seinen Leistungsempfänger abzuwälzen. Mangels gesonderten Ausweises dieser mittelbaren Umsatzsteuerbelastung könnte sich der Leistungsempfänger nicht davon entlasten. **Folglich würde kein vorsteuerabzugsberechtigter Leistungsempfänger z. B. ein Gebäude erwerben, sondern dieses selber bauen bzw. bauen lassen.**

Der Sinn und Zweck des § 9 UStG ist daher im engen Zusammenhang mit dem **Vorsteuerabzugsausschluss des § 15 Abs. 2 Nr. 1 UStG zu sehen und soll folglich allein**

767 Reiß in: T/L (20. Aufl.) § 14 Rz. 178; Teichmann, StuW 1975, 189, 197; Söhn, StuW 1976, 1, 20.

768 Stadie, UStR, Rz. 10.69; i. E. wohl ebenso Schüler-Täsch in: S/R, § 9 Rn. 1 (Juni 2023).

769 Stadie, UStR, Rz. 10.132 ff.; Stadie, Vorsteuerabzug S. 182 ff.; im Ansatz ebenso schon Beker, DStR 1972, 615 (618); Beker, UR 1974, 259 (259 f.); Matheis, UVR 2008, 94, 95, der aber allein auf die Nichtabziehbarkeit der Umsatzsteuer abstellt; offen lassend Wenzel: in R/D, UStG, § 9 Rn. 1 ff. (Juli 2013).

770 Stadie, UStR, Rz. 10.137; Stadie, Vorsteuerabzug S. 182.

771 Stadie, Vorsteuerabzug S. 2 f.; Stadie in R/D, UStG, Einf. Rn. 279 (Jan. 2024); Stadie, UStR, Rz. 15.2.

einen Vorsteuerabzug des Leistenden, nicht aber – wie der BFH[772] meint – des Leistungsempfängers, **ermöglichen**, damit dieser gegenüber anderen Unternehmern nicht benachteiligt wird und nicht durch einen Vorteil der unternehmerischen „Selbstversorger" vom Zugang zu diesem Markt ausgeschlossen wird.

Fall 23: Der einträgliche Verzicht auf die Steuerbefreiung 282

S baute auf seinem Grundstück in Schwerin für 1.000.000 € zzgl. 190.000 € USt ein Lagergebäude, das er für mtl. 11.900 € an die Kaufstadt AG vermietete. Er gab eine Umsatzsteuerjahreserklärung für das Jahr 2021 ab, in der er den Abzug von 190.000 € VoSt begehrte und für die Monate November und Dezember (November = Beginn der Vermietung) steuerpflichtige Umsätze von 20.000 € deklarierte.

I. Ausgangsumsätze 283

1. S erbringt durch die Vermietung an die AG eine sonstige Leistung (§ 3 Abs. 9 UStG) gegen Entgelt. Mit dieser Dauerleistung wird er auch zum Unternehmer (§ 2 UStG), sodass ein nach § 1 Abs. 1 Nr. 1 UStG steuerbarer Umsatz vorliegt, denn die Leistung wurde in Münster (Inland) erbracht (§ 3a Abs. 3 Nr. 1 Buchst. a und § 1 Abs. 2 UStG).
2. Die Leistung ist allerdings nach § 4 Nr. 12 Buchst. a UStG – Vermietung von Grundstücken – steuerfrei. Auf die Steuerbefreiung kann aber unter folgenden **Voraussetzungen verzichtet** werden (§ 9 UStG):
   a) Es muss sich um einen **ausdrücklich in § 9 Abs. 1 UStG bezeichneten steuerfreien Umsatz** handeln. Danach kann bei Umsätzen nach **§ 4 Nr. 8 Buchst. a–g UStG** (Kapital- und Geldverkehr), nach **§ 4 Nr. 9 Buchst. a UStG** (Lieferungen von Grundstücken, bebaut und unbebaut), nach **§ 4 Nr. 12 UStG** (Vermietung von Grundstücken), nach § 4 Nr. 13 UStG (Leistungen der Teileigentümergemeinschaften an Teileigentümer) und nach § 4 Nr. 19 UStG (Leistungen der Blinden und Blindenwerkstätten) auf die Befreiung verzichtet werden. Der Verzicht ist für jeden einzelnen Umsatz möglich, hier also für die Vermietung an die AG.
   b) Es muss sich um einen Umsatz an einen **anderen Unternehmer für dessen Unternehmen** handeln.
   Bei Leistungen an Nichtunternehmer oder an Unternehmer für deren außerunternehmerische Sphäre ist ein Verzicht nicht zulässig. Dies beruht darauf, dass nur bei Umsätzen an Unternehmer ein anzuerkennendes Bedürfnis für eine Option besteht. Denn nur hier führt die Steuerbefreiung wegen der damit verbundenen Nichtabziehbarkeit von Vorsteuern zu einer Steigerung der Belastungswirkung.

   Eine **Option** ist daher bei **unentgeltlichen Wertabgaben nach § 3 Abs. 1b Nr. 1 und 2 sowie § 3 Abs. 9a UStG** grundsätzlich **nicht** möglich. Dies resultiert aus dem Sinn und Zweck des Optionsrechts (s. Rn. 278ff.). Es soll **ermöglichen,** dass der Leistende gegenüber anderen Unternehmern durch den fehlenden Vorsteuerabzug nicht benachteiligt wird und vom Zugang zu diesem Markt ausgeschlossen wird. Aufgrund dieses Wettbewerbsgedankens scheidet richtigerweise eine Anwendung von § 9 UStG **auf unentgeltliche aber steuerbare Leistungen aus.** Denn in den Konstellationen des § 3 Abs. 1b UStG und des § 3 Abs. 9a UStG handelt der Leistende gerade nicht als Unternehmer im Wettbewerb, sondern die Unentgeltlichkeit beruht auf einer Tätigkeit außerhalb seines Unternehmens und damit außerhalb des Wettbewerbs. Ein Bedürfnis des Leistenden vor Wettbewerbsnachteilen geschützt zu werden, besteht in diesen Konstellationen daher nicht. Deshalb kann auf die Steuerbefreiung bei unentgeltlichen Leistungen nicht gem. § 9 UStG verzichtet werden.[773]

---

772 BFH v. 6.6.1991 – V R 70/89, BStBl. II 1991, 866 (868); BFH v. 28.11.2002 – VII R 41/01, UR 2003, 190 (192); BFH v. 16.12.2003 – VII R 77/00, UR 2004, 238 (240) = BStBl. II 2005, 249; ebenso: Casser, BB 1987 Beilage 21, 1 (3); Rutkowsky/Höpken, DB 1974, 1405 (1405).

773 Zutreffend Stadie, UStG, § 9 Rz. 18; D. Hummel, Bauten auf fremdem Grund und Boden (Diss.), 2009, S. 130ff.; **A. A.** aber Lippross 2.6.6.e (S. 405) und Kap. 3.3.2.c (S. 823) und die Finanzverwaltung Abschn. 3.2. Abs. 2 Satz 4 UStAE.

> **Beispiel**
>
> Der Unternehmer überträgt ein bebautes Grundstück unentgeltlich auf seinen Sohn, der dieses für seine Steuerberaterpraxis nutzt. Es handelt sich um eine nach § 3 Abs. 1b Nr. 1 UStG steuerbare, aber nach § 4 Nr. 9 Buchst. a UStG steuerfreie unentgeltliche Wertabgabe, für die keine Option möglich ist.

Da im vorliegenden Fall die nach § 4 Nr. 12 Buchst. a UStG befreite Leistung an einen Unternehmer für dessen Unternehmen erbracht wird, ist eine Option nach § 9 UStG möglich.

284 c) Problematisch ist, wie zu verfahren ist, wenn ein Umsatz sowohl für das Unternehmen als auch für den außerunternehmerischen Bereich des Empfängers ausgeführt wird. Hier ist richtigerweise davon auszugehen, dass aufzuteilen ist. Eine Option ist nur zulässig, soweit die Leistung für das Unternehmen des Empfängers ausgeführt wird. Die Aufteilung muss sowohl bei Lieferungen als auch bei sonstigen Leistungen erfolgen.

> **Beispiel**[774]
>
> Die Ehefrau vermietet an ihren Ehemann eine Wohnung, die dieser teilweise als Büro für seine Steuerberaterpraxis, teilweise als gemeinsame Ehewohnung nutzt. Die Ehefrau verzichtet auf die Befreiung des § 4 Nr. 12 Buchst. a UStG und begehrt den vollen Vorsteuerabzug aus der Errichtung der Wohnung. Die Option erstreckt sich nur auf die Nutzungsüberlassung der zu Bürozwecken genutzten Räume, nicht auf die Wohnräume. Nach § 15 Abs. 4 UStG ist daher die VoSt aufzuteilen, weil die Vermietung der Wohnräume steuerfrei nach § 4 Nr. 12 Buchst. a UStG bleibt.
>
> Ebenso wäre zu entscheiden, wenn ein bebautes Grundstück geliefert wird und dieses vom Lieferempfänger teils für private, teils für unternehmerische Zwecke genutzt wird. Auch hier könnte nur hinsichtlich des für das Unternehmen bezogenen Anteils auf die Steuerbefreiung des § 4 Nr. 9 Buchst. a UStG verzichtet werden.[775]

285 d) Die Option erfolgt dadurch, dass der nach dem Gesetz zunächst steuerfreie Umsatz vom Unternehmer als steuerpflichtig behandelt wird. Dies geschieht letztlich durch eine entsprechende Behandlung in den gegenüber dem Finanzamt abzugebenden Erklärungen.[776] Es reicht grundsätzlich jede schlüssige, auch formlose Erklärung aus, insbesondere durch Deklarierung des Umsatzes als steuerpflichtig in der Jahreserklärung oder in einer Voranmeldung. Allerdings muss die Option unbedingt erklärt werden.[777] Zulässig ist es jedoch, eine Option vorsorglich zu erklären, falls sich die Beurteilung der Parteien, z. B. dass ein nicht steuerbarer Vorgang vorliegt, namentlich ein nicht steuerbare Geschäftsveräußerung nach § 1 Abs. 1a UStG, als unzutreffend erweist.[778] Soweit allerdings auf die Befreiung nach § 4 Nr. 9 Buchst. a UStG (Grundstückslieferungen) verzichtet werden soll, muss dieser Verzicht bereits in dem der jeweiligen Grundstückslieferung zugrunde liegenden notariellen Vertrag nach § 311 b Abs. 1 BGB erklärt werden, § 9 Abs. 3 S. 2 UStG. Bei einem Verzicht auf die Befreiung nach § 4 Nr. 9 Buchst. a UStG bei der

---

774 BFH v. 20.07.1988 – X R 6/80, BStBl. II 1988, 915; s. auch v. 14.10.2015 – V R 10/14, BStBl. II 2016, 717 (Vermietung eines EFH an einen Steuerberater durch den Ehegatten. Nutzung durch den Mieter teils für Praxis, teils als Wohnung).

775 EuGH v. 04.10.1995 – C-291/92 (Armbrecht), Slg. 1995, I-2775 = BStBl. II 1996, 392; BFH v. 26.06.1996 – XI R 43/90, BStBl. II 1997, 98.

776 A. A. die h. M., u. a. BFH v. 16.07.1997 – XI R 94/96, BStBl. II 1997, 670; v. 26.02.2003 – V B 178/02, BFH/NV 2003, 951; Abschn. 9.1. Abs. 3 UStAE; Lippross, USt, Kap. 3.3.2.f (S. 826). Danach soll schlüssiges Handeln gegenüber dem Leistungsempfänger genügen, u. a. Erteilung von Rechnungen mit offenem Steuerausweis oder Akzeptanz einer Gutschrift mit offenem Steuerausweis. Auch wenn man dies annimmt, ist dann aber ein Widerruf schlicht dadurch möglich, dass in der Steuererklärung der Umsatz als steuerfrei behandelt wird.

777 BFH v. 01.12.1994 – V R 126/92, BStBl. II 1995, 426.

778 So auch die Finanzverwaltung – vgl. Abschn. 9.1. Abs. 3 UStAE.

Versteigerung von Grundstücken im Zwangsvollstreckungsverfahren muss der Verzicht bereits bis zur Aufforderung zur Abgabe von Geboten ausgesprochen werden, § 9 Abs. 3 S. 1 UStG. Der Bieter muss die Umsatzsteuerbelastung, respektive den Vorsteuerabzug bereits bei Abgabe der Gebote berücksichtigen können.

Eine ausdrückliche gesetzliche Frist für die Ausübung der Option besteht nicht. Spätestens nach dem Eintritt der Festsetzungsverjährung ist eine Option allerdings nicht mehr möglich.[779] Die Option muss aber nach allgemeinen Grundsätzen bis zur Unanfechtbarkeit der jeweiligen Jahressteuerfestsetzung erklärt werden.[780] Danach ist bis zum Eintritt der Festsetzungsverjährung eine Option nur noch möglich, soweit noch keine materielle Bestandskraft eingetreten ist, weil der Bescheid vorläufig oder aufgrund eines Vorbehaltes der Nachprüfung noch änderbar ist.

Da S durch die Abgabe der Steuererklärung optiert hat, ist der Umsatz steuerpflichtig, denn der Leistungsempfänger (AG) ist Unternehmer und er nutzt die Vermietungsleistung für sein Unternehmen.

3. Bei einem Steuersatz von 19 % (§ 12 Abs. 1 UStG) ergibt sich für die beiden monatlichen Teilleistungen eine Bemessungsgrundlage von 20.000 € (§ 10 Abs. 1 UStG) und eine Steuerschuld von 3.800 €.
   Wenn S der AG eine Rechnung mit offenem Steuerausweis erteilt, wozu er nach § 14 Abs. 2 S. 1 Nr. 2 S. 2 UStG verpflichtet ist, kann diese die 3.800 € als Vorsteuer von ihren Umsatzsteuerschulden abziehen, sodass die AG durch den Verzicht auf die Steuerbefreiung nicht belastet ist (§ 15 Abs. 1 UStG).

II. Vorsteuerabzug

1. Die Bauhandwerker und sonstige an der Errichtung des Baues Beteiligte haben Werklieferungen und sonstige Leistungen an den Schlau ausgeführt, indem sie das Lagergebäude errichteten bzw. dazu beitrugen (z. B. Architekt). Diese Leistungen wurden für das Unternehmen des Schlau erbracht, sodass dieser die ihm in Rechnung gestellte USt von 190.000 € als Vorsteuer nach § 15 Abs. 1 Nr. 1 UStG von seiner Steuerschuld abziehen kann.
2. § 15 Abs. 2 Nr. 1 UStG sperrt seinen Vorsteuerabzug nicht, denn durch die Option handelt es sich nunmehr nicht mehr um einen steuerfreien Umsatz, sondern um einen steuerpflichtigen Umsatz.

III. In der **Erlangung des Vorsteuerabzugs** durch Ausschaltung des § 15 Abs. 2 Nr. 1 UStG liegt der eigentliche **Sinn der Option**. Daneben hat die Option die Bedeutung, eine Korrektur des Vorsteuerabzugs nach § 15a UStG zu verhindern. 286

Beispiel

Unternehmer U errichtete in 2015 für sein Unternehmen ein Gebäude und zog zutreffenderweise die Vorsteuer von 100.000 € von seiner Steuerschuld ab. Er nutzte das Gebäude ab 01.01.–31.12.2019 für sein Unternehmen. Mit Wirkung ab 01.01.2021 veräußerte er das bebaute Grundstück an einen anderen Unternehmer.

Würde für diese nach § 4 Nr. 9 Buchst. a UStG steuerfreie Lieferung nicht optiert, müsste U nach § 15a UStG eine Vorsteuerkorrektur für fünf Jahre, d. h. um 60.000 € durchführen und diesen Betrag an das Finanzamt zurückzahlen (s. Rn. 404 ff.).

Die **Option** bezieht sich auf jeden **einzelnen Umsatz**, nicht auf sämtliche unter die Befreiungsvorschrift fallenden Umsätze. Für einen Umsatz kann allerdings grund-

779 BFH v. 25.01.1996 – V R 42/95, BStBl. II 1996, 338.
780 BFH v. 10.12.2008 – XI R 1/08, BStBl. II 2009, 1026.

sätzlich nicht teilweise optiert werden, es sei denn, es handelt sich um Teilleistungen oder bei unterschiedlicher Leistungsverwendung durch den Empfänger (s. Rn. 288 bei Vermietung). Hier kann für jede **Teilleistung gesondert optiert** werden, z. B. bei einer Vermietungsleistung, die in monatlichen Teilleistungen erbracht wird. Es ist daher durchaus möglich, für die Jahre 01–10 zu optieren und ab dem Jahre 11 die Steuerbefreiung wieder in Anspruch zu nehmen. Davon wird häufig Gebrauch gemacht, wenn der Berichtigungszeitraum für eine Vorsteuerkorrektur nach § 15a UStG abgelaufen ist. Bei der Lieferung oder Überlassung von bebauten Grundstücken ist eine getrennte Option für das Gebäude und den dazugehörenden Grund und Boden nicht möglich, soweit diese vom Empfänger zu denselben Zwecken genutzt werden.[781]

287 IV. Die Option ist grundsätzlich nur für steuerbare, aber steuerfreie Umsätze zulässig. Für bereits nicht steuerbare Auslandsumsätze kann daher nicht optiert werden. Dies ist im Grundsatz zutreffend. Der Preis für die Option ist die Steuerpflicht. Problematisch ist allerdings, dass § 15 Abs. 2 Nr. 2 UStG (in zutreffender Umsetzung von Art. 168 und 169 Buchst. a MwStSystRL) den Vorsteuerabzug für Auslandsumsätze ausschließt, die im Inland steuerfrei ohne Vorsteuerabzug wären. Dem ist aber nicht durch die Anerkennung einer fiktiven Option zu begegnen.[782] Vielmehr ist § 15 Abs. 2 Nr. 2 UStG (und auch Art. 168, 169 MwStSystRL) insoweit verfehlt, als er den Vorsteuerausschluss auch anordnet, wenn der Umsatz im Inland steuerfrei wäre, aber im Ausland tatsächlich steuerpflichtig ist (s. Rn. 393 ff.).

288 V. Durch § 9 Abs. 2 UStG sind die Optionsmöglichkeiten für die Überlassung von Grundstücken zur Nutzung gegenüber § 9 Abs. 1 UStG eingeschränkt worden. Werden Grundstücke (bebaut und unbebaut) entgeltlich zur Nutzung überlassen, so genügt abweichend von § 9 Abs. 1 UStG nicht, dass die Leistung an einen Unternehmer für dessen Unternehmen erbracht wurde. Vielmehr ist auch bei Erfüllung dieser Voraussetzungen die Option ausgeschlossen, wenn das Grundstück vom Leistungsempfänger zu Umsätzen verwendet wird, die den Vorsteuerabzug ausschließen, also insbesondere für steuerfreie Umsätze.

Durch § 9 Abs. 2 UStG wird die sog. **Zwischenvermietung** an einen Unternehmer ausgeschaltet. Es ist nicht möglich, über die Vermietung an einen Unternehmer, der seinerseits steuerfrei an Endmieter vermietet, durch Option den Vorsteuerabzug aus der Herstellung des Gebäudes zu erlangen.

§ 9 Abs. 2 UStG erfasst jede **Nutzungsüberlassung von Grundstücken** aufgrund Erbbaurechtes, befreit nach § 4 Nr. 9 Buchst. a UStG, aufgrund schuldrechtlicher Miet- und Pachtverträge und aufgrund dinglicher Nutzungsrechte (z. B. Nießbrauch, Wegerechte als Grunddienstbarkeiten), befreit nach § 4 Nr. 12 UStG.

Über die Fälle der Zwischenvermietung hinausgehend ist eine Option bei Grundstücksüberlassungen zur Nutzung an Unternehmer als Empfänger auch dann nicht zulässig, wenn diese das Grundstück ohne Weitervermietung unmittelbar für ihr Unternehmen, aber zur Ausführung von (steuerfreien oder sonst) den Vorsteuerabzug ausschließenden Umsätzen verwenden, gleichgültig, ob die Endnutzung privaten oder sonstigen nicht unternehmerischen Zwecken dient.

Beispiele

Vermietung von Praxisräumen an Arzt – wegen § 4 Nr. 14 UStG keine Option möglich; Vermietung an eine Bank oder Versicherungsgesellschaft, die steuerfreie Umsätze nach § 4 Nr. 8 f., Nr. 10 UStG ausführen.

781 Vgl. EuGH v. 08.06.2000 – C-400/98 (Breitsohl), Slg. 2000, I-4321; BFH v. 29.10.2008 – XI R 74/07, BStBl. II 2009, 256.
782 A. A. BFH v. 06.05.2004 – V R 73/03, BStBl. II 2004, 856.

VI. Bis zum Eintritt der formellen Bestandskraft (Unanfechtbarkeit) und/oder solange der Bescheid aufgrund eines Vorbehaltes der Nachprüfung noch änderbar ist, soll der **Verzicht auf die Steuerbefreiung auch noch widerrufen werden können.**[783] Dieser Widerruf soll dabei nicht den besonderen Formvorschriften des § 9 Abs. 3 UStG unterfallen, selbst wenn er sich auf eine Grundstückslieferung bezieht, bei der der Verzicht nur in dem zugrunde liegenden notariellen Vertrag erklärt werden kann.[784] Schon der Ausgangspunkt ist mehr als zweifelhaft und widerspricht jedenfalls dem Unionsrecht. 289

Art. 137 Abs. 2 MwStSystRL erlaubt den Mitgliedstaaten, wenn sie eine Verzichtsmöglichkeit dem Steuerpflichtigen einräumen, was der deutsche Gesetzgeber mit § 9 UStG getan hat, die Einzelheiten für die Inanspruchnahme des Wahlrechts nach Abs. 1 festzulegen. Diese Befugnis betrifft die **Einzelheiten für die Ausübung des Verzichts** auf die Steuerfreiheit des eigenen Umsatzes. Der Gerichtshof bezeichnet dies als den „Umfang des Optionsrechts."[785] Demgegenüber können die Mitgliedstaaten nach der Rechtsprechung des Gerichtshofs diese Befugnis nicht dazu nutzen, um ein **bereits entstandenes Vorsteuerabzugsrecht zu entziehen.**[786] Nach zutreffender Ansicht des Gerichtshofs würde eine Beschränkung der Vorsteuerabzüge, die in Verbindung mit den besteuerten Umsätzen vorgenommen werden, nach der Ausübung des Optionsrechts nämlich nicht den „Umfang" des Optionsrechts, das die Mitgliedstaaten gemäß Art. 137 Abs. 2 der Mehrwertsteuerrichtlinie einschränken können, sondern die **Folgen der Ausübung dieses Rechts** betreffen.[787] Darüber hinaus lassen es nach Ansicht des Gerichtshofs auch die **Grundsätze des Vertrauensschutzes** und der **Rechtssicherheit** nicht zu, dass das Recht auf Vorsteuerabzug durch eine nach der Leistung eintretende Gesetzesänderung rückwirkend genommen wird.[788] Daher kann das nationale Recht einen einseitigen Widerruf des Verzichtes durch den Leistenden zulasten des Leistungsempfängers mit Rückwirkung mehrwertsteuerrechtlich nicht ermöglichen. Die Möglichkeit eines rückwirkenden Widerrufs eines Verzichts betrifft nämlich keine Ausübungsmodalität des Verzichtes des Leistenden, sondern nur die Folgen für ein bereits ausgeübtes Vorsteuerabzugsrecht des Leistungsempfängers.[789]

---

783 BFH v. 19.12.2013 – V R 6/12 und V R 7/12, BStBl. II 2017, 837 und 841; s. auch Prätzler MwStR 2017, 740.

784 S. dazu BFH v. 02.07.2021 – XI R 22/19, UR 2021, 899 = BB 2021, 2850 mit Anm. Behrens und BFH v. 21.10.2015 – XI R 40/13, BStBl. II 2017, 852.

785 EuGH v. 18.5.2021 – C-248/20 (Skellefteå Industrihus), EU:C:2021:394, Rn. 39; EuGH v. 28.2.2018 – C-672/16 (Imofloresmira – Investimentos Imobiliários), EU:C:2018:134, Rn. 49; EuGH v. 30.3.2006 – C-184/04 (Uudenkaupungin kaupunki), EU:C:2006:214, Rn. 46.

786 EuGH v. 28.2.2018 – C-672/16 (Imofloresmira – Investimentos Imobiliários), EU:C:2018:134, Rn. 48; wohl auch EuGH v. 3.12.1998 – C-381/97 (Belgokodex), EU:C:1998:589, Rn. 24 und 26.

787 EuGH v. 28.2.2018 – C-672/16 (Imofloresmira – Investimentos Imobiliários), EU:C:2018:134, Rn. 49; EuGH v. 30.3.2006 – C-184/04 (Uudenkaupungin kaupunki), EU:C:2006:214, Rn. 46.

788 EuGH v. 8.6.2000 – C-396/98 (Schloßstrasse), EU:C:2000:303, Rn. 47; wohl auch EuGH v. 3.12.1998 – C-381/97 (Belgokodex), EU:C:1998:589, Rn. 24 und 26.

789 Ebenso Schlussanträge der Generalanwältin Kokott v. 24.3.2022 in der Rechtssache „ARVI" ir ko (C-56/21, EU:C:2022:223, Rn. 39); Stadie in: R/D, § 17 Rn. 551 ff. (Aug. 2022); Stadie, UStG, § 9 Rz. 41 ff.

290 **Übersicht**

Übersicht über die Steuerbefreiungen

Steuerbefreiungen

mit Vorsteuerabzug, § 15 Abs. 3 Nr. 1 UStG i.V.m.

- § 4 Nr. 1 UStG – Ausfuhr und innergemeinschaftliche Lieferung
- § 4 Nr. 2 UStG – Umsätze für Seeschiff- und Luftfahrt
- § 4 Nr. 3 UStG – grenzüberschreitende Güterbeförderung und sonstige Leistungen im Zusammenhang mit Ausfuhr und Einfuhr
- § 4 Nr. 4a u. b UStG – Lieferungen in und im Steuerlager; Lieferung vor Einfuhr
- § 4 Nr. 5 UStG – Vermittlungsleistungen für Ausfuhr und nicht steuerbare Auslandsleistungen für Lieferungen nach § 3 Abs. 8
- § 25 Abs. 2 UStG – Reiseleistungen für Gebiete außerhalb der Europäischen Union
- Art. 3 Nr. 1 – Offshore-Abkommen = Leistungen an Dienststellen der USA
- Art. 67 Abs. 3 – NATO-Truppenstatut = Leistungen an NATO-Truppen und ziviles Gefolge
- Art. 14 Abs. 2 – Abkommen Alliierte Hauptquartiere = Leistungen an Hauptquartiere

mit Optionsmöglichkeit, § 9 UStG i.V.m.

- § 4 Nr. 8 a–g – u.a. Kreditleistungen, Geldforderungen, Wertpapiere, Anteile an Gesellschaften, Übernahme von Bürgschaften
- § 4 Nr. a – Umsätze von Grundstücken
- § 4 Nr. 12 – Vermietung (Verpachtung) von Grundstücken; Einräumung und Veräußerung von dinglichen Nutzungsrechten
- § 4 Nr. 13 – Leistungen der Wohnungseigentümergemeinschaften an die Teileigentümer
- § 4 Nr. 19 – Leistungen der Blinden und Blindenwerkstätten

ohne Vorsteuerabzug, § 15 Abs. 2 Nr. 1 UStG i.V.m.

- § 4 Nr. h – Verwaltung von Investmentvermögen und Versorgungseinrichtungen
- § 4 Nr. 10, 11 – Versicherungen und Versicherungsvertreter
- § 4 Nr. 14 – Heilbehandlungen durch Ärzte u. andere Heilberufler u. Krankenhausbehandlungen durch Einrichtungen des öR und andere nach SGB zugel. Einrichtungen
- § 4 Nr. 15 – Leistungen der Träger der Sozialversicherung
- § 4 Nr. 16 – Mit Betreuung und Pflege hilfsbedürftiger Personen verbundene Leistungen durch jPdöR o. andere nach SGB zugelassene Einrichtungen
- § 4 Nr. 17 – Lieferungen menschlicher Organe, Krankenbeförderung
- § 4 Nr. 18 – Leistungen der Verbände der Wohlfahrtspflege
- § 4 Nr. 20 – Kulturelle Leistungen (Theater, Museen, Orchester etc.) der Gebietskörperschaften u. anerkannter gleichartiger privater Einrichtungen
- § 4 Nr. 21, 22 – Schul-, Bildungszwecken dienende Leistungen, kulturelle und sportliche Veranstaltungen durch jPdöR und anerkannte Einrichtungen
- § 4 Nr. 24, 25 – Leistungen des Jugendherbergswerks und von Trägern der Jugendhilfe
- § 4 Nr. 26 – ehrenamtliche Tätigkeiten
- § 4 Nr. 28 – Lieferungen von Gegenständen, für die kein VoSt-Abzugsrecht nach § 15 Abs. 1a oder § 15 Abs. 2 i.V.m. § 4 Nr. 8–27 UStG bestanden hat
- § 4 Nr. 29 – Steuerbefreiung für Kostenteilungsgemeinschaften

C. Einzelne Steuerbefreiungen

I. Ausfuhrlieferung, innergemeinschaftliche Lieferung und grenzüberschreitende Güterbeförderung

S. Rn. 228 ff., Rn. 232 ff., Rn. 259 ff., Rn. 264 ff. 291

II. Umsatzsteuerlager und Befreiung von einer der Einfuhr vorausgehenden Lieferung

1. **§ 4 Nr. 4a Buchst. a UStG** befreit Lieferungen in ein **Umsatzsteuerlager** und in einem Umsatzsteuerlager. Ebenfalls befreit werden nach § 4 Nr. 4a Buchst. b UStG mit der Lagerung und der Aufbereitung dieser eingelagerten Gegenstände zusammenhängende (sonstige) Leistungen. Die Befreiung findet ihre Grundlage in Art. 157, 159 MwSt-SystRL. Die Befreiung dient letztlich der Vereinfachung und der Schonung der Liquidität. Sie kommt ausschließlich in Betracht für Umsätze zwischen Unternehmern und auch nur für bestimmte Güter, die in der Anlage 1 genannt sind. Es handelt sich vorwiegend um Massengüter (u. a. bestimmte landwirtschaftliche Produkte, bestimmte Metalle, Mineralöl). Durch die Einführung des Umsatzsteuerlagers soll namentlich erreicht werden, dass solche Güter durch Einlagerung in ein beaufsichtigtes Umsatzsteuerlager zum Gegenstand internationaler Handelstransaktionen gemacht werden können, ohne dass namentlich die ausländischen Handelspartner mit Zahlungen und Vorsteuervergütungen deutscher USt behelligt werden müssen. Die Befreiung verlangt allerdings nicht, dass ausländische Lieferanten beteiligt sind. 292
2. Ergänzt wird die Befreiung für inländische Lieferungen in § 4 Nr. 4a UStG durch eine Befreiung für die Einfuhr gemäß § 5 Abs. 1 Nr. 4 UStG, wenn die eingeführten Gegenstände im Anschluss an die Einfuhr in ein Umsatzsteuerlager gelangen und dort dann steuerfrei nach § 4 Nr. 4a Buchst. a UStG geliefert werden. Unter diesen Voraussetzungen wird auch ein innergemeinschaftlicher Erwerb nach § 4b Nr. 2 UStG befreit. 293

Beispiel

Mineralölkonzern N (Niederlande) (alternativ R aus Russland) liefert in 01/2021 Erdöl (Nr. 12 der Anlage 1) aus den Niederlanden an den Unternehmer B (Belgien) für 100.000 € in ein Umsatzsteuerlager des H (Lagerhalter) in Hamburg ein. B veräußert sodann das im Umsatzsteuerlager befindliche Öl in 02/2021 für 150.000 € an D (Düsseldorf), dieser in 04/2021 für 200.000 € an M (München). M holt das Erdöl in 05/2021 aus dem Lager in Hamburg ab und verbringt es zu sich nach München.
N liefert nach § 3 Abs. 6 S. 1 UStG in den **Niederlanden** an B, somit in Deutschland nicht steuerbar und in den Niederlanden als innergemeinschaftliche Lieferung befreit. B tätigt in Deutschland einen **innergemeinschaftlichen Erwerb** nach § 1 Abs. 1 Nr. 5 i. V. m. §§ 1a, 3d S. 1 UStG. Dieser Erwerb ist nach § 4b Nr. 2 i. V. m. § 4 Nr. 4a Buchst. a UStG befreit, sodass B keine Erwerbsteuer zu entrichten hat und auch keine VoSt geltend machen muss. B liefert nach § 4 Nr. 4a Buchst. a UStG befreit in Deutschland, Ort gemäß § 3 Abs. 7 S. 1 UStG (ruhende Lieferung!) an D. D liefert zunächst ebenfalls in 04/2020 befreit nach § 4 Nr. 4a Buchst. a UStG an den M. Das Abholen des Mineralöls in 05/2017 aus dem Umsatzsteuerlager des H führt allerdings zu einer **Auslagerung**. Damit entfällt die Befreiung für diesen letzten Umsatz vor der Auslagerung, hier die Lieferung des D an M, gemäß § 4 Nr. 4a Buchst. a S. 2 UStG. Diese letzte Lieferung – nicht aber ihr vorhergehende Lieferungen, Erwerbe oder Einfuhren – ist dann nicht mehr befreit. Daher entsteht für diese Lieferung nunmehr eine USt-Schuld von 38.000 € bei einer Bemessungsgrundlage von 200.000 €, und zwar für den Voranmeldungszeitraum der Auslagerung, § 13 Abs. 1 Nr. 9 UStG. **Steuerschuldner** ist hier der M als **Auslagerer**, § 13a Abs. 1 Nr. 6 UStG (beachte: hier quasi ein Fall einer Steuerschuldverlagerung, aber in § 13a UStG geregelt!).

Im Fall der Alternative einer Lieferung durch R aus **Russland** kommt es zu einer **Einfuhr**. R liefert nach § 3 Abs. 6 S. 1 UStG bereits in Russland. Eingeführt wird für B. Die Einfuhr ist aber nach § 5 Abs. 1 Nr. 4 UStG für den B befreit. Im Übrigen ist die Lösung dann wie oben. Sollte die Abfertigung zur Einfuhr für R erfolgen, so lieferte dieser allerdings nach § 3 Abs. 8 UStG erst in Deutschland steuerbar an B und zwar gedanklich nach der Einfuhr. Diese Lieferung ist dann wiederum nach § 4 Nr. 4a Buchst. a UStG befreit, die Einfuhr ist nach § 5 Abs. 1 Nr. 4 UStG befreit.
Die Leistungen des Lagerhalters H an B, D und M sind nach § 4 Nr. 4a Buchst. b UStG befreit.

294 3. Im Einzelnen ist zu beachten: Ein **Umsatzsteuerlager im Inland** muss vom für den Lagerhalter, eine zuverlässige Person, zuständigen **Finanzamt bewilligt** werden. Umsatzsteuerlager kann jeder räumlich bestimmte Ort im Inland sein. Häufig, aber nicht zwingend, kann auch ein Zolllager (zur Lagerung noch nicht zum freien Verkehr zugelassener Waren – sog. Nichtgemeinschaftswaren) zum Umsatzsteuerlager bestimmt werden. Die gemeinsame Lagerung von Gemeinschafts- und Nichtgemeinschaftswaren bedarf dann allerdings der Zustimmung der Zollbehörde. Die Steuerbefreiung kommt nur in Betracht für die Lieferung der in der Anlage genannten Waren und nur bei Lieferungen im Unternehmenssektor, also gerade nicht bei Lieferungen an Endverbraucher. Werden die Waren ausgelagert, so entfällt die Befreiung für den letzten der Auslagerung vorhergehenden Umsatz. Das kann auch eine befreite Einfuhr oder ein befreiter Erwerb sein. Die Steuerschuld entsteht im Voranmeldungszeitraum der Auslagerung. Steuerschuldner ist der Auslagerer. Das ist derjenige, der die Auslagerung veranlasst hat. Im Regelfall ist derjenige der Auslagerer, der die Ware aus dem Steuerlager befördert, respektive versendet. Das kann der Lieferer sein, aber auch der Abnehmer (Abholfall). Im letzteren Fall kommt es quasi zu einer Umkehr der Steuerschuldnerschaft (wie bei § 13b Abs. 5 UStG, s. Rn. 427 ff.). Auslagerung ist jede Entfernung aus dem Steuerlager, es sei denn, es erfolgt unmittelbar eine Einlagerung in ein anderes Steuerlager. Eine Auslagerung liegt auch vor, wenn die Bewilligung für ein Steuerlager widerrufen wird oder wenn an den eingelagerten Gegenständen nicht befreite Leistungen erbracht werden, sie namentlich für den Endverbrauch hergerichtet werden.[790] Der Lagerhalter schuldet gesamtschuldnerisch die Steuer, wenn er die USt-IdNr. des Auslagerers nicht aufzeichnet, § 13a Abs. 1 Nr. 6 UStG.

295 4. Nach **§ 4 Nr. 4b UStG** werden Lieferungen befreit, die einer Einfuhr vorausgehen, wenn der Abnehmer der Lieferung den Gegenstand einführt. Zu beachten ist, dass § 4 Nr. 4b UStG gerade nicht angewendet werden kann, wenn der Lieferort nach § 3 Abs. 8 UStG für den Lieferanten in das Inland verlagert wird. Er kommt aber immer dann infrage, wenn eine Ware zwar in das Inland gelangt ist, aber **noch keine Abfertigung zum freien Verkehr** erfolgte, sondern sich (noch) in einem besonderen Zollverfahren nach Art. 210 UZK befindet, und die **(Nicht-Unions-)Ware** dann bereits im Inland weiter geliefert wird.

Beispiel

A aus Auckland (Neuseeland) liefert Kiwis an den Importeur H in Hamburg. Die Kiwis werden dort in ein **Zolllager** bei L eingelagert. Importeur H veräußert die im Zolllager lagernde Ware unversteuert und unverzollt an den Obsthändler O in Oldenburg. O beauftragt H, die Ware in den freien Verkehr zu überführen und veräußert die Ware an den Einzelhändler E in Essen, der die Ware in Hamburg aus dem Zolllager abholt.
A liefert nach § 3 Abs. 6 S. 1 UStG nicht steuerbar in Neuseeland an H. H liefert nach § 3 Abs. 7 S. 1 UStG in Hamburg im Zolllager steuerbar, aber nach § 4 Nr. 4b UStG befreit an O, da die **Lieferung im Inland vor der Einfuhr** erfolgte. O bewirkt im Inland eine nach § 1 Abs. 1 Nr. 4 UStG steuerbare

790 Wegen weiterer Einzelheiten vgl. BMF v. 28.01.2004, BStBl. I 2004, 242 f.

Einfuhr durch die Abfertigung zum freien Verkehr. O liefert steuerbar nach § 3 Abs. 6 S. 1 UStG in Hamburg an E. Die Lieferung ist nicht nach § 4 Nr. 4b UStG befreit, da sie nach der Einfuhr erfolgte. O kann nach § 15 Abs. 1 Nr. 2 UStG die entrichtete Einfuhrumsatzsteuer als VoSt abziehen, denn die Einfuhr erfolgte für sein Unternehmen. E ist nach § 15 Abs. 1 Nr. 1 UStG zum Abzug der VoSt aus der an ihn ausgeführten steuerbaren und steuerpflichtigen Lieferung des O berechtigt.

III. Befreiung der Kreditgewährung, der Umsätze von Geldforderungen und von Wertpapieren

§ 4 Nr. 8 Buchst. a UStG befreit die Gewährung von **Krediten**, **§ 4 Nr. 8 Buchst. b** die Umsätze und Vermittlung der Umsätze von gesetzlichen Zahlungsmitteln,[791] **§ 4 Nr. 8 Buchst. c UStG** die Umsätze im Geschäft mit (Geld-)**Forderungen**, **§ 4 Nr. 8 Buchst. d UStG** Umsätze und Vermittlung der Umsätze im Einlagengeschäft, im Kontokorrent-Zahlungs- und Überweisungsverkehr[792] und das Inkasso von Handelspapieren, **§ 4 Nr. 8 Buchst. e UStG** Umsätze im Geschäft mit **Wertpapieren**, **§ 4 Nr. 8 Buchst. g UStG** die **Übernahme von Verbindlichkeiten**, Bürgschaften und anderen Sicherheiten.[793] Die Befreiungen finden ihre unionsrechtliche Grundlage in Art. 135 Abs. 1 Buchst. a–g MwStSystRL. In allen Fällen ist auch die **Vermittlung** solcher **(Finanz-)Umsätze** befreit, **nicht** aber die **Verwaltung** (Ausnahme: Nebenleistung durch den Leistenden[794]). Ausnahmsweise befreit **§ 4 Nr. 8 Buchst. h UStG** auch die **Verwaltung von Investmentfonds**[795] (OGAW im Sinne des § 1 Abs. 2 KAGB, AIF im Sinne des § 1 Abs. 3 KAGB) und von **Versorgungseinrichtungen** im Sinne des VersicherungsaufsichtG.[796] 296

Die Befreiung der Finanzgeschäfte beruht nach Auffassung des EuGH sowohl darauf, dass für derartige Finanzgeschäfte, namentlich für die Kreditgewährung für den Verbraucher, nicht die Kosten erhöht werden sollen, als auch darauf, dass bei den sog. Finanzgeschäften die Bestimmung der zutreffenden Bemessungsgrundlage Schwierigkeiten bereitet.[797] Letzteres ist mehr als zweifelhaft.

---

791 S. dazu BMF, Abschn. 4.8.3. Abs. 3a UStAE, Gleichstellung von Bitcoins und anderen virtuellen Kryptowährungen mit gesetzlichen Zahlungsmitteln unter Berufung auf EuGH v. 22.10.2015 – C-264/16 (Hedquist), BStBl. II 2018, 211.

792 S. dazu BFH v. 13.11.2019 – V R 30/19, DStR 2019, 2695; vorhergehend EuGH v. 03.10.2019 – C-42/18 (Cardpoint), UR 2019, 815 (Leistungen eines Unternehmens an eine Bank für das Betreiben von Geldautomaten nicht befreit nach Nr. 8 d); s. auch EuGH v. 26.05.2016 – C-607/14, Bookit MwStR 2016, 530 mit Anm. Grube (technische Dienstleistungen beim Kauf von Kinokarten per Internet und Bezahlung per Kreditkarte nicht befreit!).

793 S. dazu BFH v 30.11.2016 – V R 18/16, BB 2017, 86 (Übernahme der Verpflichtung zur Eingehung eines Mietverhältnisses als Mieter); v. 15.04.2015 – V R 46/13, BStBl. II 2015,947 (Mietgarantie und Verzicht darauf).

794 Dazu EuGH v. 19.07.2012 – C-44/11 (Deutsche Bank), BStBl. II 2012, 945 und (Nachfolgeentscheidung) BFH v. 11.10.2012, V R 9/10, BStBl. II 2014, 279; EuGH v. 13.12.2001 – C-235/00 (CSC-Callcenter), Slg. 2001, I-10237 mit Anm. Wäger UR 2002, 84; zur Kreditvermittlung vgl. auch v. 21.06.2007 – C-453/05 (Ludwig), Slg. 2007, I-5083 = HFR 2007, 915; v. 03.04.2008 – C-124/07 (J.C.M.Beheer), UR 2008, 389; BFH v. 30.10.2008 – V R 44/07, BStBl. II 2009, 554 (Strukturvertrieb Fondsanteile); v. 06.12.2007 – V R 66/05, v. 20.12.2007 – V R 62/06, v. 06.09.2007 – V R 50/05, BStBl. II 2008, 638, 641, 829; Vermittlungstätigkeit setzt nicht voraus, dass zu einer der Parteien des Geschäftes unmittelbare Rechtsbeziehungen bestehen. Vermittler muss aber ursächlich dazu beitragen, dass es zwischen den Parteien zu einem Vertragsabschluss kommt. Zur Nichtbefreiung der Portfolioverwaltung BMF v. 09.12.2008, BStBl. I 2008, 1086 zutreffend gegen BFH v. 11.10.2007 – V R 22/04, BStBl. II 2008, 993. S. auch BFH v. 03.08.2017 – V R 19/16, BStBl. II 2017, 1207 (Aufbau und Unterhaltung eines Strukturvertriebs nicht als Vermittlungstätigkeit befreit). Zur Versagung des Vorsteuerabzugs für Leistungsbezüge für nach 4 Nr. 8 h steuerfreie Verwaltungsleistungen einer Kapitalanlagegesellschaft s. BFH v. 16.12.2020 – XI R 13/19, UR 2021, 470.

795 S. dazu EuGH v. 09.12.2015 – C-595/13 (Fiscale Eenheid X), BB 2016, 31; v. 07.03.2013 – C-275/11 (GfBK), BStBl. II 2013, 900 und (Nachfolgeentscheidung) BFH v. 11.04.2013 – V R 51/10, BStBl. II 2013, 877; EuGH v. 07.03.2013 – C-424/11 (Wheels), UR 2013, 300; v. 30.06.2007 – C-363/05 (JP Morgan Fleming Claverhouse Investmenttrust), UR 2007, 727; v. 04.05.2006 – C-169/04 (Abbey National), Slg. 2006, I-4062 mit Anm. Hahne BB 2007, 240 und Philipowski DB 2006, 1235; v. 21.10.2004 – C-8/03 (Banque Bruxelles Lambert), Slg. 2004, I-10172.

796 S. dazu BFH v. 05.09.2019 – V R 2/16, UR 2019, 929 (OGAW verlangt besondere staatliche Aufsicht und Verwahrstelle im Inland oder anderem Mitgliedstaat – USA nicht ausreichend!); v. 26.07.2017 – XI R 22/15, UR 2017,915 (keine Befreiung für Verwaltungsleistungen von betrieblichen Versorgungseinrichtungen, weil und sofern mangels Risikotragung der Arbeitnehmer kein „Sondervermögen"). Dazu auch EuGH v. 5.9.2024 – C-639/22 bis C-644/22 (X u. a.), EU:C:2024:688.

797 EuGH v. 19.04.2007 – C-455/05 (Velvet & Steel), Slg. 2007, I-3227; vgl. dazu auch Reiß UR 2008, 58.

Eine unter § 4 Nr. 8 lit a UStG fallende befreite bloße Kreditgewährung kann auch bei einem sog. sale and lease back Geschäft vorliegen (s. Rn. 98 ff.).

297 **§ Fall 24: Factoringgeschäft und Forderungskauf**

a) Die F-GmbH betreibt ein Finanzierungs- und Factoringunternehmen. Für den Lieferanten L übernahm sie den Forderungseinzug von dessen Kundenforderungen. Sie erhielt dafür eine „Einzugsgebühr" von 2 % des Forderungsnennwertes. Außerdem übernahm sie auch gegen eine „Delcrederegebühr" (von 1 %) das Ausfallrisiko. L trat der F-GmbH zum Zwecke des Einzugs künftig fällig werdende Warenforderungen aus Ratenkäufen im Nennwert von 110.000 € ab. Die F-GmbH übernahm insoweit auch eine Vorfinanzierung und zahlte sofort bei Abtretung an den L 100.000 €. Vereinbarungsgemäß hatte L für die „Vorfinanzierung" zusätzlich zu Einzugs- und Delcrederegebühr von (2.200 € + 1.100 € =) 3.300 € noch 5.000 € für die Vorfinanzierung zu zahlen.
1. Alternative: Die F-GmbH vereinnahmte die 110.000 € und zahlte an L nach Abzug von „Gebühren" und „Zins" und Verrechnung mit den 100.000 € Vorfinanzierung noch 1.700 € aus.
2. Alternative: Die F-GmbH konnte lediglich 100.000 € vereinnahmen, zahlte wegen der Übernahme des Ausfallrisikos gleichwohl an L wie oben noch 1.700 € aus.

Das Finanzamt ist der Auffassung, dass die F-GmbH für L durch das Inkasso eine einheitliche sonstige Leistung erbracht habe, für die sie 8.300 € als Gegenleistung erhalten habe. Ist dies zutreffend?

b) Von der B-Bank kaufte die F-GmbH zahlungsgestörte Forderungen im Nennwert von 15.000.000 € zum Kaufpreis von 8.000.000 €. Dabei gingen die Parteien zutreffend davon aus, dass der über drei Jahre realisierbare Wert bei voraussichtlich 9.000.000 € lag. Unter Berücksichtigung eines Abschlages für einen Zinsanteil von 600.000 € wegen der Dauer der Einziehung und eines weiteren Risikoabschlages von 400.000 € wurde der zu zahlende Kaufpreis auf den tatsächlichen Wert der Forderungen von 8.000.000 € vereinbart und gezahlt.

298 I. Fraglich könnte zunächst einmal sein, ob die F-GmbH unter a) überhaupt eine Leistung an L erbracht hat, indem sie die ihr abgetretenen Forderungen eingezogen hat. Denn die F-GmbH hat auch das Risiko des Forderungsausfalles übernommen. Es handelt sich daher um die Konstellation des **echten Factorings**. Beim echten Factoring trägt der mit dem Einzug beauftragte Factor wie beim Forderungskauf das Risiko des Forderungsausfalles. Nach früherer Auffassung sollte das echte Factoring daher auch umsatzsteuerlich wie ein Forderungskauf zu behandeln sein. Wie der echte Forderungskäufer sollte der echte Factor mit dem Einziehen der Forderung keine Leistung an den abtretenden Anschlusskunden bewirken, sondern lediglich sein eigenes Geschäft besorgen. Mangels Erbringung von Leistungen sollte daher der echte Factor auch kein Unternehmer sein. Diese Auffassung ist aufgrund der Rspr. des EuGH[798] aufgegeben worden.[799] Danach erbringt sowohl beim echten wie beim unechten Factoring der Factor mit dem Inkasso/Einziehen der Forderung eine steuerpflichtige sonstige Leistung, die gerade nicht nach § 4 Nr. 8 Buchst. c UStG befreit ist, an den Zedenten (den sog. Anschlusskunden) und handelt als Unternehmer.

299 II. Fraglich kann allerdings sein, ob der **echte Factor** lediglich eine **einheitliche steuerpflichtige Einziehungsleistung** an den Anschlusskunden erbringt oder ob daneben noch eine nach § 4 Nr. 8 Buchst. a UStG steuerfreie Kreditgewährung und eine nach § 4 Nr. 8 Buchst. g UStG steuerfreie Übernahme von Sicherheiten/Garantien als weitere sonstige Leistungen vorliegen. Nach der Rspr. des EuGH sind das unechte Factoring (bloße Übernahme des Forderungseinzuges einschließlich Debitorenüberwachung ohne Übernahme des Ausfallrisikos) und das echte Factoring (zusätzliche Übernahme des Ausfallrisikos) einheitlich als eine nicht nach Art. 135 Abs. 1 Buchst. c und Buchst. d MwStSystRL befreite Leistung zu behan-

798 EuGH v. 26.06.2003 – C-305/01 (MKG), Slg. 2003, I-6729 = BStBl. II 2004, 688.
799 BFH v. 15.05.2012 – XI R 28/10, BStBl. II 2015, 966 = UR 2012, 719; v. 04.09.2003 – V R 34/99, BStBl. II 2004, 666.

deln. Vorliegend kommt mithin nicht in Betracht, hinsichtlich der Übernahme des Ausfallrisikos von einer gegen die Delcrederegebühr erbrachten gesonderten, nach § 4 Nr. 8 Buchst. g UStG befreiten Leistung (Art. 135 Abs. 1 Buchst. c MwStSystRL) auszugehen. Hinsichtlich einer neben der einheitlichen steuerpflichtigen Inkassoleistung des (unechten wie echten) Factors geht die Finanzverwaltung davon aus, dass eine etwaige Kreditgewährung im Regelfall gegenüber der steuerpflichtigen Inkassoleistung nur von untergeordneter Bedeutung sei und daher als unselbstständige Nebenleistung außer Betracht bleibe. Anderes gilt allerdings, wenn der Kreditgeber sich seinerseits die Kreditmittel erst bei einem Factoringunternehmer beschafft hat[800] oder der Kreditierung durch das Factoringunternehmen eine eigenständige wirtschaftliche Bedeutung neben der Factoringleistung zukommt. Der BFH geht, anders als beim unechten Factoring, beim **echten Factoring** grundsätzlich von nur einer wirtschaftlich **einheitlichen nicht befreiten Leistung** aus.[801] Sofern allerdings erst erheblich später fällig werdende Forderungen vom echten Factor erworben werden, namentlich auch Forderungen aus Ratenkäufen, ist bei klarer **Vereinbarung einer gesonderten Kreditgewährung** bis zum Eintritt der Fälligkeit auch beim echten Factoring anzuerkennen, dass zwei getrennte Leistungen vorliegen, nämlich zunächst eine befreite Kreditgewährung und die davon zu trennende, erst mit jeweiliger Fälligkeit der abgetretenen Forderung erfolgende steuerpflichtige Einziehung unter Übernahme des Risikos. Vorliegend ist daher eine gesonderte Kreditgewährung neben der Inkassoleistung des Factors anzuerkennen. Denn es wurde eine klare, auch wirtschaftlich nachvollziehbare Trennung hinsichtlich der Leistungen und auch hinsichtlich der Entgelte für das Inkasso einerseits und die Kreditgewährung andererseits vorgenommen. Soweit für die Vorfinanzierung der vor Fälligkeit und Einzug abgetretenen Forderungen zusätzlich eine weitere Gegenleistung gewährt wurde, handelt es sich dabei um Entgelt für eine steuerfreie Kreditgewährung nach § 4 Nr. 8 a UStG. Das Gesamtentgelt muss daher aufgeteilt werden. Hier entfallen 5.000 € auf die steuerfreie Kreditgewährung und 3.300 € (2.200 € + 1.100 €) : 1,19 = 2.773,10 € auf die steuerpflichtige Einziehungs-/Inkassoleistung der F-GmbH. Der L steht aus der (steuerpflichtigen) Leistung der F-GmbH in Höhe der USt 526,90 € bei entsprechendem Rechnungsausweis der Vorsteuerabzug zu. Für beide Alternativen ergibt sich dieselbe Lösung. Ob das Ausfallrisiko tatsächlich eintritt oder nicht eintritt, führt nicht zu Unterschieden hinsichtlich der erbrachten Leistungen des Factors. Verlangt und erhält das Factoring-/Inkassounternehmen von den Schuldnern Mahngebühren und darf es diese behalten, gehören sie zum Entgelt für die steuerpflichtige Inkassotätigkeit.[802]

III. Richtigerweise folgt aus der EuGH-Rspr. zwar, dass das echte Factoring und das 300
unechte Factoring einheitlich als nicht befreite sonstige Leistung zu behandeln sind. In beiden Fälle ist auch davon auszugehen, dass der Factor Unternehmer ist. Zutreffend ist auch die Annahme, dass auch in den Fällen des echten Factoring der Anschlusskunde mit der Forderungsabtretung zum Zwecke der Einziehung trotz Übernahme des Ausfallrisikos durch den Factor keine Leistung an den Factor erbringt. Nicht nur dann, wenn der **Zedent** weiter das **Ausfallrisiko** hinsichtlich der Forderung (sog. **unechtes Factoring**) trägt, fehlt es an einer Leistung durch die Abtretung, weil die Forderung ungeachtet des rechtlichen Wechsels der

800 EuGH v. 17.12.2020 – C-801/19 (Franck), UR 2021, 593 = WM 2021, 37 (steuerfreie Kreditgewährung durch ein Handelsunternehmen).
801 BFH v. 15.05.2012 – XI R 28/10, BStBl. II 2015, 966 = UR 2012, 719.
802 BFH v. 11.05.1995 – V R 86/93, BStBl. II 1995, 613.

Inhaberschaft durch die Zession wirtschaftlich nicht aus seinem Vermögen ausgeschieden ist. Das ist – folgt man dem EuGH – auch beim echten Factoring nicht anders, ungeachtet der – gegen Entgelt erfolgenden – Übernahme des Ausfallrisikos durch den echten Factor. Beim unechten wie beim echten Factoring stellt sich die Forderungsabtretung durch den Anschlusskunden als Zedenten für diesen daher nicht als steuerbare, nach § 4 Nr. 8 Buchst. c UStG steuerbefreite Forderungsabtretung dar. Sie erfolgt lediglich als „Beistellung", um dem Factor seine Factoring-(Einziehungs-)Dienstleistung für den Anschlusskunden zu ermöglichen.

Es ist allerdings zwischen dem **echten Factoring** – ausnahmsweise auch noch verbunden mit einer steuerfreien Kreditgewährung – und einem echten **Forderungs(ver)kauf von zahlungsgestörten Forderungen** zu unterscheiden. Der (bloße) Erwerb von zahlungsgestörten Forderungen (sog. Non-Performing-Loans), bei dem der Käufer selbst die Einziehung der von ihm erworbenen/gekauften Forderung vornimmt und das Risiko des Forderungsausfalles der an ihn verkauften Forderung trägt, darf auch umsatzsteuerlich nicht in eine (nicht befreite) echte an den Forderungsverkäufer erbrachte (Factoring-)Dienstleistung umgedeutet werden. Der vom Forderungskäufer einer zahlungsgestörten Forderung aufgewendete Kaufpreis stellt vielmehr seinerseits lediglich das Entgelt für die **sonstige Leistung des Forderungsverkäufers** dar. Die sonstige Leistung des Forderungsverkäufers besteht in der Abtretung/Übertragung der zahlungsgestörten Forderung. Ist der Forderungsverkäufer ein Unternehmer und gehörte die zahlungsgestörte Forderung zu seinem Unternehmen, ist die **Forderungsabtretung durch den Verkäufer** bereits nicht steuerbar, und wird von **§ 4 Nr. 8 Buchst. c UStG letztendlich lediglich sicherheitshalber (d.h. deklaratorisch) auch noch steuerbefreit**. Eine vom Forderungskäufer der zahlungsgestörten Forderung an den Verkäufer erbrachte sonstige (Dienst-)Leistung eines echten oder unechten Factors durch Einziehung/Inkasso und Übernahme des Ausfallrisikos liegt daneben nicht vor, wie der EuGH klargestellt hat.[803]

Von einem **echten Forderungs(ver)kauf** und nicht von einem Factoring ist bei einem Verkauf zahlungsgestörter Forderungen grundsätzlich auszugehen, sofern der zu zahlende Kaufpreis – wie regelmäßig der Fall – unter Berücksichtigung der Zahlungsstörung nach dem Wert der Forderung bemessen wurde, den Käufer und Verkäufer ihr beigemessen haben. Mit dem EuGH gehen auch der BFH und ihm folgend auch die FinVerw[804] (wieder) davon aus, dass der Forderungskäufer mit dem Ankauf der Forderung keine in den Anwendungsbereich der MwStSystRL/des UStG fallende Dienstleistung/sonstige Leistung gegen Entgelt erbringt und insoweit auch nicht als Steuerpflichtiger/Unternehmer i. S. d. Art. 9 MwStSystRL/§ 2 UStG handelt. Aus der Wertung des echten Factorings als eine Art Forderungskauf ist, wie der EuGH zutreffend klargestellt hat, nicht herzuleiten, dass der normale Forderungskauf umsatzsteuerlich in (eine) gegen Entgelt erbrachte Factoring-/Inkasso-/Kreditleistung(en) des Käufers umzudeuten ist. Daher liegt bei der Alternative unter b) weder eine steuerpflichtige Inkassofactoringdienstleistung noch eine steuerfreie Kreditgewährung durch die F-GmbH vor. Auch die

---

803 EuGH v. 27.10.2011 – C-93/10 (GFKL Financial Services AG), BStBl. II 2015,978 = UR 2011, 933 mit Anm. Philipowski; s. aber BFH v. 14.04.2016 – XI B 97/15, BFH/NV 2016, 1304 (einheitliche stpfl. Inkassoleistung des Factors, wenn dieser neben der vereinbarten Factoringgebühr auch einen vereinbarten Anteil am Mehrerlös bei Einziehung zahlungsgestörter Forderungen als Entgelt für den Forderungseinzug „behalten darf" und nicht etwa bloßer nach § 4 Nr. 8 c befreiter Forderungsverkauf an ihn).

804 BFH v. 26.01.2012 – V R 18/08, BStBl. II 2015,962 = UR 2012, 359 (Nachfolgeentscheidung zu EuGH v. 27.10.2011 – C-93/10 [GFKL Financial Services AG]); v. 15.05.2012 – XI R 28/10, BStBl. II 2015, 965 = UR 2012, 719; v. 04.07.2013 – V R 8/10, BStBl. II 2015, 969 = MwStR 2013, 663.

B-Bank erbringt keine steuerbare Leistung zu einem „Entgelt" von 8.000.000 €. Die ansonsten eingreifende Steuerbefreiung des § 4 Nr. 8 Buchst. c UStG geht mithin ins Leere.[805]

IV. Der echte **Forderungs(ver)kauf** ist daher nicht in eine Darlehensgewährung und eine Factoringleistung entsprechend der Behandlung beim echten Factoring, soweit diese mit einer Darlehensgewährung verbunden wird, umzudeuten. Die Unterscheidung ist danach vorzunehmen, ob ausdrücklich oder implizit primär eine Gegenleistung für eine Inkassoleistung und Übernahme des Ausfallrisikos vereinbart wurde und ggf. zusätzlich für eine Kreditgewährung bis zur Fälligkeit/Einziehung der abgetretenen Forderungen, oder ob schlicht ein (unter dem Nennwert liegender) Kaufpreis wegen einer Zahlungsstörung, aber wohl auch aus anderen Gründen, etwa wegen Veräußerung des Unternehmens, vereinbart wurde. Ob, wie im Regelfall des Forderungskaufes, der Forderungskäufer selbst die Einziehung übernehmen muss, oder ob vereinbarungsgemäß dies im Außenverhältnis weiterhin vom Verkäufer zu erfolgen hat, spielt keine Rolle. Die Einziehung durch den Verkäufer erfolgt dann „für Rechnung des Käufers" und stellt allenfalls eine unselbstständige Nebenleistung zur bereits nicht steuerbaren, hilfsweise steuerfreien Abtretung der Forderung nach § 4 Nr. 8 Buchst. c UStG dar.[806] 301

Beispiel

Bauunternehmer B veräußert wegen Liquiditätsengpässen eine Werklohnforderung über 110.000 € an die A-GmbH für 90.000 €. Vereinbarungsgemäß soll die Forderung bei Fälligkeit in einem Jahr weiterhin von B eingezogen werden. Bei der Bestimmung des Kaufpreises wurde berücksichtigt, dass der übliche Zinssatz bei 10 % liegt. Außerdem wurde ein Ausfallrisiko i. H. v. 10.000 € berücksichtigt. Richtigerweise liegt schon keine steuerbare Leistung vor, da B der A-GmbH keinen verbrauchbaren Vorteil (dazu s. Rn. 38 ff.), sondern nur eine Geldforderung verschafft. Auch die A-GmbH erbringt keine Dienstleistung (verbrauchbaren Vorteil) an B, sondern überträgt nur Geld. Geld ist aber gerade kein verbrauchbarer Vorteil, mithin keine Leistung („Geld kann man nicht essen"). Im Ergebnis folgt dem mittlerweile auch die Finanzverwaltung.[807]

IV. Befreiung der Umsätze von Anteilen an Gesellschaften

Nach § 4 Nr. 8 Buchst. f UStG werden die Umsätze und die Vermittlung der Umsätze von Anteilen an Gesellschaften befreit. Darunter fallen sowohl die Anteile an **Personengesellschaften wie an Kapitalgesellschaften**. In Wertpapieren verbriefte Anteile an Kapitalgesellschaften (Aktien) werden außerdem auch nach § 4 Nr. 8 Buchst. e UStG befreit. Für diese Umsätze gelten dann beide Befreiungsvorschriften. Die Befreiungsvorschrift des § 4 Nr. 8 Buchst. f UStG kann Bedeutung für die Übertragung von Gesellschaftsanteilen beim Gesellschafterwechsel haben. Ihr kommt aber keine Bedeutung für die Ausgabe von (neuen) Gesellschaftsrechten durch die Gesellschaft anlässlich der Gründung, des Beitritts neuer Gesellschafter oder der Ausgabe weiterer neuer Gesellschaftsrechte bei Kapitalerhöhung an die bisherigen Gesellschafter zu. Diese Vorgänge sind für die Gesellschaft mangels Erbringung einer Leistung nicht steuerbar (s. sogleich unten). 302

805 Ebenso Stadie, UStG, § 4 Nr. 8 Rn. 13.

806 Vgl. BFH v. 04.07.2013 – V R 8/10, BStBl. II 2015, 969 = MwStR 2013, 663.

807 Vgl. BMF Abschn. 2.4. Abs. 1 S. 4 und Abs. 8 UStAE in Übernahme von BFH v. 04.07.2013 – V R 8/10, BStBl. II 2015, 978; s. auch Grambeck DB 2015, 2969 und Rödding DStR 2016, 97 sowie kritisch Teufel UR 2016, 413.

303 **Fall 25: Die Aufnahme des Sohnes in das väterliche Unternehmen/ Erwerb von Gesellschaftsrechten**

Vater V betreibt ein Fuhrunternehmen als Einzelgeschäft. Der Sohn soll später das Unternehmen übernehmen. Um ihn an den Betrieb zu binden, soll er sich bereits jetzt als Kommanditist betätigen. V und S schließen daher einen Gesellschaftsvertrag über die Gründung einer KG. Hierin verpflichtet sich V, seinen Betrieb in die Kommanditgesellschaft einzubringen, S verpflichtet sich zur Erbringung einer Kommanditeinlage von 50.000 €. Am Gewinn sollen V mit 80 % und S mit 20 % beteiligt sein. Der Betrieb des V besteht aus zwei Lkw mit einem gemeinen Wert von 150.000 € und Forderungen von 50.000 €. Weitere Vermögensgegenstände, insbesondere ein Firmenwert, sind nicht vorhanden. Die Einlageverpflichtungen werden am 01.06.2021 erfüllt.

Wie sind die Vorgänge umsatzsteuerlich zu würdigen?

304 I. Die umsatzsteuerliche **Würdigung bei der KG**

1. S hat keine Leistung i. S. d. § 1 Abs. 1 Nr. 1 UStG erbracht, da seine Geldzahlung nur Entgelt für die Leistung der Gesellschaft darstellt. Selbst wenn er eine Sacheinlage, also eine Leistung im umsatzsteuerlichen Sinne erbracht hätte, wäre der „Leistungsaustausch" wegen fehlender Unternehmereigenschaft des S nicht steuerbar. Denn der einmalige „Leistungsaustausch" bei Eintritt in eine Gesellschaft gegen Sacheinlagen begründet noch nicht die Unternehmereigenschaft des Einbringenden,[808] ebenso wenig die unentgeltliche Nutzungsüberlassung von Sachen, Rechten und anderen Wirtschaftsgütern an die Gesellschaft.[809]

305 2. Umgekehrt sollte nach früher h. M. auch die Gesellschaft bei Sach- und Bareinlagen der Gesellschafter sonstige Leistungen durch die Gewährung von Gesellschaftsrechten im Leistungsaustausch gegen die Einlageleistung des Gesellschafters erbringen, die dann allerdings nach § 4 Nr. 8 Buchst. f UStG steuerfrei sein sollten.[810] Der EuGH hat sowohl für den Fall der Aufnahme eines Gesellschafters **(Neueintritt eines Gesellschafters)** in eine Personengesellschaft gegen eine Bareinlage wie auch für die Ausgabe weiterer Gesellschaftsrechte bei einer Kapitalgesellschaft aufgrund von Kapitalerhöhungen zutreffend entschieden, dass die (Personen- oder Kapital-)Gesellschaft umsatzsteuerlich keine Leistung gegen Entgelt erbringt.[811] Dies muss auch dann gelten, wenn nicht eine Bareinlage erfolgt, sondern eine Sacheinlage. Im vorliegenden Fall erbringt die KG daher keine steuerbaren Umsätze.

Da die Gesellschaft mit der Erstausgabe von Gesellschaftsrechten keine steuerbefreiten Umsätze tätigt, wird der **Vorsteuerabzug** aus Dienstleistungen, die für die Ausgabe von Gesellschaftsrechten in Anspruch genommen wurden, etwa Notarleistungen oder Beratungs- und Vermittlungsleistungen, auch nicht durch § 15 Abs. 2 i. V. m. § 4 Nr. 8 Buchst. f UStG ausgeschlossen. Die Gesellschaft bezieht diese Leistungen dennoch für ihr Unternehmen. Denn die Ausgabe der Gesellschaftsrechte dient dazu, ihr Kapital zu verstärken. Es besteht somit nach zutreffender Ansicht des EuGH ein direkter und unmittelbarer Zusammenhang mit der wirtschaftlichen Gesamttätigkeit des Unternehmers, d. h. mit allen seinen Umsätzen. Der BFH hat – dem EuGH folgend – entschieden, dass die Gesellschaft zum vollen Vorsteuerabzug aus an sie erbrachten Leistungen im Zusammenhang mit ihrer Gründung oder dem Beitritt weiterer Gesellschafter be-

808 BFH v. 15.01.1987 – V R 3/77, BStBl. II 1987, 512; Stadie in: R/D, § 2 Rn. 667 und 664 (Okt. 2023); a. A. Schön DStJG Band 13, 1990, 103 f.

809 EuGH v. 13.03.2014 – C-204/13 (Malburg), UR 2014, 353 mit nachfolgend BFH v. 26.08.2014 – XI R 26/10, UR 2015, 35.

810 BFH v. 14.12.1995 – V R 11/94, BStBl. II 1996, 250; v. 18.12.1975 – V R 131/73, BStBl. II 1976, 265; v. 29.01.1988 – X R 7/81, BStBl. II 1988, 506.

811 EuGH v. 26.05.2005 – C-465-03 (Kretztechnik), Slg. 2005, I-4357; v. 26.06.2003 – C-442/01 (KapHAG), Slg. 2003, I-6851; vgl. auch v. 18.07.2013 – C-26/12 (PGG), BB 2013, 1813 (zu Vorsteuerabzug bei Rentenfonds für Arbeitnehmer).

rechtigt ist, wenn sie nur steuerpflichtige Leistungen erbringt.[812] Soweit sie hingegen nur steuerfreie Leistungen erbringt, ist der Vorsteuerabzug nach § 15 Abs. 2 Nr. 1 UStG zu versagen. Bei nur teilweiser Erbringung von Umsätzen, die den Vorsteuerabzug ausschließen, muss nach § 15 Abs. 4 UStG aufgeteilt werden. Unerheblich ist auch, ob es sich um die Gründung einer Kapitalgesellschaft handelt oder um eine spätere Kapitalerhöhung. Die entgegengesetzten Auffassungen[813] sind überholt. Daher sind auch Vorsteuern aus Leistungen im Zusammenhang mit Emissionen beim Börsengang uneingeschränkt abziehbar.

Von der (Erst-)Ausgabe von Gesellschaftsrechten durch die Gesellschaft ist die Übertragung von bestehenden Gesellschaftsrechten durch den bisherigen Gesellschafter auf einen Erwerber zu unterscheiden. Hier liegt zweifellos eine Leistung des übertragenden Gesellschafters vor und, falls der Erwerber dafür etwas aufzuwenden hat, auch eine Leistung gegen Entgelt. Allerdings ist der Gesellschafter nicht schon wegen seiner Gesellschafterstellung Unternehmer. Auch bei einem Unternehmer führt nicht schon das bloße Halten von Gesellschaftsanteilen/Beteiligungen zu einer wirtschaftlichen Tätigkeit. Etwas anderes mag für den beherrschenden Gesellschafter gelten (sog. mittelbarer Unternehmer[814]). Werden solche nicht zum Unternehmensbereich gehörenden Beteiligungen veräußert, liegen zwar Leistungen gegen Entgelt vor, die aber mangels Handelns als Unternehmer, respektive mangels Handelns im Rahmen des Unternehmens nicht nach § 1 Abs. 1 Nr. 1 UStG steuerbar sind. Werden hingegen Aktien oder andere Gesellschaftsanteile veräußert, die als Unternehmer im Rahmen des Unternehmens gehalten werden, etwa zu Zwecken des Wertpapierhandels oder auch Beteiligungen an (Tochter-)Gesellschaften, an die entgeltliche Leistungen erbracht werden, so liegen nach § 4 Nr. 8 Buchst. f UStG befreite Leistungen vor, die grundsätzlich zum Vorsteuerausschluss nach § 15 Abs. 2 UStG führen.[815] An einer in den Rahmen des Unternehmens fallenden Veräußerung von Gesellschaftsanteilen soll es jedoch fehlen, wenn Gesellschaftsanteile (an einer Enkelgesellschaft) von einer Führungsholding nur veräußert werden, um aus dem Erlös Verbindlichkeiten gegenüber dem neuen Inhabers des Konzerns zu tilgen.[816] Das erscheint jedoch als verfehlt.[817] Die Veräußerung ist freilich steuerfrei nach § 4 Nr. 8 Buchst. f UStG.

II. Die umsatzsteuerliche **Würdigung bei S und V**

1. S hat keine Leistung i. S. d. § 1 Abs. 1 Nr. 1 UStG erbracht, da seine Geldzahlung nur Entgelt für die Leistung der Gesellschaft darstellt. Selbst wenn er eine Sacheinlage, also eine Leistung im umsatzsteuerlichen Sinne erbracht hätte, wäre der Leistungsaustausch wegen fehlender Unternehmereigenschaft des S nicht steuerbar. Denn der einmalige Leistungsaustausch bei Eintritt in eine Gesellschaft gegen Sacheinlagen begründet nicht die Unternehmereigenschaft des Einbringenden.[818]

812 BFH v. 01.07.2004 – V R 32/00, BStBl. II 2004, 1022.

813 BFH v. 14.12.1995 – V R 11/94, BStBl. II 1996, 250 mit abl. Anm. Reiß UR 1996, 357.

814 Dazu ausführlich Stadie R/D, § 2 Rz. 535 ff. (Okt. 2023).

815 EuGH v. 06.04.1995 – C-4/94 (BLP Group), Slg. 1995, I-983; vgl. aber v. 29.10.2009 – C-29/08 (SKF), Slg. 2009, I-10413 und BFH v. 27.01.2011 – V R 38/09, DStR 2011, 454 mit Anm. Wäger DStR 2011, 433. S. auch BFH v. 18.09.2019 – XI R 33/18, UR 2020,183 (ggf. aber nicht zu besteuernde GiG bei Veräußerung aller Anteile an einer Organgesellschaft und Fortsetzung der Organschaft durch den Erwerber der Anteile – dann keine steuerfreie Veräußerung der Anteile und kein Vorsteuerausschluss).

816 EuGH v. 08.11.2018 – C-502/17 (C&D Foods Acquisition), MwStR 2018, 1060 mit Anm. Grube.

817 Vgl. insoweit die deutlich besseren SA der GAin Kokott in der Rs. C-502/17 (C&D Foods Acquisition), ECLI:EU:C:2018:676.

818 BFH v. 15.01.1987 – V R 3/77, BStBl. II 1987, 512; Stadie in: R/D, § 2 Rn. 667 und 664 (Okt. 2023); a. A. Schön DStJG Band 13, 1990, 103 f.

2. Da V sein gesamtes Einzelunternehmen auf die KG übertrug, liegt eine entgeltliche Geschäftsveräußerung vor. **Die Geschäftsveräußerung im Ganzen ist allerdings nicht steuerbar** (s. Rn. 189 ff.). Zu beachten ist aber, dass etwa bei der Einbringung von Einzelgegenständen aus einem bestehenden Unternehmen in eine Personengesellschaft als Sacheinlage bei der Gründung, beim späteren Beitritt oder auch nur zur Erhöhung der Beteiligung für den einbringenden Unternehmer entgeltliche Lieferungen oder sonstige Leistungen an die Gesellschaft vorliegen. Das Entgelt besteht in der Wertsteigerung der Beteiligung. Unerheblich ist, dass aus der Sicht der Gesellschaft, wie der EuGH (a. a. O.) zutreffend entschieden hat, keine umsatzsteuerlich relevante Leistung erbracht wird.[819]

306 1. Beim **Ausscheiden eines Gesellschafters** liegt aufseiten des Gesellschafters keine sonstige Leistung durch Rückgewähr der Gesellschaftsrechte (= Aufgabe der gesamthänderischen Mitberechtigung) vor. Hier muss konsequenterweise aus der Rspr. des EuGH gefolgert werden, dass auch die Beendigung der Gesellschafterstellung nicht zu einer Leistung führt. Regelmäßig kann diese Frage freilich dahinstehen, weil der Gesellschafter in dieser Eigenschaft ohnehin nicht Unternehmer ist. Anders könnte es nur dann sein, wenn der Gesellschafter die Beteiligung im Rahmen eines anderen Unternehmens hielt, etwa bei einer **gemischten Holding** (s. Rn. 132). Auch in diesem Fall ist aber die bloße Aufgabe der Gesellschafterstellung nicht als Leistung an die Gesellschaft zu werten. Bei einer Veräußerung einer im Unternehmen gehaltenen Beteiligung wäre die Leistung jedenfalls nach § 4 Nr. 8 Buchst. f UStG steuerfrei.[820]

Diese Grundsätze gelten auch beim **Ausscheiden des letzten Gesellschafters** aus einer zweigliedrigen Gesellschaft. Dagegen liegt nicht noch zusätzlich eine Leistung der bisherigen Gesellschaft an den als Einzelunternehmer verbleibenden Gesellschafter vor. Die Anwachsung der Anteile erfolgt ohne weiteren Übertragungsakt gemäß § 131 Abs. 3 HGB i. V. m. § 738 BGB, sodass nach h. M. von einer Leistung der bisherigen Gesellschaft an den fortführenden Einzelunternehmer nicht gesprochen werden kann.[821] Im Ergebnis wird daher das Ausscheiden des letzten Gesellschafters so behandelt wie das Ausscheiden früherer Gesellschafter, bei dem die Identität zwischen der Gesellschaft vor Austritt und der nach Austritt gewahrt bleibt. Es liegt keine Geschäftsveräußerung zwischen „alter" Gesellschaft und dem nunmehrigen Einzelunternehmer (verbleibendem Alleingesellschafter) vor, sondern der nunmehrige Einzelunternehmer setzt als „Gesamtrechtsnachfolger" das Unternehmen der Gesellschaft fort.[822]

Auch beim Wechsel aller Gesellschafter durch Abtretung aller Anteile an neue Gesellschafter liegt keine Geschäftsveräußerung im Ganzen vor,[823] sodass es der Anwendung des § 1 Abs. 1a UStG nicht bedarf und sie auch nicht in Betracht kommt.

307 2. Erbringt der **Gesellschafter** an seine Gesellschaft Leistungen in Form von **Nutzungsüberlassungen oder Dienstleistungen**, die mangels bilanzierungsfähiger Wirtschaftsgüter das Vermögen der Gesellschaft nicht unmittelbar erhöhen, sondern allenfalls zu einer Ersparung von Aufwendungen führen,[824] so liegt ein Leis-

---

819 Vgl. BFH v. 13.11.2003 – V R 79/01, BStBl. II 2004, 375; Reiß UR 2003, 428; Lippross, USt, Kap. 2.2.8.2.b m. w. N. (S. 161 f.).

820 EuGH v. 06.04.1995 – C-4/94 (BLP Group), Slg. 1995, I-983; v. 29.10.2009 – C-29/08 (SKF), Slg. 2009, I-10413 und BFH v. 27.01.2011 – V R 38/09, BStBl. II 2012, 68 = DStR 2011, 454.

821 BFH v. 12.03.1964 – V 249/61 U, BStBl. III 1964, 290.

822 BFH v. 17.07.1986 – V R 37/77, BFH/NV 1987, 111; v. 18.09.1980 – V R 175/74, BStBl. 1981 II, 293; Stadie in: R/D, § 2 Rn. 738 (Okt. 2023).

823 BFH v. 29.10.1987 –X R 33-34/81, BStBl. II 1988, 92; zu Unrecht aufgegeben von BFH v. 27.01.2011 – V R 38/09, BStBl. II 2012, 68 unter fälschlicher Berufung auf den EuGH; s. EuGH v. 30.05.2013 – C-651/11 (X BV), UR 2013, 582.

824 Vgl. BFH v. 26.10.1987 – GrS 2/86, BStBl. II 1988, 348.

tungsaustausch nur vor, wenn die Gesellschaft dem Gesellschafter dafür ein Sonderentgelt gewährt – sog. unechte Gesellschafterleistung.[825] Gleichgültig ist, ob das Sonderentgelt in einem eigenen schuldrechtlichen Vertrag, z. B. Mietvertrag, oder im Gesellschaftsvertrag vereinbart ist. Dagegen liegen mangels Entgeltes sog. **echte** nicht steuerbare **Gesellschafterleistungen** vor, wenn die Leistung lediglich durch die **Beteiligung am** (handelsrechtlichen) **Gewinn** der Gesellschaft abgegolten wird.[826] Umgekehrt führt eine auf dem Gesellschaftsverhältnis beruhende **Verlustübernahme** nicht zu einer entgeltlichen Leistung der Gesellschaft an den Gesellschafter.[827]

3. Problematisch ist die Beurteilung von **Geschäftsführerleistungen** der vertretungsbefugten Gesellschafter und die Beurteilung der kraft Gesetzes bestehenden unbeschränkten Haftung persönlich haftender Gesellschafter bei Personengesellschaften. Rspr. und Finanzverwaltung gehen insoweit im Kern zutreffend davon aus, dass ein Leistungsaustausch nur vorliegen kann, wenn ein gewinnunabhängiges Sonderentgelt vergütet wird.[828] Einmal ist entscheidend, ob eine gewinnunabhängige Vergütung zu zahlen ist oder ob die Leistung durch einen (erhöhten) Gewinnanteil abgegolten wird. Nur im ersteren Falle kann ein steuerbarer Leistungsaustausch vorliegen. Entscheidend ist dann allerdings, ob der Gesellschafter hinsichtlich der Geschäftsführerleistung Unternehmer ist oder ob er unselbstständig tätig (Arbeitnehmer) ist (s. Rn. 136 f.).[829]Reine **Haftungsvergütungen** für die kraft Gesetzes bestehende persönliche Haftung stellen allerdings richtigerweise niemals ein Leistungsentgelt dar, auch wenn sie vermeintlich gewinnunabhängig gezahlt werden. Es **fehlt** schlicht an einer **Leistung** gegenüber der Gesellschaft, weil die Übernahme der Haftung kraft Gesetzes mit der Eigenschaft als persönlich haftender Gesellschafter verbunden ist. Anders als die Geschäftsführung kann sie daher auch nicht von anderen übernommen werden und auch nicht abbedungen werden. Die gegenteilige Auffassung von Finanzverwaltung und BFH, dass eine gewinnunabhängig vereinbarte pauschale Haftungsvergütung für den persönlich haftenden Gesellschafter als Vergütung für einen unselbstständigen Teil einer einheitlichen Leistung aus Geschäftsführung, Vertretung und Haftung zur Steuerbarkeit im Rahmen eines Leistungsaustausches führe, wenn die Geschäftsführungstätigkeit ebenfalls durch ein festes Sonderentgelt abgegolten wird, überzeugt nicht.[830] Geht man aber von einer einheitlichen Leistung bei Geschäftsführung, Vertretung und Haftung gegen Sonderentgelt aus, so ist diese Leistung allerdings dann auch nicht teilweise nach § 4 Nr. 8 Buchst. g UStG (Übernahme von Verbindlichkeiten, Bürgschaften und anderen Sicherheitsleistungen) befreit.[831] 308

825 Vgl. Abschn. 1.6. Abs. 3–7 UStAE.

826 EuGH v. 27.01.2000 – C-23/98 (Heerma), Slg. 2000, I-419; BFH v. 06.06.2002 – V R 43/01, UR 2002, 423 m. w. N.; Reiß UR 1988, 298; a. A. zu Unrecht Walden USt-Kongr. 1991/92, 79 f.; wie hier Blanke, Umsatzsteuerliche Behandlung von Gesellschafterbeiträgen, Köln 1991; Schön DStJG Bd. 13, 1990, 103 f. will immer Entgeltlichkeit annehmen.

827 BFH v. 11.04.2002 – V R 65/00, BStBl. II 2002, 782.

828 Abschn. 1.6. Abs. 3–6 UStAE.

829 S. dazu auch BFH v. 26.08.2014 – XI R 26/10, UR 2015, 38, Nachfolge EuGH v. 03.03.2014 – C-204/13 (Malburg).

830 BFH v. 03.03.2011 – V R 24/10, BStBl. II 2011, 950; vgl. auch Lippross, USt, Kap. 2.2.8.4.b (S. 166 ff.).

831 Insoweit zutreffend BFH v. 03.03.2011 – V R 24/10, BStBl. II 2011, 950; vgl. auch EuGH v. 19.04.2007 – C-455/05 (Velvet & Steel), Slg. 2007, I-3225 und BMF, Abschn. 4.8.11. UStAE (befreit nur die Übernahme von Geldverbindlichkeiten als Finanzgeschäfte, nicht Sachleistungsverpflichtungen) und BFH v. 30.11.2016 – V R 18/16, BB 2017, 86.

309 **Übersicht**

Gesellschaft oder Gesellschafter

I. Gründung

Keine sonstige Leistung, keine Gewährung von Gesellschaftsrechten

Gesellschaft → Gesellschafter mit Bareinlage

Gesellschaft ← Gesellschafter mit Bareinlage

Geldeinlage nicht steuerbar

Keine sonstige Leistung

Gesellschaft → Gesellschafter mit Sacheinlage

Gesellschaft ← Gesellschafter mit Sacheinlage

Lieferung oder sonstige Leistung; nur steuerbar, wenn aus einem Unternehmen des Gesellschafters

II. Eintritt weiterer Gesellschafter: Wie bei Gründung; die Identität der Gesellschaft als Unternehmer bleibt erhalten. Es liegt nicht etwa eine Gesellschaftsveräußerung im Ganzen auf einen neuen Unternehmer vor.

III. Ausscheiden eines Gesellschafters

Keine sonstige Leistung

Gesellschafter (Barabfindung) → Gesellschaft

Gesellschafter (Barabfindung) ← Gesellschaft

Abfindung in Geld, keine Leistung, nicht steuerbar

Keine sonstige Leistung, nicht steuerbar

Gesellschafter (Sachabfindung) → Gesellschaft

Gesellschafter (Sachabfindung) ← Gesellschaft

Entgeltliche Lieferung, steuerbar, nicht nach § 4 Nr. 8f UStG befreit

Die Identität der Gesellschaft als Unternehmer bleibt gewahrt. Auch bei Ausscheiden des vorletzten Gesellschafters findet keine Geschäftsveräußerung im Ganzen von der bisherigen Gesellschaft auf den nunmehrigen Alleinunternehmer statt. Die Anwachsung führt nicht zum Leistungsaustausch. Der Alleinunternehmer setzt das bisherige Unternehmen der Gesellschaft fort.

IV. Leistungen zwischen Gesellschafter und Gesellschaft während der Gesellschaftsdauer

1. **Echte Gesellschafterleistungen** = kein steuerbarer Leistungsaustausch
   Gesellschafter erhält für seine Leistung kein gewinnunabhängiges Entgelt.
2. **Unechte Gesellschafterleistungen** = Leistungsaustausch
   Der Gesellschafter erhält ein gewinnunabhängiges Entgelt für seine Leistung. Der Leistungsaustausch ist steuerbar, wenn der Gesellschafter wegen nachhaltiger Tätigkeit (wiederholt oder Dauerleistung) zum Unternehmer wird.

V. Grunderwerbsteuerbare Vorgänge

1. § 4 Nr. 9 Buchst. a UStG befreit die unter das Grunderwerbsteuergesetz fallenden Umsätze, um eine Doppelbesteuerung zu vermeiden. Der **Grunderwerbsteuer** unterliegen nach § 1 GrEStG **schuldrechtliche Verpflichtungsgeschäfte** über den Eigentumsübergang an Grundstücken und hilfsweise der Eigentumsübergang selbst. Um dem Ziel der Befreiungsvorschrift gerecht zu werden, ist die Lieferung von Grundstücken immer als nach § 4 Nr. 9 Buchst. a UStG befreit anzusehen, selbst wenn das GrEStG bereits an den Abschluss des schuldrechtlichen Vertrages anknüpft. Vorgänge, die nach § 1 GrEStG steuerbar sind, aber nach den §§ 3 ff. GrEStG ganz oder teilweise befreit sind, fallen ebenfalls unter die Befreiung des § 4 Nr. 9 Buchst. a UStG. 310

Beispiel

Die Grundstücksveräußerung unter Ehegatten ist nach § 3 Nr. 4 GrEStG von der Grunderwerbsteuer befreit und gleichzeitig nach § 4 Nr. 9 Buchst. a UStG von der USt.

Die Steuerbefreiung des § 4 Nr. 9 Buchst. a UStG ist analog auf die unentgeltliche Lieferung durch Grundstücksentnahme nach § 3 Abs. 1b Nr. 1 UStG anzuwenden. Dies gilt auch dann, wenn mangels Eigentümerwechsels kein grunderwerbsteuerbarer Vorgang vorliegt. Die Befreiung ist hier deshalb geboten, weil nach Art. 135 Abs. 1 Buchst. j und k MwStSystRL die Lieferung unbebauter und bebauter Grundstücke mit Ausnahme von Baugrundstücken und Neubauten vor dem Erstbezug zu befreien sind. Das deutsche Recht geht darüber hinaus, indem auch die Lieferung von Baugrundstücken und Neubauten vor dem Erstbezug befreit sind, weil auch diese grundsätzlich der Grunderwerbsteuer unterliegen. Diese Erweiterung ist durch die Ermächtigung in Art. 371 i. V. m. Anhang X B Nr. 9 MwStSystRL gedeckt. Die unentgeltliche Wertabgabe nach § 3 Abs. 1b Nr. 1 UStG (Art. 16 MwStSystRL) wird aber ausdrücklich einer Lieferung gegen Entgelt gleichgestellt. Das muss dann auch für die Anwendung der Befreiungsvorschriften gelten. Die Finanzverwaltung hat ihre entgegenstehende Auffassung mittlerweile zutreffend wieder aufgegeben.[832]

Beispiel

U errichtet auf eigenem Grundstück ein Bürohaus, das er durch Option steuerpflichtig vermietet. Die beim Bau angefallene VoSt von 150.000 € zieht U zutreffend ab. Nach einem Jahr räumt er seinem Sohn auf Lebenszeit den unentgeltlichen Nießbrauch ein. Der Einkaufspreis des bebauten Grundstücks beträgt 1,5 Mio. €.[833]

Durch die Option erfolgte die Vermietungsleistung steuerpflichtig. Daher konnte U zutreffend die volle VoSt abziehen. Durch die Einräumung des Nießbrauchs wird das bebaute Grundstück allerdings endgültig aus dem Unternehmen des U entfernt. Es liegt daher eine Entnahme des Grundstückes aus dem Unternehmen nach § 3 Abs. 1b Nr. 1 UStG und nicht lediglich eine Verwendung für Zwecke außerhalb des Unternehmens nach § 3 Abs. 9a Nr. 1 UStG vor. Fraglich ist allerdings, ob die als Lieferung des Grundstücks nach § 3 Abs. 1b Nr. 1 UStG zu behandelnde Entnahme steuerfrei nach § 4 Nr. 9 Buchst. a UStG ist. Denn die Einräumung des Nießbrauchs fällt gerade nicht unter § 1 GrEStG, da kein Eigentum übertragen wird. Dennoch ist in analoger Anwendung des § 4 Nr. 9 Buchst. a UStG und in richtlinienkonformer Auslegung gemäß Art. 371, 135 Abs. 1 Buchst. j und k MwStSystRL die als Lieferung zu behandelnde Entnahme des Grundstücks aus dem Unternehmen befreit. Eine Option für die unentgeltliche Wertabgabe nach § 3 Abs. 1b Nr. 1 und 2 UStG ist nicht möglich.[834] Für den steuerfreien Umsatz ergibt sich mithin eine Bemessungsgrundlage von 1,5 Mio. € (§ 10 Abs. 4 Nr. 1 UStG).

Der bei der Errichtung des Bauwerkes in Anspruch genommene Vorsteuerabzug ist allerdings gemäß § 15a Abs. 1, 4 UStG wegen der steuerfreien Entnahme zu korrigieren.

---

832 Abschn. 4.9.1. Abs. 2 Nr. 6 UStAE.

833 Beispiel nach BFH v. 16.09.1987 – X R 51/81, BStBl. II 1988, 205.

834 Vgl. BFH v. 02.10.1986 – V R 91/78, BStBl. II 1987, 44 für den Fall eines Eigenverbrauchs durch Schenkung eines Grundstücks.

311 2. Die Vorschrift des § 4 Nr. 9 Buchst. a UStG schließt an die grunderwerbsteuerliche Behandlung an. Da nach § 2 Abs. 1 GrEStG der Begriff des Grundstücks zunächst i. S. d. BGB bestimmt wird, ist **Grundstück** sowohl **das unbebaute wie** auch das **bebaute Grundstück** (§ 94 BGB). Umsatzsteuerfrei ist daher die Lieferung von unbebauten und bebauten Grundstücken, wenn darüber ein entsprechender Kaufvertrag abgeschlossen wurde. Zu beachten ist, dass ein Kaufvertrag über ein bebautes Grundstück auch bereits zu einem Zeitpunkt abgeschlossen werden kann, zu dem das Gebäude noch nicht errichtet war. In diesem Fall unterliegt der Vorgang insgesamt der Grunderwerbsteuer, sodass eine Umsatzsteuerbefreiung auch hinsichtlich des auf das Gebäude entfallenden Kaufpreisanteils eintritt. Umgekehrt liegt bei einem Werkvertrag über die Errichtung eines Gebäudes ohne gleichzeitigen Verkauf von Grund und Boden kein Verpflichtungsgeschäft vor, das den Anspruch auf Übereignung eines Grundstücks begründet (§ 1 Abs. 1 Nr. 1 GrEStG). Daher stellt die Errichtung eines Gebäudes auf dem Grundstück des Bestellers durch den Bauhandwerker eine nicht von der USt befreite Werklieferung dar.

Die Abgrenzung zwischen grunderwerbsteuerbaren Vorgängen und umsatzsteuerpflichtigen Vorgängen ist durch die Rspr. des Grunderwerbsteuersenats des BFH problematisch geworden. Dieser vertritt in ständiger Rspr. die Auffassung, dass auch bei formal mehreren Verträgen über den Kauf eines Grundstücks(anteils) und Werkverträgen mit Bauhandwerkern auch bei verschiedenen Vertragspartnern das Gesamtentgelt der Grunderwerbsteuer zu unterwerfen sei, wenn die Verträge sich als einheitliches – auf den Erwerb eines bebauten Grundstücks gerichtetes – Rechtsgeschäft darstellen.[835] Dies betrifft insbesondere die Bauherrenmodelle, aber nicht nur.[836]

Die Werklieferungen der Bauhandwerker unterliegen – isoliert gesehen – jedoch nicht der Grunderwerbsteuer. Ihre Befreiung würde auch der MwStSystRL widersprechen.[837] Mangels Deckungsgleichheit zwischen umsatzsteuerlicher Leistung nach § 1 Abs. 1 Nr. 1 UStG und dem der Grunderwerbsteuer unterliegenden einheitlichen Rechtsgeschäft sind die Werklieferungen und Werkleistungen der Bauhandwerker daher nicht von der USt befreit.[838] Dies führt zu einer Doppelbelastung mit USt auf die Leistungen der Bauhandwerker und mit Grunderwerbsteuer, weil der Werklohn für die Bauhandwerker auch in die Bemessungsgrundlage für die GrESt einbezogen wird. Besteht zwischen dem Grundstücksveräußerer und einer Bauträger-GmbH, die die Bebauung übernimmt, eine umsatzsteuerliche Organschaft, so liegt auch umsatzsteuerlich nur eine einheitliche Lieferung eines bebauten Grundstücks durch den Organträger vor, sodass die Bauleistungen der Organ-GmbH dann Teil der nach § 4 Nr. 9 Buchst. a UStG befreiten Lieferung des Organträgers sind. Hier tritt eine Doppelbelastung dann nur bzgl. der wegen § 15 Abs. 2 Nr. 1 UStG nicht abziehbaren VoSt aus Leistungen an die Bauträger GmbH als unselbstständiger Teil des Organträgers ein.[839] Die durch die Annahme eines einheitlichen Vertragswerkes eintretende Doppelbelastung mit Grunderwerbsteuer und USt ist nicht verfassungswidrig. Sie verstößt auch nicht gegen das Verbot einer Mehrfachbelastung mit USt und einer gleichartigen Steuer aus Art. 401 MwStSystRL.[840]

312 3. Da nach § 2 Abs. 1 Nr. 1 GrEStG, abweichend vom BGB, Betriebsvorrichtungen nicht zum Grundstück gehören, ist bei der Veräußerung eines Grundstücks mit Betriebsvorrichtungen, auch wenn diese wesentliche Bestandteile sein sollten, neben der steuerfreien Grundstückslieferung grds. eine steuerpflichtige Lieferung der Betriebsvorrichtungen gegeben. Ein Gesamtentgelt muss nach dem Verhältnis der gemeinen Werte des Grund und Bodens, des Gebäudes (steuerfrei) und der Betriebsvorrichtungen (steuerpflichtig) aufgeteilt werden. Dies kommt insbeson-

835 So BFH v. 27.09.2012 – II R 7/12, BStBl. II 2013, 86; v. 19.03.2009 – V R 50/07, BStBl. II 2010, 78 m. w. N., u. a. v. 24.01.2008 – V R 42/05, BStBl. II 2008, 697; v. 21.09.2005 – II R 49/04 m. w. N. zur GrESt.

836 BFH v. 14.02.1990 – II B 158/89, BStBl. II 1990, 391; v. 23.11.1994 – II R 53/94, BStBl. II 1995, 331.

837 EuGH v. 08.07.1986 – Rs. 73/85 (Kerrut), Slg. 1986, I-2219 = UR 1986, 297.

838 BFH v. 30.10.1986 – V B 44/86, BStBl. II 1987, 145.

839 BFH v. 29.10.2008 – XI R 74/07, BStBl. II 2009, 256.

840 Vgl. BFH v. 04.12.2014 – II R 22/13, BFH/NV 2015, 521; v. 27.09.2012 – II R 7/12, BStBl. II 2013, 86; unter Hinweis auf BVerfG v. 27.12.1991–2 BvR 72/90, BStBl. II 1992, 212 und EuGH v. 27.11.2008 – C-156/06 (Vollkommer), UR 2009, 136; s. auch EuGH v. 08.07.1986 – Rs. 73/85 (Kerrut), Slg. 1986, I-2219.

dere auch bei Enteignungen von Grundstücken durch die öffentliche Hand, die nach § 1 Abs. 1 Nr. 3 GrEStG der GrESt unterliegen, in Betracht.

Beispiel

Die öffentliche Hand entschädigt einen Unternehmer wegen der Enteignung eines Fabrikgrundstücks mit 1.000.000 €. Nach den Vereinbarungen entfallen davon 400.000 € auf den Grund und Boden, 300.000 € auf das Gebäude, 200.000 € auf Maschinen und 100.000 € auf Ersatz der Verlegungskosten sowie Gewinnausfall.
Bezüglich der Maschinen liegen steuerbare und steuerpflichtige Lieferungen vor mit einer Bemessungsgrundlage von 168.067 € und einer USt-Schuld von 31.933 €.
Im Übrigen liegt eine nach §§ 1 Abs. 1 Nr. 1 S. 2, 3 Abs. 1, 4 Nr. 9 a UStG steuerfreie Lieferung eines bebauten Grundstückes mit einer Bemessungsgrundlage von 800.000 € vor. Die Entschädigung für Verlegungskosten und Gewinnausfall ist Teil der Gegenleistung für das Grundstück und unterliegt der GrESt (§ 9 Abs. 1 Nr. 7 GrEStG).[841]

4. Auch wenn nach § 13 Nr. 1 GrEStG i. V. m. § 44 Abs. 1 AO Veräußerer und Erwerber die anfallende Grunderwerbsteuer als Gesamtschuldner schulden, gehört die Grunderwerbsteuer entgegen früherer Rechtsauffassung auch nicht hälftig zur Bemessungsgrundlage, wenn der Erwerber die Grunderwerbsteuer voll übernimmt.[842] Dies ist von praktischer Bedeutung, wenn auf die Steuerfreiheit nach § 9 UStG verzichtet wird. Nachdem bei wegen Option steuerpflichtigen Grundstückslieferungen die Steuerschuld nach § 13b Abs. 2 Nr. 3, Abs. 5 UStG vom Erwerber geschuldet wird, erhöht umgekehrt die USt auch nicht mehr die Bemessungsgrundlage für die GrESt nach § 9 Abs. 1 Nr. 1 GrEStG.[843] 313

VI. Vermietung und Verpachtung von Grundstücken

§ 4 Nr. 12 Buchst. a UStG befreit die Vermietung und Verpachtung von Grundstücken. Die Steuerfreiheit erstreckt sich auch auf die Vermietung möblierter Räume oder Gebäude, wenn es sich dabei um eine auf Dauer angelegte Überlassung handelt, die sich als Nebenleistung oder untrennbar mit der Grundstücksüberlassung verbundene Leistung darstellt. Mietnebenkosten zugrunde liegende Leistungen, wie der Verbrauch von Wasser, Wärme, Elektrizität sind grundsätzlich (nur) dann als gesonderte Leistungen anzusehen, wenn über deren Verbrauch der Mieter entscheiden kann und durch gesonderte Zähler eine gesonderte Kontrolle und Abrechnung erfolgen kann und auch erfolgt.[844] Dies ist zumindest bei der Lieferung von Strom durch den Vermieter der Fall[845], weil dies zum einen unüblich für einen Mietvertrag ist und zum anderen in Deutschland ein sog. Kopplungsverbot im EnWG besteht, weswegen schon kraft Gesetzes keine untrennbar und typischerweise mit der Vermietungsleistung verbundene Leistung des Vermieters vorliegt. 314

Die unionsrechtlich zugrunde liegende Befreiungsvorschrift des Art. 135 Abs. 1 Buchst. l MwStSystRL ist nach der verfehlten Rspr. des EuGH nicht auf unentgeltliche Wertabgaben nach § 3 Abs. 9a Nr. 1 UStG anwendbar, weil eine Selbstnutzung keine Vermietung (= entgeltliche Nutzungsüberlassung an einen anderen) darstellt.[846] Die Entschei-

---

841 Vgl. BFH v. 24.06.1992 – V R 60/88, BStBl. II 1992, 986.

842 BFH v. 20.12.2005 – V R 14/04, UR 2006, 337; v. 09.01.2006 – V R 9/04, BStBl. II 2007, 285 gegen BFH v. 10.07.1980 – V R 23/77, BStBl. II 1980, 620.

843 Lippross, USt, Kap. 5.2.4.1 (S. 926).

844 BFH v. 11.11.2015 – V R 37/14, BStBl. II 2017, 1259; EuGH v. 16.04.2015 – C-42/14 (Wojskowa Agencja), MwStR 2015, 413 mit Anm. Grube.

845 Zutreffend BFH v. 17.7.2024 – XI R 8/21, UR 2024, 799.

846 EuGH v. 08.05.2003 – C-269/00 (Seeling), Slg. 2003, I-4101 = BStBl. II 2004, 378; BFH v. 24.07.2003 – V R 39/99, BStBl. II 2004, 371; Abschn. 4.12.1. Abs. 3 UStAE; zur Kritik vgl. Reiß RIW 2004, 641; Krumenacker UR 2007, 473.

dung des EuGH ist unverständlich, da Art. 26 Abs. 1 Buchst. a der MwStSystRL und dementsprechend § 3 Abs. 9a Nr. 1 UStG die unentgeltliche Verwendung gerade einer Leistung gegen Entgelt gleichstellt. Im Übrigen privilegierte sie den Unternehmer als Endverbraucher in unverständlicher Weise zumindest liquiditätsmäßig (s. Rn. 209 ff.). Da der EuGH seine verfehlte Auslegung zur gleichheitssatzwidrigen Privilegierung der Nutzung eines dem Unternehmen zugeordneten Grundstückes für private Wohnzwecke aufrechterhalten hat,[847] ist dem inzwischen der Richtliniengeber mit Art. 168a MwStSystRL entgegengetreten. Danach wird einerseits nunmehr der Vorsteuerabzug ausgeschlossen, soweit das Grundstück (auch) für private Wohnzwecke genutzt wird. Andererseits führt die private Nutzung nicht mehr zu einer steuerbaren und steuerpflichtigen Verwendung nach Art. 26 MwStSystRL. Etwaige nachfolgende Änderungen im Umfange der privaten und unternehmerischen Nutzung sind durch eine Korrektur des Vorsteuerabzuges zu berücksichtigen.[848] Die Änderungen sind mit Wirkung ab 2011 auch im deutschen UStG in §§ 3 Abs. 9a Nr. 1 Hs. 2, 15 Abs. 1b und 15a Abs. 6a UStG umgesetzt worden (s. Rn. 366 f.).

315 **§ Fall 26: Private Wohnungsnutzung à la EuGH**

Steuerberater S lässt auf seinem Grundstück für 500.000 € zzgl. 95.000 € USt ein Einfamilienhaus errichten. Dieses nutzt er, mit Ausnahme eines Büros, zu privaten Wohnzwecken. Das Büro nutzt er ausschließlich für Zwecke seiner steuerpflichtigen Umsätze als Steuerberater. Die Bürofläche beträgt 10 % der Nutzfläche des Hauses. S möchte im größtmöglichen Umfange einen Vorsteuerabzug vornehmen.

a) Mit der Errichtung wurde erst im Januar 2011 oder später begonnen (wichtig wegen § 27 Abs. 16 UStG).
b) Mit der Errichtung wurde im Dezember 2010 begonnen.

316 Nach herrschender Auffassung darf S die Errichtung des gesamten gemischt genutzten Gebäudes seinem Unternehmen zuordnen. Es liegt dann insgesamt ein Bezug der (Werk-)Lieferung des Gebäudes für sein Unternehmen vor, sodass ihm nach § 15 Abs. 1 Nr. 1 UStG der Vorsteuerabzug für das gesamte Gebäude zu 100 % zustünde. § 15 Abs. 1 S. 2 UStG steht einem Vorsteuerabzug nicht entgegen. Denn das Gebäude wird zu nicht weniger als 10 % für echte Zwecke des Unternehmens (Steuerberatung) genutzt (s. Rn. 361).

Zu a)

Allerdings wird nach § 15 Abs. 1b UStG der **Vorsteuerabzug** bei einem gemischt – für Zwecke des Unternehmens und für außerhalb des Unternehmens liegende Zwecke – genutzten Grundstück ausgeschlossen, soweit die Vorsteuer auf die Verwendung für die außerhalb des Unternehmens liegenden (privaten) Wohnzwecke entfällt (s. Rn. 366 f.). Mithin ist der Vorsteuerabzug nach § 15 Abs. 1 Nr. 1, Abs. 1b und Abs. 4 S. 4 UStG nur im Verhältnis der für die Steuerberatung genutzten Fläche des Büros zur für Wohnzwecke zu gewähren. S kann also auch bei Zuordnung des gesamten Grundstückes/Gebäudes zum Unternehmen **nur 1/10** der insgesamt in Rechnung gestellten Umsatzsteuer von 95.000 € = 9.500 € als Vorsteuer abziehen. Die Nutzung der restlichen 90 % des Gebäudes für private Wohnzwecke stellt keine nach § 3 Abs. 9a Nr. 1 UStG fiktiv als Leistung gegen Entgelt steuerbare Verwendung des Grundstückes (mehr) dar. Zwar handelt es sich bei Zuordnung des gesamten Gebäudes zum Unternehmen an sich um eine Verwendung für Zwecke, die außerhalb des Unternehmens liegen. Aber nach § 3 Abs. 9a Nr. 1 Hs. 2 UStG liegt gerade keine steuerbare Wertabgabe durch die Verwendung für private Wohnzwecke vor, wenn nach § 15 Abs. 1b UStG für Grundstücke bei Nutzung zu privaten Wohnzwecken der Vorsteuerabzug ausgeschlossen ist.

847 EuGH v. 23.04.2009 – C-460/07 (Puffer), Slg. 2009, I-3251 = UR 2009, 410.
848 Vgl. dazu Reiß UR 2010, 797 f.

Zu b)

Die Regelungen der §§ 15 Abs. 1b, 15a Abs. 6a und 3 Abs. 9a Nr. 1 Hs. 2 UStG sind nicht auf Grundstücke und Gebäude anzuwenden, mit deren Herstellung vor dem 01.01.2011 begonnen wurde, § 27 Abs. 16 UStG. Für diese Grundstücke (einschließlich Gebäude) bleibt es bei der Rechtslage vor der Änderung durch das JStG 2010. Danach kann bei gemischt für steuerpflichtige unternehmerische Zwecke und für private Wohnzwecke (zu nicht mehr als 90 %) genutzten Grundstücken durch Zuordnung des gesamten Grundstückes zum Unternehmen der Vorsteuerabzug auch für den zu privaten Wohnzwecken genutzten Teil erlangt werden.[849] Denn die private Nutzung stellt sich nach der dann fortgeltenden Rechtslage des § 3 Abs. 9a Nr. 1 UStG a. F. als steuerbarer im Rahmen des Unternehmens erfolgender Umsatz dar. Der Erwerb des Grundstückes/Gebäudes durch die (Werk-)Lieferung erfolgt daher auch insoweit zur Ausführung von zu besteuernden Umsätzen. Die Voraussetzungen für den Vorsteuerabzug nach § 15 Abs. 1 Nr. 1 UStG – Lieferung von einem anderen Unternehmen für das eigene Unternehmen – sind daher gegeben. Ein Ausschluss nach § 15 Abs. 1b UStG tritt gerade nicht ein, weil dieser noch nicht anwendbar ist. Es tritt auch kein Vorsteuerausschluss nach § 15 Abs. 2 i. V. m. Abs. 4 UStG ein. Denn die private Nutzung für Wohnzwecke soll nach der unzutreffenden Rspr. des EuGH (und des BFH) gerade keine nach § 4 Nr. 12 Buchst. a UStG (Art. 135 Abs. 1 Buchst. l MwStSystRL) befreite Grundstücksvermietung darstellen. Es erfolgt mithin auch kein teilweiser Vorsteuerausschluss nach § 15 Abs. 4, Abs. 2 i. V. m. § 4 Nr. 12 Buchst. a UStG. Die 90%ige private Nutzung führt dann allerdings zu einem nach § 3 Abs. 9a Nr. 1 UStG steuerbaren und mangels Befreiung steuerpflichtigen Umsatz. Auch wenn nach § 10 Abs. 4 Nr. 2 S. 2 UStG als Bemessungsgrundlage die Ausgaben der privaten Verwendung pro Jahr der Verwendung mit 1/10 der Herstellungskosten, hier also 500.000 € : 10 x 90 % = 45.000 €, anzusetzen sind (s. Rn. 346), so verbleibt nicht nur ein **erheblicher Liquiditätsvorteil**, sondern natürlich auch ein **erheblicher Zinsvorteil** gegenüber der Versagung des Vorsteuerabzugs i. H. v. 95.000 € x 90 % = 85.500 €. Dieses vom EuGH kreierte „Steuersparmodell" wird auch als das „Seeling-Modell" bezeichnet.

Auch wenn der EuGH verneint hat, dass die mit der Gewährung des Vorsteuerabzugs für **317**
die private Nutzung zu Wohnzwecken nur an Unternehmer verbundenen Vorteile einen Verstoß gegen den europarechtlichen Gleichheitsgrundsatz darstellen, ist es jedenfalls zu begrüßen, dass nunmehr durch den von § 15 Abs. 1b UStG statuierten Vorsteuerausschluss auch eine umsatzsteuerliche Gleichbehandlung des privaten Wohnens im eigenen Haus für Unternehmer und Nichtunternehmer herbeigeführt worden ist.

1. Die Begriffe Vermietung, Verpachtung und Grundstück sind aber in richtlinienkon- **318**
former Auslegung übereinstimmend in allen Mitgliedstaaten autonom gegenüber dem jeweiligen nationalen Zivilrecht auszulegen.[850] Grundstück ist dabei sowohl das unbebaute als auch das bebaute Grundstück als Teil des Gebietes des jeweiligen Staates der Belegenheit,[851] auch Liegeplätze an Gewässern mit fest verankerten

849 Beachte BFH v. 18.02.2016 – V R 23/15, BStBl. II 2016, 496 (Seeling Altfall – kein Vorsteuerabzug für Wohnteil, der an Arbeitnehmer steuerfrei gegen anteilige Arbeitsleistung vermietet wurde); v. 08.10.2008 – XI R 58/07 und v. 11.03.2009 – XI R 69/07, BStBl. II 2009, 394 und 496 (kein Vorsteuerabzug und kein Umsatz nach § 3 Abs. 9a Nr. 1 UStG, wenn nur für den Vorsteuerabzug ausschließende steuerfreie unternehmerische Umsätze genutzt); so auch EuGH v. 23.04.2009 – C-460/07 (Puffer), UR 2009, 410; Abschn. 3.4. Abs. 7 UStAE.

850 BFH v. 13.02.2014 – V R 5/13, BStBl. II 2017, 846 = UR 2014, 566 (Standplatzüberlassung durch Gemeinde, Kirmes); v. 28.05.2013 – XI R 32/11, BStBl. II 2014, 411 und v. 21.02.2013 – V R 10/12, BFH/NV 2013, 1635 (Verfügungstellung von Grundstück für ökologische Ausgleichsmaßnahmen/Nutzung für Naturschutz); v. 08.11.2012 – V R 15/12, BStBl. II 2013, 455 m. w. N.

851 Vgl. EuGH v. 28.02.2019 – C-278/18 (Sequeira Mesquita), BeckRS 2019, 2417 (Verpachtung eines landwirtschaftlichen Betriebes mit Rebflächen); v. 27.06.2013 – C-115/12 (RR), UR 2013, 708; v. 07.09.2006 – C-166/05, Slg. 2006, I-7799; v. 16.01.2003 – C-315/00 (Maierhofer), Slg. 2003, I-563 (Scheinbestandteil als Grundstück i. S. d. Befreiungsvorschrift); v. 18.11.2004 – C-284/03 (Temco), Slg. 2004, I-11237.

Hausbooten.[852] Es ist nicht erforderlich, dass der Gebrauchsüberlassung tatsächlich zivilrechtlich ein Miet- oder Pachtvertrag zugrunde liegt. Eine Vermietung von Grundstücken ist immer und nur anzunehmen, wenn die Überlassung zur Nutzung eines Grundstücks für eine gewisse Dauer/bestimmte Zeit und unter Ausschluss anderer im Vordergrund steht. Die bloße Dienstleistung im Zusammenhang mit der Lagerung von Waren[853] oder die vorübergehende Gestattung der Mitbenutzung von Grundstücken – etwa die Straßenbenutzung gegen Mautzahlung[854] oder zur Ausübung von Sport[855] oder das Aufstellen eines Verkaufsautomaten[856] – genügen nicht. Einer Vermietung steht aber nicht entgegen, dass mehreren verbundenen Personen die widerrufliche Nutzung an denselben Grundstücksflächen gegen Entgelt eingeräumt wird.[857] Nach Auffassung des EuGH ist die Befreiungsvorschrift des Art. 135 Abs. 1 Buchst. l MwStSystRL auch auf den entgeltlichen Verzicht des Grundstücksmieters auf Weiternutzung gegenüber dem Vermieter anwendbar,[858] nicht aber auf die Vertragsübernahme durch einen Nachmieter gegen Zahlung durch den bisherigen Mieter[859] oder die Zahlung des Vermieters für die Anmietung durch den Mieter.[860] Dies ist auf § 4 Nr. 12 Buchst. a UStG zu übertragen.[861]

319 Eine Vermietung i. S. d. § 4 Nr. 12 Buchst. a UStG liegt danach vor, wenn von einem Nutzungsberechtigten (häufig der Eigentümer, aber nicht notwendigerweise) einem Dritten (dem Mieter, Untermieter, Pächter usw.) zeitweise die Nutzung eines Grundstücks unter Ausschluss Dritter gewährt wird. Es genügt auch, dass die Nutzung nur an einem Teil des Grundstücks eingeräumt wird, etwa bei der Vermietung einer Wohnung oder der Überlassung von räumlich abgrenzbaren Parzellen zur Nutzung unter Ausschluss Dritter.[862] Da der entgeltlichen Überlassung nicht notwendigerweise ein reiner Mietvertrag zugrunde liegen muss, ist § 4 Nr. 12 Buchst. a UStG auch bei der Überlassung von Werkswohnungen an Arbeitnehmer anwendbar.[863] Eine Grundstücksverpachtung ist gegeben, wenn zusätzlich zur Nutzung auch der Fruchtgenuss gewährt wird. Fraglich erscheint aber, ob Abbauverträge über Bodenschätze zu steuerfreien Leistungen führen, weil ihnen zivilrechtlich regelmäßig Pachtverträge zugrunde liegen.[864] Da hier nicht die Grundstücksnutzung, sondern die Zuwendung der Bodenschätze im Vordergrund steht, dürfte gemeinschaftsrechtlich keine Vermietung/Verpachtung zugrunde liegen, sondern die nicht befreite Lieferung der Bodenschätze.

320 Grundsätzlich befreit ist zwar auch eine kurzfristige Überlassung von Grundstücksteilen zur Nutzung, sofern ihr ein Ausschluss Dritter zugrunde liegt und nicht bloß eine Mitbenutzung gestattet wird. Abweichend davon bestimmt allerdings § 4 Nr. 12 letzter Satz UStG, dass die **kurzfristige Überlassung von Campingplätzen** (dazu gehören Bootsliegeplätze nicht)[865] sowie die **Vermietung von Wohn- und Schlafräumen zur kurzfristigen Beherbergung von Fremden nicht**

852 EuGH v. 15.11.2012 – C-532/11 (Leichenich), BStBl. II 2013, 891.
853 EuGH v. 27.06.2013 – C-155/12 (RR), UR 2013, 708.
854 Vgl. EuGH v. 12.09.2000 – C-359/97 (Kommission/UK), Slg. 2000, I-6355.
855 Vgl. EuGH v. 18.01.2001 – C-150/99 (Lindöpark), Slg. 2001, I-493.
856 EuGH v. 12.06.2003 – C-275/01 (Sinclair Collis), Slg. 2003, I-5965.
857 EuGH v. 18.11.2004 – C-284/03 (Temco Europe SA), Slg. 2004, I-11237.
858 EuGH v. 15.12.1993 – C-63/92 (Lubbock Fine), Slg. 1993, I-6665 = BStBl. II 1995, 480.
859 EuGH v. 09.10.2001 – C-108/99 (Cantor), Slg. 2001, II-7257; v. 15.12.1993 – C-63/92 (Lubbock Fine), Slg. 1993, I-6665.
860 EuGH v. 09.10.2001 – C-409/98 (Mirror Group), Slg. 2001, II-7175.
861 Ebenso die Finanzverwaltung – vgl. Abschn. 4.12.1. UStAE.
862 BFH v. 21.06.2017 – V R 3/17 und 4/17, BStBl. II 2018, 370 und 372 (Einräumung von Liegerechten für Urnen unter Begräbnisbäumen), BStBl. II 2018, 372.
863 BFH v. 12.01.2011 – XI R 9/08, UR 2011, 357; v. 07.10.1987 – V R 2/79, BStBl. II 1988, 88; auch v. 13.09.1988, BStBl. II 1988, 1021.
864 So die Finanzverwaltung in Abschnitt 4.12.4. UStAE.
865 S. EuGH v. 19.12.2019 – C-715/18 (Segler-Vereinigung Cuxhaven), BeckRS 2019, 32148.

befreit ist. Dies betrifft insbesondere das Hotel- und Gaststättengewerbe, ist aber darauf nicht beschränkt. Eine kurzfristige Überlassung von Campingplätzen liegt bei einer tatsächlichen Dauer von bis zu sechs Monaten vor. Unmaßgeblich soll die ursprünglich vorgesehene Vertragsdauer sein.[866]
Wohn- und Schlafräume werden zur kurzfristigen Beherbergung bereitgehalten, wenn der Nutzende dort nicht seinen Wohnsitz (§ 8 AO) oder gewöhnlichen Aufenthalt (§ 9 AO) begründen soll.[867]

Zu beachten ist, dass nach dem Grundsatz der Einheitlichkeit der Leistung übliche Nebenleistungen das Schicksal der Hauptleistung teilen, sodass sich die Befreiung nach § 4 Nr. 12 Buchst. a UStG auch auf **übliche Nebenleistungen** wie die Versorgung mit Wasser, Wärme, Beleuchtung, mitvermietete, bewegliche Einrichtungsgegenstände erstreckt.[868] Tritt hingegen umgekehrt die Grundstücksüberlassung gegenüber anderen steuerpflichtigen Leistungen in den Hintergrund, so ist die gesamte Leistung nicht steuerbefreit, sondern als **Vertrag besonderer Art** anzusehen, wie etwa die Vermietung einer Reklamefläche an einer Hauswand[869] oder die Gestattung der Aufstellung von Automaten[870] oder die kurzfristige entgeltliche Überlassung von Sportstadien unter Erbringung von Zusatzleistungen, genauso wie die Überlassung einer Sporthalle zur Ausübung des (Kampf- und Reha-)Sports.[871]

An einer steuerfreien Vermietungsleistung fehlt es, wenn Benutzern von **Sport-** 321
stätten als Endverbraucher deren Nutzung lediglich im Rahmen der allgemeinen Benutzerordnung gegen Entgelt gestattet wird.[872] Es handelt sich dann insgesamt um eine nicht befreite Leistung. Das gilt auch dann, wenn den Benutzern die Sportstätte (oder Teile davon) unter Ausschluss übriger Benutzer zur alleinigen Nutzung überlassen wird. Die entgegengesetzte frühere Rspr. ist überholt.[873]
Von einem **gemischten Vertrag** spricht man, wenn sowohl der Grundstücksüberlassung als auch anderen nicht befreiten oder befreiten[874] Leistungselementen eine Hauptbedeutung zukommt. Ein einheitliches Entgelt muss dann **aufgeteilt** werden. Dies gewinnt insbesondere Bedeutung bei der Vermietung und Verpachtung von Grundstücken einschließlich Betriebsvorrichtungen.
Die Vermietung bzw. Verpachtung von **Betriebsvorrichtungen** ist auch dann steuerpflichtig und nicht befreit, wenn diese zivilrechtlich Bestandteil des Grundstücks (§§ 93, 94 BGB) sind (§ 4 Nr. 12 letzter Satz UStG). Sie fallen jedoch dann unter die Steuerbefreiung, wenn ihre Vermietung und die Vermietung des Grundstücks als eine einheitliche Leistung anzusehen sind.[875] Ein **absolutes Aufteilungsgebot** lässt sich der Regelung des § 4 Nr. 12 letzter Satz UStG daher nicht entnehmen.[876]

866 Vgl. Abschn. 4.12.3. UStAE; zur Richtlinienkompatibilität (Art. 135 Abs. 1 Buchst. l und Abs. 2 a MwStSystRL) s. BFH v. 13.02.2008 – XI R 51/06, BStBl. II 2009, 63.

867 Vgl. Abschn. 4.12.9. UStAE; BFH v. 20.04.1988 – X R 5/82, BStBl. II 1988, 795.

868 Vgl. Abschn. 4.12.1. Abs. 5 UStAE m. w. N. s. aber EuGH v. 16.04.2015 – C-42/14 (Wojskowa Agencja), MwStR 2015, 413 mit Anm. Grube; BFH v. 11.11.2015 – V R 37/14, BStBl. II 2017, 1259, Mitvermietung von Möbeln und Inventar als Nebenleistung zur befreiten Grundstücksvermietung [auch und gerade an Seniorenpflegeheim], s. auch BFH v. 24.01.2008 – V R 12/05, BStBl. II 2009, 60 und Abschn. 4.12.5. Abs. 2 UStAE (zur Überlassung von Standplätzen auf Wochenmärkten mit weiteren Elementen als einheitliche steuerfreie Vermietungsleistung).

869 BFH v. 23.10.1957 – V 153/55 U, BStBl. III 1957, 457; Abschn. 4.12.6. Abs. 2 UStAE.

870 EuGH v. 12.06.2003 – C-275/01 (Sinclair Collis), Slg. 2003, I-5965; s. auch weitere Beispiele aus der Rspr. in Abschn. 4.12.6. Abs. 2 UStAE.

871 Vgl. EuGH v. 22.01.2015 – C-55/14 (Luc Varenne Fußballstadion), UR 2015, 347; v. 18.01.2001 – C-150/99 (Lindöpark Golfplatz), Slg. 2001, I-493; BFH v. 21.06.2018 – V R 63/17, BFH/NV 2019, 52 m. w. N.

872 BFH v. 31.05.2001 – V R 97/98, BStBl. II 2001, 658.

873 Vgl. EuGH v. 18.01.2001 – C-150/99 (Lindöpark), Slg. 2001, I-493; BFH v. 31.05.2001 – V R 97/98, BStBl. II 2001, 658.

874 Vgl. BFH v. 04.05.2011 – XI R 35/10, BStBl. II 2011, 863 (zu kombinierter befreiter Grundstücksvermietung nach § 4 Nr. 12 a und befreiter Seniorenpflegeleistung nach § 4 Nr. 16 e UStG a. F.).

875 EuGH v. 4.5.2023 – C-516/21 (Finanzamt X – Auf Dauer eingebaute Vorrichtungen und Maschinen), EU:C:2023:372 = UR 2023, 441, Rz. 37.

876 So nun auch unter Aufgabe seiner früheren Rechtsprechung der BFH v. 17.8.2023 – V R 7/23 (V R 22/20), UR 2023, 805, Rz. 15 ff.; BFH v. 24.8.2023 – V R 49/20, UR 2023, 906.

Die Aufteilung der Entgelte erfolgt im Schätzungswege nach Maßgabe der Kosten (einschließlich Abnutzung und kalkulatorischer oder tatsächlicher Verzinsung) für Grund und Boden und Gebäude einerseits und Betriebsvorrichtungen andererseits.[877]
Ausdrücklich von der Befreiung ausgenommen ist auch die (kurz- und langfristige!) Vermietung von **Abstellflächen für Fahrzeuge** (Parkplätze, Parkhäuser). Fahrzeuge sind nicht nur Kraftfahrzeuge, sondern auch Schiffe und Luftfahrzeuge.[878]

322 2. Nach § 4 Nr. 12 Buchst. b und Nr. 12 Buchst. c UStG ist auch die Nutzungsüberlassung aufgrund von **Kaufanwartschaftsverträgen** sowie die Bestellung, Übertragung und Überlassung der Ausübung von **dinglichen Nutzungsrechten** an Grundstücken befreit. Zu den dinglichen Nutzungsrechten gehören insbesondere der **Nießbrauch**, aber auch Grunddienstbarkeiten (§§ 1018 ff. BGB), z. B. Wege- und Leitungsrechte sowie beschränkte persönliche Dienstbarkeiten (§ 1090 BGB), z. B. ein Wohnungsrecht nach § 1093 BGB, und das Dauerwohnrecht nach § 31 WEG.

VII. Leistungen der Wohnungseigentümergemeinschaften

323 § 4 Nr. 13 UStG befreit die Leistungen der Wohnungseigentümergemeinschaften an die Wohnungs-/Teileigentümer durch Überlassung des Gebrauchs an den Gemeinschaftsanlagen, ihre Instandhaltung und Verwaltung sowie die Lieferung von Wärme.[879] Soweit Teileigentum unternehmerisch genutzt wird, ist von besonderer Bedeutung, dass von der Gemeinschaft nach § 9 Abs. 1 UStG zur Steuerpflicht optiert werden kann. Dadurch wird verhindert, dass die USt für den Teileigentümer zum Kostenbestandteil wird.

Beispiel

Rechtsanwalt R nutzt sein Teileigentum als Praxis. Die Wohnungseigentümergemeinschaft stellt ihm für anteilige Energiekosten 5.000 € zzgl. 950 € USt in Rechnung. R kann die 950 € als VoSt abziehen. Der Gemeinschaft entsteht kein Nachteil. Zwar schuldet sie die USt, kann aber ihrerseits anteilig die VoSt aus dem Einkauf der Energie, z. B. Heizmaterial, abziehen.

VIII. Befreiung der Heil- und Krankenhausbehandlung und von Betreuungs- und Pflegeleistungen für hilfsbedürftige Personen, § 4 Nr. 14 und 16 UStG

324 1. § 4 Nr. 14 Buchst. a und Buchst. b UStG befreit in **Buchst. a Heilbehandlungen im Bereich der Humanmedizin** und in **Buchst. b Krankenhausbehandlungen und ärztliche Heilbehandlungen**, die in und von bestimmten Einrichtungen erbracht werden.

325 2. Die **gemeinschaftsrechtliche Grundlage** findet sich in **Art. 132 Abs. 1 Buchst. b und Buchst. c MwStSystRL. Buchst. c** befreit die Heilbehandlungen im Bereich der Humanmedizin. Die **Heilbehandlungen** sind dann befreit, wenn sie von **Ärzten oder Angehörigen arztähnlicher Berufe** durchgeführt werden. Die Definition (Anerkennung) als Arzt oder Angehöriger eines arztähnlichen Berufs erfolgt

877 Vgl. Beispiel in Abschn. 4.12.11. Abs. 3 UStAE.

878 Vgl. EuGH v. 03.03.2005 – C-428/02 (Lystbadehavn), Slg. 2005, I-1527; zur Überlassung von Parkflächen für Kfz als mögliche unselbstständige Nebenleistung zu einer steuerfreien Vermietung s. BFH v. 30.03.2006 – V R 52/05, BStBl. II 2006, 731 und v. 28.06.2007 – V B 12/06, BFH/NV 2007, 2363.

879 Siehe dazu auch Hummel UR 2021, 173 und Denk UR 2021, 192. S. aber auch EuGH v. 17.12.2020 – C-449/19, UR 2021, 103 mit Anm. Widmann (WEG Tevesstraße).

durch die Mitgliedstaaten. **Buchst. b** befreit die **Krankenhausbehandlungen** und ärztliche Heilbehandlungen sowie damit eng verbundene Umsätze. Voraussetzung ist dabei, dass die Leistungen entweder von **Einrichtungen des öffentlichen Rechts** erbracht werden oder von **anderen anerkannten Einrichtungen** zu Bedingungen erbracht werden, die den Bedingungen für solche Leistungen durch Einrichtungen des öffentlichen Rechts in sozialer Hinsicht vergleichbar sind.

Nach der Rspr. des EuGH ist Kriterium für die Abgrenzung der Anwendungsbereiche beider Vorschriften weniger die Art der Leistung als der Ort ihrer Erbringung. Unter Buchst. b fallen danach Leistungen, die aus einer Gesamtheit ärztlicher Heilbehandlung bestehen, die in einer Einrichtung mit sozialer Zweckbestimmung erbracht werden. Hingegen befreie Buchst. c Heilbehandlungen, die außerhalb von Krankenhäusern und ähnlichen Einrichtungen im Rahmen eines persönlichen Vertrauensverhältnisses, etwa in den Praxisräumen oder in der Wohnung des Patienten, erbracht werden.[880] Die Unterscheidung ist deshalb von Bedeutung, weil für die Befreiung nach Buchst. c und Buchst. b teilweise unterschiedliche Voraussetzungen bestehen. Für beide ist Voraussetzung, dass es sich um Heilbehandlungen im Bereich der Humanmedizin handelt. Buchst. b umfasst insoweit allerdings ausdrücklich auch noch eng damit verbundene Umsätze.[881] Der EuGH und der BFH sehen nunmehr zutreffend ein persönliches Vertrauensverhältnis nicht mehr als Unterscheidungskriterium zwischen einer nach Art. 132 Abs. 1 Buchst. b MwStSystRL (§ 4 Nr. 14 Buchst. b UStG) befreiten Krankenhausbehandlung und einer (ärztlichen) Heilbehandlung nach Art. 132 Abs. 1 Buchst. c MwStSystRL (§ 4 Nr. 14 a UStG) an. Maßgebend sei allein der Ort, an dem die ärztliche Heilbehandlung erbracht werde.[882]

3. **§ 4 Nr. 14 Buchst. a UStG setzt Art. 132 Abs. 1 Buchst. c MwStSystRL** um. Eine **Heilbehandlung** im Bereich der Humanmedizin liegt nach der Rspr. des EuGH und der ihr folgenden Rspr. des BFH vor, wenn die Leistung auf die Vorbeugung, Diagnose, Behandlung und soweit möglich Heilung von Krankheiten und Gesundheitsstörungen gerichtet ist.[883] Leistungen, denen keine entsprechende **therapeutische Zielrichtung** zugrunde liegt, werden auch dann nicht befreit, wenn sie von einem Arzt oder anderen Angehörigen eines anerkannten Heilberufes erbracht werden und gerade spezielle dort vorhandene Kenntnisse und Fertigkeiten voraussetzen, wie etwa medizinische Gutachten zum Zwecke der Vaterschaftsanerkenntnis, der Feststellung von Gesundheitsschäden und ihrer Ursachen zwecks Schadensersatzleistungen oder Rentenansprüchen; nach Auffassung der Rspr. auch Schönheitsoperationen (kosmetisch plastische Chirurgie), sofern diesen eine rein ästhetische Zweckrichtung zugrunde liegt und nicht (auch) eine therapeuti- **326**

880 EuGH v. 08.06.2006 – C-106/05 (LuP GmbH), Slg. 2006, I-5139 (Labor als Einrichtung) mit Nachfolgeentscheidung BFH v. 15.03.2007 – V R 55/03, BStBl. II 2008, 31; EuGH v. 06.11.2003 – C-45/01 (Dornier), Slg. 2003, I-12911; v. 02.02.1988 – Rs. 353/85 (Kommission/UK), Slg. 1988, I-817; s. aber BFH v. 05.11.2014 – XI R 11/13, BFH/NV 2015, 297 und v. 18.11.2011 – V R 27/10, BFH/NV 2011, 2214 (Facharzt/Fachpfleger für Krankenhaushygiene) und v. 29.06.2011 – XI R 52/07, BStBl. II 2013, 971, Nachfolge zu EuGH v. 18.11.2010 – C-156/09 (VSTI), Vertrauensverhältnis zu Patienten für Heilbehandlung nach Art. 132 Abs. 1 Buchst. c MwStSystRL nicht unbedingt erforderlich.

881 Vgl. dazu EuGH v. 13.03.2014 – C-366/12 (Klinikum Dortmund), UR 2014, 271 mit nachfolgend BFH v. 24.09.2014, DStR 2014, 2509; EuGH v. 01.12.2005 – C-394-395/04 (Diagnostiko & Therapeftiko Kentro Athinon), Slg. 2005, I-10392 (nur Nebenleistungen, die unerlässlich und unentbehrlich zur Erreichung des therapeutischen Ziels sind, z. B. nicht Telefon- und Fernsehnutzung). Siehe auch EuGH v. 13.01.2022 – C-513/20 (Termas Sulfurosas), UR 2022, 90 (zur Befreiung von ärztlichen Verordnungen für Thermalkuren und eines für die Thermalregistrierung zu entrichtenden Betrages).

882 S. EuGH v. 18.09.2019 – C-700/17, Peters, HFR 2019, 1019 mit Anm. Klenk auf Vorlage von BFH v. 11.10.2017 – XI R 23/15 (Vorlage an EuGH – C-700/17), BStBl. II 2018, 109 und nachfolgend BFH v. 18.12.2019 – XI R 23/19, DStR 2020, 553.

883 Vgl. dazu EuGH v. 13.03.2014 – C-366/12 (Klinikum Dortmund), UR 2014,271; v. 10.06.2010 – C-86/09 (Future Health Technologies) und C-262/08 (Copy Gene), Slg. 2010, I-5215 und I-5118; v. 18.11.2010 – C-156/09 (Verigen Transplantation), UR 2011, 215; BFH v. 18.03.2015 – XI R 15/11, BStBl. II, 1058 m. w. N.; v. 07.02.2013 – V R 22/12, BStBl. II 2014,126 m. w. N.

sche Zielrichtung zur Beseitigung psychischer (Krankheits-)Belastungen verfolgt wird oder bei ästhetischen Folgebehandlungen.[884]

Bei der Bestimmung der anerkannten **arztähnlichen Heilberufe** steht den Mitgliedstaaten zwar ein Ermessen zu. Sie müssen dabei aber den Neutralitätsgrundsatz beachten, sodass gleichartige und gleichwertige Leistungen nicht unterschiedlich behandelt werden dürfen. Zulässig sind daher nur Differenzierungen, die an die Qualifikation des Leistenden zur Erbringung von Heilbehandlungen anknüpfen. Insoweit darf auch an eine durch spezielle Ausbildung erworbene Qualifikation des Leistungserbringers[885] angeknüpft werden, nicht aber an die Rechtsform oder die einkommensteuerliche Einstufung als freiberufliche Einkünfte.[886] § 4 Nr. 14 Buchst. a UStG nennt neben dem **Arzt** (Approbation, Bestellung nach der Bundesärzteordnung) ausdrücklich noch die Heilpraktiker, Zahnärzte, Hebammen und Physiotherapeuten. Darüber hinausgehend sind aber auch Heilbehandlungen durch Angehörige anderer **ähnlicher Heilberufe** befreit. Die auch für zukünftige Entwicklungen offene Bestimmung der anerkannten Heilberufe verlangt einen Vergleich zu den ausdrücklich genannten Berufsgruppen nach der Art der ausgeübten Tätigkeit und nach den Qualifikationsanforderungen, etwa hinsichtlich der Ausbildung, Ausbildungsabschlüssen und bisheriger Berufstätigkeit. Die vom BFH dem EuGH vorgelegte Frage, ob auch eine im Auftrag der gesetzlichen Krankenkassen und gegen Honorierung durch sie durchgeführte telefonische Gesundheitsberatung nach Art. 132 Abs. 1 Buchst. c MwStSystRL zu befreien ist, hat dieser zutreffend bejaht.[887]

327 4. **§ 4 Nr. 14 Buchst. b UStG setzt Art. 132 Abs. 1 Buchst. b MwStSystRL** um. Steuerfreie Krankenhausbehandlungen oder ärztliche Heilbehandlungen verlangen eine therapeutische Zweckbestimmung aufgrund einer Krankheit. Nicht genügend sind Maßnahmen zur Verbesserung des allgemeinen Gesundheitszustandes.[888] Klarstellend werden als Unterfälle ärztlicher **Heilbehandlung** auch Diagnostik, Befunderhebung, Rehabilitation, Geburtshilfe und Hospizleistungen aufgezählt. Diese Leistungen sind immer befreit, wenn sie von **Einrichtungen des öffentlichen Rechts** erbracht werden, d.h. des Bundes, der Länder und Kommunen als Träger entsprechender Einrichtungen. Das Gesetz, wie auch die MwStSystRL, geht davon aus, dass bei dieser Trägerschaft sowohl eine Qualitätsgewähr als auch eine Gewähr für die Einhaltung sozialer Bedingungen der Inanspruchnahme der Heilleistungen gegeben ist.

---

884 EuGH v. 21.03.2013 – C-91/12 (PFC Klinik), UR 2013, 335; v. 08.06.2006 – C-106/05 (LuP GmbH), Slg. 2006, I-5139; v. 14.09.2000 – C-384/98 (D), Slg. 2000, I-6795, 288; v. 20.11.2003 – C-212/01 (Unterpertinger), Slg.2003, I-13859; v. 20.11.2003 – C-307/01 (d'Abrumenil), Slg. 2003, I-13989; BFH v. 25.9.2024 – XI R 17/21, BStBl. II 2025, 95 (Haarwurzeltransplantationen können eine steuerfreie Heilbehandlung sein); BFH v. 09.09.2015 – XI R 31/13, BFH/NV 2016, 249 (Meldungen eines Arztes an Krebsregister – nicht als Heilbehandlung befreit); v. 19.03.2015 – V R 60/14, BStBl. II 2015, 946 (Zahnaufhellung als Folgebehandlung); v. 04.12.2014 – V R 33/12 und V R 16/12, UR 2015, 232 und 225; v. 31.07.2007 – V B 98/06, BStBl. II, 2008, 35 und v. 08.10.2008 – V R 32/07, BStBl. II 2009, 429 (Gutachten Erwerbsunfähigkeit/Versicherungsangelegenheit); v. 26.09.2007 – V B 8/06, BStBl. II 2008, 405 (auch kein Vertrauensschutz für Steuerfreiheit von Schönheitsoperationen); v. 18.02.2008 – V B 35/06 und v. 07.10.2010 – V R 17/09, BFH/NV 2008, 1001 und UR 2011, 662 (Schönheitsoperation); v. 15.07.2004 – V R 27/03, BStBl. II 2004, 862; vgl. auch Lippross UR 2008, 690 (ärztliche Heilbehandlung bei Empfängnisverhütung).

885 S. EuGH v. 05.03.2020 – C-48/19 (X- GmbH), DStR 2020, 550 (Heilbehandlung durch telefonische Beratung von bei Krankenkassen angestellten Krankenpflegern/medizinischem Fachpersonal). EuGH v. 27.04.2006 – C-443/4 und 444/4 (Solleveld und van den Hout-van Eijnsbergen) Slg. 2006, I-3617; BFH v. 23.08.2007 – V R 38/04 und v. 30.01.2008 – XI R 53/06, BStBl. II 2008, 37 (Theologe als Logotherapeut) und 647 (Physiotherapeut – Hippotherapie); v. 07.07.2005 – V R 23/04, BStBl. II 2005, 904; v. 18.08.2005 – V R 71/03, BStBl. II 2006, 143.

886 EuGH v. 10.09.2002 – C-141/00 (Kügler), Slg. 2002, I-6833; BFH v. 26.09.2007 – V R 54/05, BStBl. II 2008, 262 (GbR mit Krankengymnasten); v. 01.04.2004 – V R 54/98, 2004, 681 (Stiftung als arztähnlicher Beruf!); BVerfG v. 10.11.1999 – 2 BvR 2861/93, BVerfGE 101, 151 = BStBl. II 2000, 160; BFH v. 15.03.2007 – V R 53/03, BStBl. II 2008, 31.

887 S. EuGH v. 05.03.2020 – C-48/19 (X-GmbH), DStR 2020, 550 und nachfolgend BFH v. 23.09.2020 – XI R 6/20 (XI R 19/15), DStR 2021, 157.

888 BFH v. 11.01.2019 – XI R 29/17, MwStR 2019, 440 (keine Befreiung für Leistungen eines Gesundheitszentrums mit medizinischem Fachpersonal an Personen ohne medizinisch diagnostiziertes Krankheitsbild).

Handelt es sich hingegen um **andere private Einrichtungen**, werden in § 4 Nr. 14 Buchst. b S. 2 aa) bis gg) UStG durch Verweisungen auf **Anerkennungen nach dem SGB** die anerkannten Einrichtungen bestimmt. Für die dort genannten Einrichtungen gilt, dass sie rechtsformunabhängig sind. **Auch natürliche (Einzel-)Personen** können derartige Einrichtungen unterhalten. Ausgenommen sind lediglich, da bereits von § 4 Nr. 14 b S. 1 UStG erfasst, Einrichtungen, die von juristischen Personen des öffentlichen Rechts (jPdöR) unterhalten werden.

5. **§ 4 Nr. 14 Buchst. c UStG** befreit Heilbehandlungen, Krankenhausbehandlungen und eng damit verbundene Umsätze durch **Einrichtungen** (Träger, Leistungserbringer) **der hausärztlichen Versorgung nach § 73 b** und der **besonderen** (integrierten) Versorgung **nach § 140 a SGB V** sowie Leistungen zur Sicherstellung der ambulanten Versorgung in stationären Pflegeeinrichtungen, mit denen Verträge **nach § 119 b SGB V** bestehen. Dies betrifft namentlich solche Einrichtungen, Träger, Gemeinschaften, denen durch einen mit der Krankenkasse geschlossenen Vertrag nach § 140 a SGB V zur integrierten Versorgung die (ambulante und/oder stationäre, vollständige oder teilweise) Versorgung ihrer Mitglieder übertragen worden ist. Die Einrichtung erbringt dabei die Versorgungsleistungen nicht eigenhändig, sondern bedient sich ihrerseits der Leistungen anerkannter Leistungserbringer. Nicht begünstigt nach § 4 Nr. 14 Buchst. c UStG ist allerdings die bloße Auslagerung von Verwaltungsaufgaben (bloße Steuerungs-, Koordinierungs- und Managementfunktionen) auf gemeinsame Einrichtungen. § 4 Nr. 14 Buchst. e UStG befreit die Leistungen von infektionshygienischen Leistungen von Ärzten und Hygienefachkräften.[889] 328

6. **§ 4 Nr. 14 Buchst. d UStG** befreite **sonstige Leistungen von Gemeinschaften** (Zusammenschlüssen, Vereinen, Gesellschaften) **der Arzt- und Heilberufe** gemäß § 4 Nr. 14 Buchst. a UStG sowie der in § 4 Nr. 14 Buchst. b UStG genannten (Träger der) **Einrichtungen an ihre Mitglieder**. § 4 Nr. 14 Buchst. d UStG ist zwar **aufgehoben** worden.[890] Die dort getroffene **Regelung gilt** aber **in der Sache** für die von Zusammenschlüssen von Arzt- und Heilberufen an ihre Mitglieder erbrachten sonstigen Leistungen weiter, wobei dies nun von § 4 Nr. 29 UStG mit erfasst wird. Die Gemeinschaft kann auch aus Mitgliedern beider Gruppierungen bestehen. Die Befreiung hängt von zwei Voraussetzungen ab: Es muss sich erstens um solche sonstigen Leistungen handeln, die von den Mitgliedern unmittelbar für Zwecke der nach § 4 Nr. 14 a oder b UStG befreiten (Heilbehandlungs-)Leistungen verwendet werden. Mithin kommt die Befreiung etwa bei Leistungen von Praxis-, Labor- und Gerätegemeinschaften in Betracht, nicht aber soll die Kostenteilung für die gemeinsame Buchführungs-, Rechtsberatungs- und Verrechnungsstellen darunterfallen. Letzteres ist jedoch zweifelhaft, wenn diese Kosten untrennbar mit der unternehmerischen (steuerbefreiten) Tätigkeit verbunden sind.[891] Zweitens darf die Gemeinschaft von den Mitgliedern lediglich eine Erstattung der Kosten verlangen, mithin gerade nicht mit Gewinnerzielung tätig werden. § 4 Nr. 14 329

889 Nachträglich in § 4 Nr. 14 UStG aufgenommen durch das AmtshilfeRLG v. 26.06.2013, BGBl. I 2013, 1809.

890 Vgl. EuGH v. 21.09.2017 – C-616/15, (Kommission/Deutschland), MwStR 2017, 829 mit Anm. Ismer/Piotrowski; s. zu Art. 132 Abs. 1 Buchst. f MwStSystRL auch EuGH v. 21.09.2017 – C-326/15 (DNB Banka), MwStR 2017, 823 und C-605/15 (Aviva), MwStR 2017, 826 und v. 04.05.2017 – C-274/15, (Kommission/Luxemburg), UR 2017, 424 und BFH v. 06.09.2018 – V R 30/17, UR 2018, 950. Beachte: Die Befreiung für begünstigte Leistungen an die Mitglieder wird nicht dadurch ausgeschlossen, dass auch an Nichtmitglieder (dann) nicht befreite Leistungen erbracht werden, s. EuGH v.20.11.2019 – C-400/18 (Infohos), UR 2019, 932.

891 Vgl. z.B. EuGH v. 9.2.2023 – C-713/21 (Finanzamt X), UR 2023, 187 Rz. 43 – die bloße Erstattung der entstandenen Kosten ist keine Vergütung für eine Leistung.

d UStG setzt Art. 132 Abs. 1 Buchst. f MwStSystRL um.[892] Soweit Leistungen nur einzelnen Mitgliedern zugutekommen, steht der Befreiung nicht entgegen, dass nur diese mit den dadurch verursachten Kosten belastet werden.

330 7. **§ 4 Nr. 16 UStG** befreit mit dem Betrieb von Einrichtungen zur **Betreuung und Pflege hilfsbedürftiger Personen** eng verbundene Leistungen. Hilfsbedürftig sind alle Personen, die aufgrund ihres körperlichen, geistigen oder seelischen Zustands der Betreuung und Pflege bedürfen. Dies schließt auch Personen mit ein, bei denen ein Grundpflegebedarf oder eine erhebliche Einschränkung der Alltagskompetenz besteht. Umgesetzt wird damit **Art. 132 Abs. 1 Buchst. g MwStSystRL.**[893] Danach werden die eng mit der Sozialfürsorge und der sozialen Sicherheit verbundenen Dienstleistungen und Lieferungen befreit, die durch Einrichtungen des öffentlichen Rechts, Altenheime oder andere von dem betreffenden Mitgliedstaat anerkannte Einrichtung mit sozialem Charakter bewirkt werden, nicht aber die bloße Gestellung von Pflegekräften durch Zeitarbeitsunternehmen.[894]

§ 4 Nr. 16 UStG differenziert, wie schon § 4 Nr. 14 UStG, dementsprechend, indem in § 4 Nr. 16 Buchst. a UStG die von Einrichtungen **juristischer Personen des öffentlichen Rechts** erbrachten Pflege- und Betreuungsleistungen befreit werden. Dazu gehören neben den Einrichtungen der Gebietskörperschaften auch Einrichtungen der Kirchen, soweit diese – wie die katholische und ein Teil der protestantischen Kirchen – juristische Personen des öffentlichen Rechtes sind. Für **Einrichtungen** anderer Träger, also **privater Träger**, wird in § 4 Nr. 16 Buchst. b–k UStG auf Einrichtungen verwiesen, die Verträge, Vereinbarungen oder Anerkennungen nach dem SGB besitzen. Auch hier kommt den Verträgen usw. nur die Funktion zu, zu kennzeichnen, dass die Einrichtungen im Hinblick auf die Befreiung als gleichwertig mit juristischen Personen des öffentlichen Rechts zu behandeln sind.

Wann eine Leistung durch eine „**andere von dem betreffenden Mitgliedstaat anerkannte Einrichtung mit sozialem Charakter**" bewirkt wird, ist insbesondere dann problematisch, wenn der Leistende im Ausland ansässig ist, aber Leistungsempfänger im Inland versorgt. Wer ist der „betreffende Mitgliedstaat"? Ist das derjenige, auf dessen Territorium die begünstigten Dienstleistungen erbracht werden (Bestimmungsland), weil dessen sozialen Systeme die Leistung in der Regel bezahlen? Oder ist es derjenige, dem eigentlich das Steueraufkommen zustünde, wenn die Leistung nicht befreit wäre? Bei Leistungen an Nichtsteuerpflichtige wäre dies das Ursprungsland, bei Leistungen an Steuerpflichtige (z. B. ein Krankenhaus im Ausland) wäre dies das Bestimmungsland. Der EuGH meinte es sich einfach machen zu können, indem er auf den Staat des Steueraufkommens abstellt.[895]

Richtigerweise ist auf den **Zweck der Steuerbefreiung** abzustellen. Der Zweck dieser Steuerbefreiung besteht nämlich darin, die Kosten dieser Dienstleistungen zu senken und sie dadurch dem Einzelnen, der sie in Anspruch nehmen könnte, zugänglicher zu machen.[896] Da die meisten dieser Kosten von den mitgliedstaatlichen Sozialsystemen getragen werden, dient die Steuerbefreiung mithin auch der **Finanzierung der mitgliedstaatlichen Sozialsysteme**. Der betreffende Mit-

---

892 Vgl. zu Art. 132 Abs. 1 f MwStSystRL EuGH v. 09.10.2008 – C-407/07 (Stichting Centraal Begeleidingsorgaan), UR 2009, 52 betreffend einen Zusammenschluss von Krankenhäusern, Fachärztekammern und Krankenkassen; v. 20.11.2003 – C-8/01 (Taksatorringen), Slg. 2003, I-13711.

893 S. dazu EuGH v. 15.11.2012 – C-174/11 (Zimmermann), UR 2013, 35 und nachfolgend BFH v. 19.03.2013 – XI R 47/07, UR 2013, 555 (gewerblicher ambulanter Pflegedienst) mit Anm. Grube.

894 BFH v. 22.07.2015 – V R 20/12, UR 2015,877; EuGH v. 01.03.2015 – C-594/13 („go fair"), BStBl. II 2015, 980.

895 EuGH v. 11.5.2023 – C-620/21 (MOMTRADE RUSE), EU:C:2023:395, Rn. 81.

896 EuGH v.8.10.2020 – C-657/19 (Finanzamt D), EU:C:2020:811, Rn. 29; EuGH v. 21.1.2016 – C-335/14 (Les Jardins de Jouvence), EU:C:2016:36, Rn. 41; EuGH v. 26.5.2005 – C-498/03 (Kingscrest Associates und Montecello), EU:C:2005:322, Rn. 30.

gliedstaat ist teleologisch betrachtet derjenige, dessen Sozialsysteme durch die Dienstleistung betroffen sind und der deshalb über die Anerkennung des Leistenden als Einrichtung mit sozialem Charakter entscheiden können soll.[897]

IX. Die Befreiungsvorschrift des § 4 Nr. 28 UStG

Nach § 4 Nr. 28 UStG wird die Lieferung eines Gegenstandes befreit, wenn für ihn der 331
Vorsteuerabzug nach § 15 Abs. 1a UStG (Repräsentationsaufwendungen, nicht abziehbare Betriebsausgaben) ausgeschlossen ist oder der Gegenstand vom Unternehmer **ausschließlich für steuerfreie Umsätze** nach § 4 Nr. 8–27 UStG (den Vorsteuerabzug ausschließende Umsätze) verwendet wurde. § 4 Nr. 28 UStG ist auch anzuwenden, wenn der Vorsteuerabzug wegen einer Steuerbefreiung in unmittelbarer Anwendung der MwStSystRL ausgeschlossen war.[898] Der Sinn dieser Vorschrift liegt darin, dass bei Erwerb der Gegenstände der Vorsteuerabzug versagt wurde und eine Veräußerung ohne die Steuerbefreiung des § 4 Nr. 28 UStG entweder zu einer doppelten Belastung mit USt oder zu einer Vorsteuerkorrektur nach § 15a UStG führen müsste (s. Rn. 404 ff.). Einer Steuerbefreiung der Entnahmen oder Verwendung von Gegenständen, die nicht zum Vorsteuerabzug berechtigt haben, bedarf es nicht. Denn die Zuwendungen nach § 3 Abs. 1b Nr. 1–3 UStG und die Verwendung nach § 3 Abs. 9a Nr. 1 UStG sind ohnehin nur steuerbar, wenn ein voller oder teilweiser Vorsteuerabzug möglich war.

Beispiel

Eine Versicherungsgesellschaft hat Anfang 2016 eine Datenverarbeitungsanlage für 500.000 € zzgl. 95.000 € USt erworben.
Sie veräußert diese
- Anfang 2021 für 100.000 €;
- Anfang 2019 für 200.000 €.

Die Versicherungsgesellschaft nutzte die Datenverarbeitungsanlage zu steuerfreien Umsätzen nach § 4 Nr. 10 a UStG. Sie konnte daher die VoSt wegen § 15 Abs. 2 Nr. 1 UStG nicht abziehen. Bei einer **steuerpflichtigen Veräußerung** im Jahre 2021 käme eine Vorsteuerkorrektur nach § 15a UStG nicht mehr in Betracht, da der Berichtigungszeitraum von fünf Jahren abgelaufen ist. Die Umsatzsteuerbelastung ist aber bereits durch die Versagung des Vorsteuerabzugs herbeigeführt.
Bei einer Veräußerung im Jahre 2019 würde eine Steuerpflicht zu einer Vorsteuerkorrektur gemäß § 15a UStG für zwei Jahre (2019 und 2020) führen, d. h. zu einer Vorsteuererstattung von 38.000 €.
Durch die Befreiungsvorschrift des § 4 Nr. 28 UStG ist die Veräußerung jedoch steuerfrei. Es tritt weder eine doppelte Belastung mit USt ein noch braucht eine Vorsteuerkorrektur nach § 15a UStG durchgeführt zu werden. Die Befreiungsvorschrift des § 4 Nr. 28 UStG ist unionsrechtskonform. Sie setzt Art. 136 MwStSystRL zutreffend um.[899]

Trotz des Wortlauts des § 4 Nr. 28 UStG, der eine ausschließliche Verwendung für steuerfreie Umsätze verlangt, lässt die Finanzverwaltung aus Vereinfachungsgründen seine Anwendung auch bei nur geringfügiger Nutzung (bis zu 5 %) zu steuerpflichtigen Umsätzen zu, wenn der Unternehmer insoweit keinen Vorsteuerabzug in Anspruch nimmt.[900]

897 So auch die Schlussanträge der Generalanwältin Kokott in der Rechtssache MOMTRADE RUSE (C-620/21), EU:C:2022:952, Nrn. 51 ff.

898 BFH v. 16.05.2012 – XI R 24/10, BStBl. II 2013, 52.

899 S. BFH v. 21.09.2016 – IV R 43/15, BStBl. II 2017, 1203; Vorinstanz FG Hamburg v. 02.02.2015–2 K 325/14, MwStR 2015, 774 (kurioser Fall – Stpfl. [Klinik] wehrt sich gegen Befreiung nach § 4 Nr. 28 UStG, um eine Vorsteuerkorrektur nach § 15a UStG zu erreichen!).

900 Abschn. 4.28.1. Abs. 2 UStAE.

6. Steuersatz und Bemessungsgrundlage

A. Steuersatz

332 Das UStG kennt im Grundsatz nur zwei Steuersätze, den allgemeinen Steuersatz von 19 % nach § 12 Abs. 1 UStG und den ermäßigten Steuersatz von 7 % für die in § 12 Abs. 2 Nr. 1–10 UStG genannten Lieferungen und sonstigen Leistungen.

Die unionsrechtlichen Grundlagen für die Bestimmung des (Normal- und ermäßigten) Steuersatzes finden sich in Art. 96–103 MwStSystRL. Festgelegt sind ein Mindest(normal)steuersatz von 15 % und von 5 % für einen ermäßigten Steuersatz. Der ermäßigte Steuersatz darf nur für die in Art. 98 MwStSystRL i. V. m. der Anlage III genannten Leistungskategorien eingeräumt werden. Insoweit besteht allerdings für die Mitgliedstaaten ein Wahlrecht, ob und in welchem Umfang sie einen ermäßigten Steuersatz vorsehen. Sie können auch innerhalb der in Anhang III genannten Leistungen noch differenzieren,[901] dürfen aber nicht für nicht in der Anlage III genannte Leistungsarten einen ermäßigten Steuersatz einräumen.[902]

Daneben existieren für Umsätze im Rahmen eines land- und forstwirtschaftlichen Betriebs noch besondere Steuersätze nach § 24 Abs. 1 Nr. 1 bis 3 UStG (5,5 %, 19 % und 9,5 %). Die Pauschalausgleichsprozentsätze finden auf landwirtschaftliche Erzeugnisse und landwirtschaftliche Dienstleistungen Anwendung.[903] Da hier weitgehend eine Pauschalierung der VoSt i.H.d. entstehenden Umsatzsteuerschuld vorgenommen wird (vgl. § 24 Abs. 1 UStG), entsteht in den meisten Fällen **für den Landwirt keine Zahllast**. Die Bedeutung der gleichwohl gegebenen Umsatzsteuerpflicht ergibt sich in erster Linie für den Leistungsempfänger. Er kann aus den Leistungen der Landwirte bei Rechnungserteilung VoSt abziehen, allerdings bei falschem Ausweis nur i.H.d. zutreffenden gesetzlich geschuldeten Steuer, § 15 Abs. 1 Nr. 1 UStG.

Der Steuersatz von 19 % gilt seit dem 01.01.2007 (bis dahin 16 %). Bei einem Wechsel des Steuersatzes ist der neue Steuersatz für die Umsätze maßgebend, die ab dem Änderungszeitpunkt ausgeführt werden (§ 27 Abs. 1 UStG).[904] Auf den Vertragsabschluss kommt es nicht an. Allerdings kann zivilrechtlich ein Preisausgleich verlangt werden, wenn der Vertrag nicht später als vier Monate vor dem Inkrafttreten, respektive einer Änderung des Gesetzes abgeschlossen wurde (§ 29 UStG).

Der **ermäßigte Steuersatz nach § 12 Abs. 2 Nr. 1 UStG** gilt für die **Lieferung** der in der Anlage 2 aufgeführten **Gegenstände.** Sie unterfallen grob gegliedert in sechs Gruppen: land- und forstwirtschaftliche Erzeugnisse, zubereitete Futtermittel, fast alle Lebensmittel, Waren des Buchhandels und Druckereierzeugnisse,[905] Kunst- und Sammlungsgegenstände und Körperersatzstücke.

Im Einzelfall ist genau darauf zu achten, ob der Gegenstand unter die in der Anlage erwähnte Zolltarifposition fällt. In Zweifelsfällen besteht für den Lieferer die Mög-

---

901 Vgl. EuGH v. 06.05.2010 – C-94/09 (Kommission/Frankreich), Slg. 2010, I-4261 (Bestattungsinstitute).

902 Vgl. EuGH v. 12.05.2011– C-453/09 (Kommission/Deutschland), UR 2011, 827 (Vertragsverletzung der Bundesrepublik durch Einräumung des ermäßigten Steuersatzes für die Lieferung von lebenden Pferden, die nicht zu Verzehr bestimmt sind) – s. dazu nachfolgend BFH v. 02.07.2014 – XI R 4/13, BFH/NV 2014, 1913 und v. 24.10.2013 – V R 17/13, UR 2014, 147 (Lieferung eines Sportpferdes); EuGH v. 28.10.2010 – C-49/09 (Kommission/Polen), Slg. 2010, I-10619, UR 2011, 183 (Vertragsverletzung Polen, ermäßigter Steuersatz für Säuglingsbekleidung).

903 BFH v. 06.09.2018 – V R 55/17, BFH/NV 2019,125 (zu Mähdrescharbeiten für andere Landwirte); v. 06.09.2018 – V R 34/17, BB 2018, 2965 (Beweidungsleistungen eines Schäfers); v. 27.09.2018 – V R 28/17, BB 2018, 2965 (Herstellung und Lieferung von Fruchtjoghurt durch Milchbauern); s. auch BFH v. 21.01.2015 – XI R 13/13, BStBl. II 2015, 730 (Pensionspferdehaltung); s. auch EuGH v. 12.10.2017 – C-262/16 (Shields and Sons partnership), MwStR 2018, 32 (zu den unionsrechtlichen Grundlagen für § 24 UStG).

904 S. BFH v. 05.09.2019 – V R 38/17, DStR 2019, 2645 (zu Steuerschuld und VoSt-Abzug aus einer vor dem Steuersatzwechsel 2007 erhaltenen Abschlagzahlung auf erst nach dem Steuersatzwechsel ausgeführte Bauleistungen/Werklieferung).

905 Zu sog. E-Books (digitale und elektronische Sprachwerke) vgl. EuGH v. 07.03.2017 – C-390/15 (RPO), UR 2017, 393 und BFH v. 03.12.2015 – V R 43/13, BStBl. 2016 II, 858 (kein ermäßigter Steuersatz, ungleiche Behandlung vergleichbarer Sachverhalte, aber gerechtfertigt). Mit Wirkung ab 01.01.2015 galt der ermäßigte Steuersatz auch schon für die Umsätze mit Hörbüchern nach entsprechender Änderung der Anlage 2 in Nr. 50; vgl. auch EuGH v. 11.09.2014 – C-219/13 (K-Oy), UR 2014, 820 (ermäßigter Steuersatz nur für gedruckte Bücher zulässig, sofern steuerliche Neutralität beachtet wird). Nach Änderung durch die RL 2018/1773 v. 06.11.2018, Abl. EU 2018, Nr. L 286, 20 ist der ermäßigte Steuersatz jetzt auch für elektronische Bücher unionsrechtlich zulässig. Darauf beruht der nunmehrige § 12 Abs. 2 Nr. 14 UStG. Siehe zum ermäßigten Steuersatz für digitale Medien nach § 12 Abs. 2 Nr. 14 UStG nunmehr Abschnitt 12.17 UStAE.

lichkeit, bei der Finanzverwaltung eine (unverbindliche[906]) Zolltarifauskunft für Umsatzsteuerzwecke einzuholen.

Die Abgabe von Speisen und Getränken zum Verzehr an Ort und Stelle (im Restaurant, in einer Kantine) ist im Anschluss an die Rspr. des EuGH[907] regelmäßig, aber nicht notwendig, einheitlich als **nicht dem ermäßigten Steuersatz unterliegende sonstige Leistung** und nicht als Lieferung zu behandeln, da hier grds. das Dienstleistungselement überwiegt. Eine **steuersatzbegünstigte Lieferung von Lebensmitteln** kann nur dann vorliegen, wenn die Lebensmittel lediglich zum „Mitnehmen" abgegeben werden und keine qualitativ wesentlichen Dienstleistungen mit der Abgabe verbunden sind, die den Verzehr an Ort und Stelle ermöglichen. Unschädlich ist es, wenn mit der Lieferung lediglich solche minimalen Dienstleistungen einhergehen, die mit der Vermarktung notwendigerweise verbunden sind. Für sog. **Restaurationsumsätze (Bewirtungsleistungen in Gaststätten, Restaurants** usw.) als sonstige Leistungen kommt der ermäßigte Steuersatz nicht in Betracht. 333

Daher erbringt der Betreiber eines **Partyservice** oder der Nutzer eines **Food Courts** in einem Einkaufszentrum eine zum Normalsatz zu besteuernde sonstige (Restaurations-)Leistung, wenn er vom Kunden ausgewählte Speisen nach dessen Wünschen zubereitet, sie an den vom Kunden bestimmten Ort zur vom Kunden bestimmten Zeit verbringt und sie dort verzehrfertig unter Bereitstellung von Geschirr und Besteck und ggf. auch Mobiliar abgibt.[908] Auch bei unentgeltlichen Wertabgaben muss unterschieden werden zwischen ermäßigt zu besteuernden Lieferungen/Entnahmen für außerunternehmerische Zwecke oder für private Zwecke der Arbeitnehmer nach § 3 Abs. 1b UStG und nicht ermäßigt zu besteuernden sonstigen Leistungen (Restaurationsleistungen) nach § 3 Abs. 9a Nr. 2 UStG.

Beispiel

Arbeitgeber gibt an seine Arbeitnehmer in eigener Kantine Mittagessen gegen Entgelt und gelegentlich auch unentgeltlich ab. Die Essensabgabe ist insoweit nicht als Teil des Arbeitslohnes vereinbart. Die Essen bezieht er durch eine Fernküche. Die Essen werden den Arbeitnehmern durch Personal des Arbeitgebers zusammen mit Bestecken ausgehändigt und in der Essenskantine von ihnen an Tischen verzehrt. Die nach §§ 1 Abs. 1 Nr. 1, 3 Abs. 1b Nr. 2 UStG steuerbaren sonstigen Leistungen des Arbeitgebers an seine Arbeitnehmer unterliegen in jedem Falle dem vollen Steuersatz, da durch das Zurverfügungstellen von Verzehreinrichtungen (Tische, Stühle, Bestecke) durch den Arbeitgeber für seine an die Arbeitnehmer erbrachten Leistungen die Dienstleistungselemente (Vorhalten von Räumlichkeiten, Mobiliar und Essgeschirr, Bedienung) jedenfalls qualitativ überwiegen. Die Leistungen der Fernküche an den Arbeitgeber unterliegen ebenfalls nicht dem ermäßigten Steuersatz, falls es sich nicht um ganz einfache, nur standardisiert zuzubereitende Speisen, wie sie an Imbissständen vorgehalten werden, handelt. Nur im letzteren Falle käme für die Fernküche die Lieferung von Lebensmitteln zum ermäßigten Steuersatz in Betracht. Dass vom Arbeitgeber Verzehreinrichtungen zur Verfügung gestellt werden, kann nicht den Lieferungen/Leistungen der Fernküche zugerechnet werden.

---

906 Zur dennoch gegebenen Verbindlichkeit einer solch „unverbindlichen" Auskunft siehe ausf. D. Hummel in: R/D, § 12 Abs. 2 Nr. 13 Rn. 82 (Okt. 2023).

907 EuGH v. 02.05.1996 – C-231/94 (Faaborg-Gelting Linien), Slg. 1996, I-2395; v. 10.03.2005 – C-491/03 (Hermann), Slg. 2005, I-2043; vgl. auch BFH v. 10.08.2006 – V R 55/04 und V R 38/05, BStBl. 2007 II, 480 (Essen auf Rädern/Mahlzeitendienst) und 482 (Schulverpflegung).

908 Vgl. BFH v. 26.08.2021 – V R 42/20, UR 2022, 14; siehe auch EuGH v. 22.04.2021 – C-703/19 (Dyrektor Izby…), UR 2021, 902 zu Mitnahmemahlzeiten zum sofortigen Verzehr bei Gewährung und Inanspruchnahme ausreichender unterstützender Dienstleistungen als nicht ermäßigt zu besteuernde Restaurant- und Verpflegungsdienstleistungen. Aus der früheren Rechtsprechung siehe EuGH v. 10.03.2011 – C-497/09 (Bog), C-499/09 (Cinemax X), C-501/09 (Lothar Lohmeyer), C-502/09 (Fleischerei Nier), BStBl. II 2013, 256 = UR 2011, 272 mit Anm. Nieskens; BFH v. 30.06.2011 – V R 35/08 und V R 18/10, BStBl. II 2013, 244, 246 (zu Imbissständen); v. 30.06.2011 – V R 3/07, BStBl. II 2013, 241 (Nachfolge Cinemax; X/Verzehr im Kino); v. 12.10.2011 – V R 66/09 (Großküche zur Verpflegung von Altenheimbewohnern), BStBl. II 2013, 250; v. 23.01.2011 – XI R 6/08, BStBl. II 2013, 253 (Nachfolgeentscheidung Nier Partyservice); v. 11.04.2013 – V R 28/12, BFH/NV 2013, 1638 (Partyservice); v. 28.05.2013 – XI R 28/11, BFH/NV 2013, 1950 (Verpflegungsleistungen an Kindergärten); v. 02.12.2015 – V R 15/14, BStBl. II 2017, 553 = UR 2016, 192 (Speiseversorgung in Pflegeheim).

Lieferungen von **Getränken** (außer Milch und Milchmischgetränke und nicht zur Abgabe an Verbraucher abgepacktes [Trink-]Wasser) unterliegen immer dem vollen Steuersatz.[909]

Die **unterschiedlichen Steuersätze für unterschiedliche Leistungen** werden immer mal wieder gern kritisiert und als ein Verstoß gegen das Neutralitätsprinzip oder den Gleichbehandlungsgrundsatz bezeichnet. Zu meist ist dies verfehlt, da der parlamentarische Gesetzgeber entscheiden kann und muss, welchen Steuersatz er für welches Verbrauchsgut anwenden will. Darin liegt in der Regel kein Verstoß gegen das Neutralitätsprinzip oder den Gleichbehandlungsgrundsatz, wenn und weil sich die Verbrauchsgüter unterscheiden und der Gesetzgeber idR schon einen sachlichen Grund für die Differenzierung im Auge hat.[910]

334 Von den übrigen Ermäßigungstatbeständen sind erwähnenswert:

- Die Ermäßigung für die **Beförderung von Personen** nach § 12 Abs. 2 Nr. 10 UStG in den dort genannten Beförderungsmitteln:[911] Bei Beförderungen innerhalb der Gemeinde greift die Ermäßigung immer ein, ansonsten nur bis zu einer Entfernung von 50 km. Nur bei Beförderungen im Schienenbahnverkehr ist der ermäßigte Steuersatz von 7 % ab dem 01.01.2020 auch bei Beförderungen mit einer Beförderungsstrecke oberhalb von 50 km anzuwenden, für die Beförderungen mit anderen Verkehrsmitteln bleibt es bei der Beschränkung auf 50 km, respektive innerhalb der Gemeinde.[912]
- Die Vermietung von Räumen zur kurzfristige Beherbergung von Fremden (Hotelübernachtung) sowie die kurzfristige Vermietung von Campingflächen[913] nach § 12 Abs. 2 Nr. 11 UStG. Nicht ermäßigt besteuert werden ggf. damit verbundene Leistungen wie Frühstück oder Parkmöglichkeiten.[914]
- Die Ermäßigung nach § 12 Abs. 2 Nr. 7 Buchst. a UStG für Eintrittsberechtigungen zu Theatern, Konzerten und Museen, nach Nr. 7 Buchst. b für Filmvorführungen,

---

909 S. zur „Lieferung" von Wasser BFH v.10.08.2016 – XI R 41/14, BStBl. II 2017, 590 = DStR 2016, 2959; v. 08.10.2008 – V R 61/03, BStBl. II 2009, 321. S. auch BFH v. 07.02.2018 – XI R 17/17, UR 2018, 357 m. w. N. (Legen eines Trinkwasserhausanschlusses als begünstigte Lieferung von Wasser!) unter Bezugnahme auf EuGH v. 03.04.2008 – C-442/05 (Zweckverband Torgau-Westelbien), BStBl. II 2009, 328.

910 Zutreffend daher die Entscheidung des BFH zur virtuellen Automatensteuer BFH v. 14.2.2023 – IX B 42/22 (AdV), UR 2023, 564; siehe auch BFH v. 4.1.2023 – XI B 51/22, UR 2023, 233.

911 Vgl. zur unionsrechtlichen Zulässigkeit der Differenzierung zwischen Taxen (begünstigt) und Mietwagen (nicht begünstigt) s. EuGH v. 27.02.2014 – C-454/12 und C-455/12 (Pro Med Logistik) u. a., BStBl. II 2015, 437 und nachgehend BFH v. 02.07.2014 – XI R 22/10 und 39/10, BStBl. II 2015, 416 und 412. S. aber Abschn. 2.13. Abs. 8 und BFH v. 02.07.2014 – XI R 39/10, BStBl. II 2015, 412 zu ermäßigt zu besteuernden Krankentransporten aufgrund von Sondervereinbarungen durch Mietwagen wie Taxen.

912 Ausdehnung des ermäßigten Steuersatzes in § 12 Abs. 2 Nr. 10 a) UStG für Schienenverkehr durch Gesetz zur Umsetzung des Klimaschutzprogramms v. 21.12.2019, BGBl. I 2886; zur Beförderung mit anderen Beförderungsmitteln nach Nr. 10 b vgl. BFH v. 28.08.2019 – XI R 27/17, BeckRS 2019, 32011, zu begünstigtem genehmigungsfreien Linienverkehr mit Schiffen, auch wenn die Beförderung wie bei Stadtrundfahrten dem Tourismusverkehr dient; zu Taxifahrten innerhalb der Gemeinde vgl. BFH v. 31.05.2007 und 19.07.2007 – V R 18/05 und V R 68/05, BStBl. II 2008, 206, 208 (zulässige Typisierung, verfassungsgemäß).

913 Dazu gehören keine Bootsliegeplätze, EuGH v 19.12.2019 – C-715/18, BeckRS 2019, 32148 (auf Vorlage des BFH v. 02.08.2018 – V R 33/17, UR 2018, 956, UR 2018, 956, der unter Berufung auf den Gleichbehandlungsgrundsatz nach Art. 20 EuRGrRCh, Art. 3 GG anderer Ansicht war).

914 BFH v. 01.03.2016 – XI R 11/14, BStBl. II 2016, 753. Die Vorschrift wurde erst mit Wirkung ab dem 01.01.2010 durch das Wachstumsbeschleunigungsgesetz v. 22.12.2009, BGBl. I 2009, 3950 eingefügt. Sie umfasst nur solche Vermietungen von Wohn- und Schlafräumen, die nach § 4 Nr. 12 S. 2 UStG von der Befreiung ausgenommen sind. S. auch BFH v. 17.12.2014 – XI R 16/11, BStBl. II 2015, 427 und v. 22.08.2013 – V R 18/12, BStBl. II 2013, 1058. Danach keine Befreiung nach § 4 Nr. 12 a UStG und kein ermäßigter Steuersatz für längerfristige Überlassung von Räumen an Prostituierte bei Erbringung von Zusatzleistungen, wohl aber nach § 4 Nr. 12 Buchst. a UStG steuerfreie kurzfristige Vermietung von Räumen in einem Stundenhotel an die Kunden von Prostituierten, so BFH v. 24.09.2015 – V R 30/14, BStBl. II 2017, 132 = UR 2015, 950. Zum Aufteilungsgebot für nicht ermäßigt zu besteuernde „Nebenleistungen" (Frühstück, Parkgelegenheit) im Hotelgewerbe s. BFH v. 24.04.2013 – XI R 3/11, BStBl. II 2014, 86. Umstritten ist, ob das sog. Aufteilungsgebot des UStG dem Unionsrecht zur Nichtaufteilung einheitlicher Leistungen widerspricht. S. dazu EuGH v. 18.02.2018 – C-463/16 (Stadion Amsterdam), UR 2018, 200 mit Anm. Nieskens. Zutreffend verneint von Gieseler BB 2018, 734; Korf MwStR 2018, 266; bejahend dagegen Oldiges DB 2018, 541. Zum Verhältnis des sog. Aufteilungsgebot bzg. einheitlicher Leistungen siehe EuGH v. 4.5.2023 – C-516/21 (Finanzamt X – Auf Dauer eingebaute Vorrichtungen und Maschinen), EU:C:2023:372 = UR 2023, 441, der aber nicht zwischen einer einheitlichen Leistung (hier scheidet eine Aufteilung per se aus) und einer Hauptleistung mit einer Nebenleistung (hier kommt eine Trennung in Betracht) trennt, weswegen die Entscheidung nur bedingt verwertbar ist. Der Sachverhalt bezog sich auf eine einheitliche Leistung, weswegen die Entscheidung im Ergebnis richtig ist.

nach Nr. 7 Buchst. d für Zirkusvorführungen und die Leistungen von Schaustellern[915] und nach Nr. 7 Buchst. c für die Einräumung von Rechten aus dem **Urheberrechtsgesetz:** Dies kommt nicht nur für schriftstellerische Leistungen in Betracht, sondern auch für Musikwerke, Leistungen der darstellenden Kunst und der bildenden Künste einschließlich der Baukunst (vgl. § 2 UrhG). Zu beachten ist, dass nur die Einräumung der urheberrechtlichen Verwertungsrechte begünstigt ist (vgl. § 15 UrhG), nicht etwa die Aufführung oder Darstellung selbst. Ist die Einräumung des Verwertungsrechtes nur unselbstständige Nebenleistung bzw. Teil einer umfassenden Werk- oder Dienstleistung, kommt die Anwendung des ermäßigten Steuersatzes auch nicht teilweise in Betracht. Dies betrifft auch die Überlassung von Computerprogrammen und anderer Software, selbst wenn dazu urheberrechtliche Nutzungsrechte übertragen werden. Solange diese sich lediglich auf die Nutzung auf der eigenen EDV-Anlage beziehen, stelle sich ihre Einräumung lediglich als unselbstständige Nebenleistung dar.[916]

Beispiel

Ein Architekt wird mit der Bauplanung und Bauausführung betraut. Die Pläne genießen als eigenständige Schöpfung Urheberrechtsschutz. Wird das Haus nach diesen Plänen gebaut, so liegt in der darin liegenden Einwilligung (vgl. § 23 UrhG) keine eigenständig zu beurteilende Leistung, sondern die Architektenleistung insgesamt ist mit 19 % zu besteuern.

- Eintrittsberechtigungen für **Theater, Konzerte und Museen** (sofern nicht schon nach § 4 Nr. 20 Buchst. b UStG befreit)[917] und die **Überlassung von Filmen zur Auswertung** und Vorführung sowie die Vorführung selbst nach § 12 Abs. 2 Nr. 7 Buchst. a und Buchst. b UStG: Dies gilt auch für Videokassetten. Nicht begünstigt ist aber die Überlassung an Privatpersonen, da hier keine Auswertung vorliegt.[918]
- Die Leistungen der **gemeinnützigen Körperschaften** außerhalb eines wirtschaftlichen Geschäftsbetriebes nach § 12 Abs. 2 Nr. 8 UStG, z.B. aus Vermögensverwaltung (vgl. dazu § 14 AO) oder im Rahmen eines Zweckbetriebes (dazu § 65 f. AO). Der Sinn und Zweck der Sonderregelungen in den §§ 51 ff. AO für bestimmte (gemeinnützige) Körperschaften liegt darin, die **private selbstlose Förderung des Gemeinwohls zu stimulieren.**[919] Der Hintergrund dieser Stimulationsbemühungen des Staates dürfte darin zu sehen sein, dass die begünstigten Körperschaften zum überwiegenden Teil Aufgaben übernehmen, die andernfalls notwendiger- oder zweckmäßigerweise durch den Staat zu übernehmen wären.[920] Mithin sollen die Vergünstigungen den Staat sowohl in finanzieller als auch in organisatorischer Hinsicht entlasten.[921]

  Der **Zweck** der Steuersatzermäßigung des § 12 Abs. 2 Nr. 8 Buchst. a UStG liegt dabei nur auf den ersten Blick in der **Begünstigung der betreffenden Körperschaf-**

915 S. insoweit EuGH v. 09.09.2021 – C-406/21 (Phantasialand), UR 2021, 758 (Differenzierung zwischen ermäßigter Besteuerung der Leistungen ortsungebundener Schausteller auf Jahrmärkten und nicht ermäßigter Besteuerung von Freizeitparks unionsrechtlich zulässig).

916 S. auch BFH v. 03.12.2015 – V R 43/13, BStBl. II 2016, 315, elektronisch erbrachte Dienstleistungen, auch sog. E-Books, fallen nicht unter § 12 Abs. 2 Nr. 7 c UStG und EuGH v. 05.03.2015 – C-479/13 (Kommission/Frankreich) und C-502/13 (Kommission/Luxemburg), UR 2015, 305 und UR 2015, 308.

917 S. dazu BFH v. 22.11.2018 – V R 29/17, MwStR 2019, 200 (Steuersatzermäßigung für Eintrittsberechtigung in „Eismuseum").

918 BFH v. 29.11.1994 – V R 96/84, BStBl. II 1985, 271.

919 Hey in: T/L § 20 Rz. 1; Isensee, DStJG 26 (2003), S. 93 (100) – spricht von „aktivieren".

920 Vgl. dazu ausführlich Seer in Tipke/Kruse, Vor §§ 51 AO Rz. 4 (Stand: April 2020); Hüttemann, Gemeinnützigkeits- und Spendenrecht, 5. Aufl. 2021, § 1 Rz. 80ff.; Musil, DStR 2009, 2453 (2454); Isensee, DStJG 26 (2003), S. 93 (97); Seer, DStJG 26 (2003), S. 11 (14) – das Gemeinwohl ist Legitimation der Staatlichkeit.

921 So auch Hey in T/L § 20 Rz. 1; Birk/Desens/Tappe, 27. Aufl. 2024, Rz. 345; Musil in Hübschmann/Hepp/Spitaler, Vor §§ 51–68 AO Rz. 36 (Stand: Mai 2017); Hüttemann, Gemeinnützigkeits- und Spendenrecht, 5. Aufl. 2021, Rz. 1.80; Fischer, FR 2008, 752 (756f.); Musil, DStR 2009, 2453 (2454); Seer, DStJG 26 (2003), S. 11 (24); weitergehend Isensee, DStJG 26 (2003), S. 93 (98ff.) – Sicherung der Lebensgrundlage des Gemeinwesens. AA: Heintzen, FR 2008, 737 (740), der meint, dass gemeinnützige Körperschaften nicht leistungsfähig seien.

ten, da diese eine geringere Umsatzsteuer schulden. Wirtschaftlich hingegen wirkt sich die Steuersatzermäßigung als **Begünstigung des Leistungsempfängers** aus, der nunmehr eine geringere Umsatzsteuer zu tragen hat. Nimmt man den Charakter der Umsatzsteuer als eine **allgemeine Verbrauchsteuer**[922] ernst, dann kann die Steuersatzhöhe immer nur die Belastung – bzw. bei einer Ermäßigung die Begünstigung – des nicht zum Vorsteuerabzug berechtigten Endverbrauchers betreffen.[923] Dies gilt jedenfalls, wenn die **Steuersatzermäßigung** nicht an subjektive Eigenschaften des Leistenden,[924] sondern **an bestimmte Leistungen** (vgl. § 12 Abs. 2 Nr. 8 Buchst. a Satz 2 und 3 UStG) **anknüpft, welche der Gesetzgeber im Interesse des Leistungsempfängers für begünstigungswürdig hält.**[925] Dass eine Begünstigung des Leistenden durch den ermäßigten Steuersatz nicht bezweckt ist, zeigt sowohl die Wettbewerbsklausel des § 12 Abs. 2 Nr. 8 Buchst. a Satz 3 UStG als auch der Ausschluss des ermäßigten Steuersatzes für Umsätze im Rahmen wirtschaftlicher Geschäftsbetriebe, welche bei einem vermeidbaren Wettbewerb nach § 65 Nr. 3 AO vorliegen würden. Dies zeigt recht deutlich, dass ein **Wettbewerbsvorteil des Leistenden** – mithin eine Begünstigung der gemeinnützigen Körperschaft – **nicht das primäre Ziel der Steuersatzermäßigung** darstellt.[926] Folglich liegt der eigentliche Zweck der Steuersatzermäßigung des § 12 Abs. 2 Nr. 8 UStG allein in der verringerten Besteuerung des Aufwandes des Endverbrauchers für die Verschaffung eines solch förderungswürdigen verbrauchbaren Vorteils, mithin in einer **Verbilligung der Inanspruchnahme dieser Leistung durch den Endverbraucher.**[927] Daher ist die Steuersatzermäßigung auch – entgegen der Auffassung des BFH[928] – als solche weder unionsrechtswidrig noch aus anderen Gründen bedenklich.

Lediglich **mittelbar**[929] **werden** die genannten **Körperschaften begünstigt**, weil diese ihre Leistungen nunmehr preiswerter dem Endverbraucher anbieten können. Allerdings können Steuerermäßigungen, die nicht allein an die Art der Leistung, sondern zugleich auch an eine bestimmte **Rechtsform** oder an **bestimmte Eigenschaften** des Unternehmers (hier die Verfolgung bestimmter Zwecke durch einen Unternehmer) anknüpfen, zu **Wettbewerbsnachteilen** konkurrierender, nicht unter die Vorschrift fallender Unternehmer führen, was dann zu einem Konflikt mit Art. 3 Abs. 1 GG führen würde. Für **Konkurrenten** besteht ein **Auskunftsanspruch gegenüber dem Finanzamt**, wenn ernstlich in Betracht kommt, dass die **rechtswidrige Besteuerung eines gemeinnützigen Konkurrenten** zu Wettbewerbsnachteilen von erheblichem Gewicht führt.[930] Es kommt sogar eine **Konkurrenten-**

922 Dazu näher: Stadie in: R/D, Einf. Rn. 125 ff. und Rn. 141 ff. (Stand: Januar 2024); Reiß, DStJG 13 (1990), S. 3 (19 f.); Tehler, UVR 2005, 289 (291); Achatz, Umsatzsteuer und Schadenersatz, Wien 1992, S. 27; D. Hummel, Anm. zum BFH, UR 2005, 663 (666).

923 So bereits zutreffend Stadie, DStJG 32 (2009), S. 143 (154 unter III); ebenso Wäger, DStR 2014, 1517 (1524).

924 So z. B. bei der Steuerbefreiung des § 4 Nr. 19 UStG für Umsätze von Blinden unter bestimmten Voraussetzungen, welche einen Fremdkörper innerhalb der Steuerbefreiungsvorschriften darstellt (Stadie, UStG, § 4 Nr. 19 Rz. 1) und nicht primär den Endverbraucher entlasten, sondern dem blinden Unternehmer einen Wettbewerbsvorteil verschaffen möchte.

925 Wohl ähnlich Heuermann in: S/R, § 12 Rz. 621 (Juni 2024) – begünstigt sind die Leistungen der Körperschaften; anders Achatz, DStJG 26 (2003), S. 279 (305); anders auch Huschens in Schwarz/Widmann/Radeisen, UStG, § 12 Abs. 2 Nr. 8 Rz. 23 ff. (Stand: August 2020) – „begünstigte Unternehmer".

926 Zutreffend Stadie, UStG, § 12 Rz. 68.

927 Seer, DStJG 26 (2003), S. 11 (38 f.); zutreffend die Antwort der BReg. auf eine Kleine Anfrage, BT-Drucks. 17/1252 v. 26.3.2010 = UR 2010, 333 (333); teilweise zutreffend Ismer/Kaul/Reiß/Rath, DStR 2010, 1970 (1974); auch Stadie spricht nur von einer mittelbaren Begünstigung des Endverbrauchers, Stadie, UStG, § 12 Rz. 64; a. A. hingegen: Widmann in Schwarz/Widmann/Radeisen, § 12 Abs. 2 Nr. 8 UStG Rz. 1167 (Stand: 2007): „Es handelt sich um eine persönliche Steuerermäßigung"; Achatz, DStJG 26 (2003), S. 279 (305) – persönliche Begünstigungen.

928 S. auch BFH v. 26.09.2019 – V R 16/18, DStR 2019, 2586 (zu Zweckbetrieben bei einer Hochschule als Körperschaft des öffentlichen Rechts); BFH v. 24.09.2014 – V R 11/14, MwStR 2015, 418 (§ 12 Abs. 2 Nr. 8 UStG teilweise unionsrechtswidrig, da nicht vollständig durch Anhang III Nr. 15 gedeckt) und BFH v. 08.03.2012 – V R 14/11, BStBl. II 2012, 630 (keine ermäßigte Besteuerung für Verpflegung und Beherbergung von Seminarteilnehmern eines gemeinnützigen Vereins).

929 Ebenso Martini in: Wäger (3. Aufl.) § 12 Abs. 2 Nr. 8 Rz. 1.

930 BFH v. 26.1.2012 – VII R 4/11, BStBl. II 2012, 541 = UR 2012, 564 (566 f.); Heuermann in S/R, § 12 Rz. 643 (Okt. 2022); Michel, DB 2012, 2007 (2009); vgl. zur Auskunftsklage im Allgemeinen auch: BFH v. 5.10.2006 – VII R 24/03, BStBl. II

klage gegen den Steuerbescheid des Konkurrenten in Betracht, wie unlängst der BFH entschieden hat.[931]

B. Bemessungsgrundlage einer Leistung gegen Entgelt

I. Allgemeines

1. Bemessungsgrundlage ist das Entgelt (§ 10 Abs. 1 S. 1 UStG). Dazu gehört alles, was den Wert der Gegenleistung bildet, die der leistende Unternehmer vom Leistungsempfänger oder von einem anderen als dem Leistungsempfänger für die Leistung erhält oder erhalten soll, einschließlich der unmittelbar mit dem Preis dieser Umsätze zusammenhängenden Subventionen, jedoch abzüglich der für diese Leistung gesetzlich geschuldeten Umsatzsteuer. **335**
   Aus den Aufwendungen (dem zivilrechtlichen Preis) ist die USt herauszurechnen. Zu beachten ist allerdings, dass in den Fällen der Umkehr der Steuerschuldnerschaft nach § 13b Abs. 5 UStG (s. Rn. 427ff.) der zivilrechtliche Preis bereits das Entgelt darstellt, da dieser wegen der vom Abnehmer selbst geschuldeten USt keine USt enthält. Boni, Skonti, Rabatte und andere Preisnachlässe/Zahlungsabzüge mindern das Entgelt.[932]
2. Erfolgt der Preisnachlass/Zahlungsabzug in einem anderen Voranmeldungszeitraum als dem der Entstehung der Steuerschuld, liegt eine nachträgliche Änderung der Bemessungsgrundlage vor. Dann sind im Voranmeldungszeitraum der Änderung die USt und die VoSt zu korrigieren (§ 17 Abs. 1 S. 1 und 2 UStG). **336**
   Gewährt der Hersteller eines Produkts unter Überspringen der Lieferkette unmittelbar dem Endabnehmer Preiserstattungen oder -nachlässe (z.B. durch Preisnachlassgutscheine) für den Erwerb seiner Produkte, mindern diese nach Auffassung des EuGH die Bemessungsgrundlage für die Lieferungen des Herstellers an den Großhändler oder Einzelhändler. Gleichwohl brauchen diese ihren Vorsteuerabzug nicht zu korrigieren. Im Ergebnis wird damit erreicht, dass die endgültige Umsatzsteuerbelastung sich nur nach den tatsächlichen Aufwendungen des Endverbrauchers richtet.[933] Wird ein Preisnachlass einem in der Leistungskette nicht unmittelbar nachfolgenden Abnehmer gewährt, liegt eine nach § 17 UStG zu berücksichtigende Änderung der Bemessungsgrundlage nur vor, wenn der Leistungsbezug dieses Abnehmers im Inland steuerpflichtig ist, wie § 17 Abs. 1 S. 6 UStG nunmehr im Anschluss an die Rspr. des EuGH und BFH ausdrücklich bestimmt. Wird ein Preisnachlass für einen im Inland nicht steuerpflichtigen Umsatz auf der Endstufe gewährt, darf auf den Vorstufen weder die Bemessungsgrundlage für die USt noch die Vorsteuer korrigiert werden.[934]

2007, 243 = UR 2007, 95; EuGH v. 8.6.2006 – C-430/04 (Feuerbestattungsverein Halle), EuGHE 2006, I-4999 = UR 2006, 459 m. Anm. Widmann.

931 BFH v. 17.11.2022 – V R 12/20, UR 2023, 205 Rz. 18f. mit Anm. D. Hummel.

932 Dazu gehören nicht Kreditkartenprovisionen, EuGH v. 25.05.1993 – C-18/92 (Bally), Slg. 1993, I-2871, Kreditkosten des Verkäufers, v. 15.05.2001 – C-34/99 (Primback), Slg. 2001, I-3833, Gutscheine zur verbilligten Inanspruchnahme Leistungen Dritter (Parkscheine), BFH v. 11.05.2006 – V R 33/03, BStBl. II 2006, 699; vom Verkäufer übernommene Kosten der Finanzierung des Kaufpreises durch ein Kreditinstitut im Rahmen einer Null-Prozent-Finanzierung, BFH v. 24.02.2021 – XI R 15/19, UR 2021, 645.

933 Vgl. EuGH v. 06.12.2018 – C-672/17 (Tratave), HFR 2019, 62; v. 20.12.2017 – C-462/16 (Boehringer Ingelheim), ECLI:EU:C:2017:1006, DStR 2018, 75; grundlegend EuGH v. 24.10.1996 – C-317/94 (Elida Gibbs) und C-288/94 (Argos), Slg. 1996, I-539 und I-5331; v. 15.10.2002 – C-427/98 (Kommission/Deutschland), Slg. 2002, I-8315 = UR 2002, 523; zur Behandlung von Wert- und Einkaufsgutscheinen sowie Treueprämien vgl. EuGH v. 29.07.2010 – C-40/09 (AstraZeneca), UR 2010, 734 und v. 07.10.2010 – C-53/09 (Baxi Group), UR 2010, 857 und Reiß UR 2011, 729, 804.

934 BMF, Abschn. 17.2. UStAE.

Eine Vorsteuerberichtigung nach § 17 Abs. 1 S. 2–4 UStG kommt nur bei einer Änderung der Bemessungsgrundlage für einen im Inland steuerpflichtigen Umsatz in Betracht. Sie scheidet daher aus, wenn sich die Bemessungsgrundlage nur für einen im Ausland getätigten, dort ggf. befreiten, Umsatz wegen einer Rabattgewährung an nachfolgende unternehmerische Abnehmer im Inland geändert hat, nicht aber für die im Inland nachfolgend getätigten steuerpflichtigen Umsätze der Zwischenhändler.[935] Umgekehrt kann eine „Änderung der Bemessungsgrundlage" für einen im Inland steuerbefreiten Umsatz auch nicht zu einer Vorsteuerkorrektur nach § 17 UStG, respektive entsprechenden Vorschriften in anderen Mitgliedstaaten gemäß Art. 185 MwStSystRL führen. § 17 UStG ist zutreffend an die EuGH-Rspr. angepasst worden.[936] Denn nach § 17 Abs. 1 S. 3 UStG bedarf es keiner Vorsteuerkorrektur, wenn der Abnehmer durch die Änderung der Bemessungsgrundlage nicht begünstigt wird. Wird allerdings stattdessen ein anderer Unternehmer durch die Änderung der Bemessungsgrundlage begünstigt, hat dieser seine VoSt zu berichtigen, § 17 Abs. 1 S. 4 UStG.

Beispiel

Hersteller H liefert für 200 € + 38 € an Großhändler G, dieser für 300 € + 57 € an Einzelhändler E, dieser für 400 € + 76 € an (End-)Verbraucher V. H erstattet dem V unmittelbar einen Betrag von 59,50 € (50 € + 9,50 €) gegen Übersendung eines dem Produkt beigefügten Gutscheines. Dann hat H nur zu versteuern 200 € – 50 € = 150 € mit einer USt-Schuld von 28,50 € (38 € – 9,50 €). Für G und E bleibt es beim Vorsteuerabzug von 38 € bzw. 57 €, da sie durch die Erstattung an den V nicht begünstigt werden. Im Ergebnis erhält der Fiskus 76 € aus dem Umsatz des E – 9,50 € Verminderung bei H = 66,50 € USt. Dies entspricht letztlich einer vom Endverbraucher effektiv aufgewendeten USt von 476 € – 59,50 € = 416,50 € : 1,19 = 350 € + 19 % USt = 66,50 €. Das Urteil des EuGH trägt dem Charakter der USt als für den Unternehmer neutraler Verbrauchersteuer Rechnung.
Hätte E hingegen eine steuerfreie innergemeinschaftliche Lieferung ausgeführt und H dem E 59,50 € vergütet, so bliebe zwar der Vorsteuerabzug von G als dem Abnehmer erhalten, aber E müsste seinen Vorsteuerabzug um 9,50 € vermindern, weil ihm die Änderung der Bemessungsgrundlage zugutekam. Im Ergebnis erhielte der Fiskus dann von H wie oben 38 € – 9,50 € = 28,50 €, von G = 57 € und von E = 0. Er hätte an VoSt dem G 38 € und dem E 57 € – 9,50 € = 47,50 € zu vergüten. Das Steueraufkommen beträgt daher richtigerweise 0, da kein Endverbrauch im Inland stattgefunden hat.

Beachte: Es ändert sich die Bemessungsgrundlage für den steuerpflichtigen Umsatz des H. Diese Änderung kommt aber nicht dem G zugute, wohl aber dem E. Daher hat dieser seine Vorsteuer zu korrigieren. Erfolgte hingegen die Erstattung erst an den V als Empfänger einer befreiten Lieferung, kommt die Änderung keinem der vorsteuerabzugsberechtigten Unternehmer zugute, sodass bei keinem eine Vorsteuerberichtigung zu erfolgen hat. Die „Änderung" für die steuerfreie Lieferung des E an den V ist ohnehin unbeachtlich für eine Änderung nach § 17 UStG.

Hinweis:
Problematisch erschien, ob von Arzneimittelherstellern nach dem AMRabG an private Krankenkassen zu entrichtende „Abschläge" (Herstellerrabatt) zu einer Entgeltsminderung für die Arzneimittellieferung des Herstellers an die (Apotheken als) Zwischenhändler führen. Der BFH und auch der EuGH[937] bejahen dies für die Lieferungen des Herstellers an die Zwischenhändler (Apotheken) zutreffend, obwohl private Krankenkassen – anders als gesetzliche Krankenkassen – nicht als Vertragspartner in die Lieferkette Arzneimittelhersteller – Apotheke – (gesetzliche Krankenkasse) Kranker einbezogen sind. Dem ist im Ergeb-

935 S. BFH v. 04.12.2014, V R 6/13, BStBl. II 2017, 810 = DStR 2015, 296 (Rabattgewährung durch Hersteller in UK an unternehmerische Abnehmer in Deutschland. Diese wurden mit den Produkten des Herstellers durch einen in Deutschland ansässigen Groß-/Zwischenhändler steuerpflichtig beliefert) und v. 25.06.2014 – XI R 25/12, BStBl. II 2017, 806 = UR 2014, 743 (Rückvergütungen für nicht steuerbare Lieferungen aus UK an Abnehmer des in Deutschland (weiter) liefernden Zwischenhändlers (distributors), an den innergemeinschaftlich befreit aus UK geliefert wurde).

936 S. dazu und zur Unzulässigkeit einer verschärfenden rückwirkenden richtlinienkonformen Auslegung des § 17 Abs. 1 S. 2 UStG a.F. BFH v. 15.02.2012 – XI R 24/09, BStBl. II 2013, 712.

937 BFH v. 08.02.2018 – V R 42/15, BStBl. II 2018, 676 vorgehend EuGH v. 20.12.2017 – C-462/16 (Boehringer Ingelheim), DStR 2018, 75. S. auch EuGH v. 06.10.1921 – C-717/19 (Boehringer Ingelheim, Ungarn), UR 2022, 25. Beachte aber BFH v. 10.12.2020 – V R 34/18, UR 2021, 508 (der vom Hersteller dem Erwerber von Arzneimitteln erstattete Herstellerrabatt ist Entgeltbestandteil für die Lieferung von Arzneimitteln an die Patienten/Krankenkasse).

nis zu folgen, freilich nicht erst aus dem angegebenen Grund einer angeblich vom Gleichheitsgrundsatz verlangten rechtsformneutralen Behandlung von gesetzlichen und privaten Krankenkassen und auch nicht, weil der Arzneimittelhersteller in beiden Konstellationen mit gleich hohen „Abschlägen" belastet wird. Vielmehr geht es darum, dass in beiden Konstellationen nur die tatsächlichen Aufwendungen für den Endverbrauch der Arzneimittel mit Umsatzsteuer (als Steuer auf den Endverbrauch) zu belasten sind. Diese Aufwendungen werden hier allein von den Krankenkassen getragen und nicht vom Patienten, unabhängig davon, ob sie formal als Vertragspartner in die Lieferkette eingeschaltet sind (so gesetzliche Krankenkasse) oder nicht (so private Krankenkasse). Richtigerweise ist schlicht davon auszugehen, dass ungeachtet der vertraglichen Rechtsbeziehungen die private Kasse und der versicherte Patient gemeinsam als Endverbraucher in die Leistungskette eingeschaltet sind, wie dies etwa auch bei einem Entgelt von dritter Seite der Fall ist. Das ist gerade nicht der Fall bei einem vom leistenden Unternehmer eingeschalteten Vermittler. Hier vermindern sich die für den Endverbrauch (des Reisenden) zu tragenden Aufwendungen nicht dadurch, dass diesem Teile der Vermittlungsprovision vom Vermittler offen oder verdeckt zugewendet werden, um damit den geschuldeten Preis für den Endverbrauch zu entrichten.[938]

Vom Leistenden weiterberechnete Kosten der Leistungserbringung (Auslagenersatz), wie beispielsweise Porti, Telefonkosten, Reisekosten, sind ein Teil der Gegenleistung, d. h. erhöhen das Entgelt. Ebenfalls zum Entgelt gehören nach zutreffender Auffassung der Rspr. das dem Unternehmer gewährte Trinkgeld[939] und irrtümliche Doppelzahlungen.[940]

Kein Teil des Entgelts für steuerpflichtige Lieferungen sind Verzugszinsen (s. Rn. 45) und Finanzierungszuschläge des Lieferanten bei Teilzahlungsgeschäften oder Stundung der Kaufpreisforderung.

3. Nach Art. 73 MwStSystRL ist Steuerbemessungsgrundlage alles, was der Leistende für die Leistung vom Empfänger oder von einem Dritten erhält. Der EuGH hat daraus zutreffend abgeleitet, dass Entgelt nur etwas sein kann, über das der Leistende effektiv selbst verfügen kann. Daher sind zwingend zurückzugewährende Teile der „Aufwendungen" kein Entgelt für den Leistenden. Dies trifft für die Gewinnauszahlungen bei Geldspielgeräten zu.[941] Entsprechend ist § 10 Abs. 1 UStG richtlinienkonform dahin auszulegen, dass die Aufwendungen für die Leistung effektiv dem Leistenden zugutekommen. Dies kann auch in der Weise geschehen, dass sie mit Willen des Leistenden einem Dritten zugewendet werden.[942] Die Auslegung durch den EuGH wird dem Charakter der USt als indirekter Verbrauchsteuer gerecht, denn der Unternehmer kann nur bzgl. des Teils der Aufwendungen des Verbrauchers zum Steuereinsammler gemacht werden, der ihm auch tatsächlich zugutekommt. 337

II. Durchlaufende Posten

Vom weiterberechneten Auslagenersatz sind durchlaufende Posten zu unterscheiden, die **kein Teil des Entgelts** sind (§ 10 Abs. 1 S. 5 UStG, Art. 79 Buchst. c MwStSystRL). Ein durchlaufender Posten liegt vor, wenn zwischen dem Zahlenden und demjenigen, an den die Gelder weitergeleitet werden, unmittelbare Rechtsbeziehungen bestehen. Der Unternehmer muss bei Weiterleitung der Gelder (oder bei vorheriger Bezahlung, falls er in Vorlage tritt) die Schuld des Zahlenden erfüllen und nicht eine eigene.[943] Hierin liegt der entscheidende Unterschied zum weiterberechneten Ausla- 338

938 Vgl. EuGH v. 16.01.2014 – C-300/12 (Ibero Tours), BStBl. II 2015, 317.

939 BFH v. 17.02.1972 – V R 118/71, BStBl. II 1972, 405; vgl. auch EuGH v. 29.03.2001 – C-404/99 (Kommission/Frankreich), Slg. 2001, I-2667.

940 BFH v. 19.07.2007 – V R 11/05, BStBl. II 2007, 966.

941 S. EuGH v. 24.10.2013 – C-440/12 (Metropol Spielstätten), UR 2013, 866 mit Anm. Grube MwStR 2013, 699; v. 05.05.1994 – C-38/93 (Glawe), Slg. 1994, I-1679 = BStBl. II 1994, 548; BFH v. 19.11.2014 – V R 55/13, BStBl. II 2015, 944 (Unentgeltliche Einräumung einer Spielmöglichkeit durch Gutscheinausgabe).

942 BFH v. 25.06.2009 – V R 37/08, BStBl. II 2009, 873 (Entgelt sind Zahlungen auf eine Schuld des Leistenden, nicht auf eigene Schuld des Zahlenden, z. B. Sozialversicherungsbeiträge); vgl. auch BMF, Abschn. 10.1. Abs. 7 UStAE.

943 BFH v. 11.02.1999 – V R 46/98, BStBl. II 2000, 100 (Deponiegebühren) und v. 04.12.1969 – V R 104/66, BStBl. II 1970, 191; vgl. auch BMF, Abschn. 10.4. UStAE.

genersatz, bei dem der Unternehmer für an ihn erbrachte Leistungen zahlt und diese Kosten nur seinerseits weiterberechnet. Ein durchlaufender Posten kann daher nur anerkannt werden, wenn der Unternehmer bei der Zahlung **im fremden Namen und für fremde Rechnung** die Zahlung in Empfang nimmt und sie auch so verausgabt.

Beispiele

Zulassungsgebühren beim Kfz-Kauf beim Händler, Gerichtskosten beim Anwalt, aufgrund Inkassovollmacht vereinnahmte Beträge beim Handelsvertreter, nicht dagegen Lohnaufwand des Arbeitgebers beim Verleih von Arbeitskräften, gleichgültig ob er an den Unternehmer oder im abgekürzten Zahlungsweg direkt an die verliehenen Arbeitnehmer ausbezahlt wird.

Durchlaufender Posten

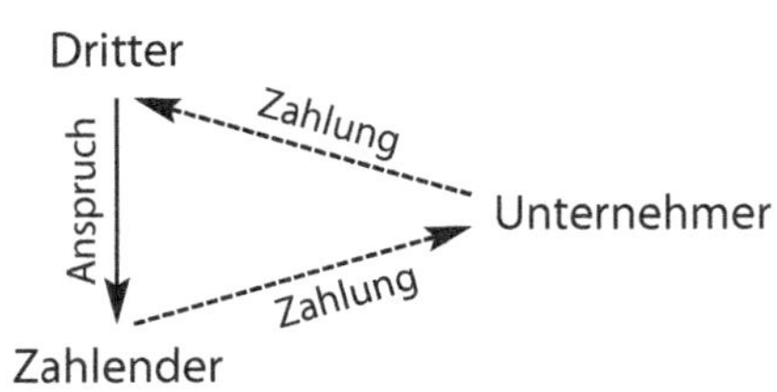

Auslagenersatz

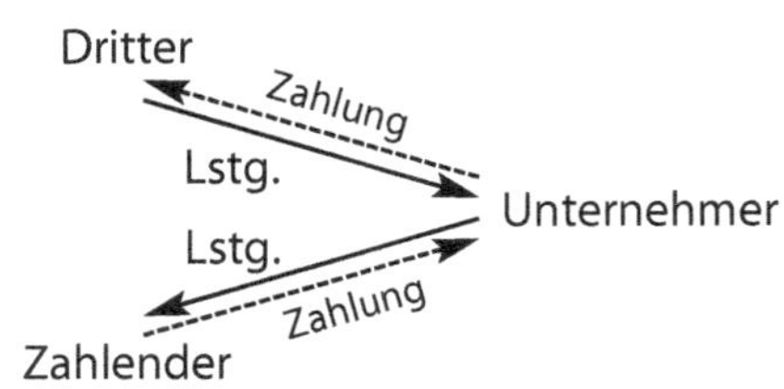

III. Tauschvorgänge/verdeckter Preisnachlass

339 Ebenso wie sich bei einer Gegenleistung in Geld die Bemessungsgrundlage aus der Gegenleistung und nicht aus dem Wert der eigenen Leistung ergibt, ist dies beim Tausch der Fall (§ 10 Abs. 2 S. 2 UStG). Dies entspricht grds. auch dem Charakter der USt, die Einkommensverwendung, d. h. die Aufwendungen des Leistungsempfängers zu erfassen. Maßgebend ist also stets der Wert der Gegenleistung, nicht der Wert der eigenen Leistung. Hier zeigt sich jedoch ein weiteres Problem bei der Besteuerung des Tausches im Rahmen einer indirekten Besteuerung (zu den grds. Einwänden s. Rn. 115 ff.). Häufig muss der Wert der Gegenleistung bei Tauschvorgängen geschätzt werden. Stehen andere Schätzmaßstäbe nicht zur Verfügung, darf der **Wert der Gegenleistung** hilfsweise auch nach dem Wert der eigenen Aufwendungen zum Erhalt dieser Gegenleistung, also letztlich nach dem Wert der Aufwendungen für die Erbringung der eigenen Leistung geschätzt werden.[944] Bei **Tauschvorgängen** und der **Hingabe an Zahlungs statt** besteht immer die Notwendigkeit der Bemessung des Gegenstands- bzw. Leistungswertes in Geld. Maßgebend dafür ist der bei der gewöhnlichen Veräußerung zu erzielende Preis, nämlich der **Marktwert = der gemeine Wert als üblicher Verkehrswert** der Gegenleistung. Die Annahme des BFH und der ihm folgenden Verwaltung,[945] in richtlinienkonformer Auslegung des § 10 Abs. 2 S. 2 UStG sei nicht auf den objektiven Wert der Gegenleistung abzustellen, sondern auf den „subjektiven Wert", „den der Leistungsempfänger der Leistung beimisst", widerspricht erstens dem eindeutigen Wortlaut des § 10 Abs. 2 S. 2 UStG, führt zweitens – ernst genommen – zu einer ins Belieben des Steuerpflichtigen gestellten Besteuerung und verkennt drittens auch den Aussagegehalt der Rspr. des EuGH.

944 Vgl. BFH v. 11.07.2012 – XI R 11/11, BStBl. II 2018, 146 (Herausgabe eine Ärztekammerschrift); v. 11.07.2012 – XI R 11/11, BStBl. II 2018, 146 (Herausgabe eine Ärztekammerschrift); v. 16.04.2008 – XI R 56/06, BStBl. II 2008, 909 (Werbemobil); vgl. auch v. 01.08.2002 – V R 21/01, BStBl. II 2003, 438 (Werbefrei-ballone); EuGH v. 03.07.2001 – C-380/99 (Bertelsmann), Slg. 2001, I-5163; v. 02.06.1994 – C-33/93 (Empire -Stores Ltd.), Slg. 1994, I-2329, 2345 – zum Wert einer Kundenwerbung.

945 BFH v. 25.04.2018 – XI R 21/16, BStBl. II 2018, 505; v. 16.04.2008 – XI R 56/06, BStBl. II 2008, 909; ebenso Wagner UVR 2011, 379. Kritisch Reiß UR 2018, 822 und Wäger UR 2019, 41, 56.

Mit dem allerdings missverständlichen Abstellen auf einen „subjektiven Wert" bringt der EuGH nur zum Ausdruck, dass es **nicht auf den objektiven Wert** der hingegebenen **eigenen Leistung** ankommt, sondern auf die dafür erstrebte und tatsächlich erhaltene Gegenleistung,[946] mag diese auch mehr oder weniger wert sein als die eigene Leistung. Um einen **„subjektiven Wert"** handelt es sich insofern, als maßgebend ist, welche **Gegenleistung** tatsächlich „subjektiv" vom Leistenden für seine Leistung **verlangt und** vom Leistungsempfänger **akzeptiert** wird. Unerheblich ist insoweit, ob die Gegenleistung dem objektiven Wert der eigenen Leistung entspricht oder nicht. Da die Gegenleistung beim Tauschumsatz nicht in Geld besteht, bedarf es allerdings einer **Bewertung**. Dabei kann Ausgangspunkt nur sein, welcher Wert der tatsächlich vom Leistungsempfänger für die Leistung aufgewendeten Gegenleistung (**nach objektiven Gesichtspunkten** sowohl vom Leistenden als auch vom Leistungsempfänger) beizumessen ist. Dafür kann und muss ggf. **hilfsweise** davon ausgegangen werden, dass die Gegenleistung/das Entgelt jedenfalls in einer Höhe zu bewerten ist, dass diese dem (objektiv zu bemessenden) Wert der subjektiv zur Erlangung der Gegenleistung **getätigten eigenen Aufwendungen** entspricht.

Wird eine Zuzahlung in Geld geleistet (Tausch mit Baraufgabe), erhöht sie beim Empfänger die Bemessungsgrundlage, beim Leistenden vermindert sie die Bemessungsgrundlage.[947]

§ Fall 27: Die Inzahlungnahme beim Neukauf 340

Unternehmer U kauft bei Händler H einen neuen Lkw für 100.000 € + 19.000 € USt (gemeiner Wert 119.000 €). Darüber erteilt H eine Rechnung. Vereinbarungsgemäß gibt U seinen alten Lkw (Marktwert/gemeiner Wert 59.500 €) in Zahlung. Um das Geschäft zu machen, nahm H den Wagen für 61.880 € in Zahlung, d. h., er gewährte verdeckt einen Preisnachlass von 2.380 €. U zahlte noch 57.120 €. Was haben H und U zu versteuern?

I. Beurteilung bei H 341

H lieferte an U nach §§ 1 Abs. 1 Nr. 1, 3 Abs. 1 UStG steuerbar und steuerpflichtig einen neuen Lkw. Die Gegenleistung bestand in einer Geldzahlung von 57.120 € und der Lieferung/Hingabe des alten Lkw. Die Abgrenzung zwischen einem Tausch und dem Kauf mit Ersetzungsbefugnis des Käufers kann bei der „Inzahlungnahme" eines Gebrauchtgegenstandes problematisch sein.[948] Letztere führt zu einer Hingabe an Zahlung statt, wenn der Käufer von der Ersetzungsbefugnis Gebrauch macht. Da umsatzsteuerlich der Tausch und die Hingabe an Zahlung statt gleichbehandelt werden (vgl. § 10 Abs. 2 S. 2 UStG), kommt es auf die genaue Abgrenzung nicht an. Nach § 10 Abs. 2 S. 2 UStG ergibt sich eine Bemessungsgrundlage von 59.500 € (gemeiner Wert der Gegenleistung) + 57.120 € (Barzahlung) : 1,19 = 98.000 € und eine Umsatzsteuerschuld von 18.620 €. H hat allerdings in der Rechnung 19.000 € USt offen ausgewiesen, sodass er die Differenz von 380 € nach § 14c Abs. 1 UStG schuldet, solange er nicht die Rechnung berichtigt.

II. Beurteilung bei U

U lieferte an H den alten Lkw. Er erhielt dafür und für die Baraufgabe den neuen Lkw als Gegenleistung. Nach § 10 Abs. 2 S. 2 UStG entfällt demnach auf die allein steuerbare und steuerpflichtige Lieferung des alten Lkw ein Anteil von 119.000 € (gemeiner Wert neuer Lkw) – 57.120 € (Baraufgabe) = 61.880 €, sodass sich eine Bemessungsgrundlage von 52.000 € und eine USt von 9.880 € ergibt.

946 So ausdrücklich EuGH v. 07.01.2013 – C-249/12 und C-250/12 (Tulica und Plavosin), DB 2013, 1662 (tatsächlich erhaltene Gegenleistung enthält die Mehrwertsteuer-Bruttopreis); v. 26.09.2013 – C-283/12 (Serebryannay vek), DB 2013, 2371 m. w. N.; v. 19.12.2012 – C-549/11 (Orfey), UR 2013, 215; s. auch Reiß UR 2018, 822 und Spilker, RdW 2019, 411.

947 Vgl. EuGH v. 10.01.2019 – C-410/17 (A Oy), DStR 2019, 97 und dazu Reiß UR 2019, 281.

948 Vgl. BGHZ 46, 338.

Der **verdeckte Preisnachlass** führt also beim Gewährenden zu einer Verminderung der Bemessungsgrundlage, beim Empfangenden zu einer Erhöhung, falls der gemeine Wert der Gegenleistung nicht ebenfalls gemindert ist. Da er nicht offen ausgewiesen wird, ist beim Gewährenden § 14c Abs. 1 UStG zu beachten, falls er eine Rechnung mit zu hohem offenen Steuerausweis erteilte.

Problematisch kann die Feststellung eines niedrigeren gemeinen Wertes als des Anrechnungspreises sein. Dies muss vom Unternehmer nachgewiesen werden. Für die häufig erfolgenden verdeckten Preisnachlässe im Kfz-Handel erkennt die Verwaltung neben dem DAT-Schätzpreis ein Verfahren an, bei dem aus dem späteren Verkaufspreis des in Zahlung genommenen Fahrzeugs der gemeine Wert im Zeitpunkt der Inzahlungnahme abgeleitet wird.[949] Dieses Verfahren wird auch auf andere Fälle entsprechend anzuwenden sein.

Beispiel

(wie Fall 27): Der in Zahlung genommene Lkw wurde nach einem Monat für 70.000 € verkauft. Vorher musste noch eine Reparatur i. H. v. 2.500 € durchgeführt werden. Ermittlung des gemeinen Wertes:

Verkaufspreis (inkl. USt)	70.000 €
– 15 % pauschale Verkaufskosten	10.500 €
– Reparaturkosten	**2.500 €**
gemeiner Wert im Zeitpunkt der Inzahlungnahme	57.000 €

IV. Devisenentgelte

342 Wird die Gegenleistung in Devisen vereinbart, muss eine Umrechnung in Euro erfolgen. Maßgebend ist der Durchschnittskurs des Monats, in dem die Steuerschuld entsteht. Eine Umrechnung nach dem nachgewiesenen Tageskurs ist zulässig (§ 16 Abs. 6 S. 1–3 UStG). Ändert sich der Kurs später, insbesondere bei Vereinnahmung, führt dies nicht zu einer Änderung der Bemessungsgrundlage[950] und der Steuer. Die Differenzen zum vereinbarten Entgelt sind ertragsteuerlich Kursverluste oder Kurserträge, umsatzsteuerlich hingegen belanglos. Für den Vorsteuerabzug ist maßgebend der Zeitpunkt des Empfangs der Leistung oder der früheren Zahlung.

V. Differenzbesteuerung (§ 25 a UStG)

343 Das Umsatzsteuersystem mit Vorsteuerabzug für Unternehmer führt zu Schwierigkeiten, wenn Gegenstände aus dem nicht unternehmerischen Bereich in den unternehmerischen Bereich überführt und dort erneut umgesetzt werden. Es werden dann Gegenstände mehrfach mit USt belastet, ohne dass eine Entlastung durch Vorsteuerabzug stattfinden kann. Dies hatte insbesondere im Gebrauchtwagenhandel zu gravierenden Wettbewerbsnachteilen der Händler gegenüber privaten Veräußerern geführt. Der deutsche Gesetzgeber hatte mit § 25a UStG zunächst eine Sonderregelung für den Handel mit Kraftfahrzeugen getroffen. Diese Regelung ist ab 01.01.1995 verallgemeinert worden. Die gemeinschaftsrechtliche Grundlage findet sich in Titel XII

949 Vgl. zutreffend Abschn. 10.5. Abs. 4 UStAE; dagegen BFH v. 25.04.2018 – XI R 21/16, BStBl. II 2018, 505 und Wagner UVR 2011, 379 (subjektiver Wert beim Tausch soll der Einkaufspreis des hingegebenen Gegenstandes sein). S. auch Reiß UR 2018, 822 und UR 2019, 281 zur Bemessungsgrundlage bei Tauschumsätzen.

950 Reiß in: R/K/L § 16 Rn. 114 (Okt. 2019).

(Sonderregelungen) Kapitel 4 (Sonderregelungen für Gebrauchtgegenstände, Kunstgegenstände, Sammlungsstücke und Antiquitäten), Art. 311 f. MwStSystRL. Der Kern der Regelung besteht darin, dass die Mehrfachbelastung mit USt dadurch vermieden werden soll, dass anstelle einer Entlastung durch Vorsteuerabzug die Umsatzbesteuerung nach der Methode des Vorumsatzabzugs erfolgt, indem lediglich die Differenz aus Verkaufspreis (Umsatz) abzüglich Einkaufspreis (Vorumsatz) der Besteuerung unterworfen wird.[951]

Beispiel

Einkauf eines Pkw für 11.900 € von einem Privatmann[952] bzw. 10.000 € zzgl. 1.900 € von einem Unternehmer und Verkauf für 13.090 € an eine Privatperson. Bei der normalen Besteuerung nach § 10 Abs. 1 UStG ergäbe sich eine Umsatzsteuerzahllast von 2.090 € – 1.900 € VoSt und eine Zahllast von 190 €. Bei der Differenzbesteuerung ergibt sich eine Marge von (13.090 € – 11.900 € = 1.190 €) : 1,19 = 1.000 € und eine USt-Schuld i. H. v. 190 €.

VI. Reiseveranstalter (§ 25 UStG)

Eine **Differenzbesteuerung** sieht auch § 25 Abs. 3 UStG für **Reiseveranstalter** vor. Reiseveranstalter ist jeder Unternehmer, der im eigenen Namen Reiseleistungen erbringt und dabei Reisevorleistungen in Anspruch nimmt. 344

Entscheidend ist, dass der Reiseveranstalter gegenüber dem Reisenden im eigenen Namen, also nicht als Vermittler, handelt. Reisevorleistungen sind die von Dritten an den Veranstalter erbrachten Lieferungen und Leistungen (auch Einzelleistungen) anderer Unternehmer, die aber unmittelbar dem Reisenden zugutekommen, z. B. Beförderung, Unterkunft, Essenslieferungen.[953] Es genügt schon die Inanspruchnahme nur einer Reisevorleistung, z. B. Anmietung und Weitervermietung einer Ferienwohnung. Handelt der Reiseveranstalter im Innenverhältnis für Rechnung eines anderen Reiseveranstalters, sind die Regeln der Leistungsverkaufskommission im Rahmen des § 25 UStG anzuwenden.[954] Die Leistung des Reiseveranstalters gegenüber dem Leistungsempfänger gilt als **einheitliche Leistung**, die am **Sitzort des Reiseveranstalters nach § 3a Abs. 1** UStG als erbracht gilt. Sie unterliegt immer dem Regelsteuersatz.

Bemessungsgrundlage ist die Differenz zwischen dem vom Leistungsempfänger zu entrichtenden Preis einschließlich etwaiger Zuzahlungen Dritter für den Reisenden[955] und dem vom Reiseveranstalter für die Reisevorleistungen aufzuwendenden Betrag abzüglich USt. Aus den Reisevorleistungen steht dem Reiseveranstalter kein Vorsteuerabzug zu.[956]

951 Zur Berücksichtigung des § 25a UStG des bei fiktiver Schadensberechnung in Abzug zu bringenden Umsatz-/Vorsteueranteils vgl. BGH v. 13.09.2016 – VI ZR 654/15, MDR 2017, 27.

952 Zum Nachweis und Gutglaubensschutz hinsichtlich des Vorliegens eines Kaufes von einem Privatmann vgl. BFH v. 11.12.2024 – XI R 15/21, juris.

953 BFH v. 27.03.2019 – V R 10/19 und v 22.08.2019 – V R 12/19; DB 2019, 1129 und DB 2019, 2502; EuGH v. 19.12.2018 – C-552/17 (Alpenchalet Resorts), UR 2019, 72; vgl. auch bejahend EuGH v. 13.10.2005 – C-200/04 (Int. Sprach- und Studienreisen), Slg. 2005, I-8705 und BFH v. 01.06.2006 – V R 104/01, BStBl. II 2007, 142 (längere Sprachaufenthalte mit Unterbringung und Schulbesuch als Reiseleistungen), aber nicht EuGH v. 09.12.2010 – C-31/10 (Minerva Kulturreisen), Slg. 2010, I-12889 = HFR 201, 232 (isolierter Verkauf von Opernkarten durch Reisebüro); BFH v. 15.01.2009 – V R 9/06, BStBl. II 2010, 433 (Reiseleistung an anderen [Reise-]Unternehmer).

954 BFH v. 15.07.2011 – XI B 71/10, BFH/NV 2011, 1929; v. 02.03.2006 – V R 25/03, BStBl. II 2006, 788.

955 Vgl. EuGH v. 19.06.2003 – C-149/01 (First Choice Holidays), Slg. 2003, I-6289; zur Behandlung von Anzahlungen an Reisebüros v. 19.12.2018 – C-422/17 (Skarpa Travel), zunächst Schätzung der Gewinnmarge. Zur Abgrenzung von Reisevorleistungen und Eigenleistungen im Organkreis s. BFH v. 01.03.2018 – V R 23/17, BStBl. II 2018, 503 (von Dritten durch Organgesellschaften zugekaufte Leistungen sind als Reisevorleistungen in die Marge einzurechnen).

956 S. aber BFH v. 13.12.2018 – V R 52/17, BStBl. II 2019, 345 (kein Vorsteuerausschluss nach § 25 Abs. 4 UStG für unentgeltlich für die Reisenden erbrachte Reiseleistungen [„Kaffeefahrten"], die mangels Entgelt nicht unter § 25 fallen).

Beispiel

Durchführung einer Pauschalreise an die Ostsee für 1.071 €. An Reisevorleistungen werden erbracht: Beförderung 100 € + 19 € USt, Unterkunft und Verpflegung 700 € + 133 € USt. Dem Reiseveranstalter steht kein Vorsteuerabzug zu. Die Bruttomarge beträgt 1.071 € – 119 € – 833 € = 119 €, sodass sich eine Steuer von (119 € : 1,19 = 100 € x 19 % =) 19 € ergibt.

Werden Betriebsangehörigen vom Arbeitgeber sog. **Incentive-Reisen** unentgeltlich zugewendet, ist der Arbeitgeber Reiseunternehmer. Er hat an sich seine Reiseleistung nach § 25 i.V.m. §§ 1 Abs. 1 Nr. 1, 3 Abs. 9a Nr. 2 UStG zu versteuern. Die Marge zwischen den nach § 10 Abs. 4 Nr. 2 UStG anzusetzenden Kosten und den Kosten der Reisevorleistung beträgt jedoch 0. Die Belastung erfolgt durch die Versagung des Vorsteuerabzugs.

Die Erbringung der Reiseleistung ist **steuerfrei nach § 25 Abs. 2 UStG**, soweit die **Reisevorleistungen im Drittlandsgebiet** erbracht werden, nicht aber, soweit sie in Mitgliedstaaten erbracht werden. Die Regelung des § 25 UStG bewirkt durch die Methode des Vorumsatzabzugs, dass es bei **Reisen in der Gemeinschaft** zu einer **Vereinfachung der Abwicklung** für die Reiseleister kommt. Denn sie haben die Marge lediglich in ihrem Sitzland zu versteuern. Da eine Vergütung von VoSt ausscheidet, behält andererseits der Staat, in dem die Reisevorleistung in Anspruch genommen wurde, jedenfalls insoweit das Steueraufkommen. Die Reiseleistung unterliegt, soweit sie nicht steuerfrei ist, dem allgemeinen Steuersatz.[957]

Beispiel

Reisebüro F in Frankfurt wird im Innenverhältnis auf Provisionsbasis für Reisebüro Z in -Zürich tätig. Dem Kunden K wird im Namen des F eine Reise nach Österreich verkauft zum Preise von 2.119 € (Unterkunft und Verpflegung im Hotel). Das Hotel berechnet dem Z 1.500 € zzgl. 300 € österreichischen USt. F erhält von Z eine Provision i. H. v. 119 €, sodass er 2.000 € an Z abführt.[958] Dann erbringt F als Reiseveranstalter nach § 25 i. V. m. § 3a UStG im Inland nach § 3a Abs. 1 UStG eine steuerbare Leistung an K, die nicht befreit ist, weil die Reisevorleistung (Unterkunft/Verpflegung) in Österreich (kein Drittland) erbracht wird. Die Reisevorleistung wird von Z an F erbracht. F muss sich so behandeln lassen, als habe Z (als Kommittent) an ihn geleistet (Leistungsverkaufskommission). Für F ergibt sich eine Marge i. H. v. (2.119 € – 2.000 € = 119 € : 1,19 =) 100 € und eine USt-Schuld i. H. v. 19 €.

C. Bemessungsgrundlage nach § 10 Abs. 4 UStG

345 § 10 Abs. 4 UStG bestimmt für diejenigen steuerbaren Umsätze die Bemessungsgrundlage, bei denen ein Entgelt nicht vorliegt. Dies betrifft einmal die unentgeltlichen Wertabgaben nach § 3 Abs. 1b und Abs. 9a UStG (s. Rn. 195 ff.) sowie den Sonderfall des innergemeinschaftlichen Verbringens nach § 3 Abs. 1a UStG. Dabei differenziert § 10 Abs. 4 UStG danach, ob es sich um eine Lieferung oder einer sonstigen Leistung gleichgestellte Vorgänge handelt. Die gemeinschaftsrechtliche Grundlage findet sich in den Art. 74–76 MwStSystRL.

Für die einer Lieferung gleichgestellten Vorgänge bestimmt § 10 Abs. 4 Nr. 1 UStG (Art. 74 MwStSystRL) den **Einkaufspreis** zzgl. etwaiger Nebenkosten zur Bemessungsgrundlage. Sofern ein Einkaufspreis nicht besteht, sind die **Selbstkosten** die Bemes-

957 EuGH v. 19.12.2018 – C-552/17 (Alpenchalets resorts), BB 2019, 85, auf Vorlage des BFH v. 03.08.2017 – V R 60/16, UR 2017, 893; v. 27.03.2019 – V R 10/19 (V R 60/16), DB 2019, 1129.

958 Beispiel nach BFH v. 07.10.1999 – V R 79, 80/98, BStBl. II 2004, 308.

sungsgrundlage. Dies betrifft namentlich im Unternehmen selbst hergestellte Gegenstände. Die Selbstkosten umfassen die tatsächlichen Aufwendungen zur Herstellung des Gegenstandes, also die Einzel- und Gemeinkosten für Material und Löhne sowie etwaige weitere Aufwendungen. Nicht umfasst wird ein Gewinnaufschlag. Dies entspricht dem Ansatz des Einkaufspreises für erworbene Gegenstände. Im Ergebnis richtet sich die Bemessungsgrundlage damit nach den vom Unternehmer tatsächlich getätigten Aufwendungen und nicht nach dem bei Weiterveräußerung erzielbaren Preis.

Für die einer sonstigen Leistung gleichgestellten Vorgänge bestimmt § 10 Abs. 4 Nr. 2 und 3 UStG (Art. 75 MwStSystRL) die bei der Ausführung dieser Umsätze entstandenen **Ausgaben** zur Bemessungsgrundlage. Unter Ausgaben sind hier die tatsächlich getätigten Aufwendungen zu verstehen. Die Ausgaben (Kosten) umfassen die Einzelaufwendungen und etwaige Gemeinkosten, die durch die Ausführung der jeweiligen Umsätze anfallen. Nicht erfasst werden etwaige kalkulatorische Kosten (kein pagatorischer Aufwand) und Gewinnaufschläge. Weder bei § 10 Abs. 4 Nr. 1 UStG noch bei Nr. 2 und 3 UStG gehört die USt zu den Ausgaben, respektive zu den Selbstkosten oder zum Einkaufspreis.

Zu beachten ist, dass bei der Verwendung eines Unternehmensgegenstandes nach § 3 346
Abs. 9a Nr. 1 UStG solche Aufwendungen, für die kein Vorsteuerabzugsrecht bestand, nicht in die Bemessungsgrundlage einzubeziehen sind, § 10 Abs. 4 Nr. 2 UStG, wohl aber bei den übrigen sonstigen Leistungen nach §§ 3 Abs. 9a Nr. 2 UStG, 10 Abs. 4 Nr. 3 UStG. Ansonsten besteht zwischen § 10 Abs. 4 Nr. 2 und 3 UStG kein Unterschied. Diese Differenzierung korrespondiert mit der bereits in § 3 Abs. 9a Nr. 1 und 2 UStG angelegten Unterscheidung, wonach die Verwendung eines Unternehmensgegenstandes nicht zu besteuern ist, wenn für den Gegenstand überhaupt kein Vorsteuerabzug möglich war. § 10 Abs. 4 Nr. 2 UStG betrifft demnach solche Konstellationen, bei denen zwar hinsichtlich des verwendeten Gegenstandes ein Vorsteuerabzug (zumindest teilweise) möglich war, aber bei der Verwendung auch Aufwendungen anfallen, bei denen kein Vorsteuerabzug möglich ist.

Beispiel

U nutzt einen Pkw zu 60 % unternehmerisch und zu 40 % privat. Er hat diesen von einem Unternehmer für 40.000 € zzgl. 7.600 € USt erworben und die VoSt voll abgezogen. Es entstehen ihm laufende Aufwendungen i. H. v. 10.000 € (zzgl. 1.900 € USt, aber als VoSt abgezogen) und 1.000 € (ohne USt, da steuerfrei, respektive nicht steuerbar, z. B. Garagenmiete, Versicherung, Kfz-Steuer). Der Pkw hat eine Nutzungsdauer von fünf Jahren. Dann liegt eine nach § 3 Abs. 9a UStG steuerbare und steuerpflichtige Verwendung vor, weil die VoSt aus der Anschaffung abziehbar war. Als Bemessungsgrundlage nach § 10 Abs. 4 Nr. 2 UStG ergeben sich die für die private Nutzung getätigten Aufwendungen, soweit ein Vorsteuerabzug möglich war, hier: 10.000 € x 40 % = 4.000 € + 40.000 € Anschaffungskosten: 5 = 8.000 € x 40 % = 3.200 € = 7.200 €, sodass bei einem Steuersatz von 19 % eine USt-Schuld von 1.368 € entsteht. Nicht einzubeziehen sind die 1.000 €, bei denen kein Vorsteuerabzug möglich war. Aber: Hätte U den Pkw von einem Privatmann etwa für 40.000 € erworben, wäre die Verwendung schon nicht nach § 3 Abs. 9a Nr. 1 UStG steuerbar gewesen, weil kein Vorsteuerabzug möglich war. Im Ergebnis wäre dann allerdings bzgl. der laufenden Aufwendungen nur ein Vorsteuerabzug i. H. v. 60 % von 1.900 € USt = 1.140 € möglich gewesen.

§ 10 Abs. 4 Nr. 2 S. 2 und 3 UStG bestimmt ausdrücklich, dass zu den Ausgaben auch die Anschaffungs- oder Herstellungskosten gehören. Dies ist zunächst einmal eine Selbstverständlichkeit. Allerdings bestimmt S. 3, dass diese nach Maßgabe des Berichtigungszeitraums des § 15a UStG, d. h. auf zehn Jahre bei Grundstücken und auf fünf Jahre bei anderen Wirtschaftsgütern, auf die außerunternehmerische Verwendung zu verteilen sind. Die Verknüpfung der Verteilung der Anschaffungskosten mit dem Berichtigungszeitraum des § 15a UStG anstatt einer Verteilung nach Maßgabe des tatsächlichen Wertverzehrs ist vom EuGH zutreffend als richtlinienkonform anerkannt worden.[959]

D. Mindestbemessungsgrundlage

347 § 10 Abs. 5 UStG stellt technisch eine Ergänzungsvorschrift zu § 10 Abs. 1 UStG dar, indem er in bestimmten Fällen des entgeltlichen Leistungsaustausches nach § 1 Abs. 1 Nr. 1 UStG die sich an sich aus § 10 Abs. 1 UStG ergebende Bemessungsgrundlage auf den Einkaufspreis bzw. die Ausgaben gemäß § 10 Abs. 4 Nr. 1 oder Nr. 2 UStG heraufschleust. **Materiell** handelt es sich jedoch um eine Ergänzungsvorschrift zu:

- § 3 Abs. 1b Nr. 2, Abs. 9a Nr. 1 und 2 UStG (Lieferungen und sonstige Leistungen an Arbeitnehmer ohne Entgelt),
- § 3 Abs. 1b Nr. 1, Abs. 9a Nr. 1 und 2 UStG (unentgeltliche Wertabgaben für **außerunternehmerische Zwecke** an nahestehende Personen und Gesellschafter).

Hier sollen Umgehungen des § 10 Abs. 4 UStG ausgeschaltet werden, wenn dieser deshalb nicht anwendbar ist, weil wegen der Vereinbarung eines (zu niedrigen) Entgeltes eine entgeltliche Leistung vorliegt, sodass § 10 Abs. 4 UStG nicht anwendbar ist. § 10 Abs. 5 UStG war unionsrechtlich durch die Vorgängerregelung zu Art. 395 MwStSystRL gedeckt, wonach Mitgliedstaaten durch den Rat zur Einführung von Sondermaßnahmen zur Vereinfachung der Steuererhebung und zur Verhinderung von Steuerumgehungen ermächtigt werden können.[960] Nunmehr sieht bereits Art. 80 MwStSystRL vor, dass die Mitgliedstaaten – ohne noch die Ermächtigung durch den Rat einholen zu müssen – den „Normalwert" als (Mindest-)Steuerbemessungsgrundlage ansetzen können bei Leistungen an Empfänger, zu denen enge persönliche, eigentumsrechtliche, finanzielle oder rechtliche Bindungen bestehen. Weitere Voraussetzung nach Art. 80 Abs. 1 Buchst. a und b MwStSystRL ist allerdings, dass der Leistungsempfänger und der Leistende nicht zum vollen Vorsteuerabzug berechtigt sind,[961] weil insoweit Steuerumgehungen nicht in Betracht kommen. Dem ist auch bei der richtlinienkonformen Auslegung des § 10 Abs. 5 UStG nunmehr Rechnung zu tragen.

Beispiel 1

Der Unternehmer überlässt für eine überraschende Fahrt zu einer Beerdigung seinem Arbeitnehmer einen Firmenwagen zur privaten Nutzung gegen eine Gegenleistung von 1,19 €/km. Die vorsteuerentlasteten Kosten betragen 1,50 €/km.
Es liegt ein Leistungsaustausch nach § 1 Abs. 1 Nr. 1 UStG vor. Anstelle der sich nach § 10 Abs. 1 UStG ergebenden Bemessungsgrundlage von 1,00 €/km sind nach § 10 Abs. 5 Nr. 2 i. V. m. Abs. 4 Nr. 2 UStG als Mindestbemessungsgrundlage 1,50 €/km anzusetzen.

Beispiel 2

Ein Unternehmer/Autohändler liefert an seinen Sohn einen Pkw für 11.900 €, für den der Händler im Einkauf 20.000 € zzgl. 3.800 € USt bezahlte. Die Bemessungsgrundlage für den Leistungsaustausch ergibt sich aus § 10 Abs. 5 Nr. 1 UStG (Einzelunternehmer an ihnen nahestehende Personen) i. V. m. § 10 Abs. 4 Nr. 1 UStG mit dem Einkaufspreis, hier 20.000 €.

959 EuGH v. 14.09.2006 – C-72/05 (Wollny), Slg. 2006, I-8297.

960 S. zur Erteilung der Ermächtigung die Nachweise in BFH v. 15.11.2007 – V R 15/06, BStBl. II 2009, 423; zu einer vergleichbaren schwedischen Vorschrift hat der EuGH entschieden, dass diese mangels Erteilung einer entsprechenden Ermächtigung richtlinienwidrig war, EuGH v. 20.01.2005 – C-142/03 (Hotel Scandic), Slg. 2005, I-743; für Deutschland ist eine solche Ermächtigung erteilt worden, s. BT-Drs. 8/1779, 38.

961 Vgl. EuGH v. 26.04.2013 – C-621/10 und C-129/11 (Balkan and Sea Properties), UR 2012, 423. Zur strittigen Frage, ob die weitergehende Regelung des § 10 Abs. 5 UStG weiterhin durch die erteilte Ermächtigung gedeckt ist, s. Lippross, USt, Kap. 5.5.1 m. w. N. (S. 975). Zweifelnd wohl BFH v. 05.06.2014 – XI R 44/12, BStBl. II 2016, 187 und verneinend FG Düsseldorf v. 08.07.2016–1 K 1397/13, EFG 2016, 1465.

Beispiel 3

Eine Bau-GmbH errichtet für den Alleingesellschafter für einen Werklohn i. H. v. 200.000 € ein Einfamilienhaus. Von einem fremden Dritten wären 357.000 € verlangt worden. Die Selbstkosten betrugen 200.000 €. Als Mindestbemessungsgrundlage für den Leistungsaustausch zwischen der GmbH und dem ihr nahe stehenden Gesellschafter sind gemäß § 10 Abs. 5 Nr. 1 i. V. m. Abs. 4 Nr. 1 UStG die Selbstkosten, hier also 200.000 € anzusetzen (s. Rn. 204).

Beispiel 4

Vater (V) und Sohn (S) betreiben je ein Autoeinzelhandelsunternehmen. V veräußert an S einen für 20.000 € zzgl. 3.800 € von einem Unternehmer für sein Unternehmen eingekauften Pkw an S für lediglich 10.000 € zzgl. 1.900 USt, um den S geschäftlich zu unterstützen. S kann das Fahrzeug tatsächlich kurze Zeit später bereits für 25.000 € zzgl. 4.750 € USt an einen Kunden weiterveräußern.
Obwohl nach dem Wortlaut des § 10 Abs. 5 Nr. 1 i. V. m. Abs. 4 Nr. 1 UStG an sich für die Lieferung des V an den S der Einkaufspreis von 20.000 € als Mindestbemessungsgrundlage anzusetzen wäre, ist die Vorschrift nicht anzuwenden. Denn es droht keine Steuerumgehung und kein Missbrauch, da V und S voll vorsteuerabzugsberechtigt sind. Denn auch bei Vereinbarung des angemessenen Preises von 20.000 € zzgl. 3.800 € für die Lieferung des V an S hätte sich keinerlei höheres Steueraufkommen ergeben, weil S insoweit dann vorsteuerabzugsberechtigt gewesen wäre. Es können sich auch keine Steuervorteile zugunsten von V oder S aus Vorsteuerkorrekturen nach § 15a UStG ergeben.

Da es sich materiell um eine Ergänzungsvorschrift zu den Tatbeständen der unentgeltlichen Leistungsabgaben für außerunternehmerische Zwecke und für private Zwecke der Arbeitnehmer handelt, ist § 10 Abs. 5 UStG nur anwendbar, wenn einer dieser Tatbestände vorläge, falls kein Entgelt vereinbart worden wäre. Ist dies nicht der Fall, ist auch für die Anwendung des § 10 Abs. 5 UStG kein Raum.[962]

Beispiel

Eine Gesellschaft veräußert im Rahmen eines Jubiläumsverkaufes verbilligt Waren unter dem Einkaufspreis, u. a. auch an einen Gesellschafter bzw. eine diesem nahestehende Person. Für die Anwendung des § 10 Abs. 5 Nr. 1 i. V. m. Abs. 4 Nr. 1 UStG ist kein Raum, denn die Verbilligung beruht nicht auf dem Gesellschaftsverhältnis, mithin nicht auf außerunternehmerischen Zwecken i. S. d. § 3 Abs. 1b Nr. 1 UStG. Ebenso, wenn ein Einzelunternehmer zu Werbezwecken verbilligt Waren abgibt, u. a. an einen Angehörigen, der zugleich Kunde ist. Die kostenlose Abgabe würde hier keine unentgeltliche Lieferung nach § 3 Abs. 1b Nr. 1 UStG darstellen. Ein Ausschluss des Vorsteuerabzugs nach § 15 Abs. 1a Nr. 1 UStG i. V. m. § 4 Abs. 5 Nr. 1 EStG kommt wegen der Entgeltlichkeit nicht in Betracht. Für verbilligte Wertabgaben aus unternehmerischem Anlass, die bei Unentgeltlichkeit unter § 3 Abs. 1b Nr. 3 UStG fallen würden – oder für die nach § 15 Abs. 1a Nr. 1 UStG als Geschenk der Vorsteuerabzug ausgeschlossen wäre –, ist der Ansatz einer Mindestbemessungsgrundlage (noch) nicht vorgesehen.

Aus dem Ziel des § 10 Abs. 5 UStG, Umgehungen des § 10 Abs. 4 UStG auszuschalten, ergibt sich auch, dass die Mindestbemessungsgrundlage bei Vereinbarung eines marktgerechten Preises für die Leistung keine Anwendung finden kann, selbst wenn die Kosten höher liegen.[963] Das wird auch ausdrücklich in § 10 Abs. 5 S. 1 Hs. 2 und S. 2 UStG im Gesetz so bestimmt.[964]

Die Frage hat besondere Bedeutung bei der durch Option steuerpflichtigen Vermietung von Grundstücken, bei denen am Markt oftmals eine kostendeckende Miete nicht durchzusetzen ist. Hier verbietet sich bei marktkonformen Mietpreisen auch dann die Anwendung der Mindestbemessungsgrundlage, wenn die Mieten unterhalb

962 BFH v. 19.06.2011 – V R 8/09, BFH/NV 2011, 2184 (Zeitungsabonnement); v. 29.05.2008 – V R 12/07, BStBl. II 2009, 428 (teilentgeltliche Überlassung von Schutzkleidung an Arbeitnehmer); v. 27.02.2008 – XI R 50/07, BStBl. II 2009, 426; v. 11.12.2007 – V R 15/06, BFH/NV 2007, 1070 (teilentgeltliche Arbeitnehmerbeförderung).

963 So EuGH v. 29.05.1997 – C-63/96 (Skripalle), Slg. 1997, I-2847 = BStBl. II 1997, 841; BFH v. 08.10.1997 – XI R 8/86, BStBl. II 1997, 840. S. auch BFH v. 17.11.2015 – XI B 52/15, UR 2016, 280 (zu verbilligten Leistungen an Arbeitnehmer bei Entgelten unter von Endkunden verlangten marktüblichen Entgelten!).

964 Eingefügt durch StAnpG Beitritt Kroatien v. 25.07.2014, BGBl. I 2014, 1266.

der Ausgaben i. S. d. § 10 Abs. 4 Nr. 2 UStG für eine unentgeltliche Verwendung liegen. Nicht mit VoSt belastete Aufwendungen dürfen auch hier bei der Mindestbemessungsgrundlage nicht berücksichtigt werden.[965]

Beispiel

Die Ehefrau errichtet für 400.000 € zzgl. 76.000 € USt ein Gebäude, das sie steuerpflichtig zum nachgewiesenen Marktpreis i. H. v. 40.000 € zzgl. 7.600 € USt an ihren Ehegatten vermietet.
An Finanzierungskosten entsteht ihr ein Damnum von 10 % von 400.000 € = 40.000 € und 5 % Zinsen = 20.000 €. Als Abschreibung macht sie in ihrer ESt-Erklärung 5 % von 400.000 € = 20.000 € gemäß § 7 Abs. 5 EStG geltend.
Bei Zugrundelegung einer Verteilung der Anschaffungskosten von 400.000 € auf zehn Jahre ergeben sich jährliche Ausgaben i. H. v. 40.000 € i. S. d. § 10 Abs. 4 Nr. 2 S. 2 UStG. Die Finanzierungskosten dürfen nicht einbezogen werden, weil hier kein Vorsteuerabzug möglich war. Daher liegt die vereinbarte Miete nicht unter den Ausgaben. Selbst wenn dies aber der Fall wäre, dürfte hier die Mindestbemessungsgrundlage nicht angewendet werden, weil keine Verbilligung vorliegt, sondern der marktübliche Preis verlangt wird. Zu beachten ist, dass der Ansatz der Mindestbemessungsgrundlage auch bei einer verbilligten Leistung an voll vorsteuerabzugsberechtigte Unternehmer ausscheidet, wenn – auch unter Berücksichtigung von etwaigen später möglichen Vorsteuerkorrekturen nach § 15a UStG – eine missbräuchliche Verbilligung zum Zwecke der Umsatzsteuerersparnis vollständig ausscheidet.[966]
Wegen der Problematik eines Vorsteuerabzugs aus der Mindestbemessungsgrundlage s. Rn. 385 f.

E. Änderungen der Bemessungsgrundlage

348 I. Nach **§ 17 Abs. 1 S. 1 u. 2 UStG** ist für den **leistenden Unternehmer die Umsatzsteuerschuld** und für den **Leistungsempfänger der Vorsteuerabzug** zu berichtigen, wenn sich in einem späteren Besteuerungs-/Voranmeldungszeitraum die Bemessungsgrundlage für einen steuerpflichtigen Umsatz ändert. Ausnahmsweise hat der Empfänger die Vorsteuer nicht zu berichtigen, wenn ihm die Änderung der Bemessungsgrundlage nicht zugutekommt, § 17 Abs. 1 S. 3 UStG. Das betrifft namentlich Preisnachlässe und Preiserstattungen an Endverbraucher unter Überspringen der Lieferkette durch dem Einzelhändler vorhergehende Lieferanten (u. a. Hersteller,[967] Großhändler, s. Rn. 335 ff.).
Anwendungsfälle für § 17 Abs. 1 S. 1 u. 2 UStG sind insbesondere **Skontoabzüge,** Bonusgewährungen, nachträgliche **(Kauf-)Preisminderungen**, aber auch die strafrechtliche Einziehung von Taterträgen im Fall einer Bestechung, wenn das Bestechungsgeld als Entgelt für eine Leistung anzusehen ist und später staatlicherseits eingezogen wird.[968] Es handelt sich um eine **eigenständige materielle Berichtigungsvorschrift**, die in ihrem Anwendungsbereich keine Überschneidung mit den Vorschriften der AO zur (formellen) Änderung eines Steuerbescheides aufweist.[969] **§ 17 UStG ist daher nicht lex specialis zu §§ 172 ff. AO.** Die Berichtigung ist nicht rückwirkend vorzunehmen, sondern erst für den Besteuerungszeitraum, in dem die Änderung eingetreten ist (§ 17 Abs. 1 S. 8 UStG). Handelt es sich dabei um eine Entgeltminderung, ist die Änderung erst für den Voranmeldungszeit-

965 Vgl. BFH v. 31.07.2008 – V R 74/05, BFH/NV 2009, 226 (Firmenwagenüberlassung an Arbeitnehmer, aber vollentgeltlich).
966 S. BFH v. 05.06.2014 – XI R 44/12, UR 2014, 700 unter Bezugnahme auf EuGH v. 26.04.2012 – C-621/10 und C-129/11 (Balkan and Sea Properties), UR 2012, 435; s. auch BFH v. 20.01.2008 – V R 39/06, BStBl. II 2009, 786.
967 S. EuGH v. 20.12.2017 – C-462/16 (Boehringer Ingelheim), DStR 2018, 75 auf Vorlage BFH v. 22.06.2016 – V R 42/15, MwStR 2016, 801 und dazu Heuermann UR 2016, 905. Grundlegend EuGH v. 24.10.1996 – C-317/94 (Elida Gibbs), BStBl. II 2004, 324 und v. 15.10.2002 – C-427/98 (Kommission/Deutschland), BStBl. II 2004, 328.
968 Zutreffend BFH v. 25.9.2024 – XI R 6/23, BB 2025, 542.
969 Zutreffend Stadie, UStG, § 17 Rn. 5.

raum zu berücksichtigen, in dem die Rückzahlung tatsächlich erfolgt,[970] z. B. wenn der Kaufpreis nachträglich herabgesetzt wird oder bei Doppelzahlung dem Käufer eine Gutschrift gewährt wird.

Beispiel

U1 liefert in 11/2020 an U2 einen Lkw für 100.000 € zzgl. 19.000 € USt. Aufgrund von Mängeln mindert U2 in 12/2020 den Kaufpreis um 11.900 €. U2 erhält in 01/2021 die 11.900 € von U1 erstattet. In der Voranmeldung für 01/2020 (und nicht Nov. oder Dez. 2020) berichtigt U1 um – 10.000 € die Bemessungsgrundlage und – 1.900 € die USt und U2 um – 1.900 € die VoSt.

Umgekehrt sind nachträglich eintretende Entgelterhöhungen (erst) in dem Besteuerungszeitraum zu berücksichtigen, in dem die Entgelterhöhung tatsächlich erfolgt, etwa durch eine irrtümliche Mehr- oder Doppelzahlung, aber auch dann, wenn für eine zunächst unentgeltlich oder gegen vereinbartes Entgelt erbrachte Leistung nachträglich doch ein Entgelt oder ein zusätzliches Entgelt erlangt wird. Dies trifft etwa zu für einem Provider verbleibende, nicht zurückgeforderte Restguthaben bei Prepaid-Verträgen. Dieses stellt nachträgliches Entgelt für die dem Prepaid-Kunden zur Verfügung gestellte Nutzung der Infrastruktur dar.[971]
Keine Änderung der Bemessungsgrundlage liegt vor, wenn eine Forderung aus einer steuerpflichtigen Leistung unter Nennwert veräußert wird.[972]

Beispiel

U hat gegen K aus der Lieferung eines Lkw eine Forderung i. H. v. 119.000 €. Er veräußert sie für 100.000 € an die Bank. Die Forderungsabtretung ist für U eine nach § 4 Nr. 8 c UStG steuerfreie Leistung mit einer Bemessungsgrundlage von 100.000 €. Hinsichtlich der Lieferung tritt keine Änderung ein. Zu einer Änderung käme es allerdings, wenn der K als Lieferungsempfänger zahlungsunfähig wird, gleichgültig ob vor oder nach Forderungsabtretung. Keine Änderung auch bei Zahlungsunfähigkeit tritt allerdings ein, wenn ein Dritter im Interesse des zahlungsunfähig gewordenen Schuldners zahlt und sich quasi wie ein Bürge lediglich die Forderung abtreten lässt.[973] Dann liegt ein Entgelt von dritter Seite vor.

§ 17 Abs. 1 UStG findet seine unionsrechtliche Grundlage in Art. 90, 184, 185 MwStSystRL. Diese Bestimmung ist Ausdruck eines fundamentalen Grundsatzes der Mehrwertsteuerrichtlinie, nach dem Bemessungsgrundlage die tatsächlich erhaltene Gegenleistung ist und aus dem folgt, dass die Steuerverwaltung als Mehrwertsteuer keinen höheren als den dem Steuerpflichtigen gezahlten Betrag erheben darf.[974]

II. Wie eine Änderung der Bemessungsgrundlage wird nach **§ 17 Abs. 2 Nr. 1 UStG** der Fall behandelt, dass das **Entgelt uneinbringlich** geworden ist. Auch hier ist die Korrektur für den Veranlagungszeitraum vorzunehmen, in dem die Uneinbringlichkeit eintritt, nicht etwa rückwirkend.[975] Uneinbringlich wird eine Forderung dann, wenn der Leistende sie bei objektiver Betrachtung auf absehbare Zeit nicht durchsetzen kann.[976] Uneinbringlichkeit ist insbesondere bei Eröffnung des **349**

970 BFH v. 18.09.2009 – V R 56/06, BStBl. II 2009, 250 unter Berufung auf EuGH v. 29.05.2001 – C-86/99 (Freemans), Slg. 2001, I-4167 gegen BFH v. 30.11.1995 – V R 57/94, BStBl. II 1996, 206 und v. 13.12.1995 – XI R 16/95, BStBl. II 1996, 208 (bereits mit Vereinbarung der Preisänderung bzw. Zusage der Rückzahlung); s. auch v. 03.08.2011 – V B 36/10, BFH/NV 2011, 2131 (auch bei vereinbarter nachträglicher Preisherabsetzung erst mit Rückzahlung).

971 BFH v. 10.04.2019 – XI R 4/14, BStBl. II 2019, 635 mit Anm. Treiber DStR 2019. S. auch BFH v. 26.06.2019 – V R 64/17, BStBl. II 2019, 640 (Nachträgliche Entgelterhöhung im Kundenbindungssystem durch vergütungslosen Verfall von Prämienpunkten); BFH v. 18.01.2007 – VB 39/05, BFH/NV 2007, 966 (nicht erstattete Restbeträge bei Münztelefon – Teil des Entgeltes) und BFH v. 19.11.2007 –V R 11/05, BStBl. II 2007, 966 und v. 13.12.1995 – XI R 16/95, BStBl. II 1996, 208 (versehentliche Doppelzahlung [auch] Entgelt), BFH v. 26.06.2019.

972 BFH v. 29.10.2010 – V B 123/09, BFH/NV 2011, 663 m. w. N.

973 BFH v. 19.10.2001 – V R 48/00, BStBl. II 2003, 210.

974 EuGH v. 06.12.2018 – C-672/17 (Tratave) m. w. N.; u. a. v. 20.12.2017 – C-462/16 (Boehringer Ingelheim), UR 2018, 166.

975 Vgl. BFH v. 25.07.2012 – VII R 29/11, BStBl. II 2013, 36 m. w. N.; v. 19.08.2008 – VII R 36/07, BStBl. II 2009, 90.

976 BFH v. 24.10.2013 – V R 31/12, BStBl. II 2015, 674 (zu längerfristigem vertraglichen Sicherungseinbehalt); v. 22.10.2009 – V R 14/08, BStBl. II 2011, 988; v. 20.07.2006 – V R 13/04, BStBl. II 2007, 22.

Insolvenzverfahrens oder Abweisung der Eröffnung mangels Masse oder bei vergeblicher Einzelzwangsvollstreckung anzunehmen oder bei substanziiertem Bestreiten der Zahlungspflicht.[977]

Uneinbringlichkeit ist nicht erst dann zu bejahen, wenn der endgültige Ausfall der Forderung feststeht, sondern bereits dann, wenn mit einer alsbaldigen Zahlung nicht mehr zu rechnen ist. Das folgt aus dem Gesetzeszweck, den Verbraucher (Leistungsempfänger) und nicht den Unternehmer zu besteuern. Dieser ist nur Steuereinsammler für den Staat, sodass ihm eine längere Vorfinanzierung nicht zuzumuten ist.[978] Auffällig ist, dass die finanzgerichtliche Rechtsprechung vermeidet, darauf eine konkrete Antwort zu geben. Es wird immer vermieden, eine konkrete Grenze zu entwickeln, ab wann frühestens Uneinbringlichkeit anzunehmen ist. Entweder soll eine Uneinbringlichkeit noch nicht vorgelegen haben oder spätestens mit der Eröffnung des Insolvenzverfahrens gegeben sein.[979]

Zum Teil wird im Schrifttum[980] zutreffend vertreten, dass die gesetzliche Anordnung des sog. Sollprinzips bereits verfassungs- und unionsrechtswidrig ist, weil es gegen den Verhältnismäßigkeitsgrundsatz verstößt. Der Verhältnismäßigkeitsgrundsatz verlangt für staatliches Handeln, dass belastende Maßnahmen zur Erreichung eines Gesetzesziels geeignet, erforderlich und angemessen sein müssen.[981] Die Steuererhebung beim Unternehmer vor Vereinnahmung der Gegenleistung sei jedenfalls nicht erforderlich, um den Gesetzeszweck zu erreichen. Das mildere und einfachere, gleich wirksame Mittel sei die Besteuerung der jeweils tatsächlich vereinnahmten Gegenleistungen. Zur Vermeidung der Verfassungs- und Unionsrechtswidrigkeit der Regeln über die Soll-Versteuerung ist nach dieser Ansicht das Gesetz verfassungs- und unionsrechtskonform (und richtlinienkonform) auszulegen, indem (vorläufige) Uneinbringlichkeit i. S. des § 17 Abs. 2 Nr. 1 Satz 1 UStG als Nichtvereinnahmung der Gegenleistung im Zeitpunkt der Fälligkeit der Steuer (10 Tage nach Steuerentstehung – § 18 Abs. 1 S. 3 UStG) verstanden wird. Folglich ist die Steuer gar nicht erst abzuführen, wenn zum Zeitpunkt der an sich nach dem Gesetzeswortlaut eintretenden Fälligkeit der Steuer die Gegenleistung noch nicht vereinnahmt worden ist.[982]

Demgegenüber nimmt die h.M. eine Uneinbringlichkeit i. S. d. § 17 Abs. 2 Nr. 1 UStG grundsätzlich erst dann an, wenn bei objektiver Betrachtung feststeht, dass die Forderung nicht mehr durchsetzbar ist.[983] So geht der BFH ausdrücklich von einer Uneinbringlichkeit erst und nur dann aus, wenn die Forderung rechtlich, wie im Falle der Eröffnung des Insolvenzverfahrens,[984] oder tatsächlich auf unab-

---

977 BFH v. 22.04.2004 – V R 72/03, BStBl. II 2004, 684; v. 31.05.2001 – V R 71/99, BStBl. II 2003, 206. S. auch EuGH v. 15.10.2020 – C-335/10 (E), UR 2021, 444 (Berichtigung auch und bereits bei eröffnetem Insolvenzverfahren gegen den Schuldner); EuGH v. 11.06.2020 – C 146/19 (SCT), UR 2021, 205 (Berichtigung auch bei unterlassener Anmeldung im Insolvenzverfahren); EuGH v. 23.11.2017 – C-246/16 (Di Maura), UR 2018, 37 (Berichtigung nicht erst dann zulässig, wenn Insolvenzverfahren erfolglos beendet ist!); v. 06.12.2018 – C-672/17 (Tratave), HFR 2019, 62 (nationale Regelung zulässig, dass Steuerberichtigung erst erfolgen darf, wenn dem Erwerber zwecks dessen Berichtigung des Vorsteuerabzugs die Annullierung der MwSt mitgeteilt wird); v. 22.02.2018 – C-396/16 (T2), UR 2108, 365 (Zwangsvergleich führt zwingend zur VoSt-Änderung nach Art. 185 MwStSystRL).

978 Vgl. dazu ausführlich Stadie in: R/D, § 17 Rn. 7 ff (Aug. 2022); D. Hummel, MwStR 2022, 606 ff.

979 BFH v. 22.10.2009 – V R 14/09, BStBl II 2011, 988; FG München, Urt. v. 26.2.2010 – 14 K 1705/07, DStRE 2011, 558; siehe auch BFH v. 2.12.2013 – XI B 5/13, MwStR 2014, 214 m. Anm. D. Hummel; ähnlich unpräzise BFH v. 8.3.2012 – V R 49/10, BFH/NV 2012, 1665 welcher feststellt, dass jedenfalls nach 19 Jahren Prozess eine Uneinbringlichkeit eingetreten war, dabei aber offenlässt, ob bereits 1981 oder erst 1983 eine solche gegeben gewesen sei.

980 Dazu bereits Stadie, UR 2004, 136 (140); Stadie in: R/D, Einf. Rn. 201 ff. und Rn. 410 ff. (Stand: Jan. 2024); zustimmend Birk/Desens/Tappe, Steuerrecht, 27. Aufl. 2024, Rz. 1739, Fn. 161.

981 Jarass in Jarass/Pieroth, GG, 18. Aufl. 2024, Art. 20 GG Rz. 116 ff. und Sachs in Sachs, GG, 10. Aufl. 2024, Art. 20 GG Rz. 149 ff. jeweils m.Nw. der BVerfG-Rspr.

982 Stadie, UR 2004, 136 (140); Stadie in: R/D, § 17 Rn. 371.1 (Stand: Aug. 2022).

983 BFH v. 13.11.1986 – V R 59/79; BStBl. II 1987, 226 (228); BFH v. 13.1.2005 – V R 21/04, BFH/NV 2005, 928; relativierend Lippross, USt, Kap. 5.9.4 (S. 1015); überzogen hingegen FG Thüringen, Urt. v. 1.12.2009–3 K 921/07, DStRE 2011, 105.

984 BFH v. 22.10.2009 – V R 14/08, UR 2010, 268; BFH v. 13.11.1986 – V R 59/79; BStBl. II 1987, 226 (228).

sehbare Zeit nicht durchsetzbar ist.[985] Die Nichtdurchsetzbarkeit sei auch bei Zahlungsunwilligkeit des Schuldners gegeben, wenn dieser sich erfolgreich der Zahlungsverpflichtung entziehe.[986] Dem sei der Fall der Zahlungsverweigerung gleichzusetzen, wenn der Schuldner das Bestehen der Forderung selbst oder deren Höhe substanziiert bestreite, sodass die Möglichkeit bestehe, dass die Forderung nicht oder nicht in voller Höhe durchsetzbar sei.[987] Andere wollen auf eine nachhaltige bzw. ernsthafte Zahlungsverweigerung abstellen.[988] All dies kann jedoch nicht überzeugen. Dies zeigt sich im Fall eines Ratenkaufvertrages.

Das in der Mehrwertsteuerrichtlinie vorgesehene sog. „Soll-Prinzip" bei der Steuerentstehung (Art. 63) wird nämlich in Art. 64 der Mehrwertsteuerrichtlinie in gewissen Konstellationen (z. B. bestimmte Lieferungen und Dienstleistungen, die zu aufeinander folgenden Abrechnungen oder Zahlungen Anlass geben) oder in den Anzahlungsfällen (Art. 65 der Mehrwertsteuerrichtlinie) durchbrochen. Der EuGH entschied, dass in Art. 63 i. V. m. Art. 64 der Mehrwertsteuerrichtlinie so auszulegen ist, dass die **Steuerschuld für den Spielervermittler** nicht schon bei der Vermittlung vor dem Eintritt der Bedingung entsteht.[989] Der BFH wollte daraufhin in einer schlecht formulierten Vorlage wissen, ob auch der **Ratenzahlungsfall** unter diese unionsrechtlich vorgesehenen Ausnahmen fällt. Bei dieser Vorlage wurde jedoch völlig ausgeblendet, dass die Mitgliedstaaten über Art. 66 der Mehrwertsteuerrichtlinie die Möglichkeit haben, von den Art. 63, 64 und 65 der Mehrwertsteuerrichtlinie abzuweichen und die Mehrwertsteuer auch erst bei der Vereinnahmung des Preises entstehen zu lassen. Da für den EuGH damit überhaupt keine Notwendigkeit bestand, die Vorschrift des Art. 63 besonders eng oder die des Art. 64 besonders weit auszulegen, stellte er klar, dass eine Lieferung unter gleichzeitiger Ratenzahlungsvereinbarung nicht unter Art. 64 fällt und unionsrechtlich auch keine Änderung der Bemessungsgrundlage darstelle.[990] Dieses im Ergebnis wohl richtige, leider aber wieder nur sehr rudimentär und wenig überzeugend begründete Urteil des EuGH verleitete den BFH[991] nun zu einer „Umsetzungsentscheidung", wonach eine **Ratenzahlungsvereinbarung nicht zu einer Reduktion der Bemessungsgrundlage** führen können soll. Diese Entscheidung ist noch weniger überzeugend als die schief begründete Entscheidung des EuGH.[992]

Nach (strittiger, aber jedenfalls im Ergebnis zutreffender) Auffassung des V. Senates[993] führt auch eine erst **nach Insolvenzeröffnung erfolgende Vereinnahmung des Entgeltes** für einen bereits vor der Insolvenzeröffnung ausgeführten Umsatz des späteren Insolvenzschuldners immer zur Entstehung der USt als einer gemäß §§ 55, 53 InsO vorweg zu befriedigenden **Masseverbindlichkeit.** Nach dieser Rspr. führt die Insolvenzeröffnung für die zu diesem Zeitpunkt noch nicht beglichenen Entgeltforderungen des Insolvenzschuldners als Gläubiger gegen seine – durchaus zahlungsfähigen – Schuldner überraschenderweise zunächst zu einer ersten Berichtigung wegen **Uneinbringlichkeit aus Rechtsgründen** nach § 17 Abs. 2 Nr. 1 UStG für den „vorinsolvenzlichen Unternehmensteil". Dies wird daraus gefolgert, dass mit Insolvenzeröffnung die Verfügungsbefugnis nach § 80 InsO auf den Insolvenzverwalter übergeht und

---

985 BFH v. 31.5.2001 – V R 71/99, BStBl. II 2003, 206 (208); BFH v. 22.4.2004 – V R 72/03, BStBl. II 2004, 684 (685).

986 BFH v. 10.3.1983 – V B 46/80, BStBl. II 1983, 389 (391).

987 BFH v. 22.10.2009 – V R 14/08, UR 2010, 268; BFH v. 31.5.2001 – V R 71/99, BStBl. II 2003, 206 (208); BFH v. 22.4.2004 – V R 72/03, BStBl. II 2004, 684 (685); BFH v. 20.7.2006 – V R 13/04, BStBl. II 2007, 22.

988 BFH v. 31.5.2001 – V R 71/99, BStBl. II 2003, 206 = UR 2002, 98; BFH v. 22.4.2004 – V R 72/03, BStBl. II 2004, 684; BFH v. 20.7.2006 – V R 13/04, BStBl. II 2007, 22 = UR 2006, 713; BFH v. 8.3.2012 – V R 49/10, DB 2012, 1903 – Rz. 22 u. 25.

989 EuGH v. 29.11.2018 – C-548/17 (baumgarten sports & more), EU:C:2018:970, Rz. 32.

990 EuGH v. 28.10.2021 – C-324/20 (X-Beteiligungsgesellschaft (Mehrwertsteuer – Aufeinanderfolgende Zahlungen), EU:C:2021:880)

991 BFH v. 1.2.2022 – V R 37/21, BStBl II 2022, 860.

992 Kritisch dazu Stadie, UR 2022, 1 ff. und D. Hummel, MwStR 2022, 606 ff.

993 BFH v. 24.09.2014 – V R 48/13, BStBl. II 2015, 506; v. 09.12.2010 – V R 22/10, BStBl. II 2011, 996; v. 24.01.2011 – V R 13/11, BStBl. II 2012, 298; v. 06.09.2016 – V B 52/16, BFH/NV 2017, 67; dem folgend BFH v. 01.03.2016 – XI R 21/14, BStBl. II 2016, 756; zur Problematik vgl. einerseits zustimmend Wäger DStR 2011, 1925; Stadie UR 2013, 158; im Ergebnis auch Seer DStR 2016, 1289 und ablehnend Onusseit ZIP 2016, 452; Welte/Friedrich-Vache UR 2012, 740; Kahlert DStR 2011, 1973; s. auch Reiß in: R/K/L, § 18 Rn. 2000 ff. Exkurs zu USt in der Insolvenz (Jan. 2018).

deshalb mangels Durchsetzungsmöglichkeit zunächst für den „vorinsolvenzlichen Teil" des Unternehmens Uneinbringlichkeit eintritt. Daher habe eine **erste Berichtigung** nach § 17 Abs. 2 Nr. 1 UStG der vor Eröffnung des Insolvenzverfahrens entstandenen Umsatzsteuerschuld wegen **Uneinbringlichkeit** zu erfolgen. Erst die **nach Insolvenzeröffnung** – dann aber durch den **Insolvenzverwalter** oder aber durch den Insolvenzschuldner selbst bei angeordneter **Eigenverwaltung**[994] – erfolgende **Entgeltvereinnahmung** führe dann wieder zu einer **zweiten erneuten Berichtigung** nach § 17 Abs. 2 Nr. 1 Abs. 2 UStG. Die dadurch erst wieder neu „begründete" USt-Schuld stelle eine **Masseverbindlichkeit** i. S. d. § 55 Abs. 1 Nr. 1 InsO dar. (s. Rn. 422).

Eine Korrektur nach § 17 Abs. 2 Nr. 1 UStG ist auch dann vorzunehmen, wenn aus dem Forderungsausfall wegen einer **Warenkreditversicherung** kein Schaden entsteht. Die Zahlung der Warenkreditversicherung ist nicht Entgelt für die Lieferung oder sonstige Leistung, sondern eine reine Geldzahlungspflicht aufgrund des Versicherungsversprechens. Wird später gleichwohl gezahlt – an die Warenkreditversicherung wegen des Forderungsübergangs (nach § 86 VVG) –, so ist im Zeitpunkt des Zahlungseingangs gemäß § 17 Abs. 2 Nr. 1 S. 2 UStG erneut zu korrigieren. Dies alles scheint der EuGH[995] jedoch in der Rs. *Euler Hermes* unlängst übersehen zu haben. Hier meint er tatsächlich ausführen zu müssen, dass der Versicherungsnehmer, wenn dieser einen Teil der Forderungen in Form einer Entschädigung durch die Versicherung vereinnahmt hat, keinerlei Anspruch auf Verminderung der Steuerbemessungsgrundlage für die Mehrwertsteuer geltend machen könne. Daran ist so alles falsch, was nur falsch sein kann. Da diese Entscheidung von einer 3er Kammer ohne SA getroffen wurde, sollte dem Gerichtshof die Möglichkeit gegeben werden, diesen Fehler zu korrigieren, bevor Versicherungszahlungen zu einer Entgeltzahlung eines Dritten „hochstilisiert" werden.

Beispiel

U erhält in 05/2020 vom Warenkreditversicherer 100.000 € für eine in 03/2020 uneinbringlich gewordene Forderung i. H. v. 119.000 €. In 02/2021 gelingt es der Versicherung, 59.500 € beim Schuldner beizutreiben. Sie zahlt an U im Februar 2021 9.500 €.

U korrigiert	für 03/2019	– 100.000 € Bemessungsgrundlage	und – 19.000 € USt;
	für 02/2020	+ 50.000 € Bemessungsgrundlage	und + 9.500 € USt.

350 III. Als Änderungen der Bemessungsgrundlage mit der Folge der Korrektur von USt und/oder VoSt werden auch behandelt: a) das Rückgängigmachen einer Lieferung, sonstigen Leistung[996] (s. Rn. 83 ff.) oder eines innergemeinschaftlichen Erwerbs, § 17 Abs. 2 Nr. 3 UStG; b) die Nichtausführung einer Leistung, wenn die Steuerschuld wegen vorheriger (An-)Zahlung bereits nach § 13 Abs. 1 Nr. 1 a S. 4 oder Nr. 1 b UStG entstanden war, § 17 Abs. 2 Nr. 2 UStG, und c) die nachträgliche Tätigung von nicht abziehbaren Aufwendungen, für die ein Vorsteuerausschluss nach §§ 15 Abs. 1a, 17 Abs. 2 Nr. 5 UStG eingreift.

---

994 BFH v. 27.09.2018 – V R 45/16, BStBl. II 2019, 356 = UR 2018, 922.

995 EuGH v. 9.2.2023 – C-482/21 (Euler Hermes), EU:C:2023:83, Rz. 41 = UR 2023, 579; kritisch zu bereits schiefen Vorlage Stadie, UR 2022, 561.

996 Eine Rückgängigmachung scheidet bei sonstigen Leistungen aus, wenn diese mit der Erbringung bereits verbraucht worden sind; vgl. BFH v. 18.09.2008 – V R 56/06, UR 2009, 94; Ruppe/Achatz § 16 Rn. 91.

Beispiel

U handelt mit Lederwaren. Einem guten Geschäftsfreund schenkt er in 02/2021 zur Pflege der Geschäftsbeziehungen eine Aktentasche. Diese hatte U für 200 € zzgl. 38 € USt in 10/2020 erworben und zutreffend die VoSt in 10/2020 abgezogen, weil er die Tasche an sich verkaufen wollte. Wegen der nunmehrigen Verwendung als Geschenk ist für 02/2021 nach § 17 Abs. 2 Nr. 5 UStG der Vorsteuerabzug um – 38 € zu korrigieren (s. Rn. 404 ff.). Umstritten war, wie es zu behandeln ist, wenn von Betrügern Abnehmern Anzahlungen zzgl. USt in Rechnung gestellt werden, obwohl die Betrüger von vornherein beabsichtigen, die versprochenen Lieferungen nicht auszuführen und dies dann auch so geschieht. Auf Vorlage des V. und des XI. Senates des BFH[997] hat der EuGH insoweit entschieden, dass den gutgläubigen Abnehmern zunächst der Vorsteuerabzug aus den Anzahlungen zu gewähren ist, sofern die Ausführung der Lieferungen als „sicher" erschienen, § 15 Abs. 1 Nr. 1 S. 3 UStG, Art. 167, 65 MwStSystRL. Allerdings ist der gewährte Vorsteuerabzug dann nach Art. 185 MwStSystRL, § 17 Abs. 2 Nr. 2 UStG zu berichtigen/rückgängig zu machen, wenn feststeht, dass die Lieferungen nicht mehr erfolgen werden. Das Gesetz geht nämlich davon aus, dass ohne Lieferungen auch nicht mehr gezahlt werde. Wurde schon gezahlt (Anzahlungsrechnung), so soll es nach dieser zutreffenden EuGH-Rspr. unionsrechtlich zulässig sein, dass der nationale Gesetzgeber die Vorsteuerberichtigung davon abhängig macht, dass dem Anzahlenden die Anzahlung zurückgewährt wird oder dass eine entsprechende „nationale Gepflogenheit" besteht.[998]

997 BFH v. 21.09.2016 – V R 29/15 und XI R 44/14, MwStR 2017, 122 und 128.

998 EuGH v. 31.05.2018 – C-660/16 und C-661/16 (Kollross und Wirtl), MwStR 2018, 652 mit Anm. Korf und Reiß MwStR 2018, 643.

7. Vorsteuerabzug und Berichtigung des Vorsteuerabzugs

A. Sachliche Voraussetzungen für den Vorsteuerabzug

I. Die Voraussetzungen des § 15 Abs. 1 UStG allgemein

351 Der Vorsteuerabzug ist das Kernstück der Allphasen-Netto-Umsatzsteuer mit Vorsteuerabzug (s. Rn. 2 ff.). Er ist das technische Mittel, um zu erreichen, dass letztlich nur der Endverbraucher wirtschaftlich mit USt belastet wird. Durch ihn wird daher die beim Unternehmer zunächst entstehende Belastung, wenn ihm im Preis USt berechnet wird, beseitigt, indem er einen Vergütungsanspruch gegenüber dem Fiskus erhält. Dieser Vergütungsanspruch wird zwangsweise mit der Steuerschuld verrechnet (vulgo: „abgezogen"), woher die unpräzise Bezeichnung als Vorsteuerabzugsanspruch stammt. Dieser Begriff bezeichnet letztendlich nur den technischen Vorgang. Materiell ist es jedoch ein Vergütungsanspruch i. S. v. § 37 Abs. 1 i. V. m. § 155 Abs. 5 AO bzw. in den Fällen der Steuerschuldverlagerung ein Steuererstattungsanspruch i. S. v. § 37 Abs. 2 AO. Der EuGH betont in besonderem Maße die Bedeutung eines auch zeitlich sofortigen Vorsteuerabzugs für den Unternehmer, um dem Charakter der Neutralität der USt als einer nur den Endverbraucher, nicht den Unternehmer belastenden Steuer zu unterstreichen.[999] Sehr häufig ist dies aber nur ein Lippenbekenntnis. Das Institut des Vorsteuerabzugs birgt aber zugleich die Gefahr, dass durch missbräuchliche oder fehlerhafte Behandlung die idealtypische Korrespondenz zwischen Umsatzsteuerschuld des Leistenden und Vorsteuerabzug des Leistungsempfängers sich nicht einstellt. Hier musste der Gesetzgeber insbesondere Vorsorge gegenüber einem fehlerhaften Ausweis der USt in einer Rechnung treffen. Daraus erklären sich die Regelungen in § 14c Abs. 1 und Abs. 2 UStG (s. Rn. 383 ff.). Außerdem hat der Gesetzgeber auf die Gefahr des Missbrauchs und Steuerausfalls mit den §§ 26b und 26c (Bußgeld- und Straftatbestand) sowie § 25e (Haftungstatbestand) sowie § 13c UStG reagiert. Der bisherige Haftungstatbestand des § 25d UStG wurde aufgehoben und durch § 25f UStG ersetzt (s. Rn. 438 ff.). § 15 Abs. 1 UStG macht in vollständiger Übereinstimmung mit Art. 167, 168 MwSt-SystRL den Vorsteuerabzug generell abhängig von folgenden **materiellen Voraussetzungen:**

- Der Vorsteuerabzugsberechtigte muss **Unternehmer**, respektive Steuerpflichtiger sein (s. Rn. 122 ff.; Ausnahme nur für den Fahrzeuglieferer, § 15 Abs. 4a, § 2a UStG).
- Für sein Unternehmen, respektive für Zwecke seiner besteuerten Umsätze, muss erfolgt sein:
  - eine (steuerbare und steuerpflichtige) **Lieferung oder sonstige Leistung von einem anderen Unternehmer/Steuerpflichtigen**[1000] (§ 15 Abs. 1 Nr. 1 und Nr. 4 UStG), für die der leistende andere Unternehmer gesetzlich (deutsche) Umsatzsteuer schuldet. Die Steuerpflichtigeneigenschaft des Liefernden/Leistenden ist materielle Voraussetzung/Bedingung für den Vorsteuerabzug. Bei Zahlung

999 Vgl. u. a. EuGH v. 12.11.2020 – C-42/19 (Sonaecom), MwStR 2021, 25 mit Anm. de Weerth, v. 17.10.2018 – C-249/17 (Ryan Air), UR 2018, 879; v. 05.07.2018 – C-320/17 (Marle Participations), UR 2018, 762; v. 22.10.2015 – C-277/14 (PPUH Stehcamp), UR 2015, 915 m. w. N.; aus der älteren Rspr. s. EuGH v. 21.03.2000 – C-110/98 (Gabalfrisisa), Slg. 2000, I-1577, UR 2000, 208; v. 08.06.2000 – C-69/98 und C-400/98 (Schloßstraße/Breitsohl), Slg. 2000, I-4279, 4321 = UR 2000, 336. Siehe auch EuGH v. 25.11.2021 – C-334/20 (Amper Metal), DStR 2021, 2902 (zum Vorsteuerabzug aus überteuerten und nutzlosen Werbedienstleistungen).

1000 Vgl. EuGH v. 09.12.2021 – C-154/20 (Kernwater Pro Chemie), BB 2021, 3029 und v. 11.11.2021 – C-281/20 (Ferimet), UR 2022, 65 mit Anm. Pflaum zur Versagung des Vorsteuerabzugs, wenn nicht die Steuerpflichtigeneigenschaft des Liefernden nachgewiesen wird.

vor Erbringung der (Eingangs-)Lieferung/sonstigen Leistung ist der Vorsteuerabzug zeitlich bereits vor Ausführung der Leistung mit der Leistung der **Anzahlung** abziehbar oder
- eine **Einfuhr** aus dem Drittlandsgebiet (§ 15 Abs. 1 Nr. 2 UStG) oder
- ein **innergemeinschaftlicher Erwerb** (§ 15 Abs. 1 Nr. 3 UStG).
- Diese Umsätze müssen zu einer (gesetzlich) geschuldeten Steuer führen, mithin steuerbar und steuerpflichtig sein. Nicht genügt eine nur wegen unberechtigtem Steuerausweis nach § 14c UStG geschuldete Steuer.

- Im Falle des Empfangs einer innerstaatlichen Lieferung oder sonstigen Leistung bedarf es in Übereinstimmung mit Art. 178 i. V. m. Art. 226 MwStSystRL als **formelle Voraussetzung**[1001] zur Ausübung des Vorsteuerabzugsrechtes einer **Rechnung mit offenem Steuerausweis** und allen nach §§ 14, 14a UStG verlangten Angaben (s. Rn. 372 ff.), es sei denn, die Steuerschuld ist nach § 13b Abs. 2 UStG übergegangen, § 15 Abs. 1 Nr. 4 UStG.
- Bei der Einfuhr muss die Einfuhrumsatzsteuer entstanden sein.
- Auch wenn diese materiellen Tatbestandsmerkmale für einen Vorsteuerabzug erfüllt sind, ist der Vorsteuerabzug nach der Rspr. des EuGH und des ihm folgenden BFH, die sich bis zur Einfügung des § 25f UStG (s. Rn. 438) auf keine gesetzliche Grundlage stützen konnte, bei **Mitwirkung an einer Mehrwertsteuerhinterziehung** zu versagen.

Nach der st. Rspr. des EuGH[1002] haben die nationalen Behörden und Gerichte die Inanspruchnahme des Rechtes auf Vorsteuerabzug zu versagen, wenn aufgrund objektiver Anhaltspunkte[1003] feststeht, dass dieses Recht in „betrügerischer Weise oder rechtsmissbräuchlich" geltend gemacht wird (s. Rn. 261). Das sei der Fall, wenn der Steuerpflichtige selbst eine Steuerhinterziehung begeht oder wenn er wusste oder hätte wissen müssen, dass der betreffende Umsatz in eine Mehrwertsteuerhinterziehung einbezogen worden ist. Ausreichend sei bereits, dass der Steuerpflichtige wusste oder hätte wissen können, dass er sich mit seinem Erwerb an einem Umsatz beteiligt, der auf einer vorhergehenden oder nachfolgenden Umsatzstufe der Lieferkette Gegenstand einer Steuerhinterziehung war. Eine explizite Rechtsgrundlage in der MwStSystRL und ihren Vorgängern für diese Aussagen hat der EuGH nicht benannt und mangels Existenz auch nicht benennen können. Mittlerweile beruft er sich auf den allgemeinen Grundsatz, dass sich niemand in missbräuchlicher Weise auf Vorschriften des Unionsrechts berufen kann.[1004] Dies verkennt allerdings, dass sich hier auf geltendes nationales Recht berufen wird. Allerdings ist in diesem Kontext zu bedenken, dass der EuGH jeweils angerufen wird, um zu entscheiden, ob im nationalen Recht vorgesehene Versagungen des Vorsteuerabzugs mit der MwStSystRL vereinbar sind. Daraufhin antwortete der EuGH, dass die MwStSystRL einer **durch Gesetz erfolgenden nationalen Regelung** nicht entgegensteht, wonach dem Steuerhinterzieher oder dem an einer Steuerhinterziehung Beteiligten oder dem Steuerhehler der Vorsteuerabzug versagt werden kann. **Art. 273 MwStSystRL** ermächtigt die Mitgliedstaaten – nicht den EuGH – ausdrücklich zur Auferlegung von (weiteren) Pflichten, um Steuerhinterziehungen zu vermeiden (s. Rn. 438).

Der Vorsteuerabzug ist nicht zu gewähren, wenn aufgrund von Pflichtverletzungen des Steuerpflichtigen der Steuerverwaltung die Überprüfung nicht möglich ist, ob die gesetzlichen materiellen Voraussetzungen des § 15 UStG für den Vorsteuerabzug erfüllt sind.[1005]

1001 Vgl. EuGH v. 22.10.2015 – C-277/14 (PPUH Stehcamp), UR 2015, 917 zur vom EuGH kreierten Differenzierung nach materiellen Voraussetzungen in Art. 167, 168 MwStSystRL (vormals Art. 17 der 6. RL) und formellen Voraussetzungen in Art. 178 i. V. m. Art. 226 MwStSystRL für den Vorsteuerabzug. So auch EuGH v. 15.09.2015 – C-516/14 (Barlis), UR 2016, 795 und v. 15.09.2016 – C-518/14 (Senatex), UR 2016, 800; v. 28.07.2016 – C-332/15 (Astone), UR 2016, 683.

1002 EuGH v. 14.04.2021 – C-108/20 (FA Wilmersdorf), UR 2021, 433; v. 22.10.2015 – C-227/14 (PPUH Stehcamp), UR 2015, 917; v. 18.12.2014 – C-131/13 (Italmoda), UR 2015, 106; v. 18.07.2013 – C-78/12 (Evita K.), DB 2013, 1882; v. 06.12.2012 – C-285/11 (Bonik), MwStR 2013, 37 mit Anm. Grube; v. 21.06.2012 – C-80/11 und 142/11 (Mahageben und David), grundlegend EuGH v. 12.01.2006 – C-439/04 und 440/04, Slg. 2006, I-616. Siehe auch Vorlagebeschluss FG Nürnberg v. 21.09.2021–2 K 345/20, UR 2022, 140 (Az. EuGH C-596/21).

1003 Zumindest präzisiert der EuGH in jüngerer Rspr. etwas mehr, was er darunter versteht: Vgl. EuGH v. 9.1.2023 – C-289/22 (A.T.S. 2003), EU:C:2023:26 = UR 2023, 485 und EuGH v. 1.12.2022 – C-512/21 (Aquila Part Prod Com SA), ECLI:EU:C:2022:950 = UR 2023, 166.

1004 EuGH v. 4.10.2024 – C-171/23 (UP CAFFE), EU:C:2024:840, Rn. 34 ff.

1005 S. EuGH v. 07.03.2018 – C-159/17 (Dobre), MwStR 2018, 515 m. w. N. mit Anm. Winter. S. auch BFH v. 13.12.2018 – V R 65/16, HFR 2019, 421 (für das Vorliegen der materiellen Voraussetzungen für den Vorsteuerabzug trägt der Unternehmer die Darlegungs- und Feststellungslast).

Zeitlich ist der **Vorsteuerabzug** gemäß § 15 UStG, Art. 167, 168 MwStSystRL einem Unternehmer als Leistungsempfänger bereits für den **Besteuerungszeitraum/Voranmeldungszeitraum** zu gewähren, in dem die **Steuerschuld**/der Steueranspruch für die steuerpflichtige Leistung des an ihn leistenden Unternehmer nach § 13 UStG, Art. 63 MwStSystRL **entstanden** ist **und** darüber bereits eine – ggf. auch eine erst nachträglich mit Rückwirkung ergänzte/berichtigte – **Rechnung vorliegt.**

Das gilt auch dann, wenn im Besteuerungszeitraum des Einganges der Leistung/der Entstehung der Steuerschuld noch keine eigene, zu besteuernde Ausgangsleistung erfolgt ist, für die die Eingangsleistung verwendet wurde. Es muss dann aber im Besteuerungszeitraum des Bezuges der Eingangsleistung vorgesehen sein, d.h. die Absicht bestehen, die Eingangsleistung in einem späteren Besteuerungszeitraum für eine solche zu besteuernde Ausgangsleistung zu verwenden. Eine solche zu besteuernde, nicht den Vorsteuerabzug ausschließende befreite Ausgangsleistung muss nachfolgend, wenn auch erst in einem späteren Besteuerungszeitraum, grundsätzlich auch erfolgen. Wird der Eingangsumsatz in einem späteren Besteuerungszeitraum dann allerdings – entgegen den ursprünglichen Absichten und Erwartungen – nicht zu den Vorsteuerabzug zulassenden Umsätzen, sondern zu vollständig oder z. T. zu nach § 15 Abs. 2 UStG steuerfreien Umsätzen verwendet, ist richtigerweise der Vorsteuerabzug insoweit dann zu versagen.[1006]

II. Unternehmer als Vorsteuerabzugsberechtigter

352 **§ Fall 28: Eine verfehlte Gestaltung/Erwerb durch Gesellschafter**

Groß (G) und Klein (K) betreiben in Form einer BGB-Gesellschaft eine Anwaltssozietät. Die Gewinne werden hälftig geteilt, die Ausgaben gemeinsam getragen. Da man sich über die Größe der Pkw nicht einigen konnte, bestellten G und K jeder im eigenen Namen einen Pkw, die sie überwiegend für Fahrten im Interesse der Sozietät nutzen. Die Kosten trägt jeder selbst.

Können G und K oder die Gesellschaft die ihnen bei der Anschaffung in Rechnung gestellte USt als VoSt abziehen?

353 I. Nach **§ 15 Abs. 1 UStG** sind zum **Vorsteuerabzug nur Unternehmer** berechtigt. Der Unternehmerbegriff ergibt sich aus § 2 UStG. Der Unternehmerbegriff des § 2 UStG entspricht auch für den Vorsteuerabzug nach Titel X der MwStSystRL (Art. 167 ff.) dem unionsrechtlichen Begriff des Steuerpflichtigen. Er kann und ist im Rahmen des § 15 UStG nicht anders auszulegen und zu verstehen. Vorsteuerabzugsberechtigt ist auch der erfolglose Unternehmer (s. Rn. 143 ff.)

Unerheblich ist, ob i. S. d. EStG eine Mitunternehmerschaft nach § 15 Abs. 1 Nr. 2 oder § 18 Abs. 4 EStG besteht oder nicht. Grundsätzlich kann für den Vorsteuerabzug nach § 15 UStG auf der Eingangsseite kein anderer Unternehmerbegriff i. S. d. § 2 UStG als für die Ausgangsseite der zu besteuernden Umsätze nach § 1 Abs. 1 UStG gelten. Erkennbar darf auch im Umsatzsteuerrecht – anders als nach dem Ertragsteuerrecht mit transparenter Besteuerung der Personengesellschaft(er) und intransparenter Besteuerung der Kapitalgesellschaft(er) – die Personengesellschaft und ihre Gesellschafter nicht anders behandelt werden als die Kapitalgesellschaft mit ihren Gesellschaftern/Anteilseignern. Denn das UStG behandelt, anders als das Ertragsteuerrecht im § 15 EStG, die Personengesellschaft ebenso

1006 Siehe EuGH v. 12.11.2020 – C-42/19 (Sonaecom), MwStR 2021, 25 (Versagung des Vorsteuerabzugs bei tatsächlicher Verwendung einer aus einer Anleihe erlangten Geldmittel für eine steuerfreie Darlehensgewährung anstelle eines ursprünglich beabsichtigten Anteilserwerbs) mit Anm. de Weerth. Siehe auch EuGH v. 12.11.2020 – C-734/19 (ITH Commercial Timisoara), MwStR 2021, 69 und EuGH v. 17.09.2020 – C-791/18 (Stichting Schoonzicht).

wie die Kapitalgesellschaft als Steuersubjekt. Dann müssen auch die Gesellschafter gleichbehandelt werden.[1007]

Wird nach außen eine Gesellschaft wirtschaftlich tätig, ist insoweit diese der Unternehmer und nicht die Gesellschafter. Grundsätzlich werden diese nur zum Unternehmer, falls sie selbst ihrerseits wirtschaftlich tätig sind, mithin eigene Leistungen – es genügt auch, wenn diese Leistungen nur gegenüber der Gesellschaft erbracht werden[1008] – erbringen. Weder werden die Gesellschafter durch eine Mitunternehmerschaft i. S. d. Einkommensteuerrechts zu Unternehmern (s. Rn. 136), noch verliert die Gesellschaft ihre Unternehmereigenschaft, wenn ertragsteuerlich die Mitunternehmerschaft der Gesellschafter nicht anzuerkennen ist.[1009] Da Groß und Klein mit den betrieblich bedingten Fahrten im Interesse der Sozietät ohne eine gewinnunabhängige Vergütung durch die Sozietät (z. B. Erstattung einer km-Pauschale) nicht nachhaltig durch Erbringung eigener Leistungen gegen Entgelt im Leistungsaustausch tätig wurden, d. h. nicht zur Erzielung von Einnahmen i. S. d. § 2 UStG, steht ihnen nach herrschender Auffassung mangels eigener Unternehmereigenschaft auch kein Vorsteuerabzug zu.[1010] Nach der zutreffenden Gegenauffassung[1011] soll den mitunternehmerisch tätigen Gesellschaftern einer Personengesellschaft die Unternehmereigenschaft der Gesellschaft aber für Zwecke des Vorsteuerabzugs zuzurechnen sein, wenn sie selbst eigene Aufwendungen für an sie erbrachte Leistungen tätigen, sofern die empfangenen Leistungen ihrer Gesellschaft überlassen werden und von ihrer Gesellschaft zur Ausübung von deren wirtschaftlicher/unternehmerischer Tätigkeit durch Erbringung von steuerbaren Umsätzen verwendet werden. Dem folgte der Bundesfinanzhof nicht.[1012]

Laut EuGH[1013] kann dem Gesellschafter bei unentgeltlicher Nutzungsüberlassung von Gegenständen an seine Gesellschaft der Vorsteuerabzug deshalb nicht gewährt werden, weil a) die unentgeltliche Überlassung von Gegenständen nicht in Anwendungsbereich des Art. 2 der MwStSystRL fällt und b) der lediglich eine unentgeltliche Überlassung erbringende Gesellschafter auch kein Steuerpflichtiger ist, der eine wirtschaftliche Tätigkeit i. S. d. Art. 9 MwStSystRL ausübt.

II. Ein Vorsteuerabzug für den Gesellschafter kommt nach h. M. hier schon deshalb nicht in Betracht, da dieser kein Unternehmer ist. Wird eine Lieferung/oder sonstige Leistung an den Gesellschafter (Personen- oder Kapitalgesellschaft) als Leistungsempfänger erbracht, weil gegenüber diesem als Besteller und Vertragspartner gehandelt wird, kann der Gesellschafter daher nur dann als vorsteuerabzugsberechtigter Unternehmer behandelt werden, wenn der Gesellschafter schon aufgrund eigener nachhaltiger entgeltlicher Leistungserbringung an Dritte oder auch nur an seine Gesellschaft Unternehmer ist und ein eigenes Unternehmen unterhält. Das gilt gleichermaßen bei Gesellschaftern von Personen- und Kapitalgesellschaften.

III. Die Sozietät ist zwar Unternehmer, aber die Lieferungen der Pkw erfolgten nicht an sie. **Leistungsempfänger** ist bei Lieferungen aufgrund eines Vertrages immer der Auftraggeber, wenn ihm die Verfügungsmacht verschafft wird.[1014] Daran soll auch festgehalten werden, soweit im Verhältnis Gesellschaft und Gesellschafter

1007 So zutreffend schon Schön DStJG 2013, 81, 104.

1008 Vgl. dazu EuGH v. 27.01.2000 – C-23/98 (Heerma), Slg.2000, I-419 = UR 2000, 121. Siehe auch BFH v. 12.11.2020 – V R 22/19, UR 2021, 388 (Vorabgewinn als umsatzsteuerbares Sonderentgelt, Gesellschafter insoweit Unternehmer).

1009 BFH v. 18.12.1980 – V R 142/73, BStBl. II 1981, 408.

1010 BFH v. 15.01.1987 – V R 3/77, BStBl. II 1987, 512; v. 18.03.1988 – V R 178/83, BStBl. II 1988, 646; v. 06.09.2007 – V R 16/06, BFH/NV 2008, 840.

1011 Stadie in: R/D, § 15 Rn. 177 ff. (Jan. 2022); so auch schon Stadie, Vorsteuerabzug, S. 47 ff.

1012 Vgl. BFH v. 09.03.1989 – V B 48/88, BStBl. II 1989, 580.

1013 EuGH v. 13.03.2014 – C-204/13 (Malburg), UR 2014, 353; nachfolgend BFH v. 26.08.2014 – XI R 26/10, UR 2015, 35.

1014 BFH v. 18.02.2009 – V R 82/07, BStBl. II 2009, 876 (zu Treuhänder); v. 05.10.1995 – V R 113/93, BStBl. II 1996, 111.

zu entscheiden ist, an wen die Lieferung erfolgte. Mangels einer Lieferung an die Sozietät kann daher diese die Vorsteuer nicht von ihrer Steuerschuld abziehen, selbst wenn eine Rechnung auf ihren Namen (fälschlich) erstellt würde.[1015] Dem Neutralitätsgebot trägt dies jedoch keine Rechnung, wenn dem Gesellschafter als dem Leistungsempfänger der Vorsteuerabzug nicht gewährt wird. Diesem ist richtigerweise die Unternehmereigenschaft und das Unternehmen der Gesellschaft für solche Leistungsbezüge entgegen der verfehlten h. M. zuzurechnen.

IV. Die Bestimmung des Leistungsempfängers kann in Dreiecksverhältnissen Schwierigkeiten bereiten. Maßgebend ist grds. die Sicht des Leistenden. Er bestimmt, wem gegenüber er die Leistung erbringt. Dies wird regelmäßig sein Vertragspartner sein, denn ihm schuldet er die Leistung und nur bei deren Erbringung hat er Anspruch auf die Gegenleistung.[1016] Im Verhältnis zum Dritten, dem die Leistung tatsächlich zugutekommt, liegt dann eine Leistung des Leistungsempfängers vor. Das **Reihengeschäft** (§ 3 Abs. 6a UStG) ist lediglich ein Anwendungsfall dieser allgemein geltenden Regelung. Soweit allerdings der Leistende die vertraglichen Beziehungen missachtet und bewusst unmittelbar unter Ausschaltung seines Vertragspartners an den Dritten leistet, ist der Dritte Leistungsempfänger.[1017]

Ist Auftraggeber eine Personengesellschaft oder -gemeinschaft, ist diese aber kein Unternehmer, so sind die Gesellschafter/Gemeinschafter als Leistungsempfänger anzusehen. Soweit sie die Leistungen für ihre Einzelunternehmen verwenden, kommt dann für diejenigen Gemeinschafter/Gesellschafter, die bereits bei Leistungsbezug Gesellschafter waren, ein anteiliger Vorsteuerabzug in Betracht.[1018]

354 Ist die Unternehmereigenschaft gegeben, besteht grundsätzlich die Berechtigung zum Vorsteuerabzug. Dies gilt auch für **Unternehmer**, die **im Ausland** ihren Sitz haben und im Inland keine, oder nur steuerfreie Umsätze oder Umsätze mit Umkehrung der Steuerschuldnerschaft tätigen. Hier bestehen allerdings **verfahrensrechtliche Besonderheiten.** Die Erstattung der Vorsteuer muss im **Vergütungsverfahren** beim Bundeszentralamt für Finanzen beantragt werden (vgl. § 18 Abs. 9 UStG i. V. m. §§ 59–61 UStDV).

§ 18 Abs. 9 UStG differenziert ausdrücklich zwischen im übrigen Gemeinschaftsgebiet und in Drittstaaten ansässigen Unternehmern. Für beide gilt, dass die VoSt nur vergütet wird, wenn kein Ausschluss vom Vorsteuerabzug nach § 15 Abs. 2, Abs. 4 UStG eintritt. Maßgebend ist insoweit das deutsche Recht. Zusätzlich begrenzt § 18 Abs. 9 S. 4 UStG für **im übrigen Gemeinschaftsgebiet ansässige Unternehmer** den Vorsteuerabzug auf den Betrag, der ihm anteilig nach dem Umsatzsteuerrecht seines Ansässigkeitsstaates zu gewähren wäre. Das deutsche Recht wird insoweit an die Rspr. des EuGH angeglichen.[1019] Dadurch soll vermieden werden, dass sich der Unternehmer durch Ausweichen auf einen Bezug aus einem anderen EU-Mitgliedstaat evtl. Vorteile verschaffen kann und Wettbewerbsverzerrungen entstehen. Verfahrensrechtlich regelt § 61 UStDV für den im Gemeinschaftsgebiet ansässigen Unternehmer, dass dieser seinen Vergütungsantrag durch Datenfernübertragung über ein in seinem Heimatland eingerichtetes „Portal" an das Bundeszentralamt für Steuern übermittelt nebst elektronisch übermittelten Kopien von Rechnungen und Einfuhrbelegen, falls das Entgelt mindestens 1.000 € beträgt. Der Mindestbetrag der Vergütung beträgt 50 €. Auch der Vergütungsbescheid[1020] wird in elektronischer Form übermittelt. Der Vergütungsbetrag ist zu verzinsen, falls die Vergütung nicht innerhalb von vier Monaten und zehn Tagen nach Eingang des Vergütungsantrags erfolgt ist und dies nicht vom Unternehmer zu vertreten ist. Für **nicht im Gemeinschaftsgebiet ansässige Unternehmer** besteht nach § 61 a UStDV weiterhin die Pflicht, Vergütungsanträge unmittelbar beim Bundeszentralamt für Steuern (also ohne „Portal" in seinem Heimatstaat) zu stellen. Hier sind Rechnungen und Einfuhrbelege im Original beizufügen. Der Vergütungsbetrag muss mindestens 500 € betragen. Außerdem wird eine Vorsteuervergütung

---

1015 BFH v. 26.04.1984 – V R 65/76, BStBl. II 1984, 231.

1016 BFH v. 26.11.1987 – V R 85/83, BStBl. II 1988, 158.

1017 BFH v. 01.06.1989 – V R 72/84, BStBl. II 1989, 677.

1018 Vgl. Abschn. 15.2b. Abs. 1 S. 6–12 UStAE; vgl. auch BFH v. 07.07.2011 – V R 41/09, UR 2011, 867; v. 01.10.1998 – V R 31/98, v. 07.11.2000 – V R 49/99, v. 01.02.2001 – V R 79/99, BStBl. II 2008, 497, 493, 495; EuGH v. 21.04.2005 – C-25/03 (FA Bergisch Gladbach/HE), Slg. 2005, I-3145 = BStBl. II 2007, 24 (Arbeitszimmer bei Ehegattengrundstück).

1019 Vgl. EuGH v. 13.07.2000 – C-136/99 (Monte Dei Paschi Di Siena), Slg. 2000, I-6109 unter Berufung auf Urt. v. 26.09.1996 – C-302/93 (Debouche), Slg. 1996, I-4495.

1020 Es handelt sich um eine Steuerfestsetzung, sodass ggf. eine Verzinsung nach § 233a AO in Betracht kommt, BFH v. 17.04.2008 – V R 41/06, BStBl. II 2009, 2.

hier ausgeschlossen, wenn sein Ansässigkeitsstaat in Deutschland ansässigen Unternehmern keine VoSt vergütet, obwohl er eine USt (oder ähnliche Steuer) erhebt **(Gegenseitigkeitserfordernis)**.[1021] Drittstaatenunternehmern werden auch VoSt aus Kraftstoffen nicht vergütet.[1022] **In Deutschland ansässige Unternehmer**, die sich **Vorsteuern anderer Mitgliedstaaten** vergüten lassen wollen, haben das Bundeszentralamt für Steuern als „Portal" in Deutschland zu nutzen, § 18g UStG.

Die gemeinschaftsrechtliche Grundlage für diese Änderungen findet sich in der (Mehrwertsteuer-Erstattungs-)Richtlinie 2008/9/EG v. 12.02.2008,[1023] durch die das Verfahren zur Vorsteuervergütung an im Gemeinschaftsgebiet ansässige Unternehmer mit dem Ziel einer grundlegenden Verbesserung mit Wirkung ab 2010 geändert wurde, namentlich durch Einführung eines im Ansässigkeitsstaat einzurichtenden Portals und von Fristen, innerhalb deren die Vergütung zu erfolgen hat, respektive ab wann eine Verzinsung zu erfolgen hat. Damit wurde auf die teilweise skandalösen Zustände in einigen Mitgliedstaaten hinsichtlich der Vorsteuervergütungen an nicht in diesem Mitgliedstaat ansässige Unternehmer reagiert.

Obwohl Unternehmer wird der **Kleinunternehmer** nach § 19 Abs. 1 UStG wie ein Nichtunternehmer behandelt. Er ist daher nicht vorsteuerabzugsberechtigt (§ 19 Abs. 1 vorl. Satz UStG). Unternehmer bestimmter Berufszweige, (gemeinnützige) Körperschaften i. S. d. § 5 Abs. 1 Nr. 9 KStG und Land- und Forstwirte können ihre Vorsteuern nach Durchschnittssätzen abziehen, § 23 UStG i. V. m. §§ 69, 70 UStDV, §§ 23a, 24 UStG.

Im Rahmen der innergemeinschaftlich befreiten Lieferung neuer Fahrzeuge steht auch dem Kleinunternehmer und dem privaten Fahrzeuglieferanten der Vorsteuerabzug zu (§§ 19 Abs. 4, 15 Abs. 4a UStG; s. Rn. 248 ff.).

III. Lieferung, sonstige Leistung, Einfuhr oder Erwerb für das Unternehmen

1. Ausgeführte Lieferung/sonstige Leistung an den Unternehmer

Der Abzug der in Rechnung gestellten USt als VoSt setzt voraus, dass tatsächlich eine **355** steuerpflichtige Lieferung oder sonstige Leistung eines anderen Unternehmers erfolgt, die zur Entstehung einer wegen der Lieferung/sonstigen Leistung „geschuldeten Steuer" führt. § 15 Abs. 1 Nr. 1 S. 3 UStG lässt zwar bei Vorliegen einer Rechnung mit offenem Steuerausweis den Vorsteuerabzug im Fall der Zahlung bereits vor Ausführung der Leistung (Anzahlung) zu. Erfolgt diese dann aber tatsächlich nicht, ist der zunächst vorgenommene Vorsteuerabzug zu berichtigen, § 17 Abs. 2 Nr. 2 UStG (s. Rn. 348 ff.). Abgesehen von diesem Sonderfall ist der **Vorsteuerabzug** auch **zeitlich** erst **nach Ausführung und Empfang** der Leistung möglich (§ 15 Abs. 1 Nr. 1 S. 1 i. V. m. § 16 Abs. 2 S. 1 UStG). Ohne Erhalt einer steuerpflichtigen Lieferung oder sonstigen Leistung besteht kein Recht zum Vorsteuerabzug, auch bei Gutgläubigkeit, selbst wenn fälschlich USt in Rechnung gestellt wurde, z. B. bei einem echten Schadensersatz (s. Rn. 42 ff.) und der Rechnungsaussteller die Steuer nach § 14c UStG schulden sollte.[1024]

1021 Zur Zulässigkeit nach der MwStSystRL und zur Vereinbarkeit mit dem GATS vgl. EuGH v. 07.06.2007 – C-335/05 (Rizeni Letového Provozu CR), HFR 2007, 811; Verzeichnis der Staaten mit Gegenseitigkeit BMF BStBl. I 2008, 967; Siehe auch EuGH v. 18.11.2020 – Rs C-371/19 (Komm./Deutschland), DStR 2020, 2671 zur Vertragsverletzung der Bundesrepublik durch Ablehnung von rechtzeitig gestellten Erstattungsanträgen ohne Beifügung von Rechnungskopien und EuGH v. 21.03.2018- C- 533/18 (Volkswagen), UR 2018, 359 zu (unionsrechtlich unzulässigen) Ausschlussfristen für die Geltendmachung des Vorsteuerabzugs und EuGH v. 17.12.2020 – C-346/19 (Bundeszentralamt für Steuern), UR 2021, 122 zum Erfordernis der Mitteilung laufender Rechnungsnummern zwecks Identifizierung der den Vorsteuerabzug ermöglichenden Rechnungen.

1022 Zu weiteren Einzelheiten des Vorsteuervergütungsverfahrens nach § 18 Abs. 9 UStG siehe auch Abschn. 18.10 bis 18.16 UStAE. Zur Frage der Ansässigkeit eines Unternehmens in der Gemeinschaft vgl. EuGH v. 28.06.2007 – C-73/06 (Planzer-Luxembourg Sarl), Slg. 2007, I-5655 und BFH v. 14.05.2008 – XI R 58/06, BStBl. II 2008, 831. Sitz der wirtschaftlichen Tätigkeit = Ansässigkeit ist dort, wo die wesentlichen Entscheidungen für die Leitung getroffen werden und die Handlungen zur zentralen Verwaltung vorgenommen werden.

1023 Abl. EU 2008, Nr. L 44, 23.

1024 BFH v. 15.04.2015 – V R 46/13, BStBl. II 2015, 947 (zu nicht optionsfähiger befreiter Grundstücksvermietung); EuGH v. 27.06.2018 – C-459/17 (SGI), MwStR 2018, 712 mit Anm. Grube; v. 06.02.2014 – C-424/12 (Fatorie), MwStR 2014, 125; v. 13.12.1989 – C-342/87 (Genius Holding), EuGHE 1989, 4227.

356 Vorsteuerabzugsberechtigt ist nur der **Leistungsempfänger**, nicht ein Dritter. Wer Leistungsempfänger ist, lässt sich regelmäßig **aus den vertraglichen Beziehungen** zum Leistenden ermitteln.

a) Entgegen diesem Grundsatz hatte der BFH entschieden, dass bei der Errichtung eines Gebäudes auf dem gemeinsamen Grundstück der Ehegatten die Bauhandwerker ihre Werklieferungen nicht an den Ehemann, mit dem der Werkvertrag bestand, sondern an die Ehegattengemeinschaft erbracht haben, weil diese Eigentümer des Gebäudes nach §§ 946, 94 BGB geworden sei. Diese Auffassung hat der BFH zu Recht aufgegeben.[1025]
Bei der Errichtung von **Bauwerken auf fremdem Grund und Boden** (z. B. durch Mieter/Pächter/Nießbraucher, Erbbauberechtigte oder durch einzelne Miteigentümer bei Bruchteilseigentum oder Gesamthandseigentum) erfolgen die Werklieferungen der Bauhandwerker immer an den Auftraggeber, nicht an den Grundstückseigentümer.[1026] Dies gilt auch dann, wenn das Eigentum am Gebäude nach §§ 946, 94 BGB unmittelbar dem Grundstückseigentümer zuwächst. Sofern bei Bruchteilsgemeinschaften oder auch Gesamthandsgesellschaften als Grundstückseigentümern der Auftrag von der Gemeinschaft/Gesellschaft, d. h. von allen Gemeinschaftern gemeinsam, erteilt wird, ist allerdings zu differenzieren. Ist die Gemeinschaft/Gesellschaft selbst Unternehmer i. S. d. § 2 UStG, steht ihr der Vorsteuerabzug zu. Ist die Gemeinschaft/Gesellschaft kein Unternehmer, sind die Gemeinschafter/Gesellschafter selbst anteilig die Leistungsempfänger. Sofern sie Unternehmer sind und die Leistung für ihr Unternehmen beziehen, steht ihnen dann der Vorsteuerabzug (anteilig) zu.[1027] Da die Leistung insoweit an den bzw. die Eigentümer als Auftraggeber erfolgt, liegt dann auch keine Weiterlieferung an den oder die Grundstückseigentümer mehr vor.

b) Problematisch ist, ob und wann bei Bauten auf fremdem Grund und Boden eine **Weiterlieferung** an den Grundstückseigentümer vorliegt. Eine Weiterlieferung an den gesetzlichen Eigentümer liegt jedenfalls nicht vor, wenn der Auftraggeber zivilrechtlicher und wirtschaftlicher Eigentümer wird, weil das Gebäude ein **Scheinbestandteil** nach § 95 BGB ist. Das ist immer der Fall, wenn das Gebäude bei Vertragsbeendigung nicht dem Grundstückseigentümer verbleiben soll, z. B. ein Abbruch vorgesehen ist. Bei Mietern/Pächtern ist mangels abweichender Vereinbarungen davon auszugehen, dass Scheinbestandteile vorliegen. Ebenfalls liegt trotz §§ 946, 94 BGB keine Weiterlieferung vor, wenn der Auftraggeber dennoch die Verfügungsmacht erhält, weil ihm – wie in der Regel – ein dingliches Wegnahmerecht nach § 997 BGB zusteht, welches ihm (und nicht den gesetzlichen Eigentümer) den Wert und die Substanz der Bauten zuweist.[1028] Bei Bruchteilseigentümern scheidet eine Weiterlieferung an die anderen Bruchteilseigentümer daher auch aus, wenn von vornherein eine Nutzungsregelung getroffen ist, wonach der Besteller das in seinem Namen und für seine Rechnung errichtete Bauwerk allein und unentgeltlich nutzen darf (vgl. § 743 Abs. 2 BGB).[1029]

357 Bei den **Kommissionsleistungen** ist für den Vorsteuerabzug zu beachten, dass bei der Verkaufskommission der Kommissionär und bei der Einkaufskommission der Kommittent der Leistungsempfänger ist. Der Kommissionär als Mittelsperson, die nach außen für den Auftraggeber entweder eine Lieferung oder sonstige Leistung erbringt (verkauft) oder aber eine solche erwirbt (einkauft) und die dabei im eigenen Namen handelt, aber im Innenverhältnis für Rechnung des Auftraggebers/Geschäftsherrn tätig wird, wird in die Leistungskette wie ein Eigenhändler eingeschaltet. Für die sog. Leistungskommission trifft § 3 Abs. 11 UStG eine Regelung, die inhaltlich § 3 Abs. 3 UStG für die (Liefer-)Kommission (s. Rn. 64 ff.) entspricht. Mithin leistet der Auftraggeber an die Mittelsperson und erst diese an den Dritten (Leistungsverkauf) bzw. der Dritte leistet an die Mittelsperson und diese erst an den Auftraggeber. Umsatzsteuerlich liegt nicht noch eine weitere Besorgungsleistung der Mittelsperson an den Geschäftsherrn vor.[1030]

1025 BFH v. 11.12.1986 – V R 57/67, BStBl. II 1987, 233; v. 26.11.1987 – V R 85/83, BStBl. II 1988, 158.

1026 Abschn. 15.2d. Nr. 1 UStAE i. V. m. BMF v. 23.07.1986, BStBl. I 1986, 432.

1027 EuGH v. 21.04.2005 – C-25/03 (FA Bergisch Gladbach/HE), Slg. 2005, I-3145 (Arbeitszimmer bei Ehegattengrundstück); BFH v. 06.10.2005 – V R 40/01, BStBl. II 2007, 13 (Nachfolgeentscheidung).

1028 Zum Ganzen ausführlich, D. Hummel, Bauten auf fremdem Grund und Boden (Diss.), 2009, S. 85 ff.

1029 BFH v. 11.12.1986 – V R 57/76, BStBl. II 1987, 233.

1030 Vgl. BFH v. 18.02.2009 – V R 82/07, BStBl. II 2009, 876 (zu Treuhänder und Strohmann); v. 16.05.2002 und 29.08.2002 – V B 89/09 und V R 8/02, BStBl. II 2004, 319 und 320 m. w. N. Siehe auch EuGH v. 21.01.2021 – C-501/19 (UCMR- ADA), DStR 2021, 222 (zu als Kommissionär handelnden Verwertungsgesellschaften von Musikwerken) und v. 12.11.2020 – C-734/19 (ITH Commercial Timisoara), MwStR 2021, 69 und v. 04.05.2017 – C-274/15 (Komm./Luxemburg), MwStR 2017, 362 zu den entsprechenden unionsrechtlichen Regelungen über (Lieferungs- und Dienstleistungs-)Kommissionsleistungen in Art. 14 Abs. 2 c und Art. 28 MwStSystRL 2006/112/EG.

Beispiel 1

U erwirbt eine Ferienwohnung. Er überlässt diese Wohnung der Ferienhaus-Vermietungs-GmbH zur Weitervermietung im Namen der GmbH, aber für Rechnung des U. Die GmbH erhält eine Provision von 10 % der Mieten. Die GmbH vermietet die Wohnung steuerpflichtig an wechselnde Feriengäste. Die GmbH (als „Verkaufskommissionär") ist nach § 3 Abs. 11 i. V. m. § 15 Abs. 1 Nr. 1 UStG als Leistungsempfänger einer wegen § 4 Nr. 12 S. 2 UStG nicht befreiten (Vermietungs-)Leistung des U (als „Kommittent") zu behandeln. Ihr steht insoweit als Leistungsempfänger aus dieser Leistung des U der Vorsteuerabzug zu. Die GmbH erbringt nur an die Mieter, nicht an U eine Leistung, sodass diesem insoweit auch kein Vorsteuerabzug zusteht.

Beispiel 2

U beauftragt einen Spediteur S, für ihn einen Transport von Düsseldorf nach München zu besorgen. S beauftragt seinerseits im eigenen Namen den Frachtführer F, den Transport durchzuführen. F leistet an S (als „Einkaufskommissionär"). Dem S steht als Leistungsempfänger aus der Beförderungsleistung des F der Vorsteuerabzug bei Erteilung einer ordnungsgemäßen Rechnung zu. S seinerseits leistet an U. S wird nach § 3 Abs. 11 UStG nicht nur als Empfänger einer Beförderungsleistung des F behandelt, sondern auch als Erbringer einer Beförderungsleistung an den U. Auf die Leistung des S an den U sind daher alle für Beförderungsleistungen geltenden Vorschriften über den Ort gemäß §§ 3a, 3b UStG und über Befreiungen nach § 4 Nr. 3 UStG anzuwenden. U als Empfänger der (Beförderungs-)Leistung des S ist bei Erteilung einer ordnungsgemäßen Rechnung nach § 15 UStG zum Vorsteuerabzug berechtigt, falls er die (Beförderungs-!)Leistung für sein Unternehmen empfing.

2. Lieferung/Einfuhr/innergemeinschaftlicher Erwerb für das Unternehmen

Das Merkmal **„für das Unternehmen"** dient der Abgrenzung zum außerunternehmerischen (privaten) Bereich, für den ein Vorsteuerabzug nicht zulässig ist. Bei der **Einfuhr** kommt ihm in den Fällen des Reihengeschäfts darüber hinaus die Bedeutung zu, unter mehreren Unternehmern denjenigen zu bestimmen, für dessen Unternehmen eingeführt wurde. Das ist grundsätzlich derjenige, in dessen umsatzsteuerlicher Verfügungsmacht sich der Gegenstand im Zeitpunkt der Einfuhr, d. h. der Abfertigung zum zoll- und steuerrechtlich freien Verkehr befindet.[1031] Spediteure, Frachtführer, Zolllagerbetreiber sind nicht vorsteuerabzugsberechtigt. Die Einfuhr erfolgt nicht für ihr Unternehmen.[1032] Erfolgt die **Abfertigung für den Abnehmer** der Lieferung, ist an diesen bereits nach § 3 Abs. 6 S. 1 UStG im Ausland oder nach § 3 Abs. 7 Nr. 2 UStG im Inland geliefert, sodass er **zum Abzug der EUSt berechtigt** ist. Erfolgt die **Abfertigung** hingegen **für den ersten Lieferer**, so liegt ein Fall des **§ 3 Abs. 8 UStG** vor. Daher steht auch nur ihm der **Vorsteuerabzug der EUSt** zu. Geht der Einfuhr bereits eine Lieferung im Inland voraus, so ist die Befreiungsvorschrift des § 4 Nr. 4b UStG zu beachten. 358

Beispiel

R in Russland verkauft Ware an K in Köln und dieser an D in Düsseldorf. R lässt die Ware direkt zu D befördern. Spediteur S entrichtet die deutsche EUSt für

a) R,
b) K,
c) D.

Im Fall a)

liefert R gemäß § 3 Abs. 8 UStG als erster im Inland (warenbewegte Lieferung). Denn die Versendungslieferung ist ihm zuzuordnen gemäß § 3 Abs. 6a S. 2 UStG. Für diesen Fall verlagert § 3 Abs. 8 UStG den Lieferort in das Inland, weil R die EUSt schuldet. Bei der Einfuhr hatte R demnach noch die umsatzsteuerliche Verfügungsmacht, denn er liefert erst danach im Inland gemäß § 3 Abs. 8 UStG an D. Daher kann nur er die EUSt als VoSt abziehen.

1031 BFH v. 24.04.1980 – V R 52/73, BStBl. II 1980, 615.

1032 BFH v. 11.11.2015 – V R 68/14, BStBl. II 2016, 720. Siehe auch EuGH v. 08.10.2020 – C-621/19 (Weindel Logistic) mit Anm. Montfort UR 2021, 79; EuGH v. 25.06.2015 – C-187/14 (DSV Road), UR 2015, 838.

Im Fall b)
liefert R nach § 3 Abs. 6a S. 2 UStG in Russland an K (warenbewegte Lieferung). § 3 Abs. 8 UStG greift für R nicht ein, weil er nicht Schuldner der EUSt ist, auch für K nicht, weil ihm die Beförderung/Versendung nicht zuzurechnen ist. Die Lieferung des K an D erfolgt nach § 3 Abs. 7 S. 2 Nr. 2 UStG erst im Inland. Daher kann nur K die EUSt als VoSt abziehen, denn an ihn ist bereits in Russland geliefert worden, sodass er bei Einfuhr die Verfügungsmacht hatte. Die Lieferung des K an D ist auch nicht nach § 4 Nr. 4b UStG befreit, da sie der Einfuhr für den K nicht voranging.
Im Fall c)
liefert R an K gemäß § 3 Abs. 6a S. 2 UStG in Russland (warenbewegte Lieferung). K liefert wie unter b) in Deutschland an D. Allerdings erfolgte diese Lieferung im Inland bereits vor der Abfertigung zum freien Verkehr für D und damit vor der Einfuhr. Daher wurde für das Unternehmen des D eingeführt, sodass diesem der Abzug der EUSt zusteht. Die Lieferung des K an D ist wegen § 3 Abs. 7 S. 2 Nr. 2 UStG in Deutschland steuerbar, aber nach § 4 Nr. 4b UStG befreit, da die Einfuhr für den Abnehmer der Lieferung erfolgte und die Lieferung der Einfuhr vorausging. Ebenso wäre hinsichtlich der EUSt und des Vorsteuerabzugs zu entscheiden, wenn der Spediteur von D beauftragt war. Dann hätte R nach § 3 Abs. 6a S. 1, § 3 Abs. 7 S. 2 Nr. 1 UStG bereits in Russland nicht steuerbar an K, K nach § 3 Abs. 6a S. 2 UStG ebenfalls bereits in Russland nicht steuerbar an D geliefert (warenbewegte Lieferung). Eingeführt worden wäre auch dann für D, sodass nur dieser die EUSt als VoSt abziehen könnte.

359 Beim **innergemeinschaftlichen Erwerb** bedarf es für den Abzug der Erwerbsteuer als VoSt gemäß § 15 Abs. 1 Nr. 3 UStG keiner Rechnung, obwohl der Lieferant nach seinem Heimatrecht (entsprechend § 14 a Abs. 3 UStG) zur Erteilung einer Rechnung verpflichtet ist. Im Falle des Reihengeschäfts gemäß § 3 Abs. 6a UStG gibt es nur einen Erwerber im Inland. Erwerber ist nur der Empfänger der im anderen EU-Staat ausgeführten, dort aber als innergemeinschaftliche Lieferung befreiten warenbewegten Lieferung, bzw. eines gleichgestellten innerunternehmerischen Verbringens. Wer lediglich wegen der verwendeten USt-IdNr. eines anderen Mitgliedstaates als des Bestimmungslandes als Erwerber im Mitgliedstaat der verwendeten USt-IdNr. behandelt wird, ist nicht zum Vorsteuerabzug dieser Erwerbsteuer berechtigt, wie sich ausdrücklich aus § 15 Abs. 1 Nr. 3 UStG ergibt (s. Rn. 252 ff.).

Beispiel

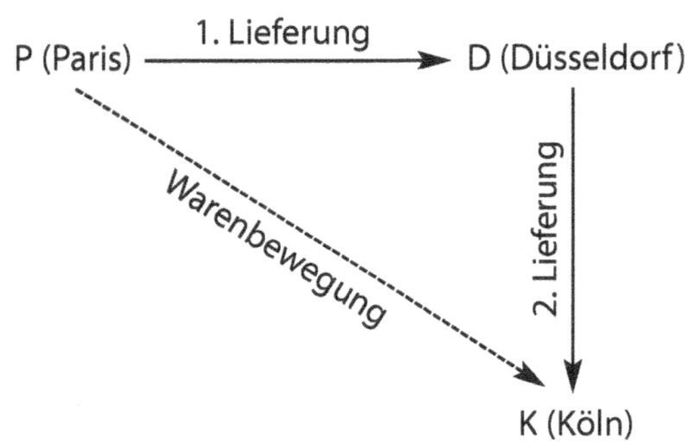

Erwerber ist im Inland D (§ 3d S. 1 UStG). An D ist von P als erster Unternehmer in der Reihe nach § 3 Abs. 6 S. 1 UStG in Paris geliefert worden, allerdings gemäß Art. 138 MwStSystRL nach frz. Recht entsprechend §§ 4 Nr. 1 Buchst. b, 6 a UStG befreit als innergemeinschaftliche Lieferung. D liefert seinerseits erst nach § 3 Abs. 7 S. 2 Nr. 2 UStG steuerbar und steuerpflichtig in Deutschland an K. K ist kein Erwerber, sondern Empfänger einer normalen innerstaatlichen Lieferung des D. Die Sonderregelung des § 25b UStG über das innergemeinschaftliche Dreiecksgeschäft (s. Rn. 253 ff.) ist nicht anwendbar, weil D und K in Deutschland ansässig sind. D schuldet einerseits die Erwerbsteuer, aber auch nur er kann diese als VoSt abziehen. K kann die ihm von D in Rechnung gestellte USt als VoSt abziehen.

Hinweise:
Hätte K als letzter Abnehmer die Ware in Frankreich abgeholt, hätte D nach § 3 Abs. 6a S. 4 UStG bereits steuerbar in Frankreich, aber steuerfrei nach französischem Recht an K geliefert. Dann wäre der Erwerb in Deutschland nach § 3d S. 1 UStG von K als Erwerber zu versteuern.

Hätte D gegenüber P bspw. eine ihm erteilte USt-IdNr. der Niederlande verwendet, würde er in den Niederlanden (ebenfalls) – bis zum Nachweis der Erwerbsbesteuerung in Deutschland – niederländische USt aus dem Erwerb entsprechend §§ 3d S. 2, 1 a UStG schulden und könnte diese nicht als Vorsteuer in den Niederlanden (und natürlich auch nicht in Deutschland) abziehen. Er erhielte sie aber erstattet, wenn er in den Niederlanden nachweist, dass der Erwerb von ihm zutreffend in Deutschland versteuert wurde, vorausgesetzt, es liegt keine Beteiligung an einer Mehrwertsteuerhinterziehung im Mitgliedstaat des tatsächlichen Erwerbs – hier Deutschland – vor[1033] (s. Rn. 261).

Ob eine **Lieferung für den unternehmerischen Bereich** bzw. eine Einfuhr für das Unternehmen vorliegt, soll nach zweifelhafter Auffassung der h. M. im **Zeitpunkt der Ausführung der Leistung** bzw. im Zeitpunkt der Einfuhr oder des Erwerbs zu entscheiden sein.[1034] Bei **ausschließlichem Bezug für den außerunternehmerischen Bereich** kommt ein Vorsteuerabzug auch dann nicht in Betracht, wenn der Gegenstand später ausschließlich unternehmerisch verwendet wird. So hat der BFH[1035] entschieden, dass den Angehörigen von Automobilfabriken wegen Bezuges für die außerunternehmerische Sphäre beim Einkauf von Jahreswagen kein Vorsteuerabzug zusteht, obgleich der spätere Verkauf als unternehmerische Tätigkeit zu beurteilen ist. Eine Vorsteuerkorrektur nach § 15a UStG scheidet nach h. M. dann insoweit aus (s. Rn. 412). Allerdings steht dem Vorsteuerabzug eine vorübergehende Verwendung für außerunternehmerische Zwecke nicht entgegen, wenn schon bei Bezug der Leistung eine anschließende unternehmerische Nutzung vorgesehen ist.[1036] Wird umgekehrt im Zeitpunkt des Bezuges ein Gegenstand für den unternehmerischen Bereich angeschafft und später ausschließlich außerunternehmerisch verwendet, so liegt eine unentgeltliche Wertabgabe nach § 3 Abs. 1b Nr. 1 UStG vor. 360

3. Gemischt verwendete Gegenstände und Zuordnungswahlrecht bei gemischt unternehmerischer und unternehmensfremder Verwendung

Problematisch sind die Fälle zu beurteilen, in denen ein Gegenstand, wie schon bei Erwerb/Leistungsbezug vorgesehen und auch so erfolgend, sowohl **für den unternehmerischen Bereich als auch für den nichtunternehmerischen Bereich** verwendet wird (gemischt verwendeter Gegenstand). Hier war und ist das Verhältnis von Vorsteuerabzug gemäß § 15 Abs. 1 UStG nur bei Eingangsleistungen „für das Unternehmen“, respektive nur für Zwecke der gemäß Art. 168 MwStSystRL besteuerten und diesen für den Vorsteuerabzug nach Art. 169 MwStSystRL gleichgestellten Umsätze des Unternehmers, und der Regelung über unentgeltliche Wertabgaben in § 3 Abs. 9a Nr. 1 UStG **(Art. 26 Abs. 1 Buchst. a MwStSystRL)** problematisch. Denn danach wird die **„Verwendung eines dem Unternehmen zugeordneten Gegenstandes für den privaten Bedarf des Steuerpflichtigen, den Bedarf seines Personals** oder allgemein **für unternehmensfremde Zwecke“** gerade einer im Rahmen des Unternehmens liegenden sonstigen (Dienst-)Leistung gegen Entgelt, also einem zu besteuernden Umsatz, gleichgestellt. Dies könnte zu der Annahme verleiten, dass allgemein bei Erwerb von gemischt teilunternehmerisch verwendeten Gegenständen ein volles Vorsteuerabzugsrecht zunächst zu gewähren sei und erst durch die Besteuerung der Verwendung 361

1033 S. dazu EuGH v. 18.12.2014 – C-131/13 (Italmoda), UR 2015, 106.

1034 BFH v. 26.04.1979 – V R 46/72, BStBl. II 1979, 530.

1035 BFH v. 26.04.1979 – V R 46/72, BStBl. II 1979, 530.

1036 BFH v. 20.07.1988 – X R 8/80, BStBl. II 1988, 1012 und v. 21.06.1990 – V B 27/90, BStBl. II 1990, 801; s. auch EuGH v. 19.07.2012– C-334/10 (X), Slg. 2012, I-10205 = UR 2012, 726 (vorübergehende Verwendung zu privaten Zwecken, Vorsteuerabzug).

für „unternehmensfremde Zwecke" als unentgeltliche Wertabgabe der Vorsteuerabzug dann wieder auszugleichen ist. Dem ist jedoch nicht so. Vielmehr ist das Verhältnis zwischen **Vorsteuerabzug** nach § 15 Abs. 1 UStG (Art. 168, 169 MwStSystRL) bei Erwerb/Bezug eines Gegenstandes zur **Verwendung** „für (zu besteuernde und gleichgestellte Umsätze) sein(es) Unternehmen(s)" und „Verwendung **für Zwecke außerhalb des Unternehmens" nach § 3 Abs. 9a Nr. 1 UStG (= Verwendung für den privaten Bedarf** oder allgemein **für unternehmensfremde Zwecke** nach **Art. 26 MwStSystRL)** nach dem maßgeblich durch die Rechtsauslegung des EuGH geprägten Rechtsverständnis zunächst einmal durch ein **Zuordnungswahlrecht** gekennzeichnet. Der Unternehmer hat danach die Wahl, den Leistungsgegenstand

- nur **entsprechend der tatsächlich** (vorgesehenen) **gemischten Verwendung** zum entsprechenden **Anteil dem Unternehmen** zuzuordnen. Dann steht ihm auch der **Vorsteuerabzug** nach § 15 Abs. 1 Nr. 1 UStG nur zu diesem **Anteil** zu. Die Verwendung für „den privaten Bedarf oder allgemein für unternehmensfremde Zwecke" ist dann nicht nach § 3 Abs. 9a Nr. 1 UStG (Art. 26 MwStSystRL) zu besteuern, weil insoweit kein „dem Unternehmen zugeordneter Gegenstand" verwendet wird oder
- **in vollem Umfang** dem Unternehmen **zuzuordnen** mit der Folge eines **vollen Vorsteuerabzugsrechtes** nach § 15 Abs. 1 Nr. 1 UStG, aber der dann nachfolgenden Besteuerung der privaten, unternehmensfremden Verwendung nach § 3 Abs. 9a Nr. 1 UStG.

362 Das **Zuordnungswahlrecht** eröffnet bei voller Zuordnung gemischt zu verwendender Gegenstände zum Unternehmen durch den sofortigen Vorsteuerabzug erhebliche Liquiditätsvorteile. Der **EuGH** ist inzwischen bemüht, die Folgen seiner Rspr. zum Zuordnungswahlrecht von gemischt verwendeten Gegenständen zum Unternehmen zu begrenzen. Er geht nunmehr von der Grundregel aus, dass ein Vorsteuerabzug nur in Betracht kommt, soweit eine Lieferung oder Dienstleistung für Zwecke der besteuerten und gleichgestellten Umsätze i. S. d. Art. 168, 169 MwStSystRL verwendet wird. Nur insoweit werden Lieferungen und sonstige Leistungen i. S. d. § 15 Abs. 1 Nr. 1 UStG „für sein (des Leistungsempfängers) Unternehmen" ausgeführt. Für **gemischt**, d. h. **teils für das Unternehmen** (= für die [zu besteuernden und gleichgestellten] Umsätze = **wirtschaftliche Tätigkeit**) und für **teils** nicht unternehmerische **(= nicht wirtschaftliche) Tätigkeiten** verwendete Leistungsbezüge (sowohl bei Lieferungen als auch bei sonstigen (Dienst-)Leistungen) bedeutet dies, dass **grundsätzlich eine Aufteilung** erfolgen muss. Schon der Vorsteuerabzug ist (anteilig) nicht zu gewähren, soweit Eingangsleistungen (vollständig oder teilweise, also gemischt) nicht für Zwecke der besteuerten (und gleichgestellten) Umsätze, sondern für nicht wirtschaftliche Tätigkeiten (aber nicht für „unternehmensfremder Zwecke") verwendet werden.[1037]

Der **EuGH differenziert** dabei zwischen einer **(privaten, vollständig) „unternehmensfremden" Verwendung**, für die allein Art. 26 MwStSystRL anwendbar sei, und einer „**nicht** als **unternehmensfremd**" i. S. d. Art. 26 MwStSystRL zu betrachtenden Verwendung für eine vom Unternehmer neben der wirtschaftlichen (unternehmerischen) Tätigkeit ausgeübte „**nicht wirtschaftliche**" (nicht im Rahmen des Unternehmens liegende) **Tätigkeit**. Auf eine Verwendung für eine solche **teilunternehmerische,** nicht private, aber dennoch **nicht wirtschaftliche Tätigkeit** ist Art. 26 MwStSystRL nach dieser Rspr. nicht anwendbar. Daher führt die gemischte/teilunternehmerische (teilweise) Verwendung eines Gegenstandes für eine nicht wirtschaftliche Tätigkeit und

1037 So bereits EuGH v. 13.03.2008 – C-437/06 (Securenta), Slg. 2008, I-1597 und dann v. 12.02.2009 – C-515/07 (VNLTO), Slg. 2009, I-839 = UR 2009, 199.

wirtschaftliche (= unternehmerische) Tätigkeit auch nicht zu einem den Vorsteuerabzug eröffnenden zu besteuernden Umsatz. Anders verhalte es sich hingegen, wenn ein dem Unternehmen zugeordneter (Liefer-)Gegenstand – neben einer Verwendung für das Unternehmen – auch **für den „privaten Bedarf"** des Unternehmers oder den seines Personals **oder** (diesen **vergleichbare) andere „unternehmensfremde Zwecke"** verwendet werde. Da (nur) dann die teilunternehmerische Verwendung für (private, vollständig) unternehmensfremde Zwecke als ein nach Art. 26 MwStSystRL zu besteuernder entgeltlicher Umsatz des Unternehmers zu behandeln ist, ist auch (vorher) der Vorsteuerabzug nach Art. 168 MwStSystRL gegeben.[1038]

Nach dieser Rspr. des EuGH, der der BFH[1039] und grundsätzlich auch die Verwaltung folgen,[1040] muss im Rahmen einer richtlinienkonformen Auslegung von §§ 15 Abs. 1, 3 Abs. 1b und Abs. 9a Nr. 1 UStG wie folgt **unterschieden werden:**[1041]

- Wird ein Gegenstand erworben (angeschafft, hergestellt), der **„gemischt" (= teilunternehmerisch) für unternehmerische Zwecke** – also zur Ausführung von Umsätzen gegen Entgelt im Rahmen des Unternehmens – **und für Zwecke einer nicht wirtschaftlichen Tätigkeit** (= nicht unternehmerische Tätigkeit) verwendet wird, ist der **Vorsteuerabzug** nur anteilig im Umfange der Verwendung für das Unternehmen gegeben. Es muss also **aufgeteilt** werden **(Aufteilungsgebot).** Bei der Verwendung für eine nicht wirtschaftliche Tätigkeit handelt es sich aber **nicht** um eine völlig unternehmensfremde Verwendung für Zwecke der Befriedigung eines privaten (Lebens-)Bedarfes des Unternehmers, seiner Arbeitnehmer oder vergleichbare „unternehmensfremde" Zwecke der Organe oder Mitglieder des Unternehmers. Eine solche **Verwendung** für eine nicht wirtschaftliche Tätigkeit liegt insbesondere vor bei Verwendung von Gegenständen durch juristische Personen des öffentlichen Rechtes **für** ihre **hoheitlichen Zwecke**, durch Vereine **für** ihre **Vereinszwecke,** durch Gesellschaften des Privatrechtes oder natürliche Personen für eine außerhalb ihrer unternehmerischen Tätigkeit liegende Betätigung, z. B. das Halten von Beteiligungen durch eine Holding(gesellschaft) oder eine Einzelperson. In diesen Konstellationen – die Verwaltung spricht von **teilunternehmerischer Verwendung für nicht wirtschaftliche Tätigkeiten im engeren Sinne** – führt die Verwendung des Gegenstandes (auch) für diese Zwecke dazu, dass insoweit **kein Vorsteuerabzugsrecht** aus § 15 Abs. 1 UStG besteht, die **Verwendung** für diese Zwecke **nicht nach § 3 Abs. 9a Nr. 1**, § 1 Abs. 1 Nr. 1 UStG steuerbar ist und eine spätere entgeltliche Veräußerung des Gegenstandes insoweit von vornherein anteilig nicht nach § 1 Abs. 1 Nr. 1 UStG steuerbar ist und auch **keine Entnahme nach § 3 Abs. 1b Nr. 1 UStG** möglich ist.
- Bei einer späteren Erhöhung des Anteiles der Verwendung für Zwecke der steuerbaren und steuerpflichtigen Umsätze des Unternehmens und einer Verminderung der teilunternehmerischen Verwendung für nicht wirtschaftliche (hoheitliche, Vereins-)Zwecke innerhalb des Berichtigungszeitraumes hat bei richtlinienkonformer Auslegung in Befolgung der neueren Rechtsprechung des EuGH zu Art. 184, 187 eine Vorsteuerkorrektur (Erhöhung) nach § 15a UStG zu erfolgen.[1042]

1038 EuGH v. 15.09.2016 – C-400/15 (Potsdam-Mittelmark), MwStR 2016, 835 mit Anm. Pull; grundlegend EuGH v. 12.02.2009 – C-515/07 (VNLTO), Slg. 2009, I-839; vgl. auch Pull, Die Sphärentheorie im Mehrwertsteuerrecht, Bd. 28 Schriften zum Umsatzsteuerrecht, Köln, 2014 (Diss. Erlangen-Nürnberg).

1039 Vgl. BFH v. 03.03.2011 – V R 23/10, UR 2011 mit Anm. Küffner; v. 12.01.2011 – XI R 9/08 und 10/08, BFH/NV 2011, 941 und 860; v. 13.01.2011 – V R 12/08, DStR 2011, 465.

1040 Vgl. Abschn. 15.2c. UStAE.

1041 Vgl. dazu Wäger UR 2012, 25; Oelmaier in: S/R, § 15 Rn. 191 f. (Juni 2022); Reiß UR 2010, 797.

1042 Siehe EuGH v. 25.07.2018 – C-140/17 (Gmina Ryjewo), UR 2018, 687 mit Anm. Sterzinger. Für das deutsche Recht zustimmend Englisch in: T/L § 17 Rn. 331; so auch bereits Wäger UR 2011, 25, 29.

- Wird ein (Liefer-)Gegenstand hingegen **„gemischt/teilunternehmerisch" für unternehmerische Zwecke und für einen privaten Bedarf** des Unternehmers oder seines Personals oder vergleichbar völlig unternehmensfremde Zwecke erworben, kann **durch Zuordnung** des ganzen Gegenstandes zum Unternehmen der **volle Vorsteuerabzug** aus dem Leistungsbezug gemäß § 15 Abs. 1 UStG erlangt werden. Dann ist die **Verwendung** für die „privaten, unternehmensfremden Zwecke" nach **§ 3 Abs. 9a Nr. 1**, § 1 Abs. 1 Nr. 1 UStG steuerbar, ebenso die (spätere) entgeltliche **Veräußerung oder Entnahme** nach **§§ 1 Abs. 1 Nr. 1, 3 Abs. 1, Abs. 1b Nr. 1 UStG.**[1043] Eine spätere anteilige Erhöhung oder Verminderung des Anteils der unternehmerischen Verwendung wirkt sich über den Umfang der Besteuerung nach § 3 Abs. 9a Nr. 1 UStG aus. Die Verwaltung spricht bei dieser Konstellation von einer **teilunternehmerischen unternehmensfremden Verwendung.**

Beispiel

Die Gemeinde G (alternativ der Verein V) erwirbt einen Pkw für 60.000 € zzgl. 11.400 € USt. Der Pkw wird vom Bürgermeister/Vereinsvorstand zu 30 % für hoheitliche (Vereins-)Zwecke, zu 50 % für unternehmerische Zwecke der Gemeinde/des Vereins und zu 20 % für private Zwecke des Bürgermeisters/Vereinsvorstandes verwendet. Nach § 15 Abs. 1 Nr. 1 UStG besteht mangels Lieferung für das Unternehmen für 30 % von 11.400 € kein Vorsteuerabzugsrecht. Die Nutzung für die nicht wirtschaftliche Tätigkeit der Gemeinde/des Vereins begründet kein Vorsteuerabzugsrecht mangels Lieferung „für das Unternehmen", ist aber auch nicht steuerbar nach § 3 Abs. 9a Nr. 1 UStG. Hinsichtlich der restlichen Verwendung – insbesondere auch der 20 % Verwendung für den privaten unternehmensfremden Bedarf – kann durch Zuordnung des Gegenstandes zum Unternehmen der Vorsteuerabzug erreicht werden, also zu 70 %. Die 20%-ige Verwendung für den privaten Bedarf des Bürgermeisters/Vereinsvorstandes ist dann nach § 3 Abs. 9a Nr. 1 UStG steuerbar, falls nicht ohnehin schon von einer gegen Entgelt (Arbeitsleistung) erbrachten (Vermietungs-)Leistung auszugehen ist. Wird der Pkw später veräußert, ist diese Lieferung nur zu 70 % nach §§ 1 Abs. 1 Nr. 1, 3 Abs. 1 UStG steuerbar.

Danach ergibt sich für den Vorsteuerabzug:

363 - Bei Eingangsleistungen, die vom Leistungsempfänger sowohl für den unternehmerischen Bereich als auch für den nicht unternehmerischen (sowohl nicht wirtschaftlichen als auch den privaten, unternehmensfremden) Bereich bezogen sind, ist vorab die **Teilbarkeit der Leistung** zu prüfen. Teilbarkeit, bzw. schon mehrere Lieferungen, liegen insbesondere bei Lieferung mehrerer vertretbarer Sachen vor.

Beispiel

Lieferung von Brennstoffen, aller Art von Energieträgern, die teilweise für den Unternehmensbereich, teilweise für die private Sphäre oder auch eine nicht wirtschaftliche Tätigkeit verwendet werden.

- Nach zutreffender Auffassung des BFH stellt sich auch die Nutzungsüberlassung (Vermietung) von Grundstücken als **teilbare sonstige Leistung** dar, wenn das Grundstück räumlich aufgeteilt teils für unternehmerische, teils für nicht unternehmerische Zwecke, z. B. für Wohnzwecke, vom Leistungsempfänger genutzt wird.[1044] Liegt in diesem Sinne Teilbarkeit vor, so ist die VoSt in jedem Falle aufzuteilen. Entsprechendes gilt für die Inanspruchnahme von **Telefondienstleistungen.**[1045] Der V. Senat geht mittlerweile davon aus, dass bei **Bezug von sonstigen Leistungen** – im Unterschied zur Anschaffung/Herstellung von nicht teilbaren (Investions-/Liefer-)Gegen-

---

1043 EuGH v. 16.02.2012 – C-594/10 (van Laarhoven), UR 2012, 681; v. 14.09.2006 – C-72/05 (Wollny), Slg.2006, I-8297; v. 14.07.2005 – C-434/03 (Carles und Charles Tijmens), Slg. 2005, I-7037.

1044 BFH v. 20.07.1988 – X R 6/80, BStBl. II 1988, 915; s. auch v. 03.08.2017 – V R 59/16, UR 2017, 937 (Dacherneuerung für eine unternehmerisch genutzte Fotovoltaikanlage auf zu privaten Wohnzwecken genutztem EFH – gesamte Dachfläche in Verhältnisrechnung einzubeziehen!).

1045 BFH v. 23.09.1993 – V R 87/89, BStBl. II 1994, 200.

stånden – zur gemischten Verwendung generell kein Zuordnungswahlrecht besteht.[1046] Nach § 15 Abs. 1 UStG ist dann nur der Teil der VoSt abziehbar, der auf den für den unternehmerischen Bereich entfallenden Anteil der (teilbaren) Lieferung(en) oder der sonstigen Leistung entfällt. Auch hinsichtlich eines auf den außerunternehmerischen, privaten unternehmensfremden Bereich entfallenden Anteils ist der Vorsteuerabzug bereits nach § 15 Abs. 1 UStG zu versagen. Die außerunternehmerische Verwendung stellt dann allerdings auch keine unentgeltliche Wertabgabe nach § 3 Abs. 1b Nr. 1 oder § 3 Abs. 9a Nr. 1 UStG mehr dar. Denn dafür ist Voraussetzung, dass die empfangene Leistung zunächst in den Unternehmensbereich einging. Ein **Zuordnungswahlrecht** besteht richtigerweise **bei Lieferungen mehrerer Gegenstände oder (teilbaren) sonstigen Leistungen nicht**.

- Bei **Lieferung eines gemischt genutzten Liefergegenstandes**, musste nach überholter früherer Auffassung einheitlich entschieden werden, ob insgesamt eine Lieferung des Gegenstandes für das Unternehmen vorlag oder nicht. Diese Auffassung ist nach der Rspr. des EuGH[1047] überholt. Danach kann der Unternehmer auch bei Erwerb/Bezug nicht aufteilbarer Gegenstände diese teils als Steuerpflichtiger, teils als Nichtsteuerpflichtiger (in deutscher Terminologie teils als Unternehmer, teils als Nichtunternehmer) empfangen. Danach richtet sich dann umgekehrt bei Weiterveräußerung dieser Liefergegenstände, ob der Unternehmer als solcher oder als Nichtsteuerpflichtiger handelt, d. h. im Rahmen oder außerhalb des Rahmens des Unternehmens.

Beispiel

An den Unternehmer U wird ein Pkw geliefert. U nutzt diesen Pkw zu 80 % für unternehmerische Zwecke und zu 20 % für private Zwecke. Obwohl eine einheitliche Lieferung vorliegt, wird diese nur zu 80 % als Unternehmer empfangen. Insoweit können auch nur 80 % der in Rechnung gestellten USt als VoSt abgezogen werden. Veräußert U den Pkw später, so unterliegt die einheitliche Lieferung des Pkw nur zu 80 % der Besteuerung, weil U hinsichtlich der restlichen 20 % nicht als Steuerpflichtiger handelt, d. h. nach deutscher Terminologie nicht im Rahmen seines Unternehmens.

Bei nicht teilbaren Leistungen, insbesondere der **Lieferung nicht teilbarer Gegenstände** zur **Verwendung** sowohl für den **unternehmerischen** als auch den **unternehmensfremden (privaten) Bereich** hatte der EuGH allerdings in einem früheren Urteil entschieden, dass der Unternehmer auch die gesamte Leistung bzw. den gesamten Liefergegenstand als für sein Unternehmen bezogen behandeln kann. Dies gilt nach Art. 26 Abs. 1 Buchst. a MwStSystRL prinzipiell auch dann, wenn die unternehmerische Verwendung weniger als 10 % ausmacht.[1048] Es gilt allerdings nur bei einer Verwendung für den privaten Bedarf oder vergleichbar unternehmensfremde Zwecke. Allerdings bestimmt **§ 15 Abs. 1 S. 2 UStG**, dass Gegenstände, die zu **weniger als 10 %** für das Unternehmen genutzt werden, als nicht für das Unternehmen bezogen gelten.[1049] Für die 10 %-Grenze ist auf die tatsächliche Nutzung im Erstjahr abzustellen. Zu dieser Abweichung von Art. 168, 169 MwStSystRL (früher Art. 17 der 6. Richtlinie) ist die Bundesrepublik durch mehrfach verlängerten Ratsbeschluss rückwirkend 364

1046 BFH v. 14.10.2015 – V R 10/14, BStBl. II 2016, 717 unter Berufung auf EuGH v. 16.02.2012 – C-118/11 (Eon Aset), UR 2012, 230.

1047 EuGH v. 04.10.1995 – C-291/92 (Armbrecht), Slg. 1995, I-2775 = BStBl. II 1996, 392; ebenso allgemein EuGH v. 13.03.2008 – C-437/06 (Securenta), Slg. 2008, I-1597 und dann v. 12.02.2009 – C-515/07 (VNLTO), Slg. 2009, I-839 = UR 2009, 199.

1048 EuGH v. 11.07.1991 – C-97/90 (Lennartz), Slg. 1991, I-3795 (noch zu Art. 6 Abs. 2 der 6. [MwSt-]Richtlinie).

1049 Zur erforderlichen Verhältnisrechnung bei Dacherneuerung eines zu eigenen Wohnzwecken genutzten Hauses zur Installierung einer Photovoltaikanlage zwecks Feststellung, ob die unternehmerische Mindestnutzung von 10 % eingehalten wurde vgl. BFH v. 03.08.2017 – V R 59/16, BStBl. II 2017, 1209.

ermächtigt worden.[1050] Danach darf die Bundesrepublik den Vorsteuerabzug für solche Gegenstände ausschließen, die zu mehr als 90 % für private Zwecke des Unternehmers oder seines Personals oder allgemein für unternehmensfremde Zwecke genutzt werden. Umstritten war, ob der vollständige Vorsteuerausschluss nach § 15 Abs. 1 S. 2 UStG auch anzuwenden ist, wenn neben einer unter 10%igen Verwendung für Umsätze im Rahmen der wirtschaftlichen Tätigkeit mehr als 90%ige Verwendung für eine nicht wirtschaftliche (Vereins-, hoheitliche) Tätigkeit erfolgt und ob eine solche Anwendung unionsrechtswidrig wäre.[1051] Dies hat der EuGH inzwischen bejaht, sodass wegen des Anwendungsvorranges der Richtlinie insoweit der Vorsteuerausschluss nach § 15 Abs. 1 S. 2 UStG nicht anzuwenden ist.[1052] § 15 Abs. 1 S. 2 UStG ist vielmehr nur bei einer privaten, völlig unternehmensfremden Verwendung anzuwenden. Aus den EuGH-Urteilen Lennartz[1053] und Armbrecht[1054] und der diesen folgenden Rspr. des BFH leitet die Verwaltung im Grundsatz – vorbehaltlich einer mindestens 10%igen Verwendung für das Unternehmen gemäß § 15 Abs. 1 S. 2 UStG (s. aber oben) – ein **Zuordnungs(wahl)recht des Unternehmers** ab.

365 Zu beachten ist, dass bei gemischter Verwendung für das Unternehmen (= Ausgangsumsätze) und einen unternehmensfremden privaten Bedarf die Zuordnungsentscheidung für Umsatzsteuerzwecke unabhängig davon getroffen werden kann, wie der Gegenstand ertragsteuerlich (Betriebs- oder Privatvermögen) zu behandeln ist. Der Unternehmer kann danach folgende Zuordnung vornehmen:

- Erstens: Er ordnet den **Bezug des Gegenstandes insgesamt seinem Unternehmen** zu. Dann steht ihm – vorbehaltlich der Sonderregelung in § 15 Abs. 1b UStG für Grundstücke (s. Rn. 366ff.) und vorbehaltlich eines Ausschlusses nach § 15 Abs. 2, Abs. 1a UStG – in vollem Umfang der Vorsteuerabzug zu. Zum Ausgleich unterliegt die nicht unternehmerische Verwendung als unentgeltliche Wertabgabe nach § 3 Abs. 9a Nr. 1 UStG der Besteuerung. Wird der Gegenstand später weitergeliefert oder dem Unternehmen entnommen, so liegt ein in vollem Umfang steuerbarer Umsatz vor.

Beispiel

U erwirbt einen Pkw, den er zu 50 % für das Unternehmen und zu 50 % für private Fahrten nutzt. Bei voller Zuordnung des Pkw zum Unternehmen ist die VoSt aus der Lieferung voll abziehbar nach § 15 Abs. 1 Nr. 1 UStG. Dafür unterliegt die private Verwendung des Pkw der Besteuerung nach § 3 Abs. 9a Nr. 1 UStG. Sollte U den Pkw veräußern oder verschenken, liegt in vollem Umfang eine steuerbare Lieferung nach § 1 Abs. 1 Nr. 1 (i. V. m. § 3 Abs. 1b Nr. 1) UStG vor.[1055]

- Zweitens: Der **Pkw wird insgesamt dem nicht unternehmerischen Bereich** zugeordnet. Dann scheidet ein Vorsteuerabzug nach § 15 Abs. 1 UStG mangels Lieferung „für sein Unternehmen“ vollständig aus. Auf der anderen Seite stellt sich die „außerunternehmerische Verwendung“ gerade nicht als steuerbare Leistung nach § 3 Abs. 9a Nr. 1 UStG dar. Eine spätere Weiterlieferung oder ausschließliche Verwendung zu nicht unternehmerischen Zwecken ist nicht nach § 1 Abs. 1

1050 V. 28.02.2000, Abl. EG 2000, Nr. L 59/2000, 12 – dazu Vellen UR 2000, 155; v. 19.11.2004, Abl. EG 2004, Nr. L 357, 33 (bis 2009); v. 20.10.2009–2009/791/EG, Abl. EU 2009 Nr. L 283, 55 (bis 31.12.2012); v. 01.01.2013 (bis 31.12.2015) und Beschl. v.10.12.2015, Abl. EU 2013, Nr. L 334/12 (bis 31.12.2018).

1051 Vgl. Vorlagebeschluss BFH v. 16.06.2015- XI R 15/13, BStBl. II 2015, 865.

1052 EuGH v. 15.09.2016 – C-400/15 (Potsdam-Mittelmark), UR 2016, 840 und (nachfolgend) BFH v. 16.11.2016 – XI R 15/13, BStBl. II 2018, 237. S. auch BFH v. 03.08.2017 – V R 62/16, BB 2017, 2985 = BStBl. II 2021,109 (Vorsteuerabzug einer Gemeinde auch bei Nutzung eines Marktplatzes zu weniger als 10 % für unternehmerische Zwecke – Kurbetrieb).

1053 EuGH v. 11.07.1991 – C-97/90 (Lennartz), Slg. 1991, I-3795 (noch zu Art. 6 Abs. 2 der 6. [MwSt-]Richtlinie).

1054 EuGH v. 04.10.1995 – C-291/92 (Armbrecht), Slg. 1995, I-2775 = BStBl. II 1996, 392.

1055 S. auch Abschn. 15.23. UStAE zu Vorsteuerabzug und Umsatzbesteuerung bei teilunternehmerisch verwendeten Fahrzeugen.

Nr. 1 UStG steuerbar. Die Zuordnung zum nicht unternehmerischen Bereich soll auch dann möglich sein, wenn der Gegenstand ganz überwiegend für unternehmerische Zwecke genutzt wird.[1056]

Beispiel

Der Unternehmer nutzt einen Pkw im Jahr der Anschaffung zu 30 % für das Unternehmen, zu 70 % für den privaten Bereich. Hat sich der Unternehmer für einen außerunternehmerischen Bezug entschieden und keinen Vorsteuerabzug vorgenommen, liegt auch bei einer umgekehrten Nutzung im Folgejahr keine nach § 3 Abs. 9a Nr. 1 UStG steuerbare Verwendung vor, weil der Gegenstand wegen der Zuordnungsentscheidung insgesamt kein Unternehmensvermögen ist. Dies gilt selbst dann, wenn der Gegenstand im Folgejahr wegen der mehr als 50%igen betrieblichen Nutzung ertragsteuerlich notwendiges Betriebsvermögen wird oder sogar ab Anschaffung als gewillkürtes Betriebsvermögen behandelt wurde. Wird der Pkw veräußert oder „entnommen", sind die Vorgänge nicht steuerbar.

- Drittens: Der **Unternehmer teilt bei der Zuordnung auf.** Er behandelt den Bezug nur insoweit als für das Unternehmen erfolgt, als auch im Erstjahr der Verwendung tatsächlich eine unternehmerische Verwendung erfolgt. Dann ist dementsprechend die VoSt bereits nach § 15 Abs. 1 UStG nur zum entsprechenden Teil abziehbar. Für den nicht unternehmerisch genutzten Teil scheidet ein Vorsteuerabzug, aber auch eine Besteuerung der privaten Verwendung nach § 3 Abs. 9a Nr. 1 UStG und eine Besteuerung nach § 1 Abs. 1 Nr. 1 UStG bei späterer Weiterlieferung aus. Insoweit ergibt sich dieselbe Lage wie bei einer von vornherein teilbaren Leistung.

4. Sonderregelung und Zuordnungswahlrecht bei Grundstücken

Für **Grundstücke** (bebaut und unbebaut), die vom Unternehmer **gemischt** sowohl für 366
Zwecke seines Unternehmens als auch für außerhalb seines Unternehmens liegende Zwecke **verwendet** werden, ist eine **Sonderregelung** getroffen worden. Durch die Sonderregelung wird **Art. 168a MwStSystRL** in das deutsche Recht umgesetzt. Mit Art. 168a MwStSystRL ist der Richtliniengeber der (verfehlten) „Seeling"-Rspr. des EuGH[1057] entgegengetreten. Danach konnte bei gemischt für unternehmerische entgeltliche Umsätze und für unternehmensfremde (private Wohn-)Zwecke verwendeten Grundstücken durch vollständige Zuordnung des Grundstückes zum Unternehmen der Vorsteuerabzug auch für den zu unternehmensfremden (Wohn-)Zwecken verwendeten Grundstücksteil erlangt werden. Diesem **Steuersparmodell** ist der Richtliniengeber entgegengetreten. Art. 168a MwStSystRL trifft insoweit für **„ein dem Unternehmen zugeordnetes Grundstück"** folgende für die Mitgliedstaaten zwingend umzusetzende Regelungen. Erstens darf die **Vorsteuer nur anteilig** zu dem Teil abgezogen werden, der auf die Verwendung für unternehmerische Zwecke entfällt. Zweitens ist die **Verwendung für den privaten Bedarf** und allgemein für unternehmensfremde Zwecke **nicht** nach Art. 26 MwStSystRL (= § 3 Abs. 9a Nr. 1 UStG) **zu besteuern.** Drittens sind **Vorsteuerberichtigungen** zugunsten wie zuungunsten des Unternehmers nach Art. 184 f. MwStSystRL **(= § 15a UStG)** durchzuführen, wenn sich das Verhältnis von unternehmerischer zu unternehmensfremder Verwendung ändert. Diese zwingenden gemeinschaftsrechtlichen Vorgaben wurden mit §§ 15 Abs. 1b, 3 Abs. 9a Nr. 1 und 15a Abs. 6a UStG in das deutsche Recht umgesetzt.[1058]

1056 EuGH v. 08.03.2001 – C-415/98 (Bakcsi), Slg. 2002, I-1831; BFH v. 31.01.2002 – V R 61/96, BStBl. II 2003, 813; v. 28.02.2002 – V R 25/96, BStBl. II 2003, 815.

1057 EuGH v. 08.05.2003 – C-269/90 (Seeling), Slg. 2003, I-4101 aufrechterhalten durch EuGH v. 23.04.2009 – C-460/07 (Puffer), Slg. 2009, I-3251 = UR 2009, 410; v. 14.07.2005 – C-434/03 (Charles und Charles-Tijmens), Slg. 2005, I-7037; v. 14.09.2006 – C-72/05 (Wollny), Slg. 2006, I-8297.

1058 Änderungen durch das JStG 2010 v. 08.12.2010, BGBl. I 2010, 1768; Gesetzesbegründung BT-Drs. 17/2249 zu Art. 4 Nr. 9.

Soweit hingegen neben der unternehmerischen Verwendung auch eine **Verwendung** für eine außerhalb des Rahmens des Unternehmens liegende **nicht wirtschaftliche Tätigkeit** stattfindet, etwa für Vereins- oder hoheitliche Zwecke bei Vereinen oder juristischen Personen des öffentlichen Rechtes, ist § 15 Abs. 1b UStG weder für Neunoch für „Altfälle" anwendbar. Allerdings ergeben sich dafür bereits nach §§ 15 Abs. 1 und 3 Abs. 9a Nr. 1 UStG dieselben Ergebnisse. Der Vorsteuerabzug ist hier von vornherein nur gegeben, soweit die Verwendung für die entgeltlichen Umsätze des Unternehmens erfolgt. Die Verwendung für die nicht wirtschaftliche Tätigkeit stellt keine Verwendung i. S. d. § 3 Abs. 9a Nr. 1 UStG für außerunternehmerische Zwecke (des privaten Bedarfs) dar. Richtigerweise sind bei einer Änderung der Verhältnisse dann auch § 15a Abs. 1–6 und Abs. 8 UStG schon unmittelbar ohne die Verweisung in § 15a Abs. 6a UStG anzuwenden. Im Ergebnis **scheidet** also lediglich **aus**, dass **für „Altfälle"** unter Berufung auf § 27 Abs. 16 UStG noch durch **„Zuordnung"** ein Vorsteuerabzug für die Verwendung zu einer nicht wirtschaftlichen Tätigkeit erlangt werden kann.

367 **§ Fall 29: Teilunternehmerische Gebäudenutzung eines Steuerberaters**

Steuerberater S ließ auf seinem Grundstück ein Gebäude errichten. Das Gebäude wurde am 01.07.2013 fertiggestellt. Die Herstellungskosten betrugen insgesamt 600.000 € (zzgl. wurden in Rechnungen offen und zutreffend ausgewiesen 100.000 € USt). S nutzte das Gebäude wie vorgesehen ab dem 01.07.2013 zu 40 % für Zwecke seiner Steuerberaterkanzlei und zu 60 % für private Wohnzwecke. Ab 01.01.2014 nutzte er es nur noch zu 50 % für private Wohnzwecke und zu 50 % für seine Kanzlei. Mit Wirkung zum 01.01.2021 veräußerte er das bebaute Grundstück an einen Rechtsanwalt R für 600.000 €. Dieser verwendete das gesamte Gebäude und Grundstück für Zwecke seines Unternehmens. Mit der Herstellung des Gebäudes wurde nach dem 01.01.2011 begonnen.

368 I. S stand aus den an ihn erfolgten (Werk-)Lieferungen und sonstigen Leistungen für die Errichtung des Gebäudes im Jahre 2012 nach § 15 Abs. 1 Nr. 1 UStG ein Vorsteuerabzug zu, soweit diese Leistungen „für sein Unternehmen" erfolgten. Das ist jedenfalls insoweit der Fall gewesen, als er das Gebäude für die Zwecke seiner Kanzlei, d. h., für seine Umsätze als Steuerberater verwendete und das Grundstück insoweit dem Unternehmen zugeordnet wurde. Hinsichtlich der Verwendung zu 60 % für private Wohnzwecke konnte ein Vorsteuerabzug auch durch Zuordnung des den Wohnzwecken dienenden Grundstücksteiles nicht erreicht werden. Denn nach § 15 Abs. 1b UStG ist der Vorsteuerabzug für Lieferungen und sonstige Leistungen im Zusammenhang mit dem Grundstück ausgeschlossen, soweit die Steuer nicht auf die Verwendung für Zwecke des Unternehmens – hier also der Kanzlei – entfällt. § 15 Abs. 1b UStG ist nach § 27 Abs. 16 UStG auch bereits anwendbar, da mit der Herstellung des Gebäudes nicht vor dem 01.01.2011 begonnen wurde. Unabhängig davon, ob auch der den privaten Wohnzwecken dienende Teil des Grundstückes dem Unternehmen zugeordnet wurde oder nicht, stand dem S daher für 2012 nur ein Vorsteuerabzug von 40 % von 100.000 = 40.000 € zu. Die Verwendung des Gebäudes/Grundstückes für private Wohnzwecke führt nicht zu einer nach § 3 Abs. 9a Nr. 1 UStG steuerbaren Wertabgabe aus dem Unternehmen.

II. Durch die ab dem 01.01.2014 um 10 % auf 50 % erhöhte Verwendung des Grundstückes für Zwecke der Kanzlei könnte es zu einer Änderung der Verhältnisse i. S. d. § 15a Abs. 1 UStG gekommen sein. Die Verwendung für den Vorsteuerabzug zulassende Zwecke des Unternehmens hat um 10 % zugenommen. Allerdings liegt nach herrschender Auffassung eine Änderung der Verhältnisse i. S. d. § 15a Abs. 1 UStG nicht vor, wenn ein Wirtschaftsgut zunächst nicht für das Unternehmen geliefert worden ist, sondern erst später in das Unternehmen „eingelegt" wird. Für Grundstücke, auf die der Vorsteuerausschluss nach § 15 Abs. 1b UStG anzuwenden ist, erklärt allerdings § 15a Abs. 6a UStG ausdrücklich, dass § 15a Abs. 1 f. UStG auch bei einer Erhöhung (Änderung) des Verwendungsverhältnisses unternehmerische Nutzung zu (privater) außerhalb des Unternehmens liegender Nutzung anzuwenden sind. § 15 Abs. 1b UStG ist nach Auffassung der Finanzverwaltung jedoch nur anwendbar, wenn der Unternehmer bei Lieferung (Erwerb/Herstellung) des Grundstückes (auch eines Gebäudes als Bestandteil) auch den privaten Wohnzwecken dienenden Teil dem Unternehmen zugeordnet hatte. Diese Zuordnungsentscheidung muss nach außen ersichtlich werden. Weil der Vorsteuerabzug für den privaten Wohnzwecken dienenden Teil nach § 15 Abs. 1b UStG auch bei Zuordnung zum Unternehmen ausgeschlossen wird, wird die Zuordnungsentscheidung nicht schon durch Geltendmachung/Nichtgeltendmachung des Vorsteuerabzugs ersichtlich gemacht. Die Finanzverwaltung verlangt daher eine ausdrückliche schriftliche Erklärung, dass eine Zuordnung erfolgt ist. Fehlt es daran, geht sie von einer Nichtzuordnung aus.[1059]

War vorliegend eine solche Zuordnung rechtzeitig erklärt worden, ergibt sich für 2015, 2016 und 2017 eine Vorsteuerkorrektur zugunsten des S nach § 15a Abs. 6a i. V. m. Abs. 1, Abs. 5 UStG von 100.000 : 10 x (50–40 =) 10 % = + 1.000 Vorsteuer. Denn es lag in diesen Jahren innerhalb des Berichtigungszeitraumes von zehn Jahren für Grundstücke (von 01.07.2013 bis 30.06.2023) eine Änderung der Verhältnisse um je 10 % (50–40) gegenüber den für den Vorsteuerabzug maßgebenden Verhältnissen in 2013 vor. Für jedes Kalenderjahr ist bei Grundstücken von einem Zehntel des gesamten Vorsteuerbetrages auszugehen. War hingegen keine Zuordnung erfolgt, würde eine Vorsteuerkorrektur – jedenfalls nach Auffassung der Finanzverwaltung – allerdings ausscheiden.[1060] Richtiger erscheint es demgegenüber aber, bei teilunternehmerischer Verwendung eines Grundstückes für unternehmerische und unternehmensfremde Zwecke schon ab Erwerbszeitpunkt einer späteren Änderung dieses Verhältnisses immer durch Anwendung einer Vorsteuerkorrektur gemäß § 15a UStG Rechnung zu tragen. Das sollte auch dann gelten, wenn keine positive Zuordnungsentscheidung getroffen wurde und wenn sich der Anteil der unternehmerischen Nutzung erhöht („Einlage"). Dies ergibt sich bereits aus einem richtigen Verständnis des § 15a Abs. 1 UStG und des Art. 184 MwStSystRL. Im Übrigen sollten insoweit § 15a Abs. 6a, Abs. 8 S. 2 UStG und Art. 168a MwStSystRL jedenfalls entsprechend anzuwenden sein.[1061] Der EuGH hat unlängst das Problem der Einlagenentsteuerung insoweit entschärft, in dem eine schädliche Zuordnung zum „Privatbereich" eine ausdrückliche Erklärung verlangt, wenn der Gegenstand auch unternehmerisch genutzt werden konnte und später auch wurde.[1062]

III. Die Veräußerung des Grundstückes führt zu einer Lieferung gemäß § 3 Abs. 1 UStG am 01.01.2021. Die Lieferung ist nach § 1 Abs. 1 Nr. 1 UStG steuerbar, soweit das Grundstück dem Unternehmen zugeordnet war. Die Zuordnung ist dafür erforderlich, denn nur dann erfolgt die Lieferung im Rahmen des Unternehmens. Sie ist allerdings befreit nach § 4 Nr. 9 Buchst. a UStG. Auf die Befreiung kann aber nach § 9 Abs. 1 UStG verzichtet werden. Ein Verzicht ist hier möglich, weil die Lieferung an R für das Unternehmen des R (Rechtsanwalt) ausgeführt wird. § 9 Abs. 2 UStG schließt für die Lieferung des Grundstückes eine Option ebenfalls

1059 Abschn. 15.2c. Abs. 18 UStAE.

1060 Vgl. BMF, Abschn. 15.6a. Abs. 7 Bsp. 1 UStAE.

1061 So i. E. auch Wäger UR 2012, 25, 28.

1062 EuGH v. 25.7.2018 – C-140/17 (Gmina Ryjewo), UR 2018, 687.

nicht aus. Je nach Erklärung der Option und vorheriger Zuordnung zum Unternehmen ergeben sich nachfolgende umsatzsteuerliche Auswirkungen:

1. Wird von S eine Option erklärt (nach § 9 Abs. 3 UStG im notariellen Kaufvertrag), ergibt sich eine Steuerschuld von (600.000 x 19 % =) 114.000 €, falls das Grundstück von S in 2013 vollständig seinem Unternehmen zugeordnet worden war. Diese Steuer wird allerdings nach § 13b Abs. 5 S. i. V. m. Abs. 2 Nr. 3 UStG von R geschuldet. Für S ergibt sich eine Vorsteuerkorrektur nach § 15a Abs. 8, Abs. 9, Abs. 1 UStG. Nach § 15a Abs. 8 S. 2 UStG ist eine Vorsteuerkorrektur nach diesen Vorschriften ausdrücklich auch durchzuführen, wenn der Vorsteuerabzug nach § 15 Abs. 1b UStG ausgeschlossen war. Die bei Option steuerpflichtige Lieferung führt dann gegenüber den Verhältnissen bei Erwerb in 2013 zu einer Änderung der Verhältnisse um (100 % – 40 % =) 60 % durch höhere Verwendung für den Vorsteuerabzug zulassende unternehmerische Umsätze bzw. durch 60 % weniger private Nutzung. Für 2,5 Jahre (01.01.2021 bis 30.06.2023) ergibt sich eine **Vorsteuerkorrektur zugunsten** des S von (100.000 : 10 x 60 % x 2,5 =) 15.000 €. Diese ist bereits in der Voranmeldung für den VZ 01/2021 nach § 15a Abs. 9 UStG, § 44 Abs. 3 S. 2 UStDV geltend zu machen.
2. War der für Wohnzwecke genutzte Teil nicht dem Unternehmen zugeordnet worden, ist seine Lieferung schon nicht steuerbar. Lediglich für die Lieferung des dem Unternehmen zugeordneten Teiles von 40 % entsteht dann bei Option eine von R nach § 13b Abs. 5 UStG geschuldete Steuer von (600.000 x 40 % x 19 % =) 45.600 €. Mangels Änderung der Verhältnisse i. S. d. § 15a Abs. 8 S. 1 und 2 i. V. m. § 15 Abs. 1b UStG – vorher 40 % Grundstücksnutzung für das Unternehmen und jetzt Lieferung von 40 % des Grundstückes ebenfalls steuerbar und steuerpflichtig – ist keine Vorsteuerkorrektur nach § 15a Abs. 8 S. 1, Abs. 9, Abs. 1 UStG durchzuführen.
3. Wird von S nicht für die Veräußerung optiert, ist die Lieferung steuerfrei. Es ergibt sich eine Vorsteuerberichtigung nach § 15a Abs. 8, Abs. 9 UStG zuungunsten von S in Höhe von (100.000 : 10 x 40 % x 2,5 =) 10.000 € weniger Vorsteuer, die für den VZ 01/2021 zu erklären sind. Die Änderung ergibt sich aus der Verwendung von 40 % zu den Vorsteuerabzug zulassenden unternehmerischen Umsätzen in 2013 gegenüber der den Vorsteuerabzug nicht zulassenden steuerfreien Lieferung. Ob eine Zuordnung des zu Wohnzwecken dienenden Teiles erfolgt war oder nicht, ändert bei fehlender Option zur Steuerpflicht nichts. Denn insoweit kommt es wegen der Nichtsteuerbarkeit auch der Veräußerung ebenso wenig wie bei Steuerfreiheit zu einer Änderung der für den Vorsteuerabzug maßgebenden Verhältnisse.

5. Zuordnung von Freizeitgegenständen

369 Die Behandlung nicht aufteilbarer Lieferungen als Bezug für das Unternehmen durch Zuordnungsentscheidung des Unternehmers ist besonders problematisch, wenn der Liefergegenstand in Wahrheit zur Ausübung eines **Hobbys im Bereich der privaten Lebensführung** erworben wird. Wird hier der „Hobbyist" durch einen Vorsteuerabzug entlastet, weil er gelegentlich durchaus ernsthaft zur Verminderung seines Aufwandes den Gegenstand entgeltlich, wenn auch ohne Gewinnerzielungsabsicht, vermietet, so wird das Ziel der USt, den Endverbrauch zu besteuern, gründlich verfehlt. Diese **Liebhaberei** führt richtigerweise bereits nicht zu einer unternehmerischen Tätigkeit, mithin nicht zur Unternehmereigenschaft, sodass ein Vorsteuerabzug bereits ausscheidet. Die neuen Entscheidungen des EuGH zu einer typologischen Betrachtungsweise zur Feststellung der Steuerpflichtigeneigenschaft i. S. v. Art. 9 MwStSystRL

einer Gemeinde bzw. eines Aufsichtsrates gehen insoweit in die ähnliche – und zutreffende – Richtung.[1063]

Denn die Besteuerung der unentgeltlichen Verwendung nach § 3 Abs. 9a Nr. 1 UStG würde nur einen höchst unvollkommenen Ausgleich bieten. Dies schon deshalb, weil sie zeitlich erst erheblich später erfolgt, als der Vorsteuerabzug gewährt wird. Unabhängig davon ist es aber auch prinzipiell verfehlt, in diesen Fällen den Vorsteuerabzug im Ergebnis auch nur teilweise zuzulassen und ihn nur teilweise durch eine Besteuerung der Verwendung nach § 3 Abs. 9a Nr. 1 UStG rückgängig zu machen.

Beispiel

A und B erwerben je eine Segeljacht für 1.000.000 € zzgl. 190.000 € USt. Wegen starker beruflicher Beanspruchung können sie diese lediglich an 30 Tagen im Jahr – zur Hauptsaison – segeln. A vermietet die Segeljacht sporadisch zu nicht kostendeckenden Preisen an den restlichen 270 Tagen, um den Aufwand zu verkleinern. B hingegen vermietet nicht.
Entscheidend ist hier allein, ob A wie ein Unternehmer agiert oder nicht. Die private Selbstnutzung in der Hauptsaison spricht hier ebenso dagegen, wie die nur sporadische Vermietung und die gewählte Preisgestaltung (nicht kostendeckend). Kein „normaler“ Unternehmer würde so agieren. Bei der gebotenen typologischen Betrachtung (s. Rn. 126) ist A ebenso wenig ein Unternehmer wie B.

IV. Leistung eines anderen Unternehmers 370

§ **Fall 30: Der betrogene Käufer/Lieferung durch Nichtunternehmer**

Der Beamte B gibt bei einem Neuwagenkauf seinen Altwagen in Zahlung und erteilt dem Händler H darüber eine Rechnung über 10.000 € zzgl. 1.900 € USt. Er erklärt dem Händler ausdrücklich, dass er auch freiberuflich tätiger Unternehmer sei und der Pkw zu seinem Unternehmensvermögen gehöre. H glaubt dem B. Tatsächlich sind die Angaben unzutreffend.
Steht H ein Vorsteuerabzug zu?

§ 15 Abs. 1 Nr. 1 UStG setzt für den Vorsteuerabzug – ebenso wie Art. 168 Buchst. a MwSt-SystRL – seinem Wortlaut nach die Ausführung einer **Lieferung** oder **sonstigen Leistung** eines **anderen** Unternehmers an ihn voraus. Der Leistende muss außerdem **Unternehmer** sein. Dem H steht daher kein Vorsteuerabzug zu. Einen Gutglaubensschutz kennt das UStG bezüglich der Vorsteuerabzugsvoraussetzungen nach § 15 UStG grds. nicht,[1064] auch nicht zur Person des Leistenden[1065] oder bzgl. deren Unternehmereigenschaft oder der Erbringung einer Lieferung oder sonstigen Leistung.[1066] Fraglich erscheint, ob im Einzelfall bei Gutgläubigkeit ein Erlass wegen sachlicher Härte in Betracht kommen kann[1067] oder ob dies gar schon bei der Steuerfestsetzung zu berücksich- 371

1063 EuGH v. 30.3.2023 – C-612/21 (Gmina O), EU:C:2023:279, Rn. 35; v. 30.3.2023 – C-616/21 (Gmina L.), EU:C:2023:280, Rn. 43; ähnlich zuvor schon EuGH v. 12.5.2016 – C-520/14 (Gemeente Borsele und Staatssecretaris van Financiën), EU:C:2016:334, Rn. 29; EuGH v. 13.6.2019 – C-420/18 (IO), UR 2019, 576, Rn. 40 f.; im weiteren Sinne auch EuGH v. 21.12.2023 – C-288/22 (TP), UR 2024, 55, Rn. 60; bzgl. eines Vereins siehe EuGH v. 4.7.2024 – C-87/23 (Latvijas Informācijas un komunikācijas tehnoloģijas asociācija), EU:C:2024:570, Rn. 46.

1064 So zutreffend BFH v. 22.07.2015 – V R 23/14, BStBl. II 2015,914; v. 30.04.2009 – V R 15/07, BStBl. II 2009, 744 m. w. N.

1065 BFH v. 01.02.2001 – V R 6/00, BFH/NV 2001, 941.

1066 BFH v. 10.07.2019 – XI R 28/18, BFH/NV 2020, 313; v. 16.05.2019, BFH/NV 2019/931. S auch bereits BFH v. 08.12.1988 – V R 28/84, BStBl. II 1989, 250; v. 20.04.1988 – X R 40/81, BStBl. II 1988, 805; etwas anderes ergibt sich auch nicht für die MwStSystRL, wie der EuGH nunmehr ausdrücklich klargestellt hat, EuGH v. 27.06.2018 – C-459/17 und 460/17 (SGI), MwStR 2018, 712 mit Anm. Grube.

1067 Tendenziell befürwortend nun Lippross, USt, Kap. 7.3.3 (S. 1106); zutreffend Stadie; UStG, § 15 Rn. 221 ff. wonach § 15 UStG verfassungskonform dahin gehend ausgelegt werden müsse, dass der VoSt-Abzug bei Gutgläubigkeit immer zu gewähren ist. Die Rspr. des EuGH gewährt bei Gutgläubigkeit des Lieferanten aufgrund einer Täuschung seines Abnehmers über das Gelangen des Liefergegenstandes in einen anderen Mitgliedstaat dem Lieferanten einerseits – ohne Grundlage im Text der MwStSystRL – die Steuerfreiheit für eine innergemeinschaftliche Lieferung, Urt. v. 27.09.2007 – C-409/04 (teleos), Slg. 2007, I-7797; andererseits hat sie aber auch ausgesprochen, dass ein Vorsteuerabzugsrecht nur in dem Umfange besteht, in dem vom Lieferanten USt geschuldet wird, Urt. v. 13.12.1989 – C-342/87 (Genius Holding), Slg. 1989, 4227; vgl.

tigen sein könnte. Zunächst einmal muss sich der Leistungsempfänger aber jedenfalls – hier der H –, an seinen Vertragspartner – hier der B –, der ihn betrogen hat, im Zivilrechtswege halten. Allenfalls wenn dieser zahlungsunfähig ist, könnte die Gewährung eines Vorsteuerabzugs wegen sachlicher Unbilligkeit nach § 163 AO in Umsetzung des sog. Reemtsma-Urteils des EuGH in Betracht kommen.[1068]

Der EuGH hat entschieden, dass ein Vorsteuerabzug nur zu gewähren ist, wenn die materiellen Tatbestandsvoraussetzungen für den Vorsteuerabzug nach Art. 168 MwStSystRL erfüllt sind,[1069] nämlich eine geschuldete Steuer für von einem anderen Steuerpflichtigen steuerpflichtig gelieferte Gegenstände oder erbrachte Dienstleistungen. Dem entspricht mittlerweile § 15 Abs. 1 Nr. 1 UStG, der für den Vorsteuerabzug verlangt, dass eine Steuer für eine tatsächlich ausgeführte Lieferung oder sonstige Leistung entstanden ist. Ausnahmen davon können sich aber unter Anwendung des Verhältnismäßigkeitsgrundsatzes ergeben. Denn es ist grundsätzlich unverhältnismäßig, ein indirektes Steuererhebungssystem einzurichten und den Steuerpflichtigen als zwangsverpflichteten Gehilfen bei der Steuereinsammlung sämtliche Betrugsrisiken dieses Systems alleine tragen zu lassen.[1070] Daher hat er einen Direktanspruch, den **sog. Reemtsma-Anspruch** konstruiert. Dieser wurde nun unlängst stark erweitert, denn es genügt für einen Vorsteuerabzug einer gesetzlich nicht geschuldeten, aber in der Rechnung ausgewiesenen und an den Leistenden gezahlten Steuer, dass der Leistende die Rückzahlung aufgrund zivilrechtlicher Verjährung verweigert.[1071] Inhaltlich ist dies zutreffend, es fragt sich nur, warum dann zunächst postuliert wurde, dass nur ein Vorsteuerabzug möglich sei, wenn die Steuer auch kraft Gesetzes geschuldet sei (und die Steuerschuld kraft Rechnungsausweis – § 14c UStG bzw. Art 203 MwStSystRL insoweit nicht ausreiche). Ein Vorsteuerabzug der an den Leistenden gezahlten Steuer, jedenfalls wenn dieser sie an den Fiskus weitergeleitet hat, wäre viel praktikabler und hätte eine Menge Streitigkeiten (insbesondere zwischen den Leistenden und Leistungsempfänger über den richtigen Steuersatz) erspart. Zugleich wurde er jedoch auch vom EuGH eingeschränkt, wenn die Finanzverwaltung die zu Unrecht in Rechnung gestellte Umsatzsteuer dem Leistenden erstattet hat.[1072] Dies ist dogmatisch wenig überzeugend, da dies nun zu einem Wettlauf (wer beantragt zuerst die Erstattung) führt.

V. Rechnung

1. Offener Steuerausweis und weitere notwendige Angaben

372 a) Die Ausübung des Vorsteuerabzugs setzt nach § 15 Abs. 1 Nr. 1 UStG voraus, dass der Unternehmer eine gemäß §§ 14, 14a UStG ausgestellte **Rechnung** vom leistenden Unternehmer (Identität von leistendem Unternehmer und Rechnungsaussteller)[1073] erhalten hat. Die Rechnung muss alle Angaben nach § 14 Abs. 4 Nr. 1–8 UStG enthalten, u. a. nach Nr. 7 das Entgelt und nach Nr. 8 den anzuwendenden Steuersatz und den auf das Entgelt entfallenden Steuerbetrag **(offener Steuerausweis)**. Die Angabe des Steuersatzes allein genügt grundsätzlich nicht. Ausnahmen bestehen lediglich für **Kleinbetragsrechnungen** bis zu 250 € (§ 33 UStDV) und für **Fahrausweise** (§ 34 i. V. m. § 35 UStDV). Aus ihnen ist auch bei bloßer Angabe des **Steuersatzes** und des Bruttopreises ein Vorsteuerabzug möglich. Für den Vorsteuerabzug ist dann der Rechnungsbetrag in Entgelt und Steuerbetrag aufzuteilen. Dabei ist der Steuersatz nach § 12 Abs. 1 UStG (19 %) anzuwenden, wenn er in der Rechnung angegeben ist. Fehlt dieses Angabe, ist der (ermäßigte) Steuersatz nach § 12 Abs. 2 UStG an-zuwenden. Bei Fahrausweisen im Luftverkehr ist erforderlich, dass der allgemeine Steuersatz angegeben ist.

---

auch BFH v. 30.07.2008 – V R 7/03, UR 2009, 161 und EuGH v. 21.02.2008 – C-271/06 (Netto-Supermarkt), Slg. 2008, I-771 zur Gewährung einer Steuerbefreiung bei nicht erkennbarer Fälschung von Ausfuhrnachweisen im Erlasswege.

1068 Vgl. BFH v. 22.07.2015 – V R 23/14, BStBl. II 2015, 914 und v. 30.06.2015 – VII R 30/14, UR 2015, 802; EuGH v. 15.03.2007 – C-35/05 (Reemtsma), Slg. 2007, I-2425; letzterer wurde unlängst erweitert durch EuGH v. 7.9.2023 – C-453/22 (Schütte), UR 2023, 758. Das anhängige Verfahren C-83/23 könnte die eigentlich als Ausnahme gedachte Konstruktion sogar grenzüberschreitend erweitern. S. hingegen kritisch zum sog. Reemtsma-Anspruch Reiß MwStR 2019, 526 f.

1069 EuGH v. 27.06.2018 – C-459 und 460/17 (SGI), MwStR 2018, 712 mit Anm. Grube und Prätzler.

1070 Vgl. auch zur Risikoverteilung die Schlussanträge der GAin Kokott in de C-442/22 (Dyrektor Izby Administracji Skarbowej w Lublinie – Fraude d'un employé), ECLI:EU:C:2023:702 und die Entscheidung des EuGH v. 30.1.2024 – C-442/22 (Dyrektor Izby Administracji Skarbowej w Lublinie – Fraude d'un employé), UR 2024, 134.

1071 EuGH v. 7.9.2023 – C-453/22 (Schütte), UR 2023, 758.

1072 EuGH v. 5.9.2024 – C-83/23 (H) – Direktanspruch auf Erstattung der Mehrwertsteuer, EU:C:2024:699, Rn. 35 f.

1073 BFH v. 14.02.2019 – V R 47/16, DStR 2019, 1086 mit Anm. Heuermann; v. 15.10.2019 – V R 29/19, BFH/NV 2020, 298.

b) Zur **Erteilung** einer zutreffenden Rechnung mit den **Angaben nach § 14 Abs. 4 S. 1 Nr. 1–10** UStG ist **der leistende Unternehmer** – falls nicht Steuerfreiheit nach § 4 Nr. 8–28 UStG besteht, § 14 Abs. 2 Nr. 2 S. 3 UStG – gegenüber einem anderen Unternehmer zivilrechtlich verpflichtet, § 14 Abs. 2 Nr. 2 S. 2 UStG, und gegenüber Nichtunternehmern berechtigt, § 14 Abs. 2 Nr. 2 S. 1 UStG. Bei Ausführung von Werklieferungen und sonstigen Leistungen im Zusammenhang mit Grundstücken ist er auch gegenüber Nichtunternehmern nach § 14 Abs. 2 Nr. 1 UStG zur Erteilung einer Rechnung verpflichtet. Dies steht im Zusammenhang mit der zur Bekämpfung von Steuerhinterziehungen – nach § 26a Nr. 3 UStG bußgeldbewehrten – eingeführten Aufbewahrungspflicht von Rechnungen auch durch Nichtunternehmer gemäß § 14b Abs. 1 S. 5 UStG. Bei vor den Zivilgerichten erhobenen Klagen auf Erteilung einer den Vorsteuerabzug erlaubenden Rechnung mit allen nach §§ 14, 14a UStG erforderlichen Angaben müssen die Zivilgerichte insoweit grundsätzlich auch die umsatzsteuerlichen Vorfragen nach der Steuerpflicht, Steuersatz und Entgelt des Umsatzes entscheiden. Dies widerspricht jedoch der steuerrechtlichen **Alleinentscheidungsbefugnis der Finanzbehörden**, weswegen die damit befassten Zivilgerichte richtigerweise auszusetzen haben.[1074] 373

c) § 15 Abs. 1 Nr. 1 UStG verlangt zwingend, dass der **leistungsempfangende Unternehmer** für die **Ausübung des Vorsteuerabzugs** eine nach §§ 14, 14a UStG ausgestellte Rechnung besitzt. Daher muss diese grundsätzlich auch alle nach § 14 Abs. 4 Nr. 1–9 UStG **erforderlichen Angaben** enthalten, u. a. **Name und Anschrift** des **Leistenden**[1075] und des **Empfängers, Menge, Art** (handelsübliche Bezeichnung)[1076] **und Zeitpunkt der Leistung, Entgelt, offen ausgewiesenen Steuerbetrag** und Steuersatz. Außerdem muss die Rechnung das Ausstellungsdatum, eine laufende Rechnungsnummer sowie die Steuernummer[1077] oder die **USt-IdNr.**, falls vorhanden, enthalten. Durch die hohen Anforderungen an den Rechnungsinhalt – sie entsprechen Art. 178 Buchst. a i. V. m. **Art. 220, 226 MwStSystRL** – soll eine bessere Kontrollmöglichkeit zur Bekämpfung von Umsatzsteuerverkürzungen erreicht werden. Fehlen die entsprechenden Angaben, ist ein Vorsteuerabzug zunächst nicht zu gewähren. Folgt man dem EuGH[1078], soll es freilich schon genügen, wenn fehlende oder unklare Angaben zu Leistungsumfang und Leistungszeitpunkt in der Rechnung durch vom Rechnungsempfänger den Finanzbehörden zugänglich gemachte „Annexe" ergänzt werden. Warum eine vervollständigte Rechnung nicht verlangt werden können soll, erschließt sich allerdings nicht. Das Vorliegen einer ordnungsgemäßen Rechnung ist nämlich eine Voraussetzung für den Vorsteuerabzug nach § 15 Abs. 1 Nr. 1 UStG, nach Art. 178 MwStSystRL für dessen Ausübung.[1079] Die **Angaben** müssen auch **zutreffend** sein. Insbesondere müssen sie die Identität des 374

1074 Kritisch zur Vorfragenkompetenz der Zivilgerichte Stadie UR 2011, 801 und Hummel AöR 135 (2010), 573 f. (danach alleinige Entscheidungsbefugnis bei den Finanzbehörden – Aussetzung erforderlich); s. jedoch auch BGH v. 02.11.2001 – V ZR 224/00, UR 2002, 91 gegenüber BGH v. 14.01.1980 – II ZR 76/79, NJW 1980, 2710; zur Problematik, ob der Anspruch auf Rechnungserteilung nach § 14 UStG überhaupt ein zivilrechtlicher Anspruch ist, vgl. Lippross, USt, Kap. 6.2.2.d (S. 1028); BFH v. 03.07.2008 – V R 40/04, BStBl. II 2009, 208 (Finanzgerichtsweg für Rechnungserteilung durch Milchquotenverkaufsstelle?); OLG Hamm v. 08.05.2008 – U-1/08 (Rechnungserteilung nach § 14 UStG als Nebenpflicht aus Kaufvertrag); zur Möglichkeit einer Feststellungsklage vor den Finanzgerichten zur Klärung der umsatzsteuerlichen Fragen vgl. BFH v. 30.03.2011 – XI R 12/08, BStBl. II 2011, 819.

1075 S. dazu jetzt BFH v. 21.06.2018 – V R 25/15, BStBl. II 2018, 809 und v.13.06.2018 – XI R 20/14, BStBl. II 2018, 800, vorgehend EuGH v. 15.11.2017 – C-374/16 und C-375/16 (Geissel und Butin), UR 2017, 970 mit Anm. Heuermann DStR 2018, 1663 und Grube MwStR 2017, 997 (postalische Anschrift, auch Briefkastenadresse genügt) – so jetzt auch BMF Abschn. 14.5. Abs. 2 UStAE, anders noch BFH v. 22.07.2015 – V R 23/14, BStBl. II 2015, 914 m. w. N. (Briefkastenadresse genügt nicht, Sitz der wirtschaftlichen Tätigkeit nötig).

1076 S. dazu BFH v. 10.07.2019 – XI R 28/18, BFH/NV 2020, 313.

1077 Vgl. dazu BFH v. 02.09.2010 – V R 55/09, BStBl. II 2011, 235.

1078 EuGH v. 15.09.2016 – C-516/14 (Barlis), MwStR 2016, 796 mit Anm. Grube; zu Recht ablehnend Stadie MwStR 2016, 934.

1079 BFH v. 30.04.2009 – V R 15/07, BStBl. II 2009, 744 (zu zutreffender Anschrift des leistenden Unternehmers); v. 17.12.2008 – XI R 62/07 (zu fehlendem Lieferdatum), BFH/NV 2009, 667.

leistenden Unternehmers und des Leistungsempfängers und des Leistungsempfängers nachprüfbar erkennen lassen. Soweit dem Empfänger allerdings eine Überprüfung nicht möglich ist – lfd. Rechnungsnummer, Steuernummer des Leistenden, inkl. USt-IdNr. – sollen unzutreffende Angaben den Vorsteuerabzug nicht ausschließen.[1080]

375 d) Ohne Vorliegen (d.h. vor Erteilung) einer – wenn auch ggf. fehlerhaften und ergänzungsbedürftigen – **Rechnung** mit offenem Steuerausweis kann ein **Vorsteuerabzug** richtigerweise nicht gewährt werden, auch wenn die übrigen Voraussetzungen des § 15 Abs. 1 UStG (Leistung eines anderen Unternehmers für das eigene Unternehmen) vorliegen. So nunmehr zutreffend auch der EuGH für die Rechtslage nach der MwStSystRL, auch wenn er das Vorliegen einer Rechnung weiterhin nur als „formale" und nicht als materielle Voraussetzung für den Vorsteuerabzug ansieht.[1081]

Eine bloße (Sachverständigen-)Schätzung ohne Vorliegen einer Rechnung genügt auch dem EuGH jedenfalls nicht. Vielmehr muss der Steuerpflichtige durch objektive Nachweise belegen, dass er die Mehrwertsteuer für die an ihn ausgeführten Umsätze tatsächlich an die an ihn leistenden Steuerpflichtigen entrichtet hat.[1082] Geht eine Rechnung allerdings nachträglich verloren, bleibt das Recht auf Vorsteuerabzug erhalten.[1083] Diese Auslegung des nationalen Rechtes steht im Einklang mit Art. 168 Buchst. a, 178 Buchst. a und 220f. MwStSystRL.[1084] Der Vorsteuerabzug darf nach § 15 Abs. 1 Nr. 1 UStG auch zeitlich zulässigerweise erst ausgeübt werden, wenn eine Rechnung – mit allen erforderlichen Angaben nach § 14, 14 a UStG – vorliegt. Zusätzlich muss entweder die **Leistung** oder Teilleistung **bereits ausgeführt** oder eine **Entgeltzahlung vor Ausführung** der Leistung **(Anzahlung)** erfolgt und insoweit die Steuerschuld bereits entstanden sein. Wird die Rechnung überhaupt erst in einem nach Ausführung der Leistung liegenden Besteuerungszeitraum respektive Voranmeldungszeitraum erstmals erteilt, ist der Vorsteuerabzug auch erst für diesen Zeitraum zulässig. Eine Rückbeziehung auf den Besteuerungszeitraum, Voranmeldungszeitraum der Ausführung der Leistung hat richtigerweise bei vollständigen Fehlen einer Rechnung nicht stattzufinden,[1085] wenn zunächst überhaupt keine Rechnung erteilt worden war. Der Vorsteuerabzug ist dann auch erst für den Voranmeldungszeitraum (Besteuerungszeitraum) geltend zu machen, in dem das Abzugsrecht nach § 15 Abs. 1 UStG, Art. 167 i.V.m. Art. 63–66 MwStSystRL entstanden ist und erstmals eine ordnungsgemäße Rechnung mit offenem Steuerausweis als Abzugsvoraussetzung nach § 15 Abs. 1 UStG, Art. 178 MwStSystRL vorliegt. Bei erstmaligem Vorliegen einer Rechnung ist der Vorsteuerabzugs-/Vorsteuererstattungsanspruch auch nur für den Zeitraum des erstmaligen Vorliegens der Rechnung geltend zu machen und zu gewähren. Er kann nicht durch Stornierung/Aufhebung der ursprünglichen Rechnung

1080 BFH v. 02.09.2010 – V R 55/09, BStBl. II 2011, 235; weitergehend Englisch UR 2009, 181 zu Gutglaubensschutz bei unrichtigen Rechnungsangaben.

1081 EuGH v. 21.10.2021 – C-80/20 (Wilo Salmson), UR 2021, 876; EuGH v. 09.12.2021– C-154/20 (Kernwater pro Chemie), BB 2021, 3029 und v. 11.11.2021 – C-281/21 (Ferimet), UR 2022, 65.

1082 So EuGH v. 21.11.2018 – C-664/16 (Vadan), UR 2018, 962. Dazu kritisch Wäger UR 2019, 41, 45.

1083 BFH v. 23.10.2014 – V R 23/13, BStBl. II 2015, 313; v. 05.09.1988 – X R 55/81, BStBl. II 1989, 120.

1084 Vgl. zur Rechtslage nach der 6. Richtlinie EuGH v. 05.12.1996 – C-85/95 (Reisdorf), Slg. 1996, I-6257; zum Erfordernis des Vorliegens einer – wenn auch möglicherweise noch zu berichtigenden – Rechnung s. BFH v. 12.03.2020 – V R 48/17, BStBl. II 2020, 604; v.22.01.2020 – XI R 10/17, BStBl. II 2020,601; v. 15.10.2019 – V R 14/18, BStBl. II 2020, 596; v. 20.10.2016 – V R 26/15, = BStBl. II 2020, 593 = DB 2016,3019; EuGH v. 15.09.2016 – C-518/14 (Senatex), UR 2016, 800 (Rn. 39); v. 29.04.2004 – C-152/02 (Terra Baubedarf), UR 2004, 323.

1085 So zutreffend EuGH v. 18.03.2021 – C-895/19 (A), UR 2021, 787 unter Hinweis auf (grundlegend) EuGH v. 29.04.2004 – C-152/02 (Terra Baubedarf), Slg. 2004, I-5597 und v. 15.09.2016 – C 518/14 (Senatex), UR 2016, 800; BFH v. 19.06.2013 – XI R 41/10, BStBl. II 2014, 738; v. 13.02.2014 – V R 8/13, BStBl. II 2014, 595. Siehe auch BFH v. 20.10.2016 – V R 26/15, BStBl. II 2020, 593.

und Erteilung einer neuen Rechnung in einen späteren Voranmeldungs-/Erstattungszeitraum verlagert werden, namentlich nicht, wenn der Vorsteuervergütungsanspruch für den Zeitraum der erstmaligen Erteilung der „stornierten“ Rechnung bereits bestandskräftig verneint worden ist.[1086]

Umstritten war aber früher, ob nicht eine rückwirkende Rechnungsberichtigung zulässig sein sollte, wenn bereits eine – wenn auch fehlerhafte und unvollständige – Rechnung vorlag.[1087] Im Kern geht es dabei im Wesentlichen nur um die Verhinderung von Zinszahlungen nach § 233a AO.

Der EuGH hat insoweit mittlerweile entschieden, dass bei einer Rechnungsberichtigung mit spezifischem und eindeutigem Bezug auf die zu berichtigende Rechnung und mit dann vollständigen und richtigen Angaben der Vorsteuerabzug (rückwirkend) schon für den Besteuerungs-/Voranmeldungszeitraum zu berücksichtigen ist, in dem die (Eingangs-)Leistung (oder eine Anzahlung dafür) erfolgt war und die (wenn auch zunächst unrichtige oder unvollständige, aber nunmehr berichtigte) Rechnung erstmals vorlag. Dem folgt nunmehr auch der BFH und jetzt auch das BMF für das deutsche Recht, indem er § 15 Abs. 1 Nr. 1 UStG dementsprechend richtlinienkonform auslegt.[1088] Die Rechnungsberichtigung muss – im Falle der Klage – spätestens bis zur letzten mdl. Verhandlung vor dem FG erfolgt sein. Dass der EuGH die Versagung des Vorsteuerabzugs lediglich für einen früheren Besteuerungszeitraum und die dadurch nach § 233a AO anfallenden Nachzahlungszinsen als unverhältnismäßig und nicht erforderlich, demgegenüber aber straf- und ordnungsrechtliche Sanktionen als verhältnismäßige Alternative ansah, kann man allerdings nur mit Erstaunen zur Kenntnis nehmen. Dies ergibt wenig Sinn.

Der deutsche Gesetzgeber hat durch § 14 Abs. 4 S. 4 UStG i. d. F. JStG 2020 nunmehr allerdings auch ausdrücklich bestimmt, dass eine **Rechnungsberichtigung kein rückwirkendes Ereignis im Sinne des § 175 Abs. 1 Nr. 2 und § 233a Abs. 2a der AO** ist. Mithin scheidet die Änderung eines bereits bestandskräftig festgesetzten Umsatzsteuerbescheides nach § 175 Abs. 1 Nr. 2 AO und eine Berücksichtigung beim Zinsablauf nach § 233a Abs. 2a aus. Zu beachten ist allerdings, dass Voranmeldungen wie auch die Jahreserklärung Steueranmeldungen im Sinne der §§ 167,168 AO sind, die einer Steuerfestsetzung unter dem Vorbehalt der Nachprüfung gleichstehen, sodass sie nach § 164 AO ohnehin jederzeit geändert werden können, solange der Vorbehalt wirksam ist. Die durch den Gesetzgeber nunmehr ausdrücklich erfolgte „Klarstellung“, wonach eine Rechnungsberichtigung kein rückwirkendes Ereignis im Sinne der §§ 175, 233 AO ist, war auch bereits in der Vergangenheit vor Inkrafttreten des JStG 2020 zu beachten.[1089]

e) Der **Vorsteuerabzug** ist immer nur bis zur Höhe des offen ausgewiesenen Betrages zulässig. Er ist aber nach § 15 Abs. 1 Nr. 1 UStG maximal **nur** bis zur Höhe der für den Umsatz **gesetzlich geschuldeten Steuer** zulässig, auch wenn die Steuer unzutreffenderweise zu hoch ausgewiesen sein sollte (s. Rn. 383), z. B. wegen Anwendung des allgemeinen Steuersatzes anstelle des ermäßigten, wegen eines Rechenfehlers oder weil es sich um einen steuerfreien oder nicht steuerbaren Umsatz handelt.[1090] Unabhängig von einer Korrektur eines unzutreffend zu hohen Rechnungsausweises darf der Leistungsempfänger den Vorsteuerabzug mithin von vornherein nur in der für den Umsatz gesetzlich geschuldeten Höhe vornehmen. Etwaige zivilrechtliche Rückzahlungsansprüche hinsichtlich der unzutreffend zu hoch oder unberechtigt ausgewiesenen USt sind grds. auf dem Zivilrechtsweg geltend zu machen.[1091] 376

1086 Siehe EuGH v. 21.10.2021 – C-80/20 (Wilo Salmson), UR 2021, 876 mit Anm. Heinrichshofen und Weymüller MwStR 2022,17.

1087 Offen BFH v. 19.06.2013 – XI R 41/10; s. auch Vorlagebeschluss Nds. FG v. 03.07.2014–5 K 40/14, (EuGH C-518/14), MwStR 2015, 63. (Ist unionsrechtlich nach den Entscheidungen des EuGH v. 15.07.2010 – C-368/09 [Pannon Gep] und v. 08.05.2013 – C-271/12 [Petroma Transport], eine Rückwirkung bei Ergänzung einer unvollständigen Rechnung zuzulassen?).

1088 BFH v. 12.03.2020 – V R 48/17, BStBl. II 2020, 604; v.22.01.2020 – XI R 10/17, BStBl. II 2020,601; v. 15.10.2019 – V R 14/18, BStBl. II 2020, 596; v. 20.10.2016 – V R 26/15, = BStBl. II 2020, 593 = DB 2016, 3019; BFH v. 05.09.2019 – V R 38/17, DStR 2019, 2645; v. 01.03.2018 – V R 18/17, UR 2018, 516 = BFHE 261/18; grundlegend BFH v. 20.10.2016 – V R 26/15, UR 2017,60 mit Anm. Sterzinger. Zur Rechtsprechung des EuGH bzgl. Rechnungsberichtigung grundlegend EuGH v. 05.09.2016 – C-518/14 (Senatex), UR 2016, 800 mit (zustimmenden) Anm. Ismer MwStR 2016, 795; Grube MwStR 2016, 800; dies. MwStR 2018, 441; Widmann UR 2017,18; ablehnend Stadie und Reiß MwStR 2016, 934 und MwStR 2016, 972. S. auch EuGH v. 12.04.2018 – C-8/17 – (Biosafe) und v. 21.03.2018 – C-533/16 (Volkswagen), UR 2018, 399 und 359 (zu unzulässigen Ausschlussfristen bei Rechnungsberichtigungen) sowie Reiß UR 2018, 457; Grube MwStR 2018, 441; siehe aber unlängst EuGH v. 21.11.2024 – C-624/23 (SEM Remont), EU:C:2024:976, Rn. 55, der eine rückwirkende Berichtigung einer Rechnung, die bislang keine MwSt ausgewiesen hat, zu Recht nicht zulässt.

1089 Siehe Widmann MwStR 2021, 6f. und Sterzinger UR 2020, 941, 945; das Unionsrecht steht dem nicht entgegen – vgl. in diese Richtung EuGH v. 21.11.2024 – C-624/23 (SEM Remont), EU:C:2024:976, Rn. 61.

1090 BFH v. 06.12.2007 – V R 3/06, BStBl. II 2009, 203 (GiG); v. 02.04.1998 – V R 34/97, BStBl. II 1998, 695.

1091 BFH v. 02.03.2016 – V R 16/15, BFH/NV 2016, 1074; v. 11.10.2007 – V R 27/05, BStBl. II 2008, 438.

377 **Fall 31: Die fehlerhafte Abrechnung**

Unternehmer U (mit Sitz in Ulm) beauftragt den Frachtführer F, für U Ware von Dresden nach Kiew zu befördern. Es ist der erste Ausfuhrumsatz für U. Auch F hat bisher noch keine grenzüberschreitende Güterbeförderung erbracht. F stellt dem U 1.000 € zzgl. 190 € USt in Rechnung, die U anstandslos entrichtet.

Kann U die ihm in Rechnung gestellte USt abziehen, wenn diese alle Angaben nach § 14 Abs. 4 UStG enthält?

378 Die von F erteilte Abrechnung ist eine **Rechnung.** Nach der Legaldefinition des § 14 Abs. 1 S. 1 UStG ist Rechnung jedes Dokument, mit dem über eine Lieferung oder sonstige Leistung abgerechnet wird. Das sind nicht nur Rechnungen im engeren Sinne von Zahlungsanforderungen, sondern können auch Zahlungsbestätigungen (Quittungen) sein. Rechnungen müssen nicht auf **Papier** übermittelt werden. Die Rechnung kann – mit Zustimmung des Empfängers – auch elektronisch übermittelt werden. Eine **elektronische Rechnung** ist nach dem Gesetz eine Rechnung, die in elektronischem Format ausgestellt und empfangen wird, § 14 Abs. 1 S. 7 und 8 UStG.[1092] Obwohl hier eine Rechnung mit allen nach § 14 Abs. 4 UStG erforderlichen Angaben vorliegt, sind die Voraussetzungen für einen Vorsteuerabzug nicht erfüllt. Denn F schuldete für die Transportleistung gesetzlich keine Steuer. Nur eine in einer Rechnung ausgewiesene **gesetzlich geschuldete Steuer** kann aber nach § 15 Abs. 1 Nr. 1 S. 1 UStG (Art. 168 Buchst. a MwStSystRL) **als VoSt** abgezogen werden. Gesetzlich geschuldete Steuer ist dabei nur eine Steuer, die der Rechnungsaussteller wegen der Ausführung eines Umsatzes schuldet, **nicht** eine wegen **unzutreffender Rechnungsausstellung** nach § 14c Abs. 1 und 2 UStG **geschuldete Steuer**. Die Beförderungsleistung des F ist grundsätzlich nach § 3a Abs. 2 UStG in Deutschland steuerbar, da U seinen Unternehmenssitz in Deutschland hat. Soweit die Beförderungsleistung allerdings tatsächlich in Drittlandsgebiet – hier Ukraine – erfolgt und damit dort genutzt wird, ist die Beförderungsleistung nach § 3a Abs. 8 UStG als dort ausgeführt zu behandeln und daher in Deutschland nicht steuerbar. Hinsichtlich der in Deutschland und innerhalb der Gemeinschaft zurückgelegten Strecke bleibt es bei der Steuerbarkeit nach §§ 1 Abs. 1 Nr. 1, 3a Abs. 2 UStG. Allerdings ist die Beförderungsleistung des F insoweit nach § 4 Nr. 3 Buchst. a aa) UStG befreit, da sich die Beförderungsleistung unmittelbar auf einen Gegenstand der Ausfuhr – §§ 4 Nr. 1 Buchst. a, 6 UStG, die Ukraine ist Drittland – bezieht. Mithin schuldet F gesetzlich keine deutsche USt für die an U erbrachte Beförderungsleistung. Daher darf U auch die **unzutreffend ausgewiesene deutsche USt** von 190 € **nicht als VoSt** abziehen. Auf seinen oder des F guten Glauben – aufgrund irriger Rechtsansicht – kommt es nicht an. F schuldet die fehlerhaft ausgewiesene USt allerdings bis zu einer Rechnungsberichtigung nach § 14c Abs. 1 UStG.

379 f) Problematisch dabei ist, dass damit der Leistungsempfänger jeweils nachprüfen muss, ob ihm zu Recht vom Leistenden USt in Rechnung gestellt worden ist. Dies ist eine wenig überzeugende Änderung des früheren deutschen Rechtes, weil dem Unternehmer ein nahezu unübersehbares Risiko aufgebürdet wird, das nur schwerlich mit dem Neutralitätscharakter der USt vereinbar ist. Das Risiko unzutreffender Rechnungserteilung wird auf den leistungsempfangenden Unternehmer abgewälzt, obwohl der Fehler vom für den Fiskus handelnden leistenden

1092 § 14 Abs. 1 und Abs. 3 UStG wurden durch das Steuervereinfachungsgesetz 2011 v. 01.11.2010, BGBl. I 2011, 2131 geändert, indem nunmehr die elektronisch übermittelte Rechnung nach jedem Verfahren unter der Voraussetzung der Gewährleistung von Echtheit der Herkunft und Unversehrtheit des Inhaltes zugelassen wird. Vgl. zur elektronisch übermittelten Rechnung auch Abschn. 14.4. UStAE.

Unternehmer als dem „Steuereinsammler“ begangen wurde. Die Änderung war und ist allerdings gemeinschaftsrechtlich geboten.

Nach der früheren Gesetzeslage konnte, wenn fehlerhafterweise für einen steuerfreien oder nicht steuerbaren Umsatz deutsche USt in Rechnung gestellt wurde, der Leistungsempfänger diesen Betrag als VoSt abziehen.[1093] Dies widersprach allerdings den gemeinschaftsrechtlichen Vorgaben (jetzt Art. 168 MwStSystRL).[1094] Der BFH[1095] hatte deshalb bereits vor der Gesetzesänderung entschieden, dass § 15 Abs. 1 Nr. 1 UStG in richtlinienkonformer Auslegung den Vorsteuerabzug maximal nur bis zur Höhe der gesetzlich für den Umsatz geschuldeten deutschen USt zulasse. Der EuGH hat nun jedoch entschieden, dass ein Vorsteuerabzug aus einer falschen Rechnung doch wieder zulässig ist, wenn eine zivilrechtliche Rückabwicklung an der Verjährung scheitert.[1096] Richtig stringent ist diese Rechtsprechung nicht.

g) **§ 14a UStG** ergänzt § 14 Abs. 4 UStG bzgl. weiterer Pflichtangaben in bestimmten Sonderfällen, die im Wesentlichen **grenzüberschreitende Sachverhalte** betreffen. **380**

aa) Die Beachtung der Förmlichkeiten und der Inhaltsangaben, die für die **Rechnungserteilung** zu beachten sind, um einen reibungslosen Vorsteuerabzug zu ermöglichen und einer missbräuchlichen Vorsteuererschleichung zu begegnen, bereitet für die Unternehmer insbesondere **im grenzüberschreitenden Handel und Dienstleistungsverkehr innerhalb der Union** besondere Schwierigkeiten. Dies ist vor dem Hintergrund zu sehen, dass dafür besondere Kontrollmechanismen bestehen, namentlich der Informationsaustausch über im jeweilig anderen Mitgliedstaat zu besteuernde Umsätze und im eigenen Mitgliedstaat zu befreiende Umsätze. Zu diesem Zwecke sind schon die Steuerpflichtigen zu **zusammenfassenden Meldungen** für grenzüberschreitenden Lieferungen und Dienstleistungen innerhalb der Gemeinschaft nach Art. 262 f. MwStSystRL und § 18a UStG und zu entsprechenden Rechnungsangaben gemäß Art. 226 MwStSystRL, §§ 14, 14a UStG verpflichtet. Hinsichtlich der Rechnungserteilung bedarf es bei grenzüberschreitenden Leistungen zunächst schon einmal der Bestimmung des **(Mitglied-)Staates**, dessen **Rechtsvorschriften für die Rechnungsausstellung** zu beachten sind. Dazu bestimmt **Art. 219a Nr. 1 MwStSystRL** als **Grundsatz**, dass die Rechtsvorschriften des **Mitgliedstaat**es zu beachten sind, in dem nach den **Orts**regelungen die jeweilige **Lieferung oder Dienstleistung ausgeführt** gilt. Abweichend davon sind nach Nr. 2 aber Rechtsvorschriften des **Ansässigkeitsstaates des leistenden Unternehmers maßgebend**, wenn dieser **nicht im Mitgliedstaat des Ortes** der Lieferung oder sonstigen Leistung **ansässig** ist. Wird mit einer Gutschrift abgerechnet, sind wieder die Rechtsvorschriften des Mitgliedstaates der Ausführung der Leistung maßgeblich.

bb) In **Umsetzung von Art. 219a MwStSystRL** bestimmt zunächst der durch das AmtshilfeRLUmsG mit Wirkung ab dem 01.07.2013 eingefügte **§ 14 Abs. 7 S. 1 UStG**, dass für einen **nicht im Inland ansässigen Unternehmer** die **Rechnungsausstellungsvorschriften des Mitgliedstaates seiner Ansässigkeit** gelten, wenn wegen Umkehr der Steuerschuldnerschaft gemäß § 13b UStG der (in der Regel in Deutschland ansässige) Leistungsempfänger die deutsche Umsatzsteuer schuldet (s. Rn. 427 ff.). Wird vom (in der Regel in Deutschland ansässigen) Leistungsempfänger vereinbarungsgemäß schon **mit Gutschrift** abgerechnet, hat der Leistungsempfänger als **Gutschriftaussteller** die **deutschen Vorschriften zur Rechnungsausstellung** in §§ 14, 14a UStG zu beachten. Der Leistungs-

1093 Vgl. BFH v. 29.10.1987 – V R 154/83, BStBl. II 1988, 508; v. 08.12.1988 – V R 28/84, BStBl. II 1989, 250.

1094 EuGH v. 13.12.1989 – C-342/87 (Genius Holding), Slg. 1989, 4227 mit Anm. Reiß UR 1991, 83 und Wagner StuW 1993, 260.

1095 BFH v. 02.04.1998 – V R 34/97, BStBl. II 1998, 695; kritisch zu Recht wegen Unzulässigkeit einer richtlinienkonformen Auslegung gegen den Wortlaut Stadie UR 1998, 351 und Reiß UR 1999, 170.

1096 EuGH v. 7.9.2023 – C-453/22 (Schütte), UR 2023, 758.

empfänger als Gutschriftaussteller hat dann gemäß § 14 Abs. 1 S. 4 UStG in der Gutschrift auch die USt-IdNr. des (im Ausland ansässigen) leistenden Unternehmers und seine eigene anzugeben. Außerdem ist in der Gutschrift auf die „Steuerschuldnerschaft des Leistungsempfängers" hinzuweisen. Den im anderen Mitgliedstaat (oder in einem Drittland ansässigen) leistenden Unternehmer treffen bei Erfüllung der Abrechnungsverpflichtung durch den Gutschriftenaussteller keine Rechnungsausstellungspflichten mehr.

cc) **§ 14a Abs. 1 UStG** betrifft – umgekehrt korrespondierend zu § 14 Abs. 7 UStG – Rechnungsausstellungspflichten eines **im Inland ansässigen Unternehmers für Umsätze**, die in einem **anderen Mitgliedstaat ausgeführt** werden und bei denen es dort zu einer Umkehr der Steuerschuldnerschaft kommt. Das betrifft sonstige Leistungen, bei denen sich nach § 3a UStG der Ort im anderen Mitgliedstaat befindet und es nach einer § 13b Abs. 5 S. 1 UStG entsprechenden Regelung dieses Mitgliedstaates dort zu einer Umkehr der Steuerschuldnerschaft kommt. Außerdem fallen darunter Lieferungen des im Inland ansässigen Unternehmers im anderen Mitgliedstaat beim innergemeinschaftlichen Dreiecksgeschäft, bei dem entsprechend § 25b Abs. 2 UStG die Steuerschuld auf seinen Abnehmer übergeht. In beiden Konstellationen hat der im Inland ansässige Unternehmer die Rechnung unter Beachtung der deutschen Rechtsvorschriften nach §§ 14, 14a UStG auszustellen. In der Rechnung ist anzugeben, dass eine **„Steuerschuldnerschaft des Leistungsempfängers"** besteht. Es darf in der Rechnung dann weder die ausländische Steuer noch deutsche Steuer ausgewiesen werden. Denn die ausländische Steuer wird gerade nicht vom im Inland ansässigen leistenden Unternehmer geschuldet und darf daher auch nicht dem diese schuldenden Leistungsempfänger in Rechnung gestellt werden. Deutsche USt wird aber von niemandem für diesen Umsatz im anderen Mitgliedstaat geschuldet. Wird sie dennoch in Rechnung gestellt, wird sie nach § 14c Abs. 1 UStG geschuldet (s. Rn. 383). Der Unternehmer ist im Übrigen zur Ausstellung der Rechnung bis zum 15. des der Ausführung der Leistung folgenden Monates verpflichtet und hat in der Rechnung seine USt-IdNr. und die des Leistungsempfängers anzugeben, § 14a Abs. 1 und Abs. 7 UStG. Hat vereinbarungsgemäß aber der Leistungsempfänger im Wege der Gutschrift abzurechnen, so hat der Leistungsempfänger die **Gutschrift unter Beachtung der Rechtsvorschriften des anderen Mitgliedstaates** über die Rechnungsausstellung auszustellen. Den im Inland ansässigen leistenden Unternehmer treffen insoweit dann weder inländische Rechnungsaufstellungspflichten aus §§ 14, 14a UStG, noch solche im Mitgliedstaat der Ausführung der Lieferung oder sonstigen Leistung.

381 § 14b Abs. 1 UStG statuiert für den leistenden Unternehmer eine Aufbewahrungspflicht von zehn Jahren eines Doppels der von ihm ausgestellten und empfangenen Rechnungen, respektive der für ihn erteilten Gutschriften, die mit dem Schluss des Kalenderjahres der Ausstellung beginnt. In den Fällen der Umkehrung der Steuerschuldnerschaft trifft die Aufbewahrungspflicht auch den Leistungsempfänger als Steuerschuldner. § 14b Abs. 2–5 UStG regeln, dass die Aufbewahrungspflichten grundsätzlich im Inland oder im Gemeinschaftsgebiet zu erfüllen sind und dass dies auch auf elektronischem Wege erfolgen kann. Bei elektronischer Aufbewahrung außerhalb des Gemeinschaftsgebietes gilt § 146 Abs. 2b AO (Bewilligung, wenn die Besteuerung dadurch nicht beeinträchtigt wird).

2. Rechnung und Gutschrift

Nach der Legaldefinition des § 14 Abs. 1 S. 1 UStG ist **Rechnung** jedes Dokument, mit dem über eine Lieferung oder sonstige Leistung abgerechnet wird. Die Rechnung muss grundsätzlich vom leistenden Unternehmer oder einem von ihm beauftragten Dritten ausgestellt sein. 382

Rechnet anstelle des Leistenden oder eines von ihm beauftragten Dritten der **Leistungsempfänger** oder ein von diesem beauftragter Dritter ab, liegt eine **Gutschrift** vor, § 14 Abs. 2 S. 2 und 4 UStG. Auch die Gutschrift ist eine Rechnung i. S. d. §§ 14 Abs. 1 und 15 Abs. 1 UStG. Daher kann aus ihr der Vorsteuerabzug geltend gemacht werden.[1097] Voraussetzung ist allerdings, dass eine solche Abrechnung durch den Leistungsempfänger mit dem Leistenden vorher vereinbart wurde. Eine solche Vereinbarung bedarf keiner besonderen Form. Sie kann auch mündlich und auch konkludent getroffen werden. Die Gutschrift muss dem Leistenden übermittelt werden. Sie muss die **ausdrückliche Angabe „Gutschrift"** enthalten, § 14 Abs. 4 Nr. 10 UStG. Widerspricht der leistende Unternehmer der Gutschrift, so verliert die Gutschrift nach § 14 Abs. 2 S. 3 UStG die Wirkung einer Rechnung. Das soll auch dann gelten, wenn die Gutschrift den zivilrechtlichen Vereinbarungen entspricht und die Umsatzsteuer zutreffend ausweist.[1098] Letzteres ist mehr als zweifelhaft.[1099] Der Gutschriftaussteller muss dann seinen Anspruch auf Erteilung einer Rechnung per Klage durchsetzen, um den Vorsteuerabzug zu erreichen. Wird der Widerspruch erst zu einem späteren Zeitpunkt ausgesprochen, gilt er erst für den Besteuerungs- oder Voranmeldungszeitraum, in dem er ausgesprochen wurde.[1100] Dies folgt aus einem **allgemeinen Grundgedanken des Umsatzsteuerrechts**, wie er auch in § 17 Abs. 1 S. 8 UStG erkennbar wird und hat primär Bedeutung für den Vorsteuerabzug des Gutschriftempfängers, der dann aus der Gutschrift mangels Vorliegens einer Rechnung keinen Vorsteuerabzug (mehr) geltend machen kann; es hat aber auch Bedeutung für den Leistenden. Denn bei einer Gutschrift mit unzutreffendem Steuerausweis muss er dieser widersprechen, wenn er eine Steuerschuld nach § 14c UStG wegen unzutreffendem Ausweis von USt vermeiden will. Daher ist ein Widerspruch nur gegen eine unrichtige Gutschrift nötig und möglich.[1101] Der Widerspruch muss dem Gutschriftaussteller so übermittelt werden, dass er davon Kenntnis nehmen kann.[1102] Er wird mit dem Zugang wirksam. Dies wurde durch das JStG 2024 auch auf Fälle einer Gutschrift an einen Nichtunternehmer erweitert. Solange dieser der Gutschrift nicht widerspricht, schuldet er auch als Nichtunternehmer die in der Gutschrift unberechtigt ausgewiesene Umsatzsteuer.

3. Überhöhter und unberechtigter Steuerausweis in Rechnungen

a) Wegen der Gefahr eines unberechtigten Vorsteuerabzugs aus Rechnungen/Urkunden mit offenem Steuerausweis, obwohl materiell keine oder jedenfalls nicht eine so hohe Umsatzsteuer geschuldet wird, ordnen **§ 14c Abs. 1 UStG** – sog. **zu hoher Steuerausweis** – und **§ 14c Abs. 2 UStG** – sog. **unberechtigter Steuerausweis** – an, dass der Aussteller die unzutreffend ausgewiesene Steuer schuldet.[1103] Dabei 383

1097 Vgl. auch EuGH v. 17.09.1997 – C-141/96 (Langhorst), Slg. 1997, II-5073.

1098 BFH v. 23.01.2013 – XI R 25/11, BStBl. II 2013, 417; Kräusel UR 2013, 609.

1099 D. Hummel UR 2012, 497; Stadie UR 2013, 365.

1100 BFH v. 19.05.1993 – V R 110/88, BStBl. II 1993, 779, so auch BMF, Abschn. 14.3. Abs. 4 und 15.2a. Abs. 11 UStAE.

1101 Zutreffend: D. Hummel UR 2012, 497; Stadie UR 2013, 365.

1102 BFH v. 15.09.1994 – XI R 56/93, BStBl. II 1995, 275.

1103 S. auch BGH (St) v. 17.09.2016–1 StR 57/16 zur vorsätzlichen Steuerhinterziehung bei Nichtdeklarierung einer 14c-Schuld.

differenziert das Gesetz zwischen den Rechtsfolgen und teilweise zwischen den Voraussetzungen für eine Berichtigung des zunächst geschuldeten Steuerbetrages wegen der unzutreffend hoch ausgewiesenen Steuer:

aa) Bei § 14c Abs. 1 UStG entsteht in Höhe der in einer Rechnung unzutreffend zu hoch ausgewiesenen Steuer eine Steuerschuld. Die **Steuer entsteht** nach § 13 Abs. 1 Nr. 3 UStG schon und erst **mit Ausgabe der Rechnung**. Die Steuerschuld entfällt jedoch – allerdings nicht rückwirkend[1104] –, wenn die Rechnung hinsichtlich des zu hoch ausgewiesenen Steuerbetrages berichtigt wird.[1105] Die entsprechende Anwendung des § 17 Abs. 1 S. 8 UStG besagt, dass dies erst in dem Voranmeldungs- bzw. Besteuerungszeitraum zu berücksichtigen ist, in dem die Rechnung berichtigt wurde. Soweit der zu hoch ausgewiesene Steuerbetrag bereits bezahlt worden war, entfällt die Steuerschuld nach (verfehlter) Auffassung der Rspr. und Verwaltung nur und erst mit Rückzahlung des zu hoch ausgewiesenen Betrages.[1106]

Beispiel

U1 hat in 12/2021 an den U2 eine steuerfreie Leistung ausgeführt und ihm darüber in 12/2021 eine Rechnung über 1.000 € zzgl. 190 € USt erteilt. In 01/2022 berichtigt er die Rechnung auf 1.000 € und zahlt an U2 190 € zurück. Dann schuldet U1 für 12/2020 aus § 14c Abs. 1 UStG 190 € USt. Dem U2 steht in 12/2021 trotz Vorliegens einer Rechnung mit offenem Steuerausweis kein Vorsteuerabzug zu, denn die Steuer wird von U1 nicht wegen der Lieferung gesetzlich geschuldet (s. Rn. 371). U1 hat in 01/2022 die Steuer von 190 € zu berichtigen, § 14c Abs. 1 i. V. m. § 17 Abs. 1 S. 1 und S. 7 UStG, sodass er für 01/2022 –190 € USt schuldet.

Beachte:
Der Rechnungsberichtigung kommt bei § 14c Abs. 1 UStG gerade keine Rückwirkung zu. Die unzutreffend ausgewiesene Steuer entfällt erst im VZ/BZ der Rechnungsberichtigung und nicht „rückwirkend" für den VZ/BZ des unzutreffend hohen Steuerausweises. Wie bei § 17 UStG für die Änderung der Bemessungsgrundlage (dazu Rn. 348) soll für das Entfallen der Steuerschuld aus § 14c UStG bei einer Rechnungsberichtigung auch die Rückzahlung des zu hoch ausgewiesenen Betrages an den Rechnungsempfänger erforderlich sein, wenn dieser Betrag bereits vereinnahmt wurde und nach Zivilrecht nicht geschuldet wird.[1107]

Das ergibt sich nicht aus dem Gesetz.

Unter **§ 14c Abs. 1 UStG** fallen der zu hohe Steuerausweis bei **Rechenfehlern**, bei Anwendung eines **zu hohen Steuersatzes,** namentlich des Normalsteuersatzes bei ermäßigt nach § 12 Abs. 2 UStG zu besteuernden Umsätzen,[1108] aber auch der Ausweis einer Steuer bei **steuerfreien oder nicht steuerbaren Auslandsumsätzen**, in den Fällen der Umkehr der Steuerschuldnerschaft[1109] oder bei Abrechnung mit offenem Steuerausweis nach Eintritt der Festsetzungsver-

1104 Jedenfalls die Rechnungskorrektur bei einem innergemeinschaftlichen Dreiecksgeschäft soll auch nach Ansicht des BFH keine Rückwirkung entfalten – vgl. BFH v. 17.7.2024 – XI R 35/22 (XI R 14/20), BStBL. II 2024, 810.

1105 BFH v. 19.05.2015 – V B 133/14, MwStR 2015, 862; v. 05.06.2014 – XI R 44/12, UR 2014, 700; s. aber BFH v. 27.09.2018 – V R 32/16, MwStR 2019, 416 (Billigkeitserlass bei fehlerhafter Beurteilung einer stfreien Kreditgewährung durch eine sale and lease back-Gestaltung als stpfl Hin- und Herlieferungen).

1106 BFH v. 27.10.2020 – XI B 33/20, UR 2021, 232; BFH v. 16.05.2018 – XI R 28/16, DStR 2018, 1663 mit (zustimmender) Anm. Treiber und Reiß MwStR 2018, 842 (ablehnend).

1107 BFH v. 16.05.2018 – XI R 28/16, DStR 2018, 1663; v. 12.10.2016 – XI R 43/14, DStR 2017, 258.

1108 S. aber BFH v. 24.10.2013 – V R 17/13, BStBl. II 2015, 513 (kein § 14c Abs. 1 UStG und voller Vorsteuerabzug, bei Rechnungserteilung unter Ausweis einer Steuer nach dem Normalsteuersatz, wenn unionsrechtswidrig nach nationalem Recht der ermäßigte Steuersatz anzuwenden wäre wegen Anwendungsvorrang des Unionsrechtes).

1109 So jedenfalls Abschn. 13b.14. Abs. 1 S. 5 UStAE; a. A. Lippross, USt, Kap. 6.4.2.1.e (S. 1065).

jährung.[1110] An sich fallen unter § 14c Abs. 1 UStG auch der Ausweis von Steuer trotz Nichtsteuerbarkeit für eine Geschäftsveräußerung nach § 1 Abs. 1a UStG und der Steuerausweis bei Widerruf einer Option nach § 9 UStG. Für die Rechtsfolgen verweist § 14c Abs. 1 S. 3 aber auf § 14c Abs. 2 S. 3–5 UStG.

bb) Bei **§ 14c Abs. 2 UStG** wird ebenfalls ein in der Rechnung unberechtigt ausgewiesener Steuerbetrag zunächst geschuldet. Die Steuer entsteht hier nach § 13 Abs. 1 Nr. 3 UStG ebenfalls im Zeitpunkt der Ausgabe der Rechnung. § 14c Abs. 2 UStG findet Anwendung, wenn erstens **keine Berechtigung zu einem gesonderten Steuerausweis** besteht – dies betrifft u. a. den **Kleinunternehmer nach § 19 UStG**[1111] oder den die Differenzbesteuerung anwendenden Unternehmer nach § 25a UStG –, zweitens, wenn ein **Nichtunternehmer** Steuer ausweist und drittens, wenn Steuer ausgewiesen wird, obwohl eine **Lieferung oder sonstige Leistung nicht ausgeführt** wurde, § 14c Abs. 1 S. 1 und 2 UStG. Insbesondere zu einem unberechtigten Steuerausweis trotz Nichtausführung einer Leistung kann es auch ohne kriminelle Energien leicht aufgrund von Irrtümern kommen, wenn etwa ein Unternehmer zwar eine Leistung ausgeführt hat, aber die Rechnung nicht an den richtigen Leistungsempfänger ausstellt, etwa für Bauleistungen die Rechnung an einen der Ehepartner erstellt, obwohl Leistungsempfänger (Besteller) die Ehegatten waren, oder wenn ein Unternehmer irrtümlich annimmt, er schulde wegen einer erhaltenen Schadensersatzleistung Umsatzsteuer. Ebenfalls unter diese Kategorie fallen Rechnungen, in denen bewusst ein falscher Leistungsgegenstand in Rechnung gestellt wird, obwohl eine ganz andere Leistung ausgeführt wurde.[1112] Die Rechnung i. S. d. § 14c UStG muss nicht alle Pflichtmerkmale des § 14 Abs. 4 UStG enthalten.[1113]

Eine bloße nachträgliche Rechnungsberichtigung lässt hier – anders als nach § 14c Abs. 1 UStG – die Steuerschuld nicht bereits entfallen. Vielmehr entfällt die Umsatzsteuerschuld wegen des unberechtigten Steuerausweises bei § 14c Abs. 2 UStG nur dann, wenn jede **Gefährdung des Steueraufkommens beseitigt** ist. Die Gefährdung des Steueraufkommens besteht darin, dass aus der Rechnung der Vorsteuerabzug geltend gemacht worden sein könnte oder noch geltend gemacht werden könnte, auch wenn materiell daraus kein Vorsteuerabzug geltend gemacht werden darf, weil es sich nicht um eine gesetzlich geschuldete Steuer handelt.[1114]

Mithin entfällt die Steuerschuld erst dann, wenn feststeht, dass entweder kein Vorsteuerabzug geltend gemacht wurde und auch nicht mehr geltend gemacht werden kann oder wenn ein bereits geltend gemachter Vorsteuerabzug rückgängig gemacht wurde. Auch hier erfolgt dann nicht etwa rückwirkend ein

---

1110 BFH v. 13.11.2003 – V R 79/01, BStBl. II 2004, 375.

1111 Vgl. BFH v. 25.09.2013 – XI R 41/12, BStBl. II 2014, 135 (auch bei Erteilung einer Kleinbetragsrechnung gemäß § 33 UStDV nur mit Steuersatzangabe).

1112 BFH v. 14.02.2019 – V R 68/17, BStBl. II 2020, 65 (Anwendg. v. § 14c Abs. 2 auch bei unzutreffendem Steuerausweis in gutgläubig erteilten Rechnungen); v. 08.09.1994 – V R 70/91, BStBl. II 1995, 32. Zur Haftung des Insolvenzverwalters wegen unberechtigter Rechnungserteilung mit offenem Steuerausweis vgl. BFH v. 21.06.1994 – VII R 34/92, BStBl. II 1995, 230; dort auch zur Eigenschaft der Steuerschuld aus § 14c Abs. 2 UStG als Masseverbindlichkeit gem. § 55 InsO.

1113 BFH v. 17.02.2011 – V R 39/09, BStBl. II 2011, 734 (fehlende Angabe von Lieferzeitpunkt und Steuernummer); v. 21.09.2016 – XI R 4/15, UR 2017, 146 = BStBl. II 2021, 106 (Gebührenbescheid einer jPdöR mit Ausweis von „Nettoentgelt" und „USt").

1114 Daher ist der Vorsteuerabzug auch bereits zu versagen, bevor eine Rechnungskorrektur bezüglich der unberechtigt ausgewiesenen Steuer erfolgt ist und auch unabhängig davon, ob eine zu Unrecht erhaltene Zahlung auf die unzutreffend verlangte USt bereits vom Rechnungsaussteller zurückgewährt wurde, vgl. zutreffend EuGH v. 13.03.2014 – C-107/13 (FIRIN), UR 2014, 705; zu einem möglicherweise zu gewährenden Vorsteuerabzugs durch Billigkeitserlass im Falle der Nichtrückzahlung wegen Insolvenz des Rechnungsausstellers s. BFH v. 30.06.2015 – VII R 30/14, UR 2015, 802.

Wegfall der Steuerschuld aus § 14c Abs. 2 UStG, sondern die Berichtigung ist erst für den Voranmeldungs-, respektive Besteuerungszeitraum vorzunehmen, in dem die Gefährdung des Steueraufkommens beseitigt wurde.[1115] Hatte der Rechnungsempfänger den Vorsteuerabzug (zu Unrecht) bereits geltend gemacht, ist der aufgrund des unberechtigten Steuerausweises nach § 14c Abs. 2 UStG geschuldete Steuerbetrag erst für den Besteuerungszeitraum zu berichtigen, in dem der Rechnungsempfänger die zu Unrecht erlangte Vorsteuer an das Finanzamt zurückzahlt.[1116] Die Beseitigung der Gefährdung des Steueraufkommens verlangt aber zumindest, dass der Rechnungsaussteller den Steuerausweis gegenüber dem Rechnungsempfänger berichtigt.[1117] Frühestens für diesen Zeitraum kann dann – nach Zustimmung des Finanzamtes – die Steuerschuld berichtigt werden. Diese Grundsätze sind entsprechend anzuwenden, wenn für eine Geschäftsveräußerung nach § 1 Abs. 1a UStG unberechtigterweise eine Steuer ausgewiesen wurde oder wenn eine Option widerrufen wird.

384 b) Aus **Gutschriften** ist eine **Schuld nach § 14c Abs. 1 UStG** des Gutschriftempfängers, also des **leistenden Unternehmers nach § 13a Abs. 1 Nr. 1 UStG** und nicht des Gutschriftenausstellers möglich, wenn er der Gutschrift mit zu hohem Steuerausweis nicht widerspricht.[1118] Hingegen schuldet nach § 13a Abs. 1 Nr. 4 UStG bei einem unberechtigten Steuerausweis nach **§ 14c Abs. 2 UStG** der **„Aussteller der Rechnung"** die Steuer.[1119] Strittig ist hier, wer der Aussteller der Rechnung ist.[1120] Als **Aussteller der Rechnung** ist bei einer Gutschrift richtigerweise der **Gutschriftenempfänger**, dem die Rechnung zugerechnet wird anzusehen, § 14 Abs. 2 S. 2 UStG, sodass dieser in Einklang mit **der h.M.** die Steuer nach § 14c Abs. 2 UStG schulden kann.[1121] Um dies zu vermeiden, räumt ihm der Gesetzgeber ein Widerspruchsrecht ein. **Gutschriften gegenüber Nichtunternehmern** oder über **nicht ausgeführte Leistungen eines Unternehmers** fallen hingegen nicht unter § 14c Abs. 2 Satz 2 UStG, weil sie nicht die Grundvoraussetzungen des § 14 Abs. 2 Satz 2 UStG für eine wirksame Gutschrift erfüllen.[1122]

4. Vorsteuerabzug aus der Mindestbemessungsgrundlage

385 a) Nach **§ 14 Abs. 4 S. 2 UStG** ist der Leistende in den Fällen der Mindestbemessungsgrundlage berechtigt und verpflichtet (!), eine Rechnung über die Mindestbemessungsgrundlage auszustellen und die darauf entfallende Steuer offen auszuweisen. Es ist das erklärte Ziel dieser Regelung, dadurch zu erreichen, dass dem Leistungsempfänger auch hinsichtlich der Mindestbemessungsgrundlage der Vorsteuerabzug ermöglicht wird.

1115 BFH v. 08.11.2016 – VII R 34/15, BStBl. II 2017, 496 (zu insolvenzrechtlichem Aufrechnungsverbot nach § 96 Abs. 1 Nr. 1 InsO bei Rechnungskorrektur nach § 14c Abs. 2 UStG nach Insolvenzeröffnung).

1116 BFH v. 27.07.2021 – V R 43/19, UR 2021, 934 = MwStR 2022, 122.

1117 Vgl. EuGH v. 18.06.2009 – C-566/07 (Stadeco), Slg. 2009, I-5295; v. 31.01.2013 – C-643/11 (LVK), UR 2013, 346 (zur Zulässigkeit der Steuerschuld aus Art. 203 MwStSystRL = § 14c UStG bis zur Berichtigung und Versagung des Vorsteuerabzugs wegen nicht erbrachter Lieferung).

1118 BFH v. 16.10.2013 – XI R 39/12, BStBl. II 2014, 1024; BFH v. 23.04.1998 – V R 13/92, BStBl. II 1998, 418.

1119 Vgl. dazu BFH v. 07.04.2011 – V R 44/09, BStBl. II 2011, 954 (Mitwirkung, Grundsätze der Anscheins- und Duldungsvollmacht zu berücksichtigen).

1120 Nach h.M. der leistende Unternehmer (Gutschriftenempfänger), so Stadie in: R/D, § 14c Rn. 100f. (Okt. 2024); Meurer in: Birkenfeld/Wäger Abschn. IV Kap. 3.J Rn. 267 (Nov. 2020); Lippross, UST, Kap. 6.4.3.5 (S. 1078); a.A.: Pogodda/Itter MwStR 2013, 18.

1121 FG München v. 28.06.2016–2 K 3248/13, EFG 2016, 1484 m.w.N. und v. 09.06.2015–14 K 608/13 (aufgehoben durch BFH v. 03.08.2017 – V R 27/16, UR 2017, 937), EFG 2016, 1379.

1122 Stadie in: R/D, § 14c Rn. 101 (Okt. 2024); Meurer in: Birkenfeld/Wäger Abschn. IV Kap. 3.J Rn. 267 (Nov. 2020); BFH v. 27.11.2019 – V R 23/19, UR 2020, 190, Rz. 22f.

Beispiel

Gesellschaft G-OHG liefert an den beherrschenden Gesellschafter einen Lkw zum Preis von 50.000 € zzgl. 9.500 € USt. Der Lkw hat einen Einkaufspreis von 100.000 € zzgl. 19.000 € USt.
Die Gesellschaft schuldet für den steuerbaren und steuerpflichtigen Umsatz, § 3 Abs. 1 i. V. m. § 1 Abs. 1 Nr. 1 UStG, an den Gesellschafter nach § 10 Abs. 5 Nr. 1 i. V. m. Abs. 4 Nr. 1 UStG 19.000 € USt bei einer Mindestbemessungsgrundlage von 100.000 €. Nutzt G den Lkw in seinem Einzelunternehmen, so steht ihm gegen die Gesellschaft ein Anspruch auf Erteilung einer Rechnung über 100.000 € zzgl. 19.000 € USt zu, obwohl er nur 59.500 € zu zahlen hat. Nach § 15 Abs. 1 Nr. 1 UStG soll er 19.000 € als VoSt abziehen können.[1123]

b) Die gesetzliche Regelung ist inkonsequent. Sie gilt nicht in den Fällen der vollständig unentgeltlichen Wertabgabe durch Zuwendung eines Gegenstandes oder einer sonstigen Leistung nach § 3 Abs. 1b Nr. 1 oder Abs. 9a UStG an einen Empfänger, auch wenn dieser den Gegenstand für sein Unternehmen verwendet. Richtigerweise ist sie hier analog anzuwenden.

Beispiel

Einzelhändler U (Automobilhändler) schenkt seinem Sohn einen Pkw für dessen Handelsvertretung mit Einkaufspreis von 20.000 €.
U ist dem Wortlaut nach weder berechtigt noch verpflichtet, dem S eine Rechnung mit offenem Steuerausweis zu erteilen, obwohl er nach §§ 1 Abs. 1 Nr. 1, 3 Abs. 1b Nr. 1 i. V. m. § 10 Abs. 4 Nr. 1 UStG bei einer Bemessungsgrundlage von 20.000 € 3.800 € USt schuldet. Denn von § 14 Abs. 2 S. 1 Nr. 1 und 2 UStG werden dem Wortlaut nach nur solche Leistungen erfasst, denen tatsächlich ein Entgelt gegenübersteht. Dies folgt sowohl aus der ausdrücklichen Erwähnung des Entgeltes in § 14 Abs. 4 S. 1 Nr. 7 UStG als auch aus der Regelung des § 14 Abs. 4 S. 2 UStG, die ausdrücklich nur für die Fälle der Mindestbemessungsgrundlage die Bemessungsgrundlage an die Stelle des Entgeltes treten lässt. Jedoch ist dieser Gedanke auch hier anzuwenden. Erteilt U daher eine Rechnung mit offenem Steuerausweis, schuldet er nicht nach § 14c Abs. 2 UStG eine Steuer, denn die Umsatzsteuer in dieser Höhe schuldet er ja bereits aufgrund des Grundtatbestandes in Verbindung mit der Fiktion einer Entgeltlichkeit. Aus dem Neutralitätsprinzip folgt darüber hinaus, dass trotz fehlender Entgeltlichkeit der schenkende Unternehmer zum gesonderten Steuerausweis ggü. einem beschenkten Unternehmer berechtigt ist, damit die angefallene Umsatzsteuer zwischen Unternehmern neutralisiert werden kann. S kann daher richtigerweise den Vorsteuerabzug aus der ihm in Rechnung gestellten Umsatzsteuer geltend machen.[1124]

Andernfalls würde die Vereinbarung einer Gegenleistung von 1 Euro zu einem diametral entgegenstehenden Ergebnis führen, was die juristisch nicht lösbare Frage aufwerfen würde, ob bei verbilligten Leistungen eine Leistung gegen Entgelt oder eine verkappte unentgeltliche Wertabgabe nach § 3 Abs. 1b oder Abs. 9a UStG vorliegt bzw. ob und bis wann § 42 AO anwendbar ist.

Beispiel

Wie oben, aber S zahlt 1 €, 10 €, 1.000 €. Ab wann liegt ein echter Leistungsaustausch vor bzw. ab wann ist von § 42 AO zur Erlangung des Vorsteuerabzugs auszugehen?

c) Die in der Tat bestehende unionsrechtswidrige und auch verfassungswidrige Ungleichbehandlung[1125] einer Gewährung des Vorsteuerabzugs aus der Mindestbemessungsgrundlage und der Versagung desselben bei unentgeltlichen Wertabgaben an einen Unternehmer aus außerunternehmerischen Gründen kann und muss daher durch Zulassung des Vorsteuerabzugs auch für die unentgeltlichen Wertabgaben beseitigt werden. 386

1123 Abschn. 14.9. UStAE; Kraeusel in: R/K/L § 14 Rz. 231 (Sept. 2024).

1124 Alles strittig, wie hier: Stadie in: R/D, § 14 Rn. 206 und Rn. 490 ff. und Rn. 495 (Aug. 2024); a. A. Lippross, USt, Kap. 6.2.9 (S. 1051 f.).

1125 Siehe Stadie in: R/D, § 15 Rn. 990 ff. (Jan. 2022).

B. Ausschluss vom Vorsteuerabzug

I. Nichtabziehbarkeit von Vorsteuern auf Repräsentationsaufwendungen und Umzugskosten

1. Vereinbarkeit mit der Stillhalteklausel des Art. 176 MwStSystRL

387 § 15 Abs. 1a UStG versagt den Vorsteuerabzug aus Aufwendungen, für die nach § 4 Abs. 5 S. 1 Nr. 1–4, Abs. 7 EStG ein Abzugsverbot als Betriebsausgaben gilt oder die nach § 12 Abs. 1 EStG nicht als Betriebsausgaben abgezogen werden dürfen – sog. **Repräsentationsaufwendungen.** Es handelt sich dabei einerseits um nach Ansicht des Gesetzgebers zwar betrieblich veranlasste Aufwendungen, die aber ausdrücklich vom Betriebsausgabenabzug ausgenommen werden – so § 4 Abs. 5 EStG – und um privat veranlasste Aufwendungen mit geringfügiger betrieblicher Mitveranlassung – so § 12 Abs. 1 EStG. Der angeordnete Vorsteuerausschluss verstößt nicht gegen die Stillhalteklausel des Art. 176 MwStSystRL,[1126] soweit er im Ergebnis nicht über die frühere Besteuerung eines (Verschwendungs-)Eigenverbrauches hinausgeht oder nur klarstellt, dass tatsächlich kein Bezug für das Unternehmen vorliegt.[1127]

2. Vorsteuerabzugsausschlüsse im Einzelnen

388 Vorsteuerabzugsausschlüsse bestehen für:

- **Geschenke aus betrieblichem Anlass, § 4 Abs. 5 S. 1 Nr. 1 EStG.** Das Abzugsverbot gilt nicht, wenn die zugewendeten Wirtschaftsgüter beim Empfänger ausschließlich für betriebliche Zwecke verwendet werden können.[1128] Erfolgen die Zuwendungen aus außerunternehmerischen Gründen, liegen hingegen unentgeltliche Wertabgaben nach § 3 Abs. 1b Nr. 1 oder Abs. 9a UStG vor, sofern bei Bezug der Leistungen vor ihrer Zuwendung eine Zuordnung zum Unternehmen erfolgte und ein Vorsteuerabzugsrecht bestand.

389 - **Bewirtungsaufwendungen**, § 4 Abs. 5 S. 1 Nr. 2 EStG: Der Vorsteuerabzug ist nur in dem Umfang zulässig, in dem ein Abzug als Betriebsausgaben generell zulässig ist, d. h. nur in Höhe der angemessenen Aufwendungen.

> **Beispiel**
>
> U bewirtet Geschäftsfreunde. Die Rechnung lautet über 2.000 € zzgl. 380 € USt. Angemessen wären 1.000 € zzgl. 190 € USt. Nach § 15 Abs. 1a UStG i. V. m. § 4 Abs. 5 S. 1 Nr. 2 EStG ist der Vorsteuerabzug nur für die angemessenen Aufwendungen, mithin nur bzgl. 1.000 € in Höhe von 190 € möglich. Er ist ausgeschlossen für die unangemessenen Aufwendungen von 1.000 €, mithin insgesamt für 190 €.

390 - Gästehäuser, Jagden und Jachten, andere ähnliche und **unangemessene die Lebensführung berührende Aufwendungen**, § 4 Abs. 5 S. 1 Nr. 3, 4 und 7 EStG. Der Vorsteuerausschluss bezieht sich auf die Aufwendungen für die Anschaffung, die Herstellung und die Unterhaltung der genannten Gegenstände bzw. allgemein auf

1126 Vgl. dazu EuGH v. 15.04.2010 – C-538/08 und C-33/09 (X Holding BV und Oracle Nederland), UR 2010, 379; v. 18.12.2008 – C-414/07 (Magoora), Slg. 2008, I-10293 = UR 2009, 203; v. 11.12.2008 – C-371/07 (Danfoss/AstraZeneca), Slg. 2008, I-9549 = UR 2009, 60; v. 08.01.2002 – C-409/99 (Metropol-Stadler), Slg. 2002, I-81; v. 14.06.2001 – C-40/00 (Kommission/Frankreich), Slg. 2001, I-4539.

1127 BFH v. 02.12.2014 – XI B 54/14, BFH/NV 2015, 358; v. 21.05.2014 – V R 34/13, BStBl. II 2014, 914.

1128 R 4.10 Abs. 2 EStR.

unangemessene betrieblich veranlasste Aufwendungen, die die Lebensführung berühren.[1129]

- **Aufwendungen für die Lebensführung nach § 12 Abs. 1 EStG**: Es handelt sich um Aufwendungen, die einkommensteuerlich bereits nicht als durch den Betrieb veranlasst angesehen werden, weil sie trotz einer untergeordneten betrieblichen Mitveranlassung als private Aufwendungen für die Lebensführung anzusehen sind bzw. weil eine Aufteilung in einen betrieblich und einen privat veranlassten Teil objektiv nicht möglich ist. Die Versagung des Vorsteuerabzugs ist richtlinienkonform, weil insoweit schon kein Bezug für das Unternehmen vorliegt, bzw. für die Zwecke der besteuerten Umsätze. Die entgegengesetzte Rspr. des BFH[1130] war von Anbeginn verfehlt. § 15 Abs. 1a UStG stellt insoweit nur klar, was bei zutreffender Auslegung bereits aus § 15 Abs. 1 Nr. 1 UStG bzw. Art. 168 MwStSystRL folgt. Daher verbietet sich auch für **Aufwendungen eines Karnevalsprinzen** der Vorsteuerabzug nach § 15 Abs. 1a UStG i. V. m. § 12 Abs. 1 EStG.[1131] 391

Die durch § 15 Abs. 1a UStG angeordneten Vorsteuerausschlüsse sind im Kern richtlinienkonform. Prinzipiell verfehlt ist allerdings die Gesetzestechnik mit der Anbindung an das deutsche EStG. Die Umsetzung von Harmonisierungsrichtlinien der EU auf dem Gebiet der USt, wie sie durch das UStG zu geschehen hat, sollte nicht unter Verweisung auf das rein nationale deutsche EStG erfolgen. Die nach Art. 176 MwStSystRL zulässigen Fortführungen von Vorsteuerausschlüssen, die bereits bei Inkrafttreten der 6. EG-Richtlinie bestanden, sollten expressis verbis ohne Rückgriff auf das EStG im Umsatzsteuergesetz benannt werden. 392

II. Voller Ausschluss vom Vorsteuerabzug (§ 15 Abs. 2 UStG)

1. Die Ausschlusstatbestände nach § 15 Abs. 2 und 3 UStG

a) Vom Vorsteuerabzug ausgeschlossen ist nach § 15 Abs. 2 Nr. 1 UStG die VoSt auf Leistungen und die Einfuhr, die der Unternehmer zur **Ausführung steuerfreier Leistungen** verwendet,[1132] es sei denn, es handelt sich um die in § 15 Abs. 3 Nr. 1 UStG bezeichneten steuerfreien Umsätze. Im Ergebnis entspricht die deutsche Regelung in § 15 Abs. 2 und 3 UStG den Richtlinienvorgaben in Art. 167–169 MwStSystRL. 393

b) Fällt ein Umsatz sowohl unter eine Befreiungsvorschrift, die den Vorsteuerabzug nach § 4 Nr. 8 Buchst. f UStG ausschließt als auch unter eine andere, die den Vorsteuerabzug gewährt, soll der Vorsteuerabzug nach der sowohl systematisch als

1129 Der Ausschluss greift auch dann ein, wenn ertragsteuerlich wegen fehlender Gewinnerzielungsabsicht (Liebhaberei) § 4 Abs. 5 EStG keine Anwendung finden kann, BFH v. 02.07.2008 – XI R 66/06 und XI R 60/06, BStBl. II 2009, 206 (Halten von Rennpferden) und 167 (Segeljacht); s. auch BFH v. 21.05.2014 – V R 34/13, BStBl. II 2014, 914 (besonders dreister Fall des versuchten Vorsteuerabzugs für privat u. a. in Mallorca genutzte Segeljacht) und ebenso FG BW v. 06.06.2016 – 1 K 3386/15, EFG 2016, 1833 (Vorsteuerabzug aus Anschaffung eines Ferrari durch [Zahnarzt-]GmbH, der angeblich zwecks Werbung von Kunden vom an Rennen teilnehmenden Gesellschafter und Geschäftsführer gefahren wurde) und FG Berlin-Brandenburg v. 13.09.2017–7 K 7234/15, und ebenso FG Hamburg v. 11.10.2018 und – 2 K 116/18 (Begrenzung des Vorsteuerabzugs aus Anschaffung eines sehr teuren Sportwagens durch Steuerberater und Gebäudereiniger!), anders aber FG Hamburg v. 27.09.2018–3 K 96/17 (Anschaffung teuren Wagens führt zu verbesserten Geschäftschancen).

1130 Vgl. BFH v. 12.12.1985 – V R 25/78, BStBl. II 1986, 216 (Geburtstagsfeier auch mit Einladung von Geschäftsfreunden) und v. 30.04.1987 – V R 154/78, BStBl. II 1987, 688 (Denkmalsbrunnen des Firmengründers).

1131 Anders noch BFH v. 27.10.1993 – XI R 86/90, BStBl. II 1994, 274.

1132 Der Vorsteuerausschluss greift auch ein, wenn dem Unternehmer wegen des Anwendungsvorranges eine Befreiung nach der MwStSystRL zu gewähren ist, vgl. BFH v. 16.05.2013 – XI R 24/10, BStBl. II 2013, 52 (Geldspielautomaten, Glücksspielumsätze, zu § 4 Nr. 28 UStG).

auch teleologisch verfehlten Auslegung der Regelung des Art. 168 MwStSystRL durch den EuGH ausgeschlossen sein.[1133]

Beispiel

Ausfuhr oder innergemeinschaftliche Lieferung von Blutkonserven, befreit nach § 4 Nr. 1 und Nr. 17 a UStG, bzw. nach Art. 146, 138 und 132 Abs. 1 Buchst. d MwStSystRL. Nach Auffassung des EuGH, des BFH und der ihm folgenden Verwaltung greifen vorrangig (nur) die den Vorsteuerabzug nicht zulassenden Befreiungen ein.[1134] Anders soll es sich nach neuer Auffassung des BMF allerdings bei den in § 26 Abs. 5 UStG aufgezählten Befreiungen verhalten.

c) Der Ausführung steuerfreier Umsätze steht die Ausführung **nicht steuerbarer Auslandsumsätze** gleich, wenn sie bei Steuerbarkeit steuerfrei wären (§ 15 Abs. 2 Nr. 2, Abs. 3 Nr. 2 UStG). Ob Steuerfreiheit gegeben wäre, beurteilt sich nach dem Gesetzeswortlaut ausschließlich nach deutschem Umsatzsteuerrecht.[1135]

394 d) Für den Sonderfall einer im Ausland ausgeführten, an sich nach deutschem Recht befreiten Leistung, für die aber nach § 9 UStG optiert werden könnte, vertritt der **BFH** die Auffassung, dass auch für solche aus deutscher Sicht nicht steuerbaren Umsätze bei Vorliegen der Voraussetzungen des § 9 UStG im Übrigen quasi **fiktiv optiert** werden könne. Er sieht eine solche den Vorsteuerabzug eröffnende Option jedenfalls dann als gegeben an, wenn der Umsatz auch nach dortigem Recht besteuert wird.[1136] Daher soll der Vorsteuerabzug für inländische Eingangsleistungen, die ihrerseits der Ausführung von in den Niederlanden erbrachten und dort wegen Option steuerpflichtigen Vermietungsleistungen dienen, in Deutschland gegeben sein. Angeblich soll es insoweit keiner Vorlage an den EuGH bedürfen, weil Art. 17 der 6. EG-Richtlinie (jetzt Art. 168, 169 MwStSystRL) insoweit zu keinen Auslegungszweifeln Anlass gibt.

Dies überzeugt allerdings nicht. Nach Art. 168 MwStSystRL ist der Vorsteuerabzug nur möglich, soweit die Eingangsumsätze zu Zwecken der besteuerten Umsätze des Steuerpflichtigen verwendet werden, d. h. zu im Vergütungsstaat steuerbaren und steuerpflichtigen Umsätzen. Für im Ausland ausgeführte Umsätze enthält Art. 169 Buchst. a MwStSystRL eine darüber hinausgehende Sonderregelung. Art. 169 Buchst. a MwStSystRL entspricht insoweit dem § 15 Abs. 2 Nr. 2 UStG, als er den Vorsteuerabzug nur dann eröffnet, wenn für die Auslandsumsätze das Vorsteuerabzugsrecht bestünde, falls sie im Inland ausgeführt worden wären. Erkennbar und verfehlterweise stellt die Richtlinie mithin nicht darauf ab, ob im Ausland eine Besteuerung stattfindet, sondern nur darauf, ob der nicht steuerbare Umsatz im Inland steuerpflichtig wäre. Der EuGH hat bisher nicht entschieden, dass der Vergütungsstaat den Vorsteuerabzug auch dann zu gewähren hat, wenn nach seinem Recht ein solches Vorsteuerabzugsrecht nicht besteht, wohl aber nach dem Recht des Staates, in dem die Ausgangsumsätze erfolgen. Er hat im Gegenteil entschieden, dass der Vergütungsstaat den Vorsteuerabzug auch dann zu versagen hat, wenn im Mitgliedstaat der Verwendung keine unechte Steuerbefreiung eingreift.[1137] Indem eine Vorlagepflicht an den EuGH verneint wird, setzt sich der BFH nicht nur über das deutsche Recht hinweg, sondern auch über die bisherige Auslegung zu Art. 168, 169 MwStSystRL durch den EuGH. Die vom **BFH anerkannte fiktive Option** vermag das Problem in Wahrheit auch nicht zu lösen. Hier hilft nur eine konsequente Umsetzung des Bestimmungslandprinzips auch für den Vorsteuerabzug schon in der Richtlinienregelung.

1133 EuGH v. 07.12.2006 – C-240/05 (Eurodental), Slg. 2006, I-11479; vgl. auch v. 14.12.2006 – C-401/05 (VDP Dental Laboratory), Slg. 2006, I-12150; der Rspr. des EuGH folgend BFH v. 22.08.2013 – V R 30/10, BStBl. II 2014, 133; BMF v. 11.04.2011, BStBl. I 2011, 459; a.A: Stadie, UStG, Vor §§ 4–9 Rz. 25; D. Hummel in Mössner/Lampert u. a., Steuerrecht international tätiger Unternehmen, Rz. 14.440; Reiß UR 2007, 565; vgl. auch Achatz und Lippross in: FS für W. Reiß, 2008, 169 f. und 195 f.

1134 S. Abschn. 6.1. Abs. 7, 6a.1. Abs. 2a, 15.13. Abs. 5 UStAE; BFH v. 22.08.2013 – V R 30/12, BStBl. II 2014, 133 (allerdings offengelassen für die Ausfuhr); EuGH v. 07.12.2006 – C-240/05 (Eurodental), Slg. 2006, I-11479 = HFR 2007, 176 (Versagung des Vorsteuerabzugs bei innergem. Lieferungen von Zahnersatz aus Luxemburg nach Deutschland.).

1135 So nach deutscher Gesetzeslage zutreffend BFH v. 23.07.2019 – V R 14/17, DStR 2019, 2414 mit Anm. Heuermann (Ausschluss VoSt-Abzug nach § 15 Abs. 2 UStG für Vermittlungsleistungen von Künstleragenturen für ausländische Engagements wegen Befreiung nach § 4 Nr. 20 a UStG). Zutreffend aber die Kritik von Lippross UR 2019, 913 (Verstoß von Richtlinienregelung und dieser folgenden Regelung in § 15 Abs. 2 Nr. 2 UStG gegen [unionsrechtlichen] Gleichheitsgrundsatz).

1136 BFH v. 06.05.2004 – V R 73/03, BStBl. II 2004, 856; Abschn. 15.14. Abs. 1 UStAE; a. A. zu Recht Stadie in: R/D, § 15 Rn. 1540 ff. (Jan. 2022).

1137 EuGH v. 07.12.2006 – C-240/05 (Eurodental), Slg. 2006, I-11479.

2. Verwendung für vorsteuerabzugsschädliche Ausgangsumsätze

a) Wegen des von **§ 15 Abs. 2 UStG** angeordneten **Vorsteuerausschlusses** für Eingangsbezüge, die zur Ausführung von **steuerfreien Umsätzen** oder nicht steuerbaren Ausschlussumsätzen verwendet werden, bedarf es einer **Zuordnung der Eingangsumsätze zu** den jeweiligen **Ausgangsumsätzen**, um entscheiden zu können, ob ein Ausschluss vom Vorsteuerabzug eintritt. Es muss insoweit entschieden werden, für welchen Ausgangsumsatz oder für welche Ausgangsumsätze eine Eingangsleistung vom Unternehmer verwendet wird. Eine solche Zuordnung verlangen auch **Art. 168, 169 MwStSystRL**. Denn Art. 168 MwStSystRL lässt den Vorsteuerabzug nur insoweit zu, als der empfangende Unternehmer „die **Gegenstände oder Dienstleistungen für Zwecke seiner besteuerten Umsätze verwendet**". Danach ist der Vorsteuerabzug also nur zulässig, wenn der Eingangsumsatz zur Ausführung eines steuerbaren und steuerpflichtigen Umsatzes im jeweiligen Mitgliedstaat verwendet wird. Ergänzend lässt dann Art. 169 Buchst. a MwStSystRL den Vorsteuerabzug auch für nicht steuerbare Auslandsumsätze zu, falls bei einem Inlandsort ein Vorsteuerabzugsrecht bestünde, sowie Buchst. b für steuerfreie Export- und Importvorgänge und Buchst. c für Finanzdienstleistungen, wenn der Empfänger im Drittland ansässig ist oder diese mit der Ausfuhr zusammenhängen. **395**

b) Nach der Rspr. des EuGH verlangt der volle Vorsteuerabzug, dass zwischen dem **Eingangsumsatz** (Lieferung oder Dienstleistung an den Unternehmer) und einem oder mehreren vom Unternehmer erbrachten **zu besteuernden** (oder nach Art. 169 MwStSystRL den Vorsteuerabzug zulassenden nicht zu besteuernden) **Ausgangsumsätzen** ein **direkter und unmittelbarer Zusammenhang** bestehen muss.[1138] Fehlt ein solcher Zusammenhang mit zu besteuernden (oder diesen in Art. 169 MwStSystRL = § 15 Abs. 3 UStG gleichgestellten, den Vorsteuerabzug zulassenden befreiten und nicht steuerbaren [Auslands-]Umsätzen), scheidet ein Vorsteuerabzug aus. Das kann daran liegen, dass die Eingangsleistung bereits nicht für das Unternehmen erfolgte – dann bereits kein Vorsteuerabzug nach § 15 Abs. 1 UStG – oder aber daran, dass nur ein Zusammenhang mit den Vorsteuerabzug ausschließenden steuerfreien oder nicht steuerbaren Auslandsumsätzen nach § 15 Abs. 2 Nr. 1 und 2 UStG besteht.

c) Ob ein Zusammenhang mit den Vorsteuerabzug zulassenden Ausgangsumsätzen besteht, muss anhand aller Umstände des Einzelfalles entschieden werden. Dabei geht der EuGH von folgenden Grundsätzen aus. Eingangsumsätze können nur denjenigen Ausgangsumsätzen zugeordnet werden, in die die **Aufwendungen für die Eingangsumsätze** als **Kostenelemente** eingehen. Dies setzt grundsätzlich voraus, dass die Aufwendungen zeitlich bereits vor Ausführung der Ausgangsumsätze entstanden sind. Nur ausnahmsweise kann in Betracht kommen, nachträgliche Aufwendungen als direkte Folgekosten vorherigen Ausgangsumsätzen zuzurechnen. Dies dürfte praktisch nur dort infrage kommen, wo schon vor Ausführung des Ausgangsumsatzes ersichtlich ist, dass dieser weitere Folgeaufwendungen auslösen wird oder wo wegen Aufgabe/Einstellung der Tätigkeit zwar keine nachfolgenden Umsätze mehr getätigt werden, aber noch wegen früher erbrachter Umsätze Leistungen (zur Abwicklung) empfangen werden.[1139] **396**

Kommt danach eine direkte Zurechnung zu einem oder mehreren bestimmten Ausgangsumsätzen nicht in Betracht, sind diese Aufwendungen als **Gemeinkosten** dann allen Ausgangsumsätzen zuzurechnen, sodass eine **Aufteilung** (nach

---

1138 Grundlegend EuGH v. 08.06.2000 – C-98/98 (Midland Bank), Slg. 2000, I-4177 = UR 2000, 342; vgl. auch v. 08.02.2007 – C-435/05 (Investrand BV), Slg. 2007, I-1315.

1139 Vgl. EuGH v. 22.02.2001 – C-408/98 (Abbey National), Slg. 2001, I-1361; v. 03.03.2005 – C-32/03 (Fini), Slg. 2005, I-1614.

Art. 173 MwStSystRL, bzw. nach **§ 15 Abs. 4 UStG**) erforderlich ist, falls der Unternehmer sowohl zu besteuernde als auch Ausschlussumsätze tätigt.

Beispiel

Die D-Bank mit Sitz in Frankfurt vermittelte für die in den USA ansässige N.Y. Corporation den Erwerb eines Aktienpaketes an der deutschen D-AG mit Sitz in Frankfurt. Die N.Y. Corporation machte nach Erwerb des Aktienpaketes gegen die D-Bank wegen angeblich fehlerhafter Beratung Schadensersatzansprüche geltend. Zur Abwehr dieser Ansprüche ließ sich die D-Bank von einem Anwalt beraten. Die Parteien verglichen sich. Die D-Bank beansprucht den vollen Vorsteuerabzug aus der Anwaltsleistung.[1140]
Fraglich ist hier, ob zwischen der Vermittlungsleistung als Ausgangsumsatz und der anwaltlichen Beratung als möglicher Eingangsleistung ein unmittelbarer und direkter Zusammenhang besteht. Die Vermittlungsleistung wird nach § 3a Abs. 2 UStG in New York erbracht. Der Vorsteuerabzug wäre nach § 15 Abs. 2 Nr. 2 UStG wegen Abs. 3 Nr. 2 b UStG (Art. 169 Buchst. c MwStSystRL) nicht ausgeschlossen, weil der Leistungsempfänger in einem Drittland – hier USA – ansässig ist. Der EuGH verneint aber einen unmittelbaren und direkten Zusammenhang mit diesem Umsatz, weil die Aufwendungen für den der Vermittlungsleistung nachfolgenden – nicht vorhersehbaren – Rechtsstreit nicht Kostenelemente dieses Umsatzes sein könnten. Daher könne nur eine Zurechnung zu allen Umsätzen der Bank erfolgen.

397 d) Bei der Frage nach der Verwendung ist darauf abzustellen, für welchen Ausgangsumsatz oder welche Ausgangsumsätze die Eingangsleistung **direkt und unmittelbar verwendet** wurde. Dabei ist zunächst zu prüfen, ob der Eingangsumsatz unmittelbar und direkt einem oder mehreren bestimmten Ausgangsumsätzen zugeordnet werden kann, weil er (als Kostenelement) bei deren Ausführung Verwendung fand. Dies trifft **erstens** zunächst einmal für schon **stofflich gegenständliche Eingangsumsätze** zu. Dies betrifft solche Eingangsumsätze, die schon stofflich/gegenständlich in einen (oder mehrere) Ausgangsumsätze tatsächlich eingegangen sind, wie z. B. die **eingekaufte Ware** in die **(Weiter-)Lieferung dieser Ware** oder das erworbene und verarbeitete Material in die Lieferung des hergestellten Gegenstandes. Es trifft **zweitens** aber auch für solche **Ergänzungseingangsleistungen** zu, die zur Erbringung eines bestimmten Ausgangsumsatzes (oder mehrerer) beigetragen haben, etwa die Werbeleistung für eine bestimmte Ware(ngruppe) oder der Transport dieser Ware zum und vom Händler. Lässt sich ein solcher Zusammenhang mit einem bestimmten Ausgangsumsatz (oder einer bestimmten Gruppe von Ausgangsumsätzen) nicht feststellen, wohl aber ein Zusammenhang mit allen Umsätzen, bzw. mit der durch alle Umsätze konstituierten wirtschaftlichen Tätigkeit, so handelt es sich **drittens** um **Gemeinkosten des Unternehmens.** Auch insoweit ist dann ein direkter und unmittelbarer Zusammenhang mit den (allen) Ausgangsumsätzen gegeben. Sofern diese unterschiedlich im Hinblick auf den Vorsteuerabzug zu beurteilen sind, z. B. teilweise steuerpflichtige, teilweise steuerfreie Umsätze, bedarf es dann einer Aufteilung nach § 15 Abs. 4 UStG (respektive nach Art. 173 MwStSystRL), ansonsten ist der Vorsteuerabzug zu gewähren, falls nur Umsätze getätigt werden, die ihn nicht ausschließen. Fehlt es hingegen schon an jeglichem Zusammenhang mit Umsätzen des Unternehmers, bzw. mit der wirtschaftlichen Tätigkeit als Steuerpflichtiger, ist der Vorsteuerabzug bereits nach § 15 Abs. 1 UStG zu versagen.[1141] Besteht nur teilweise ein Zusammenhang mit zu besteuernden Umsätzen im Rahmen des Unternehmens (zu dieser Voraussetzung für den Vorsteuerabzug s. Art. 168, 169 MwStSystRL) und teilweise mit nicht wirtschaftlichen Tätigkeiten (außerhalb des Unternehmens) bedarf es ebenfalls einer Aufteilung. Der Vorsteuerabzug ist nur in dem Umfange zulässig, als die Leistun-

1140 Nach EuGH v. 08.06.2000 – C-98/98 (Midland Bank), Slg. 2000, I-4177.
1141 Vgl. EuGH v. 08.02.2007 – C-435/05 (Investrand BV), Slg. 2007, I-1315; v. 12.02.2009 – C-515/07 (VNLTO), UR 2009, 199.

gen (anteilig) für das Unternehmen erfolgten. Die Aufteilung hat, im Ergebnis wie bei § 15 Abs. 4 UStG, nach **wirtschaftlichen Gesichtspunkten** zu erfolgen.[1142]

e) Ist eine unmittelbare und direkte Verwendung mit einem bestimmten Ausgangsumsatz zu bejahen, ist unmaßgeblich, ob dieser Ausgangsumsatz seinerseits der Ausführung weiterer Umsätze diente. Es kommt insoweit nicht auf Motive oder weitergehende Zwecke an, derenthalben der Verwendungsausgangsumsatz erfolgte. Ebenfalls ist grds. unerheblich, ob die Kosten für die Eingangsleistungen erforderlich oder zweckmäßig waren, da das Vorsteuerabzugsrecht nicht von einem Kriterium der wirtschaftlichen Rentabilität abhängig ist.[1143] **398**

Beispiel

Die X-Brauerei lässt ein Gaststättengebäude renovieren, das sie steuerfrei an einen Gastwirt verpachtet hat. Der Pachtvertrag enthält eine Bezugsverpflichtung, wonach der Pächter ausschließlich Bier der X-Brauerei zu beziehen hat.[1144] Die VoSt aus der Rechnung über die Renovierungsarbeiten ist nach § 15 Abs. 2 Nr. 1 i. V. m. § 4 Nr. 12 Buchst. a UStG nicht abziehbar. Der unmittelbare Zusammenhang besteht mit der steuerfreien Grundstücksverpachtung. Dass diese ihrerseits der Ausführung steuerpflichtiger Bierlieferungen dient, ist unmaßgeblich. Zur Vermeidung dieses Ergebnisses wäre natürlich eine Option nach § 9 UStG angebracht gewesen. Für die Vermietung der Pächterwohnung kann allerdings auch dann nicht wegen der Nutzung zu Wohnzwecken optiert werden, wenn die Vermietung der Pächterwohnung ihrerseits der Gaststättenvermietung dient.[1145]

Dies gilt allerdings nicht, wenn nicht zu besteuernde unentgeltliche Leistungen erbracht werden, die in einer dienenden Funktion zu steuerbaren, entgeltlichen Umsätzen stehen. Dann ist die Eingangsleistung den steuerbaren entgeltlichen Umsätzen ebenso zuzurechnen wie schon die unentgeltliche Leistungsabgabe.

Beispiel

Eine Bank, die steuerfreie Umsätze nach § 4 Nr. 8 UStG tätigt, erwirbt Werbegeschenke und legt einen Parkplatz für ihre Kunden an.[1146] Die VoSt aus der steuerpflichtigen Lieferung der Werbegeschenke und der steuerpflichtigen Errichtung des Parkplatzes ist wegen der Verwendung für die nach § 4 Nr. 8 UStG steuerfreien Umsätze der Bank bei dieser nicht abzugsfähig nach § 15 Abs. 2 Nr. 1 UStG. Unerheblich ist, dass die Lieferung der Werbegeschenke und die Überlassung des Parkplatzes an die Kunden bei Gewährung eines Entgeltes steuerpflichtig wären. Werden Werbegeschenke unter Einkaufspreis steuerpflichtig weitergeliefert, ist der Vorsteuerabzug nach § 15 Abs. 4 UStG aufzuteilen, wenn ihre Weitergabe zugleich der Förderung steuerfreier Umsätze dient.[1147]

3. Tatsächliche Verwendung, Verwendungsabsicht und Sofortabzug

Ob eine Verwendung zur Ausführung den Vorsteuerabzug nach § 15 Abs. 2 UStG ausschließender steuerfreier oder ihn zulassender zu besteuernder (steuerpflichtiger) Umsätze vorliegt oder nicht, hängt von der **tatsächlichen Verwendung** der bezogenen Leistung ab. Auf bloße Absichten kann und darf es dabei richtigerweise nicht ankommen. Dieser Grundsatz könnte allerdings mit dem vom EuGH zutreffend betonten – aus dem Neutralitätsgebot abgeleiteten – Grundsatz des Sofortabzugs der VoSt schon bei Vornah- **399**

1142 Vgl. EuGH v. 13.03.2008 – C-437/06 (Securenta), Slg. 2008, I-1597 = BStBl. II 2008, 727.

1143 So ausdrücklich EuGH v. 12.12.2024 – C-527/23 (Weatherford Atlas Gip), EU:C:2024:1024, Rn. 35.

1144 Nach BFH v. 31.07.1987 – V R 148/78, BStBl. II 1987, 754; vgl. auch EuGH v. 06.04.1995 – C-4/94 (BLP Group), Slg. 1995, I-983; v. 29.10.2009 – C-29/08 (SKF), Slg. 2009, I-10413; BFH v. 27.01.2011 – V R 38/09, BStBl. II 2012, 98 (Beteiligungsverkauf); v. 06.05.2010 – V R 29/09, BStBl. II 2010, 885 (Inhaberschuldverschreibung).

1145 BFH v. 28.02.1996 – XI R 70/90, BStBl. II 1996, 459.

1146 Nach BFH v. 26.07.1988 – X R 50/82, BStBl. II 1988, 1015; v. 04.03.1993 – V R 73/87 und V R 68/89, BStBl. II 1993, 525 und 527. S. auch BFH v. 10.12.2020 – V R 4/19, UR 2021,478 (keine Befreiung nach § 4 Nr. 8 Buchst. d UStG für an eine Bank erbrachte rein administrative und technische Dienstleistungen); BFH v. 16.09.1993 – V R 82/91, BStBl. II 1994, 271.

1147 BFH v. 16.09.1993 – V R 82/91, BStBl. II 1994, 271.

me investiver Maßnahmen[1148] kollidieren, wenn den Vorsteuerabzug zulassende (steuerpflichtige!) Ausgangsumsätze im Voranmeldungszeitraum/Besteuerungszeitraum des Empfanges der Eingangsleistung zwar noch nicht vorliegen, aber ernsthaft geplant sind.

Der BFH hatte das Problem früher dadurch zu lösen versucht, dass er den Vorsteuerabzug nach § 15 Abs. 1 UStG entsprechend den geplanten Ausgangsumsätzen zwar schon bei Bezug der Eingangsleistungen gewährte, ihn aber rückwirkend versagte, wenn später tatsächlich entgegen den ursprünglichen Planungen Ausschlussumsätze getätigt wurden. Der Vorsteuerabzug wurde quasi nur vorläufig unter dem Vorbehalt der tatsächlichen Tätigung der geplanten Ausgangsumsätze gewährt. Verfahrensrechtlich wurde die später von der Planung abweichende tatsächliche Verwendung für Ausschlussumsätze als rückwirkendes Ereignis i. S. d. § 175 Abs. 1 Nr. 2 AO angesehen.[1149]

Der EuGH entnahm dem Art. 17 der 6. EG-Richtlinie (jetzt Art. 167–169 MwStSystRL), dass ein Vorsteuerabzugsrecht aus einer empfangenen Eingangsleistung wegen des **Grundsatzes des Sofortabzugs** und des Vertrauensschutzes nicht rückwirkend entfallen dürfe, wenn eine ernsthaft vorgesehene Verwendung für kraft Gesetzes steuerpflichtige Umsätze oder erst durch Option steuerpflichtige besteuerte Umsätze sich später nicht verwirklichen lässt, weil die Unternehmensgründung scheitert (erfolgloser Unternehmer) oder durch eine zwischenzeitliche Gesetzesänderung das Optionsrecht bei Ausführung der eigenen Umsätze entfallen ist und daher eine für einen geplanten Umsatz zunächst beabsichtigte Option nicht mehr ausgeübt werden kann.[1150] Aus der neueren Rechtsprechung des EuGH ergibt sich mittlerweile allerdings klar, dass ein Vorsteuerabzugsrecht für den Besteuerungszeitraum des Bezugs der Eingangsleistung/des Besteuerungszeitraums der Entstehung der Steuerschuld auch dann dem Unternehmer letztlich nicht zu gewähren ist, wenn der oder die später tatsächlich ausgeführten Ausgangsumsätze nicht zu seinen nach Art. 168, 169 MwStSystRL besteuerten Umsätzen gehören, also etwa steuerfrei nach § 15 Abs. 2 Nr. 1 UStG sind, selbst wenn im Zeitpunkt des Bezugs der Eingangsleistung zunächst vorgesehen war, diese zur Ausführung von erst durch Option oder auch von vornherein steuerpflichtigen Ausgangsleistungen zu verwenden.[1151] Nur wenn es entgegen den ernsthaften Planungen nachfolgend zu keinerlei den Vorsteuerabzug ausschließenden (steuerfreien) Umsatz mehr kommt – erfolgloser Unternehmer –, verbleibt es endgültig beim Vorsteuerabzug. Für das Recht auf (sofortigen) Vorsteuerabzug ist zunächst darauf abzustellen, ob der Leistungsempfänger **im Zeitpunkt des Leistungsbezuges** die ernsthafte durch objektive Anhaltspunkte belegte **Absicht** hat, mit den bezogenen Leistungen steuerpflichtige oder sonst den Vorsteuerabzug nicht nach § 15 Abs. 2 UStG ausschließende Umsätze auszuführen.

Nachdem der Gesetzgeber durch Änderung des § 15a UStG der geänderten Rspr. des BFH Rechnung getragen hat, ist diese jedenfalls im Verhältnis von erstmaligem Vorsteuerabzug nach § 15 UStG und Vorsteuerkorrektur nach § 15a UStG (dazu unten) zugrunde zu legen. Nur soweit mithin im für den Vorsteuerabzug maßgeblichen Zeitraum des Bezugs der Leistung die Eingangsleistung überhaupt noch nicht in einen Ausgangsumsatz einging, ist zunächst auf die **Verwendungsabsicht** abzustellen. Fand im **Besteuerungszeitraum** des Bezugs der Leistung bereits eine **tatsächliche Verwendung** statt, ist richtigerweise diese für den Vorsteuerabzug nach § 15 UStG maßgebend und **nicht etwa**

1148 Vgl. EuGH v. 08.06.2000 – C-396/98 (Schloßstraße) und – C-400/98 (Breitsohl), Slg. 2000, I-4279 und I-4321 = UR 2000, 336, 329 und aus neuerer Zeit EuGH v. 12.11.2020 – C-734/19 (ITH), MwStR 2021, 69 mit Anm. Schüler-Täsch, und C-42/19 (Sonaecom), MwStR 2021, 25 mit Anm. de Weerth.

1149 Vgl. BFH v. 26.02.1987 – V R 1/79, BStBl. II 1987, 521 m. w. N.

1150 Siehe EuGH v. 08.06.2000 – C-400/98 (Breitsohl), BStBl. II 2003, 452 und EuGH v. 08.06.2000 – C-396/98 (Schloßstraße), BStBl. II 2003, 446 = Slg. 2000, I-4279.

1151 EuGH v. 12.11.2020 – C-734/19 (ITH), MwStR 2021, 69 mit Anm. Schüler-Täsch, und C-42/19 (Sonaecom), MwStR 2021, 25 mit Anm. de Weerth. Siehe auch Lippross UR 2020, 918.

die punktuelle Verwendungsabsicht im Zeitpunkt des Bezugs.[1152] Soweit bis zur Abgabe der Erklärung für den Besteuerungszeitraum des Bezugs noch keine tatsächliche Verwendung stattgefunden hat und zweifelhaft ist, ob die ernsthafte Absicht besteht, die Eingangsleistung zur Ausführung von den Vorsteuerabzug zulassenden Umsätzen zu verwenden, kann dem durch vorläufige Veranlagung Rechnung getragen werden.

Eine in einem (noch) späteren Besteuerungszeitraum erfolgende **abweichende tatsächliche Verwendung** gegenüber der bei Bezug der Eingangsleistung geplanten und in einem nachfolgenden Besteuerungszeitraum erfolgten erstmaligen Verwendung und ist dann erst über eine **Vorsteuerkorrektur nach § 15a UStG** zu berücksichtigen (s. Rn. 404 ff.).

4. Vorsteuerabzug bei Fehlmaßnahmen

Bei einer sog. Fehlmaßnahme bleibt problematisch, ob der Eingangsumsatz endgültig 400
dem geplanten Umsatz, einem später tatsächlich ausgeführten Umsatz oder den Gemeinkosten für alle Umsätze zuzurechnen ist. Der BFH wollte Fehlmaßnahmen ursprünglich immer tatsächlich ausgeführten Umsätzen unter „Kostenzurechnungsgesichtspunkten" zuordnen.[1153] Soweit es überhaupt zu keinen Ausgangsumsätzen kam – erfolgloser Unternehmer –, sollte der Vorsteuerabzug schon nach § 15 Abs. 1 UStG zu versagen sein. Soweit eine Fehlmaßnahme einen bestimmten Gegenstand betrifft, z. B. ein Grundstück, sollte maßgebend sein, wie dieser Gegenstand tatsächlich später verwendet wird. Diese Rspr. ist hinsichtlich des erfolglosen Unternehmers überholt – hier ist der Vorsteuerabzug dem erfolglosen, gescheiterten Unternehmer nach Maßgabe seiner erfolglos geplanten Umsätze zu gewähren und zu belassen[1154].

Hinsichtlich der Zuordnung zur späteren Verwendung eines bestimmten Gegenstandes behält die Rspr. ihre Bedeutung. Insoweit ist allerdings zu differenzieren. Erfolgt bereits im Besteuerungszeitraum des Bezugs der Eingangsleistung eine von der geplanten Verwendung abweichende Verwendung (**unechte Fehlmaßnahme**), so ist auf die tatsächliche Verwendung abzustellen. Erfolgt hingegen im Besteuerungszeitraum des Bezugs noch keine Verwendung, ist für den **Vorsteuerabzug** zunächst auf die **ernsthaft geplante Verwendung** abzustellen. Weicht die erstmals in einem nachfolgenden Besteuerungszeitraum tatsächliche erfolgende Verwendung dann allerdings von der (lediglich) geplanten Verwendung im Besteuerungszeitraum des Bezugs der Eingangsleistung ab, ist für den Vorsteuerabzug erst und nur die im nachfolgenden Besteuerungszeitraum erfolgende tatsächliche Verwendung maßgebend. Der Vorsteuerabzug ist daher nach § 15 Abs. 2 UStG, Art. 168 MwStSystRL schon für den Besteuerungszeitraum des Bezuges der Eingangsleistung zu versagen, wenn diese – wenn auch entgegen den ursprünglichen Absichten – tatsächlich erst in einem dem Besteuerungszeitraum des Bezugs der Eingangleistung nachfolgenden Besteuerungszeitraum erstmals für den Vorsteuerabzug ausschließende steuerfreie Umsätze verwendet wird.[1155] Kommt es dann noch in späteren, nachfolgenden Besteuerungszeit-

1152 So zutreffend BFH v. 02.03.2006 – V R 49/05, BStBl. II 2006, 729; Lippross, USt, Kap. 7.8.4.1.c (S. 1183 f.); verfehlt hingegen Abschn. 15.12. Abs. 1 S. 6–8 und Abschn. 15a.2. Abs. 2 UStAE, soweit dort allein auf die Absicht im Zeitpunkt des Bezugs abgestellt wird; vgl. aber möglicherweise ebenso EuGH v. 18.10.2012 – C-234/11 (TETS Haskovo), UR 2012, 921; v. 04.10.2012 – C-550/11 (PIGI), UR 2012, 924 und v. 22.03.2012 – C-153/11 (Klub), UR 2012, 606 m. w. N. Danach ist für die Vorsteuerabzugsberechtigung darauf abzustellen, ob der Steuerpflichtige „zum Zeitpunkt des Erwerbs als solcher handelt und den Gegenstand für Zwecke seiner besteuerten Umsätze verwendet". Entscheidendes Kriterium sei „die tatsächliche oder beabsichtigte Verwendung". S. auch EuGH v. 29.11.2012 – C-257/11 (Gran Via Moinesti), UR 2013, 224.

1153 S. Nachweise in BFH v. 22.03.2001 – V R 46/00, BStBl. II 2003.

1154 Vgl. insoweit EuGH v. 29.02.1996 – C-110/94 (INZO), Slg. 1996, I-957 und v. 15.01.1998 – C-37/95 (Ghent Coal), Slg. 1998, I-1.

1155 Siehe EuGH v. 12.11.2020 – C-42/19 (Sonaecom), UR 2020, 967 mit Anm. Heinrichshofen. Siehe dazu auch Wäger UR 2021, 41 f.

räumen innerhalb des Berichtigungszeitraumes zu einer davon **abweichenden tatsächlichen Verwendung**, ist dem erst und nur über eine **Vorsteuerkorrektur nach § 15a UStG** Rechnung zu tragen (s. Rn. 404 ff.).[1156] Liegt hingegen eine **echte Fehlmaßnahme** vor, weil die Eingangsleistung in überhaupt keinen bestimmten Ausgangsumsatz (bzw. -umsätze) eingeht, sondern sich schlicht als **endgültig unverwertbar** erweist, so soll nach wohl herrschender Auffassung wie beim erfolglosen Unternehmer die Zuordnung zum geplanten Ausgangsumsatz maßgeblich bleiben.[1157]

Beispiel

[1158] Die U beabsichtigte, ein Parkhaus in der Innenstadt zu errichten. Sie erwarb ein entsprechendes Grundstück und beauftragte einen Architekten mit der Planung. Die Planungsarbeiten wurden wertlos, nachdem der Bebauungsplan geändert wurde, sodass ein Parkhaus nicht mehr gebaut werden durfte. Die U veräußerte daraufhin das unbebaute Grundstück steuerfrei nach § 4 Nr. 9 Buchst. a UStG. Der BFH (a. a. O.) rechnete die vom Architekten ausgeführte Eingangsleistung der steuerfreien Grundstücksveräußerung zu und versagte den Vorsteuerabzug nach § 15 Abs. 2 Nr. 1 UStG. Diese Zurechnung der Planungsarbeiten zur steuerfreien Grundstücksveräußerung ist deshalb unzutreffend, weil die Planungsarbeiten zur (steuerfreien) Veräußerung des Grundstückes keinerlei Beitrag geleistet haben. Es handelt sich dabei schlicht um verlorene Aufwendungen eines insoweit erfolglosen Unternehmers.

Es stellt sich aber sodann die Frage, ob wegen der steuerfreien Veräußerung des unbebauten Grundstücks eine Vorsteuerkorrektur nach § 15a UStG vorzunehmen wäre. Die Frage könnte nur dann bejaht werden, wenn die VoSt als Kostenelement die Grundstücksveräußerung beträfe, also i. S. d. § 15a UStG im Zusammenhang mit dessen Anschaffungs- oder Herstellungskosten stünde, bzw. i. S. d. Art. 184, 187 MwStSystRL das Grundstück als Investitionsgut „belastet" hat. Es ist jedoch nicht zu verkennen, dass hier die Architektenleistung als Vorbezug in Wahrheit als sog. echte Fehlmaßnahme in gar keine bestimmte Ausgangsleistung einging. Die entscheidende Frage ist daher ebenso zu beantworten wie bei einem Diebstahl oder dem Untergang von Ware. Hier entspricht es zu Recht allgemeiner Auffassung (vgl. auch Art. 185 Abs. 2 MwStSystRL), dass der Vorsteuerabzug zu gewähren ist, auch wenn in Wahrheit die Eingangsleistung in keinen Ausgangsumsatz eingeht.[1159] Dies aber nur dann, wenn der Unternehmer ansonsten nur den Vorsteuerabzug zulassende Umsätze tätigt. Werden aber umgekehrt nur Ausschlussumsätze getätigt, ist der Vorsteuerabzug zu versagen, auch wenn ein steuerpflichtiger Umsatz geplant war, aber nicht ausgeführt werden konnte.[1160] Werden sowohl Ausschlussumsätze als auch den Vorsteuerabzug erlaubende Umsätze getätigt, hat richtigerweise eine Aufteilung nach § 15 Abs. 4 UStG stattzufinden.

III. Teilweiser Ausschluss vom Vorsteuerabzug

401 1. § 15 Abs. 2 UStG regelt nur den Ausschluss vom Vorsteuerabzug, wenn die bezogene Leistung vollständig zur Ausführung steuerfreier Umsätze verwendet wird. Wird die für das Unternehmen bezogene Leistung hingegen teilweise auch zur Ausführung von (steuerpflichtigen oder unter Abs. 3 fallenden) Umsätzen verwendet, die den Vorsteuerabzug nicht ausschließen, ist nach § 15 Abs. 4 S. 1 UStG der Teil des Vorsteuerbetrages nicht abziehbar, der den zum Ausschluss vom Vorsteuerabzug nach § 15 Abs. 2 UStG führenden (steuerfreien) Umsätzen „wirtschaftlich zuzurechnen" ist. Es muss mithin eine **Aufteilung** der VoSt erfolgen. Diese Regelung beruht auf Art. 173 MwStSystRL. Als **Aufteilungsmethode**

1156 S. EuGH v. 09.07.2020 – C-374/19 (FA Bad Neuenahr/Ahrweiler) DStR 2020, 1570 mit nachfolgend BFH v. 27.10.2020 – V R 20/20 (V R 61/61), DStR 2021, 478.

1157 Vgl. Lippross, USt, Kap. 7.8.4.1.b (S. 1178); Stadie in: R/D, § 15 Rn. 503 ff. und 548 (Jan. 2022); BFH v. 22.03.2001 – V R 46/00, BStBl. II 2003, 433 (für verlorene Aufwendungen nach Aufgabe des Planes zur Bebauung); so wohl auch v. 24.04.2013 – XI R 25/10, BStBl. II 2014, 346.

1158 Nach BFH v. 21.07.1988 – V R 87/83, BStBl. II 1989, 60; v. 30.11.1989 – V R 85/84, BStBl. II 1990, 345.

1159 Vgl. aber EuGH v. 04.10.2012 – C-550/11 (PIGI), UR 2012, 924 (Befugnis der Mitgliedstaaten zu Vorsteuerkorrektur nach Art. 185 Abs. 3 MwStSystRL bei Diebstahl) mit zu Recht kritischer Anmerkung Fellner, ELR 2013, 87 und Heinrichshofen, EU-UStB 2012, 87.

1160 Vgl. insoweit immer noch zutreffend BFH v. 15.09.1994 – V R 12/93, BStBl. II 1995, 88.

sieht § 15 Abs. 4 UStG primär eine direkte **wirtschaftliche Zurechnung** vor und hilfsweise eine Aufteilung nach dem **Umsatzschlüssel.** Die vorrangige direkte wirtschaftliche Zurechnung ist durch die Ermächtigung in Art. 173 Abs. 2 Buchst. c MwStSystRL gedeckt, obwohl die Richtlinie selbst als Regelfall die Aufteilung nach dem (Gesamt-)Umsatzschlüssel aller Umsatzentgelte des Unternehmens vorsieht.[1161] Nach welchen Einzelkriterien die wirtschaftliche Zurechnung vorzunehmen ist, konkretisiert das Gesetz nicht näher. Es verlangt insoweit lediglich eine „sachgerechte Schätzung". Diese muss aber zu einer „präziseren Bestimmung" des Aufteilungsmaßstabes als der allgemeine Umsatzschlüssel führen. Möglich ist dabei auch, dass es mehrere sachgerechte Aufteilungskriterien für eine wirtschaftliche Zurechnung gibt. Die Wahl eines sachgerechten Aufteilungskriteriums, der zu einer präziseren Aufteilung führt, durch den Unternehmer ist für die Finanzverwaltung bindend.[1162]

§ 15 Abs. 4 S. 2 UStG verlangt eine Aufteilung in abziehbare und nicht abziehbare Vorsteuern vorrangig durch wirtschaftliche Zurechnung auch bei Verwendung eines Grundstückes gemäß § 15 Abs. 1b UStG zu teils unternehmerischen Zwecken und teils (privaten) außerunternehmerischen Zwecken. Darüber hinausgehend ist eine Aufteilung in analoger Anwendung[1163] entsprechend § 15 Abs. 4 S. 1 und 2 UStG auch vorzunehmen, soweit Vorsteuern auf Leistungen anfallen, die teils für das Unternehmen und teils für den außerunternehmerischen, nicht wirtschaftlichen Bereich anfallen, sodass schon nach § 15 Abs. 1 UStG kein voller Vorsteuerabzug zu gewähren ist.

2. Als **sachgerechte Aufteilungskriterien** für die **wirtschaftliche Zurechnung** kommen in Betracht: 402
   - Eine **gegenständliche Zurechnung;**
   - eine **Aufteilung nach Kostenzurechnungsgesichtspunkten;**

   Die gegenständliche Zurechnung kommt immer in Betracht, wenn Vorbezüge rein tatsächlich in unterschiedlich zu beurteilende Ausgangsumsätze eingehen, etwa bei der Verwendung einer Baumateriallieferung teils zur Ausführung nach § 4 Nr. 9 Buchst. a UStG steuerfreier Lieferungen bebauter Grundstücke, teils zur Ausführung steuerpflichtiger Werklieferungen durch Herstellung von Gebäuden auf dem Grundstück von Bauherren. Für die Aufteilung nach Kostenzurechnungsgesichtspunkten kommen quasi dieselben Maßstäbe infrage, die in einer betrieblichen Kostenzurechnung für eine Zurechnung von Kosten, namentlich auch Gemeinkosten, für eine Kostenträgerzurechnung verwendet werden. Dies bedeutet praktisch eine Schätzung nach Maßgabe eines im Einzelfall angemessenen Schlüssels für eine Kostenzurechnung, **z.B. km-Leistung** bei der Benutzung von Fahrzeugen oder des **Flächenanteils** nach qm-Zahl bei der Vermietung von Gebäuden. Nur wenn keinerlei geeignete andere sachgerechte Kriterien für eine Kostenzurechnung bestehen, lässt § 15 Abs. 4 S. 3 UStG eine Aufteilung nach dem (Gesamt-)Umsatzschlüssel zu.[1164] Hier ist dann die VoSt im Verhältnis der Entgelte für die vorsteuerabzugsschädlichen Umsätze des gesamten Unternehmens zu den Entgelten der nicht vorsteuerabzugsschädlichen Umsätze auf Jahresbasis aufzuteilen (s. auch Art. 174, 175 MwStSystRL).

1161 Vgl. EuGH v. 09.06.2016 – C-332/14 (Rey Grundstücksgemeinschaft), UR 2016, 545 mit nachfolgend BFH v. 10.08.2016 – XI R 31/09, UR 2016, 846; EuGH v. 08.11.2012 – C-511/10 (BLC Baumarkt), UR 2012, 668; BFH v. 22.08.2013 – V R 19/09, DB 2013, 2838 (Nachfolgeentscheidung BLC Baumarkt – aber richtlinienkonforme Auslegung dahin gehend, dass „präzisere Ergebnisse" erreicht werden müssen).

1162 BFH v. 05.02.1998 – V R 101/96 und 12.03.1998 – V R 50/97, BStBl. II 1998, 492 und 595.

1163 BFH v. 15.04.2015 – V R 44/14, BStBl. II 2015, 679; v. 09.02.2012 – V R 40/10, BStBl. II 2012, 844 m. w. N.; zur unionsrechtlichen Zulässigkeit einer Aufteilung nach sachgerechten Kriterien einer wirtschaftlichen Zurechnung s. EuGH v. 16.07.2015 – C-108/14 und C-109/14 (Larentia + Minerva), BStBl. II 2017, 604 = UR 2015, 671 auf Vorlage von BFH v. 11.12.2013 – XI R 17/11 und 38/12, BStBl. II 2014, 417 und 428.

1164 S. BFH v. 05.09.2013 – XI R 4/10, BStBl. II 2014, 95 (Aufteilung von Vorsteuern aus dem Betrieb einer Spielhalle mit Geld- und Unterhaltungsspielgeräten nicht nach Flächenschlüssel, sondern nach dem Verhältnis der Entgelte).

- **objektbezogene oder nach Tätigkeitsbereichen erfolgende Vorsteueraufteilung.** Auch bei richtlinienkonformer Auslegung lässt sich dem § 15 Abs. 4 S. 3 UStG kein generelles Verbot **einer einzelobjektbezogenen Vorsteueraufteilung nach Umsätzen** entnehmen. Ein solches Verbot eines objektbezogenen Umsatzschlüssels folgt auch nicht aus der EuGH-Rspr. zu Art. 173–175 MwStSystRL. Vielmehr kann auch die einzelobjektbezogene, z. B. nach Grundstücken, oder eine tätigkeitsbereichbezogene Vorsteueraufteilung nach Umsätzen, z. B. einerseits Vermietung von Grundstücken und andererseits Tätigkeit als Rechtsanwalt, eine präzisere Bestimmung des abziehbaren pro rata Satzes nach wirtschaftlicher Zurechnung ermöglichen als eine Aufteilung nach dem Gesamtumsatzschlüssel. Dann ist, falls andere präzisere Aufteilungsmethoden nicht vorhanden sind, auch eine solche Aufteilung – vorrangig vor einer Aufteilung nach dem Gesamtumsatzschlüssel – nach deutschem Recht zulässig und verstößt nicht gegen Art. 173 MwStSystRL, sondern ist durch Art. 173 Abs. 2 Buchst. b und/oder c MwStSystRL gedeckt.[1165]

403 3. Zu beachten ist, dass die Aufteilung nach § 15 Abs. 4 UStG sich nur auf Vorsteuerbeträge bezieht, die nicht bereits vollständig entweder den zum Vorsteuerabzug berechtigenden oder den nicht zum Vorsteuerabzug berechtigenden Umsätzen zuzurechnen sind, sondern die mit beiden Gruppen in einem direkten und unmittelbaren wirtschaftlichen Zusammenhang stehen.[1166] Eine Aufteilung hat mithin auszuscheiden, wenn bereits eine klare Zurechnung nur zu entweder vorsteuerunschädlichen oder vorsteuerschädlichen Umsätzen zu erfolgen hat.

Für den besonders häufigen Anwendungsfall einer notwendigen Aufteilung von Vorsteuern bei der **gemischten Nutzung von Gebäuden** teils für zu besteuernde Umsätze, teils aber für den Vorsteuerabzug ausschließende steuerfreie Umsätze nach § 4 Nr. 12 Buchst. a UStG, ist wie folgt zu differenzieren. Für Vorsteuerbeträge aus der Anschaffung oder Herstellung des Gebäudes ist vorrangig auf das Verhältnis der Nutzflächen **(objektbezogener Flächenschlüssel)**[1167] oder – bei erheblichen Raumunterschieden trotz gleicher Fläche – auf das **Verhältnis des umbauten Raumes** abzustellen. Nach diesem Verhältnis sind dann die gesamten bei der Anschaffung/Herstellung angefallenen VoSt aufzuteilen. Die sich daraus ergebende Aufteilung führt regelmäßig zu präziseren Ergebnissen als eine Aufteilung nach dem Gesamtumsatzschlüssel für das ganze Unternehmen oder auch nur nach einem **objektbezogenen Umsatzschlüssel** nur für das Gebäude.[1168] § 15 Abs. 4 Satz 3 UStG stellt den Nachrang des Gesamtumsatzsschlüssels zu anderen präziseren Aufteilungsschlüsseln seit Ende 2024 klar. Es kommt nicht in Betracht, die für den einheitlichen Gegenstand Gebäude bei der Anschaffung oder Herstellung angefallenen VoSt direkt vorab räumlich einzelnen Gebäudeteilen zuzuordnen. Auf-

1165 Vgl. BFH v. 26.04.2018 – V R 23/16, UR 2018, 807 (Schulsportanlage, nach zeitlichem Nutzungsumfang); v. 10.08.2016 – XI R 31/09, UR 2016, 846 und v. 23.10.2019 – V R 46/17, BFH/NV 2020, 302 (einzelobjektbezogener Umsatzschlüssel). S. auch EuGH v. 24.01.2019 – C-165/17 (Morgan Stanley), DStR 2019, 275 (zur Bestimmung des pro rata Satzes des VoSt-Abzuges einer Zweigniederlassung für an die Hauptniederlassung in einem anderen Mitgliedstaat erbrachte Vorleistungen! Umsätze der Hauptniederlassung sind dabei zu berücksichtigen); v. 12.09.2013 – C-388/11 (Credit Lyonnais), MwStR 2013, 585 (insbes. zur Zulässigkeit der Bestimmung eines Pro-rata-Satzes nach Umsatzschlüssel für Niederlassungen/Tätigkeitsbereiche/Gebäude nach dem Recht des Mitgliedstaates Frankreich!) mit Anm. Heinrichshofen EU-UStB 2013, 91; v. 18.12.2008 – C-488/07 (Royal Bank of Scotland), Slg. 2008, I-10409; s. auch BFH v. 05.06.2014 – XI R 31/09, UR 2014, 651 (Vorlageersuchen an den EuGH v. 09.06.2015 – C-332/14, UR 2016, 545). S. auch EuGH v. 16.06.201 – C-186/15 (Kreissparkasse Wiedenbrück), UR 2016, 553 (zu einem Margenschlüssel Umsatzschlüssel und Nichtanwendung der Rundungsregel) und nachfolgend FG Münster v. 13.09.2016–15 K 2390/12 U, EFG 2016, 1836.

1166 Vgl. Abschn. 15.16. Abs. 1 und 2 UStAE. S. auch BFH v. 23.10.2019 – V R 46/17, UR 2020,193 (nur gesetzlich geschuldete USt ist bei erforderlicher Aufteilung nach § 15 Abs. 4 zu berücksichtigen!).

1167 Dazu BFH v. 27.03.2019 – V R 43/17, BFH/NV 2019, 719 m. w. N.; s. auch BFH v. 23.10.2019 – V R 46/17, BFH/NV 2020, 302 (zur Nichtanwendung des Flächenschlüssels bei Nutzung von Flächen zum stfreien Betreiben von Geldspielgeräten und stpfl. von anderen Spielgeräten).

1168 Siehe aber BFH v. 11.11.2020 – XI R 7/20, DStR 2021,417 zur gebotenen Aufteilung nach einem objektgebundenen Umsatzschlüssel statt eines Flächenschlüssels bei erheblichen Ausstattungsunterschieden der verschiedenen Zwecken dienenden Räume eines Gebäudes.

teilungsobjekt sind hier die VoSt, die für die Herstellung/Anschaffung des gesamten Gebäudes angefallen sind. Verwendungsumsätze sind die mit dem Gebäude ausgeführten gemischten Umsätze. Bei nachträglichen Herstellungs-/Anschaffungsaufwendungen zur Schaffung und/oder Erweiterung des Gebäudes sind die dafür angefallenen Vorsteuerbeträge das Aufteilungsobjekt und die Zurechnung hat so zu erfolgen, wie der nachträglich geschaffene Gebäudeteil verwendet wird. Erfolgen hingegen (sonstige) Leistungen für die laufende Nutzung und die (bloße) Erhaltung des Gebäudes, so ist für die Zurechnung darauf abzustellen, wofür die einzelne (Erhaltungs-)Leistung selbst Verwendung findet.[1169]

Beispiel

[1170] U errichtet im Jahre 1 ein dreigeschossiges Gebäude. Im Erdgeschoss befindet sich sein Ladengeschäft für Kosmetikartikel. In den beiden Obergeschossen befindet sich je eine vermietete Wohnung. Die Geschossflächen betragen je 100 qm. Für das Ladengeschäft besteht ein eigener Eingang. Auf dessen Herstellung entfielen 3.000 € an VoSt. Auf den Fahrstuhl, der ausschließlich zur Erreichung der Wohnungen genutzt wird, entfielen bei der Herstellung 10.000 € an VoSt. Im Jahre 3 wird das Gebäude um ein weiteres Geschoss aufgestockt. Dieses wird steuerpflichtig als Büro vermietet. Der Fahrstuhlschacht wird verlängert. Im Jahre 4 muss im Erdgeschoss eine Ausbesserung des Fußbodens erfolgen und eine Verunreinigung der Fassade beseitigt werden.
Die im Jahre 1 für die Herstellung des Gebäudes angefallenen VoSt sind nach § 15 Abs. 4 UStG aufzuteilen. Denn das Gebäude wird einerseits im Erdgeschoss zur Ausführung steuerpflichtiger Ladenumsätze genutzt, andererseits aber in den beiden weiteren Geschossen zur Ausführung von den Vorsteuerabzug nach § 15 Abs. 2 Nr. 1 UStG ausschließenden nach § 4 Nr. 12 Buchst. a UStG steuerfreien Vermietungsleistungen. Die Aufteilung erfolgt nach dem Verhältnis der Nutzflächen, hier also abziehbare VoSt zu 100/300 und nicht abziehbar zu 200/300. In die Aufteilung einzubeziehen sind auch die für die Herstellung des Eingangs zum Ladengeschäft und die für die Herstellung des Fahrstuhls angefallenen VoSt. Eine direkte räumliche Zuordnung für diesen Teil der auf die Herstellungsaufwendungen des Gebäudes entfallenden VoSt kommt nicht in Betracht. Im Jahre 3 sind die auf die Herstellung des Dachgeschosses entfallenden VoSt in vollem Umfang nach § 15 Abs. 1 Nr. 1 UStG abziehbar. Denn es besteht nur ein unmittelbarer Zusammenhang mit der Verwendung des Dachgeschosses zur Ausführung der durch Option steuerpflichtigen Vermietung. Einzubeziehen in diese Aufteilung sind auch die auf die Verlängerung des Fahrstuhlschachtes entfallenden VoSt. Die auf die Erhaltungsaufwendungen für die Fußbodenausbesserung in 4 entfallende VoSt steht nur mit den im Erdgeschoss ausgeführten steuerpflichtigen Umsätzen im direkten Zusammenhang, sodass sie voll nach § 15 Abs. 1 Nr. 1 UStG abziehbar ist. Hingegen steht der Fassadenanstrich mit allen vermittels des Gebäudes ausgeführten Umsätzen im direkten und unmittelbaren Zusammenhang. Es muss mithin eine Aufteilung nach § 15 Abs. 4 UStG nach dem jetzt bestehenden Verhältnis der Nutzflächen erfolgen, d. h. 200/400 abziehbar (Erd- und 3. Obergeschoss) und zu 200/400 nicht abziehbar (1. und 2. Obergeschoss).

C. Berichtigung des Vorsteuerabzugs (§ 15a UStG)

I. Zweck der Regelung und Übersicht

1. **§ 15a UStG** stellt eine **Ergänzung zu § 15 Abs. 2, 4 UStG** dar. Über § 15 Abs. 2, 4 UStG können **Änderungen** der Verwendung des Eingangsumsatzes zur Ausführung steuerpflichtiger bzw. steuerfreier Umsätze nicht berücksichtigt werden, wenn sie erst **nach dem für den Vorsteuerabzug maßgeblichen Zeitpunkt oder Zeitraum** ein- 404

1169 BFH v. 10.08.2016 – XI R 31/09, UR 2016, 846 m. w. N. im Anschluss an EuGH v. 09.06.2016 – C-332/14 (Rey Grundstücksgemeinschaft), UR 2016, 545 und nachfolgend FG Düsseldorf v. 20.07.2018–1 K 2798/16 U, BeckRS 2018, 43157: S. auch bereits BFH v. 22.08.2013 – V R 19/09, DB 2013, 2838; v. 25.03.2009 – V R 9/08, BStBl. II 2010, 651; v. 13.08.2008 – XI R 53/07, BFH/NV 2009, 228; v. 22.11.2007 – V R 43/06, BStBl. II 2008, 770; v. 28.09.2006 – V R 43/03, BStBl. II 2007, 417.

1170 Vgl. zum Beispielsfall BFH v. 13.08.2008 – XI R 53/07, BFH/NV 2009, 228 und Abschn. 15.17. Abs. 7 UStAE.

treten, nämlich dem Besteuerungszeitraum der Entstehung der Steuerschuld und auch erst für nach diesem Besteuerungszeitraum liegende Besteuerungszeiträume zu berücksichtigen sind. In diesen Fällen greift § 15a UStG ein, um ungerechtfertigte Steuervorteile oder Steuernachteile zu vermeiden. Es ist dann **nachträglich, aber nicht rückwirkend**, eine **Änderung des ursprünglichen Vorsteuerabzugs** vorzunehmen. Die Berichtigungen sind grundsätzlich bereits für den Besteuerungszeitraum/Voranmeldungszeitraum vorzunehmen, in dem die Änderung der Verhältnisse eintritt. Eine Änderung der Verhältnisse liegt immer dann vor, wenn unter dem Aspekt des Umfanges des Vorsteuerabzuges nach § 15 Abs. 1b, 2, 3 und 4 UStG sich nachträgliche Veränderungen ergeben (s. Rn. 409ff.). § 15a UStG findet – anders als nach der Rspr. des EuGH Art. 184 MwStSystRL[1171] – noch keine Anwendung, wenn fälschlicherweise ein Vorsteuerabzug für die Ausführung eines steuerfreien, nicht zu besteuernden Umsatzes gewährt wurde. Hier ist richtigerweise, soweit nach der AO noch zulässig, im deutschen Recht dann schlicht bereits die von vornherein unzutreffende Veranlagung zu berichtigen.

2. Für **das Unionsrecht** gilt in der Auslegung durch den EuGH folgende Abgrenzung: Der Vorsteuerabzug ist dem Steuerpflichtigen nach **Art. 167 MwStSystRL** bereits im Jahr der Entstehung der Steuerschuld für die Eingangsleistung zu gewähren, soweit der Stpfl. die Eingangsleistung ihrerseits tatsächlich, ggf. auch erst in einem nachfolgenden Besteuerungszeitraum, für Zwecke seiner besteuerten Umsätzen verwendet, so **Art. 168 MwStSystRL**, oder für die in Art. 169 MwStSystRL genannten befreiten Umsätze, u.a. innergemeinschaftliche Lieferungen und Ausfuhrlieferungen, nicht aber für ansonsten nicht zu besteuernde, befreite Umsätze. Nach **Art. 184 MwStSystRL** wird der ursprüngliche Vorsteuerabzug „berichtigt", wenn der Vorsteuerabzug höher oder niedriger ist als der, zu dessen Vornahme der Steuerpflichtige berechtigt ist. Eine solche „Berichtigung" hat nach Art. 185 MwStSystRL namentlich dann zu erfolgen, wenn sich nach Abgabe der Mehrwertsteuererklärung die Faktoren geändert haben, die bei der Bestimmung des Vorsteuerabzugs berücksichtigt werden. Nach Art. 186 MwStSystRL legen die Mitgliedstaaten die Einzelheiten einer solchen „Berichtigung" fest. Lediglich für die Berichtigung des Vorsteuerabzugs bei **Investitionsgütern** legt bereits **Art. 187 der MwStSystRL** selbst einige Einzelheiten der „Berichtigung" fest, nämlich u.a. in Art. 187 Abs. 3 MwStSystRL, dass die jährliche Berichtigung nur zu einem der Dauer des Berichtigungszeitraumes entsprechenden Bruchteil erfolgt.

   Für Deutschland ergibt sich insoweit für Grundstücke nach § 15a Abs. 1 S. 2 UStG ein Berichtigungszeitraum von zehn Jahren, der mit dem Zeitpunkt der erstmaligen Verwendung beginnt. Zu einer Festlegung des Berichtigungszeitraumes (erst) mit Beginn der erstmaligen Verwendung werden die Mitgliedstaaten in Art. 187 Abs. 1 MwStSystRL ermächtigt. Davon hat Deutschland in § 15a Abs. 1 und Abs. 5 UStG Gebrauch gemacht. Der für eine Berichtigung des Vorsteuerabzugs für ein Investitionsgut nach § 15a Abs. 1 UStG zu berücksichtigende Berichtigungszeitraum beginnt daher erst mit der erstmaligen tatsächlichen Verwendung des Wirtschaftsgutes zur Ausführung von (Ausgangs-)Umsätzen. Dabei gebietet Art. 184 MwStSystRL, den „ursprünglichen Vorsteuerabzug" zu berichtigen, „wenn der Vorsteuerabzug höher oder niedriger ist als der zu dessen Vornahme der Steuerpflichtige (zunächst) berechtigt war".[1172] Wird ein Eingangsumsatz entgegen den ursprünglichen Planun-

---

1171 So jedenfalls EuGH v. 11.04.2018 – C-532/16 (SEB bankas), MwStR 2018, 518 mit Anm. de Weerth. S. auch Wäger UR 2019, 41, 46. S. auch EuGH v. 12.11.2020 – C-42/19 (Sonaecom), UR 2020, 567 und EuGH v. 17.09.2020 – C-791/18 (Stichting Schoonzicht) UR 2020, 927.

1172 Siehe EuGH v. 17.09.2020 – C-791/18 (Stichting Schoonzicht), MwStR 2020, 1054 mit Anm. de Weerth sowie Diskussionsbeitrag Lippross UR 2020, 918; s. auch bereits EuGH v. 11.04.2018 – C-532/16 (SEB bankas), MwStR 2018, 518 mit Anm. de Weerth.

gen in einem nachfolgenden Besteuerungszeitraum tatsächlich erstmals für den Vorsteuerabzug ausschließende befreite Umsätze verwendet, ist der Vorsteuerabzug mangels Verwendung für Zwecke seiner besteuerten Umsätze von vornherein nicht zu gewähren.[1173] Davon zu unterscheiden ist es, dass ein Eingangsumsatz – entgegen den ursprünglichen Planungen – für gar keinen Ausgangsumsatz Verwendung finden kann und findet. Hier bleibt für den Vorsteuerabzug – wie beim erfolglosen Unternehmer – maßgebend, ob und inwieweit eine Verwendung für den Vorsteuerabzug zulassende Ausgangsumsätze vorgesehen war und ernsthaft erwartet werden konnte. Maßgebend für den (Umfang des) Vorsteuerabzug(s) nach den unionsrechtlichen Vorgaben in Art. 168, 169 MwStSystRL ist zunächst jedoch grundsätzlich die tatsächlich erfolgende Verwendung oder Nichtverwendung für einen zu besteuernden (Ausgangs-)Umsatz, respektive für die in Art. 169 MwStSystRL genannten Auslandsumsätze und dort genannten befreiten Umsätze, u. a. für innergemeinschaftliche Lieferungen und Ausfuhrlieferungen.

Auch nach dem nationalen Gesetzesrecht ist für den Vorsteuerabzug des Unternehmers nach § 15 Abs. 1–4 UStG richtigerweise maßgebend, dass die ihm zutreffend für seine Eingangsumsätze vom leistenden Unternehmer in Rechnung gestellte Umsatzsteuer tatsächlich auf von ihm zu besteuernde steuerpflichtige Ausgangsumsätze entfällt. Ein Vorsteuerabzug für die Steuer, die auf Eingangsleistungen entfällt, die abweichend von der ursprünglich vorgesehenen Verwendung letztlich zur Ausführung steuerfreier Umsätze nach § 15 Abs. 2 UStG verwendet werden, ist auch nach nationalem Recht von vornherein nicht zu gewähren. Soweit ein Vorsteuerabzugsrecht mit Rücksicht auf die bei Empfang der Eingangsleistung zunächst vorliegende Absicht, die Eingangsleistung zur Ausführung zu den Vorsteuerabzug zulassenden Ausgangsleistungen zu verwenden, in den (unter dem Vorbehalt der Nachprüfung stehenden oder jedenfalls wegen neuer Tatsachen änderbaren) Steuerfestsetzungen gewährt wurde, sind diese Steuerfestsetzungen nach den einschlägigen Vorschriften der AO zu ändern.

Einer gesetzlichen Änderung oder Ergänzung des § 15a UStG bedarf es nicht, um eine Sofortberichtigung in vollem Umfang bei von der geplanten Verwendung abweichenden tatsächlichen Verwendung zu ermöglichen.[1174] Vielmehr ist das deutsche Gesetz, hier § 15 und § 15a UStG, richtlinienkonform dahin gehend auszulegen, dass der Vorsteuerabzug sich allein danach bestimmt, ob und inwieweit der Eingangsumsatz im Besteuerungszeitraum der erstmaligen Verwendung für zu besteuernde Umsätze verwendet wird. Nur bei „erfolglosen" Investitionen verbleibt es allerdings beim Vorsteuerabzug auch dann anhand der geplanten (nicht steuerbefreiten, sondern steuerpflichtigen) Ausgangsumsätze, wenn solche gar nicht (mehr) stattfinden (können), nicht aber dann, wenn tatsächlich entgegen den ursprünglichen Planungen statt steuerpflichtiger steuerfreie, den Vorsteuerabzug ausschließende Umsätze erfolgen.[1175]

3. Vorsteuerkorrekturen sind nicht nur bei einer Änderung der für den Vorsteuerabzug maßgebenden Verhältnisse beim Erwerb von Anlagegütern (Investitionsgütern) durchzuführen, sondern bei einer Änderung der Verhältnisse für jegliche

1173 EuGH v. 12.11.2020 – C-42/19 (Sonaecom), UR 2020, 967 mit Anm. Heinrichshofen, siehe demgegenüber EuGH v. 12.11.2020 – Rs C-734/19 (ITH), MwStR 2021, 69 mit Anm. Schüler-Täsch ([noch] keine Vorsteuerberichtigung nach Art. 184 f., solange auch nach Aufgabe der ursprünglich vorgesehenen Verwendung des Investitionsobjektes noch immer die Absicht besteht, dieses für besteuerte Umsätze zu verwenden).

1174 So aber Wäger UR 2021, 61 f. und Heinrichshofen, EU-UStB 2020, 106; wie hier zutreffend Nieskens, EU-UStB 2020. 98 und Lippross UR 2020, 918.

1175 EuGH v. 02.11.2021 – C-334/20 (Amper Metal), DStR 2021, 2902 und v. 12.11.2020 – C-42/19 (Sonaecom), DStR 2020, 2602.

Vorsteuern, also auch bei Vorsteuern aus dem Bezug von **Wirtschaftsgütern des Umlaufvermögens** und aus dem Bezug jeglicher anderen (sonstigen) Leistung. Maßgebend ist in allen Konstellationen, ob gegenüber den für den erstmaligen Vorsteuerabzug maßgebenden Verhältnissen im Besteuerungszeitraum des Bezuges der Eingangsleistung, respektive der Einfuhr oder des innergemeinschaftlichen Erwerbs, eine Änderung der für den Vorsteuerabzug maßgebenden Verhältnisse eingetreten ist. Ob und inwieweit im Besteuerungszeitraum des Bezugs der Leistung ein (sofortiges) Vorsteuerabzugsrecht bestand oder nicht, richtet sich nur dann nach der zunächst vorgesehenen, ernsthaft geplanten Verwendung des Eingangsumsatzes, wenn es im Besteuerungszeitraum nicht bereits zu einer tatsächlichen Verwendung gekommen ist (s. Rn. 399ff.). Hat im Besteuerungszeitraum bereits eine tatsächliche Verwendung stattgefunden, ist allein diese maßgebend.

Im Einzelnen **differenziert § 15a UStG** wie folgt nach zu unterscheidenden **Berichtigungsobjekten:**

405 a) **§ 15a Abs. 1 UStG** regelt die Vorsteuerkorrektur bei Änderung der Verhältnisse bezüglich solcher **Wirtschaftsgüter**, die **nicht nur einmalig zur Ausführung von Umsätzen** verwendet werden **(= Investitionsgüter).** In der Regel handelt es sich dabei ertragsteuerlich um **Anlagevermögen.** Für die Anwendung des § 15a UStG ist jedoch die ertragsteuerliche Qualifikation ohne Bedeutung, sondern eigenständig zu entscheiden, ob das Wirtschaftsgut nicht nur einmalig zur Ausführung von Umsätzen verwendet wird.[1176] Der Wirtschaftsgutbegriff ist allerdings mit dem einkommensteuerlichen Wirtschaftsgutbegriff identisch. Bei § 15a Abs. 1 UStG muss die Änderung innerhalb eines **Berichtigungszeitraumes** von fünf bzw. zehn Jahren eingetreten sein. Die Korrektur erfolgt pro rata temporis. Durch § 15a Abs. 1 UStG wird Art. 187 MwStSystRL in deutsches Recht umgesetzt.

Beispiel

[1177]U errichtete in den Jahren 1 und 2 ein Bürogebäude mit Herstellungskosten von 1.000.000 € zzgl. 190.000 € USt. Da eine steuerpflichtige Option ernsthaft geplant war, zog er in 01 und 02 zutreffend die 190.000 € als VoSt ab. In 03 vermietete er erstmals das Gebäude, wie vorgesehen, steuerpflichtig an eine Anwaltskanzlei. Ab 01.01. des 4. Jahres vermietete U das Bürogebäude dann steuerfrei an eine Bank, weil für ihn unvorhersehbar die Anwaltskanzlei als ursprünglicher Mieter wegen Illiquidität ausfiel und U von der Bank auch eine erheblich höhere Miete erhielt.

Die Verwendung des Gebäudes beginnt hier tatsächlich erst in 03. Der **Vorsteuerabzug** nach § 15 Abs. 1 UStG für 01 und 02 richtet sich für diese Besteuerungszeiträume zunächst nach der ernsthaft **geplanten Verwendung** und der dieser entsprechenden erstmaligen Verwendung im Besteuerungszeitraum 03. Der für 01 und 02 aufgrund der geplanten und in 03 tatsächlich ausgeführten Option bzgl. der Vermietung zutreffend in 01 und 02 gewährte Vorsteuerabzug von 190.000 € verbleibt dem U endgültig. Es ist jedoch nach § 15a Abs. 1 UStG ab 4 und die folgenden acht Jahre nach § 15a Abs. 1, Abs. 5 UStG eine jährliche Vorsteuerkorrektur von 190.000 € : 10 = 19.000 € vorzunehmen. Denn es handelt sich bei dem Gebäude um ein Investitionsgut. Es haben sich auch die Verhältnisse gegenüber den für den ursprünglichen Vorsteuerabzug in 01 und 02 maßgebenden Verhältnisse im Besteuerungszeitraum der erstmaligen tatsächlichen Verwendung in 03 geändert. Die nach § 4 Nr. 12 Buchst. a UStG steuerfreie Vermietung ab 04 schließt aber nunmehr nach § 15 Abs. 2 Nr. 1 UStG den Vorsteuerabzug aus. Diese Änderung ist innerhalb des Berichtigungszeitraumes von zehn Jahren ab Beginn der Verwendung in 03 eingetreten.

1176 BFH v. 24.09.2009 – V R 6/08, BStBl. II 2010, 315.

1177 Nach EuGH v. 08.06.2000 – C-396/98 (Schloßstraße), Slg. 2000, I-4279 und EuGH v. 17.09.2020 – C-791/18 (Stichting Schoonzicht), UR 2020, 927 mit Aufsatz Lippross UR 2020, 918. Zu möglichen Divergenzen der EuGH-Urteile Schloßstraße, Stichting Schoonzicht und EuGH v. 12.11.2020 – C-42/19 (Sonaecom), UR 2020, 967 siehe Wäger UR 2021, 61 f.

b) **§ 15a Abs. 2 UStG** erfasst Vorsteuerkorrekturen an **Wirtschaftsgütern**, die **nur einmalig zur Ausführung von Umsätzen** verwendet werden, mithin im Wesentlichen Wirtschaftsgüter des **Umlaufvermögens.** Wirtschaftsgüter des Anlagevermögens kommen nur dann in Betracht, wenn sie schon vor Ingebrauchnahme für die unternehmerischen Umsätze wieder veräußert werden. Bei § 15a Abs. 2 UStG gibt es **keinen Berichtigungszeitraum**, innerhalb dessen es zu einer Änderung gekommen ist. Die Vorsteuerkorrektur ist daher immer vorzunehmen, wenn das betreffende Wirtschaftsgut (erstmalig und letztmalig) tatsächlich zur Ausführung von Umsätzen verwendet wird und dieser Umsatz anders zu beurteilen ist als die geplante Verwendung im Besteuerungszeitraum des Bezugs. § 15 Abs. 2 UStG setzt Art. 185 MwStSystRL um. 406

Beispiel

Bauträger B errichtet in 2020 auf eigenem Grundstück ein Gebäude mit Herstellungskosten von 1.000.000 € zzgl. 190.000 € USt. Das bebaute Grundstück sollte nach Fertigstellung an eine Steuerberatungssozietät steuerpflichtig veräußert werden, indem optiert wird. Die Veräußerung scheitert in 2020. In 2021 gelingt es endlich, einen Käufer zu finden. Das bebaute Grundstück wird in 2021 für 1.100.000 € steuerfrei an eine Versicherungsgesellschaft veräußert.
In 2020 konnte B die angefallene VoSt zunächst abziehen, da wegen der (geplanten) Option § 15 Abs. 2 Nr. 1 UStG nicht eingriff. Durch die steuerfreie Lieferung in 2021 ist gegenüber 2020 eine Änderung der Verhältnisse gemäß § 15a Abs. 2 UStG eingetreten. Daher ist für 2021 der in 2020 gewährte Vorsteuerabzug nach § 15a Abs. 2 UStG um -190.000 € VoSt zu berichtigen. Das Wirtschaftsgut Gebäude wurde nur einmalig zur Ausführung von Umsätzen verwendet.
Zu beachten ist, dass nach Art. 186 MwStSystRL die Mitgliedstaaten die Einzelheiten für eine Vorsteuerkorrektur nach Art. 184, 185 MwStSystRL für andere als Investitionsgüter festlegen. Der deutsche Gesetzgeber hat insoweit in § 15a Abs. 2 UStG bestimmt, dass bei nur einmalig zur Ausführung eines Umsatzes verwendeten Wirtschaftsgütern eine Berichtigung des ursprünglich nach der bloßen Verwendungsabsicht vorgenommenen Vorsteuerabzugs erst in und für den Besteuerungszeitraum vorgenommen wird, in dem die von der beabsichtigten Verwendung abweichende tatsächliche Verwendung erfolgt. Da Art. 186 MwStSystRL die Mitgliedstaaten zur Festlegung der Einzelheiten für eine Berichtigung des Vorsteuerabzugs bei anderen als Investitionsgütern ermächtigt, ist diese Regelung in § 15a Abs. 2 UStG für Wirtschaftsgüter des Umlaufvermögens richtlinienkonform.[1178]

c) **§ 15a Abs. 3 UStG** betrifft Vorsteuerkorrekturen, sofern die erworbenen **Gegenstände** durch **Einbau** in andere Wirtschaftsgüter ihre Selbstständigkeit verlieren (Bestandteile) oder **sonstige Leistungen an einem Wirtschaftsgut** ausgeführt werden. Je nachdem, ob dabei der Einbau oder die sonstige Leistung an einem Investitionsgut oder an einem Wirtschaftsgut des Umlaufvermögens erfolgt,[1179] wird auf eine Korrektur nach Abs. 1 oder Abs. 2 verwiesen. Nach S. 2 wird der Einbau mehrerer Gegenstände und die Erbringung mehrerer sonstiger Leistungen zu einem einheitlichen Berichtigungsobjekt zusammengefasst, wenn dies im „Rahmen einer Maßnahme" erfolgt. Dies gewinnt u. a. Bedeutung für die Anwendung der „Vereinfachungsgrenzen" des § 44 UStDV (s. unten). 407

d) **§ 15a Abs. 4 UStG** erfasst Vorsteuerkorrekturen bzgl. **sonstiger Leistungen**, die nicht an Wirtschaftsgütern ausgeführt werden. Auch hier wird auf § 15a Abs. 1 UStG verwiesen, wenn es sich um sonstige Leistungen handelt, die längerfristig zur Ausführung mehrerer Leistungen dienen, hingegen auf § 15a Abs. 2 UStG, wenn die sonstige Leistung nur zur Ausführung eines einmaligen Umsatzes in Anspruch genommen wird.

e) Aufgrund der **Ermächtigung des § 15a Abs. 11 Nr. 1 UStG** enthält § 44 UStDV Vereinfachungsregeln zu § 15a UStG.

1178 So zutreffend Lippross UR 2020, 918, 922.

1179 Zur Abgrenzung und einem Spielraum der Mitgiedstaaten siehe EuGH v. 12.9.2024 – C-243/23 (Drebers), EU:C:2024:736.

II. Änderung der für den Vorsteuerabzug maßgebenden Verhältnisse bei Wirtschaftsgütern nach § 15a Abs. 1 und 2 UStG

408 § **Fall 32: Das Appartement**

S erwarb mit Wirkung vom 02.01.2013 ein Ferienappartement auf Sylt für 168.421 € zzgl. 32.000 € USt. Der Veräußerer hatte auf die Steuerfreiheit verzichtet. S vermietete ab dem 01.02.2013, wie bei Erwerb schon geplant, an wechselnde Feriengäste. Vom 01.07.2013–31.12.2020 vermietete er unerwartet ständig an den Pensionär P, weil dieser ihm einen überraschend guten Mietpreis zahlte. Mit Wirkung ab 01.01.2021 veräußerte S die Wohnung für 300.000 € an den Pensionär.

Welche Korrekturen ergeben sich für 2013 bis 2020 und für 2021?

409 I. Der **Vorsteuerabzug** für S im Voranmeldungszeitraum 01/2013

1. Das Ferienappartement gehört zum Unternehmen des S, denn er nutzt es durch Vermietung zur Erzielung von Einnahmen. Es wurde daher an ihn als Unternehmer für sein Unternehmen geliefert. Der Veräußerer hat auf die Steuerfreiheit verzichtet. Außerdem liegt eine Rechnung mit offenem Steuerausweis vor. Es sind daher die formellen Voraussetzungen für einen Vorsteuerabzug des S gemäß § 15 Abs. 1 Nr. 1 UStG erfüllt.
2. Der Vorsteuerabzug wäre aber nach § 15 Abs. 2 Nr. 1 UStG ausgeschlossen, wenn S das Appartement zur Ausführung steuerfreier Umsätze verwendete. Die Vermietung vom 01.02.2013 bis zum 01.07.2013 an wechselnde Feriengäste ist nicht nach § 4 Nr. 12 Buchst. a UStG befreit gewesen. Zwar handelt es sich um die Vermietung eines Grundstücks i. S. d. § 4 Nr. 12 Buchst. a UStG, aber die Vermietung von Wohn- und Schlafräumen zur kurzfristigen Beherbergung von Fremden ist von der Befreiung ausgenommen (§ 4 Nr. 12 S. 2 UStG). Diese Umsätze waren daher steuerpflichtig. Dagegen war die Vermietung ab 01.07.2013 bis 31.12.2020 an den Pensionär P gemäß § 4 Nr. 12 Buchst. a UStG steuerfrei.

   Die Lieferung des Appartements wird also schon im Erstjahr der Verwendung teilweise zur Ausführung steuerpflichtiger, teilweise zur Ausführung steuerfreier Umsätze genutzt. Im für den Vorsteuerabzug maßgebenden Voranmeldungszeitraum des Leistungsbezuges 01/2013 war allerdings nur eine Verwendung zu steuerpflichtigen Umsätzen geplant. Daher steht dem S für den VZ 01/2013 zunächst der Vorsteuerabzug nach § 15 Abs. 1 UStG in voller Höhe von 32.000 € zu. Problematisch ist, ob für die für den ursprünglichen Vorsteuerabzug maßgeblichen Verhältnisse i. S. d. § 15a Abs. 1 i. V. m. § 15 UStG nur auf die Verhältnisse im Voranmeldungszeitraum des Bezugs oder auf die Verhältnisse im ganzen Besteuerungszeitraum (Kalenderjahr) des Bezugs abzustellen ist. Die Verwaltung stellt nur auf den Voranmeldungszeitraum ab und berücksichtigt danach eintretende Veränderungen im selben Besteuerungszeitraum erst über § 15a UStG.[1180] Dies ist verfehlt – auf die nicht unerheblichen Unterschiede wird hingewiesen. Richtigerweise steht S der Vorsteuerabzug in 2013 nur in Höhe der tatsächlichen steuerpflichtigen Verwendung in 2013 (5/11 = 45,45 %) zu. Abweichungen davon in den folgenden Jahren sind über § 15a UStG zu berücksichtigen.

II. **Vorsteuerberichtigung** bei S ab 07/2013

Legt man hingegen die Verwaltungsansicht zugrunde, könnte die steuerfreie Vermietung ab VZ 07/2013 bereits eine Vorsteuerkorrektur nach § 15a Abs. 1 UStG ausgelöst haben. Es handelt sich bei dem Ferienappartement um ein Investitions-

1180 Vgl. Abschn. 15a.2. Abs. 2 UStAE (danach für Vorsteuerabzug nach § 15 UStG nur maßgebend die Verwendungsabsicht im Zeitpunkt des Leistungsbezugs) und in Abschn. 15a.3. Abs. 6 UStAE Beispiele 1 u. 2.

gut, d.h. ein Wirtschaftsgut, das mehrfach zur Ausführung von Umsätzen, hier Vermietungen, verwendet wird.

1. Eine Berichtigung der VoSt setzt voraus, dass eine **Änderung der Verhältnisse** eingetreten ist. Eine Änderung der Verhältnisse ist immer dann gegeben, wenn unter dem Gesichtspunkt des § 15 Abs. 2 UStG (Ausschluss vom Vorsteuerabzug wegen steuerfreier Umsätze)[1181] das Recht zum **Vorsteuerabzug anders zu beurteilen** ist, **als** dies nach den **für** den **ursprünglichen Vorsteuerabzug** maßgebenden Verhältnissen der Fall war. Dabei ist **auch** eine **Veränderung** des Verhältnisses von unternehmerischer Verwendung und **Verwendung für unternehmensfremde (private Wohn-)Zwecke** bei der teilunternehmerischen Verwendung von Grundstücken als eine Vorsteuerkorrekturen nach § 15a UStG auslösende Veränderung zu behandeln, **§ 15a Abs. 6a UStG**. Folgt man der Verwaltung, ist für Ob und Umfang der Änderung zu vergleichen, welcher **Vorsteuerabzug im Voranmeldungszeitraum des Leistungsbezugs** anhand der bei Bezug bestehenden **Verwendungsabsichten** geltend gemacht werden konnte und welcher Vorsteuerabzug in **nachfolgenden** Voranmeldungs-/**Besteuerungszeiträumen** anhand der **tatsächlichen Verwendung** geltend gemacht werden könnte, wenn die Eingangsleistung in diesen gefallen wäre. Eine Änderung der Verhältnisse ergibt sich in aller Regel daraus, dass die tatsächliche **Verwendung des Wirtschaftsgutes** geändert wird. Sie kann sich aber auch bei einer bloßen Rechtsänderung ergeben.[1182] Nicht ausreichend ist jedoch die Aussonderung von unbrauchbar gewordenen Gegenständen eines Unternehmers durch diesen.[1183] 410

Ist der Vorsteuerabzug materiell unzutreffend behandelt worden, ist die Veranlagung des Jahres des Vorsteuerabzugs nach den Vorschriften der AO (§§ 172 f., 164, 165, 167,168) zu korrigieren. Erst im Vergleich zu dem korrigierten materiell zutreffenden Vorsteuerabzug ist dann § 15a UStG anzuwenden. Hier liegt aber keine bestandskräftige Festsetzung für 2013 vor, sodass auf die Korrekturvorschriften der AO nicht abgestellt werden muss. 411

Vorliegend ist eine Änderung der Verhältnisse ab dem VZ 07/2013 eingetreten, wenn man mit der Verwaltung und der h. M. für den ursprünglichen Vorsteuerabzug nur auf die Absichten im Voranmeldungszeitraum des Bezugs der Leistung abstellt. Denn während die VoSt im VZ 01/2013 vollständig abzugsfähig war, wäre sie ab dem VZ 07/2013 wegen § 15 Abs. 2 i. V. m. § 4 Nr. 12 Buchst. a UStG bei Anschaffung in 07/2013 überhaupt nicht abzugsfähig gewesen. Bereits für 2013 ist daher nach Auffassung der Verwaltung eine Vorsteuerkorrektur nach § 15a UStG erforderlich gewesen. Vorbehaltlich der sich daraus ergebenden Korrektur stand dem S für den **VZ 01/2013** ein **Vorsteuerabzug** nach § 15 Abs. 1 UStG von **32.000 €** zu. Dies ergibt jedoch keinen Sinn, denn trotz eines monatlichen Veranlagungszeitraums ist die Umsatzsteuer immer noch eine Jahressteuer. Daher ist für den Vorsteuerabzug das erste Jahr der Verwendung maßgebend.

Stellt man hingegen hinsichtlich der maßgebenden Verhältnisse für den ursprünglichen Vorsteuerabzug **richtigerweise auf das Kalenderjahr 2013 als den gesamten Besteuerungszeitraum** ab, so war von vornherein für diesen Besteuerungszeitraum nach § 15 Abs. 1, 4 UStG nur ein **Vorsteuerabzug i. H. v. 5/11 (Februar bis Juni) = 45,45 % von 32.000 € = 14.545 €** zu gewähren, während 6/11 (Juli bis Dezember) = 54, 55 % von 32.000 € = 17.455 € nicht abzugsfähig waren.

1181 S. auch BFH v. 14.09.2016 – V B 30/16, BFH/NV 2017, 68 zur Anwendung von § 15a UStG bei Berufung auf Steuerfreiheit der Verwendungsumsätze aufgrund vorrangigen Unionsrechtes (hier Glückspiele).

1182 BFH v. 14.05.1992 – V R 79/87, BStBl. II 1992, 983; EuGH v. 29.04.2004 – C-487/01 (Gemeente Leusden), Slg. 2004, I-5369 = UR 2004, 302.

1183 EuGH v. 4.5.2023 – C-127/22 (Balgarska). UR 2023, 722 Rn. 55.

412 Eine **Änderung der Verhältnisse** i. S. d. § 15a Abs. 1 UStG soll wohl nach EuGH und der ihm folgenden h. M. **nicht** vorliegen, wenn unter dem Gesichtspunkt des **§ 15 Abs. 1 UStG** mangels Bezug für das Unternehmen kein Vorsteuerabzug zu gewähren ist. Hat ein Unternehmer etwa einen Gegenstand für den außerunternehmerischen Bereich angeschafft und konnte deshalb keine VoSt abgezogen werden, so eröffnet danach auch § 15a UStG keine Möglichkeit mehr, wenn der Unternehmer später den Gegenstand „in das Unternehmen einlegt", d. h. für unternehmerische Zwecke verwendet.[1184]

Beispiel

R (Rechtsanwalt) lässt in 2021 ein Gebäude (Einfamilienhaus) auf seinem Grundstück errichten, das er, wie vorgesehen, in 2021 auch ausschließlich für seine privaten Wohnzwecke nutzt. Die aus der Errichtung des Gebäudes angefallene Umsatzsteuer von 120.000 € wurde nicht als Vorsteuer in den Voranmeldungen und der Jahreserklärung für 2021 geltend gemacht. Ab dem Jahre 2022 werden erstmals 50 % des Gebäudes für Zwecke der Rechtsanwaltspraxis des R genutzt.
Ein Vorsteuerabzug in 2021 kommt mangels Lieferungen/sonstiger Leistungen „für das Unternehmen" schon nach § 15 Abs. 1 Nr. 1 UStG nicht in Betracht. Eine Zuordnung des Grundstückes zum Unternehmen ist nicht erfolgt. Sie wäre nach h. M. wohl auch nicht möglich gewesen, da das Gebäude in 2021 zu 100 % für private Wohnzwecke genutzt werden sollte und genutzt wurde und eine spätere Verwendung für das Unternehmen noch gar nicht vorgesehen war. Da das Gebäude nicht für das Unternehmen bezogen worden war, handelte es sich auch nicht um ein dem Unternehmen zugehöriges Wirtschaftsgut i. S. d. § 15a Abs. 1 UStG. Die ab 2022 erfolgende erstmalige Verwendung für das Unternehmen stellt daher keine Änderung der Verhältnisse an einem zum Unternehmen gehörenden Wirtschaftsgut i. S. d. § 15a Abs. 1 UStG dar. Es liegt auch keine Änderung i. S. d. § 15a Abs. 6a i. V. m. § 15 Abs. 1b UStG vor. Folgt man der FinVerw, erfolgte eine Zuordnung zum Unternehmen schon deshalb nicht, weil R dem Finanzamt nicht ausdrücklich eine schriftliche Erklärung über eine Zuordnung des Gebäudes/Grundstückes übermittelt hat. Aber unabhängig davon ist § 15a Abs. 6a UStG schon deshalb nicht anzuwenden, weil § 15 Abs. 1b UStG nicht vorliegt. Denn das Grundstück/Gebäude wurde nicht ab 2021 zunächst „teilunternehmerisch" verwendet, sondern ausschließlich für private, nicht unternehmerische Wohnzwecke. Dann führt sogar eine spätere „Erhöhung" von 0 % auf eine 100%-ige unternehmerische Nutzung nach h. M. als **„Einlage in das Unternehmen"** nicht zur Anwendung des § 15a Abs. 6a i. V. m. Abs. 1 UStG.

Diese sich aus der – bisherigen verfehlten – Auslegung der Art. 184 f., 167 f. MwStSystRL durch den EuGH ergebende unionsrechtliche Lage ist zu bedauern. Zugunsten des Bürgers kann § 15a UStG aber entsprechend richtig ausgelegt werden.[1185] Letztere richtige Auslegung wird mittlerweile sogar durch die jüngere Rechtsprechung des EuGH bestätigt, der eine Korrektur des Vorsteuerabzugs ebenfalls für zulässig hält, wenn eine unternehmerische Verwendung für spätere Zeiträume bei Erwerb zumindest nicht ausdrücklich ausgeschlossen wurde.[1186]

Der EuGH hat allerdings nunmehr seine bisherige Rspr. nuanciert. So soll eine Änderung der Verhältnisse im Sinne des Art. 184 MwStSystRL nunmehr auch dann vorliegen, wenn von einer (anderweitig) auch unternehmerisch tätigen Gemeinde eine Immobilie erworben wird, diese zunächst zwar zu 100 % nicht für deren unternehmerische Zwecke verwendet, aber eine unternehmerische Verwendung für spätere Zeiträume **auch nicht ausdrücklich ausgeschlossen wird.**[1187] Insoweit genügt dem EuGH nunmehr offenbar, dass der Erwerber eines Gegenstandes im Zeitpunkt des Erwerbs überhaupt (auch) Unternehmer war, selbst wenn der Gegenstand zunächst vollumfänglich gerade nicht für eine unternehmerische Verwendung erworben wurde, sondern für eine nicht unternehmerische/nicht wirtschaftliche Verwendung. Er darf dann lediglich die Absicht nicht ausschließen, den Gegenstand

1184 So EuGH v. 11.07.1991 – C-97/90 (Lennartz), Slg. 1991, I-3795; v. 30.03.2006 – C-184/04 (Uudenkaupungin kaupunki), Slg. 2006, I-3064; v. 02.06.2005 – C-378/02 (Waterschap Zeeuws), Slg. 2005, I-4696; v. 24.03.2009 – C-460/07 (Sandra Puffer), UR 2009, 410; BFH v. 09.12.2010 – V R 22/10, BStBl. II 2011, 994 (Unternehmer Rechtsnachfolger eines öffentlich-rechtlichen Abwasserklärverbandes); v. 11.04.2008 – V R 10/07, BStBl. II 2009, 741 (Fotovoltaikanlage); v. 19.05.1988 – V R 115/83, BStBl. II 1988, 916 (Flugzeug für Ehegatten).

1185 Dazu näher Stadie in: R/D, Einf. Rn. 333 ff. (Jan. 2024) und § 15 Rn. 1875 ff. (Jan. 2022).

1186 EuGH v. 25.07.2018 – C-140/17 (Gmina Ryjewo), MwStR 2018, 968.

1187 EuGH v. 25.07.2018 – C-140/17 (Gmina Ryjewo), MwStR 2018, 968. Dazu Heuermann MwStR 2018, 1000; Widmann UR 2018, 666, Wäger UR 2019, 41.

in spätere Zeit doch (noch) für das Unternehmen zu verwenden. Diese „Rechtsprechungsänderung“ erging bislang nur im Fall einer jPdöR, die auch schon einen unternehmerischen Bereich neben dem nicht wirtschaftlichen (hoheitlichen) Bereich unterhält. Der EuGH dürfte wohl dahin zu verstehen sein, dass seine Aussagen auch außerhalb einer jPdöR gelten, sodass § 15a UStG jedenfalls immer dann schon anwendbar ist, wenn bei Bezug eines Gegenstandes der Erwerber bereits Unternehmer ist und er nicht ausdrücklich ausgeschlossen hat, den erworbenen Gegenstand evtl. zu einem späteren Zeitpunkt doch für Unternehmenszwecke zu verwenden. Noch besser wäre es, wenn der EuGH über ein neues Vorabentscheidungsersuchen selbst veranlasst werden könnte, seine insoweit bisher verfehlte Rspr. ausdrücklich aufzugeben und eine „Einlagenentsteuerung“ über Art. 184 f. MwStSystRL und § 15a UStG vollumfänglich für alle Unternehmer zuzulassen.[1188]

2. Die Änderung der Verhältnisse muss bei § 15a Abs. 1, 2 UStG immer bei einem **Wirtschaftsgut** erfolgen. Hierunter sind wie im Einkommensteuerrecht sämtliche körperlich-materiellen Gegenstände, aber auch immaterielle Vermögensrechte und Vermögensvorteile zu verstehen. Nach § 15a Abs. 6 UStG sind bei **nachträglichen Anschaffungs- und Herstellungskosten** die Abs. 1–5 sinngemäß anzuwenden. Handelt es sich mithin um nachträgliche Anschaffungs- und Herstellungskosten für Investitionsgüter i. S. d. Abs. 1, so besteht dafür ein eigener Berichtigungszeitraum von fünf oder zehn Jahren. Nachträgliche Anschaffungs-/Herstellungskosten zu Investitionsgütern werden mithin als eigenes Berichtigungsobjekt behandelt. 413

Dagegen findet nicht § 15a Abs. 6 UStG, sondern § 15a Abs. 3 UStG Anwendung bei für Investitionsgüter aufgewendetem Erhaltungsaufwand.

Da das Appartement des S ein Wirtschaftsgut darstellt, sind auch insoweit die Voraussetzungen des § 15a Abs. 1 UStG erfüllt.

3. Eine **Änderung** der Verhältnisse nach § 15a Abs. 1 UStG bei einem Investitionsgut ist allerdings nur zu berücksichtigen, wenn sie **innerhalb des Berichtigungszeitraumes** erfolgt. Dieser beträgt grundsätzlich **fünf Jahre** ab Beginn der erstmaligen Verwendung des Wirtschaftsgutes zur Ausführung von Umsätzen. Ist die tatsächliche Nutzungsdauer des Wirtschaftsgutes kürzer als fünf Jahre, so ist diese maßgebend (§ 15a Abs. 5 S. 2 UStG). Bei **Grundstücken** und ihren wesentlichen Bestandteilen[1189] sowie Gebäuden auf fremdem Grund und Boden beträgt der Berichtigungszeitraum **zehn Jahre ab erstmaliger Verwendung** (§ 15a Abs. 1 S. 2 UStG). Auch wenn Investitionen und Vorsteuerabzug bereits in einem Besteuerungszeitraum vor Beginn der Verwendung erfolgen, beginnt der Berichtigungszeitraum nach § 15a UStG erst mit der tatsächlichen Verwendung. Diese Regelung ist richtlinienkonform. Denn Art. 187 Abs. 1 MwStSystRL ermächtigt die Mitgliedstaaten ausdrücklich, den Berichtigungszeitraum erst mit der erstmaligen Verwendung beginnen zu lassen.[1190] 414

Der Berichtigungszeitraum beginnt auch dann mit der erstmaligen Verwendung des Wirtschaftsgutes, wenn für den Besteuerungszeitraum der erstmaligen Verwendung ein Vorsteuerabzug mangels Vorliegen einer Rechnung nicht möglich ist. Wird dann in einem späteren Besteuerungszeitraum erstmals die Rechnung erlangt, kann der Vorsteuerabzug aus § 15 UStG zwar erst in diesem Besteuerungszeitraum geltend gemacht werden. Der Umfang des Vorsteuerabzugs bestimmt sich gleichwohl nach der Verwendung im Besteuerungszeitraum des Leistungsbezugs. Aus dem Vergleich zu diesem ursprünglichen Vorsteuerabzug ergibt sich dann auch, ob und in welchem Umfang Vorsteuerkorrekturen nach § 15a UStG – auch für Besteuerungszeiträume vor Erteilung der Rechnung – zu erfolgen haben.

Verwendung bedeutet den **Einsatz des Wirtschaftsgutes zur Ausführung von Umsätzen**, entweder indem mit dem Wirtschaftsgut selbst der Umsatz ausgeführt wird, z. B. Lieferung der Ware oder Vermietung des Gebäudes, oder indem

---

1188 Siehe dazu die ausf. Schlussanträge der GAin Kokott in der Rs. C-140/17 (Gmina Ryjewo), ECLI:EU:C:2018:273.

1189 Vgl. dazu BFH v. 14.07.2010 – XI R 9/09, BStBl. II 2010, 1086 (auch für Betriebsvorrichtungen, falls wesentliche Gebäudebestandteile).

1190 BFH v. 12.06.2008 – V R 22/06, BStBl. II 2009, 165 (zu Wechsel von § 24 UStG zur Regelbesteuerung).

das Wirtschaftsgut ansonsten bereits für auszuführende Umsätze eingesetzt wird, z. B. die Lagerhalle. Wird ein fertig gestelltes Gebäude im Erstjahr nur teilweise in Verwendung genommen und steht es im Übrigen leer, kommt es für den Vorsteuerabzug insoweit auf die (ernsthaft) beabsichtigte spätere Verwendung an. Weicht die tatsächliche spätere Verwendung davon ab, soll insoweit nach bisheriger Rechtsprechung § 15a UStG anzuwenden sein.[1191] Das erscheint allerdings zweifelhaft und dürfte jedenfalls nicht zutreffen, wenn die spätere erstmalige Verwendung nach § 15 Abs. 2 UStG steuerfrei erfolgt.

Der **Berichtigungszeitraum** für das **Ferienappartement** (Fall 32, Rn. 408 ff.) hat also für S am **01.02.2013** mit Beginn der Vermietung begonnen und endete nach zehn Jahren (Grundstück) am **31.01.2023**. Die Änderung der Verhältnisse in den Jahren 2013, 2014 bis 2020 und 2021 erfolgt innerhalb des Berichtigungszeitraumes, sodass eine Vorsteuerkorrektur durchzuführen war/ist.

415 4. Die **Durchführung der Berichtigung** für Änderungen nach § 15a Abs. 1 UStG erfolgt nach **§ 15a Abs. 5 UStG** in der Weise, dass der gesamte bei der Anschaffung angefallene Vorsteuerbetrag auf den Berichtigungszeitraum verteilt wird und **für jedes Jahr der Änderung** der entsprechende Teil **korrigiert** wird. Beginnt oder endet der Berichtigungszeitraum innerhalb des Kalenderjahres, ist für dieses Jahr nur der den jeweiligen Kalendermonaten entsprechende Anteil und nicht der volle Jahresanteil anzusetzen. Eine rückwirkende Korrektur für den Voranmeldungs-/Besteuerungszeitraum des Leistungsbezugs und ursprünglichen Vorsteuerabzugs findet gerade nicht statt.

Vorliegend ist nach § 15a Abs. 1 UStG wegen der Änderung der für den Vorsteuerabzug maßgebenden Verhältnisse ein Ausgleich durch **Berichtigung des Vorsteuerabzugs** vorzunehmen. Bei einem Berichtigungszeitraum von zehn Jahren für Grundstücke wäre nach Auffassung der Finanzverwaltung demnach für die Zeit von **07–12/2013** der Vorsteuerabzug von 32.000 € um **1.745 €** (32.000 € : 10 x 6/11 bzw. x 54,55 %) zu berichtigen. Da die auf 2013 entfallende Korrektur nicht höher ist als 6.000 €, ist die Korrektur um 1.745 € nach der Vereinfachungsregel des **§ 44 Abs. 3 UStDV** erst im Rahmen der **Jahresveranlagung** vorzunehmen und nicht bereits für die VZ 07–12/2013. S erhielte mithin für 2013 einen Vorsteuerabzug gemäß §§ 15 Abs. 1 Nr. 1, 18 Abs. 1 UStG von 32.000 € (schon im VZ 01/2013) – 1.745 € (in der Jahresfestsetzung) = 30.255 €.

Da auch im Jahr 2014 wegen der Steuerfreiheit der Vermietung kein Vorsteuerabzug stattfinden darf, im Voranmeldungszeitraum des Vorsteuerabzugs 01/2013 aber 100 % VoSt abgezogen wurden, wäre der Vorsteuerabzug nach Auffassung der Finanzverwaltung im Jahr **2014 um 100 % = 12/12 von 3.200 € = 3.200 €** zu korrigieren gewesen, also zu kürzen. **Genauso** war in den Jahren **2015 bis 2020** der Vorsteuerabzug des S jeweils um 3.200 € zu kürzen. Maßgebend ist **bei Vorsteuerkorrekturen** nach § 15a UStG immer der **Steuersatz des Erstjahres**, zu dem die VoSt abgezogen werden konnte, nicht ein im Jahr der Korrektur nach § 15a UStG geltender Steuersatz.

Würden hingegen, wie hier für zutreffend gehalten, die für den ursprünglichen Vorsteuerabzug maßgeblichen Verhältnisse nach den im gesamten Besteuerungszeitraum des Leistungsbezugs gegebenen Verhältnissen beurteilt, so erhielte S für **2013** gemäß § 15 Abs. 1 und 4 UStG lediglich einen Vorsteuerabzug von **5/11 = 45,45 % von 32.000 € = 14.545 €**. Für 2013 käme eine Korrektur nach § 15a Abs. 1 UStG nicht in Betracht. Für **2014 bis 2020** ergäbe sich jeweils eine Korrektur nach § 15a UStG i. H. v. **(32.000 € : 10 x 45,45 % =) – 1.454,50 € VoSt.**

1191 BFH v. 25.04.2005 – V R 58/00, BStBl. II 2003, 435; s. auch EuGH v. 28.02.2018 – C-672/16 (Inflo-resima), MwStR 2018, 395 mit Anm. Schüler-Täsch und EuGH v. 26.11.2020 – C-787/18 (Sögard Fastigheter AB), MwStR 2021, 75.

Auch die nach §§ 1 Abs. 1 Nr. 1, 4 Nr. 9 a UStG steuerbare, aber steuerfreie **Lieferung des Ferienappartements am 01.01.2021** an den bisherigen Mieter (Pensionär) erfolgte noch innerhalb des Berichtigungszeitraumes. Auch sie führt, da sie steuerfrei erfolgte, zu einer Änderung der Verhältnisse gegenüber den Verhältnissen im Erwerbs-/Lieferzeitpunkt des Appartements an den S in 01/2013, **§ 15a Abs. 8 S. 1 UStG** (s. Rn. 417). Es ergibt sich nach § 15a Abs. 9 UStG i. V. m. Abs. 5 UStG eine Vorsteuerberichtigung um 100 % für die Zeit vom 01.01.2020 bis zum 31.01.2023, d. h. für zwei Jahre und einen Monat = 25 Monate. Die Vorsteuer ist um (32.000 : 120 [10 Jahre] x 25 =) 6.667 € zuungunsten des S zu „berichtigen". Die Berichtigung hat nach § 44 Abs. 3 S. 2 UStDV für den VZ 01/2021 zu erfolgen.

5. Auch bei **Wirtschaftsgütern**, die nur **einmalig zur Ausführung von Umsätzen** verwendet werden, kann es zu einer Änderung der für den ursprünglichen Vorsteuerabzug maßgebenden Verhältnisse kommen. Wie bei § 15a Abs. 1 UStG bedeutet Änderung der Verhältnisse, dass sich unter dem Aspekt eines vollständigen oder teilweisen Vorsteuerausschlusses i. S. d. § 15 Abs. 2, 4 UStG die Verhältnisse gegenüber den für den ursprünglichen Vorsteuerabzug maßgebenden Verhältnissen ändern. Da sich der Ausschluss des Vorsteuerabzugs allerdings nach der Verwendung des Wirtschaftsgutes richtet, aber § 15a Abs. 2 UStG gerade nur solche Wirtschaftsgüter betrifft, die nur einmalig zur Ausführung von Umsätzen (tatsächlich) verwendet werden, kommen hier nur Änderungen durch eine **spätere tatsächliche Verwendung** in Betracht, die von einer für den **ursprünglichen Vorsteuerabzug maßgeblichen Verwendungsabsicht bei Erwerb/Bezug** des Wirtschaftsgutes abweichen. Die erstmalige und einmalige tatsächliche Verwendung besteht in einer Veräußerung oder Entnahme nach § 3 Abs. 1b UStG, nicht in einer Änderung einer vorher schon bestehenden Nutzung.[1192] Für Vorsteuerberichtigungen nach § 15a Abs. 2 UStG gibt es daher auch **keinen Berichtigungszeitraum** und keine Berichtigung pro rata temporis. Die **Berichtigung** ist immer vollständig für den **Voranmeldungszeitraum der Veräußerung/Entnahme** durchzuführen (s. Rn. 406). 416

Beispiel

U errichtet für 1.000.000 € zzgl. 190.000 € USt in 2021 ein Gebäude, das er für seinen Autohandel nutzen will. Die Bauarbeiten werden Ende 2021 wegen Illiquidität des U eingestellt. In 02/2022 veräußert der Insolvenzverwalter das mit dem halb fertigen Gebäude bebaute Grundstück steuerfrei nach § 4 Nr. 9 Buchst. a UStG für 800.000 €. U konnte zutreffend für 2021 den Vorsteuerabzug vornehmen, denn das Gebäude sollte für die steuerpflichtigen Autohandelsumsätze verwendet werden. Die erstmalige und einzige tatsächliche Verwendung erfolgte jedoch durch die steuerfreie Veräußerung. Für diese Veräußerung käme ein Vorsteuerabzug nach § 15 Abs. 2 Nr. 1 UStG nicht in Betracht. Insoweit liegt eine Änderung der Verhältnisse i. S. d. § 15a Abs. 2 UStG vor, sodass im VZ 02/2022 der Vorsteuerabzug um 100 % = 190.000 € zu korrigieren ist.

III. Vorsteuerkorrektur nach § 15a Abs. 8 UStG bei Veräußerung und unentgeltlichen Wertabgaben

Wird ein Wirtschaftsgut vor Ablauf des Berichtigungszeitraumes veräußert oder unentgeltlich nach § 3 Abs. 1b UStG geliefert, wird es nicht mehr im Unternehmen verwendet. Nach **§ 15a Abs. 8 UStG** ist jedoch auch die **Veräußerung oder Entnahme** als 417

1192 Vgl. BFH v. 24.09.2009 – V R 6/08, BStBl. II 2010, 315 (durch Vermietung, Gebrauchsüberlassung oder Gebrauch im Unternehmen [auch nur vorübergehend] genutzte Wirtschaftsgüter fallen nicht unter § 15a Abs. 2 UStG, sondern unter Abs. 1).

Änderung der Verhältnisse anzusehen, wenn sie unter dem Gesichtspunkt des Vorsteuerabzugs anders zu beurteilen ist als die für den Vorsteuerabzug maßgeblichen Verhältnisse. Das betrifft namentlich Änderungen, die sich durch **steuerfreie Veräußerungen** ergeben, für die nach **§ 15 Abs. 2 Nr. 1 UStG** der Vorsteuerabzug ausgeschlossen wird. Eine Änderung der Verhältnisse liegt (erst ab 2011!) auch vor, wenn ein unter **§ 15 Abs. 1b UStG fallendes teilunternehmerisch verwendetes Grundstück** veräußert oder entnommen wird und diese Veräußerung/Entnahme anders zu beurteilen ist als die für den ursprünglichen Vorsteuerabzug maßgebliche teilunternehmerische Verwendung (s. Rn. 366 ff.). Bei Veräußerung oder unentgeltlicher Lieferung ist allerdings die erforderliche **Korrektur** nicht lediglich anteilig pro Jahr, sondern **sofort in vollem Umfang** für die ganze Zeit von der Veräußerung/Wertabgabe bis zum Ende des Berichtigungszeitraumes schon im Voranmeldungszeitraum der Veräußerung/Wertabgabe vorzunehmen (§ 44 Abs. 3 S. 2 UStDV i. V. m. § 15a Abs. 9 UStG). Zu beachten ist, dass § 15a Abs. 8 UStG nur auf die Veräußerung/Wertabgabe von Investitionsgütern i. S. d. § 15a Abs. 1 UStG anwendbar ist. Für die Veräußerung von nur einmalig verwendeten Wirtschaftsgütern (des Umlaufvermögens) kommt unmittelbar § 15a Abs. 2 UStG zur Anwendung.

Beispiel

In 2016 wurde für das eigene Unternehmen ein Werkstattgebäude errichtet und ab 07/2016 so genutzt. Die VoSt waren nach § 15 Abs. 1 und 2 UStG voll abzugsfähig. In 01/2021 wird das Grundstück mit Werkstattgebäude wegen § 4 Nr. 9 Buchst. a UStG steuerfrei veräußert. I. S. d. § 15a Abs. 8 i. V. m. Abs. 1 UStG liegt in der Veräußerung eine Änderung der Verhältnisse. Die Korrektur ist im Voranmeldungszeitraum 01/2021 für die Zeit von 01/2021 bis 06/2026 vorzunehmen.

Findet die Veräußerung oder unentgeltliche Wertabgabe statt, bevor das Wirtschaftsgut überhaupt im Unternehmen tatsächlich verwendet wurde, ist dieser Umsatz mit dem anhand der Verwendungsabsicht vorgenommenen Vorsteuerabzug zu vergleichen.

IV. Vorsteuerkorrekturen bei Bestandteilen und sonstigen Leistungen, § 15a Abs. 3 und 4 UStG

418 **§ Fall 33: Umbauten und Renovierungen**

U (Maschinenhersteller) hatte in 2019 ein Gebäude für 2.000.000 € zzgl. 380.000 € USt herstellen lassen und seit dem 01.07.2019 für eigene Bürozwecke genutzt. Diese Vorsteuer war zutreffend vollständig von der Steuerschuld abgezogen worden. In 06/2020 wurde am Gebäude ein komplett neuer Anstrich durchgeführt für 100.000 € zzgl. 19.000 € USt und neue Fenster für 200.000 € zzgl. 38.000 € USt eingebaut. Mit Wirkung ab dem 01.01.2022 vermietet U das Grundstück steuerfrei an eine Versicherungsgesellschaft.

419 I. Seit 01.01.2022 dient das Grundstück nicht mehr der Ausführung steuerpflichtiger Leistungen, sondern einer steuerfreien Vermietung. Mithin liegt gegenüber den für den **ursprünglichen Vorsteuerabzug** maßgeblichen Verhältnissen in 2019 aus der **Herstellung des Gebäudes** und für den ursprünglichen Vorsteuerabzug in 06/2020 aus dem Empfang der Anstrichleistung sowie dem Einbau der Fenster eine **Änderung der Verhältnisse** vor. Denn insoweit war die VoSt jeweils zu 100 % abzugsfähig, weil das Gebäude zu diesen Zeitpunkten (richtig in diesen Besteuerungszeiträumen) nur der Ausführung steuerpflichtiger Umsätze diente. Bei dem Gebäude handelt es sich um ein Investitionsgut i. S. d. § 15a Abs. 1 UStG. Die Änderung der Verhältnisse erfolgte innerhalb des zehnjährigen **Berichtigungszeitraumes** nach § 15a S. 2 UStG, der für das Gebäude mit der Verwendung für

eigene Bürozwecke am **01.07.2019** begann und nach zehn Jahren am **30.06.2029** endet. Daher ist für 2022 (und die folgenden 6 1/2 Jahre bei unveränderten Verhältnissen) wegen der ab 01.01.2022 eintretenden Änderung der Verhältnisse durch die ab dann erfolgende steuerfreie Vermietung eine **Vorsteuerkorrektur** nach § 15a Abs. 1, Abs. 5 von 380.000 € : 10 = 38.000 € minus Vorsteuer durchzuführen. Die Änderung ist für den VZ 01/2021 durchzuführen. Denn der Änderungsbetrag liegt oberhalb von 6.000 € (§ 44 Abs. 3 S. 1 UStDV).

II. Hinsichtlich der **Malerarbeiten** liegt umsatzsteuerlich eine **sonstige Leistung** vor und ertragsteuerlich handelt es sich um Erhaltungsaufwendungen. Diese sonstige Leistung wird an einem Investitionsgut i. S. d. § 15a Abs. 1 USt ausgeführt, nämlich dem Gebäude. Hinsichtlich des Fenstereinbaues liegt eine Werklieferung vor. Die Fenster wurden in das Gebäude als Investitionsgut eingefügt und verloren damit ihre Selbstständigkeit, weil sie zu wesentlichen Bestandteilen wurden. Nach **§ 15a Abs. 3 S. 1 i. V. m. Abs. 1 UStG** ist insoweit ebenfalls eine Berichtigung durchzuführen. Durch § 15a Abs. 3 UStG wurde insoweit die Rspr. des EuGH zu Vorsteuerkorrekturen auch bei bloßen Dienstleistungen nach Art. 185 MwStSystRL umgesetzt.[1193] Für § 15a Abs. 3 UStG gilt ein **eigenständiger Berichtigungszeitraum**. Er beginnt zu dem Zeitpunkt, ab dem die sonstige Leistung oder der eingefügte Gegenstand erstmals zur Ausführung von Leistungen verwendet wird, hier also ab dem 01.07.2020. Hinsichtlich der Dauer des Berichtigungszeitraumes ist darauf abzustellen, ob es sich um Arbeiten an Grundstücken handelt (zehn Jahre) oder an sonstigen Wirtschaftsgütern (fünf Jahre). Allerdings ist nach § 15a Abs. 5 S. 2 UStG eine kürzere Nutzungsdauer zu berücksichtigen. Nach § 15a Abs. 5 S. 3 UStG wird bei eingebauten Wirtschaftsgütern deren Nutzungsdauer nicht durch die Einbeziehung in ein anderes Wirtschaftsgut verkürzt. Das setzt freilich voraus, dass das Wirtschaftsgut, in das eingebaut wird, tatsächlich noch nach Ende seines Berichtigungszeitraumes besteht. Vorliegend läuft daher für die Malerarbeiten und den Fenstereinbau ein gesonderter Berichtigungszeitraum vom 01.07.2020 bis zum 30.06.2030 soweit nicht i. S. d. § 15a Abs. 5 S. 2 UStG eine kürzere Verwendungsdauer nachgewiesen wird. Mithin hat für das **Kalenderjahr 22** eine **Vorsteuerkorrektur für den Anstrich** von 19.000 € : 10 x 100 % = **– 1.900 € VoSt** und **für den Fenstereinbau** von 38.000 € : 10 x 100 % = **– 3.800 €** stattzufinden.

Nach § 44 Abs. 3 S. 1 UStDV erfolgt die Korrektur allerdings erst in der Jahresveranlagung für 2022. Zwar sind die Malerarbeiten und der Einbau der Fenster gemäß § 15a Abs. 3 S. 2 UStG zu einem „Berichtigungsobjekt" zusammenzufassen, da sie im Rahmen einer Maßnahme erfolgten. Aber der Vorsteuerabzug übersteigt auch zusammengefasst nicht den Betrag von 6.000 €. Eine Vorsteuerkorrektur kann auch nicht nach § 44 Abs. 1 UStDV unterbleiben, da schon der absolute Betrag von 1.000 € überschritten ist. Auch insoweit ist von einem einheitlichen Korrekturbetrag auszugehen, wenn § 15a Abs. 3 S. 2 UStG Anwendung findet.[1194]

III. Innerhalb des **§ 15a Abs. 3 UStG** wird danach unterschieden, ob es sich um sons- 420
tige **Leistungen an Investitionsgütern** i. S. d. § 15a Abs. 1 UStG handelt oder **an anderen Wirtschaftsgütern i. S. d. § 15a Abs. 2 UStG**. Nur im ersten Fall besteht ein eigenständiger Berichtigungszeitraum, sodass die Korrektur pro rata temporis vorzunehmen ist, § 15a Abs. 3 S. 1 i. V. m. Abs. 1, 5 und 8 UStG. Bei sonstigen

1193 EuGH v. 17.05.2001 – C-322 und C-323/99 (Fischer und Brandenstein), Slg. 2001, 4049 und BFH v. 18.10.2001 und 20.12.2001 – V R 106/98 und V R 8/98, BStBl. II 2002, 551 und 557.

1194 Vgl. BMF, Abschn. 15a.6. Abs. 11 UStAE. Zu einem Berichtigungsobjekt sind in einem zeitlichen Zusammenhang bezogene Leistungen für ein Wirtschaftsgut zusammenzufassen. Ein solcher Zusammenhang wird bejaht bei innerhalb von drei Monaten bzw. sechs Monaten an beweglichen, respektive unbeweglichen Wirtschaftsgütern erbrachten Leistungen.

Leistungen an nur einmalig zur Ausführung von Umsätzen verwendeten Wirtschaftsgütern tritt die Änderung der Verhältnisse auch bzgl. der sonstigen Leistung jeweils mit der Veräußerung des Wirtschaftsguts ein. Die Vorsteuerberichtigung ist dann immer sofort in vollem Umfang durchzuführen. Dieselbe Unterscheidung trifft § 15a Abs. 3 UStG bzgl. der eingefügten Gegenstände, soweit diese Bestandteile werden, d.h. ihre körperliche und wirtschaftliche Eigenständigkeit einbüßen. Bei der Einfügung von Gegenständen in ein anderes Wirtschaftsgut kann im Übrigen problematisch sein, ob diese dadurch i. S. d. § 15a Abs. 3 UStG ihre körperliche oder wirtschaftliche Selbstständigkeit verlieren oder nicht. Im letzteren Fall ist nicht § 15a Abs. 3 UStG anzuwenden, sondern für den eingebauten Gegenstand je nachdem entweder § 15a Abs. 1 oder Abs. 2 UStG. Oftmals kann dahinstehen, ob § 15a Abs. 3 oder Abs. 1 oder Abs. 2 UStG anzuwenden ist, weil die Rechtsfolgen in Bezug auf den eingefügten Gegenstand dieselben sind. Anders wäre es freilich dann, wenn ein beweglicher Gegenstand in ein Grundstück eingefügt wird und nicht zu einem wesentlichen Bestandteil des Gebäudes oder Grundstückes wird, weil dann nur ein fünfjähriger Berichtigungszeitraum dafür läuft.[1195]

421 IV. Auch für die **sonstigen Leistungen nach § 15a Abs. 4 UStG**, die nicht an Wirtschaftsgütern vorgenommen werden, wird danach unterschieden, ob die **selbstständige sonstige Leistung** nur einmalig oder mehrfach zur Verwendung von Umsätzen verwendet wird. Je nachdem ist § 15a Abs. 1 UStG mit Berichtigungszeitraum oder § 15a Abs. 2 UStG ohne Berichtigungszeitraum anzuwenden. Es kann sich dabei um sonstige Leistungen jeder Art handeln, solange die sonstige Leistung nicht an einem dem Unternehmer zuzurechnenden Wirtschaftsgut ausgeführt wird. Die Verwaltung nennt beispielhaft Beratungs-, Gutachter-, Werbe- und Vermietungsleistungen.[1196] Bei den weiterhin genannten immateriellen Wirtschaftsgütern (Patente, Urheberrechte, Lizenzen) erscheint die Einordnung unter Abs. 4 fragwürdig. Denn sie dürften als Wirtschaftsgüter, falls Anlagevermögen, bereits unter § 15a Abs. 1 UStG, ansonsten unter Abs. 2 UStG fallen. Die Verwaltung geht demgegenüber wohl davon aus, dass nur Liefergegenstände Wirtschaftsgüter i. S. d. § 15a Abs. 1 und 2 UStG seien.[1197] Letztlich kann dies, wegen der übereinstimmenden Rechtsfolgen, aber offenbleiben. Der zunächst weite Anwendungsbereich des § 15a Abs. 4 UStG wird entscheidend dadurch eingeengt, dass die Berichtigung nach S. 2 auf solche sonstigen Leistungen beschränkt wird, für die ein **steuerbilanzielles Aktivierungsgebot** besteht oder bei Buchführungspflicht bestünde. Es kommt nicht darauf an, ob der Unternehmer tatsächlich bilanziert oder zulässigerweise nicht bilanziert. Bis auf die genannten immateriellen Wirtschaftsgüter scheidet mangels Bilanzierungspflicht daher eine Anwendung des § 15a Abs. 4 UStG für Änderungen bei sonstigen Leistungen weitgehend aus. Anders sieht es lediglich hinsichtlich des Vorsteuerabzugs aus **Anzahlungen auf selbstständige sonstige Leistungen** aus. Denn insoweit bestimmt § 15a Abs. 4 S. 3 UStG ausdrücklich, dass das Aktivierungsgebot nicht gilt, soweit der Vorsteuerabzug bereits für einen Zeitraum vor Ausführung der sonstigen Leistung vorgenommen werden konnte. Dies betrifft gerade die (An-)Zahlungen vor Ausführung der Leistung gemäß § 15 Abs. 1 Nr. 1 S. 3 UStG. Bzgl. der Anzahlung, wenn auch nicht der Leistung, besteht insoweit im Übrigen auch eine steuerliche Bilanzierungspflicht.

1195 S. dazu BFH v. 14.07.2010 – XI R 9/09, BStBl. II 2010, 1086 (ertragsteuerliche Behandlung von Betriebsvorrichtungen als bewegliche Sachen nicht maßgeblich!).

1196 BMF, Abschn. 15a.7. Abs. 1 UStAE.

1197 Vgl. BMF, Abschn. 15a.1. Abs. 2 Nr. 1 UStAE.

Beispiel 1

Eine Werbeleistung wird Ende 2020 von einem Unternehmen in Anspruch genommen. Sie dient der Ausführung sämtlicher nachfolgenden Umsätze in 2021. Da es sich teilweise um befreite Umsätze handelt, erfolgte für den Vorsteuerabzug eine Aufteilung nach § 15 Abs. 4 UStG. Dabei erfolgte die Aufteilung entsprechend den Verhältnissen für 2020, die auch für 2021 erwartet wurden, im Verhältnis 50 : 50. In 2021 änderten sich die Verhältnisse jedoch, weil sich der Anteil der steuerpflichtigen Umsätze aufgrund einer Gesetzesänderung erheblich erhöhte, sodass sich das Aufteilungsverhältnis für 2021 auf 80:20 belief.
Eine Vorsteuerkorrektur nach § 15a Abs. 4 UStG kommt nicht in Betracht, weil für die in 2020 erbrachte Werbeleistung kein Aktivierungsgebot besteht.

Beispiel 2

Wie oben, aber die Werbeleistung wurde von 12/2020 bis Ende 01/2021 erbracht. In 12/2020 wurde aber bereits eine Anzahlung von 200.000 € zzgl. 38.000 € USt geleistet und ein Vorsteuerabzug von 50 % = 19.000 € gemäß § 15 Abs. 4 UStG zutreffend nach den bisherigen Verhältnissen geltend gemacht.
Dann hat für 2021 gemäß § 15a Abs. 4 i. V. m. Abs. 1 UStG eine Änderung zu erfolgen. Die Änderung beträgt 30 % (80 statt 50), sodass sich für 2021 noch ein weiterer Vorsteuerabzug von 11.400 € ergibt, falls der Berichtigungszeitraum 2021 endet, weil die Wirkung der Werbekampagne dann erschöpft ist. Unerheblich ist, dass für die Aufwendungen einer Werbekampagne kein Aktivierungsgebot besteht, weil hier der Vorsteuerabzug bereits vor (vollständiger) Ausführung der Werbeleistung aufgrund der bereits erfolgten Zahlung in 2020 nach § 15 Abs. 1 Nr. 1 S. 3 UStG vorgenommen werden konnte.

V. Vorsteuerkorrektur in der Insolvenz

Die Eröffnung des Insolvenzverfahrens über das Vermögen des Unternehmers und die Einsetzung eines Insolvenzverwalters führen nicht bereits zur Beendigung des Unternehmens und der Unternehmereigenschaft nach § 2 UStG, Art. 9 MwStSystRL. Die Beendigung tritt vielmehr erst mit vollständiger Abwicklung des Insolvenzverfahrens ein. Die bloße Eröffnung des Insolvenzverfahrens mit Einsetzung eines Insolvenzverwalters löst daher auch nicht bereits eine Vorsteuerkorrektur nach Art. 184 MwStSystRL, § 15a UStG aus.[1198] 422

Veräußert der **Insolvenzverwalter** allerdings steuerfrei ein Wirtschaftsgut (also insbesondere Grundstücke!) während des Berichtigungszeitraumes, so führt auch dies zu einer Vorsteuerkorrektur nach **§ 15a UStG,** wenn im Jahr der erstmaligen Verwendung ein Vorsteuerabzug möglich war. Die zurückzuzahlende VoSt resultiert aus einer nach Eröffnung des Insolvenzverfahrens vorgenommenen Verwertungshandlung. Die daraus entstehende Steuerschuld führt daher zu **Masseverbindlichkeiten** nach § 55 Abs. 1 Nr. 1 InsO, die vorrangig zu befriedigen sind.[1199] Entsprechendes gilt auch bei Veräußerungen durch den **vorläufigen (starken) Insolvenzverwalter** mit Verfügungsbefugnis nach § 22 Abs. 1 InsO vor Eröffnung des Verfahrens, wenn später das Verfahren eröffnet wird, § 55 Abs. 2 InsO. In diesen Fällen muss daher der Insolvenzverwalter sorgfältig prüfen, ob nicht durch eine Option nach § 9 UStG eine Vorsteuerkorrektur nach § 15a UStG vermieden werden kann und ob dies nicht vorteilhafter ist. Bei einer Option kommt es allerdings nach § 13b Abs. 5 i. V. m. Abs. 2 Nr. 3 UStG zu einer Verlagerung der Steuerschuld auf den Erwerber.[1200] Erfolgt aufgrund

1198 EuGH v. 03.06.2021 – C 182/20 (Suceava), UR 2021, 762

1199 BFH v. 08.03.2012 – V R 24/11, BStBl. II 2012, 466; v. 09.02.2011 – XI R 35/06, BStBl. II 2011, 1000 m. w. N. aus der früheren Rspr. zur Konkursordnung; zur verfahrensrechtl. Seite – Festsetzung gegenüber Insolvenzverwalter – vgl. auch v. 28.06.2011 – XI B 18/11, BFH/NV 2011, 1931 (zu Vorsteuerberichtigungsanspruch aus § 15a UStG gegen Zwangsverwalter).

1200 Zum früheren Recht vgl. BFH v. 16.08.2001 – V R 59/99, BStBl. II 2003, 208 (Umsatzsteuerschuld bei Option führt zu Massekosten nach § 58 Nr. 2 KO im Konkurs).

einer Insolvenzanfechtung nach § 129 InsO eine Rückzahlung an den Insolvenzverwalter, führt der nach § 17 Abs. 2 Nr. 1 UStG entstehende Vorsteuerberichtigungsanspruch des Fiskus zu einer Masseverbindlichkeit nach § 55 Abs. 1 Nr. 1 InsO.[1201]

423 **Übersicht**

Vorsteuerkorrektur nach § 15a UStG

I. Voraussetzungen
   1. Änderung der Verhältnisse
      Ergibt sich aus einem Vergleich des zutreffenden Vorsteuerabzugs im Voranmeldungszeitraum des Leistungsbezugs mit dem in einem späteren Zeitraum möglichen (fiktiven) Vorsteuerabzug, wenn dieser
      a) wegen einer Nutzungsänderung oder
      b) wegen Veränderung der Rechtslage oder
      c) wegen einer Veräußerung oder
      d) wegen einer Wertabgabe nach § 3 Abs. 1b UStG
      anders zu beurteilen ist.
   2. bei jedem Wirtschaftsgut (Anlage- und Umlaufvermögen) und auch bei sonstigen Leistungen; Vorsteuerkorrektur auch bei nachträglichem Erhaltungsaufwand
   3. innerhalb des Berichtigungszeitraumes
      Er beginnt mit der erstmaligen Verwendung des Wirtschaftsgutes zur Ausführung von Umsätzen. Für nachträgliche Anschaffungs- oder Herstellungskosten, spätere Einbauten und sonstige Leistungen läuft ein eigener Berichtigungszeitraum ab Beendigung der Maßnahmen.
      Dauer: fünf Jahre, bei Grundstücken zehn Jahre, bei tatsächlich kürzerer Nutzungsdauer ist diese maßgebend
      Aber: kein Berichtigungszeitraum für Wirtschaftsgüter des Umlaufvermögens und für sonstige Leistungen, die nur einmal zur Ausführung von Umsätzen verwendet werden
II. Vereinfachungen (§ 44 UStDV)
   1. Insgesamt angefallene VoSt < 1.000 €
      Überhaupt keine Anwendung des § 15a UStG (§ 44 Abs. 1 UStDV)
   2. Änderung im einzelnen Jahr um < 10 % und nicht mehr als 1.000 €
      Korrektur unterbleibt für dieses Jahr (§ 44 Abs. 2 UStDV).

1201 BFH v. 13.11.2018 – V B 60/18 n.n.v.; v. 15.12.2016 – V R 26/16, BStBl. II 2017, 235; v. 29.03.2017 – XI R 5/16, BStBl. II 2017, 738.

8. Das Besteuerungsverfahren

A. Voranmeldung, Jahreserklärung

Die USt ist eine **Jahres- und Veranlagungssteuer** (§ 18 Abs. 3 UStG). Nach Ablauf des Kalenderjahres hat der Unternehmer eine Steuererklärung abzugeben, in der er die Steuerschuld selbst errechnet. Die zu entrichtende Steuer ergibt sich nach Verrechnung mit der abziehbaren VoSt gemäß § 15 UStG und Vorsteuerkorrekturen nach § 15a UStG. 424

Im Laufe des Jahres sind bereits **Voranmeldungen** abzugeben, in denen die für die Voranmeldungszeiträume zu entrichtenden Steuern vom Unternehmer selbst zu errechnen sind, § 18 Abs. 1 UStG. Regelmäßiger **Voranmeldungszeitraum** ist das Kalendervierteljahr. Der Kalendermonat ist Voranmeldungszeitraum, wenn die Steuer (Zahllast) im vorangegangenen Kalenderjahr mehr als 7.500 € betrug (§ 18 Abs. 2 UStG). Ebenfalls ist bei neu gegründeten Unternehmen einschließlich Vorratsgesellschaften und übernommenen Firmenmänteln ab Aufnahme der unternehmerischen Tätigkeit für das laufende und das folgende Kalenderjahr der Monat Voranmeldungszeitraum. Dadurch soll eine schnellere und wirksamere Überprüfung ermöglicht werden.[1202] Die Erklärung ist bis zum 10. Tag nach Ablauf des Voranmeldungszeitraumes abzugeben. Zum gleichen Tag ist entsprechend der Errechnung die Vorauszahlung zu leisten (§ 18 Abs. 1 S. 3 UStG). Ergibt sich in der Jahreserklärung ein Unterschiedsbetrag gegenüber den Voranmeldungen zugunsten des Finanzamtes, so ist dieser binnen eines Monats nach Einreichung fällig (§ 18 Abs. 4 UStG).

Sowohl die Voranmeldungen wie auch die Jahreserklärung sind **Steueranmeldungen** i. S. d. §§ 167, 168 AO, die einer **Steuerfestsetzung unter dem Vorbehalt der Nachprüfung** gleichstehen.

Eine **Sonderregelung** besteht nach **§ 18i UStG** für von nicht im Gemeinschaftsgebiet ansässigen **Drittlandsunternehmern** im Gemeinschaftsgebiet erbrachte sonstige Leistungen und die Neuregelung in § 18j UStG für von in der **EU ansässigen Unternehmern erbrachte sonstige Leistungen** an Nichtunternehmer, die in einem anderen Mitgliedstaat als dem der Ansässigkeit des leistenden Unternehmers zu besteuern sind, ersetzt worden. Soweit der Unternehmer von den besonderen Besteuerungsverfahren nach § 18i oder 18j UStG Gebrauch macht, **gibt es keine Voranmeldungszeiträume und das Kalendervierteljahr ist als Besteuerungszeitraum definiert**, § 16 Abs. 1c und § 16 Abs. 1d UStG i. d. F. JStG 2020.[1203]

B. Entstehen der Steuerschuld, Zeitpunkt des Vorsteuerabzugs

I. In der jeweiligen Voranmeldung (Jahreserklärung) sind die Umsätze zu erfassen, bei denen die Steuerschuld entstanden ist, und die VoSt abzusetzen, bei denen alle Voraussetzungen für den Abzug erfüllt sind. Die regelmäßige Besteuerungsform für Umsätze (Lieferungen und sonstige Leistungen) ist sowohl nach deutschem Recht (§ 16 Abs. 1 S. 1, § 13 Abs. 1 Nr. 1 a UStG) als auch nach den Vor- 425

1202 Die entsprechende Erweiterung in § 18 Abs. 2 S. 5 UStG erfolgte durch das Gesetz zur Anpassung der AO an den Zollkodex und zur Änderung weiterer steuerlicher Vorschriften v. 20.12.2014, BGBl. I 2014, 2417.

1203 JStG 2020 v. 21.12.2020, BGBl. I 2020, 3096 = BStBl. I 2021, 6. Siehe dazu Widmann MwStR 2021, 6 f und Sterzinger UR 2020, 941.

gaben der MwStSystRL (Art. 63 f.) die **Sollversteuerung**, d. h. Versteuerung nach vereinbarten Entgelten. Die Steuer entsteht bei der Sollversteuerung grundsätzlich unabhängig vom Zeitpunkt der Bezahlung des Entgeltes schon mit der **Ausführung der Leistung** (§ 13 Abs. 1 Nr. 1 a UStG).[1204]

Zu erfassen sind also alle bis zum Ende des Voranmeldungszeitraumes bzw. des Kalenderjahres ausgeführten steuerbaren Leistungen sowie erbrachte Teilleistungen. Der BFH hatte inzwischen Zweifel, ob die namentlich bei Vereinbarung von Ratenzahlungen mit der Sollversteuerung verbundene Vorfinanzierung der geschuldeten Steuer durch den Unternehmer über einen längeren Zeitraum mit übergeordneten Besteuerungsprinzipien des Unionsrechtes vereinbar ist. Auch unter dem Gesichtspunkt des Gleichheitsgrundsatzes nach dem nationalen Verfassungsrecht erschien sie ihm bedenklich. Dem ist der EuGH für das Unionsrecht nicht gefolgt.[1205] Dem Urteil ist kann nur bedingt zugestimmt werden.[1206]

Losgelöst davon muss bei der Vereinbarung wiederkehrender Zahlungen für eine Leistung dem bereits dadurch Rechnung getragen werden, dass der Begriff der Teilleistung in § 13 Abs. 1 Nr. 1a UStG richtlinienkonform in Übereinstimmung mit Art. 64 MwStSystRL ausgelegt wird, respektive Art. 64 MwStSystRL unmittelbar angewendet wird.[1207]

Schon vor Ausführung der Leistung entsteht nach § 13 Abs. 1 Nr. 1a S. 4 UStG die Steuerschuld mit Ablauf des Voranmeldungszeitraumes, in dem das Entgelt ganz oder teilweise vereinnahmt wird (sog. **Mindest-Istbesteuerung**). Zu beachten ist, dass die Mindest-Istbesteuerung den Zeitraum der Entstehung der Steuerschuld vorverlegt. Sie findet insbesondere Anwendung bei **Abschlagszahlungen** vor Erbringung der Leistung oder Teilleistung.

Werden über **Abschlagszahlungen** Rechnungen mit offenem Steuerausweis ausgestellt, muss bei der Endabrechnung eine offene Absetzung der bereits in Rechnung gestellten USt erfolgen. Andernfalls schuldet der leistende Unternehmer nach § 14c Abs. 1 UStG, während der Leistungsempfänger gleichwohl die Vorsteuern nicht doppelt von seiner Steuerschuld abziehen kann.[1208] Zulässig ist es, von vornherein eine Rechnung über den Gesamtbetrag mit offenem Steuerausweis zu erteilen. Die Steuerschuld und die Abzugsmöglichkeit nach § 15 Abs. 1 Nr. 1 UStG entstehen dann jeweils im Voranmeldungszeitraum der Zahlung nach Maßgabe der Höhe des vereinnahmten Entgeltes.[1209]

Gemäß § 17 Abs. 2 Nr. 2 UStG ist hingegen zu korrigieren, wenn sich nach Durchführung der Mindest-Istbesteuerung ergibt, dass die Leistung nicht ausgeführt wird.

Der **Vorsteuerabzug** ist grundsätzlich zeitlich erst möglich, wenn die **Leistung ausgeführt** wurde **und** eine **Rechnung** mit allen erforderlichen Angaben vorliegt, § 15 Abs. 1 Nr. 1 S. 1 UStG.[1210] Zur Rückwirkung von Rechnungsberichtigungen

---

1204 Statt vieler BFH v. 22.08.2019 – V R 47/17, DB 2019, 2672.

1205 EuGH v. 28.10.2021 – C-324/20 (X-Beteiligungsgesellschaft), UR 2021, 908 mit (abl.) Anm. Rust auf Vorlage v. BFH v. 07.05.2020 – V R 16/19, UR 2020, 683. S. zu vereinbartem Ratenkauf auch bereits BFH v. 21.06.2017 – V R 51/16, UR 2017, 810 (Vorlage an den EuGH). Der EuGH ist damals auf diese Bedenken nicht eingegangen, sondern hat angenommen, dass für den Sachverhalt nach Art. 64 MwStSystRL die Steuer erst mit Ablauf des Zeitraumes entsteht, auf den sich die vereinbarten (Raten-)Zahlungen beziehen, EuGH v. 29.11.2018 – C-548/17 (baumgarten sports & more GmbH), DStR 2018, 2572 mit Anm. Maunz und nachfolgend BFH v. 26.06.2019 – V R 8/19, UR 2019, 825.

1206 Siehe Stadie UR 2022, 1 f.; Hummel, MwStR 2022, 606 ff.

1207 A.A freilich BFH v. 26.06.2019 – V R 8/19, UR 2019, 825 und BFH v. 22.08.2019 – VR 47/17, UR 2020, 34.

1208 BFH v. 11.04.2002 – V R 26/10, BStBl. II 2004, 317.

1209 BFH v. 14.11.2018 – XI R 27/16, HFR 2019, 509 (Anzahlungen auf künftige Bestattungsleistungen) m. w. N.; aus der Rspr. des EuGH zu Anzahlungen nach Art. 65 MwStSystRL s. EuGH v. 31.05.2018 – C-660/16 und C-661/16 (Kollross und Wirtl), UR 2018, 519; v. 12.03.2014 – C-107/13 (FIRIN), UR 2014, 705 und grundlegend v. 21.02.2006 – C-419/02 (BUPA Hospitals und Goldsborough), UR 2006, 289.

1210 Vgl. auch EuGH v. 29.04.2004 – C-152/02 (Terra Baubedarf), Slg. 2004, I-5597 = UR 2004, 323.

s. Rn. 375. Korrespondierend zur Mindest-Istbesteuerung lässt § 15 Abs. 1 Nr. 1 S. 3 UStG jedoch schon einen früheren Abzug zu, wenn bereits eine Rechnung mit offenem Steuerausweis vorliegt und die Zahlung insoweit erfolgt ist.

Beispiel 1

Bauunternehmer führt die Werklieferung eines Rohbaus am 02.10.2020 aus. Er erteilte am 01.03.2020 eine Vorabrechnung über 200.000 € zzgl. 38.000 € USt und erhielt Zahlung von 5.950 € in 03/2020, von 119.000 € in 08/2020 und des Restes von 113.050 € in 12/2020. Die Steuerschuld von 38.000 € entsteht i. H. v. 950 € in 03/2020, i. H. v. 19.000 € in 08/2020 und i.H.d. Restes von 18.050 € in 10/2020. Für dieselben Voranmeldungszeiträume steht dem Leistungsempfänger der Vorsteuerabzug zu.

Beispiel 2

Wie oben, aber die Rechnung geht erst in 01/2021 zu. Gleichwohl wurden, wie oben angegeben, Abschlagzahlungen geleistet. Für den Bauunternehmer entsteht die Steuerschuld wie in Beispiel 1. Der Leistungsempfänger kann die VoSt jedoch erst für 01/2021 geltend machen.

II. Unter den Voraussetzungen des **§ 20 UStG**:
- Gesamtumsatz nicht mehr als 600.000 € (bis 2019 500.000 €)[1211] oder
- keine Buchführungspflicht oder
- Freiberufler nach § 18 EStG[1212]

kann das Finanzamt die **Versteuerung nach vereinnahmten Entgelten** (sog. **Istbesteuerung**) gestatten.[1213] Dann entsteht die Steuerschuld immer (erst oder schon) in dem Besteuerungszeitraum, in dem das Entgelt vereinnahmt wird **(§ 13 Abs. 1 Nr. 1 b UStG)**. Der Vorsteuerabzug aus Leistungen eines Ist-Versteuerers ist nach § 15 Abs. 1 S. 1 Nr. 1 UStG für den Unternehmer als Leistungsempfänger nach dem Sollprinzip auch bereits vor Zahlung des Entgeltes an den Ist-Versteuerer bereits mit Ausführung und Empfang der Leistung zu gewähren. Diese Regelung widerspricht allerdings Art. 167 MwStSystRL.[1214] Danach entsteht der Recht auf den Vorsteuerabzug schon und erst, wenn der Anspruch auf die abziehbare Steuer entsteht, bei Ist-Versteuerung mithin erst mit Zahlung des Entgeltes. Das UStG wird dementsprechend geändert werden müssen. Bis dahin ist die Regelung freilich zugunsten des vorsteuerabzugsberechtigten Unternehmers zu beachten.

III. Für **unentgeltliche Wertabgaben** nach § 3 Abs. 1b und Abs. 9a UStG entsteht die Steuerschuld mit Ausführung, § 13 Abs. 1 Nr. 2 UStG; nach der klarstellenden Änderung des § 13b Abs. 1 Nr. 3 UStG entsteht die Steuerschuld nach § 14c UStG übereinstimmend immer schon und erst mit Ausgabe der Rechnung mit dem zu hohen unrichtigen oder dem unberechtigten Steuerausweis.[1215] **426**

Die **Erwerbsteuer** entsteht nach **§ 13 Abs. 1 Nr. 6** UStG mit Ausstellung der Rechnung des Lieferers (vgl. § 14a UStG), spätestens mit Ablauf des dem Erwerb folgenden Kalendermonates. Der Abzug der Vorsteuer aus dem Erwerb von der eigenen Steuerschuld ist gemäß § 15 Abs. 1 Nr. 3 UStG im selben Voranmeldungszeitraum vorzunehmen, sodass grundsätzlich kein Finanzierungsnachteil eintreten kann. Für die Entstehung der Einfuhrumsatzsteuer gelten die Regelungen für Zölle, § 13 Abs. 2 i. V. m. § 21 Abs. 2 UStG.

1211 S. dazu BFH v. 11.11.2020 – XI R 41/18, UR 2021, 318 und BFH XI 40/18, BFH/NV 2021, 668 (zu erwartender Umsatz im Jahr der Aufnahme der Tätigkeit maßgebend).

1212 Vgl. dazu BFH v. 22.07.2010 – V R 4/09, BStBl. II 2013, 590 (keine Anwendung von § 20 für Steuerberatungs-GmbH) und v. 11.02.2010 – V R 38/08, BStBl. II 2010, 873 (kein § 20 für vermögensverwaltende GbR).

1213 Antrag und Gestattung können konkludent erfolgen, vgl. BFH v. 18.08.2015 – V R 47/14, BStBl. II 2018, 611; v. 11.05.2011 – V B 93/10, BFH/NV 2011, 1406.

1214 So nunmehr EuGH v. 10.02.2022 – C-9/20 (Grundstücksgemeinschaft Kollaustraße), DStR 2022, 255.

1215 Das alles galt ungeachtet eines anderen Wortlautes auch für den unrichtigen zu hohen Steuerausweis schon immer. S. BFH v. 05.06.2014 – XI R 44/12, UR 2014, 700 (richtlinienkonforme Auslegung des § 13 Abs. 1 Nr. 3 UStG a.F.!).

Für die in **§ 13b Abs. 1 UStG** genannten sonstigen **Leistungen eines im übrigen Gemeinschaftsgebiet ansässigen Unternehmers** entsteht die Steuer ebenfalls mit Ablauf des Voranmeldungszeitraumes der Ausführung der Leistung. Hingegen entsteht für die in **§ 13b Abs. 2 UStG** genannten Leistungen die Steuerschuld erst mit Ausstellung der Rechnung, spätestens aber mit Ablauf des der Ausführung der Leistung folgenden Monats. Die Regelung über die Entstehung der Steuer bei Teilleistungen und bei Anzahlungen gelten ebenfalls, § 13b Abs. 4 UStG.

C. Steuerschuldner und Verlagerung der Steuerschuldnerschaft

I. Steuerschuldnerschaft des leistenden Unternehmers

427 Der **leistende Unternehmer** ist zwar nicht der Steuerträger, aber er ist grundsätzlich der **Steuerschuldner** für die aus steuerpflichtigen Umsätzen geschuldete USt und der Steuervergütungsgläubiger für den Vorsteuerabzug i. S. d. § 43 AO. **§ 13a Abs. 1 Nr. 1 UStG** bestimmt den leistenden Unternehmer zum Steuerschuldner für die Umsätze nach § 1 Abs. 1 Nr. 1 UStG und für zu hoch ausgewiesen USt nach § 14c Abs. 1 UStG.

Entsprechend der materiellen Rechtslage bestimmt **§ 13a Abs. 1 Nr. 2 UStG** den **Erwerber** der innergemeinschaftlich befreiten Lieferung, Nr. 3 den täuschenden Abnehmer einer für den Leistenden als befreit zu behandelnden innergemeinschaftlichen Lieferung, **Nr. 4** den **Aussteller einer Rechnung mit unberechtigtem Steuerausweis** nach § 14c Abs. 2 und **Nr. 5 UStG** den **letzten Abnehmer im innergemeinschaftlichen Reihengeschäft** zum Steuerschuldner. Aus **§ 13a Abs. 2** i. V. m. § 21 Abs. 2 UStG und den Zollvorschriften ergibt sich, dass Steuerschuldner für die **Einfuhrumsatzsteuer** derjenige ist, für den die Einfuhr (= Abfertigung zum freien Verkehr) erfolgt.

II. Verlagerung der Steuerschuldnerschaft nach § 13b UStG bei Leistungen im Ausland ansässiger Unternehmer

428 1. Seit 2002 wurde mit § 13b UStG erstmals eine **Verlagerung der Steuerschuldnerschaft** (sog. „reverse charge“) vom leistenden Unternehmer **auf den Leistungsempfänger** für Werklieferungen und sonstige Leistungen eines im Ausland ansässigen Unternehmers vorgesehen. Die **gemeinschaftsrechtliche Grundlage** dafür findet sich in **Art. 194, 196 MwStSystRL**. Ein im Ausland ansässiger Unternehmer ist nach § 13b Abs. 7 UStG ein Unternehmer, der weder im Inland noch auf der Insel Helgoland oder in den Freigebieten nach § 1 Abs. 3 UStG Wohnsitz, Sitz, Geschäftsleitung oder Betriebsstätte hat. Hat er den Sitz seiner wirtschaftlichen Tätigkeit (Geschäftsleitungsbetriebsstätte) im Ausland, ist er auch bei vorhandenem Wohnsitz im Inland ein im Ausland ansässiger Unternehmer.[1216] Auch bei Vorhandensein einer inländischen Betriebsstätte bleibt er für Umsätze, die nicht von dieser Betriebsstätte ausgeführt werden, dennoch im Ausland ansässiger Unternehmer und ist umgekehrt kein ausländischer für die Umsätze der inländischen Betriebsstätte/Zweigniederlassung.[1217]

1216 EuGH v. 06.10.2011 – C-421/10 (FA Deggendorf/Stoppelkamp), DStR 2011, 1947. An diese Rspr. zu Art. 194 MwStSystRL wurde § 13 Abs. 7 UStG durch das AmtshilfeRLUmsG v. 26.06.2013, BGBl. I 2013, 1869 angepasst; vgl. i. Ü. Abschn. 13b.11. UStAE zu weiteren Einzelheiten für den im Ausland ansässigen Unternehmer.

1217 BFH v. 01.06.2011 – XI B 104/10, BFH/NV 2011, 1545.

Der Sinn der **Verlagerung der Steuerschuldnerschaft** besteht primär darin, die **Erhebung der Steuer** für inländische steuerpflichtige Umsätze **zu sichern**, wenn der Erhebung beim leistenden Unternehmer besondere Schwierigkeiten entgegenstehen. Diese Schwierigkeiten sieht das Gesetz darin, dass der **leistende Unternehmer ein im Ausland ansässiger Unternehmer** ist. Daher erklärt **§ 13b Abs. 5 i. V. m. Abs. 1 und Abs. 2 Nr. 1 UStG** statt des im Ausland ansässigen Unternehmers den **Leistungsempfänger** zum **Steuerschuldner**. Zugleich werden dadurch aber auch dem im Ausland ansässigen Unternehmer Zahlungs- und Erklärungspflichten im für ihn fremden Staat abgenommen. Die Verlagerung der Steuerschuldnerschaft beschränkt sich allerdings auf im Inland steuerpflichtige **Werklieferungen und sonstige Leistungen** der im Ausland ansässigen Unternehmer, gilt also **grundsätzlich nicht für Lieferungen**. Nur für Lieferungen von Gas, Elektrizität, Kälte und Wärme über Netze gemäß § 3g UStG durch im Ausland ansässige Unternehmer und für **Lieferungen im innergemeinschaftlichen Dreiecksgeschäft** sehen § 13b Abs. 5 S. 1 i. V. m. Abs. 2 Nr. 5 und **§ 25b Abs. 2 UStG** ebenfalls eine Umkehrung der Steuerschuldnerschaft vor.

Auch für diese Sonderfälle besteht der Sinn darin, die Erhebung zu sichern und zugleich dem im Ausland ansässigen Unternehmer Erklärungs- und Zahlungspflichten abzunehmen. Stattdessen wird der Leistungsempfänger verpflichtet, die von ihm geschuldete Steuer zu erklären und an das für ihn zuständige Finanzamt zu zahlen (s. aber sogleich zum Vorsteuerabzug). Diese Verpflichtungen treffen allerdings nur **Leistungsempfänger, die Unternehmer** (oder juristische Personen) sind, **nicht den privaten Endverbraucher**. Allerdings tritt die Umkehr der Steuerschuldnerschaft bei Unternehmern **auch** dann ein, wenn die **Leistungen für den nicht unternehmerischen Bereich** bezogen werden oder wenn neben dem Unternehmer als Schuldner des vollen Entgeltes noch eine weitere nicht unternehmerische Person Empfänger der Leistung ist.[1218] Bei Leistungen an private Endverbraucher und auch bei Lieferungen an Unternehmer bleibt es grundsätzlich bei der Steuerschuldnerschaft des im Ausland ansässigen Unternehmers gemäß § 13a Abs. 1 Nr. 1 UStG. Bei den unter § 13b Abs. 1 und Abs. 2 Nr. 1 sowie unter § 25b Abs. 2 UStG fallenden Leistungen im Ausland ansässiger Unternehmer kommt es **auch** dann zur **Umkehrung der Steuerschuld**, wenn der Abnehmer **kein Unternehmer, aber eine juristische Person** ist. Im Ergebnis wird durch die Umkehr der Steuerschuldnerschaft eine der Erwerbsbesteuerung (dazu Rn. 246) vergleichbare Lage hergestellt, wenn auch auf technisch anderem Wege. Zu beachten ist, dass der **Anwendungsbereich des § 13b Abs. 5 S. 1 UStG** erheblich erweitert wurde, nachdem durch **§ 3a Abs. 2 UStG bei sonstigen Leistungen** an Unternehmer den Ort der sonstigen Leistung prinzipiell an den **Ansässigkeitsort des Leistungsempfängers** verlagert. Eine Umkehr der Steuerschuldnerschaft kommt daher nahezu immer in Betracht, wenn ein **im Ausland ansässiger Unternehmer sonstige Leistungen an** einen **in Deutschland ansässigen Unternehmer** erbringt.

Allerdings wird wegen der Kontrolle des innergemeinschaftlichen Waren- und Dienstleistungsverkehrs insoweit noch danach differenziert, ob der leistende Unternehmer im übrigen Gemeinschaftsgebiet oder im Drittlandsgebiet ansässig ist. Bei **Ansässigkeit im übrigen Gemeinschaftsgebiet** entsteht die Steuer nach **§ 13b Abs. 1 UStG** bereits im Veranlagungszeitraum der Ausführung der sonstigen Leistung. Für diesen Veranlagungszeitraum sind dann einerseits nach § 18 UStG der Umsatz und

1218 BFH v. 10.12.2020 – V R 7/20, UR 2021, 520 (Bau eines privat genutzten Einfamilienhauses für einen Unternehmer und seine Ehegattin). Zur gemeinschaftsrechtlichen Zulässigkeit vgl. EuGH v. 06.11.2008 – C-291/97 (Kollektivavtalsstiftelsen TRR Trygghetsradet), UR 2008, 925.

die **Steuerschuld vom deutschen Leistungsempfänger** zu erklären. Andererseits hat der **im übrigen Gemeinschaftsgebiet ansässige Unternehmer** in seiner **zusammenfassenden Meldung** entsprechend § 18a Abs. 2 UStG auch die in Deutschland ausgeführte sonstige Leistung für den Meldezeitraum zu erfassen. Umgekehrt sind nach § 3a Abs. 2 UStG im übrigen Gemeinschaftsgebiet ausgeführte sonstige Leistungen, die von einem in Deutschland ansässigen Unternehmer an im übrigen Gemeinschaftsgebiet ansässige Unternehmer ausgeführt werden, in der vom deutschen Unternehmer beim Bundeszentralamt für Steuern zu erstattenden **zusammenfassenden Meldung** zu erfassen. Die Umsatzsteuer des anderen Mitgliedstaates dafür schuldet dann der im anderen Mitgliedstaat ansässige Unternehmer gemäß der dem **Art. 196 i.V.m. Art. 44 MwSt-SystRL, § 13b Abs. 5 UStG** entsprechenden Regelung des anderen Mitgliedstaates, nicht der in Deutschland ansässige Unternehmer.[1219]

Für im Drittland ansässige Unternehmer bestehen keine entsprechenden Verpflichtungen in ihrem Ansässigkeitsstaat. Es besteht auch kein Bedürfnis nach zeitlich korrespondierenden Erklärungspflichten. Die von **Drittlandsunternehmern** an Abnehmer in Deutschland erbrachten sonstigen Leistungen gemäß § 3a Abs. 2 UStG fallen aber unter **§ 13b Abs. 2 Nr. 1 UStG**. Das führt lediglich hinsichtlich des Entstehungszeitpunktes der Steuerschuld, nicht aber bezüglich der Umkehr der Steuerschuld nach § 13b Abs. 5 S. 1 UStG, zu einem (geringfügigen) Unterschied.

429 2. Für **voll vorsteuerabzugsberechtigte Unternehmer** als Leistungsempfänger ergibt sich aus **§ 15 Abs. 1 Nr. 4 UStG** bzgl. der empfangenen Leistung das **Vorsteuerabzugsrecht**. Dieses entsteht **zeitlich zugleich mit** der **Steuerschuld gemäß § 13b Abs. 1, Abs. 2 UStG**, nämlich Ausführung der Leistung nach Abs. 1 und mit Ausstellung der Rechnung durch den leistenden Unternehmer, spätestens aber mit Ablauf des der Ausführung der Leistung folgenden Kalendermonats. In der Voranmeldung saldieren sich mithin die Steuerschuld nach § 13b Abs. 5 S. 1 UStG und der Vorsteueranspruch, sodass sich insoweit eine **Zahllast von 0 ergib**t. Anders ist es natürlich, wenn der leistungsempfangende Unternehmer nach § 15 Abs. 2 UStG nicht oder nach § 15 Abs. 4 oder Abs. 1b UStG nur teilweise zum Vorsteuerabzug berechtigt ist. § 14 a Abs. 5 UStG verpflichtet den leistenden Unternehmer zur Ausstellung einer **Rechnung ohne offenen Steuerausweis**. Auch wenn dieser Verpflichtung nicht nachgekommen wird, ist nach § 15 Abs. 1 Nr. 4 UStG der Vorsteuerabzug auch ohne Rechnung zulässig,[1220] dann allerdings erst im der Ausführung der Leistung folgenden Monat.

Beispiel

Autofabrikant F in München lässt vom ukrainischen Bauunternehmer B in München für netto 5 Mio. € eine Werkstatthalle errichten, die in 05/2021 fertig gestellt wurde. B erteilt noch in 05/2021 eine Rechnung über den Nettobetrag gemäß § 14 a Abs. 5 UStG. Hier schuldet F nach § 13b Abs. 5 i. V. m. Abs. 2 Nr. 1 UStG die USt von 950.000 € für den VZ 05/2021 und kann für denselben VZ diese als VoSt abziehen. Erteilt B keine Rechnung, wird die USt für 06/2021 von F geschuldet und kann in 06/2021 als VoSt abgezogen werden.

Soweit **Teilleistungen** erbracht werden oder vor Ausführung der Leistung bereits **Abschlagszahlungen** geleistet werden, gelten auch im Rahmen des § 13b Abs. 1 und 2 UStG die Regelungen für die Entstehung der Steuerschuld nach §§ 13 Abs. 1 Nr. 1 a S. 3 und 4, 13 b Abs. 4 UStG. Dann kann für denselben VZ auch bereits der Vorsteuerabzug vorgenommen werden, § 15 Abs. 1 Nr. 4 UStG.

1219 S. BFH v. 27.09.2017 – XI R 15/15, BStBl. II 2018, 155 (Zusammenfassende Meldung auch für deutschen Anwalt zwingend, der ausl. Unternehmer berät – anwaltliche Schweigepflicht steht nicht entgegen.).

1220 Vgl. zum Vorsteuerabzugsrecht trotz Nichterfüllung von vorgeschriebenen Förmlichkeiten bei „reverse charge“ auch EuGH v. 30.09.2010 – Rs. C-392/09 (Uszodaepito kft), UR 2010, 948; v. 08.05.2008 – C-95/07 und C-96/07 (Ecotrade), Slg. 2008, I-3457 und bereits zum Abzugsverfahren v. 01.04.2004 – C-90/02 (Bockemühl), Slg. 2004, I-3303.

3. Bei der Berechnung der vom Leistungsempfänger geschuldeten Steuer sind die allgemeinen Vorschriften, insbesondere § 10 UStG (Bemessungsgrundlage) und § 12 UStG (Steuersatz), anzuwenden. Dabei ist zu berücksichtigen, dass der mit dem im Ausland ansässigen Unternehmer **vereinbarte Preis bereits** das **Entgelt** darstellt. Denn dieser umfasst gerade **nicht die USt**, da diese nicht vom ausländischen Unternehmer, sondern **vom Leistungsempfänger geschuldet** wird. Besteht die Gegenleistung nicht in Geld (Tausch/tauschähnlicher Umsatz), findet dennoch eine Verlagerung der Steuerschuldnerschaft statt.[1221] 430

Beispiel

Der in Utrecht (Niederlande) ansässige U überlässt dem in Essen ansässigen E gewerbliche Erfahrungen zur Herstellung von Ziegelsteinen in 01/2022. Vereinbarungsgemäß soll E dafür Ziegelsteine für 103.000 € in 03/2022 liefern und außerdem 16.000 € zahlen. U erstellt in 02/2022 eine Rechnung über 119.000 €.
§ 13b Abs. 1 UStG findet Anwendung, denn der in den Niederlanden (übriges Gemeinschaftsgebiet) ansässige U erbringt in Essen (§ 3a Abs. 2 UStG) eine steuerpflichtige Leistung. Die Steuerschuld beträgt nach §§ 10 Abs. 2, 12 UStG (119.000 € x 19 % =) 22.610 €. Denn es liegt ein Tausch mit Baraufgabe vor. Die 119.000 € stellen schon das Entgelt/die Bemessungsgrundlage dar, da E die Steuer selbst schuldet. Sie entsteht nach § 13b Abs. 1 UStG bereits für den VZ 01/2022. Für denselben VZ steht dem E aber auch in derselben Höhe nach § 15 Abs. 1 Nr. 4 UStG der Vorsteuerabzug zu.

4. Soweit §§ 13b und 15 Abs. 1 Nr. 4 UStG eingreifen, ist bei einer späteren Änderung der Verhältnisse auch **§ 15a UStG** ganz normal entsprechend dem nach § 15 Abs. 1 Nr. 4 UStG vorgenommenen Vorsteuerabzug anzuwenden.[1222] 431

Beispiel

Der Freiburger Fabrikant F ließ sich vom Schweizer Bauunternehmer B in 2019 eine Werkstatthalle errichten. Er erhielt eine Rechnung über 1.000.000 € (ohne USt). Nach zwei Jahren veräußerte er in 2021 das bebaute Grundstück steuerfrei nach § 4 Nr. 9 Buchst. a UStG.
Für den Voranmeldungszeitraum der Veräußerung in 2021 ist eine Vorsteuerkorrektur nach § 15a Abs. 8 und 9, Abs. 1 UStG i. H. v. 8 x 190.000 € : 10 = 152.00 € – VoSt durchzuführen.

5. Für den **im Ausland ansässigen Unternehmer** entfällt in Deutschland die Verpflichtung zur Abgabe von Voranmeldungen und einer Jahreserklärung, wenn er nur Umsätze ausgeführt hat, für die die Steuer nach § 13b Abs. 5 UStG vom Leistungsempfänger geschuldet wird. Etwaige VoSt muss er dann im **Vorsteuervergütungsverfahren gemäß §§ 59 f. UStDV beim Bundeszentralamt für Steuern** geltend machen. Soweit er im Inland auch steuerpflichtige Umsätze ausgeführt hat, für die nicht § 13b UStG eingreift, gelten dafür die normalen Vorschriften. Die normalen Vorschriften und nicht das Vorsteuervergütungsverfahren gelten ebenfalls, wenn er selbst nach § 13b UStG Steuerschuldner in Deutschland ist.[1223]

   Eine Umkehr der Steuerschuldnerschaft kommt nicht in Betracht, wenn der im Ausland ansässige Unternehmer im Inland steuerfreie Leistungen ausführt. Auch dann sind aber Erklärungs- und Aufzeichnungspflichten vom im Ausland ansässigen Unternehmer zu erfüllen. Dies betrifft u. a. steuerfreie Ausfuhrlieferungen oder innergemeinschaftlich befreite Lieferungen durch in Drittländern oder EU-Ländern ansässige Unternehmer nach einer Einfuhr. Hier besteht nach den §§ 22a–22e UStG die Möglichkeit, dass sich der ausländische Unternehmer durch einen sog. **Fiskalvertreter** im Inland vertreten lassen kann. Den Fiskalvertreter treffen keine Zah-

---

1221 Vgl. Abschn. 13b.1. Abs. 2 S. 2 UStAE.

1222 S. BFH v. 10.01.2019 – V R 66/16, HFR 2019, 513: S. auch Abschn. 18.15 UStAE zum Vorsteuer-Vergütungsverfahren und allg. Besteuerungsverfahren.

1223 Wegen weiterer Einzelheiten vgl. Abschn. 13b.16. UStAE; vgl. auch BFH v. 14.04.2011 – V R 14/10, BStBl. II 2011, 834 (zur Geltendmachung in der Jahressteuererklärung).

lungspflichten. Im Übrigen hat er aber für den von ihm vertretenen, nicht im Inland ansässigen Unternehmer dessen Pflichten (Steuererklärung, Aufzeichnung, Rechnungserteilung sowie zusammenfassende Meldung) als eigene zu erfüllen.[1224] Fiskalvertreter können neben **Steuerberatern** auch alle übrigen im Inland ansässigen Unternehmer sein. Praktisch werden vor allem **Spediteure** in Betracht kommen.

III. Verlagerung der Steuerschuldnerschaft in anderen (Inlands-)Fällen

432 1. Durch **§ 13b Abs. 2 Nr. 2–4** und **6–12 i. V. m. Abs. 5 UStG** wird die **Verlagerung der Steuerschuldnerschaft** auch auf **rein inländische Fallgruppen** ausgedehnt. Steuerschuldner wird nach § 13b Abs. 5 S. 1 i. V. m. Abs. 2 Nr. 2 UStG der **Sicherungsnehmer** als Leistungsempfänger bzgl. der an ihn erfolgenden Lieferung des Sicherungsgebers im Falle der Verwertung außerhalb des Insolvenzverfahrens. Dasselbe gilt i. V. m. Abs. 2 Nr. 3 für alle wegen Option steuerpflichtigen Grundstücksumsätze, insbesondere auch für den Ersteigerer eines **Grundstückes** bei der **Zwangsversteigerung.** Das gilt auch für Lieferungen während des Insolvenzverfahrens. Auch in diesen Fällen erfolgt die Umkehr der Steuerschuldnerschaft nur, wenn der **Leistungsempfänger Unternehmer oder juristische Person ist, § 13b Abs. 5 S. 1 UStG.** Die Regelungen verfolgen das Ziel, Steuerausfälle beim Fiskus zu verhindern. Es soll erreicht werden, dass der Fiskus in jedem Fall die Steuer erhält, da er dem Sicherungsnehmer bzw. dem Ersteigerer die VoSt vergüten muss. Ausgeschaltet wird das nahe liegende **Risiko** der **Zahlungsunfähigkeit des Sicherungsgebers bzw. Vollstreckungsschuldners** bzgl. der geschuldeten USt.

Beispiel

Bank B verwertet durch Veräußerung einen ihr zur Sicherheit übereigneten Kran. Sie erzielt einen Kaufpreis von 100.000 € zzgl. 19.000 € USt und erteilt dem Sicherungsgeber eine Gutschrift über die an sie ausgeführte Lieferung von 100.000 €. Sie kann nunmehr einerseits die 19.000 € als **VoSt abziehen,** schuldet aber wegen Umkehrung der Steuerschuldnerschaft andererseits 19.000 € USt nach § 13b Abs. 5 S. 1 i. V. m. Abs. 2 Nr. 2 UStG. Außerdem schuldet sie selbstverständlich aus dem eigenen Umsatz (Lieferung) an den Erwerber 19.000 € USt. Unterstellt, ihre gesicherte Forderung betrug ebenfalls 119.000 € (oder mehr), so fällt nunmehr die Bank als Sicherungsnehmer (anstelle des Fiskus) in Höhe der abzuführenden USt aus, denn der Erlös abzüglich abzuführender USt reicht zur Tilgung der Forderung nicht aus (+ 119.000 € Erlös – 19.000 € eigene USt – 19.000 € USt nach § 13b Abs. 5 UStG + 19.000 € VoSt = 100.000 €, aber Forderung = 119.000 €).

2. Bei der **Verwertung von Sicherungsgut in der Insolvenz** besteht keine Notwendigkeit zur Umkehrung der Steuerschuldnerschaft. Erfolgt die **Verwertung durch** den **Insolvenzverwalter** selbst, ist die entstehende **Umsatzsteuerschuld** als **Masseverbindlichkeit** gemäß § 55 Abs. 1 Nr. 1 InsO vorab zu befriedigen. Erfolgt die **Verwertung durch** den **Sicherungsnehmer** nach Überlassung zur Verwertung durch den Insolvenzverwalter, hat der Sicherungsnehmer die aus der Lieferung an ihn (Doppelumsatz) entstehende und von ihm als VoSt abziehbare Umsatzsteuerschuld des Sicherungsgebers als Insolvenzschuldner der Masse zu vergüten, §§ 170, 171 InsO. Dasselbe gilt in analoger Anwendung der **§§ 170, 171 InsO** auch, wenn der Sicherungsnehmer das Sicherungsgut bereits vor Insolvenzeröffnung in Besitz genommen hatte und es daher nach Insolvenzeröffnung aus eigenem Recht berechtigt selbst verwertet.[1225] Weil bei einer Verwertung in der Insol-

1224 Vgl. Lange UR 1996, 401; Nieskens UR 1997, 1, 15.

1225 Zur Verwertung im Insolvenzverfahren vgl. BFH v. 19.07.2007 – V B 222/06, BStBl. II 2008, 163 (USt als Masseverbindlichkeit) und BGH v. 29.03.2009 – IX ZR 27/06, UR 2007, 583 (bei Verwertung durch Sicherungsnehmer Abführung der USt an die Masse).

venz der **Fiskus hinreichend gesichert** ist, wird von § 13b Abs. 2 Nr. 2 UStG nur die Verwertung außerhalb des Insolvenzverfahrens erfasst.

3. Nach **§ 13b Abs. 5 S. 2 i.V.m. Abs. 2 Nr. 4 UStG** tritt auch eine Verlagerung der Steuerschuldnerschaft bei rein inländischen Leistungserbringern ein, wenn diese **Bauleistungen einschließlich Werklieferungen und sonstige Leistungen** im Zusammenhang mit **Grundstücken** erbringen, die der **Herstellung, Instandhaltung, Änderung oder Beseitigung von Bauwerken** dienen. Ausdrücklich ausgenommen werden aber Planungs- und Überwachungsaufgaben. Hier geht es dem Gesetzgeber um eine Bekämpfung von Steuerausfällen im **Baugewerbe**, namentlich durch die Einschaltung von **Subunternehmern**. Daher genügt es – anders als für § 13b Abs. 1 und Abs. 2 Nr. 1–3 UStG – nicht, dass der Leistungsempfänger ein Unternehmer oder eine juristische Person ist. Vielmehr tritt die Umkehr der Steuerschuldnerschaft nach § 13b Abs. 5 S. 2 UStG nur dann ein, wenn der **Leistungsempfänger seinerseits ein Unternehmer** ist, **der** Leistungen i.S.d. § 13b Abs. 2 Nr. 4 UStG erbringt, also selbst die dort bezeichneten **bauwerksbezogenen Werklieferungen und bauwerksbezogenen sonstigen Leistungen** erbringt. Der EuGH hatte auf Vorlage des BFH insoweit entschieden, dass die für die Bundesrepublik bestehende Ermächtigung, für **„Bauleistungen"** entsprechend **Art. 199 Abs. 1 Buchst. a MwStSystRL** eine **Umkehr der Steuerschuldnerschaft** einzuführen, ihr auch erlaubte, dies für „Werklieferungen" und nicht nur für sonstige Leistungen einzuführen. Der Gesetzgeber durfte auch den **Kreis der Leistungsempfänger einengen.**[1226] Nach der gesetzlichen Regelung zur Verlagerung der Steuerschuldnerschaft bei der Erbringung von Bauleistungen in § 13b Abs. 5 S. 2 UStG tritt die Umkehr der Steuerschuldnerschaft immer ein, wenn der **Leistungsempfänger ebenfalls ein (Bau-)Unternehmer** ist, der nachhaltig unter § 13b Abs. 2 Nr. 4 UStG fallende **Bauleistungen einschließlich Werklieferungen** erbringt. Es kommt dabei nicht (mehr) darauf an, ob gerade die bezogene (bauwerksbezogene) Leistung in concreto von ihm für die Erbringung einer bauwerksbezogenen Leistung (weiter-)verwendet wird. Das Gesetz stellt darauf ab, dass der Leistungsempfänger nachhaltig Bauleistungen erbringt, d.h., dass er umgangssprachlich selbst **ein Bauunternehmer ist.** Ist dem die Leistung empfangenden (Bau-)Unternehmer vom für ihn zuständigen Finanzamt eine im Zeitpunkt der Ausführung des Umsatzes an ihn gültige **Bescheinigung** darüber erteilt worden, dass er **nachhaltig bauwerksbezogene Leistungen** ausführt, dürfen die Beteiligten uneingeschränkt davon ausgehen, dass die Umkehr der Steuerschuldnerschaft eintritt.[1227] 433

Voraussetzung ist aber, dass der Leistungsempfänger seinerseits Bauleistungen generell ausführt. Das allerdings trifft, wie der V. Senat insoweit zutreffend erkannt hat, für einen **reinen Bauträger** nicht zu, wenn dieser nur Lieferungen von – durch von ihm beauftragten Bauunternehmern – bereits bebauten eigenen Grundstücken an Käufer ausführt. Der Bauträger[1228] ist selbst **kein Bauunternehmer**, ebenfalls nicht der reine Baustoffhändler.

Die Umkehr der Steuerschuldnerschaft tritt, wie in den anderen Konstellationen, auch dann ein, wenn die Bauleistung für den nicht unternehmerischen Bereich des (Bau-)Unternehmers erfolgt, § 13b Abs. 5 S. 3 UStG.

1226 EuGH v. 13.12.2012 – C-395/11 (BLV Wohn- und Gewerbebau), UR 2013, 68 mit Anm. Widmann BB 2013, 293.

1227 S. auch Abschn. 13b.3. UStAE mit weiteren Einzelheiten zu § 13b Abs. 5 S. 2.

1228 BFH v. 22.08.2013 – V R 37/10, BStBl. II 2014, 128; s. auch v. 23.02.2017 – V R 16/16 und V R 24/16, BStBl. II 2017, 760. S. auch BFH v. 23.07.2020 – V R 32/19, UR 2020, 925 (bei einer Organschaft bezieht nur der Organträger die von Dritten erbrachten Eingangsleistungen und nur er erbringt die Ausgangsleistungen. Daher erfolgt keine Umkehr der Steuerschuldnerschaft, wenn der Organträger selbst kein Bauunternehmer ist, sondern lediglich die von den Organgesellschaften bebauten Grundstücke veräußert.).

Der Begriff des **Bauwerkes** wie auch der der daran durchgeführten sonstigen (Bau-)Leistungen wird von der Verwaltung zutreffend weit ausgelegt. Dazu gehören nicht nur Gebäude, sondern sämtliche Anlagen, die **mit dem Grund und Boden dauerhaft und fest verbunden** sind oder auf ihm ruhen, u.a. Brücken, Straßen, Befestigungen, Tunnel, Maschinen und andere fest verbundenen **Betriebsvorrichtungen.** Der dem entgegenstehenden Rspr. des BFH ist auch für die Vergangenheit nicht zu folgen.[1229] Durch das StÄndG 2015 ist dies auch ausdrücklich in § 13b Abs. 2 Nr. 4 S. 2 UStG vom Gesetzgeber so bestimmt. Die Leistung muss sich auf die Substanz des Bauwerkes auswirken im Sinne einer Substanzerweiterung, Substanzbeseitigung oder Substanzerhaltung. Dies trifft schon bei bloßen Erhaltungsarbeiten zu, nicht aber bei der bloßen Reinigung. Auch für die **Reinigung von Gebäuden** sieht § 13b Abs. 5 S. 2 i.V.m. Abs. 2 Nr. 8 UStG eine Umkehr der Steuerschuldnerschaft vor, wenn der Leistungsempfänger seinerseits ein Unternehmer ist, der Gebäudereinigungsleistungen erbringt. Neben den ausdrücklich ausgenommenen Planungs- und Überwachungsarbeiten ist zu beachten, dass alle Arten von reinen Lieferungen sowie die bloße Gerätegestellung und eine davon getrennte Arbeitnehmerüberlassung nicht unter § 13b Abs. 2 Nr. 4 UStG fallen. Es muss im Einzelfall mithin die Abgrenzung vorgenommen werden, ob Lieferungen mit bloßen Nebenleistungen oder Werklieferungen oder sonstige Leistungen an Bauwerken vorliegen.

Auch insoweit ist mit dem EuGH zu konstatieren, dass die nunmehr durch Art. 199 Abs. 1 Buchst. a MwStSystRL erteilte Ermächtigung an die Mitgliedstaaten, für „Bauleistungen" an „steuerpflichtige Empfänger" die Umkehr der Steuerschuldnerschaft vorzusehen, es diesen durchaus erlaubt, nicht alle „Bauleistungen" zu erfassen. Der Mitgliedstaat Bundesrepublik darf daher auch einerseits bauwerksbezogenen Werklieferungen und sonstige Leistungen erfassen, aber bauwerksbezogene reine Lieferungen ausnehmen. Die Bundesrepublik ist auch keineswegs gezwungen, den Begriff der Werklieferung so zu verstehen, wie er in anderen Mitgliedstaaten (möglicherweise) verstanden wird.

Beachte:

Irren Leistender und Leistungsempfänger übereinstimmend darüber, dass eine Umkehr der Steuerschuldnerschaft nach § 13b UStG eingetreten ist, und hatte der Leistende als vermeintlicher Steuerschuldner die Steuer an das Finanzamt abgeführt und dem Leistungsempfänger unzutreffend in Rechnung gestellt, die dieser als Vorsteuer abzog, so ist dies zwar auf beiden Seiten zu korrigieren. Beim Leistungsempfänger dadurch an sich anfallende Zinsen aus § 233a AO auf eine Steuernachforderung sind aber aus sachlichen Billigkeitsgründen zu erlassen.[1230]

4. Der Katalog derjenigen auch rein innerstaatlichen steuerpflichtigen Leistungen, die zu einer Umkehr der Steuerschuldnerschaft nach § 13b Abs. 5 UStG führen, ist mittlerweile erheblich ausgedehnt worden. Nunmehr umfasst er nach § 13b Abs. 2 UStG auch die Übertragung von Berechtigungen nach dem **Treibhausgas-Emissionshandelsgesetz**, Nr. 6, die **Lieferung von Industrieschrott** und anderen in der **Anlage 3** genannten Gegenständen, Nr. 7, die Lieferung von Gold bestimmten Feingehaltes in Rohform oder als Halbzeug, Nr. 9, und die **Lieferung von Mobilfunkgeräten und integrierten Schaltkreisen**, Nr. 10, die **Lieferung** weiterer in der **Anlage 4 bezeichneter Gegenstände** (edle und unedle Metalle, u.a. Silber, Platin, Eisen, Kupfer u.a.), Nr. 11 und Telekommunikationsdienstleistungen, Nr. 12.[1231]

1229 BFH v. 28.08.2014 – V R 7/14, BStBl. II 2015, 682; Nichtanwendungserlass BMF v. 28.07.2015, BStBl. I 2015, 623.
1230 BFH v. 26.09.2019 – V R 13/18, DStR 2019, 2901.
1231 Eingefügt durch JStG 2020 v. 21.12.2020, BGBl. I 2020, 3096; siehe dazu Sterzinger UR 2020, 941.

Für die Nummern 10 und 11 tritt die Umkehr der Steuerschuldnerschaft nur ein, wenn die in Rechnung zu stellenden **Entgelte** für die im Rahmen eines wirtschaftlichen Vorganges erfolgenden Lieferungen **mindestens 5.000 €** betragen. Durch **§ 13b Abs. 10 UStG** wird das BMF ermächtigt, mit Zustimmung durch den Bundesrat durch Rechtsverordnung die Umkehr der Steuerschuldnerschaft für weitere Umsätze vorzusehen, wenn im Zusammenhang mit diesen Umsätzen in vielen Fällen der Verdacht auf schwere Steuerhinterziehungen aufgetreten ist. Damit wird die Grundlage geschaffen, von dem in Art. 199b MwStSystRL[1232] eingeführten **„Schnellreaktionsmechanismus"** unverzüglich bei Bedarf Gebrauch machen zu können. Die gemeinschaftsrechtliche Grundlage für die Umkehr der Steuerschuldnerschaft findet sich in Art. 194–199b MwStSystRL. Durch die Umkehr der Steuerschuldnerschaft in den genannten Konstellationen sollen **Ausfälle des Fiskus vermieden** werden, die auf „betrügerischem" Verhalten beruhen und/oder auf Insolvenzen des leistenden Unternehmers. Dieses Ziel wird (teilweise) erreicht, weil es nicht zur **Auszahlung nicht valutierter Vorsteuern** kommen kann.

Problematisch ist aber, dass vom Leistenden und Leistungsempfänger zu prüfen ist, ob nicht jeweils eine Umkehr der Steuerschuldnerschaft eingreift. Das kann schwierige Abgrenzungsfragen sowohl in rechtlicher Hinsicht als auch vom Sachverhalt her aufwerfen. Die Finanzverwaltung sah im Wege einer „Vereinfachungsregelung" eine **Billigkeitsregelung** vor, dass die Anwendung der Umkehr der Steuerschuldnerschaft gemäß § 13b UStG nicht beanstandet wurde, wenn beide Parteien von der Anwendbarkeit des § 13b UStG ausgegangen sind und der Leistungsempfänger auch tatsächlich den Umsatz in zutreffender Höhe versteuert hat. Diese Regelung ist inzwischen durch **§ 13b Abs. 5 S. 7** allgemein gesetzlich abgesichert worden. Danach gilt der Leistungsempfänger (auch dann) als Steuerschuldner, wenn beide Parteien (irrtümlich) übereinstimmend von einem Übergang der Steuerschuldnerschaft ausgegangen sind. Es muss sich allerdings um einen aus der Sicht der Beteiligten „Zweifelsfall" gehandelt haben. Es darf dadurch auch kein Steuerausfall eintreten.

5. In den Fällen des § 13b Abs. 5 UStG ist der leistende Unternehmer nach § 14 Abs. 2 Nr. 1 und 2 UStG zur Ausstellung einer **Rechnung** verpflichtet. Allerdings darf diese Rechnung nach **§ 14a Abs. 5 UStG** gerade **keinen gesonderten Steuerausweis** enthalten und es ist in ihr auf die Umkehrung der Steuerschuldnerschaft hinzuweisen. Auch wenn keine Rechnung erteilt wird oder die Rechnung diesen Anforderungen nicht entspricht, steht dem Leistungsempfänger dennoch der Vorsteuerabzug nach § 15 Abs. 1 Nr. 4 UStG zu. Umgekehrt schuldet er gleichwohl Umsatzsteuer nach § 13b Abs. 5 S. 1 und/oder 2 UStG. Zu beachten ist, dass zwar für sämtliche unter § 13b Abs. 2 Nr. 4 und 8 UStG fallende Umsätze die Verpflichtung zur Ausstellung einer Rechnung nach §§ 14 Abs. 2 Nr. 1, 14a Abs. 5 UStG besteht, dass aber § 14 Abs. 2 Nr. 1 UStG auch andere Fälle erfasst, namentlich die Erbringung von Bauleistungen an Nichtunternehmer, für die § 13b Abs. 2 S. 2 UStG gerade nicht eingreift. Hier muss dann auch die USt offen ausgewiesen werden.

1232 Eingefügt durch RL 2013/42 EU v. 22.07.2013, Abl. EU 2013, Nr. L 201, 1 (Schnellreaktionsmechanismus bei Mehrwertsteuerbetrug).

D. Kleinunternehmer nach § 19 Abs. 1 UStG

434 **Fall 34: Die Doppeloption**

Ehefrau E des Facharztes F errichtet 2021 auf ihrem Grundstück ein Gebäude. Die Herstellungskosten betragen 400.000 € netto. Es fallen 70.000 € USt an. Die Hälfte des Hauses vermietet sie für 25.000 € an ihren Ehemann F für dessen Praxis, die andere Hälfte an den Apotheker A für dessen Unternehmen. Sie fragt nach einer günstigen umsatzsteuerlichen Gestaltung. A ist bereit, 20.000 € Miete ohne USt zu zahlen.

435 I. Als Vermieterin ist E Unternehmer. Die Handwerkerleistungen werden für ihr „Vermietungs-Unternehmen" erbracht. Bei entsprechendem offenem Steuerausweis ist E nach § 15 Abs. 1 UStG zum Vorsteuerabzug berechtigt.

II. Einem Vorsteuerabzug steht aber § 15 Abs. 2 Nr. 1 UStG entgegen, denn die Vermietungen an A und F sind nach § 4 Nr. 12 Buchst. a UStG steuerfrei. Allerdings sind die Voraussetzungen des § 9 Abs. 1 UStG für eine Option der E erfüllt, denn A und F sind Unternehmer und nutzen das Grundstück für ihr Unternehmen. Für die Vermietung an F steht allerdings § 9 Abs. 2 UStG einer Option entgegen. Denn F nutzt den Gebäudeteil für Heilbehandlungen im Bereich der Humanmedizin als Arzt, die nach § 4 Nr. 14 i. V. m. § 15 Abs. 2 Nr. 1 UStG den Vorsteuerabzug ausschließen. Dagegen kann für die an A vermietete Grundstücksfläche optiert werden (s. Rn. 278 ff.).

III. Aus der Option folgt allerdings, dass E für die Vermietung an A USt zu zahlen hat. Die Steuerschuld würde für die jährlichen Teilleistungen in den Folgejahren gemäß §§ 10 Abs. 1, 12 Abs. 1 UStG 3.800 € jährlich betragen. Dem A entstünde aus der Umsatzsteuerpflicht kein Nachteil, denn er könnte die 3.800 € als VoSt gemäß § 15 UStG abziehen. Für die E ergäbe sich aber der Vorteil, dass sie nach § 15 Abs. 1, 4 UStG 50 % von 70.000 € = 35.000 € als VoSt abziehen könnte. Die nicht abziehbaren VoSt von 35.000 € gehören zu den Herstellungskosten des Gebäudes.

IV. Der Option nach § 9 UStG könnte allerdings entgegenstehen, dass die E **Kleinunternehmerin nach § 19 Abs. 1 UStG** ist. Auf Kleinunternehmer finden nach § 19 Abs. 1 UStG die Vorschriften über die Option gemäß § 9 UStG keine Anwendung. Kleinunternehmer sind Unternehmer, deren (Gesamt-)Umsatz – nach vereinnahmten Entgelten einschließlich Steueranteil bemessen – im **vorangegangenen Kalenderjahr 25.000 €** nicht überstiegen hat und deren voraussichtlicher Umsatz im laufenden Kalenderjahr 100.000 € nicht übersteigen wird.[1233] Wird das Unternehmen erst im Laufe des Jahres neu begründet, muss ggf. eine Umrechnung nach § 19 Abs. 3 UStG erfolgen.[1234] Abzustellen ist insoweit darauf, ob im Erstjahr die Grenze von 25.000 überschritten wird. Kleinunternehmer werden von der Besteuerung ausgenommen, im Ergebnis also weitgehend **wie Nichtunternehmer behandelt** (§ 19 Abs. 1 UStG). Sie sind **nicht zum gesonderten Steuerausweis berechtigt** und schulden bei Verstoß dagegen nach **§ 14c Abs. 2 UStG**. Die wie eine Befreiung wirkende Sonderregelung für Kleinunternehmer soll Unternehmern, die nur in geringem Umfang tatsächlich wirtschaftlich tätig sind, den **Aufwand ersparen**, der mit der Abführung der Mehrwertsteuer verbunden wäre (Ver-

---

1233 Erhöhung auf 22.000 € ab 2020 durch 3. Bürokratieentlastungsgesetz v. 22.11.2019, BGBl. I 2019, 1746. Vgl. zu § 19 auch BFH v. 21.04.2021 – XI R 12/19, UR 2021, 945 (Im Kalenderjahr des Beginns des Unternehmens ist die Umsatzgrenze von 17.500 € für das vorangegangene Jahr – ab 2020 also 22.000 € – maßgebend); v. 18.10.2007 – V B 164/06, BStBl. II 2008, 263 (keine Anwendung des § 19 UStG bei Vorjahresumsatz > 17.500 €, aber Umsatz laufendes Jahr < 17.500 €) m. w. N. S. auch EuGH v. 29.07.2019 – C-388/18, UR 2019, 622 (bei Differenzbesteuerung für Anwendbarkeit der Kleinunternehmerregelung nach der Richtlinie ist nicht lediglich die Handelsspanne zugrunde zu legen) mit nachfolgend BFH v. 23.10.2019 – XI R 17/19, MwStR 2020, 201 auf Vorlage des BFH v. 07.02.2018 – XI R 7/16, UR 2018, 530 und BFH v. 26.09.2019 – V R 27/19, DStR 2019, 2524 (keine Einbeziehung von Umsätzen, für die nach § 15 Abs. 1a UStG der Vorsteuerabzug nicht zu gewähren ist).

1234 Vgl. dazu BFH v. 18.11.1999 – V R 22/99, BStBl. II 2000, 241 und Abschn. 19.1. Abs. 4 UStAE.

einfachungsregelung für „Bagatellfälle"). Bei künstlicher Aufspaltung einer unternehmerischen Tätigkeit auf mehrere „Kleinunternehmer" (etwa in Gestalt von einer KG) ist diesen die Anwendung der Kleinunternehmerregelung zu versagen.[1235]

Zum (Gesamt-)Umsatz i. S. d. § 19 UStG gehören nicht die Umsätze von Wirtschaftsgütern des Anlagevermögens und die nach § 4 Nr. 8 ff. UStG steuerfreien Umsätze,[1236] es sei denn, es handelt sich um Umsätze nach § 4 Nr. 8 a–h, Nr. 9a und 10 UStG, wenn diese den Gegenstand des Unternehmens ausmachen, z. B. bei Banken und Versicherungen, also keine Hilfsumsätze sind. Bei der Margen- und Differenzbesteuerung nach §§ 25, 25a UStG bestimmt sich nach Auffassung der Verwaltung die für die Anwendbarkeit des § 19 UStG maßgebende (Gesamt-)Umsatzgrenze nach den vereinnahmten Entgelten und nicht lediglich nach dem der Besteuerung unterliegenden Differenzbetrag der Handelsspanne. Das hat der EuGH im Hinblick auf Art. 288 Nr. 1 MwStSystRL als unionsrechtlich konform bestätigt.[1237]

Den sog. Kleinunternehmern steht allerdings auch **kein Vorsteuerabzug** zu (§ 19 Abs. 1 UStG). Sie haben jedoch gemäß § 19 Abs. 2 UStG die Möglichkeit, zur Regelbesteuerung zu optieren und werden dann ganz normal besteuert.

Da steuerfreie Umsätze nach § 4 Nr. 12 Buchst. a UStG nicht mit zum Umsatz nach § 19 Abs. 1 UStG zählen (§ 19 Abs. 1 S. 2 i. V. m. Abs. 3 Nr. 1 UStG), fällt E an sich ebenfalls unter § 19 Abs. 1 UStG. Durch die Option nach § 9 UStG wären ihre Umsätze aber steuerpflichtig, sodass ihre (steuerpflichtigen) Umsätze die Grenze von 25.000 € übersteigen würden. Aber für Kleinunternehmer nach § 19 UStG ist eine Option nach § 9 UStG ausgeschlossen. Nach dem Wortlaut des Gesetzes kommt es zwar auf den Vorjahresumsatz an, aber nur, wenn das Unternehmen bereits bestand. Lag ein solcher mangels Unternehmens nicht vor, ist maßgebend, ob der voraussichtliche Umsatz im Jahr der Aufnahme der unternehmerischen Tätigkeit 25.000 € übersteigen wird, was bei E allerdings wegen der Befreiung nicht der Fall ist. E kann und muss zur Erlangung des Vorsteuerabzugs daher zunächst nach § 19 Abs. 2 UStG auf die Anwendung des § 19 Abs. 1 UStG verzichten, und kann dann auch nach § 9 UStG zur Steuerpflicht der Vermietungsumsätze optieren. Diese **Option zur Regelbesteuerung** bindet den Unternehmer im Gegensatz zur Option zur Steuerpflicht (§ 9 UStG) für fünf Jahre (§ 19 Abs. 2 S. 2 UStG). Wird, wie im vorliegenden Fall, sowohl auf die Anwendung des **§ 19 Abs. 1 UStG** als auch auf die Anwendung einer Steuerbefreiungsvorschrift nach **§ 9 UStG** verzichtet, liegt eine sog. **Doppeloption** vor. Die Option zur Regelbesteuerung muss bis zum Eintritt der formellen Bestandskraft erklärt werden und kann – anders als die Option nach § 9 UStG – auch nur bis dahin widerrufen werden. Der Verzicht wirkt, bis er widerrufen wird.[1238] Die Option kann durch Abgabe einer Erklärung, in der die Umsatzsteuer nach den allgemeinen Vorschriften berechnet worden ist, konkludent erklärt werden. Ebenso kann auch der Widerruf der Option zur Regelbesteuerung und zur Anwendung der Kleinunternehmerregelung – nach Ablauf der Bindungsfrist von 5 Jahren – formlos durch Abgabe einer entsprechenden Steuererklärung erfolgen.[1239] Die Option ist nur für das gesamte Unternehmen möglich, nicht für einen Unternehmensteil.[1240] 436

1235 BFH v. 11.07.2018 – XI R 26/17, DStR 2018, 2575. S. auch BFH v. 11.07.2018 – XI R 36/17, HFR 2019, 515 (willkürliche Aufteilung von Umsätzen auf Einzelunternehmer und GbR zur Inanspruchnahme von § 19 UStG rechtsmissbräuchlich).

1236 S. dazu BFH v. 26.09.2019 – V R 1/17, DB 2019, 2671 (keine Einbeziehung von Lieferungen, für die nach § 15 Abs. 1a) UStG ein Vorsteuerabzug nicht in Anspruch genommen werden konnte, in den Gesamtumsatz).

1237 EuGH v. 29.07.2019 – C-388/18, MwStR 2019, 822 auf Vorlage des BFH v. 07.02.2018 – XI R 7/16, MwStR 2018, 661 mit Anm. Korn und Zawodsky UR 2018, 532. S. auch BFH v. 23.10.2019 – XI R 17/19, MwStR 2020, 201.

1238 BFH v. 23.09.2020 – XI R 34/19, UR 2021, 82; BFH v. 19.12.2013 – V R 6/12 und V R 7/12, BStBl. II 2017, 837 und 841 = UR 2014, 572, 579.

1239 BFH v. 23.09.2020 – XI R 34/19, UR 2021, 82.

1240 BFH v. 24.07.2013 – XI R 31/12, BStBl. II 2014, 214.

Auf diesem Wege gelangt E daher zu einem Vorsteuerabzug aus den Baukosten i. H. v. 50 % von 70.000 € = 35.000 €.

437 Die Kleinunternehmerregelung des § 19 UStG galt bislang **nur für im Inland** oder in den in § 1 Abs. 3 UStG genannten Gebieten **ansässige Unternehmer**. Tätigen im Ausland ansässige Unternehmer im Inland steuerbare und steuerpflichtige Umsätze, wird die Steuer auch dann – evtl. durch Verlagerung der Steuerschuldnerschaft nach § 13b Abs. 2 UStG – erhoben, wenn diese nach den Umsatzgrenzen im Inland oder sogar im Inland und Ausland Kleinunternehmer wären.[1241] Ihnen steht aber auch im Inland kein Vorsteuerabzug für ihre im Ausland getätigten Kleinunternehmerumsätze zu, falls sie nach ihrem Heimatrecht dort nicht vorsteuerabzugsberechtigte Kleinunternehmer sind.[1242] Künftig kann auch im Ausland die jeweilige Kleinunternehmerregelung angewendet werden. Voraussetzung ist, dass im Vorjahr und im laufenden Jahr EU-weit Umsätze nur bis maximal 100.000 Euro gemacht werden. Zusätzlich müssen die Vorgaben der jeweiligen nationalen Kleinunternehmerregelung eingehalten werden. Die Anwendung der EU-Regelung muss vorab vom jeweiligen EU-Mitgliedstaat genehmigt werden. Dazu muss in Deutschland zunächst ein Antrag beim Bundeszentralamt für Steuern (BZSt) gestellt werden. Zudem wird eine gesonderte Kleinunternehmer-Identifikationsnummer erforderlich. Die **innergemeinschaftlichen Lieferungen durch Kleinunternehmer** sind **nicht nach §§ 4 Nr. 1 Buchst. b, 6a UStG befreit**. Etwas anderes gilt nur bei der **Lieferung neuer Fahrzeuge**. Insoweit steht ihnen dann auch der Vorsteuerabzug zu (§ 19 Abs. 4 UStG). Der **Einfuhrbesteuerung** nach § 1 Abs. 1 Nr. 4 UStG und der **Erwerbsbesteuerung** nach § 1 Abs. 1 Nr. 5 i. V. m. § 1a UStG unterliegen auch Kleinunternehmer. Im letzten Fall muss allerdings die Erwerbsschwelle überschritten sein. Der Kleinunternehmer kann ebenfalls Steuerschuldner im innergemeinschaftlichen Dreiecksgeschäft (s. Rn. 254 ff.) oder nach § 13b Abs. 5 UStG sowie nach § 14c Abs. 2 UStG[1243] sein.

Eine Vorsteuerkorrektur nach § 15a UStG zugunsten des Unternehmers ist vorzunehmen, wenn ein Kleinunternehmer zur Regelbesteuerung übergeht und umgekehrt, § 15a Abs. 8 UStG.

E. Sondervorschriften zur Bekämpfung von Steuerausfällen

438 I. Besorgniserregende Steuerausfälle im Bereich der USt veranlassten den Gesetzgeber zur Einführung spezieller gesetzlicher Vorschriften zur Bekämpfung eines missbräuchlichen Vorsteuerabzugs und des sog. Umsatzsteuerbetrugs. Spezieller Anlass für die Einführung dieser Regelungen war der sog. **Karussellbetrug**. Dieser besteht im Kern darin, dass für steuerpflichtige Leistungen USt zutreffend in Rechnung gestellt wird und vom Leistungsempfänger als VoSt abgezogen wird. Der Leistende als Steuerschuldner führt die USt aber nicht ab. Vollstreckungsmaßnahmen gegen den Leistenden erweisen sich als wirkungslos, weil der Leistende entweder nicht auffindbar oder aber zahlungsunfähig ist. Die Besonderheit des sog. Karussellbetrugs besteht dabei darin, dass die Beteiligten dies alles im Vorhinein geplant haben und entsprechende Vorkehrungen getroffen haben, dass der Leistende – der sog. missing trader – später nicht erfolgreich vom Fiskus in Anspruch genommen werden kann.[1244]

1241 FG München v. 05.06.2014–2 K 1726/13, MwStR 2014, 775; zur (m. E. nicht gegebenen) Vereinbarkeit mit dem Unionsrecht vgl. EuGH v. 26.10.2010 – C-97/09 (Ingrid Schmelz), UR 2011, 32.

1242 EuGH v. 26.09.1996 – C-302/93 (Debouche), Slg. 1996, I-4495.

1243 BFH v. 25.09.2013 – XI R 41/12, BStBl. II 2014, 135.

1244 Vgl. zu Karussellgeschäften BFH v. 29.11.2004 – V B 78/04, BStBl. II 2005, 535; EuGH v. 12.01.2006 – C-354/08, C-355/08, C-48/08 (Optigen, Fulcrum und Bond House), Slg. 2006, I-483; BGH v. 30.06.2005–5 StR 12/05, HFR 2006, 617.

II. Speziell diesen Karussellgeschäften sollte mit dem Haftungstatbestand des § 25d UStG entgegengetreten werden. § 25d UStG statuierte eine Haftung des leistungsempfangenden Unternehmers für die nicht entrichtete Umsatzsteuerschuld aus einem vorangegangenen Umsatz. **§ 25d UStG** ist mit Wirkung ab dem 01.01.2020 aufgehoben worden. Er wurde **durch** den seit dem 01.01.2020 geltenden **§ 25f UStG ersetzt.**[1245] Nimmt man die jüngere Rechtsprechung des EuGH[1246] ernst – was wirklich schwerfällt – dann scheint eine Haftung sogar kumulativ dazu möglich zu sein.[1247]

§ 25f UStG regelt die **Versagung des Vorsteuerabzugs und der Steuerbefreiung für eine innergemeinschaftliche Lieferung** bei Einbeziehung in eine „strafbare Umsatz"-Steuerhinterziehung nach § 370 AO oder eine Schädigung des Umsatzsteueraufkommens nach §§ 26b, 26c UStG. Mit § 25f UStG wird de facto der bisherigen Rspr. des EuGH und der diesem folgenden Rspr. der deutschen Finanzgerichtsrechtsprechung **eine gesetzliche Grundlage** verschafft, wonach bei Einbindung des Leistenden und/oder Leistungsempfängers in einen von ihm oder einem anderen Beteiligten auf einer „vorhergehenden oder nachfolgenden Umsatzstufe begangenen Steuerbetrug" **a) die Steuerbefreiung** für die innergemeinschaftliche Lieferung nach § 4 Nr. 1 Buchst. b, § 6a **UStG und b) der Vorsteuerabzug** nach § 15 Abs. 1 UStG **zu versagen** ist. Dies kann der an den Haftenden ausgeführte Umsatz sein, aber auch irgendein schon diesem Umsatz in der Reihe vorangegangener Umsatz oder ein diesem nachfolgender Umsatz. Subjektiv ist erforderlich, dass der Unternehmer wusste oder hätte wissen müssen, dass er sich mit der von ihm erbrachten Leistung oder seinem Leistungsbezug an einem Umsatz beteiligt, der in eine Steuerhinterziehung nach § 370 AO oder die Schädigung des Umsatzsteueraufkommens nach §§ 26b, 26c UStG einbezogen war.

Für das Vorliegen dieser Voraussetzungen trifft das Finanzamt die objektive Beweislast.[1248] Zu begrüßen ist zwar, dass nunmehr der **bisherigen gesetzlosen Rspr.** für die Zukunft die erforderliche **gesetzliche Rechtsgrundlage** verschafft wird. Der bisher schon wegen dieser Rspr. quasi leerlaufende § 25d UStG wird demzufolge zu Recht aufgehoben und durch § 25f UStG ersetzt.[1249] Fragwürdig an der Neuregelung und mit den Prinzipien einer Umsatzbesteuerung unvereinbar ist es, dass mit der Versagung der Befreiung für die ig. Lieferung und der Versagung des Vorsteuerabzugs auch auf vorhergehenden und nachfolgenden Stufen viel zu weitgehende, **unverhältnismäßige Sanktionen** im Rahmen der Besteuerung angeordnet werden und dem sanktionierenden Staat ein ihm nach den normalen Regelungen nicht zustehendes Steueraufkommen zugewiesen wird, dass ihm unter Beachtung des Bestimmungslandprinzips an sich gerade nicht zusteht. Hier war die Regelung des § 25d UStG jedenfalls im Grundsatz berechtigt.

Beispiel

D (Deutschland) lieferte Mobiltelefone an I (Italien) für 1.190.000 €. Diese hatte sie von N (Ndl) unter Verwendung ihrer deutschen USt-IdNr. erworben. Diese Mobiltelefone wurden von D direkt aus den Niederlanden an I nach Italien versendet. Hinsichtlich dieser Telefone wurde von D weder in den Ndl eine steuerfreie innergemeinschaftliche Lieferung noch in Deutschland ein Erwerb deklariert (s. Art. dazu 40, 41 MwStSystRL, § 3d S. 2 UStG).

1245 Vgl. dazu BMF, Abschn. 25f.1 und 25f.2 UStAE.

1246 EuGH v. 12.12.2024 – C-331/23 (Dranken Van Eetvelde), EU:C:2024:1027.

1247 Zu den daraus resultierenden Problemen vgl. ausführlich die Schlussanträge der Generalanwältin Kokott in der Rechtssache Dranken Van Eetvelde (C-331/23), EU:C:2024:700.

1248 So zutreffend BFH v. 10.08.2017 – V R 2/17, DB 2017, 2847 noch zu § 25d (abwegig freilich, soweit ein solches Kennenmüssen auch dann verneint wird, wenn dem Unternehmer bekannt ist, dass gegen seinen Vertragspartner bereits steuerstrafrechtliche Ermittlungen laufen.); v. 28.02.2008 – V R 44/06, BStBl. II 2008, 586 auch noch zu § 25d.

1249 So auch Gesetzentwurf BuReg, BR-Drs. 356/19, S. 37 und S 183f. zu § 25d UStG (alt) und § 25f UStG (neu). Zu § 25f UStG siehe auch Pflaum UR 2021, 453.

N hatte die Telefone von D1 für 900.000 € + 171.000 € USt erworben und später aus seiner deutschen Betriebsstätte in seine ndl. Betriebsstätte verbracht. Die ihm von D1 in Rechnung gestellte Umsatzsteuer von 171.000 € hat N in Deutschland als Vorsteuer abgezogen. D1 seinerseits hatte die Telefone für 800.000 € zzgl. 152.000 € USt von D bezogen. I erklärte in Italien weder den ig. Erwerb noch die nachfolgenden Umsätze an Endverbraucher in Italien. Die italienischen Finanzbehörden versagten nach Aufklärung des Sachverhaltes dem I den Vorsteuerabzug aus dem Erwerb und erhoben bei I die ital. USt aus den Weiterverkäufen der Mobiltelefone an Verbraucher in Italien. D, D1 und N wussten, dass I in Italien durch Nichterklärung seiner dortigen Umsätze eine Steuerhinterziehung beging.
Bei ordnungsgemäßen Steuererklärungen hätte allein Italien aus den Lieferungen der Mobiltelefone an italienische Endverbraucher ein Steueraufkommen erzielt. Deutschland hätte kein Steueraufkommen erzielt. Die Lieferung der D an I wäre als innergem. Lfg. nach § 4 Nr. 1 Buchst. b i.V.m. § 6a Abs. 1 UStG steuerfrei gewesen, ebenso das ig. Verbringen durch N aus Deutschland in die Ndl. nach § 6a Abs. 2 UStG. Dem N hätte aus den an ihn ausgeführten Lieferungen des D1 in Deutschland nach § 15 Abs. 1 Nr. 1 UStG der Vorsteuerabzug zugestanden und aus dem ig. Erwerb in den Ndl der Vorsteuerabzug dort (s. Art. 168 Buchst. c) MwStSystRL, vgl. für das deutsche Recht § 15 Abs. 1 Nr. 3 UStG).
Nach der Regelung des § 25f UStG ergibt sich hingegen: 1. keine Befreiung für die ig. Lfg. der D an den I (+ 190.000 €); 2. keine Befreiung für den wegen Verwendung einer dtsch. USt-IdNr. ig. Erwerb in Deutschland und kein VoSt-Abzug daraus (+ 190.000 € + 190.000 € = 380.000 €); 3. keine Befreiung für das ig. Verbringen durch N in die Ndl. (171.000 €) und den VoSt-Abzug daraus in den Ndl. (?); 4. kein VoSt-Abzug für D1 aus der Lfg. des D (+ 152.000 €). Insgesamt würde mithin aus der Sanktionsregelung in § 25 f UStG ein Umsatzsteueraufkommen für D von 893.000 € generiert, obwohl in Deutschland keinerlei Endverbrauch stattgefunden hat.

Die **Neuregelung des § 25f UStG** – wie auch schon die dem zugrunde liegende Rspr. des EuGH und BFH – ordnet völlig unverhältnismäßige Sanktionen an. Dies wirft die Frage auf, ob **derart unverhältnismäßige Sanktionen** mit dem **verfassungsmäßigen Rechtsstaatsprinzip** vereinbar sind. Dies ist richtigerweise zu verneinen. Richtigerweise muss es genügen, dass D nach § 71 AO i.V.m. § 370 Abs. 6 S. 2 AO für die von I hinterzogenen italienischen Umsatzsteuern haftet, soweit diese von I nicht zu erlangen sind.

439 III. **§ 26b UStG** statuiert einen **Bußgeldtatbestand** der **Schädigung des Umsatzsteueraufkommens**. Der Tatbestand wird durch **die bloße Nichtentrichtung** im Fälligkeitszeitpunkt begründet.[1250] Allerdings muss dies nach allgemeinen Regeln des OWiG vorsätzlich geschehen, § 10 OWiG. Die angedrohte Geldbuße von 50.000 € steht in einem auffälligen Missverhältnis zur angedrohten Geldbuße von 25.000 € bei der Gefährdung der Abzugssteuern gemäß § 380 AO. **§ 26c UStG** stilisiert die Schädigung des Umsatzsteueraufkommens durch bloße Nichtentrichtung zum Fälligkeitszeitpunkt zu einer mit Freiheitsstrafe von bis zu fünf Jahren bedrohten **Straftat**, wenn der Täter **gewerbsmäßig oder als Mitglied einer Bande** handelt. Anders als für den inzwischen zu Recht wegen Verfassungswidrigkeit vom Gesetzgeber wieder aufgehobenen § 370a AO[1251] bedarf es bei § 26c UStG gerade nicht einer tatbestandsmäßigen Hinterziehungshandlung i.S.d. § 370 AO durch unrichtige, unvollständige oder pflichtwidrig unterlassene Angaben. Die Vorschrift des § 26c UStG verstößt gegen das Schuldprinzip, wenn der Begriff der Gewerbsmäßigkeit oder der Bande so umfassend wie bisher im StGB[1252] ausgelegt wird. Dies ist vom Gesetzgeber ausweislich der Materialien auch nicht gewollt. Eine einengende Auslegung ist daher geboten.

1250 S. zu § 26b UStG auch Kemper UR 2014, 673. S. auch BFH v. 03.07.2019 – XI B 17/19 BFH/NV 2019, 1351, bloße Nichtzahlung der Steuer falle nicht unter eine den Vorsteuerabzug versagenden „Mehrwertsteuerbetrug". § 25f UStG versagt gleichwohl bei Einbeziehung in eine Ordnungswidrigkeit nach § 26b UStG sowohl den Vorsteuerabzug als auch eine Befreiung auf allen vorhergehenden und nachfolgenden Umsatzstufen!

1251 Aufgehoben durch Gesetz v. 21.12.2007, BGBl. I, 3198; vgl. dazu Weyand StuB 2008, 260 und Rüping/Ende DStR 2008, 13; zur Verfassungswidrigkeit des § 370 a AO s. BGH v. 22.07.2004–5 StR 85/04, NJW 2004, 2990; Reiß Stbg. 2004, 113; Harms in: FS Kohlmann, 2003, 413.

1252 Vgl. BGHSt 42, 219 und 46, 321.

IV. Dem Ausfall von Umsatzsteuerforderungen des Fiskus, namentlich wegen Uneinbringlichkeit in der Insolvenz des Unternehmers, dient die durch das StÄndG 2003 eingeführte Haftungsvorschrift des § 13c UStG. 440

§ 13c UStG begründet eine Haftung bei **Abtretung, Pfändung oder Verpfändung** einer Forderung aus einem steuerpflichtigen Umsatz. Der Abtretungsempfänger oder der Pfandgläubiger haftet, wenn die durch Vorauszahlungsbescheid oder Jahressteuerbescheid festgesetzte USt aus dem der Forderung zugrunde liegenden Umsatz bei Fälligkeit nicht oder nicht vollständig vom abtretenden Unternehmer entrichtet wurde bis zur Höhe der nicht entrichteten Steuer. Voraussetzung ist, dass die Forderung vereinnahmt wurde. Erforderlich ist insoweit, dass die abgetretene Forderung eingezogen wurde und der Erlös an den Abtretungsempfänger gelangt/weitergeleitet ist und von diesem auch nicht zurückgewährt worden ist.[1253] Sind die Tatbestandsvoraussetzungen des § 13c UStG erfüllt, ist ein Haftungsbescheid zwingend zu erlassen. Ein Ermessen besteht nicht. Die Haftungsvorschrift des § 13c UStG betrifft primär **Sicherungszessionen** auch in Form von Globalzessionen für Kredite der Banken,[1254] aber auch Zessionen im Rahmen des **Factoring.**[1255] Nach inzwischen durch den Gesetzgeber[1256] bestätigter Auffassung der Finanzverwaltung greift sie nicht ein beim **Forderungsverkauf**, etwa im Rahmen von **asset backed Transaktionen**, soweit der Forderungsverkäufer den Geldbetrag in Gestalt des Kaufpreises tatsächlich erhielt.[1257] Nur Unternehmer als Abtretungsempfänger haften. Im Innenverhältnis kann der haftende Zessionar bei Inanspruchnahme vom Zedenten vollen Ausgleich nach § 44 AO i. V. m. § 426 Abs. 2 S. 1 BGB verlangen.[1258]

V. In § 25e i. V. m. § 22f UStG wurden seit 2019 besondere Pflichten und eine Haftung beim Handel über eine elektronische Schnittstelle/auf einem elektronischen Marktplatz eingeführt. Nach § 25e UStG haftet der Betreiber einer elektronischen Schnittstelle/eines elektronischen Marktplatzes für die nicht entrichtete Steuer aus der Lieferung eines Unternehmers, die auf der Schnittstelle/dem Marktplatz von deren/dessen Betreiber rechtlich begründet worden ist. Die Haftung tritt nur dann nicht ein, wenn der Betreiber eine Bescheinigung oder elektronische Bestätigung vorlegt, die dem liefernden Unternehmer vom für diesen zuständigen Finanzamt erteilt worden ist, aus der sich Name und Anschrift des liefernden Unternehmers und die diesem erteilte St-Nr. und USt-IdNr. ergibt oder wenn der Schnittstellenbetreiber selbst als Empfänger und Lieferer im Reihengeschäft gemäß § 3 Abs. 3a UStG behandelt wird. Aufzuzeichnen sind der Ort des Beginns des Transportes und der Bestimmungsort der Lieferung sowie Zeitpunkt und Höhe des Umsatzes. Auch wenn diese Auflagen vom Betreiber des Marktplatzes erfüllt werden, haftet er dennoch, wenn er Kenntnis davon hatte oder hätte haben müssen, dass der Lieferer seinen steuerlichen Pflichten nicht nachkommt. Mit § 25e UStG soll insbesondere Steuerausfällen aus dem Versandhandel mit Drittlandsunternehmern begegnet werden. § 25e UStG erfasst aber darüber hinausgehend auch Lieferungen inländischer Unternehmer oder von Unternehmern in anderen Staaten der Union, soweit diese Lieferungen von den Betreibern elektronischer Schnittstellen/Marktplätze „unterstützt" werden. 441

1253 BFH v. 21.01.2013 – V R 21/12, UR 2014, 435; v. 20.03.2013 – XI R 11/12, UR 2013, 910: Zu weiteren Einzelheiten vgl. Abschn. 13c.1. UStAE.

1254 Vgl. BFH v. 25.11.2015 – V R 65/14, UR 2016, 447 (stille Zession); v. 20.03.2013 – XI R 11/12, UR 2013, 910.

1255 So zutreffend BFH v. 06.12.2015 – XI R 28/13, UR 2016, 441 = BStBl. II 2018, 365. S. auch (ablehnend) Hahne UR 2016, 897.

1256 S. § 13c Abs. 1 S. 4 UStG i. d. F. des Art. 4 a des Zweiten Bürokratieentlastungsgesetzes v. 30.06.2017, BGBl. I 2017, 2143.

1257 Vgl. Abschn. 13c.1. Abs. 27 UStAE; vgl. auch Slotty-Harms UVR 2008, 115; Weber/Reiß BB 2004, 1367; Reiß in: FS Korn, 2005, 521.

1258 Vgl. BGH v. 17.01.2007 – VIII ZR 171/06, UR 2007, 505.

Stichwortverzeichnis

Die Zahlen verweisen auf die Randnummern.

Literaturverzeichnis

Lippross	Umsatzsteuer 25. Auflage 2022
Mössner/Lampert u. a.	Steuerrecht international tätiger Unternehmen 6. Auflage 2023 Zitiert: Verfasser in Mössner/Lampert u. a.
Rau/Dürrwächter	UStG Kommentar (Loseblatt), Stand Dezember 2024 Zitiert: Verfasser in: R/D
Reiß/Kraeusel/Langer	UStG Kommentar (Loseblatt), Stand Januar 2025 Zitiert: Verfasser in: R/K/L
Ruppe/Achatz	UStG Kommentar 5. Auflage 2018
Sölch/Ringleb	UStG Kommentar (Loseblatt), Stand Oktober 2024 Zitiert: Verfasser in: S/R
Stadie	UStG Kommentar 3. Auflage 2015
Tipke/Lang	Steuerrecht 20. Auflage 2010 (Bearbeiter Reiß) und 25. Auflage 2024 (Bearbeiter Englisch) Zitiert: Verfasser in: T/L